U0941109

北京农村年鉴

2022

《北京农村年鉴》编委会　编

北京出版集团
北京出版社

图书在版编目（CIP）数据

北京农村年鉴 . 2022 /《北京农村年鉴》编委会编.
— 北京 : 北京出版社, 2023. 11
ISBN 978 - 7 - 200 - 18184 - 5

Ⅰ. ①北… Ⅱ. ①北… Ⅲ. ①农村经济—北京—2022—年鉴 Ⅳ. ①F327. 1 - 54

中国国家版本馆 CIP 数据核字(2023)第 150273 号

策划编辑　杜冬梅
责任编辑　杜冬梅
版式设计　农研中心
责任印制　武绽蕾

北京农村年鉴 2022
BEIJING NONGCUN NIANJIAN 2022
《北京农村年鉴》编委会　编
*
北京出版集团
北京出版社　出版
（北京北三环中路 6 号）
邮政编码：100120
网　址：www. bph. com. cn
北京出版集团总发行
新华书店经销
北京宝昌彩色印刷有限公司印刷
*
787 毫米 × 1092 毫米　16 开本　21. 75 印张　彩插 16 页　745 千字
2023 年 11 月第 1 版　2023 年 11 月第 1 次印刷
ISBN 978 - 7 - 200 - 18184 - 5
定价：200. 00 元
如有印装质量问题，由本社负责调换
质量监督电话：010 - 58572393

美丽乡村建设

门头沟区斋堂镇爨底下村

门头沟区斋堂镇灵水举人村

朝阳区黑庄户乡小鲁店村

密云区石城镇石塘路村

门头沟区王平镇东马各庄村

产业兴旺

朝阳区黑庄户乡北京音乐产业园

密云区极星设施农业园区

朝来农艺园国家级数字农业应用推广基地

北京市科学技术奖

科学技术进步奖

证　　书

为表彰北京市科学技术奖获得者，特颁发此证书。

项目名称：西瓜分子育种技术创新与系列新品种选育及推广

奖励等级：一等奖

获 奖 者：北京市农林科学院

2021年9月20日

No.2020-J12-1-02-D01

北京市农林科学院获北京市科学技术进步奖一等奖

高花青素玉米品种京紫糯219

国塔169

瑞都晚红

胜寒393

玉米新品种MC121果穗

人才培养

“三农”领域市政协委员工作室在北京农业职业学院成立并举行授牌仪式

北京农业职业学院与荷兰朗蒂斯教育集团共同举办“中荷都市农业职业教育交流中心”签约和揭牌仪式

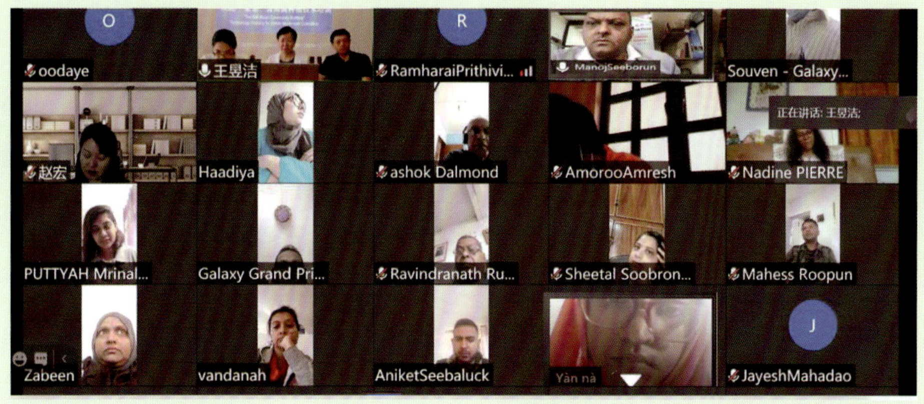

北京农业职业学院为毛里求斯举办食用菌种植技术线上培训

北京农业职业学院与北京农学会、毛里求斯福尔肯公民联盟共同举办“丝路一家亲”食用菌种植技术培训

北京农业职业学院在第二十届中国大学生田径锦标赛上获奖

生活富裕

北京市首次联合主要园艺驿站为市民提供年宵花选购场所

密云区“蜂盛蜜匀”蜂产品

平谷区峪口镇西营村桃园

生态宜居

“在野去野”北京昌平大地艺术节开幕式

门头沟区王平镇东石古岩村

乡风文明

北京月季文化节在大兴区魏善庄镇世界月季主题园开幕

2021年"中国农民丰收节"朝阳区系列庆祝活动开幕式暨"美丽乡村健康跑"启动仪式在常营公园文化广场举办

第32届北京农民艺术节“乡村大舞台”朝阳区专场展演

2022北京长城文化节密云区古北口镇古北口村庙会

门头沟区大台街道千军台庄户幡会

治理有效

举办乡村振兴“村书记大讲堂”活动

密云区东邵渠镇东邵渠村公厕提升改造

朝阳区金盏乡黎各庄村垃圾分类驿站

《北京农村年鉴》编辑委员会

《北京农村年鉴》编辑部

凡　例

一、《北京农村年鉴》是集中反映北京农村经济和社会发展情况的大型资料性工具书和史料文献。在中共北京市委农村工作委员会和北京市农业农村局的领导下，由北京市农村经济研究中心主持编纂。

二、《北京农村年鉴》以马克思列宁主义、毛泽东思想、邓小平理论、“三个代表”重要思想、科学发展观、习近平新时代中国特色社会主义思想为指导，运用丰富、翔实的资料和客观、真实的记述，使社会各界增进对北京农村的认识与了解，促进北京地区各行业和国内外与北京农村的合作、交流，也为地方史志的编写积累珍贵的历史资料。

三、《北京农村年鉴》基本写作形式为条目体，并选载适量文章，辅以图片、表格，使读者对北京农村情况有一完整了解。

四、《北京农村年鉴》所设栏目与类目基本固定，依据年度变化情况做适当调整。

五、《北京农村年鉴》稿件，由北京市委农工委、北京市农业农村局各职能部门，北京市农业农村系统各单位，各涉农区，并邀请各有关部门，确定专人撰写，均经各部门主管领导审阅。有关数据采用国家和市统计部门发布的权威数字；未列入国家和市统计范围的，采用业务部门经过核实、可以发布的数字。

目　　录

特　　载

文　件　选　载

涉农文件目录

总　述

大 事 记

实施乡村振兴战略

都市现代农业

产业融合发展

农村基础设施与生态保护

农　业　科　技

农　村　改　革

农　村　民　生

农村社会事业

农村社会管理

农村法制建设

基层组织建设与乡村治理

市委农工委市农业农村局机关建设

郊　区　农　情

市委农工委系统行政、事业机构

统　计　资　料

索　　引

特　　载

中共中央　国务院
关于全面推进乡村振兴加快农业农村现代化的意见

（2021年1月4日）

党的十九届五中全会审议通过的《中共中央关于制定国民经济和社会发展第十四个五年规划和二〇三五年远景目标的建议》，对新发展阶段优先发展农业农村、全面推进乡村振兴作出总体部署，为做好当前和今后一个时期“三农”工作指明了方向。

“十三五”时期，现代农业建设取得重大进展，乡村振兴实现良好开局。粮食年产量连续保持在1.3万亿斤以上，农民人均收入较2010年翻一番多。新时代脱贫攻坚目标任务如期完成，现行标准下农村贫困人口全部脱贫，贫困县全部摘帽，易地扶贫搬迁任务全面完成，消除了绝对贫困和区域性整体贫困，创造了人类减贫史上的奇迹。农村人居环境明显改善，农村改革向纵深推进，农村社会保持和谐稳定，农村即将同步实现全面建成小康社会目标。农业农村发展取得新的历史性成就，为党和国家战胜各种艰难险阻、稳定经济社会发展大局，发挥了“压舱石”作用。实践证明，以习近平同志为核心的党中央驰而不息重农强农的战略决策完全正确，党的“三农”政策得到亿万农民衷心拥护。

“十四五”时期，是乘势而上开启全面建设社会主义现代化国家新征程、向第二个百年奋斗目标进军的第一个五年。民族要复兴，乡村必振兴。全面建设社会主义现代化国家，实现中华民族伟大复兴，最艰巨最繁重的任务依然在农村，最广泛最深厚的基础依然在农村。解决好发展不平衡不充分问题，重点难点在“三农”，迫切需要补齐农业农村短板弱项，推动城乡协调发展；构建新发展格局，潜力后劲在“三农”，迫切需要扩大农村需求，畅通城乡经济循环；应对国内外各种风险挑战，基础支撑在“三农”，迫切需要稳住农业基本盘，守好“三农”基础。党中央认为，新发展阶段“三农”工作依然极端重要，须臾不可放松，务必抓紧抓实。要坚持把解决好“三农”问题作为全党工作重中之重，把全面推进乡村振兴作为实现中华民族伟大复兴的一项重大任务，举全党全社会之力加快农业农村现代化，让广大农民过上更加美好的生活。

一、总体要求

（一）指导思想。以习近平新时代中国特色社会主义思想为指导，全面贯彻党的十九大和十九届二中、三中、四中、五中全会精神，贯彻落实中央经济工作会议精神，统筹推进“五位一体”总体布局，协调推进“四个全面”战略布局，坚定不移贯彻新发展理念，坚持稳中求进工作总基调，坚持加强党对“三农”工作的全面领导，坚持农业农村优先发展，坚持农业现代化与农村现代化一体设计、一并推进，坚持创新驱动发展，以推动高质量发展为主题，统筹发展和安全，落实加快构建新发展格局要求，巩固和完善农村基本经营制度，深入推进农业供给侧结构性改革，把乡村建设摆在社会主义现代化建设的重要位置，全面推进乡村产业、人才、文化、生态、组织振兴，充分发挥农业产品供给、生态屏障、文化传承等功能，走中国特色社会主义乡村振兴道路，加快农业农村现代化，加快形成工农互促、城乡互补、协调发展、共同繁荣的新型工农城乡关系，促进农业高质高效、乡村宜居宜业、农民富裕富足，为全面建设社会主义现代化国家开好局、起好步提供有力支撑。

（二）目标任务。2021年，农业供给侧结构性改革深入推进，粮食播种面积保持稳定、产量达到1.3万亿斤以上，生猪产业平稳发展，农产品质量和食品安全水平进一步提高，农民收入增长继续快于城镇居民，脱贫攻坚成果持续巩固。农业农村现代化规划启动实施，脱贫攻坚政策体系和工作机制同乡村振兴有效衔接、平稳过渡，乡村建设行动全面启动，农村人居环境整治提升，农村改革重点任务深入推进，农村社会保持和谐稳定。

到2025年，农业农村现代化取得重要进展，农业基础设施现代化迈上新台阶，农村生活设施便利化初步实现，城乡基本公共服务均等化水平明显提高。农业基础更加稳固，粮食和重要农产品供应保障更加有力，农业生产结构和区域布局明显优化，农业质量效益和竞争力明显提升，现代乡村产业体系基本形成，有条件的地区率先基本实现农业现代化。脱贫攻坚成果巩固拓展，城乡居民收入差距持续缩小。农村生产生活方式绿色转型取得积极进展，化肥农药使用量持续减少，农村生态环境得到明显改善。乡村建设行动取得明显成效，乡村面貌发生显著变化，乡村发展活力充分激发，乡村文明程度得到新提升，农村发展安全保障更加有力，农民获得感、幸福感、安全感明显提高。

二、实现巩固拓展脱贫攻坚成果同乡村振兴有效衔接

（三）设立衔接过渡期。脱贫攻坚目标任务完成后，对摆脱贫困的县，从脱贫之日起设立5年过渡期，做到扶上马送一程。过渡期内保持现有主要帮扶政策总体稳定，并逐项分类优化调整，合理把握节奏、力度和时限，逐步实现由集中资源支持脱贫攻坚向全面推进乡村振兴平稳过渡，推动“三农”工作重心历史性转移。抓紧出台各项政策完善优化的具体实施办法，确保工作不留空当、政策不留空白。

（四）持续巩固拓展脱贫攻坚成果。健全防止返贫动态监测和帮扶机制，对易返贫致贫人口及时发现、及时帮扶，守住防止规模性返贫底线。以大中型集中安置区为重点，扎实做好易地搬迁后续帮扶工作，持续加大就业和产业扶持力度，继续完善安置区配套基础设施、产业园区配套设施、公共服务设施，切实提升社区治理能力。加强扶贫项目资产管理和监督。

（五）接续推进脱贫地区乡村振兴。实施脱贫地区特色种养业提升行动，广泛开展农产品产销对接活动，深化拓展消费帮扶。持续做好有组织劳务输出工作。统筹用好公益岗位，对符合条件的就业困难人员进行就业援助。在农业农村基础设施建设领域推广以工代赈方式，吸纳更多脱贫人口和低收入人口就地就近就业。在脱贫地区重点建设一批区域性和跨区域重大基础设施工程。加大对脱贫县乡村振兴支持力度。在西部地区脱贫县中确定一批国家乡村振兴重点帮扶县集中支持。支持各地自主选择部分脱贫县作为乡村振兴重点帮扶县。坚持和完善东西部协作和对口支援、社会力量参与帮扶等机制。

（六）加强农村低收入人口常态化帮扶。开展农村低收入人口动态监测，实行分层分类帮扶。对有劳动能力的农村低收入人口，坚持开发式帮扶，帮助其提高内生发展能力，发展产业、参与就业，依靠双手勤劳致富。对脱贫人口中丧失劳动能力且无法通过产业就业获得稳定收入的人口，以现有社会保障体系为基础，按规定纳入农村低保或特困人员救助供养范围，并按困难类型及时给予专项救助、临时救助。

三、加快推进农业现代化

（七）提升粮食和重要农产品供给保障能力。地方各级党委和政府要切实扛起粮食安全政治责任，实行粮食安全党政同责。深入实施重要农产品保障战略，完善粮食安全省长责任制和“菜篮子”市长负责制，确保粮、棉、油、糖、肉等供给安全。“十四五”时期各省（自治区、直辖市）要稳定粮食播种面积、提高单产水平。加强粮食生产功能区和重要农产品生产保护区建设。建设国家粮食安全产业带。稳定种粮农民补贴，让种粮有合理收益。坚持并完善稻谷、小麦最低收购价政策，完善玉米、大豆生产者补贴政策。深入推进农业结构调整，推动品种培优、品质提升、品牌打造和标准化生产。鼓励发展青贮玉米等优质饲草饲料，稳定大豆生产，多措并举发展油菜、花生等油料作物。健全产粮大县支持政策体系。扩大稻谷、小麦、玉米

三大粮食作物完全成本保险和收入保险试点范围，支持有条件的省份降低产粮大县三大粮食作物农业保险保费县级补贴比例。深入推进优质粮食工程。加快构建现代养殖体系，保护生猪基础产能，健全生猪产业平稳有序发展长效机制，积极发展牛羊产业，继续实施奶业振兴行动，推进水产绿色健康养殖。推进渔港建设和管理改革。促进木本粮油和林下经济发展。优化农产品贸易布局，实施农产品进口多元化战略，支持企业融入全球农产品供应链。保持打击重点农产品走私高压态势。加强口岸检疫和外来入侵物种防控。开展粮食节约行动，减少生产、流通、加工、存储、消费环节粮食损耗浪费。

（八）打好种业翻身仗。农业现代化，种子是基础。加强农业种质资源保护开发利用，加快第三次农作物种质资源、畜禽种质资源调查收集，加强国家作物、畜禽和海洋渔业生物种质资源库建设。对育种基础性研究以及重点育种项目给予长期稳定支持。加快实施农业生物育种重大科技项目。深入实施农作物和畜禽良种联合攻关。实施新一轮畜禽遗传改良计划和现代种业提升工程。尊重科学、严格监管，有序推进生物育种产业化应用。加强育种领域知识产权保护。支持种业龙头企业建立健全商业化育种体系，加快建设南繁硅谷，加强制种基地和良种繁育体系建设，研究重大品种研发与推广后补助政策，促进育繁推一体化发展。

（九）坚决守住18亿亩耕地红线。统筹布局生态、农业、城镇等功能空间，科学划定各类空间管控边界，严格实行土地用途管制。采取“长牙齿”的措施，落实最严格的耕地保护制度。严禁违规占用耕地和违背自然规律绿化造林、挖湖造景，严格控制非农建设占用耕地，深入推进农村乱占耕地建房专项整治行动，坚决遏制耕地“非农化”、防止“非粮化”。明确耕地利用优先序，永久基本农田重点用于粮食特别是口粮生产，一般耕地主要用于粮食和棉、油、糖、蔬菜等农产品及饲草饲料生产。明确耕地和永久基本农田不同的管制目标和管制强度，严格控制耕地转为林地、园地等其他类型农用地，强化土地流转用途监管，确保耕地数量不减少、质量有提高。实施新一轮高标准农田建设规划，提高建设标准和质量，健全管护机制，多渠道筹集建设资金，中央和地方共同加大粮食主产区高标准农田建设投入，2021年建设1亿亩旱涝保收、高产稳产高标准农田。在高标准农田建设中增加的耕地作为占补平衡补充耕地指标在省域内调剂，所得收益用于高标准农田建设。加强和改进建设占用耕地占补平衡管理，严格新增耕地核实认定和监管。健全耕地数量和质量监测监管机制，加强耕地保护督察和执法监督，开展“十三五”时期省级政府耕地保护责任目标考核。

（十）强化现代农业科技和物质装备支撑。实施大中型灌区续建配套和现代化改造。到2025年全部完成现有病险水库除险加固。坚持农业科技自立自强，完善农业科技领域基础研究稳定支持机制，深化体制改革，布局建设一批创新基地平台。深入开展乡村振兴科技支撑行动。支持高校为乡村振兴提供智力服务。加强农业科技社会化服务体系建设，深入推行科技特派员制度。打造国家热带农业科学中心。提高农机装备自主研制能力，支持高端智能、丘陵山区农机装备研发制造，加大购置补贴力度，开展农机作业补贴。强化动物防疫和农作物病虫害防治体系建设，提升防控能力。

（十一）构建现代乡村产业体系。依托乡村特色优势资源，打造农业全产业链，把产业链主体留在县城，让农民更多分享产业增值收益。加快健全现代农业全产业链标准体系，推动新型农业经营主体按标生产，培育农业龙头企业标准“领跑者”。立足县域布局特色农产品产地初加工和精深加工，建设现代农业产业园、农业产业强镇、优势特色产业集群。推进公益性农产品市场和农产品流通骨干网络建设。开发休闲农业和乡村旅游精品线路，完善配套设施。推进农村一二三产业融合发展示范园和科技示范园区建设。把农业现代化示范区作为推进农业现代化的重要抓手，围绕提高农业产业体系、生产体系、经营体系现代化水平，建立指标体系，加强资源整合、政策集成，以县（市、区）为单位开展创建，到2025年创建500个左右示范区，形成梯次推进农业现代化的格局。创建现代林业产业示范区。组织开展“万企兴万村”行动。稳步推进反映全产业链价值的农业及相关产业统计核算。

（十二）推进农业绿色发展。实施国家黑土地保护工程，推广保护性耕作模式。健全耕地休耕轮作制度。持续推进化肥农药减量增效，推广农作物病虫害绿色防控产品和技术。加强畜禽粪污资源化利用。全面实施秸秆综合利用和农膜、农药包装物回收行动，加强可降解农膜研发推广。在长江经济带、黄河流域建设一批农业面源污染综合治理示范县。支持国家农业绿色发展先行区建设。加强农产品质量和食品安全监管，发展绿色农产品、有机农产品和地理标志农产品，试行食用农产品达标合格证制度，推进国家农产品质量安全县创建。加强水生生物资源养护，推进以长江为重点的渔政执法能力建设，确保十年禁渔令有效落实，做好退捕渔民安置保障工作。发展节水农业和旱作农业。推进荒漠化、石漠化、坡耕地水土流失综合治理和土壤污染防治、重点区域地下水保护与超采治理。实施水系连通及农村水系综合整治，强化河湖长制。巩固退耕还林还草成果，完善政策、有序推进。实行林长制。科学开展大规模国土绿化行动。完善草原生态保护补助奖励政策，全面推进草原禁牧轮牧休牧，加强草原鼠害防治，稳步恢复草原生态环境。

（十三）推进现代农业经营体系建设。突出抓好家庭农场和农民合作社两类经营主体，鼓励发展多种形式适度规模经营。实施家庭农场培育计划，把农业规模经营户培育成有活力的家庭农场。推进农民合作社质量提升，加大对运行规范的农民合作社扶持力度。发展壮大农业专业化社会化服务组织，将先进适用的品种、投入品、技术、装备导入小农户。支持市场主体建设区域性农业全产业链综合服务中心。支持农业产业化龙头企业创新发展、做大做强。深化供销合作社综合改革，开展生产、供销、信用“三位一体”综合合作试点，健全服务农民生产生活综合平台。培育高素质农民，组织参加技能评价、学历教育，设立专门面向农民的技能大赛。吸引城市各方面人才到农村创业创新，参与乡村振兴和现代农业建设。

四、大力实施乡村建设行动

（十四）加快推进村庄规划工作。2021年基本完成县级国土空间规划编制，明确村庄布局分类。积极有序推进“多规合一”实用性村庄规划编制，对有条件、有需求的村庄尽快实现村庄规划全覆盖。对暂时没有编制规划的村庄，严格按照县乡两级国土空间规划中确定的用途管制和建设管理要求进行建设。编制村庄规划要立足现有基础，保留乡村特色风貌，不搞大拆大建。按照规划有序开展各项建设，严肃查处违规乱建行为。健全农房建设质量安全法律法规和监管体制，3年内完成安全隐患排查整治。完善建设标准和规范，提高农房设计水平和建设质量。继续实施农村危房改造和地震高烈度设防地区农房抗震改造。加强村庄风貌引导，保护传统村落、传统民居和历史文化名村名镇。加大农村地区文化遗产遗迹保护力度。乡村建设是为农民而建，要因地制宜、稳扎稳打，不刮风搞运动。严格规范村庄撤并，不得违背农民意愿、强迫农民上楼，把好事办好、把实事办实。

（十五）加强乡村公共基础设施建设。继续把公共基础设施建设的重点放在农村，着力推进往村覆盖、往户延伸。实施农村道路畅通工程。有序实施较大人口规模自然村（组）通硬化路。加强农村资源路、产业路、旅游路和村内主干道建设。推进农村公路建设项目更多向进村入户倾斜。继续通过中央车购税补助地方资金、成品油税费改革转移支付、地方政府债券等渠道，按规定支持农村道路发展。继续开展“四好农村路”示范创建。全面实施路长制。开展城乡交通一体化示范创建工作。加强农村道路桥梁安全隐患排查，落实管养主体责任。强化农村道路交通安全监管。实施农村供水保障工程。加强中小型水库等稳定水源工程建设和水源保护，实施规模化供水工程建设和小型工程标准化改造，有条件的地区推进城乡供水一体化，到2025年农村自来水普及率达到88%。完善农村水价水费形成机制和工程长效运营机制。实施乡村清洁能源建设工程。加大农村电网建设力度，全面巩固提升农村电力保障水平。推进燃气下乡，支持建设安全可靠的乡村储气罐站和微管网供气系统。发展农村生物质能源。加强煤炭清洁化利用。实施数字乡村建设发展工程。推动农村千兆光网、第五代移动通信（5G）、移动物联网与城市同步规划建设。完善电信普遍服务补偿机制，支持农村及偏远地区信息通信基础设施建设。加快建设农业农村遥感卫星等天基设施。发展智慧农业，建立农业农村大数据体系，推动新一代信息技术与农业生产经营深度融合。完善农业气象综合监测网络，提升农业气象灾害防范能力。加强乡村公共服务、社会治理等数字化智能化建设。实施村级综合服务设施提升工程。加强村级客运站点、文化体育、公共照明等服务设施建设。

（十六）实施农村人居环境整治提升五年行动。分类有序推进农村厕所革命，加快研发干旱、寒冷地区卫生厕所适用技术和产品，加强中西部地区农村户用厕所改造。统筹农村改厕和污水、黑臭水体治理，因地制宜建设污水处理设施。健全农村生活垃圾收运处置体系，推进源头分类减量、资源化处理利用，建设一批有机废弃物综合处置利用设施。健全农村人居环境设施管护机制。有条件的地区推广城乡环卫一体化第三方治理。深入推进村庄清洁和绿化行动。开展美丽宜居村庄和美丽庭院示范创建活动。

（十七）提升农村基本公共服务水平。建立城乡公共资源均衡配置机制，强化农村基本公共服务供给县乡村统筹，逐步实现标准统一、制度并轨。提高农村教育质量，多渠道增加农村普惠性学前教育资源供给，继续改善乡镇寄宿制学校办学条件，保留并办好必要的乡村小规模学校，在县城和中心镇新建改扩建一批高中和中等职业学校。完善农村特殊教育保障机制。推进县域内义务教育学校校长教师交流轮岗，支持建设城乡学校共同体。面向农民就业创业需求，发展职业技术教育与技能培训，建设一批产教融合基地。开展耕读教育。加快发展面向乡村的网络教育。加大涉农高校、涉农职业院校、涉农学科专业建设力度。全面推进健康乡村建设，提升村卫生室标准化建设和健康管理水平，推动乡村医生向执业（助理）医师转变，采取派驻、巡诊等方式提高基层卫生服务水平。提升乡镇卫生院医疗服务能力，选建一批中心卫生院。加强县级医院建设，持续提升县级疾控机构应对重大疫情及突发公共卫生事件能力。加强县域紧密型医共体建设，实行医保总额预算管理。加强妇幼、老年人、残疾人等重点人群健康服务。健全统筹城乡的就业政策和服务体系，推动公共就业服务机构向乡村延伸。深入实施新生代农民工职业技能提升计划。完善统一的城乡居民基本医疗保险制度，合理提高政府补助标准和个人缴费标准，健全重大疾病医疗保险和救助制度。落实城乡居民基本养老保险待遇确定和正常调整机制。推进城乡低保制度统筹发展，逐步提高特困人员供养服务质量。加强对农村留守儿童和妇女、老年人以及困境儿童的关爱服务。健全县乡村衔接的三级养老服务网络，推动村级幸福院、日间照料中心等养老服务设施建设，发展农村普惠型养老服务和互助性养老。推进农村公益性殡葬设施建设。推进城乡公共文化服务体系一体建设，创新实施文化惠民工程。

（十八）全面促进农村消费。加快完善县乡村三级农村物流体系，改造提升农村寄递物流基础设施，深入推进电子商务进农村和农产品出村进城，推动城乡生产与消费有效对接。促进农村居民耐用消费品更新换代。加快实施农产品仓储保鲜冷链物流设施建设工程，推进田头小型仓储保鲜冷链设施、产地低温直销配送中心、国家骨干冷链物流基地建设。完善农村生活性服务业支持政策，发展线上线下相结合的服务网点，推动便利化、精细化、品质化发展，满足农村居民消费升级需要，吸引城市居民下乡消费。

（十九）加快县域内城乡融合发展。推进以人为核心的新型城镇化，促进大中小城市和小城镇协调发展。把县域作为城乡融合发展的重要切入点，强化统筹谋划和顶层设计，破除城乡分割的体制弊端，加快打通城乡要素平等交换、双向流动的制度性通道。统筹县域产业、基础设施、公共服务、基本农田、生态保护、城镇开发、村落分布等空间布局，强化县城综合服务能力，把乡镇建设成为服务农民的区域中心，实现县乡村功能衔接互补。壮大县域经济，承接适宜产业转移，培育支柱产业。加快小城镇发展，完善基础设施和公共服务，发挥小城镇连接城市、服务乡村作用。推进以县城为重要载体的城镇化建设，有条件的地区按照小城市标准建设县城。积极推进扩权强镇，规划建设一批重点镇。开展乡村全域土地综合整治试点。推动在县域就业的农民工就地市民化，增加适应进城农民刚性需求的住房供给。鼓励地方建设返乡入乡创业园和孵化实训基地。

（二十）强化农业农村优先发展投入保障。继续把农业农村作为一般公共预算优先保障领域。中央预算内投资进一步向农业农村倾斜。制定落实提高土地出让收益用于农业农村比例考核办法，确保按规定提高用于农业农村的比例。各地区各部门要进一步完善涉农资金统筹整合长效机制。支持地方政府发行一般债券和专项债券用于现代农业设施建设和乡村建设行动，制定出台操作指引，做好高质量项目储备工作。发挥财政投入引领作用，支持以市场化方式设立乡村振兴基金，撬动金融资本、社会力量参与，重点支持乡村产业发展。坚持为农服务宗旨，持续深化农村金融改革。运用支农支小再贷款、再贴现等政策工具，实施最优惠的存款准备金率，加大对机构法人在县域、业务在县域的金融机构的支持力度，推动农村金融机构回归本源。鼓励银行业金融机构建立服务乡村振兴的内设机构。明确地方政府监管和风险处置责任，稳妥规范开展农民合作社内部信用合作试点。保持农村信用合作社等县域农村金融机构法人地位和数量总体稳定，做好监督管理、风险化解、深化改革工作。完善涉农金融机构治理结构和内控机制，强化金融监管部门的监管责任。支持市县构建域内共享的涉农信用信息数据库，用3年时间基本建成比较完善的新型农业经营主体信用体系。发展农村数字普惠金融。大力开展农户小额信用贷款、保单质押贷款、农机具和大棚设施抵押贷款业务。鼓励开发专属金融产品支持新型农业经营主体和农村新产业新业态，增加首贷、信用贷。加大对农业农村基础设施投融资的中长期信贷支持。加强对农业信贷担保放大倍数的量化考核，提高农业信贷担保规模。将地方优势特色农产品保险以奖代补做法逐步扩大到全国。健全农业再保险制度。发挥“保险+期货”在服务乡村产业发展中的作用。

（二十一）**深入推进农村改革。**完善农村产权制度和要素市场化配置机制，充分激发农村发展内生动力。坚持农村土地农民集体所有制不动摇，坚持家庭承包经营基础性地位不动摇，有序开展第二轮土地承包到期后再延长30年试点，保持农村土地承包关系稳定并长久不变，健全土地经营权流转服务体系。积极探索实施农村集体经营性建设用地入市制度。完善盘活农村存量建设用地政策，实行负面清单管理，优先保障乡村产业发展、乡村建设用地。根据乡村休闲观光等产业分散布局的实际需要，探索灵活多样的供地新方式。加强宅基地管理，稳慎推进农村宅基地制度改革试点，探索宅基地所有权、资格权、使用权分置有效实现形式。规范开展房地一体宅基地日常登记颁证工作。规范开展城乡建设用地增减挂钩，完善审批实施程序、节余指标调剂及收益分配机制。2021年基本完成农村集体产权制度改革阶段性任务，发展壮大新型农村集体经济。保障进城落户农民土地承包权、宅基地使用权、集体收益分配权，研究制定依法自愿有偿转让的具体办法。加强农村产权流转交易和管理信息网络平台建设，提供综合性交易服务。加快农业综合行政执法信息化建设。深入推进农业水价综合改革。继续深化农村集体林权制度改革。

五、加强党对“三农”工作的全面领导

（二十二）**强化五级书记抓乡村振兴的工作机制。**全面推进乡村振兴的深度、广度、难度都不亚于脱贫攻坚，必须采取更有力的举措，汇聚更强大的力量。要深入贯彻落实《中国共产党农村工作条例》，健全中央统筹、省负总责、市县乡抓落实的农村工作领导体制，将脱贫攻坚工作中形成的组织推动、要素保障、政策支持、协作帮扶、考核督导等工作机制，根据实际需要运用到推进乡村振兴，建立健全上下贯通、精准施策、一抓到底的乡村振兴工作体系。省、市、县级党委要定期研究乡村振兴工作。县委书记应当把主要精力放在“三农”工作上。建立乡村振兴联系点制度，省、市、县级党委和政府负责同志都要确定联系点。开展县乡村三级党组织书记乡村振兴轮训。加强党对乡村人才工作的领导，将乡村人才振兴纳入党委人才工作总体部署，健全适合乡村特点的人才培养机制，强化人才服务乡村激励约束。加快建设政治过硬、本领过硬、作风过硬的乡村振兴干部队伍，选派优秀干部到乡村振兴一线岗位，把乡村振兴作为培养锻炼干部的广阔舞台，对在艰苦地区、关键岗位工作表现突出的干部优先重用。

（二十三）**加强党委农村工作领导小组和工作机构建设。**充分发挥各级党委农村工作领导小组牵头抓总、统筹协调作用，成员单位出台重要涉农政策要征求党委农村工作领导小组意见并进行备案。各地要围绕“五大振兴”目标任务，设立由党委和政府负责同志领导的专项小组或工作专班，建立落实台账，压实工作责任。强化党委农村工作领导小组办公室决策参谋、统筹协调、政策指导、推动落实、督促检查等职能，每年分解“三农”工作重点任务，落实到各责任部门，定期调度工作进展。加强党委农村工作领导小组办公室机构设置和人员配置。

（二十四）**加强党的农村基层组织建设和乡村治理。**充分发挥农村基层党组织领导作用，持续抓党建促乡村振兴。有序开展乡镇、村集中换届，选优配强乡镇领导班子、村“两委”成员特别是村党组织书记。在有条件的地方积极推行村党组织书记通过法定程序担任村民委员会主任，因地制宜、不搞“一刀切”。与换届同步选优配强村务监督委员

会成员，基层纪检监察组织加强与村务监督委员会的沟通协作、有效衔接。坚决惩治侵害农民利益的腐败行为。坚持和完善向重点乡村选派驻村第一书记和工作队制度。加大在优秀农村青年中发展党员力度，加强对农村基层干部激励关怀，提高工资补助待遇，改善工作生活条件，切实帮助解决实际困难。推进村委会规范化建设和村务公开“阳光工程”。开展乡村治理试点示范创建工作。创建民主法治示范村，培育农村学法用法示范户。加强乡村人民调解组织队伍建设，推动就地化解矛盾纠纷。深入推进平安乡村建设。建立健全农村地区扫黑除恶常态化机制。加强县乡村应急管理和消防安全体系建设，做好对自然灾害、公共卫生、安全隐患等重大事件的风险评估、监测预警、应急处置。

（二十五）**加强新时代农村精神文明建设**。弘扬和践行社会主义核心价值观，以农民群众喜闻乐见的方式，深入开展习近平新时代中国特色社会主义思想学习教育。拓展新时代文明实践中心建设，深化群众性精神文明创建活动。建强用好县级融媒体中心。在乡村深入开展“听党话、感党恩、跟党走”宣讲活动。深入挖掘、继承创新优秀传统乡土文化，把保护传承和开发利用结合起来，赋予中华农耕文明新的时代内涵。持续推进农村移风易俗，推广积分制、道德评议会、红白理事会等做法，加大高价彩礼、人情攀比、厚葬薄养、铺张浪费、封建迷信等不良风气治理，推动形成文明乡风、良好家风、淳朴民风。加大对农村非法宗教活动和境外渗透活动的打击力度，依法制止利用宗教干预农村公共事务。办好中国农民丰收节。

（二十六）**健全乡村振兴考核落实机制**。各省（自治区、直辖市）党委和政府每年向党中央、国务院报告实施乡村振兴战略进展情况。对市县党政领导班子和领导干部开展乡村振兴实绩考核，纳入党政领导班子和领导干部综合考核评价内容，加强考核结果应用，注重提拔使用乡村振兴实绩突出的市县党政领导干部。对考核排名落后、履职不力的市县党委和政府主要负责同志进行约谈，建立常态化约谈机制。将巩固拓展脱贫攻坚成果纳入乡村振兴考核。强化乡村振兴督查，创新完善督查方式，及时发现和解决存在的问题，推动政策举措落实落地。持续纠治形式主义、官僚主义，将减轻村级组织不合理负担纳入中央基层减负督查重点内容。坚持实事求是、依法行政，把握好农村各项工作的时度效。加强乡村振兴宣传工作，在全社会营造共同推进乡村振兴的浓厚氛围。

让我们紧密团结在以习近平同志为核心的党中央周围，开拓进取，真抓实干，全面推进乡村振兴，加快农业农村现代化，努力开创“三农”工作新局面，为全面建设社会主义现代化国家、实现第二个百年奋斗目标作出新的贡献！

在北京市农村工作会议上的报告

（2021年3月2日）

副市长　卢　彦

同志们：

市委市政府对开好这次会议高度重视。去年12月30日，市委常委（扩大）会议深入学习贯彻习近平总书记在中央农村工作会议上的重要讲话精神，研究我市贯彻落实意见；刚刚又召开了市委农村工作领导小组会议，蔡奇书记、陈吉宁市长、张延昆副书记专题研究我市贯彻落实中央一号文件的实施方案，对做好我市“三农”工作提出了明确要求。一会儿，蔡奇书记还要作重要讲话，我们要认真学习领会，抓好贯彻落实。下面，我先讲几点意见。

一、全面推进乡村振兴具备坚实基础

“十三五”时期，我们坚持以习近平总书记关于“三农”工作重要论述和对北京重要讲话精神为根本遵循，在市委市政府坚强领导下，紧紧围绕全面小康目标，统筹做好疫情防控和农村改革发展稳定各项工作，“三农”发展迈上新台阶。

历时六年，农业“调转节”任务基本完成，农业年用新水量从6.5亿立方米下降到3.3亿立方米，化肥农药持续减量，农产品质量安全保持全国较高水平。特别是新冠肺炎疫情发生以来，粮食、蔬菜、生猪生产逆势上涨，交出了稳产保供的成绩单。紧抓三年，农村人居环境整治首轮任务基本完成，累计实施5615座农村公厕、15.2万个户厕改造和926个村庄污水处理设施建设，约130万农户完成清洁取暖改造。攻坚五年，低收入帮扶任务全面完成，低收入农户人均可支配收入达到17588元、年均增长18.4%，4.3万名低收入农户全部“脱低”、234个低收入村全面消除。持续深化改革，农村集体资产清产核资、土地承包经营权确权登记颁证等改革任务基本完成，农村资产家底基本摸清，“村地区管”机制全面建立。全面加强党的领导，“五级书记抓乡村振兴”深入落实，市委市政府主要领导亲自调度、月度点评、密集调研，“接诉即办”推动乡村治理更加精细高效，农村社会保持和谐稳定。

但我们也要看到，对标中央要求、对标人民期待，“三农”工作还有不少差距。比如，中央生态环境保护督察反馈，我市相关部门在推进农村污水、垃圾收集处理方面抓得不紧，城乡接合部、广大农村地区环境脏乱问题尚未得到解决。中央第六轮巡视反馈，有的区大棚房整治“一刀切”，导致农业设施闲置。“12345”市民服务热线中，“三农”问题诉求量还较大。另外，在乡村产业发展、农村精神文明建设、乡村治理等方面，都还存在不少明显短板弱项。对于这些问题，我们一定要高度重视，采取有力措施整改落实，带动全部工作整体提升。

二、新阶段首都“三农”工作要有新气象新作为

今年是中国共产党成立100周年，是实施“十四五”规划、开启全面建设社会主义现代化国家新征程的第一年，做好“三农”工作意义重大、责任在肩。

一要在首都现代化新征程中不掉队。市委十二届十五次全会确定了北京率先基本实现社会主义现代化的远景目标。农业农村是北京应变局、开新局的重要基础，但也是现阶段首都现代化建设的主要短板。必须坚持以首都发展为统领，按照蔡奇书记要求的“以大城市带动大京郊，以大京郊服务大城市”，“在紧要处落好‘五子’”的重大部署，找准农业农村的坐标方位和工作靶心，推动“三农”工作主动对接、积极融入国际科技创新中心、“两区”建设、京津冀协同发展大局，只有顺势而为，同频共振，才能保证不掉队，才不会影响全局，必须通过扎实行动，努力做到与首都现代化建设进程同步。

二要在全国农业农村现代化进程中走在前。中央一号文件要求“有条件的地区率先基本实现农业现代化”，北京有基础、有优势，必须见行动、争一流。要聚焦重点区域、关键领域和特色优势，围绕攻克农业科技自立自强重大课题，建设现代种业创新中心，打造数字农业展示窗口，形成高效设施农业自主创新模式，推动农业高质量发展。要立足新型城镇化和城乡融合发展，创新体制机制，深化农村改革，畅通要素流动，推进乡村全面振兴。

三要在践行“两山”理念上作表率。广阔山区、生态涵养区是北京区别其他超大城市的突出特点，两轮百万亩造林是绿色北京建设的突出亮点，“两山三库五河”“一绿二绿、郊野公园”是广大农民的“聚宝盆”。要写好“绿水青山就是金山银山”的下半篇文章，提升农村“战略后院”、农业“绿色田园”和农民“美丽庭院”作用，不断完善生态保护补偿机制，创新生态服务、提供生态产品、强化生态保障、传承农耕文明，大力发展绿色有机农业，唱响“购物在北京、休闲在京郊”品牌，让绿元素、农要素为城市添彩，让守护生态的不吃亏、有业就、能增收。

四要在统筹发展和安全上守底线。安全是发展的前提，要主动做好“三农”领域各类风险防范应对准备，守牢四条底线。一是群众生命健康底线，坚持不懈抓好农村地区常态化疫情防控，加快补齐农村公共卫生服务短板。二是民生底线，巩固拓展低收入帮扶成果，确保不出现规模性“返低”。三是安全生产底线，扎实做好非洲猪瘟、禽流感、草地贪夜蛾等重大动植物疫情防控，确保不发生农产品质量安全事故。四是农村社会稳定底线，深化“接诉即办”机制，认真做好群众利益协调和权益保障，建设法治乡村、善治乡村、平安乡村。要以“三农”工作的稳定性，应对外部环境的复杂性和不确定性，为构建新发展格局守好“基本盘”。

三、扎实推动农业农村现代化开好局、起好步

习近平总书记强调“从现在到2035年，也就是

3个五年规划期，要抓紧行动起来”。市委市政府提出了“前瞻十五年、干好这五年、奋斗每一年”的工作要求，“三农”工作须在大局下深化研究、在全局中科学谋划，对标对表中央要求，年底前拿出北京率先基本实现农业农村现代化行动方案，描绘十五年路线图；对标对表市委“十四五”规划建议，上半年编制乡村振兴实施规划，画好五年施工图；认真落实中央一号文件精神，今天会议印发了《关于全面推进乡村振兴加快农业农村现代化的实施方案》讨论稿，这是今年的任务书，各区、各部门要结合实际抓好落实。这里重点就今年工作，强调三个方面。

（一）紧紧依靠科技与市场，促进农业高质高效

北京农业面临的主要矛盾，归结起来就是一个“散”字：地块碎散、产业分散、经营主体小散、合作组织松散。不解决这些问题，稳产保供基础不牢，质量效益也难以提升。今年农业工作要围绕耕地和种子两个要害，在“五个好”上下功夫。

一是守好田。采取“长牙齿”的硬措施，全面建立“田长制”，实行党政同责、清单管理、分级保护、逐级负责、严格问责，全面压实各级领导干部耕地保护责任，坚决遏制耕地“非农化”。实行“田长制”的目的，就是要保住百万亩粮菜生产空间，优化农田空间布局和质量结构，为农业现代化奠定基础。要提高高标准农田建设标准和质量，应建尽建，今年完成6万亩建设任务。通过实施“河长制”“林长制”“田长制”，实现山水林田湖草生命共同体整体保护、系统治理、良性发展。

二是育好种。习近平总书记讲“耕地就那么多，稳产增产根本出路在科技”“农业现代化，种子是基础”，这两句话对北京尤为关键。要进一步发挥北京种业资源优势，在平谷、通州建设现代种业创新中心，编制实施北京市种源“卡脖子”联合攻关十年规划，引导研发力量向都市精品籽种倾斜，选育20个左右具有全国影响力和较高市场占有率的优良品种。要主动融入国家农业科技自立自强战略，积极承接国家农业科技在京试验和成果转化，强化央地创新要素集聚效应，打造“农业中关村”。科研攻关不能撒网捕鱼，必须面向北京农业现代化的关键需求，由行业龙头企业、科研单位“揭榜挂帅”，集中资源力量攻克难题，在生物种业、高效设施农业、数字农业、第三代农机、未来食品等重点领域，加快研发具有自主知识产权的核心技术。依托现代种业、大数据、区块链，掌握产业链创新链的关键节点，构建起数字赋能产业的应用场景，推动农业与科技、与服务深度融合。

三是种好地。稳产保供是“三农”战线首要的政治责任。市委市政府明确，各涉农区粮食、蔬菜等重要农产品生产供应实行党政同责，这项工作将纳入区委书记月度点评会和乡村振兴实绩考核，继续实施月调度、季督查、年考核机制。今年的目标已经明确，全市粮食播种面积、产量要达到73万亩、31万吨以上；蔬菜播种面积、产量要达到62万亩、156万吨以上。这些目标我们向中央、向市委市政府作了郑重承诺，任务分解今天会上一并印发各区，农时不等人，要抓紧做好春耕备耕，把民间俗语说的“牛马年，好种田”的美好愿景变为生动实践。稳产保供要保数量，也要保质量、保多样。要发挥市场导向，统筹“种满”与“种好”、“优质”与“优价”，推进品种培优、品质提升、品牌打造和标准化生产，更好地满足首都市民消费升级需求。北京农业生产空间就这么大，要创新思路、开放发展，向科技、向林下、向外埠要空间、增产能、优布局，发展百万亩林下经济、优化提升百万亩优质果园、协同津冀共建环京百万亩农产品供应基地，形成北京“米袋子”“菜篮子”“果盘子”本地生产优质供给、区域合作稳定供给联动发展格局。

市级层面下任务、压责任，同时也出政策、给支持，在财力吃紧的情况下，市政府专题研究、决定每年统筹不少于10亿元资金专项扶持设施农业，用于蔬菜等设施农作物稳面积、提产能、补短板、增效益。各区要聚焦蔬菜强镇、大村，推动老旧设施向智能化、宜机化新型日光温室改造提升，布局一批育苗、有机、仓储、冷链等补短板项目，发展一批高效设施农业，推动设施产业集群式发展。此外，耕地地力保护补贴、农机补贴、金融支持等农业支持保护政策也将持续优化提升。各涉农区、乡镇的任务就是抓好项目规划储备和组织实施，确保中央和市里的资金、政策接得住、用得好。要牢固树立过“紧日子”思想，让每一笔支农资金都用在农业生产、产业发展和农民增收上。

四是养好畜。继续抓好生猪产能恢复，今年生猪要实现存栏50万头、出栏89万头目标，自给率提升到10%。牛、羊、禽、蛋、奶、渔等养殖也要切实稳住，不能一任下降，全市尚有29家生猪、200余家畜禽传统养殖场，要引导向绿色生态健康

养殖转型升级，构建现代养殖体系，丰富市场供给。文件已经明确，禁养区以外区域，允许发展符合环境保护要求、达到生物安全标准的现代化规模养殖业。相关部门和区要认真执行，完善配套实施机制。

五是育好主体。发展现代农业，必须要有高素质的专业农民和企业家。要突出抓好家庭农场、农民专业合作社等经营主体，年内培育200家示范家庭农场、20家示范合作社，引领家庭经营向标准化生产、专业化经营加快转型。不断完善农业产业化龙头企业联农带农机制，带动农民开展农产品初加工、精深加工，发展“中央厨房”、净菜上市等业态。利用信息技术创新农业社会化服务方式，为农户提供机械作业、农资统购、技术培训、产销衔接、冷链物流等“一站式”服务。深入开展“千名科技人员进千村入万户”活动，打通科技进村入户的通道。

（二）紧紧围绕“七有”“五性”，促进乡村宜居宜业

现阶段，城乡发展差距大，最直观的体现仍是基础设施和公共服务。要立足城乡发展规律，针对城镇集建类、整治完善类、特色提升类、整体搬迁类四种类型村庄，分类建立村庄“七有”“五性”基础设施和公共服务清单。以实施乡村建设行动为总抓手，有针对性地补短板、强弱项，力争到“十四五”末，实现城乡居民生活基本设施大体相当，打造一批乡村全面振兴示范样板。

一是持之以恒抓好农村人居环境整治提升。按照中央部署，研究制定农村人居环境整治提升五年行动方案。落实“清脏、治乱、增绿、控污”八字方针，深入推进“百村示范、千村整治”工程。要把中央环保督察反馈问题整改作为重大政治任务，建立工作台账，严格按照规定的时间、标准、要求，抓好整改落实，举一反三，健全长效管护机制，实现农村由“一时干净”向“时时干净、处处美”转变。

二是城乡一体推进农村基础设施建设。坚持规划引领，推动农村基础公共设施从解决“有没有”向服务“好不好”转变。今年要实施1000个村庄基础设施建设工程，解决300个左右村庄生活污水治理问题，改善5万户农村居民供水条件，有序推进山区村庄煤改清洁能源，启动400户山区农民搬迁工作，持续做好44个传统村落保护和修缮。实施数字乡村建设工程，推动农村千兆光网、5G、移动物联网与城市同步规划建设，年内实现所有村庄卡口可视化全覆盖。农村情况千差万别，要加强分类指导，尊重农民意愿，避免操之过急、搞“一刀切”。

三是因地制宜补齐农村公共服务短板。疫情防控暴露出，医疗卫生是农村地区最突出的公共服务短板。全市仍有578个行政村没有卫生机构，140个村卫生室没有医务人员，396个城乡接合部村庄，尤其是238个人口倒挂村的医疗资源明显不足。要通过建设村级医疗卫生机构、巡诊、政府购买服务等多种形式，实现村级医疗卫生服务全覆盖。原则上要按照国家关于“每千名服务人口至少配置一名乡村医生”的标准，合理统筹各类村庄医务人员配给，特别是要向城乡接合部地区倾斜。要加强农村小药店、小诊所管理，强化村级医疗卫生机构在社区防控中的探头作用，常态化做好农村地区疫情防控。乡镇是服务农民的区域中心，要以乡镇为单元，统筹推进教育、文化、就业、养老等公共服务建设，打造城乡融合发展的重要节点。

（三）紧紧围绕增收目标，促进农民富裕富足

农民是低收入群体的最大构成，促进农民增收是“三农”工作的中心任务。虽然北京农民收入绝对数不低，但在中等收入群体中占比很小，城乡居民收入差距较大。工作目标就是“十四五”时期，城乡居民收入比从2.51 ：1缩小到2.4 ：1，测算农民收入要保持年均9%以上的增速，常规发展实现难度很大。重点要围绕“四个通道”，加快构建城乡融合发展的体制机制和政策体系，畅通农民增收的快车道。

一是拓宽就业通道。工资性收入占到农民收入的70%，一个农民在城镇稳定就业，就能迈入中等收入群体。要抓住就业这个农民增收的“牛鼻子”，实施农民充分就业工程，推动农民在城市服务岗位、重大工程项目中稳岗就业。市、区国有企事业单位，农业产业化龙头企业要发挥带头作用，优先吸纳本地农村劳动力就业。乡村建设工程和长效管护、各种公益性岗位、产业帮扶项目等，要以村民为主体实施，让更多农民就地就业。加强农民培训，教育引导农民劳动致富，今年完成2万人次农民培训、3万名农村劳动力转移就业。

二是打通改革通道。我市城乡居民收入基数差距较大，要缩小收入比，必须要有重大改革举措。一方面，要深化农村土地制度改革，通过推进集体经营性建设用地入市、改革宅基地制度、盘活利用

闲置农宅等，发展符合首都功能定位的产业，让农民依托集体经济组织，共享首都改革发展成果。另一方面，要深化城乡社会保障制度改革，我市220多万户籍农民，其中180多万农民的养老待遇不及城镇居民平均水平的20%，农民转移净收入比城镇居民约低10个百分点。今年要研究推动“岗补”“社补”政策向集体经济组织、农民专业合作社延伸，有序推进符合条件的一产农民稳岗就业、纳入社保。通过多种途径，力争到2025年，实现本市就业农村劳动力基本纳入城镇职工保险体系。

三是优化帮扶通道。低收入帮扶任务完成后，要分类优化调整各项帮扶政策，实现常态化帮扶与发展壮大农村集体经济统筹谋划、一体实施。开展集体经济薄弱村消除行动，“一村一方案”，今年消除200个左右，五年基本消除全市600个年经营性收入低于10万元的集体经济薄弱村。继续采取精准帮扶的措施，加大产业帮扶、社会帮扶力度，建立国企、高校、科研院所、民营企业等包村帮扶清单；平原区与生态涵养区的对接帮扶，也要把发展集体经济作为重点，不断增强集体经济组织带动农民增收致富的能力。

四是构建创业致富通道。产业结构由人才结构决定。要不断优化农村营商环境，促进资本、技术、人才、信息等要素向农村流动，吸引外出务工青年、城市年轻人、农民企业家返乡下乡创业兴业，为农村发展注入新鲜血液。要以林下经济和乡村旅游这两个业态为牵引，大力发展乡村生态友好型产业。北京林地资源丰富，近些年开展了新型集体林场、林下经济“1+20”试点，探索了可行的经验模式。“十四五”时期每年计划新发展20万亩林下经济，协同推进生态保护与绿色富民，促进“产业生态化、生态产业化”。去年受疫情影响，乡村旅游遭受较大冲击。在疫情防控常态化的形势下，周边游、周末游成为更多市民首选。我市乡村旅游要善于化危为机，以乡村民宿为重点，带动6000余家传统农家乐转型升级，提高乡村旅游现代化服务水平，打造利民富农乡村产业。

同志们，做好新阶段“三农”工作，任务艰巨、使命光荣。我们要更加紧密地团结在以习近平同志为核心的党中央周围，在市委市政府坚强领导下，发扬孺子牛、拓荒牛、老黄牛精神，以不怕苦、能吃苦的牛劲牛力真抓实干、攻坚克难，为首都率先基本实现社会主义现代化作出新的更大贡献，以优异成绩迎接建党100周年！

中共北京市委文件北京市人民政府印发《关于全面推进乡村振兴加快农业农村现代化的实施方案》的通知

2021年3月31日

为贯彻落实《中共中央、国务院关于全面推进乡村振兴加快农业农村现代化的意见》，加快补齐本市农业农村发展短板，推动解决城乡区域间发展不平衡不充分问题，举全市之力推进率先基本实现农业农村现代化，制定本实施方案。

一、总体要求

（一）指导思想

以习近平新时代中国特色社会主义思想为指导，全面贯彻党的十九大和十九届二中、三中、四中、五中全会精神，贯彻落实中央农村工作会议精神，坚定不移贯彻新发展理念，坚持稳中求进工作总基调，立足首都城市战略定位和“大城市小农业”“大京郊小城区”市情农情，深入实施人文北京、科技北京、绿色北京战略，以首都发展为统领，以大城市带动大京郊、大京郊服务大城市为发展方略，以推动农业农村高质量发展为主题，以深化农业供给侧结构性改革为主线，以改革创新为根本动力，以满足人民日益增长的美好生活需要为根本目的，以加强党的领导为根本保障，统筹发展和安全，坚持城市现代化与农业农村现代化一同谋划、一并实施，坚持农业现代化与农村现代化一体设计、一并推进，全面推进乡村产业、人才、文化、生态、组织振兴，加快形成工农互促、城乡互补、协调发展、共同繁荣的新型工农城乡关系，促进农业高质高效、乡村宜居宜业、农民富裕富足，探索走出一条具有首都特点的乡村振兴之路。

（二）目标任务

2021年，农业供给侧结构性改革深入推进，粮食播种面积、产量稳定在73万亩、31万吨以上，蔬菜播种面积、产量恢复到62万亩、156万吨以上，生猪存栏达到50万头、出栏达到90万头左右，一批农业关键科技项目立项攻坚，农业从数量回升向量质同升转型发展。乡村建设行动全面启动，农村改革重点任务深入推进，农民收入增速快于城镇居民，农村社会保持和谐稳定。

到2025年，率先基本实现农业农村现代化行动取得重要进展，城乡规划一体化、资源配置一体化、基础设施一体化、产业一体化、公共服务一体化、社会治理一体化发展格局基本确立，城乡融合发展体制机制和政策体系更加健全完善。科技创新成为农业鲜明特征，农业科技进步贡献率达到77%，设施农业机械化率达到55%以上，高效设施农业技术、装备、品种自主创新率明显提升，良种覆盖率达到98%以上，蔬菜、猪肉自给率分别达到20%、10%以上，绿色有机产品总量力争翻一番，品种培优、品质提升、品牌打造和标准化生产全面推进。生态宜居的美丽乡村建设深入推进，生活污水处理设施覆盖率达到55%以上，生活垃圾得到有效处理基本实现全覆盖，煤改清洁能源覆盖率达到90%，农村公共卫生等服务短板基本补齐，城乡居民生活基本设施大体相当。农民中等收入群体明显扩大，城乡居民收入比缩小到2.4：1左右，年经营性收入低于10万元的集体经济薄弱村基本消除，郊区“七有”“五性”监测评价指数稳步提升，农民获得感、幸福感、安全感明显提高。党对农村工作的全面领导更加坚强有力，自治、法治、德治相结合的现代乡村治理体系更加完善，乡村社会充满活力、和谐有序，京华大地成为习近平新时代中国特色社会主义思想的实践范例，京郊农村成为超大城市乡村治理体系和治理能力现代化的成功范例。

二、培育科技与市场核心竞争力，加快推进农业现代化

（三）牢牢守住耕地红线。采取“长牙齿”的措施，落实最严格的耕地保护制度，坚决遏制耕地“非农化”。对永久基本农田开展全面评估和调整补划，推动农田空间布局优化、质量提升。建立“田长制”，实行接任、离任交清单制度，把耕地保护作为领导干部自然资源资产离任审计的重要内容。健全耕地数量和质量监测监管机制，搭建数字化管理系统，研究制定耕地保护补偿激励办法。深入推进农村乱占耕地建房专项整治行动。2021年建设6万亩高标准农田。

（四）抓牢重要农产品稳产保供。各涉农区粮食、蔬菜等重要农产品生产供应实行党政同责。守住农业基本盘，推进“五个百万”工程建设：打造提升百万亩粮菜生产空间、发展百万亩林下经济、优化提升百万亩优质果园、确保百万头生猪出栏、协同津冀共建环京百万亩农产品供应基地。坚持“种满”“种好”两手抓，实施设施农业以奖代补、绿色服务、菜田补贴等专项扶持措施，加快补上蔬菜集约化育苗、机械装备、产销衔接等短板，推动设施蔬菜稳面积、提产能、增效益。新发展一批宜机化、智能化新型日光温室和5000亩高效设施，打造3条蔬菜产业带、3个高效设施农业片区，建设蔬菜产业10个万亩镇、100个千亩村、1000个百亩示范园，形成“三带三片区、十镇百村千园”格局，打造百亿元产值的设施蔬菜产业集群。允许在禁养区以外区域发展符合环境保护要求、达到生物安全标准的现代化规模养殖业。

（五）有效服务国家农业科技自立自强。把农业科技纳入北京国际科技创新中心建设战略，积极承接国家级农业重大任务，强化国家农业创新战略力量的牵引带动作用和成果就地转化能力。集聚一批农业科技领军人才和创新团队，实施“揭榜挂帅”机制，围绕生物种业、高效设施农业、数字农业等领域研发一批具有自主知识产权的核心技术，推进以清洁能源、人工智能为基础的第三代农机产业化应用。打造“农业中关村”，大力推进平谷区农业科技创新示范区建设，抓好智慧农业创新工场等试点。建设乡村振兴大数据平台，构建全市农业农村数据资源“一张图”，推动主导产业全产业链数字化转型。创建5个国家级现代农业产业园、15个市级现代农业产业园及农业产业强镇，提升7个国家农业科技园区，建设100家左右农业科技示范基地，创建国家农业现代化示范区，示范引领农业设施化、园区化、融合化、绿色化、数字化发展。

（六）打造“种业之都”。接续实施现代种业发展三年行动计划，开展种质创制和品种选育联合攻

关、特色畜禽水产种质资源保护、设施蔬菜良种更新工程，建设国家玉米种业技术创新中心。引导研发力量向都市精品籽种倾斜，认定20家市级种质资源保护单位，选育推广20个具有全国影响力和较高市场占有率的绿色优质多抗高效品种。以通州国际种业园区、平谷国家现代农业（畜禽种业）产业园为载体，建设现代种业创新中心。加强育种领域知识产权保护。推进北京南繁科研育种基地建设。推动《北京市种子条例》出台。

（七）推进农业绿色发展。深化国家农产品质量安全市创建。实施农药化肥减量增效行动，推广测土配方施肥、农作物病虫害统防统治与全程绿色防控，大力发展绿色有机农产品。加强农机井用途和计量管理，落实农业水价制度，严格用水定额和节水措施。发展循环农业，推进农作物秸秆、畜禽粪污资源化利用。加强农药包装、农膜等废弃物回收处置。强化裸露农田扬尘管控。推进农产品质量安全网格化监管，建立质量安全追溯试点，试行食用农产品达标合格证制度。高标准做好2022年北京冬奥会、冬残奥会等重大活动农产品质量安全保障。做好非洲猪瘟等重大动植物疫情防控。

（八）促进乡村产业融合发展。落实绿水青山就是金山银山理念，大力发展生态友好型产业。科学高效利用林地资源，积极探索林药、林菌、林蜂、林禽等多种模式，打造新型农林复合体。支持农业产业化龙头企业带动农民发展农产品初加工、精深加工。推广净菜上市。建设农村电子商务公共服务中心，着力培养一批农村流通类电子商务龙头企业，加快构建以电商平台为引领的农产品现代流通体系。建立北京优农品牌目录，培育提升品牌价值，恢复推广一批“老口味”蔬菜品种，做好地理标志农产品保护和开发。深入推进乡村文化旅游融合，挖掘农业文化遗产、民俗风情等特色元素，发展田园观光、农耕体验、耕读教育、森林康养等业态，更好满足市民到乡消费需求。实施休闲农业“十百千万”畅游行动，打造一批精品主题线路、休闲乡村和示范园区。充分发挥村集体经济组织在乡村民宿发展中的组织引导作用，带动传统农家乐转型升级。开展乡村民宿星级评定，引导规范化、标准化发展，提高乡村旅游现代化服务水平。

（九）推进现代农业经营体系建设。改革农业组织方式，用好承包土地确权登记颁证成果，通过土地股份合作、互换并地、土地托管、代耕代种等途径，促进农业适度规模经营。实施家庭农场培育计划和农民合作社质量提升行动，2021年市级培育200家示范家庭农场、20个家庭农场示范乡镇、3个家庭农场示范区、20个示范合作社，完成顺义区、平谷区农民合作社质量提升整区推进试点。支持发展农业产业化联合体。培育农业专业化社会化服务组织，为农户提供机械作业、农资统购、技术培训、产销衔接、冷链物流等“一站式”服务。实施农民企业家、农村创新创业人才培育工程，建设返乡入乡创业园和孵化实训基地，落实人才返乡创业补贴、担保贷款等支持政策。

三、大力实施乡村建设行动．加快推进农村现代化

（十）促进城乡融合发展。研究城乡接合部减量发展新路径，全面推进“一绿”地区城市化，制定“二绿”地区发展规划。研究政策措施，推进窦店镇、马坊镇等新市镇建设，培育张家湾设计小镇、台湖演艺小镇、长沟基金小镇等一批特色小镇，打造城乡融合发展的重要节点。推进新型城镇化和农业农村现代化相互融合，把小城镇建设成为就业、居住、综合服务和社会管理中心。落实北京城市总体规划“两线三区”空间分区管控要求，分类推进整治完善类、城镇集建类、特色提升类、整体搬迁类四类村庄建设。严格规范村庄撤并，不得违背农民意愿、强迫农民上楼。完成第四轮山区搬迁工程。建设一批新型农村社区。

（十一）加强乡村公共基础设施建设。巩固提升“四好农村路”建设成果，全面实施路长制，进一步提高农村公交客运服务水平。分类保障农村饮水安全，有条件的地区推进城乡供水一体化，2021年推进50个村实现集中供水，全市行政村集中供水基本实现“一户一表、计量收费”。推动农村电网改造升级。因地制宜推进山区村庄煤改清洁能源工程。实施数字乡村建设发展工程，农村千兆光网、5G、移动物联网与城市同步规划建设，促进乡村公共服务、社会治理数字化智能化，2021年基本实现村庄卡口可视化全覆盖。抓好平谷区、房山区数字乡村建设试点。

（十二）建设有北京特色风貌的美丽乡村。深入推进“百村示范、千村整治”工程，培育一批乡村全面振兴样板村。实施农村人居环境整治提升五

年行动，深入落实“清脏、治乱、增绿、控污”要求，持续推进农村厕所革命、垃圾治理、污水治理，每年解决300个左右村庄生活污水治理问题。发挥农民主体作用，完善农村人居环境设施长效管护机制。加强村庄风貌管控，建立常态化农房建设管理制度，持续推进抗震节能农宅建设与农村危房改造，开展农房安全隐患排查整治，支持新建一批功能现代、风貌乡土、成本经济、结构安全、绿色环保的宜居型示范农房。做好传统村落保护发展。

（十三）加快补齐农村医疗卫生等公共服务短板。做好农村地区常态化疫情防控工作。加强村级卫生机构建设，重点解决城乡接合部地区、人口倒挂村卫生设施薄弱问题，提升村卫生室标准化建设水平，每村至少配备一个卫生室和一名医疗卫生工作者，以村庄常住人口为基数，测算村级医疗卫生工作者人员缺口，通过购买服务、下派人员等方式，补齐不足，推进镇级管理、村级使用。做实村（居）民委员会下属公共卫生委员会职责，统筹辖区资源，加强基层公共卫生服务能力。加强农村小药店、小诊所管理，强化村级医疗卫生机构在社区疫情防控中的探头作用。深化集团化办学改革，加强城乡一体化学校、农村薄弱学校建设。建设一批农村养老服务驿站、老年餐桌，建成不少于1000个农村邻里互助养老服务点。支持连锁便利店、药店等进农村，推动农村生活服务便利化、精细化、品质化。

四、深化农村改革，推动农民持续较快增收

（十四）深化农村土地制度改革。健全“村地区管”机制。出台承包土地经营权抵押贷款实施办法。制定农村集体经营性建设用地入市配套政策，逐步建立城乡统一的建设用地市场。实施集体建设用地“点状”布局与供地，保障农村重点产业和项目用地。完善节约用地激励机制，整理节约出来的集体建设用地，优先发展农村特色产业。完善宅基地管理政策体系，分类落实户有所居，将符合条件的农民纳入城镇居民住房保障体系。全面推进房地一体宅基地确权登记颁证。抓好大兴区、昌平区宅基地制度改革试点。

（十五）提高农民就业和社会保障水平。实施农民充分就业工程，引导农民劳动致富。推动农村劳动力有组织地到城市公共服务岗位、重大工程项目就业。积极采用以工代赈、生产奖补、劳务补助等方式，组织农民群众参与农村基础设施建设和产业帮扶项目。建立乡村公益性岗位人员待遇增长机制。实施新型职业农民培育工程，大力开展订单、定向、定岗等有针对性的职业技能培训，2021年培训农民2万人次以上，推动3万名农村劳动力转移就业。通过社会单位转移就业一批、政府购买服务等岗位就业一批、规范农村集体经济组织和农民合作社用工就业一批、鼓励灵活就业一批，到2025年基本实现将本市就业农村劳动力纳入城镇职工保险体系。

（十六）发展壮大农村集体经济。巩固拓展低收入帮扶成果，对现有帮扶政策分类优化调整，逐步实现由集中资源支持向常态化帮扶、内生发展转变。持续深化农村集体产权制度改革，探索股份退出以及股权继承、转让、抵押担保等后续制度安排。健全完善农村产权流转交易服务体系。鼓励村集体经济组织通过盘活资产资源、提供有偿服务、利用财政扶持形成资产参股入股等多种途径，增加集体收入。扩大新型集体林场试点。实施集体经济薄弱村消除行动，2021年实现200个左右集体经济薄弱村年经营性收入超过10万元。

（十七）强化农业农村优先发展投入保障。把农业农村作为一般公共预算优先保障领域。调整土地出让收入使用范围，用于农业农村比例逐年稳步提高，到2025年达到8%。完善“大专项+任务清单管理”机制，加强涉农资金绩效考评，提高扶持精准度，加快支农支出执行进度。支持以市场化方式设立乡村振兴基金。推进温室大棚、大型农机、生猪活体等抵押融资，支持植物新品种权等知识产权质押融资，合理设置农业贷款期限和还款方式。基本建成新型农业经营主体信用体系，探索建立依托信用体系的融资担保机制。鼓励开展地方特色农业保险创新试点。

五、加强党对“三农”工作的全面领导

（十八）强化五级书记抓乡村振兴的工作机制。不断完善市负总责、区和乡镇抓落实的农村工作领导体制。充分发挥党委农村工作领导小组牵头抓总、统筹协调作用，成员单位出台重要涉农政策要征求领导小组意见并进行备案。建立乡村振兴联

系点制度，各级党委和政府负责同志都要确定联系点。围绕“五大振兴”目标任务，设立由党委和政府负责同志领导的工作专班。党委农村工作领导小组办公室每年分解“三农”工作重点任务，定期调度工作进展。将乡村振兴实绩考核结果，作为综合考核评价涉农区党政领导班子和领导干部的重要参考，对考核排名落后、履职不力的党委和政府主要负责同志进行约谈。乡镇党委书记要把主要精力放在“三农”工作上。将乡村人才振兴纳入党委人才工作总体部署，强化人才服务乡村激励约束，职称评定、突出贡献人才评选等向乡村人才倾斜，探索各领域人才定期服务乡村机制。广泛动员社会力量，助推乡村振兴。持续深化“千名干部科技人才进千村入万户”活动。

（十九）加强党的农村基层组织建设和乡村治理。抓好乡镇、村集中换届，选优配强乡镇领导班子、村“两委”成员特别是村党组织书记。建立健全村级后备人才库，完善第一书记选派、乡村振兴协理员选任等长效机制。加大在优秀农村青年中发展党员力度。研究建立农村基层干部工资补助待遇稳定增长机制。常态化推进软弱涣散村党组织整顿。落实“四议一审两公开”“三务公开”，开展村规民约示范提升行动。建设法治乡村，将法律咨询援助、人民调解等纳入农村基本公共服务范畴。将扫黑除恶专项斗争纳入乡村治理体系，推进平安乡村建设。深化党建引领“街乡吹哨、部门报到”改革，完善“接诉即办”机制，强化主动治理、未诉先办。

（二十）加强新时代农村精神文明建设。弘扬和践行社会主义核心价值观，拓展新时代文明实践中心建设。在乡村开展“听党话、感党恩、跟党走”宣讲活动。深化文明村镇和文明家庭创建，推进农村移风易俗。推动乡村文化事业发展，办好中国农民丰收节北京市庆祝活动、北京农民艺术节、“农村文艺演出星火工程”等，支持农村文艺创作。深入开展爱国卫生运动，倡导文明健康、绿色环保的生活方式，提高农民群众健康素养。

文 件 选 载

关于印发《北京市防止耕地“非粮化”稳定粮食生产工作方案》的通知

（2021年1月11日）

各涉农区人民政府，市各有关单位：

经市政府同意，现将《北京市防止耕地“非粮化”稳定粮食生产工作方案》印发给你们，请认真组织实施。

北京市防止耕地“非粮化”稳定粮食生产工作方案

为认真贯彻落实《国务院办公厅关于防止耕地“非粮化”稳定粮食生产的意见》（国办发〔2020〕44号）精神，坚决防止耕地“非粮化”，切实稳定粮食生产，结合本市实际，制定该工作方案。

一、工作思路

坚持以习近平新时代中国特色社会主义思想为指导，增强“四个意识”、坚定“四个自信”、做到“两个维护”，认真落实党中央、国务院决策部署，把确保国家粮食安全作为“三农”工作的首要任务，科学合理利用耕地资源，严禁违规占用永久基本农田，稳定粮食播种面积和产量，共同扛起保障国家粮食安全重任。

二、坚决防止耕地“非粮化”

（一）优化调整永久基本农田。结合第三次全国国土调查成果，依据土地利用总体规划，查清现状永久基本农田内土地的利用类型和分布等情况，加快优化调整永久基本农田，切实提高永久基本农田划定质量。最大限度将符合条件的已建高标准农田调整补划入永久基本农田。建立永久基本农田数据部门共享机制。（责任单位：市规划自然资源委、市农业农村局、市园林绿化局）

（二）合理利用耕地资源。实施最严格耕地保护制度，将有限的耕地资源，科学合理用于保障粮食安全和重要农产品有效供给。在确保全市粮食播种面积70万亩、产量29万吨底线的基础上，永久基本农田主要保障粮食和蔬菜生产。（责任单位：市农业农村局、市规划自然资源委、相关区政府）

（三）严禁违规占用永久基本农田。严格规范永久基本农田上农业生产经营活动，禁止占用永久基本农田从事林果业以及挖塘养鱼、非法取土等破坏耕作层的行为，禁止闲置、荒芜永久基本农田。坚决制止永久基本农田上新出现的违规绿化造林行为。（责任单位：市规划自然资源委、市园林绿化局、市农业农村局、相关区政府）

三、切实稳定粮食生产

（四）实施高标准农田建设。编制“十四五”时期农田建设规划，重点围绕永久基本农田，组织实施农田基础建设、灌排节水、地力培肥、生态景观和长效管护等五大工程，大力推进高标准农田建设和改造提升任务。（责任单位：市农业农村局、市规划自然资源委、相关区政府）

（五）全程全面推进农业机械化。发展适应多种形式适度规模经营的大中型农机，推动粮食作物生产全程机械化向生产智能化跨越。到2025年，主要农作物耕种收综合机械化率以及秸秆综合利用率达到98%以上。开展“全程机械化+综合农事”服务中心建设，实现小农户与现代农业发展有机衔接。（责任单位：市农业农村局、相关区政府）

（六）**落实粮食生产支持政策**。认真执行粮食收购政策引导企业入市收购；进一步完善耕地地力保护补贴、农机购置补贴政策；实施节水、绿色防控等种粮生产经营主体职业素质提升培训计划；探索粮食作物完全成本保险和收入保险试点，继续推进气象指数保险创新工作；实施“千村万户”良种更新工程，提高农民生产效益。（责任单位：市农业农村局、市财政局、市粮食和物资储备局、市气象局、相关区政府）

（七）**加强技术指导服务**。针对小麦、玉米、杂粮等主要粮食作物开展定点监测，精准掌握苗情、墒情、病虫害“三情”，结合气候条件分析，在关键时期发布技术指导意见。组建专家指导组，定期开展技术指导服务。加强新品种、新技术、新设备的引进、试验、示范与推广，提升全市粮食作物生产水平。推广应用成熟有效的农林复合经营模式。（责任单位：市农业农村局、市园林绿化局、市气象局、相关区政府）

（八）**推动粮食生产适度规模经营**。鼓励通过土地流转、合作经营、生产托管、代耕代种、统防统治等多种方式实现规模化、标准化生产。开展以粮食生产托管、统防统治为主的农业生产社会化服务，提高种粮规模效益。（责任单位：市农业农村局、相关区政府）

四、压实粮食生产责任

（九）**建立健全工作机制**。成立北京市防止耕地“非粮化”稳定粮食生产工作组，主管市领导任组长，市有关部门为成员单位，协调建立会商、考核、调度、第三方核查等机制，统筹推进各项工作。相关区政府切实承担耕地“非粮化”主体责任，抓紧制定工作措施，明确责任分工、工作目标、工作内容和工作要求，不折不扣地落实防止耕地“非粮化”稳定粮食生产的各项工作。各涉农区将工作落实情况报送市农业农村局、市规划自然资源委。

（十）**明确粮食生产目标任务**。根据农业农村部下达的粮食生产目标任务，明确全市当年目标任务，并分解下达到各涉农区。各涉农区要将目标任务落实到乡镇，确保目标任务顺利完成。（责任单位：市农业农村局、相关区政府）

（十一）**强化粮食生产目标任务考核**。将粮食生产目标任务纳入全市乡村振兴战略实绩考核，并在粮食安全区长责任制考核中提高粮食播种面积、产量和高标准农田建设等考核指标权重。考核结果将进行通报，并与相关支持政策和资金衔接，切实发挥考核作用。（责任单位：市粮食和物资储备局、市农业农村局、相关区政府）

（十二）**加强种粮情况监测及指导检查**。运用卫星遥感等现代信息技术，对耕地种粮情况进行动态监测评价。定期对粮食作物种植情况进行监测评价，实行信息化、精细化管理，及时更新电子地图和数据库。加强指导检查，对发现的问题，协调推动解决，确保各项工作落实落地。（责任单位：市农业农村局、市规划自然资源委、国家统计局北京调查总队、市园林绿化局）

附件

北京市防止耕地“非粮化”稳定粮食生产工作组组成及分工

一、市防止耕地“非粮化”稳定粮食生产工作组

组长：卢彦副市长

副组长：市农业农村局、市规划自然资源委主要负责同志

成员：市农业农村局、市规划自然资源委、市财政局、市园林绿化局、市粮食和物资储备局、国家统计局北京调查总队、市气象局主管负责同志

工作组统筹推进防止耕地“非粮化”稳定粮食生产各项工作。工作组办公室设在市农业农村局，研究起草相关文件，组织开展指导检查，做好各部门间的沟通协调以及信息的传递、反馈等工作。

二、具体分工

市农业农村局，负责协调推进稳定粮食生产相关工作，制定并落实粮食生产支持政策，组织开展粮食种植情况监测及第三方核查。

市规划自然资源委，负责优化调整永久基本农田布局，对耕地种粮情况进行动态监测评价，查处

违法违规用地和违法建设行为。

市财政局，负责安排耕地地力保护补贴、农机购置补贴、高标准农田建设等政策资金，配合制定粮食生产支持政策。

市园林绿化局，负责促进农田防护林、农田林网、道路等建设与永久基本农田有机衔接工作，配合有关单位协调解决永久基本农田上林果业历史遗留问题。

市粮食和物资储备局，负责执行粮食收购政策，引导企业入市收购，组织开展粮食安全区长责任制考核工作。

国家统计局北京调查总队，负责夏粮、秋粮统计工作，配合做好关键时期粮食作物监测，与有关部门建立数据共享机制。

市气象局，负责为粮食产量估产提供技术支撑，做好关键时期粮食作物生长气候适宜性及灾害风险评估工作，适时发布气象预报预警信息。

北京市农业农村局　北京市气象局 关于印发《北京市农业气象防灾减灾实施方案》的通知

（2021年1月11日）

各相关区农业农村局、区气象局：

现将《北京市农业气象防灾减灾实施方案》印发给你们，请结合工作实际抓好贯彻落实，切实做好农业气象防灾减灾工作。

北京市农业气象防灾减灾实施方案

为落实《农业农村部办公厅中国气象局办公室关于进一步做好农业气象防灾减灾工作的通知》（农办农〔2020〕9号）精神，充分发挥气象服务“三农”的重要作用，进一步提升农业气象防灾减灾水平，特制定本实施方案。

一、指导思想

以习近平新时代中国特色社会主义思想为指导，深入贯彻习近平总书记关于“三农”工作重要论述，扎实实施乡村振兴战略，牢固树立“抗灾夺丰收”和“减灾就是增产”的理念，坚持“政府主导、部门联动、社会参与”的气象灾害防御原则，突出问题导向，主动担当作为，在做好新冠肺炎疫情防控的同时，扎实推进农业防灾减灾工作，强化灾害监测，实现科学减灾，牢牢把握农业防灾减灾的主动权。

二、工作目标

围绕全市高质量推进农业农村现代化的建设要求，充分发挥气象信息对农业抗灾救灾和农业生产指导的决策支撑作用。不断提高农业气象灾害的监测、预报预警和影响评估水平，不断完善现代农业气象服务体系和农村气象灾害监测体系，农业气象服务产品针对性和精细化，农业气象服务综合能力大幅提升。

三、工作任务

（一）建立会商制度。市级建立会商制度，一是围绕重大气象灾害、关键农事季节、农作物产量、农作物生长关键期农情等开展联合业务会商。会商根据农时，原则上每年3次（春耕春播期、夏收夏种期、秋收秋种期）。会商内容包括关键农时农事季节的气象监测分析、重大农业气象灾害监测预警与影响评估、灾害风险分析与预测预估、农作物产量预报、农业气候资源开发利用、农业应对气候变化等方面。二是遇有极端天气，可根据天气情况和需要进行线上会商，形成的预警信息及时通报各区农业农村局和相关农业气象服务对象。

（二）建立共享制度。定期将农情信息、灾情信息、农事生产资料、农作物产量、大宗作物产量预报信息、农作物的农事管理建议、气象历史资料、气象雷达数据、气象季报年报情况等共享，共同为农业生产提供精准服务。融合农业农村和气象部门的信息资源，建立实时、高效地为农服务信息平台，实现农业气象观测信息、农产品气候品质认证信息、气象指数保险服务信息、气象灾害预报预警等精准推送到新型农业经营主体手中。

（三）联合发布预警信息，提高时效性，扩大覆盖面。充分利用电视、广播等传统媒体和微博、微信、App客户端、短视频平台等新媒体，实现多种媒体、多种平台联合发布预警信息，优化信息服务渠道，提高信息传播时效，扩大覆盖面。发挥基层农业技术推广站、气象信息服务站和信息员作用，做好农业气象灾害预警服务。聚焦重点地区、主要作物和规模主体，提供精细化气象服务，特别是向新型农业经营主体提供直通式气象服务。

（四）联合开展调查研究，提高农业气象防灾减灾的能力和水平。联合开展农业气象灾害风险普查和风险评估区划，制定农业气象防灾减灾预案，制定防灾减灾技术指导意见，提高农业气象防灾减灾的科学性。联合开展田间调查，指导科学抗灾救灾和灾后恢复生产。联合开展错期播种、病虫发生规律、农业气象灾害防控、农产品品质提升、农业气候资源开发等研究工作，联合发布研究报告，提高权威性和影响力。

联合开展北京地区冰雹灾害风险评估技术、冰雹防护设施技术、防雹作业效益评估技术等研究，联合开展冰雹灾害灾情联合调查、降雹采样分析等，形成一套完整的、针对高价值果业和设施农业的人影防雹减灾技术体系。

（五）联合推进农产品气候品质认证和政策性农业保险气象指数保险产品的惠农服务工作。充分利用农业气象数据，积极推进农产品气候品质认证和农业天气指数保险。通过共享农业气象数据，联合研发认证指标和灾害风险评估指标，为农产品气候品质认证和农业天气指数保险提供技术支持，不断丰富完善已有农产品气候品质认证和农业天气指数保险试点，拓展品质认证范围，开展符合地区实际的创新险种研究，不断满足农户日益增长的风险保障需求。

四、保障措施

（一）加强组织领导，落实工作责任。建立农业气象联席会议制度。市级成立农业气象联合工作组，由市农业农村局、市气象局和有关部门组成，负责领导组织全市农业气象防灾减灾建设工作。各区成立相应联合工作组，加强协调和管理，制定、细化工作内容，调动各部门积极性和主动性。完善农业气象服务机制，并将农业气象防灾减灾纳入“十四五”工作规划统筹推进，相关形成文件报市农业农村局和市气象局备案。

（二）加强项目合作，推动科学防灾减灾。围绕中央和北京市关于全面推进乡村振兴、加快农业农村现代化等重大规划布局和相关要求，联合申报项目，开展重大技术攻关和有关政策问题研究。充分利用各自优势，不断拓宽合作研究领域。定期开展技术交流，共享科研成果，共同推进科研成果转化应用。

（三）开展宣传教育，提高防灾减灾意识。针对农村地区信息化建设水平偏低，网络覆盖不到位等问题，联合开展农业气象防灾减灾科普宣传，将农业气象技术研究与农业气象服务相结合，从根本上解决信息传播“最后一公里”问题，使农民群众转变思想，增强防灾减灾意识，丰富农业气象知识，从被动向主动获取气象信息转变，以需求带动服务，推动农业生产活动良好开展，不断提升农民群众的经济效益和生活水平。

北京市农业农村局　北京市财政局 关于组织申报北京市特色畜禽、水产种质资源保护项目的通知

（2021年1月20日）

各相关区农业农村局、区财政局，各相关种业企业、科研院所、高等院校：

为全面贯彻中央农村工作会议精神，着力解决种子“卡脖子”问题，打好种业“翻身仗”，深入推进《国务院办公厅关于加强农业种质资源保护与利用的意见》(国办发〔2019〕56号）和市农业农村局、市发展改革委、市科委、市财政局、市园林绿化局《关于印发〈北京现代种业发展三年行动计划（2020—2022年）〉的通知》(京政农发〔2020〕24号）的落实，切实保护好北京市特色畜禽、水产种质资源，市农业农村局、市财政局组织开展北京特色畜禽、水产种质资源保护工作，具体通知如下。

一、总体目标

畜禽、水产种质资源是生物多样性的重要组成部分，是人类社会未来发展的重要基因库，是实现畜牧渔业可持续发展的基础。北京鸭、北京油鸡、北京黑猪、宫廷金鱼及鲟鱼是北京市独具特色的珍贵种质资源，既可为优质新品种选育提供充足的遗传材料，本身又是重要的种业产业。项目对北京鸭、北京油鸡、宫廷金鱼和鲟鱼共4种北京市现有特色畜禽、水产种质资源实施保护，通过科学合理的保种方法，有效减缓群体近交系数增量，避免近交退化，保持北京地区特有畜禽水产遗传资源的品种特性和遗传多样性。

二、具体指标

（一）北京鸭

1.分子监测保种群体多态信息含量（PIC）大于0.5。

2.符合种用标准的保种群数量要求：母鸭560只以上，公鸭80只（维持80个家系）以上，共计640只以上。

（二）北京油鸡

1.分子监测保种群体多态信息含量（PIC）大于0.5。

2.符合种用标准的保种群数量要求：母鸡800只以上，公鸡160只（维持60个家系）以上，共计960只以上。

（三）宫廷金鱼（3个品种：鹅头红金鱼、虎头金鱼、蛋球金鱼）

1.种质纯正，没有混杂，具有三代以上系谱。

2.符合种用标准的单个种质资源保种群数量要求：雌鱼150尾以上，雄鱼350尾以上。

（四）鲟鱼（3个品种：施氏鲟、西伯利亚鲟、达氏鳇）

1.分子监测保种群体多态信息含量（PIC）大于0.25。

2.符合种用标准的单个种质资源保种群数量要求：施氏鲟和西伯利亚鲟亲鱼500尾以上，达氏鳇亲鱼300尾以上，雌雄比为2 ∶ 1 ~ 3 ∶ 1。

三、保护方式

（一）采取活体保护。

（二）每个种质资源分别建立两套保种群体，即每个种质资源确定两个项目承担单位。

四、保护政策

（一）按照国家相关规范标准结合实际调研，测算每套保种群体养殖成本并给予一定补贴。其中：

北京鸭：每套种质资源每年补贴不超过30万元，3年不超过90万元。

北京油鸡：每套种质资源每年补贴不超过35万元，3年不超过105万元。

鲟鱼：西伯利亚鲟或施氏鲟每套种质资源每年补贴不超过45万元，3年不超过135万元；达氏鳇每套种质资源每年补贴不超过50万元，3年不超过150万元。

宫廷金鱼：每套种质资源每年补贴不超过20万元，3年不超过60万元。

（二）项目实施周期为3年。

（三）项目补贴资金实行一年一付，实际补贴资金额度根据年度考核结果确定。

五、申报条件

（一）具有独立法人资格的种业企业、科研院所、高等院校，种质资源保存在北京行政区划内。

（二）养殖场设施布局合理，保护场所与办公区、生活区隔离分开。应配备相关保种设备或与技术合作单位合作开展相关保种项目的监测、生理、生化、遗传及保存技术研究，其中畜禽种质资源项目承担单位还应设置兽医室、隔离舍、无害化处理、粪污排放处理等场所，防疫条件符合《中华人民共和国动物防疫法》等有关规定。

（三）具有稳定的种质资源保护专业团队，具备相应的种质资源保存技术规范。直接从事保种工作的技术人员需经专业技术培训，掌握种质资源保护的基本知识和技能。

（四）具备较完善的制度规范。申请单位具有较完善的农业种质资源管理、人员培训与考核、档案管理、安全管理等制度。

（五）申报单位不得将实施内容基本相同的种质资源保护项目向国家或地方重复申报，一经发现取消该单位本年度所有项目申报资格。

（六）符合相关规定要求。

六、申报程序

（一）项目申报单位编制《种质资源保护项目申报书》等申报材料，将《种质资源保护项目申报书》及其相关证明材料装订成册（一式3份、附电子版）并加盖单位公章，报送种质资源所在区农业农村局。

（二）区农业农村局对申报的项目进行认真审查、严格把关，在《种质资源保护项目申报书》中签署意见并加盖公章。将各申报单位的书面申报材料（一式3份）及其电子版统一报送市农业农村局。

（三）市农业农村局、市财政局成立市种质资源保护项目管理办公室，对项目申报材料进行初审后，按照公开、公平、公正的相关程序，组织专家评审，通过材料审查、现场察看、现场咨询、考核评分等方法进行考评，推荐项目实施单位。

（四）市农业农村局会同市财政局召开联席会议，研究确定项目承担单位。

（五）确定的项目承担单位，在市农业农村局门户网站公示5个工作日。

（六）公示结束后，项目承担单位在公示期满后10个工作日内提交进一步细化、完善的保种方案，并签订三方的《项目任务书》。

（七）项目承担单位组织项目实施，市种质资源保护项目管理办公室每年组织考核一次，3年后组织总体评估和验收。

七、部门职责

（一）种质资源保护项目管理办公室。办公室设在市农业农村局种业管理处，成员单位由市农业农村局、市财政局相关处室及相关技术推广（研究）站（所）组成，负责种质资源保护项目的资金预算、统筹规划、组织协调和监督检查工作。

（二）归口项目专业管理机构。由市畜牧总站、市水产技术推广站分别作为畜禽、水产归口项目专业管理机构，负责项目预算申报、资金拨付和项目实施过程管理、监督和指导。

（三）各区农业农村局。负责组织属地内相关种业企业、科研院所、高等院校的项目申报、项目初审和项目过程监督管理。

八、报送要求

（一）申报材料

1.《种质资源保护项目申报书》（见附件1）。

2.提交《种畜禽生产经营许可证》或《水产苗种生产经营许可证》（珍稀、濒危水生野生动物提供《水生野生动物经营利用许可证》和《水生野生动物人工繁育许可证》）复印件。

3.畜禽种质资源需要有系谱等材料。

4.项目实施周期内不得有财政资金重复投入承诺函。

（二）申报时间

申报单位报送种质资源所在地区农业农村局申报时间截止时间为2021年3月10日。各区农业农村局审核推荐截止时间为2021年3月22日。逾期不予受理。

（三）联系方式（略）

附件：1.种质资源保护项目申报书（略）

2.项目支出绩效目标申报表（略）

北京市农业农村局 北京市财政局 北京市园林绿化局 关于组织申报北京市种质创制及品种选育联合攻关项目的通知

（2021年1月20日）

各相关区农业农村局、区财政局、区园林绿化局，各相关种业企业、科研院所和高等院校：

为深入贯彻落实中央农村工作会议精神，着力解决种子“卡脖子”问题、打好种业“翻身仗”，深入推进《市农业农村局、市发展改革委、市科委、市财政局、市园林绿化局关于印发〈北京现代种业发展三年行动计划（2020—2022年）〉的通知》（京政农发〔2020〕24号）实施，进一步增强北京现代种业自主创新能力，提升种业创新技术水平和竞争力，市农业农村局、市财政局、市园林绿化局将在全市组织开展北京市种质创制及品种选育联合攻关工作，现就项目申报工作通知如下。

一、总体目标

北京市种质创制及品种选育联合攻关项目以习近平新时代中国特色社会主义思想为指导，认真落实中央农村工作会议精神，坚持以市场为导向、以企业为主体、以科研单位为依托，围绕农作物、畜禽、水产、林果四大种业，聚焦设施蔬菜、玉米、小麦、马铃薯、蛋鸡、北京黑猪、奶牛、北京鸭、鲟鱼、观赏鱼、桃、乡土树种12个北京优势特色物种，探索“揭榜挂帅”的项目组织方式，支持产学研优势力量共同开展联合攻关，重点在育种技术创新、优异基因挖掘、新种质创制、新品系改良、新品种培育等方面，形成具有源头性领先优势的种业科技成果，创新成果转化与联合推广机制，引领现代农业产业链、供应链、创新链协同发展，促进农业增效、农民增收。

二、申报原则

（一）问题导向。提出本物种在育种创新过程存在的关键问题和需要重点解决的关键环节，针对北京现代种业在突破性优良品种缺乏、种业企业创新能力弱、育种创新机制不完善等问题进行联合攻关。

（二）目标明确。攻关方向和目标包括但不局限于以下内容，一是种质资源引进、鉴定与改良；二是育种方法、技术的创新或改进；三是培育绿色、优质、高产、特用优良品种；四是明确在北京地区推广应用的区域、规模、种养殖农户或受益群体数量，以及带动京郊农户增收增效情况。

（三）融合机制。按照产学研用相互融合的原则，突出企业创新主体地位，鼓励优势企业牵头，联合优势科研单位，建立1（牵头企业或科研院所、高等院校）+N（科研院所、高等院校和优势企业等）产学研紧密协作联合攻关机制，各取所长、各负其责、共克难关。

（四）项目期限及投资额度。同时启动12个物种联合攻关，每个物种联合攻关项目连续实施3年。市财政局按照各项目实际申报情况给予一定比例资金支持。

三、申报要求

（一）设施蔬菜、玉米、小麦、马铃薯、蛋鸡、北京黑猪、奶牛、北京鸭、乡土树种9个物种联合攻关项目，须由种业企业作为牵头单位，联合其他优势科研单位和种业企业共同合作实施。鲟鱼、观赏鱼、桃3个物种的联合攻关项目，可由科研院所、高等院校牵头，联合相关优势种业企业、郊区种植大户和农民合作社开展联合攻关。

（二）申报主体要求：一是项目牵头单位必须具有较强的组织能力、科研条件、人才队伍、技术优势和稳定的盈利收入，以及规范的财务管理制度；二是参与联合攻关的科研院所、高等院校等单位应具有较强的研发能力，参与联合攻关企业应具有一定的育种能力或有较强的成果转化能力；三是由联合攻关牵头单位确定项目总负责人一名，负责项目的总体实施。由承担单位内部确定首席科学家一名，作为项目技术负责人（首席科学家不限于牵头单位）。

（三）牵头单位必须与合作单位就开展联合攻关达成合作协议，并在合作协议中明确各自承担的工作任务、职责、资金分配和项目所产生的知识产权分享比例和方式。项目合作单位间有股权关系的需在申报材料中进行说明。

（四）按照北京市财政资金支持相关规定，政府扶持资金主要用于设备费（育种创新仪器设施设备购置）、材料费（试验材料购置、种质资源引进等）、测试化验加工费、燃料动力费、委托业务费、咨询费、印刷费、劳务费、差旅费、其他（审计验收等）相关费用。

四、申报程序

（一）符合条件的单位可根据本通知要求，编制项目可行性研究报告等申报材料，以正式文件加盖本单位公章上报所在区农业农村局、区园林绿化局（桃和乡土树种项目）。

（二）区农业农村局、区园林绿化局初审后，按照项目内容分别以正式文件形式上报市农业农村局和市园林绿化局。

（三）市农业农村局、市园林绿化局、市财政局组织成立市联合攻关项目管理办公室，对项目申报材料进行审查后，组织专家评审，推荐拟支持的项目。

（四）市农业农村局、市财政局、市园林绿化局召开联席会议，研究确定支持项目和实施主体。

（五）拟支持的项目要在市农业农村局、市园林绿化局门户网站公示5个工作日。

（六）公示结束后，牵头单位需在公示期满后10个工作日内提交项目实施方案，按照市财政局规定进行项目评审。

（七）牵头单位按照项目财政评审结果组织项目实施，市联合攻关项目办公室每年组织一次年度考核，三年后组织总体评估和验收。

五、部门职责

（一）联合攻关项目办公室。办公室设在市农业农村局种业管理处。联合攻关项目办公室成员单位由市农业农村局、市园林绿化局、市财政局相关处室及相关技术推广（研究）站（所）组成，负责联合攻关项目的资金预算、统筹规划、组织协调和监督检查工作。

（二）归口项目专业管理机构。由市种子管理站、市畜牧总站、市水产技术推广站、市林业种子苗木管理总站分别作为农作物、畜禽、水产、林果4大种业项目归口专业管理机构，负责项目预算申报、资金拨付和项目实施过程管理、监督和指导。

（三）各涉农区农业农村、园林绿化主管部门。负责组织属地内相关种业企业和科研院所、高等院校的项目申报、项目初审和项目过程监督管理。

六、报送要求

（一）申报材料

1.项目可行性研究报告。

2.项目支出绩效目标表。

3.牵头单位与合作单位育种创新联合攻关合作协议。

4.三年内无财政资金重复投入、无成果重复利用、申报材料真实性承诺函。

（二）时间要求

1.申报单位报送所在区农业农村局、园林绿化局申报时间截止时间为2021年3月10日，各区农业农村、园林绿化主管部门推荐报送截止时间为2021年3月22日，逾期不予受理。

2.请各涉农区农业农村局、园林绿化局组织相关种业企业和科研院所、高等院校申报，将正式文件及申报材料（一式三份，附电子版）报送市联合攻关项目办公室。

（三）项目办公室联系人及联系方式（略）

附件：1.北京市种质创制及品种选育联合攻关项目申报指南

2.项目可行性研究报告模板（略）

3.项目支出绩效目标申报表（略）

附件1

北京市种质创制及品种选育联合攻关项目申报指南

种业是战略性、基础性核心产业，是北京市一产中的“高精尖”产业。为进一步推动北京现代种业创新高质量发展，根据《市农业农村局、市发展改革委、市科委、市财政局、市园林绿化局关于印发〈北京现代种业发展三年行动计划（2020—2022年）〉的通知》（京政农发〔2020〕24号），围绕北京市产业体量大、带动力强且具备竞争优势的战略物种和具有本土特点、区域优势的12个优势物种，支持科企合作，实施联合攻关，全面提升北京现代种业自主创新能力，为北京创建国际科技创新中心建设提供支撑和保障。特制定本项目申报指南。

一、高效设施蔬菜种质创制及品种选育

（一）攻关内容

1.建立设施蔬菜分子育种技术体系。以黄瓜和番茄等果菜、小白菜和菠菜等速生叶菜为重点，针对品质形成、抗病、抗逆和植株形态建成等重要性状，挖掘关键功能基因，解析重要性状形成的分子机制；研发高通量分子标记辅助育种和高效基因编辑技术体系，集成高通量分子育种和育种信息管理系统等核心要素，构建标准化、规模化、信息化的设施蔬菜分子育种技术体系。

2.创制营养素强化、多抗、专用的设施蔬菜新种质。基于分子育种技术体系，创制或聚合抗病抗逆、高品质相关基因。创制高含糖量、高类胡萝卜素、分枝少、抗枯萎病、斑萎病毒和黄花病毒等、耐高/低温、连续坐果能力强的黄瓜、番茄和辣椒等果菜新种质；创制抗主要病害、富含花青素、高VC含量、耐抽薹、耐低温、耐热、高商品性或适于高密度种植的设施专用的速生小白菜、菠菜、生菜等叶菜新种质。

3.培育适于连栋温室等高端设施栽培的专用蔬菜新品种。要求新品种适合连栋温室高端设施生产需求、商品性好、抗多种病害、耐高/低温、适于省工省力化栽培等。

1）高品质、多抗广适的黄瓜、番茄、辣椒等高端果菜新品种。

黄瓜等瓜菜：选育适于高端连栋温室栽培的密刺黄瓜高端品种，要求生长期与持续生育期长，兼具低温弱光耐受性与耐热性，综合抗病性强，外观与食用商品性好，高产；选育适于春秋温室栽培的口感型水果黄瓜高端品种，兼耐低温与高温，果实商品性好，连续坐果率高，抗病，高产，耐皴皮。

番茄：选育适合高端连栋温室长季节栽培的优质、多抗和广适应的品种，在感官品质（风味、口感）上有显著的突破，兼抗黄曲叶病毒、番茄花叶病毒、叶霉病、根结线虫、斑萎病、灰叶斑病、颈腐根腐病、白粉病等其中5～6种病害，并且对低温、弱光环境的有较好的适应性，育成抗病优质番茄品种1个、串收水果番茄1个。辣椒：选育适于高端连栋温室长季节栽培的辣椒新品种，耐低温耐弱光，持续坐果能力强，主秆坐果为主，适于轻简化吊秧栽培；选育高品质、高营养（VC含量高）、口感好的螺丝椒保护地专用耐低温品种。

2）高品质、适合大城市应急生产供应的速生小白菜、生菜、菠菜等叶菜新品种。

选育以下三类品种：高抗霜霉病、病毒病、耐高温、适宜大棚或连栋温室夏季栽培的生菜、菠菜、小白菜品种各1个；耐低温、晚抽薹、抗干烧心适宜日光温室或连栋温室冬季栽培的生菜、菠菜、小白菜品种各1个；叶片紫色、富含花青素或高叶黄素、高VC含量的营养素强化的叶菜新品种2个。

（二）考核指标

1.建立蔬菜分子育种技术体系，实现蔬菜主要经济性状的高通量检测，检测准确度到95%以上，开展技术鉴定位点超过10万份次。

2.筛选鉴定优异资源材料40份，创制新种质20份，育成具有突破性的高端设施蔬菜新品种

12～15个。

3.获得新品种权或品种登记10–12项。

4.在京带动示范推广新品种10万亩。

5.构建在京骨干蔬菜种子企业+优势科研单位+京郊合作社/种植大户及下游产业链、供应链等多方联动的品种联合攻关新模式，加快品种示范推广。

（三）支持方式与要求

1.支持方式：公开择优。

2.申报要求：蔬菜种业企业牵头，联合科研单位、企业/农民合作组织组成联合体申报；联合申报单位应有相关的研究基础。申报研究内容和考核指标不低于指南要求。

二、玉米种质创制及品种选育联合攻关

（一）攻关内容

1.挖掘与玉米抗倒伏、抗锈病、抗叶螨、耐干旱、耐盐碱、耐低温、耐高温等重要性状关键基因/主效QTL，开发具有育种利用价值的分子标记。

2.利用优系聚合，结合分子标记辅助、单倍体育种、基因编辑等技术手段，对主推品种的抗倒性、耐旱节水、抗病抗虫、高赖氨酸、高叶酸、食味品质等重要抗性和品质性状进行遗传改良和优种提升；创新选育出绿色高效、营养强化的高产优质特色玉米新品种。

3.创新联合攻关组织模式，构建优势科研单位+在京骨干种子企业+京郊合作社/种植大户等多方联动的品种联合攻关新模式，加快品种示范推广。

（二）考核指标

1.克隆重要性状关键基因2个以上，开发具有育种利用价值的分子标记10个以上。

2.创制有重要应用价值的育种新材料100份以上，优良亲本自交系20个以上。

3.优化提升主推品种（年推广面积≥30万亩）10个以上，在保持品种原有综合优良性状和分子指纹身份的基础上，使其在抗倒性、抗病性、耐旱性等品质得到显著提升，并使产量提高3%以上。

4.培育绿色高效、营养强化的高产优质特色玉米新品种15个以上。

5.累计带动种植1000万亩，增产粮食3亿千克以上，带动农民增收6亿元以上，其中在北京示范种植100万亩以上，带动京郊种植户增收1亿元以上。

6.申请发明专利5项以上。

（三）支持方式与要求

1.支持方式：公开择优。

2.申报要求：由玉米种业企业牵头，联合优势科研单位和玉米企业或农民合作组织联合申报；牵头单位应具有多个开发品种在生产上大面积推广，并在北京市玉米生产中有较大推广面积。

申报研究内容和考核指标不低于指南要求。

三、节水小麦种质创制及品种选育联合攻关

（一）攻关内容

1.小麦核心抗逆高效种质创新。通过远缘杂交、聚合杂交、分子标记、DH育种等手段，创制节水性能突出的优异小麦不育材料、恢复材料及常规小麦种质。

2.节水抗逆突破性小麦品种选育。利用冬春杂交、遗传远缘杂交等组配模式，开展大群体测优及鉴定筛选，培育适宜北部麦区的节水节肥、抗逆广适突破性小麦新品种。

3.节水小麦关键技术研究及应用。研发分子标记辅助选择、DH育种、机械化高效制种、节水高产抗逆栽培等关键技术，提升节水抗逆小麦新种质、新品种创制效率，实现节水小麦新品种快速应用。

（二）考核指标

1.创制不育新材料5份和恢复种质5份，种质节水指数均达到1.0以上，节水性等级整体表现为强。

2.创制节水高效小麦新品种4个，节水指数到1.2以上，节水性等级接近极强水平。

3.DH育种技术得胚率、成株率分别提高30个百分点，小麦杂交种子生产全程机械化操作水平提高至95%以上。

4.带动种植节水小麦新品种200万亩，实现节水0.15亿立方米；培育的新品种在京津冀节水区市场占有率达到20%。

5.申请/获得发明专利、植物新品种权4项。

（三）支持方式与要求

1.支持方式：公开择优。

2.申报要求：小麦种业企业牵头，联合优势科研单位和其他小麦企业/农民合作组织组成联合体

申报。联合申报单位应有相关的研究基础，申报研究内容和考核指标不低于指南要求。

四、马铃薯种质创制及品种选育

（一）攻关内容

1.引进优质种质资源，创制优良亲本，开展2N配子利用、分子标记辅助育种、品种筛选及鉴定等关键技术研究，育成早熟、高产、加工专用及营养功能型马铃薯新品种。

2.开展相关配套栽培、脱毒种薯繁育等技术研究，开展新品种的生态区域适应试验和推广应用工作。

（二）考核指标

1.新增种质资源100份，选出可育亲本10个、二倍体材料5个。

2.选育出鲜食、高淀粉、营养功能型等系列品种各1～2个。

3.制定鲜食、高淀粉、营养功能型品种的鉴定体系。

4.单位面积产值提高15%以上。

（三）支持方式与要求

1.支持方式：公开择优。

2.申报要求：马铃薯种业企业牵头，联合优势科研单位和合作社/农户组成联合体申报；联合申报单位应有良好的基础。申报研究内容和考核指标不低于指南要求。

五、奶牛种质创制及品种选育

（一）攻关内容

1.建设奶牛育种信息大数据平台。开发奶牛基因组分子育种数据分析与种质评估平台；创新开发采集与数据互联、分析的新方法，扩展评估性状范围，开展育种规划研究，开发新的综合育种指数，推动平衡育种。

2.建立奶牛基因组参考群体规模。参考群体性状包括产奶、生长、繁殖、产犊等主要经济性状，全面提高主要经济性状遗传评估的准确性。

3.开发自有知识产权奶牛育种芯片。芯片SNP位点数量达到10万个以上，主要性能指标与成本达到或接近同类进口产品。

4.实施优质种牛自主培育能力建设。提高种公牛自主培育能力，提高优质种子母牛群规模，开展良种扩繁与推广优质良种。

5.创新联合机制。形成牧场、育种企业广泛参与、科学组织的数据交互与加密产权共享模式，探索创新链、产业链与供应链协同发展机制，创新纵向联合育种体。

（二）考核指标

1.创新建立健全数据信息与加密模式，建立奶牛育种信息大数据平台1个。

2.奶牛基因组参考群体规模达3万头以上。

3.数据采集与遗传评估的奶牛性状数量达40个以上。

4.主要性状遗传评估准确性提高5个百分点以上。

5.研发自主育种芯片一套，SNP芯片密度达10万个以上，SNP识别率95%以上。

6.培育种子母牛500头以上，自主培育种公牛100头以上。

7.北京地区创建联合育种与示范牧场15个，覆盖牛群规模大于15000头。

8.扩繁良种母牛2万头以上。

9.推广优质奶牛冷冻精液40万剂以上，改良奶牛10万头以上。

10.创新“三链”协同纵向联合育种机制一套。

（三）支持方式与要求

1.支持方式：公开择优。

2.申报要求：种牛育种企业牵头，联合科研院所、高等院校、种牛企业以及相关企事业单位组成联合体申报，联合申报单位应有相关的研究基础，申报研究内容和考核指标不低于指南要求。

六、北京黑猪种质创制及品种选育

（一）攻关内容

1.研发基因组选择育种技术体系。构建北京黑猪参考群；建立基因组选择数据分析平台，研发遗传评估方法，开发分析软件，实现数据分析的智能化、标准化和规范化。

2.开展北京黑猪持续选育。扩大核心群规模，利用基因组选择技术，对北京黑猪持续选育，主要繁殖性能、肉质与多肋性状提升。

3.提升黑六品牌效应。扩大北京黑猪生产规模，满足北京优质特色猪肉市场差异化需求，提升黑六品牌市场竞争力。

4.创新联合育种机制。研究探索北京黑猪联合育种资源、数据和信息共享机制，形成联合育种的制度化、标准化、规范化。

（二）考核指标

1.建立具有自主知识产权的北京黑猪基因组联合育种平台，参考群规模达1800头，遗传评估的准确性提高5% ~ 10%。

2.北京黑猪繁殖性能、肉质与多肋性状提高3% ~ 10%。

3.北京黑猪年出栏商品育肥猪达到1万头以上，年实现销售收入达到8000万元以上。

4.在京建立北京黑猪核心资源场。

（三）支持方式与要求

1.支持方式：公开择优。

2.申报要求：北京黑猪种猪企业牵头，联合科研院所、高等院校、种猪企业以及相关企事业单位组成联合体申报，联合申报单位应有相关的研究基础，申报研究内容和考核指标不低于指南要求。

七、蛋鸡种质创制及品种选育

（一）攻关内容

1.开发蛋鸡智能化精准测定分析系统。集成物联网、互联网、图像识别和内存计算技术，开发便携式手持设备与自动采集技术，建立重要性状的智能化精准测定系统；构建原始数据处理和计算模型，形成智能化的蛋鸡育种软件系统。

2.创新蛋鸡基因组育种体系。筛选超长产蛋期目标性状的遗传分子标记，开发基因组SNP检测方法，研发针对产蛋、体重、蛋重和蛋品质等性状的专门化方法，探索基因组选配方法和多品系基因组选择方案。

3.蛋鸡新配套系的培育和推广。根据市场需求，开展专门化品系的选育，开展配合力测定，培育性能国际领先的蛋鸡配套系，进一步提升国产蛋鸡品种市场竞争力和占有率。

（二）考核指标

1.开发出智能化精准测定分析系统，北京地区应用规模5万只以上，数据采集效率提高50%以上，采集准确性99.9%以上，数据分析效率提高70%以上。

2.建立一套针对蛋鸡产蛋后期产蛋和蛋品质等性状的基因组选育方案，并在北京地区1 ~ 2个蛋鸡核心育种场示范应用，比常规选种准确性提高20%以上。

3.培育生产性能国际领先的蛋鸡新配套系1个，80周龄饲养日产蛋数375个以上，全程成活率95%以上。商品代蛋鸡示范推广量100万只以上。

4.申请发明专利2项、软件著作权2项。

（三）支持方式与要求

1.支持方式：公开择优。

2.申报要求：蛋鸡育种企业牵头，联合科研院所、高等院校和相关企事业单位组成联合体申报，联合申报单位应有相关的研究基础，申报研究内容和考核指标不低于指南要求。

八、北京鸭种质创制及品种选育

（一）攻关内容

1.北京鸭育种技术创新。开展育种规划研究，研发北京鸭不同品系基因组优化配种预测技术；开展北京鸭重要经济性状遗传基础研究并研发相应育种技术，开发智能化活体测定设备，建立关键性状的自动化测定体系；建立具有完全自主知识产权的全基因组SNP检测技术，建立基因组选择参考群；开发北京鸭整合基因组选择、常规育种数据分析和遗传评估软件，建立北京鸭基因组育种平台。

2.北京鸭配套系培育。整合北京鸭育种素材资源，开展专门化品系的选育，开展配合力测定，选育满足消费习惯和适合市场需求的烤制型、分割型的新品种（配套系）。

3.北京鸭品牌建设与良种推广。立足北京，辐射全国，探索创新链、产业链与供应链协同发展机制，推广优良北京鸭，满足多元化肉鸭市场需求，提高北京鸭特色品种的市场份额，发挥北京种业的示范引领作用。

（二）考核指标

1.建立北京鸭生长、皮脂、肉质、繁殖等性状基因组选择育种平台，开发基因组选择数据分析软件系统，参考群规模达5000只以上，主要经济性状的选择准确性提高10个百分点以上。

2.建立具有自主知识产权的基因组SNP检测技术，实现SNP检测国产化，SNP识别率达95%以上。

3.开发智能化性能测定设备与软件、数据分析系统，实现关键性状测定自动化，数据采集自动化。

4.培育新配套系1～2个，生产性能达到国内领先水平。

5.年推广优质北京鸭父母代配套系种鸭50万套，增加效益1500万元。

6.带动北京及周边地区优质肉鸭生产1亿只以上，带动养殖场（户）增加效应1亿元以上。

7.创新“三链”协同纵向联合育种机制一套。

（三）支持方式与要求

1.支持方式：公开择优。

2.申报要求：种鸭育种企业牵头，联合科研院所、高等院校、相关企事业单位组成联合体申报，联合申报单位应相关的研究基础，申报研究内容和考核指标不低于指南要求。

九、鲟鱼种质创制及品种选育联合攻关

（一）攻关内容

1.研发鲟鱼全基因SNP分型技术体系，构建主要鲟鱼品种的参考群体，研发基因组遗传评估方法，建立鲟鱼基因组选择数据分析系统，建立国际首个鲟鱼全基因组选择育种技术平台，开展鲟鱼基因组遗传评估。

2.建立方便、快捷的鲟鱼种质鉴定方法，开发智能化亲鱼管理系统，优化亲鱼繁育体系。

3.建立产学研为一体的育种联合攻关体系，并以联合攻关体系为载体，开展亲鱼选育及优质苗种生产和示范推广。

（二）考核指标

1.建立具有自主知识产权的基因组选择育种平台，参考群规模达3000尾以上，完成1500尾以上的基因组遗传评估，遗传评估的准确性提高5～10个百分点。

2.建立具有自主知识产权的基因组SNP检测方法，SNP识别率达95%以上。

3.开发2种以上鲟鱼优良性状分子标记，建立1套鲟鱼种质鉴定方法，开发智能化鲟鱼亲鱼管理体系1套。

4.选育鲟鱼亲鱼雌鱼500尾以上，雄鱼100尾以上，示范推广优质鲟鱼苗种1.5亿尾以上。

5.申请发明专利3项以上，软件著作权1个以上。

（三）支持方式与要求

1.支持方式：公开择优。

2.申报要求：科研院所或高等院校牵头，联合其他科研院所、其他企事业单位组成联合体申报；联合申报单位应有良好的基础。申报研究内容和考核指标不低于指南要求。

十、观赏鱼种质创制及品种选育

（一）攻关内容

1.建立金鱼、锦鲤及热带观赏鱼基因组选择数据分析系统，开展观赏鱼遗传学基础研究，建立观赏鱼种质鉴定标准，对观赏鱼传统品种、珍稀品种、代表性品种、急需挽救的品种进行评估，建立观赏鱼基因组选择育种技术平台。研发观赏鱼体内芯片标记系统。

2.筛选金鱼、锦鲤及热带观赏鱼功能性基因，进行性状表达试验，通过基因编辑、显微注射、分子标记等方法提高观赏鱼抗病能力，生长优势和特殊性状表达。

3.对宫廷金鱼多组织混样进行转录组测序与组装，然后基于转录组数据筛选金鱼多态SSR标记，并最终构建三个不同金鱼品系的DNA指纹图谱。

4.采用线粒体标记方法对宫廷金鱼家系遗传进行种质鉴定。

5.对观赏鱼品种进行提纯复壮、杂交改良、新种培育，建立不同品种观赏鱼种质家系。

（二）考核指标

1.建立3种宫廷金鱼、3种锦鲤及2种热带观赏鱼基因组选择数据分析系统。

2.研发电子芯片植入金鱼、锦鲤和热带鱼体中进行标记。

3.建立观赏鱼种质保护试验示范点6个，养殖面积600亩以上。

4.构建3个不同金鱼品系的DNA指纹图谱。

5.申请发明专利4项，软件著作权1个以上。

6.提纯复壮品种3个，杂交改良品种3个，培育新种2个。

7.建立3种宫廷金鱼种质鉴定标准。

（三）支持方式与要求

1.支持方式：公开择优。

2.申报要求：由科研院所或公益性技术服务机构牵头，与观赏鱼养殖相关企业和农民合作社联合申报；联合申报单位应有良好的基础。申报研究内容和考核指标不低于指南要求。

十一、白蜡、桧柏、栎类等乡土树种种质创制及品种选育

（一）攻关内容

1.收集与评价白蜡、桧柏、栎类等乡土树种资源，建立资源保存库。开展生态适应性评价，构建从种子来源、育种筛选、育苗繁殖、生产管理等全周期全流程的大数据平台。

2.新种质创制和新品种选育推广。选育和创制抗白蜡窄吉丁白蜡新品系、少雄花或无雄花桧柏的无性系、红色叶的栎类新品系；在城市绿化重点区域应用示范。

3.工厂化快繁关键技术研究。开展提高白蜡属树种嫁接成活率关键技术、桧柏高质量容器苗培育技术、栎类大规模高效繁育技术的研究。

4.创新乡土树种品种选育组织机制。建立以林业种业企业为主体的产学研创新联盟，形成繁育推、产供销的全产业链的种业科技创新平台。

（二）考核指标

1.收集保存白蜡、桧柏、栎类等种质资源160份（含家系、种源、品种），建立资源圃3处。

2.创制有重要应用价值的育种新材料50份，选育新品系10个，申请植物新品种权1 ~ 2个。

3.建立基于RFID技术的种质资源收集、评价、追溯管理系统1套。

4.建立栎类树种的体胚繁育体系，育苗供应能力达到100万株。

5.示范推广面积1000亩。

6.申请发明专利2 ~ 3项。

（三）支持方式与要求

1.支持方式：公开择优。

2.申报要求：林木种业企业牵头，联合科研院所、高等院校、其他企事业单位组成联合体申报；联合申报单位应有良好的基础。申报研究内容和考核指标不低于指南要求。

十二、桃种质创制及品种选育

（一）攻关内容

1.引进种质资源。引进桃、油桃、蟠桃新品种，建立引种观察圃，筛选出适合北京市种植的鲜食桃品种；建立桃优异种质资源圃，提供优新品种种源。

2.新品种选育。改进杂交育种技术，提高育种效率；采用常规有性杂交育种方法结合现代生物技术手段，培育优良品种，改良果实品质、耐贮运性和抗寒性。

3.建立新品种育苗基地。建立专业化的桃新品种育苗基地，研发桃苗木生产技术体系，形成50万株苗木的年生产能力。

4.品牌创建与新品种推广。培育从事品种培育、桃种植、生产、采后、销售等全产业的企业，形成知名品牌，提高知名度；开展新品种及配套栽培技术的产业技术服务。

（二）考核指标

1.引进新品种和资源材料30份，创制新种质2份。

2.建立种质资源圃2个，面积200亩；建立育种基地1 ~ 2个，面积200亩。

3.培育新品种（系）2 ~ 3个，可溶性固形物提高1 ~ 2个百分点，达13%以上。

4.筛选出适合北京市种植的新品种（系）10个，示范规模500亩。

5.建立新品种育苗基地1 ~ 2个，形成50万株苗木的年生产能力。

（三）支持方式与要求

1.支持方式：公开择优。

2.申报要求：科研院所或高等院校牵头，联合企业、专业合作社组成联合体申报；联合申报单位应有良好的基础。申报研究内容和考核指标不低于指南要求。

北京市农业农村局
关于公布第四批北京市特色专业示范村
名单的通知

（2021年1月26日）

各区农业农村局：

依据《关于印发〈北京市特色专业示范村认定管理办法〉的通知》（京政农发〔2017〕7号），市农业农村局组织开展第四批北京市特色专业示范村认定工作。经各区农业农村局推荐、市农业农村局实地核查、部门联审，全市共评选出第四批北京市特色专业示范村7家。这些村立足资源禀赋和地域特点，主动适应市场需求，积极调整产业结构，大力发展特色主导产业，形成了较好的产业规模和较高的组织化水平、具备较强的带动能力、市场影响力及可持续发展能力，对于提升乡村产业的规模化、标准化、园区化发展水平，提高农民组织化程度，促进农民增产增收，起到了积极作用，现予以公布。

附件：第四批北京市特色专业示范村名单

附件

第四批北京市特色专业示范村名单

1.房山区大石窝镇辛庄村（杏鲍菇）
2.平谷区夏各庄镇贤王庄村（红薯）
3.密云区巨各庄镇蔡家洼村（月季）
4.房山区石楼镇梨园店村（水果洋葱）
5.延庆区千家店镇花盆村（黄芩）
6.延庆区大庄科乡沙门村（香草）
7.延庆区刘家堡乡姚官岭村（民宿集群）

北京市农业农村局
关于下达2021年高标准农田建设任务的通知

（2021年1月28日）

北京首农食品集团有限公司：

依据《农田建设项目管理办法》（农业农村部令2019年第4号）、《财政部农业农村部关于印发〈农田建设补助资金管理办法〉的通知》（财农〔2019〕46号），以及《农业农村部关于下达2021年农田建设任务的通知》（农建发〔2020〕2号），现下达2021年北京市高标准农田建设任务。请结合实际，加快推进各项工作，确保按进度完成任务。

一、总体要求

高标准农田建设是党中央、国务院的决策部署，是确保国家粮食安全的战略举措。2021年要深入实施藏粮于地、藏粮于技战略，加快推动高标准农田建设项目落实，充分发挥财政资金的引导作用，促进农业高质量绿色发展。

二、建设范围

2021年全市下达任务4万亩，其中含高效节水灌溉3万亩。由北京首农食品集团有限公司（简称首农食品集团）负责组织实施。

三、补贴标准

市级财政对高标准农田建设实行定额补助，建设补贴2500元/亩（含中央补贴）。首农食品集团按项目管理，根据建设内容进行作业设计和资金预算。

农田建设补助资金严格按照财政专项资金的有关规定进行使用和管理，支出范围包括：项目所需材料费、设备购置费及施工支出，项目的前期工作费、工程招投标费、工程监理费、项目管理费以及不可预见费等。

四、建设内容

2021年高标准农田项目建设地点，需在规划耕地范围内且未在2011年后以高标准农田项目立项建设过的区域。建设内容参照《高标准农田建设通则》（GB/T30600—2014）执行，包括土地平整、土壤改良、灌溉与排水、田间道路、农田防护与生态环境保持、农田输配电、农田质量监测等。由于我市农田相关建设较多，高标准农田按照“填平补齐，避免重复”的原则设计并建设，必须保证高效节水措施全部到位。

五、进度安排

（一）下达任务。市农业农村局2021年1月30日前下达北京市2021年高标准农田（含高效节水灌溉）建设任务。

（二）初步设计。首农食品集团负责选定地块，实地测绘与勘察后，征求项目区农村集体经济组织和农户的意见，并委托有资质的单位对高标准农田建设进行初步设计。设计包括设计报告、设计图、概算书等材料。设计应实事求是，达到可招标、可施工、可验收的深度。并在2021年2月15日前将作业设计报市农业农村局农田建设管理处。

（三）初设审批。市农业农村局组织专家分别对上报初步设计进行评审，评审结果向社会公示不少于5个工作日。市农业农村局于2021年2月底前完成作业设计批复。

（四）组织实施。首农食品集团统筹组织，由各项目实施单位承担建设。项目应严格按照批复的作业设计组织实施、按期完成。确需进行初设调整或终止的，报市农业农村局审批。建设由具体单位执行。项目建设推行项目法人制，按照国家有关招标投标、政府采购、合同管理、工程监理、资金和项目公示等规定执行。鼓励组织新型经营主体和农村集体经济组织参与建设。建设期一般为1年。

（五）竣工验收。项目完工后，首农食品集团负责组织设计单位、施工单位、监理单位、建设单位四方开展初验。初验合格后，编制竣工决算，完成审计。各区于2021年11月底前向市农业农村局提出竣工验收申请报告，市农业农村局于2021年12月底前委托第三方完成工程竣工验收。竣工验收后，首农食品集团要认真做好档案管理项目建档立册、上图入库等工作。

（六）后期管护。项目全部完成竣工验收后，在项目区设立标牌。及时办理资产交付手续，按照“谁受益、谁管护、谁使用、谁管护”的原则，签订管护协议，落实管护资金，明确管护主体，保证在设计使用期限内正常使用。

六、组织管理

（一）强化组织领导。本市高标准农田建设工作主管部门为市农业农村局，工程项目由首农食品集团组织所属农场实施。同时要做好项目申报、组织协调、工程招投标、技术指导、督查考核等工作。

（二）加强统计调度。按照《农业农村部关于建立农田建设项目调度制度的通知》（农建发〔2019〕3号），高标准农田建设实行定期调度制度。每年1月到9月实行季度调度，10月至12月实行月度调度。于每年3月底、6月底、9月底、10月底、11月底、12月底前报送截至上月末农田建设项目累计进度情况。首农食品集团将调度联系人姓名、职务及联系方式报市农业农村局。

（三）开展遥感监测。按照农业农村部《关于开展2019年度高标准农田建设项目遥感监测试点的通知》（农建（监管）〔2019〕26号），各项目实施单位在工程建设过程中，选取成方连片、建设内容齐全的典型地块1～2块作为监测地块，农业部将不定期遥感监测项目面积、项目进展、建设内容及后期管护情况。

（四）落实工作经费。加强项目资金管理，按照《财政部农业农村部关于印发〈农田建设补助资金管理办法〉的通知》（财农〔2019〕46号）落实项目招标代理、勘测设计等前期费用和项目管理费用支出。

（五）严格监督管理。市农业农村局、首农食品集团应当按照《中华人民共和国信息公开条例》有关规定，公开农田建设项目建设相关信息，接受社会监督。应加强事前、事中、事后的监督检查，发现问题及时纠正。在项目实施过程中发现严重违法的，应及时终止项目，追回财政资金，依法追究责任。

附件（略）

北京市农业农村局
关于加快推进农村集体产权制度改革的通知

（2021年2月10日）

各区农业农村局、区经管站、石景山区集体资产监督管理办公室：

按照《中共中央国务院关于稳步推进农村集体产权制度改革的意见》（中发〔2016〕37号）和《关于进一步深化本市农村集体产权制度改革发展壮大农村集体经济的若干意见》（京农发〔2017〕33号）的要求，我市农村集体产权制度改革不断深化，基本建立了归属清晰、权能完整、流转顺畅、保护严格的集体产权制度。但目前仍有部分村没有完成改革任务，乡镇级改革进程总体偏慢。为加快推进我市农村集体产权制度改革，现就有关工作通知如下。

一、加快推进剩余村完成产权制度改革

各区要切实做好农村集体产权制度改革收尾工作，进一步核实应改革村级集体经济组织的基数，列出已完成改革村名单，建立未完成改革村工作台账。对于有经营性资产，但存在成员界定难度大、历史遗留问题多、产权关系相对复杂等问题的村，要积极探索创新，明确时间表、路线图，落实责任人，完成一个销号一个，确保2021年底前基本完成改革任务。对于前期仅完成清产核资和成员界定的村，要继续深化改革，进一步采取量化股份的方式，完成股份合作制改革。

二、积极稳妥推进乡镇级产权制度改革

在农村集体资产清产核资和年度资产清查的基础上，扎实做好乡镇级集体资产清产核资，进一步明晰乡镇集体和乡镇政府、乡镇和村两级产权关系，明确集体资产所有权。集体资产所有权确权要严格按照产权归属进行，不能打乱原集体所有的界限。有集体经营性资产的乡镇集体经济组织，要加快推进乡镇级集体产权制度改革，重点推进“一绿”“二绿”及重点城镇化地区的乡镇集体产权制度改革。实行乡镇和村两级所有、两级核算的乡镇集体经济组织，要积极推进以村集体为团体股东的经营性资产股份合作制改革；实行乡镇一级所有、一级核算的乡镇集体经济组织，要加快推进直接以集体经济组织成员个人为股东的股份合作制改革。

三、做好农村集体经济组织登记，加强规范管理

改革后成立的村股份经济合作社、乡镇股份经济合作联合社等农村集体经济组织，要建立健全成员（股东）大会或成员（股东）代表大会、董（理）事会和监事会等管理架构，制定组织章程，明确各机构的管理职责和权限。凡涉及本农村集体经济组织发展和成员（股东）利益的重大事项，应召开成员（股东）大会或者成员（股东）代表大会进行讨论，执行一人一票的投票决策机制，经民主讨论通过后方可做出决议。完成产权制度改革成立新组织后，应及时办理登记注册，领取加载统一社会信用代码的《农村集体经济组织登记证》。农村集体经济组织的名称、住所、法定代表人等原登记赋码事项发生变更时，要及时向登记赋码管理部门申请变更登记。集体经济组织登记证遗失的，不再要求在公开发行的报刊上发布遗失公告，由农村集体经济组织向乡镇政府提出申请，经乡镇政府同意后报区农业农村部门，在区农业农村部门网站公示10个工作日，公示期满后，方可办理证书补发事宜。同

时，农村集体经济组织还应当建立健全成员（股东）股份管理台账，并建立成员（股东）股权变更登记备案制度。

四、加强组织领导

推进农村集体产权制度改革是党中央、国务院部署的重要改革任务。完成此项改革任务，各区是统筹推进的责任主体，乡镇是组织实施的工作主体，集体经济组织是具体工作的实施主体。各区及各乡镇要充分认识改革的重要性、复杂性和加快推进改革的紧迫性，要严格落实属地责任，切实加强组织领导，做好政策解读，广泛宣传动员，调动基层干部和广大群众参与改革的积极性和主动性，加大对工作的跟踪指导和监督检查。对于改革中出现的新情况、新问题，加强问题研判，及时妥善化解和处理各类矛盾纠纷，为积极稳妥推进改革创造良好的社会环境。

附件：1.已完成改革村、乡镇名单（略）
2.未完成改革村工作台账（略）
3.乡镇级改革工作台账（略）

北京市农业农村局
关于加强农药监督管理防范安全风险的通知

（2021年2月24日）

各区农业农村局：

按照《农业农村部办公厅关于加强农药监督管理防范安全风险的通知》(农办农〔2021〕3号）文件要求，为全面做好我市农药监督管理工作，切实加强农药使用环节安全指导，现就有关工作通知如下。

一、认真落实农药监督管理职责

各区要认真贯彻落实党中央、国务院以及市委、市政府关于安全生产工作的决策部署，牢固树立安全发展理念，依据《农药管理条例》及相关配套规章，认真落实属地农药监督管理责任，依法做好农药经营许可、行政执法、使用指导等重点工作，积极推进农药生产、经营企业和农药使用者、农药登记试验单位落实安全生产、环境保护主体责任。加强日常监督检查，规范农药生产经营行为，确保农药产品质量。加强督导检查，确保农药监督管理职责落到实处，切实落实安全风险防范责任和措施，为促进农药行业安全生产发挥积极作用。

二、督促落实农药安全生产主体责任

各区要加强农药经营企业监督检查，重点检查企业是否符合经营许可条件，经营行为是否合法，购销台账及产品追溯体系是否完备，农药产品包装、标签标识是否合规，产品质量是否合格，对涉嫌违法的要坚决依法查处。同时，在农药行政许可现场检查或日常监督检查时，指导督促农药生产、经营企业和农药使用者、农药登记试验单位，遵从安全生产、环境保护、职业健康等领域管理要求，全面落实安全生产主体责任，切实防范农药生产、经营、仓储、试验等场所的安全风险。

三、强化重点领域农药安全风险防范

各区要严密防范高毒农药、危险化学品农药的生产、经营和使用风险。对辖区内涉及使用易燃易爆等原材料的农药生产企业、高毒农药生产企业、危险化学品农药生产企业、限制使用农药定点经营企业、使用磷化铝熏蒸储粮的农户、使用氯化苦熏蒸土壤的施药服务组织等，要逐一督促开展安全风险排查，指导施药人员、施药场所加强安全防护，切实防范重点领域的安全风险。

四、加强农药安全使用指导服务

各区要做好农药使用安全风险监测，加强农药安全使用指导和技术培训，指导使用者严格按照农药标签使用农药，防止超范围、超剂量、超时限使用农药。加强无人机施药指导，防范除草剂、植物生长调节剂施用不当引发作物药害。重点加强对蔬菜、水果、茶叶、中药材、食用菌等生产基地用药指导，严禁非法使用禁用农药、高毒农药、限用农药、未登记农药，严格执行农药使用安全间隔期，严肃查处农药使用违法违规行为，从源头上防控农产品农药残留风险。同时，及时做好农作物药害、人畜中毒等安全事故预防及调查处置，确保农业生产用药安全。

五、加强农药调查统计

各区要统筹协调做好农药监督管理工作，建立健全农药监督管理协调机制和信息调度机制，定期开展农药监督检查和信息调度工作。要明确农药监督管理责任单位和责任人员，并填写《农药监督管理职责分工情况表》(见附件)，加盖公章后于3月11日前以PDF格式反馈市农业农村局种植业管理处(农药管理处)(zhongzhiyechu@nyncj.beijing.gov.cn)。

“两会”临近，春耕生产即将开始，各区要做好农药监督管理工作，加强日常检查和安全使用指导服务，严格规范生产经营行为，督促落实安全生产主体责任，切实防范农药安全风险。

附件：农药监督管理职责分工情况表(略)

北京市农业农村局
关于印发《2021年巩固低收入农户帮扶成果工作要点》的通知

(2021年3月15日)

各相关区农业农村局：

现将《2021年巩固低收入农户帮扶成果工作要点》印发给你们，请认真抓好落实。

2021年巩固低收入农户帮扶成果工作要点

“十三五”期间，市委、市政府高位推动，各级各部门协同推进，社会力量广泛参与，广大帮扶干部积极作为，全市脱低任务圆满完成，实现低收入农户收入全部过线、低收入村全部消除。为贯彻落实中央农村工作会议和本市农村工作会议精神，巩固低收入农户帮扶成果，防止返低，推动由集中资源支持向常态化帮扶转变，研究提出2021年工作要点如下。

一、健全防止返低的监测和帮扶机制

对标准线边缘户(2020年家庭人均收入14000元以下)和返低风险户(以下简称“两类重点人群”)实施常态化监测，继续精准施策，防止返低。标准线边缘户依据低收入农户监测系统确定范围，全市共2451户。返低风险户由各区开展摸排确定，于3月底前完成，并持续动态关注，出现一户纳入一户。

各区要建立两类重点人群精准帮扶台账，明确帮扶责任人、帮扶措施等，动态更新帮扶进展，按季度报送市农业农村局农村社会事业促进处(帮扶台账模板见附件1)。今年低收入农户监测系统中将只保留两类重点人群，各区要及时更新各项监测指标，并于12月15日前完成两类重点人群的年度收入调查，在监测系统中完成填报。

二、优化调整各项帮扶政策

(一)巩固提升产业帮扶项目。今年产业帮扶资金总额保持2.5亿元不变，其中按各区需求，低收入产业帮扶资金共计5652万元，其余资金转向扶持集体经济薄弱村。一是促进低收入产业帮扶项目提档升级。科学用好低收入帮扶资金，补足技术管护、市场销售、产业融合发展等方面的短板，巩固产业帮扶成果，确保长效可持续，不断增强低收入地区内生发展动力。各区要建立产业帮扶项目明细台账，按季度报送市农业农村局农村社会事业促进处（项目台账模板见附件2）。二是加强脱低项目资产的管理。研究制定加强脱低资产管理工作的意见，规范脱低资产后续运营管理，明确资产收益长效分配机制，明晰资产长期监管责任，确保持续发挥效益。

（二）优化调整就业帮扶政策。一是将助残增收基地扶持政策延长一年，扶持对象为截至2020年底在本市建设运行的助残增收基地从事生产劳动、接受扶持的低收入农户残疾人。各区要充分利用一年政策过渡期，集成各项就业促进和社会保障等政策，对帮扶对象逐一动员引导，分类施策，实现不依靠助残增收基地扶持政策稳定脱低。二是继续发挥农村公益性就业岗位托底安置作用，优先吸纳两类重点人群劳动力。三是推进两类重点人群转移就业帮扶，将其中有转移就业意愿的劳动年龄内劳动力，纳入全市公共就业服务体系，提供技能培训、岗位推荐等就业帮扶。

（三）以社会救助为常态化帮扶的重要途径。各区要依托到户帮扶责任人，5月底前完成对两类重点人群中未纳入社会救助范围的逐户摸排，宣传社会救助政策，积极动员、主动服务农户提交社会救助申请，确保动态实现符合条件的社会救助“应保尽保”。对社会救助对象开展常态化帮扶，实施最低生活保障政策，农村特困人员救助供养政策，医疗、教育、住房、就业等专项救助政策。

（四）优化调整“三保障”政策。一是教育帮扶政策。市级教育资助政策延长一学期，对截至2020年底的4.24万低收入农户家庭中的在校生，今年第一学期符合条件的可继续申请教育资助，第二学期后政策退出。区级教育帮扶政策由各区研究确定是否延续。二是医疗帮扶政策。今年城乡居民基本医疗保险缴费补贴已于去年底到位，该政策退出。各区补充商业医疗保险、慈善帮扶等政策，由各区研究是否延续，鼓励继续向两类重点人群倾斜帮扶。三是住房帮扶政策。今年对两类重点人群继续实施危房改造政策，由农户提出申请，村级出具身份证明，乡镇审核确定。

（五）坚持和完善社会力量帮扶机制。接续推进各类社会力量结对帮扶工作，各区可根据实际优化调整结对关系，对基础扎实、合作良好、效果突出的要保持现有结对关系不变，逐步将帮扶重点由实现脱低转向巩固脱低成果和助力乡村振兴战略的实施。延续“第一书记”驻村帮扶政策，今年3月到期的“第一书记”延期至6月，今年年底按照各区需求对低收入村继续选派。

三、接续推进集体经济薄弱低收入村发展

“十三五”期间，本市共认定234个低收入村，经过几年来的帮扶，以村内低收入农户收入全部超线为标准，实现了低收入村全面消除，但仍有部分低收入村因产业尚处于培育期等原因，集体经济仍然薄弱。将村集体年经营性收入在10万元以下的111个低收入村作为重点村，纳入本市集体经济薄弱村帮扶政策范围，接续开展产业帮扶，发展壮大村集体经济，2025年前基本消除。支持各区在低收入村中选择一部分村作为乡村振兴重点帮扶村，集成各类政策、资源推进乡村振兴。

四、开展巩固低收入农户帮扶成果考核

将“巩固脱低帮扶成果”纳入今年对各涉农区党政领导班子和领导干部推进乡村振兴战略实绩考核内容，考核指标为“以标准线边缘户和返低风险户为重点，健全防止返低的监测和帮扶机制（2分）”，按照今年两类重点人群年度收入调查结果评分，未出现返低得2分，否则不得分。

附件：1.2021年两类重点人群精准帮扶台账模板（略）

2.2021年产业帮扶项目明细台账模板（略）

北京市农业农村局
关于开展2021年全国农民合作社质量提升
整区推进试点工作的通知

（2021年3月19日）

昌平区、密云区、延庆区农业农村局：

为贯彻落实中央农办、农业农村部等部门和单位《关于开展农民合作社规范提升行动的若干意见》（中农发〔2019〕18号）有关精神，根据《农业农村部办公厅关于开展2021年全国农民合作社质量提升整县推进试点工作的通知》（农办经（2021）2号）要求，经研究，决定将昌平区、密云区、延庆区作为本市2021年农民合作社质量提升整区推进试点单位，现将有关事项通知如下。

一、试点申报

各试点区根据《农业农村部办公厅关于开展2021年全国农民合作社质量提升整县推进试点工作的通知》（见附件）要求，结合本地实际，编制试点实施方案，于3月26日前以区政府名义正式报送市农业农村局（一式三份），同时发送相关材料电子版。市农业农村局汇总各试点区申报材料后，统一报送农业农村部审批。

二、试点内容

各试点区根据本地农民合作社发展阶段、资源特色和产业需求，主要围绕发展壮大单体农民合作社、促进联合与合作、提升区域指导扶持服务能力等三方面，自主选择试点内容，不求面面俱到，重在突出地方特色，形成可总结、可推广的经验。试点为期2年，自农业农村部批复之日起计算。

三、试点实施

试点区农业农村部门要加强组织领导，高度重视试点方案编制和试点组织实施相关工作，逐项落实试点方案任务。要加强与财政部门沟通，通过市级财政转移支付资金支持开展农民合作社质量提升整区推进。鼓励试点区强化政策衔接配套，统筹相关涉农项目资金，在试点区相对集中、整体推进，形成政策支持效应。

四、试点总结

试点区农业农村部门要认真总结试点工作中的好经验、好做法，及时报送试点工作动态，应于2022年6月底前上报试点工作中期进展情况，试点工作结束前对试点工作进行全面总结，形成总结报告报市农业农村局。

附件：

农业农村部办公厅关于开展
2021年全国农民合作社质量提升整县
推进试点工作的通知

各省、自治区、直辖市及计划单列市农业农村（农牧）厅（局、委），新疆生产建设兵团农业农村局：

为贯彻落实党中央、国务院关于突出抓好农民合作社发展的有关精神，2018年10月农业农村部启动了农民合作社质量提升整县推进试点工作，先后确定2批158个试点单位，试点工作进展顺利，取得了初步成效。按照2021年中央1号文件关于推进农民合作社质量提升的要求，农业农村部决定继续强化农民合作社质量提升整县推进试点工作，扩大试点范围，现将有关要求通知如下。

一、总体要求

（一）总体思路

以习近平新时代中国特色社会主义思想为指

导，全面贯彻党的十九大和十九届二中、三中、四中、五中全会精神，准确把握新发展阶段，深入贯彻新发展理念，加快构建新发展格局，全面推进乡村振兴，加快农业农村现代化，坚持以农民为主体，以促进农民合作社高质量发展为主线，加强示范引领，创新机制方法，优化政策扶持，规范行业管理，强化指导服务，以优示范，由点到面，探索整县提升农民合作社发展质量的路径方法，树立农民合作社高质量发展的县域样板。

（二）基本原则

坚持服务成员。把握农民合作社“姓农属农为农”属性，尊重农民主体地位和首创精神，为农民合作社成员提供低成本便利化服务，切实解决小农户生产经营面临的困难。

坚持体制机制创新。遵循农民合作社基本原则，鼓励地方先行先试，着力在农民合作社规范运行、创新发展的关键环节、重点领域取得突破，探索可复制、能推广、服水土的范例经验。

坚持因地制宜。充分考虑各地自然资源禀赋、经济社会发展水平和文化习俗传统的差异，加强分类指导，鼓励各地因地制宜探索不同的专业合作社模式。

坚持统筹协调。更好地发挥政策引导扶持作用，农民合作社指导部门依法依规履行职责，建立健全工作综合协调机制，形成支持发展合力。

（三）主要目标

试点地区农民合作社组织规模和农户覆盖面明显扩大，成员凝聚力和参与度不断提高，内在素质和外在能力显著增强；农民合作社联合社加快发展，再组织化水平大幅提升；国家、省、市、县级示范社四级联创全面展开，农民合作社辅导员队伍基本建成，农民合作社服务中心建设取得积极进展。

二、任务内容

主要包括发展壮大单体农民合作社、促进联合与合作、提升县域指导扶持服务能力等三方面13项任务。

（一）发展壮大单体农民合作社

1.强化规范建设。完善章程制度。指导农民合作社参照示范章程制定符合自身特点的章程。加强档案管理，建立基础台账，实行社务公开。健全组织机构。指导农民合作社依法建立健全成员（代表）大会、理事会、监事会等组织机构。探索在农民合作社内部推进决策权与经营权分离，引入职业经理人加强内部管理，明确工作职责。推动在具备条件的农民合作社中建立党组织。规范财务管理。指导农民合作社认真执行财务制度和会计制度，规范会计核算，及时向县级农业农村部门报送会计报表。提高信息化水平。鼓励农民合作社应用财务管理软件、数字化治理平台，提高经营管理效率。加强登记管理。严格依法开展农民合作社登记注册，对所有成员予以备案。引导农民合作社按时报送年度报告。

2.拓展业务范围。发展乡村产业。支持粮食类农民合作社做大做强。鼓励农民合作社利用资源禀赋，壮大优势特色产业，推行绿色生产方式，开发农业多种功能，发展新产业新业态。推动农民合作社品种培优、品质提升、品牌打造和标准化生产，大力发展绿色、有机、地理标志农产品生产，积极使用食用农产品达标合格证。发展农民合作社办公司。延伸产业链条，鼓励农民合作社依法向从事相关产业的公司等企业投资，以其出资额为限对所投资企业承担责任。参与乡村建设。鼓励农民合作社建设运营农业废弃物、农村垃圾处理和资源化利用设施，参与农村基础设施建设和文化建设。

3.丰富出资方式。扩大货币出资面。积极引导全体成员以货币出资入社，增强成员对社内事务的关注度、参与度。挖掘资源要素价值。鼓励农民用实物、知识产权、土地经营权、林权等各种资源要素作价出资办社入社，扩大成员覆盖面。加强利益联结。鼓励支持农民合作社与成员、周边农户建立紧密的利益联结关系。允许将扶持农村集体经济发展的财政资金，按有关规定量化到农村集体经济组织和农户后，以自愿出资的方式投入农民合作社发展相关产业，让农户共享发展收益。

4.强化服务功能。鼓励农民合作社加强农产品初加工、仓储物流、技术指导、市场营销等能力建设，向产加销一体化拓展。支持农民合作社开展农业社会化服务。鼓励以农民合作社为组织载体发展生产、供销、信用“三位一体”综合业务合作。在加强监管的前提下，鼓励农民合作社和联合社依法依规开展互助保险，稳妥规范开展农民合作社内部信用合作。

（二）促进联合与合作

5.推进区域性联合。鼓励同区域农民合作社组建联合社，协调域内产业合理布局，推动产业优化升级，提高产业整体竞争力。鼓励同区域农民合作社自愿组建行业自律组织，开展信息交流、教育培训等业务合作。

6.推进行业性联合。鼓励同行业或相关产业农民合作社组建联合社，做大做强当地主导产业和特色产业，形成规模优势，提高谈判地位，增强市场话语权。鼓励同业或产业密切关联的农民合作社采取兼并、合并等方式，进行组织重构和资源整合。

7.引导家庭农场组建农民合作社。积极引导以家庭农场为成员组建农民合作社，扩大生产经营规模，提高统一服务水平，增强市场竞争能力。鼓励和引导农民合作社与各类新型农业经营主体多元融合发展。

（三）提升县域指导扶持服务能力

8.构建扶持政策体系。出台促进县域农民合作社高质量发展的实施意见，建立健全符合当地农民合作社发展需要的支持政策，加大对运行规范的农民合作社扶持力度。建立激励机制，对发展农民合作社事业作出突出贡献的单位和个人，按照国家有关规定予以表彰和奖励。

9.加强示范引领。深入推进示范社建设行动，制定完善县级示范社评定监测指标体系，持续开展示范社评定，建立示范社名录，把示范社作为政策支持重点。健全示范社动态监测制度，及时淘汰不合格示范社。将农民合作社纳入农村信用体系建设范畴，建立农民合作社信用档案。防范以农民合作社名义开展非法集资活动。

10.建立健全辅导员队伍。加强县乡农民合作社辅导员队伍建设，在继续从基层农经队伍中选聘农民合作社辅导员的基础上，积极拓宽选聘渠道，面向乡土专家、大学生村官、返乡创业人员、农民合作社带头人等人才培养发展辅导员，对农民合作社运行管理、市场营销等给予指导。建立激励有效、约束有力的农民合作社辅导员管理机制，采取精神鼓励、物质奖励、社会荣誉赋予、辅导员认定等激励制度，激发辅导员内生动力，健全监督机制，规范辅导工作。大力开展农民合作社辅导员培训。

11.创建农民合作社服务中心。鼓励探索创新农民合作社服务中心建设方式，采取择优遴选、挂牌委托、购买服务、备案管理等办法，支持农民合作社联合社、联合会等各类主体创建农民合作社服务中心，规范服务标准，提供公共服务，强化监督管理。

12.深化社企对接。组织企业等社会力量支持农民合作社发展，鼓励推动中国邮政、中化、中粮、滴滴出行、阿里巴巴等企业服务对接农民合作社发展需求，共同打造种植养殖技术、农产品物流销售、金融服务等平台，帮助农民合作社提升生产经营水平。推广应用中国邮政惠农合作应用程序和中国农业社会化服务等区域性综合服务平台。

13.畅通退出机制。建立健全部门信息共享和通报工作机制，登记机关依法将农民合作社登记信息通报给农业农村等部门。畅通农民合作社退出机制，简化注销程序，依法清退连续两年未从事经营活动的农民合作社。加强政策宣传和服务，为农民合作社自主申请注销提供便利服务。

三、工作安排

（一）试点时间。试点为期2年，自批复之日起计算。

（二）试点申报条件。试点工作以县（市、区）为单位开展，试点申报单位应具备以下条件：

1.试点地方农民合作社发展基础较好，产业门类丰富，农户入社率在本省份处于中上水平。不存在以农民合作社名义搞非法集资情况。

2.试点地方人民政府重视支持试点工作，建立了农业农村部门牵头的农民合作社工作综合协调机制。

3.试点地方农民合作社指导服务能力较强，有承担农民合作社指导服务工作的组织机构，有较强的创新意识和工作积极性，有基层农民合作社辅导员队伍。

（三）试点方案编制。拟申报试点的地方人民政府作为试点工作的责任主体，要结合当地实际制定试点实施方案（编制要求见附件1），由省级农业农村部门负责初审。

（四）试点单位确定。2021年拟新增240个试点县（市、区）作为试点单位，根据各地工作基础和承担试点的意愿，制定了试点单位数量分配表（详见附件2）。各省级农业农村部门于2021年3月31日前，将等额推荐的试点单位名单、初审合格的试点实施方案，报送农业农村部，同时发送相关电子版材料。农业农村部在审核各试点实施方案的基础上，研究批复试点单位名单，由各省级农业农村部门据此正式批复各试点单位实施方案，并报送农业农村部。

四、组织实施

（一）加强试点保障。省级农业农村部门要加强组织实施、综合协调及政策保障，鼓励各地强化政策衔接配套，统筹安排涉农项目资金在试点地区集中投入，形成政策支持合力。

（二）加强工作指导。省级农业农村部门要加强对试点工作的指导、督促和支持，对试点方案编写和试点组织实施进行全程跟踪指导，督促试点单位逐项落实农民合作社质量提升整县推进试点任务，研究制定支持推进试点工作的相关政策，协调解决试点过程中遇到的困难和问题，开展相关业务培训，认真总结经验做法，加大宣传力度，试点经验在辖区内率先推广。

（三）加强信息报送。省级农业农村部门要及时报送试点工作动态和经验做法，于2022年6月底前上报试点工作中期进展情况，试点工作结束前对试点工作进行全面总结，形成总结报告报送农业农村部。

附件：1.全国农民合作社质量提升整县推进试点实施方案编制指南（略）

2.全国农民合作社质量提升整县推进试点单位数量分配表（略）

北京市农业农村局关于印发《2021年北京市农业领域增绿工作方案》的通知

（2021年3月19日）

各区农业农村局：

为贯彻落实《北京市人民政府关于印发〈关于“十四五”时期深化推进“疏解整治促提升”专项行动的实施意见〉》的通知（京政发〔2021〕1号）精神和北京市“2021年深化‘疏解整治促提升’促进首都生态文明与城乡环境建设推动首都高质量发展动员大会”部署要求，扎实做好农业领域增绿工作，现将《2021年北京市农业领域增绿工作方案》印发给你们，请结合本区实际，认真抓好贯彻落实。

2021年北京市农业领域增绿工作方案

为贯彻落实《北京市人民政府关于印发〈关于“十四五”时期深化推进“疏解整治促提升”专项行动的实施意见〉的通知》（京政发〔2021〕1号）精神和北京市“2021年深化‘疏解整治促提升’促进首都生态文明与城乡环境建设推动首都高质量发展动员大会”部署要求，持续深入抓好农业领域增绿工作，制定以下工作方案。

一、目标任务

根据北京市发展和改革委员会等五部门《关于印发做好“留白增绿”工作指导意见的通知》（京发改〔2018〕760号）要求，农业领域增绿主要是对拆违腾退土地中涉及永久基本农田的地块，通过种植农作物和观赏性作物，实现生态绿色覆盖。2021年，全市农业领域增绿任务为45.76公顷（各区年度指标任务见附件）。

二、主要工作

（一）精准确定增绿地块。各区要认真验收移交的拆违腾退地块，逐一进行现场核验。对满足种植条件的，必须纳入年度指标计划，全部完成增绿任务；对暂不具备种植条件的，应主动与拆违部门沟通对接，加大地块整理力度，确保下一年度能够组织实施。在认真核验基础上，各区于3月底前，完成“疏解整治促提升”综合调度信息平台的上账入图，集中连片园区或基地内的分散地块，可采取整合打包方式上账入图。

（二）认真开展土壤检测。对拟种植食用农产品的地块，各区要依据《土壤环境质量标准》（GB15618—1995）要求，严密组织土壤环境状况检测，特别要重点检测土壤中8种重金属和六六六、滴滴涕等有害物质的含量，坚决防范农产品质量安全问题发生。对面积较小且不宜种植食用农产品的地块，各区结合实际情况，自行确定是否开展土壤环境检测。

（三）因地制宜实施种植。要以不破坏耕作层为根本，结合土壤现状、气候时节等特点实际，选择种植适宜的农作物（玉米、蔬菜、杂粮）或观赏性作物（花卉）。面积不足20平方米的地块，考虑其数量多、分布散、种植价值不高，原则上不再实施复种，处于集中连片园区或基地内的此类地块，由各区自行确定是否实施种植。对不实施种植的地块，各区要严格管理，防止出现新增违法建设；对三年来已实施增绿的地块，也要加强管理维护，避免出现土地撂荒现象。

（四）严卡标准检查验收。在推进农业领域增绿过程中，要严格落实国家耕地保护政策，除移交地块已经种有树木的情况外，禁止通过种植树木实现地块增绿。各区农业农村局组织增绿地块审核时，要严把工作标准，对地块面积、土地状况、作物长势等进行认真评估，达到标准要求的方可申请销账；市农业农村局根据各区销账申请情况，每月组织第三方机构赴现场验收，并对验收合格的地块审核销账。

三、相关要求

（一）加强组织领导。农业领域增绿工作是“疏解整治促提升”专项行动的重要内容，各区农业农村部门要提高思想认识，加强工作统筹，研究制定方案，指派专人负责，同时要加强与相关部门的沟通协调，确保年度指标任务落实。

（二）严格资金使用。全市“疏解整治促提升”专项行动安排的农业领域增绿引导资金，要做到专项拨付、专款专用，用于土地整治、土壤检测、土壤改良和种子、有机肥等农资的购买等，各区农业农村局要积极协调本级财政部门做好资金保障工作。

（三）强化监督检查。对列入实施计划的地块，各区要逐宗建立工作案卷，包括地块图斑、增绿计划、土壤检测报告、验收报告以及工作检查等相关资料；要加强检查指导，及时跟踪掌握增绿实施情况，于每月20日前对台账系统进行更新。市农业农村局将不定期对各区增绿工作落实情况进行检查督导。

（四）做好宣传引导。要采取多种形式，向人民群众做好政策解读和宣传引导工作，积极营造良好的社会氛围；要加强信息报送，各区在增绿实施过程中的好经验、好做法，要及时推送相关部门，广泛宣传报道；要强化风险意识，加强舆情监测和应对处置，预防和减少各类不稳定因素。

附件：2021年各区农业领域增绿指标任务表

附件

2021年各区农业领域增绿指标任务表

单位：公顷

区	指标任务
朝阳区	4.12
海淀区	0.02
丰台区	0.05
门头沟区	—
房山区	9.27
通州区	4.23
顺义区	0.93
大兴区	19.59
昌平区	3.26
平谷区	0.13
怀柔区	0.05
密云区	3.70
延庆区	0.41
合计	45.76

北京市农业农村局
关于印发《北京市农业种质资源普查实施方案（2021—2023年）》的通知

（2021年4月1日）

各区农业农村局、市种子管理站、市畜牧总站、市水产技术推广站、市农科院：

为贯彻落实《国务院办公厅关于加强农业种质资源保护与利用的意见》（国办发〔2019〕56号）精神，按照《农业农村部关于开展全国农业种质资源普查的通知》（农种发〔2021〕1号）要求，在全市范围内组织开展农业种质资源普查工作，现将《北京市农业种质资源普查实施方案（2021—2023年）》印发给你们，请按照要求，认真组织实施。

北京市农业种质资源普查实施方案
（2021—2023年）

为贯彻落实《国务院办公厅关于加强农业种质资源保护与利用的意见》（国办发〔2019〕56号）精神，按照《农业农村部关于开展全国农业种质资源普查的通知》（农种发〔2021〕1号）要求，持续推进《北京现代种业发展三年行动计划（2020—2022年）》（京政农发〔2020〕24号）落实，全面完成第三次全国农作物种质资源普查与收集行动，启动并完成第三次全国畜禽遗传资源普查和第一次全国水产养殖种质资源普查工作，制定本实施方案。

一、主要目标

利用3年时间，摸清本市农作物、畜禽和水产养殖种质资源种类、数量、分布、主要性状等家底，发掘鉴定一批新资源，保护好珍贵稀有濒危特有资源，实现应收尽收、应保尽保。

二、重点任务

（一）全面完成第三次北京市农作物种质资源普查与收集

1.农作物种质资源普查与征集。继续对海淀区、通州区、顺义区、大兴区、昌平区5个区开展农作物种质资源普查与征集工作，对5个区1956年、1981年和2014年三个时间节点的农作物种质资源普查表进行完善。补充征集5个区内粮食、蔬菜、经济作物等作物的珍稀、名优、特异的作物种质资源，并填写作物种质资源征集表。对新征集到的农作物种质资源进行整理、鉴定、分类后，与征集表一并转交至市农科院妥善保存。

2.农作物种质资源系统调查和抢救性收集。在2019和2020年度系统调查的基础上，对大兴区、平谷区、怀柔区、密云区、延庆区5个区进行农作物种质资源的补充调查，抢救性收集各类栽培作物的古老地方品种、种植年代久远的育成品种、重要作物的野生近缘植物以及其他珍稀、濒危野生植物种质资源。

3.农作物种质资源鉴定评价和编目保存。在适宜的生态区域，对北京市普查队报送的、调查队收集的及现有的种质资源进行繁殖，并开展基本生物学特征特性、DNA指纹、营养品质的鉴定评价，经过整理、整合并结合农民认知进行编目，入库（圃）妥善保存各类作物种质资源，并按要求报送至国家普查办公室。

4.北京市农作物种质资源与数据汇总上报。编写北京农作物种质资源普查与系统调查报告、种质资源目录和重要农作物种质资源图集等技术报告，按照技术规范有关要求认真梳理填写普查表、征集表、调查表，确保信息完整、有效、准确无误，将经鉴定评价的征集与收集种质资源提交国家作物种质库（圃）妥善保存。

（二）启动并完成第三次北京市畜禽遗传资源普查

1.畜禽遗传资源基本情况普查和征集。以区为单位，开展各类畜禽种质资源的全面普查，查清北京地区饲养的本地畜禽品种资源、其他地方特色品种资源和国外引进畜禽品种资源的养殖状况、存栏底数、主要特征、濒危状况、经营情况及保护利用等情况。

2. 畜禽遗传资源特征特性评估和抢救性收集。完成具体品种的基本信息登记，影像采集，以及体尺体重、生产性能和繁殖性能等的测定工作。科学评估畜禽遗传资源珍稀程度和濒危等级，采取活体和遗传材料保护相结合的方式，实施抢救性收集保护，相关遗传材料纳入北京市畜禽基因库保存。健全市区两级保护体系，明确保护主体，实施市级畜禽资源保护单位的确定与管理工作，实施“一品一策”保护措施。

3. 新遗传资源的发掘评估。以区为单位，对辖区内新发现的畜禽遗传资源，上报北京市农业种质资源普查工作办公室（种业管理处），由市农业种质资源普查工作办公室组织技术专家组对新发现的畜禽遗传资源进行初步鉴定。通过市级初步鉴定的新遗传资源报国家畜禽遗传资源委员会依法进行鉴定。

4. 编写资源状况报告，建设北京市畜禽遗传资源数据库。完成畜禽遗传资源基本信息登记和性能测定数据库建设。编写北京畜禽遗传资源状况报告。

（三）启动并完成第一次北京市水产养殖种质资源普查

1. 开展水产养殖种质资源基本情况普查。以区为单位，对北京市养殖场（户）(含水产原良种场、遗传育种中心、苗种场和普通养殖场等）的鱼、虾蟹、贝、藻、棘皮动物、两栖爬行等水产养殖种质资源（包括原种、地方品系、新品种和引进种）种类、群体数量、区域分布和保护利用等情况进行普查。

2. 开展水产养殖种质资源系统调查与收集保护。依托具有鉴定评价基础和优势的技术支撑单位，开展水产养殖种质资源的特征特性测定、遗传多样性评价等系统调查以及重点区域现场核查。根据基本情况普查和系统调查结果，活体资源纳入保种场保护，相应遗传材料纳入国家种质库保存。

3. 建立水产养殖种质资源数据库和发布资源名录。按照职责分工将普查相关数据在全国水产养殖种质资源数据库中进行填报。编写水产养殖种质资源状况报告，发布北京市水产养殖种质资源种类名录。

三、实施范围与进度

（一）第三次北京市农作物种质资源普查与收集

补充征集实施范围包括：海淀区、通州区、顺义区、大兴区、昌平区，补充调查实施范围包括：大兴区、平谷区、怀柔区、密云区、延庆区，重点完善三套普查表、征集种质资源，调查各类栽培作物的古老地方品种、种植年代久远的育成品种、重要作物的野生近缘植物以及其他珍稀、濒危野生植物种质资源。2021年，全面完成第三次北京市农作物种质资源普查与收集行动各项任务，编写第三次北京市农作物种质资源普查报告。

（二）第三次北京市畜禽遗传资源普查

实施范围包括全市种畜禽生产企业（户），包括传统畜禽、

特种畜禽等遗传资源，含地方品种、培育品种（配套系）和引入品种（配套系）。

2021年，完成北京市畜禽遗传资源基本情况普查，完成重点区域现场核查。2022年，各区基本完成畜禽遗传资源基本信息登记和上报工作，市级完成新发现遗传资源的初步鉴定，将相关数据（纸质版）报第三次全国畜禽遗传资源普查工作办公室，电子版录入全国畜禽遗传资源数据库。2023年，编写北京市畜禽遗传资源保护状况报告，完成北京市畜禽遗传资源保护名录制修订工作，制订北京市畜禽遗传资源志书。

（三）第一次北京市水产养殖种质资源普查

实施范围包括全市水产养殖场（户）。含水产原良种场、水产保种场、遗传育种中心、苗种场、普通养殖场及具有水生野生动物人工繁育许可证养殖户。

2021年，完成基本情况普查工作任务；2022年，完成水产养殖种质资源特征特性测定、遗传多样性评价等系统调查以及重点区域现场核查；2023年，全面完成北京市水产养殖种质资源数据库数据核实和入库工作。编写北京市水产养殖种质资源状况报告，发布北京市水产养殖种质资源种类名录。

四、任务分工

（一）市农业农村局制定出台总实施方案，组织召开启动部署会；督导考核各区、各部门按时完成工作任务。

（二）市种子管理站、市畜牧总站和市水产技

术推广站作为牵头组织单位，分别负责制定农作物、畜禽、水产种质资源普查技术方案，市农科院制定农作物鉴定入库工作方案。组织开展普查人员培训。汇总、审核各区提交的各类表格、资料，并按要求报送。

（三）各区农业农村局要切实落实属地责任，编制本区畜禽、水产种质资源普查方案，组织区内的技术力量完成辖区内普查工作，按时上报相关数据，做好普查各项工作。

五、组织保障

（一）加强组织领导。按照“统一部署、分头实施、整体推进”的原则，市农业农村局成立农业种质资源普查工作领导小组（附件1），研究协调解决农业种质资源普查的重大问题；领导小组办公室（附件2）设在种业管理处，由种业管理处主要负责同志任主任，负责落实领导小组决定的重要事项的组织协调、日常管理等。在市种子管理站、市畜牧总站、市水产技术推广站分别设立农作物、畜禽、水产养殖种质资源普查工作办公室，以及市农作物、畜禽、水产养殖种质资源普查技术专家组，分别负责普查工作推进落实、技术支撑和服务。各区农业农村局成立领导小组办公室统筹种质资源普查工作，同时成立畜禽、水产种质资源专业普查队伍，加强普查力量配备，强化市区级普查工作协调统一。

（二）建立工作机制。市、区两级领导小组办公室、各资源普查工作办公室、各资源普查技术专家组、各区农业农村局组建普查队伍要分别明确一名联系人，负责日常沟通协调。请于4月15日前，将联系人名单报至市农业农村局种业管理处。

（三）强化经费保障。农业种质资源普查属公益性事业，市级财政将对本级工作给予必要支持，各区要积极争取财政资金支持，将农业种质资源普查工作经费纳入财政预算。要加强经费规范管理，全面实施预算绩效管理，确保经费使用规范科学、合理合法。

（四）加强宣传培训。各区、各部门要组织种质资源普查培训班，解读相关政策，加强资源分类、信息采集、数据填报、资源保存、鉴定评价等内容培训。要认真做好普查宣传的策划和组织工作，深入挖掘先进人物、典型做法，充分利好主流媒体、新兴媒体，进行全方位、多角度系列宣传，提高公众参与意识、保护意识。

附件：1.北京市农业种质资源普查工作领导小组组成（略）

2.北京市农业种质资源普查工作领导小组办公室组成（略）

北京市农业农村局
关于印发《2021年北京市农业投入品废弃物回收处置工作方案》的通知

（2021年4月1日）

各区农业农村局，市农业技术推广站、市土肥站、市植保站现将《2021年北京市农业投入品废弃物回收处置工作方案》印发给你们，请结合实际，认真抓好贯彻落实。

2021年北京市农业投入品废弃物回收处置工作方案

为贯彻落实《水污染防治法》《土壤污染防治法》和农业农村部生态环境部令2020年第7号《农药包装废弃物回收处理管理办法》，贯彻落实生态环境部农业农村部《关于印发农业农村污染治理攻坚战行动计划的通知》（环土壤〔2018〕143号）、农业农村部等六部委《关于加快推进农用地膜污染防治的意见》（农科教发〔2019〕1号）、国家发展改革委生态环境部《关于进一步加强塑料污染治理的意见》（发改环资〔2020〕80号）要求，按照北京市发展改革委生态环境局《关于印发北京市塑料污染治理行动计划（2020—2025）的通知》（京发展规20208号）的部署安排，持续推进农业投入品废弃物回收处置工作，促进首都农业绿色发展，制定本方案。

一、总体要求

以习近平新时代中国特色社会主义思想为指导，牢固树立和贯彻落实新发展理念，按照全面推进乡村振兴、加快农业农村现代化的总要求，紧紧围绕首都生态环境建设发展目标，严密组织废旧农膜（地膜和棚膜）、农药包装废弃物、肥料包装废弃物、废旧育苗盘、废旧节水灌溉材料等农业投入品废弃物回收处置，健全体系机制，完善扶持政策，强化责任落实，提升整体效能，有效遏制面源污染，为农业绿色高质量发展提供有力支撑。

二、工作目标

各区按照“政府引导、市场主导、农户参与、专业处置”的基本思路，对本区现有回收处置体系进行完善，形成“市场化运作、专业化回收、资源化利用、属地化管理、指标化考核”的工作机制。摸清农业投入品使用和废弃物回收处置情况的底数，推广使用0.014毫米（含）以上的加厚地膜，开展可全降解生物地膜试验示范，组织肥料包装物、废弃育苗盘、废弃节水灌溉材料等农用塑料回收试点，废旧农膜回收率达到90%以上，农药包装废弃物基本全回收。

三、主要任务

（一）开展调查研究和残留监测

组织农膜使用与回收情况调查，开展农田地膜残留监测，根据覆膜区域、覆膜作物、覆膜年限、生产环境（设施与露地）、地块大小等因素合理选择调查（监测）点，原则上调查点与监测点相重合。在全市范围内布设调查（监测）点80个以上，其中房山、通州、顺义和大兴4个区各设置10 ~ 12个调查（监测）点，昌平、平谷、怀柔、密云和延庆5个区各设置6 ~ 8个调查（监测）点，其他涉农区设置2个调查（监测）点。结合农资供应保障情况，组织开展农药、化肥、育苗盘、节水灌溉材料等农资的销售使用、回收处置情况调查。

（二）源头减少废弃物产生

各区要指导生产主体科学使用农业投入品，尽量减少废弃物产生。开展全生物可降解地膜试验与示范，引进以PBAT、PPC、PLA等为原料的全生物降解地膜新产品，在蔬菜、草莓、西甜瓜、鲜食玉米、甘薯和花生等覆膜作物上开展试验示范。示范推广一膜多用、适时揭膜等技术，减少地膜使用量。选取部分规模化生产基地或园区，试点探索专业化统防统治使用大包装农药，减少农药包装废弃物产生。结合有机肥补贴政策，试点探索肥料统配统施社会化服务，减少肥料包装废弃物产生。指导生产主体规范使用棚膜、育苗盘、节水灌溉材料等塑料制品，延长使用寿命。

（三）完善现有回收处置模式

各区要结合自身实际，不断完善现有农业投入品废弃物的回收处置模式。在地膜回收上，采取“以旧换新”模式的，兑换的新地膜推荐使用0.014毫米（含）以上加厚地膜，并科学测算兑换比例，旧膜与新膜的兑换比例不得低于2 ∶ 1。在农药包装废弃物回收上，压实农药经销商的责任，对参与推广应用绿控产品补贴的农药经销商，督促其将农药包装物回收纳入服务范围，并把落实情况作为遴选入围的重要条件。在废弃农业塑料回收上，积极探索棚膜、肥料包装物、育苗盘、节水灌溉材料等废弃农业塑料的回收模式，各区根据资金情况，扩大试点种类和回收数量。

（四）区分类别实施处置

对具备再利用价值的农业投入品废弃物，应依托第三方机构或废品收购商进行回收，按规范渠道循环利用；对无再利用价值的农业投入品废弃物，应督促使用者收集并交回村庄垃圾收集房（点、站）集中处理。根据《国家危险废物名录（2021年版）》，农药包装废弃物已列入《危险废物豁免管理清单》，其收集、运输、利用、处置环节，在满足相应的豁免条件时，不按危险废物管理。

（五）严格农业投入品质量监控

禁止使用厚度小于0.01毫米的聚乙烯农用地膜、厚度小于0.025毫米的超薄塑料袋等未达到国家标准的农用塑料制品，将非国标农用塑料制品列入农资打假清单，协调配合市场监管等部门开展执法检查，对违法违规行为进行严厉打击。

四、保障措施

（一）加强组织领导。各区农业农村局要加强工作统筹，研究制定方案，明确实施单位，指派专人负责，实现全域覆盖，做到应收尽收。市农业农村局种植业管理处加强统筹协调，市农业技术推广站负责废旧地膜回收以及废旧棚膜、育苗盘和节水灌溉材料的回收试点工作，市土肥站负责肥料包装废弃物回收工作，市植保站负责农药包装废弃物回收工作。

（二）保障资金落实。地膜和农药包装废弃物回收工作是年度约束性任务，各区要确保资金足额拨付到位，加强使用监管，做到依法合规。要统筹考虑资金使用，安排相应经费用于调查监测、试验示范等技术支撑工作，并在全覆盖回收废旧地膜和农药包装废弃物基础上，开展其他废弃农业塑料回收试点工作。不能以全生物降解地膜示范代替废旧地膜回收工作。

（三）加强督查考核。根据《北京市塑料污染治理行动计划（2020—2025年）》安排，地膜回收处置工作将纳入生态环境考核指标体系，于年底对各区实施绩效考核。市农业农村局将制定量化考核办法，督导工作进展，考核绩效目标。为及时掌握工作进度，各区牵头部门于每月25日前将数据信息报送至市农业技术推广站、于12月10日前将年终总结报送至市农业农村局种植业管理处，信息报送情况将作为重要内容纳入年终考评。

（四）加强培训宣传。各区要加强培训和宣传，引导农民科学使用农业投入品，积极参与回收工作，要及时总结农业投入品废弃物回收处置的好经验、好做法，形成典型模式和示范样板。

附件

北京市地膜回收处置工作考核办法

第一条 为贯彻落实2021年农业投入品废弃物回收处置工作要求，做好地膜回收及处置工作，特制定本办法。

第二条 本办法考核对象为承担2021年北京市推进地膜回收及处置的13个涉农区。考核工作由北京市农业农村局组织实施。

第三条 考核工作遵循客观公正、突出重点、奖惩分明、注重实效的原则，对各区地膜回收及处置工作进行综合评价。

第四条 根据确定的工作目标和试点任务，考核内容主要是地膜回收处置开展情况、目标完成情况、取得成效情况。

第五条 考核依照以下程序开展：

（一）自查评分。按照工作方案，各区对地膜回收及处置工作情况进行全面自查和自评，于2021年12月10日前将年度总结报告、绩效自评报告和绩效自评表报送至种植业管理处。

（二）总结验收。2021年12月，市农业农村局采取现场检查、听取汇报、核查资料等方式，全面核实了解有关情况，形成各区绩效考核报告。

第六条 评分按照《北京市地膜回收及处置工作考核指标及评分细则》进行。考核满分100分。

第七条 考核对象对所提供材料和数据的真实性、准确性负责。对考核中弄虚作假的，将依法依纪追究责任。

北京市农业农村局 关于印发《2021年北京市农药减量控害工作方案》的通知

（2021年4月16日）

各区农业农村局、市植保站：

现将《2021年北京市农药减量控害工作方案》印发给你们，请结合实际，认真抓好贯彻落实。

2021年北京市农药减量控害工作方案

为贯彻落实《水污染防治法》、《土壤污染防治法》和《生态环境部农业农村部关于印发农业农村污染治理攻坚战行动计划的通知》（环土壤〔2018〕143号），持续深化农业减量控害工作，促进首都农业绿色发展，制定本方案。

一、总体要求

以习近平新时代中国特色社会主义思想为指导，牢固树立和贯彻落实新发展理念，按照全面推进乡村振兴、加快农业农村现代化的总要求，紧紧围绕首都生态环境建设发展目标，坚持质量兴农、绿色兴农，以农作物病虫害精准测报为基础，大力推广应用绿色防控技术，纵深推进专业化统防统治，全面普及科学安全用药技术，积极推广应用新型高效实用植保机械，在确保稳粮增收基础上，推进农药减量化，优化生态环境，为农业农村绿色高质量发展提供有力支撑。

二、工作目标

2021年，全市主要农作物病虫害实现精准测报，中短期预报准确率分别达90%、95%以上；主要农作物绿色防控覆盖率达到73%以上，全市蔬菜病虫全程绿色防控示范基地达到116家，统防统治覆盖率达到52%以上，农药利用率达到45%以上。

三、重点任务

（一）强化重大病虫害和植物疫情监测防控

完善重大病虫疫情田间监测网点，开展全市主要病虫监测和京津冀农作物重大迁飞性害虫联合监测，及时发布病虫预警信息。落实京津冀蒙辽5省（区、市）联防联控机制，依托“三道防线”“长城防线”和联合监测点，做好草地贪夜蛾、黏虫、草地螟、蝗虫等重大病虫害的监测防控，加强疫情趋势分析、动态监测和信息共享。

（二）推广应用绿色防控产品

按照《北京市农业农村局北京市财政局关于印发〈北京市推广应用绿色防控产品工作方案（试行）〉和〈北京市推广应用有机肥工作方案（试行）〉的通知》（京政农发〔2019〕83号）要求，依托北京市农药减量管理系统，持续推进绿色防控产品推广应用工作。各区要研究制定2021年推广应用绿色防控产品实施方案，严格落实规定程序和要求，加强对补贴对象、植物医生、供应商、经销商等主体的培训，认真评估具体成效，确保政策补贴取得良好效果。

（三）提升植保专业化服务水平

着力加强植保专业化服务组织建设，规范服务流程，明确考核标准，推动植保服务向专业化、市场化运作模式转变。开展植保专业化服务示范，探索蔬菜、大田作物植保专业化服务补贴机制，加强对植保专业化服务组织的引导与扶持，进一步提升统防统治覆盖率。

（四）研究使用新型绿色防控技术

积极研发新型绿控技术产品，深入开展设施蔬菜生长期持续控害、植株残体快速无害化处理、蜜蜂保护与授粉、生物天敌和新型微生物菌剂等方面的研究，优化蔬菜病虫全程绿色防控技术规程，建立全程绿色、高效融合的技术体系。完善生物农药、天敌产品技术体系，制定生物天敌产品质量标准。示范推广蔬菜病虫全程绿色防控技术，全市蔬菜病虫全程绿色防控示范基地达到116家，进一步提升绿色防控覆盖率。

（五）构建三级植物健康体系

充分发挥北京市植物总医院病虫害诊断咨询服务、绿控技术推广、阳台农业展示等功能，在有意愿的区新建区级植物医院，明确现有区级植物医院职能定位，落实其对本区植物诊所的管理责任。以各区植保站或职能单位为主体，加强对植物医生和植物诊所的监管，确保植物处方开具科学合理。

（六）开展农药使用调查监测

在综合考虑农作物的种植种类、面积、布局和病虫害为害特点、防治水平等情况基础上，各区选取具备代表性的普通农户、种植大户和农业合作社等生产经营主体作为调查对象，采取随用随记的方法，及时准确记录主要种植作物全生育期所有用药信息，并于6月25日、9月25日、12月25日前，将农药使用调查监测信息上报全国农药械信息管理系统（www.acmis.cn）。在调查对象数量的确定上，朝阳区、海淀区、丰台区、门头沟区不少于5个，其他各区不少于15个。

四、保障措施

一是加强组织领导。各区农业农村局要加强工作统筹，研究制定方案，明确实施单位，指派专人负责，抓好工作落实。特别是绿控产品补贴工作属于年度约束性任务，要制定专项实施方案，确保资金使用监管到位，发挥良好效能，实施方案于5月底前报市农业农村局备案。市植保站要加强工作指导和督促检查。

二是加强技术指导。市农业农村局组织成立专家指导组，加强技术研究，编制相应技术指导手册，指导各区落实相关工作。市区两级技术部门要积极开展技能培训，推广应用绿色防控技术，在关键农时季节，组织专家和农技人员深入田间地头，指导农民落实好各项技术措施。

三是加强督查考核。农药减量工作是农业农村污染治理的重要内容，市级将制定可量化的考核办法，对各区实施绩效考核。为及时掌握工作进度，各区牵头部门于每月25日前将数据信息报送市植保站、于12月15日前将年终总结报送种植业管理处，相关信息报送情况将作为重要考核内容，纳入年终考核。

四是加强宣传引导。各区要深入挖掘、广泛宣传本级农药减量工作中的好技术、好经验、好典型，相互交流借鉴，不断提高工作质量水平。要充分利用广播、电视、报刊、互联网等媒体，加大相关法律法规的宣传培训力度，提高生产经营者的认识和参与度，营造良好的社会氛围。

附件

北京市推广应用绿色防控产品工作考核办法

第一条 为贯彻落实推广应用绿色防控产品工作要求，抓好2021年绿色防控产品补贴工作落实，制定本办法。

第二条 本办法考核对象为承担2021年北京市绿色防控产品补贴工作的10个区。考核工作由市农业农村局组织实施。

第三条 考核工作遵循客观公正、突出重点、奖惩分明、注重实效的原则，对各区绿色防控产品补贴工作进行综合评价。

第四条 根据确定的工作目标和任务，考核内容是各区绿色防控产品补贴工作开展情况、目标完成情况和取得成效情况。

第五条 考核依照以下程序开展：

（一）自查评分。按照工作方案，各区对绿色防控产品补贴工作情况进行全面自查和自评，于2021年12月10日前将年度总结报告、绩效自评报告和绩效自评表报送至种植业管理处。

（二）总结验收。2021年12月中下旬，市农业农村局采取现场检查、听取汇报、核查资料等方式，全面核实了解有关情况，形成各区绩效考评报告。

第六条 评分按照《北京市推广应用绿色防控产品工作考核指标及评分细则》进行，满分100分。

第七条 考核对象对所提供材料和数据的真实性、准确性负责。对考核中弄虚作假的，依法依纪追究责任。

北京市农业农村局
关于印发《2021年北京市化肥减量增效工作方案》的通知

（2021年4月16日）

各区农业农村局，市土肥站：

现将《2021年北京市化肥减量增效工作方案》印发给你们，请结合实际，认真抓好贯彻落实。

2021年北京市化肥减量增效工作方案

为深入贯彻《水污染防治法》《土壤污染防治法》和《生态环境部农业农村部关于印发农业农村污染治理攻坚战行动计划的通知》（环土壤〔2018〕143号），认真落实农业农村部关于做好2021年化肥减量增效工作的要求，持续推进化肥减量增效工作，促进首都农业绿色发展，制定本方案。

一、总体要求

以习近平新时代中国特色社会主义思想为指导，牢固树立和贯彻落实新发展理念，按照全面推进乡村振兴、加快农业农村现代化的总要求，紧紧围绕首都生态环境建设发展目标，坚持质量兴农、绿色兴农，持续推进化肥减量增效，全面推广应用有机肥探索开展肥料包装废弃物回收处理，减少不合理化肥投入，提高化肥利用率，为农业绿色高质量发展提供有力支撑。

二、工作目标

2021年，在全市选择2个基础条件好、工作积极性高的区开展化肥减量增效示范工作。每个示范区建设2个以上化肥减量增效技术示范片，累计示范面积不少于20000亩，化肥用量减少3%以上。在此基础上，选择2个地方政府高度重视、工作积极性高、有一定工作基础的区，开展肥料包装废弃物回收试点创建工作，探索建立长效机制。全面推广应用有机肥，覆盖面积达到20万亩以上。全市测土配方施肥技术覆盖率达到98%以上，化肥利用率达到40%以上，单位耕地化肥用量降低到25千克以下。

三、重点任务

（一）深化测土配方施肥工作。强化田间调查、取土化验、田间试验、配方发布、数据开发等测土配方施肥基础工作，为化肥减量增效提供服务支撑。按照“统筹规划、区域设点、综合试验”的要求，制定统一的田间肥料试验方案。根据农作物生产布局，开展粮食、蔬菜主要作物肥效试验40个。开展全市主要的粮经、蔬菜作物施肥情况调查，按照粮田5000亩布置1个调查点，菜田2000亩布置1个调查点的密度，布置主要农作物施肥调查点400个。规范数据管理应用，市区两级肥料技术推广部门及时整理录入土壤植株测试、农户调查、田间试验示范等数据运用信息技术进行系统分析，分区域、分作物提出科学施肥意见。

（二）抓好有机肥推广应用工作。按照《北京市农业农村局北京市财政局关于印发〈北京市推广应用绿色防控产品工作方案（试行）〉和〈北京市推广应用有机肥工作方案（试行）〉的通知》（京政农发〔2019〕83号）要求，各区在认真梳理总结2020年实施情况的基础上，研究制定2021年有机肥推广应用实施方案，确定具体组织实施单位，明确补贴对象和标准、供肥企业选择、操作程序和补贴发放方式等内容。要抓好有机肥推广应用的组织实施，严格落实规定程序和要求，强化享受补贴有机肥质量监管，组织落实推广应用效果评估，切实发挥补贴政策的效能。

（三）推进化肥减量增效示范区创建。按照农业农村部部署要求，在大兴区、昌平区开展化肥减量增效示范区建设，集成推广配方施肥、种肥同播、机械深施、水肥一体化、有机肥替代部分化肥等为核心的高效施肥技术模式。推广应用有机肥、专用肥、缓释肥料、水溶肥料、微生物肥料等新型肥料，着力减少不合理化肥施用，提高肥料利用效率。积极推广先进施肥机械，加快替代落后机械，促进农机农艺融合，提高技术到位率。

（四）开展肥料包装废弃物回收试点。按照《农业农村部办公厅关于肥料包装废弃物回收处理的指导意见》，落实肥料生产者、销售者和使用者的主体责任，继续探索适宜的回收处理方式，鼓励引导企业实现源头减量，推行肥料统配统施社会化服务，探索建立有效的肥料包装废弃物回收处理组织方式和工作机制。

（五）强化肥料质量监督检查。按照全国肥料质量监督抽查工作部署，组织开展春、秋两季全市肥料产品质量监督抽查，在肥料生产企业、销售门店抽取200个样品，其中生产企业50个、销售门店150个，包括有机肥料、水溶肥料和复混肥料，做到监督检查全覆盖。将肥料列入农资打假清单，协调和配合市场监管等部门开展执法检查。组织开展基层培训工作，通过典型案例、肥料包装标识实物等形式，讲授肥料真假识别、肥料选购及肥料施用事项等，提高农户、经销商、生产企业辨别肥料真假优劣的能力和水平。

四、保障措施

一要加强组织领导。各区要加强工作统筹，明确具体实施单位，确保各项工作落实。特别是实施有机肥补贴工作，属于年度约束性任务，要制定专项实施方案，确保资金使用监管到位，发挥良好效能，实施方案于5月底前报市农业农村局备案。市土肥站要加强对化肥减量工作的指导和督促检查。

二要加强技术指导。市农业农村局成立专家指导组，加强技术研究，适时发布肥料配方、施肥方案等施肥指导信息，编制技术指导手册，指导各区落实相关工作。市区两级技术部门要积极开展技能培训，推广应用化肥减量技术，在关键农时季节，组织专家和农技人员深入田间地头，实施面对面帮带指导，确保各项技术措施落实落地。

三要加强督查考核。化肥减量工作是农业农村污染治理的重要内容，市级将制定可量化的考核办法，对各区实施绩效考核。为及时掌握工作进度，各区牵头部门于每月25日前将数据信息报送市土肥站、于12月15日前将年终总结报送种植业管理处，相关信息报送情况将作为重要考核内容，纳入年终考核。

四要加强宣传引导。各区要深入挖掘、广泛宣传本级化肥减量增效工作中的好技术、好经验、好典型，相互交流借鉴，不断提高工作质量水平。要充分利用广播、电视、报刊、互联网等媒体，宣传普及科学施肥知识，增强农民科学用肥意识，引导社会正确认识化肥作用，营造良好的社会氛围。

附件

北京市推广应用有机肥工作考核办法

第一条 为贯彻落实2021年化肥减量增效有关要求，确保北京市推广应用有机肥工作成效，制定本办法。

第二条 本办法考核对象为承担2021年北京市推广应用有机肥工作的12个区。考核工作由北京市农业农村局组织实施。

第三条 考核工作遵循客观公正、突出重点、奖惩分明、注重实效的原则，对各区推广应用有机肥工作进行综合评价。

第四条 根据确定的工作目标和试点任务，考核内容主要是各区有机肥推广应用开展情况、目标完成情况和取得效果情况。

第五条 考核依照以下程序开展：

（一）自查评分。按照工作方案，各区对有机肥推广应用工作情况进行全面自查和自评，于2021年12月10日前将年度总结报告、绩效自评报告和绩效自评表报送至种植业管理处。

（二）总结验收。2021年12月，市农业农村局采取现场检查、听取汇报、核查资料等方式，全面核实了解有关情况，形成各区绩效报告。

第六条 评分按照《北京市推广应用有机肥考核指标及评分细则》组织实施，满分100分。

第七条 考核对象对所提供材料和数据的真实性、准确性负责。对考核中弄虚作假的，依法依纪追究责任。

北京市农业农村局 关于印发《北京市休闲农业专家辅导团管理办法（试行）》的通知

（2021年4月16日）

各区农业农村局、各相关单位：

现将《北京市休闲农业专家辅导团管理办法（试行）》印发给你们，请结合实际认真贯彻落实。

北京市休闲农业专家辅导团管理办法（试行）

第一章　总则

第一条　为落实北京市休闲农业“十百千万”畅游行动，更好服务休闲农业经营主体，实现休闲农业提档升级、提质增效，特制定本办法。

第二条　北京市休闲农业“十百千万”畅游行动是推动本市休闲农业高质量发展的重要举措，即：在全市打造十余条精品线路、创建百余个美丽休闲乡村、提升千余个休闲农业园区、改造近万家民俗接待户和乡村民宿。

第三条　市农业农村局负责北京市休闲农业专家辅导团的征集、认定、管理工作。

第四条　本办法实施期限为2021年至2025年。

第二章　征集条件

第五条　辅导团专家的专业领域包括：旅游管理、规划设计、活动策划、发展战略、农耕文化、创意农业、生态环保、美学设计、设施设备、土建施工、政策项目、营销推广、投资融资、电子商务、花卉园艺、农业技术、其他领域。

第六条　辅导团专家应具有较高的学术水平、丰富的实践经验、良好的职业道德，须对“三农”有感情、有情怀。并且满足

下列条件之一：

（一）担任事业单位、高校、科研院所副处级以上职务；在相关领域具有副高级及以上职称，开展相关研究工作3年以上；

（二）担任社会团体、行业协会（学会）、园区管委会、产业联盟、规划咨询等机构的负责人或高层管理人员，或担任中层以上职务超过3年；

（三）全国或北京市休闲农业和乡村旅游五星级企业（园区）的负责人；

（四）从事休闲农业和乡村旅游管理工作5年以上，具有丰富的实践经验者。

第三章　遴选程序

第七条　通过社会招募、渠道推荐、智库共享等方式组织专家的征集工作。申报的专家需填写《北京市休闲农业专家辅导团登记表》（见附件1），并保证所填内容的真实性、准确性、完整性。

第八条　北京市休闲农业专家辅导团工作办公室（由市农业技术推广站具体负责）根据专家的专业领域和近三年休闲农业相关工作业绩，做好遴选、初审、推荐等工作，择优上报市农业农村局进行审核。

第九条　完成审核的专家名单，在市农业农村局门户网站进行公示，公示期为7个工作日。公示结束无异议后，完成专家的入库。

第十条　专家征集工作常年进行，根据增补专家数量和专业领域需求，分批审核、公示、入库。

第四章　服务内容

第十一条　以推动北京市休闲农业高质量发展为主线，聚焦产业提质增效中的难点与重点，破解北京市休闲农业“十百千万”畅游行动实施中存在的具体问题，为产业提档升级、提质增效提供强有力的智力支撑。引导经营主体挖掘在地资源、开展主题化设计、提升休闲品质、开展多渠道品牌化推

广，用文化、科技、生态等为休闲农业赋能。

第十二条 实行区域整体培优工程，一个专家团队对接5～10个园区，开展3～5年长期辅导，重点帮助经营主体挖掘主题特色，围绕主题打造品牌形象、设计体验活动、开发系列产品、设计农田景观。专家团队在具体实践中，发现问题，提出政策建议，助推区域休闲农业更好发展。

第十三条 在休闲农业精品线路方面，深入挖掘线路资源特点，整合美丽休闲乡村、休闲农业园区、民俗接待户和乡村民宿等重要节点，提出、优化和落实精品线路发展规划或实施方案，对线路进行多样化、个性化、区域化景观设计，包括但不限于资源整合、特色产业布局、线路优化、文化特色挖掘、区域品牌营销等方面，着力打造区位优势明显、基础设施完善、生态环境优美、农民创业致富的景观线路、产业线路和人文线路。鼓励专家辅导团驻村开展定向辅导。

第十四条 在美丽休闲乡村方面，发掘、引进适合本市乡村的特色产业，包括但不限于特色农业、健康养生、特色餐饮、劳动教育、亲子和户外体验等，对接优质资源；因地制宜设计乡村综合服务中心、农产品展示中心、乡村民俗展览馆、乡村演艺场所等；在保持乡土风貌的情况下，打造主题村落景观；设计多种形式的生活和生产方式体验；培育"京品""京礼"，打造地方特色突出、产业功能多元、乡村文化浓郁、村容精致独特、精神风貌良好的美丽休闲乡村。

第十五条 在休闲农业园区方面，重点对园区进行主题设计，注重品牌营销、创意活动、文化挖掘、产品开发等环节，提升园区品质；探索园区联农带农机制，为园区后续经营提出有效办法，提升一批以精品观光采摘、农业文化遗产、非遗文化体验、教育科普体验、生态体验和康养体验等为主题的特色休闲农业园。

第十六条 在民俗接待户和乡村民宿方面，重点对主题设计、品牌打造和推广、运营管理、流量获取等方面开展辅导，包括建筑特色、内部装饰、庭院景观等设施及民宿主人文化、服务理念、特色餐食、体验活动等软性设计。引导民俗接待户提升改造，发展原味乡村民宿，培育主人文化，营造小而美、小而馨、小而趣、个性化、多样化、体验化的氛围，满足游客的乡愁与情怀需求，打造北京市民的诗意栖居地。

第五章 管理维护

第十七条 建立休闲农业专家辅导团信息平台和交流平台。信息平台用于定期更新专家信息，为休闲农业经营者和管理者提供专家查询服务；交流平台用于经营主体发布项目提升需求、辅导团专家发布优秀案例、双方就休闲农业相关问题探讨等。

第十八条 专家每年12月对本年度服务情况进行自评，并提交《北京市休闲农业专家辅导团考核登记表》（见附件2）。

第十九条 由专家辅导团工作办公室对经营主体进行满意度调查，并对专家工作的数量和质量进行审核，对提供一对一服务的专家，要对其服务的具体项目进行考核，方法参照《北京市休闲农业"十百千万"畅游行建设评价办法》。专家辅导团考核情况，报市农业农村局，经相关程序后，对社会公布。

第二十条 对年度考核优秀、表现突出的专家，对其下一年度的服务工作优先给予支持。

第二十一条 专家库实行动态化管理。

第二十二条 有下列情形之一的，取消专家辅导团专家资格：

（一）受到两个以上经营主体负面评价或连续受到两次负面评价，经核查由专家负主要责任，并造成严重不良影响的；

（二）严重损害经营主体利益，造成恶劣社会影响的；

（三）被依法追究刑事责任、破坏专家辅导团声誉的。

第六章 附则

第二十三条 本办法由市农业农村局负责解释。

第二十四条 本办法自发布之日起施行。

附件：1.北京市休闲农业专家辅导团专家登记表（略）

2.北京市休闲农业专家辅导团考核登记表（略）

3.北京市休闲农业专家辅导团一对一服务满意度调查表（略）

北京市农业农村局
关于印发《2021年北京市农产品质量安全统一监测计划》的通知

（2021年5月8日）

机关各有关处室、所属各有关单位，各区农业农村局

为加强农产品质量安全监管，提升农产品质量安全水平，依据《中华人民共和国农产品质量安全法》《农产品质量安全监测管理办法》（农业部令2012年第7号）相关规定，按照《农业农村部关于开展2021年国家农产品质量安全例行监测（风险监测）工作的通知》（农质发〔2021〕1号）和北京市食品药品安全委员会关于食品安全监测相关工作要求，结合本市工作实际，市农业农村局制定了《2021年北京市农产品质量安全统一监测计划》（以下简称《监测计划》），现印发给你们，并就相关工作要求如下：

一、市、区各相关单位要高度重视农产品质量安全监测工作，强化组织管理、严格责任落实、科学细化方案、明确任务目标、抓好过程管控、强化结果应用，确保统一监测工作高效、规范实施，进一步增强风险预警、监督抽查的作用，加大对农产品质量安全监管、执法工作的支撑力度。

二、市级各检测单位要严格按照《监测计划》的具体要求，制定详细的农产品质量安全监测实施方案，其中检测相关参数需征求市农业农村局相关行业处室意见后确定，并于5月20日前以正式文件报市农业农村局农产品质量安全处备案。各单位要本着依法、科学、客观、及时的原则，严格按照实施方案开展监测工作，并及时报送不合格结果、季度总结、年度总结等相关材料。

三、市农业综合执法总队要严格按照监督抽样要求，全面、准确、科学、规范开展抽样工作。针对监督抽查发现的不合格产品，严格依法依规开展执法查处，符合行刑衔接的违法行为，要坚决移交司法机关。

四、市、区两级各部门要强化检测结果的应用，及时针对监测中发现的问题开展“问题链”跟踪分析，查找问题原因，消除风险隐患，并举一反三，完善相关生产源头安全生产技术措施的落实和监管，确保安全农产品“产出来”。

五、各区农业农村局要按照《监测计划》的具体要求，强化属地监管责任落实，制定本区监测计划，加大监督抽查力度，认真做好本区农产品质量安全监测工作，并积极配合市级完成各类监测与不合格结果处理相关工作。请于5月20日前将监测计划以正式公文形式报市农业农村局农产品质量安全处，同时将电子版发送至nongan0nyncj.beijing.gov.cn。

六、此《监测计划》延续原有运行方式制定，新增市农业综合执法总队监督抽样及不合格样品执法查处要求。为确保监测工作平稳衔接，待全市事业单位机构改革到位后，再另行结合实际情况研究调整。

2021年北京市农产品质量安全
统一监测计划

为加强农产品质量安全监管，提升农产品质量安全水平，按照农业农村部和北京市食品药品安全委员会办公室相关工作要求，结合2021年北京市农产品质量安全工作整体部署，制定本监测计划。

一、工作依据

依据《中华人民共和国农产品质量安全法》《中华人民共和国食品安全法》和《农产品质量安全监测管理办法》（农业部令2012年第7号）相关规定开展本市农产品质量安全统一监测工作。

二、工作原则

（一）突出科学抽样。要按照各区的农产品生产主体数量及品种情况，合理安排抽样，做到区域

平衡、时段均衡，突出重点，强化“三前”环节监测，覆盖农业生产主体自产及外购的农产品。要加强“双随机”抽样，提高不同类型生产主体监测覆盖度，并兼顾到小散农户。同一类型的监测原则上不能在同一基地重复抽样，但对2020年各类监测中有发现产品不合格的生产主体，要作为2021年重点监测对象，加大抽检频次。

（二）强化规范程序。抽样、检测、判定、复检等工作应严格执行国家相关标准、规定，力求过程严谨，做到程序合法、记录准确、数据真实、判定科学。

（三）严格数据管理。各检测单位要制定检测数据管理制度加强数据管理，不得违反规定对外公布和泄露检测数据。

（四）坚持依法应用。监测结果的处理要严格遵守相关法律和规定。对风险监测发现的问题和风险隐患要及时进行行业分析研判，举一反三，跟进开展监督抽查。对监督抽查发现的问题，要强化检打联动，及时依法依规查处。

（五）实施定期通报。市、区两级分别建立农产品监督抽查结果季度通报制度，并依法依规公布。

三、工作内容

（一）市级监测任务

市级农产品质量安全统一监测的总样本量为12504个，其中：基地环境356个、农业投入品1500个、农产品10648个。

具体类别和任务分工如下：

1. 基地环境类。样本量356个，检测重点项目应只包含影响农产品质量安全的相关参数，可参照国家相关标准具体研究确定。具体监测任务分工见表1。

表1　基地环境类统一监测任务表

单位：个

监测对象	检测单位	监测样本量
种植环境	市农业环境监测站	120
水产环境	市水产技术推广站	76
畜牧环境	市畜牧环境监测站	160
合计		356

2. 农业投入品类。样本量1500个，检测重点项目应只包含影响农产品质量安全的相关参数，可参照国家相关标准具体研究确定。具体监测任务分工见表2。

表2　农业投入品类统一监测任务表

单位：个

监测对象	检测单位	监测样本量	备注
农药	市植物保护站	300	
肥料	市土肥工作站	200	
饲料	市饲料监察所	700	含渔饲料
兽药	市兽药监察所	300	含渔药
合计		1500	

3. 农产品类。样本量8908个。市级抽检分为监督抽查、风险监测、专项监测三类，具体任务分工见表3。

表3　农产品类统监测任务表

单位：个

<table>
<tr><th rowspan="3">检测单位</th><th rowspan="3">监测对象</th><th colspan="4">监测类别（个样本）</th><th rowspan="3">小计</th></tr>
<tr><th colspan="2">监督抽查</th><th rowspan="2">风险监测</th><th rowspan="2">专项监测</th></tr>
<tr><th>常规</th><th>专项</th></tr>
<tr><td rowspan="4">市植物保护站</td><td>蔬菜</td><td>830</td><td rowspan="3">300</td><td>0</td><td>0</td><td rowspan="3">1200</td></tr>
<tr><td>草莓</td><td>50</td><td>0</td><td>0</td></tr>
<tr><td>鲜切菜</td><td>20</td><td>0</td><td>0</td></tr>
<tr><td>小计</td><td>900</td><td>300</td><td>0</td><td>0</td><td>1200</td></tr>
<tr><td rowspan="4">市农业环境监测站</td><td>蔬菜</td><td>0</td><td>0</td><td>280</td><td>420</td><td>700</td></tr>
<tr><td>草莓</td><td>0</td><td>0</td><td>40</td><td>0</td><td>40</td></tr>
<tr><td>粮经产品</td><td>130</td><td>0</td><td>100</td><td>0</td><td>230</td></tr>
<tr><td>小计</td><td>130</td><td>0</td><td>420</td><td>420</td><td>970</td></tr>
<tr><td>市优质农产品产销服务站</td><td>即用鲜切菜</td><td>0</td><td>0</td><td>60</td><td>0</td><td>60</td></tr>
</table>

续表

检测单位	监测对象	监测类别（个样本）				小计
		监督抽查		风险监测	专项监测	
		常规	专项			
市水产技术推广站	水产品	225	100	200	40	565
市兽药监察所	猪产品	165	100	150	520	1625
	禽产品	45		100		
	牛羊肉	85		75		
	鲜蛋	150		120		
	生鲜乳	55		60		
	小计	500	100	505	520	1625
市饲料监察所	生鲜乳	200	0	60	20	280
市农业综合执法总队	畜禽产品	0	0	0	4008*	4008*
	水产品	0	0	0	200*	200*
	小计	0	0	0	4208*	4208*
合计		1955	500	1245	5208	8908

注：表中数字后标注“*”的为快速检测样本量。

4.异地监督抽查。2021年继续在全市统一开展市级农产品质量安全异地监督抽查工作，全年共抽检样本1740个，具体实施方案另行制定。市农业环境监测站负责具体工作的组织实施与技术指导；区级农产品质量安全综合质检站承担具体的监督抽查工作。具体任务分工见表4。

表4　2021年异地监督抽查任务分配表

单位：个

检测单位	抽检地点	样本总量	蔬菜和食用菌量	生鲜乳
大兴区农产品质量检测中心	怀柔区	300	155	5
	延庆区		135	5
房山区农业环境和生产监测站	平谷区	320	180	
	昌平区		140	
延庆区植保站	顺义区	200	190	10
密云区农产品质量安全综合质检站	房山区	260	200	
	朝阳区		60	
平谷区农产品质量安全综合质检站	大兴区	200	200	
怀柔区农产品质量安全综合质检站	通州区	260	200	
	海淀区		60	
通州区农产品质量检验检测站	密云区	200	200	
合计		1740	1720	20

（二）区级监测任务

区级监测工作由各区农业农村局结合辖区实际制定，要强化属地监管职责落实，逐步加大定量检测工作力度。同时，各区要督促、指导辖区乡镇农产品质量安全管理站和农产品生产企业、

基地开展农产品质量安全检测和自检。

1.定量检测工作要求。以监督抽查方式实施，抽样、检测、结果处理等要严格依法依规执行；样本要实现全区主要农产品类别和规模生产主体的全覆盖，各行业产品样本量应按产业规模比例分配；承担具体检测工作的机构要通过检验检测机构资质认定

和农产品质量安全检测机构考核；对不合格产品要依法查处。

2.定性检测要求。要实现对全区农产品生产主体的全覆盖。

3.检测参数要求。定量和定性检测参数均应为以农药残留、兽药残留为主的质量安全相关参数，不应含农产品品质、检疫等方面的检测参数。具体监测参考样本量见表5。

表5　各区监测参考样本量

区域	定量检测样本量	定性检测样本量
房山区	1000个以上	5万个以上
通州区	1000个以上	5万个以上
顺义区	1000个以上	5万个以上
大兴区	1000个以上	5万个以上
昌平区	600个以上	3万个以上
平谷区	1000个以上	5万个以上
怀柔区	600个以上	3万个以上
密云区	600个以上	3万个以上
延庆区	600个以上	3万个以上
门头沟区	样本量要保证对生产主体和主要产品及种养批次的全覆盖	1万个以上
朝阳区		1万个以上
海淀区		1万个以上
丰台区		1万个以上
合计	7400个以上	41万个以上

四、相关要求

（一）强化监测规范化管理与工作纪律

市级各检测单位要制定详细的实施方案并严格组织落实，要严格按照检验检测机构资质认定和农产品质量安全检测机构考核具体要求强化内部管理，确保依法依规开展监测工作，单位主要领导对监测工作实施过程中的规范性、合法性负总责。

（二）严格落实分类监测

1.监督抽查。监督抽查分常规监督抽查和专项监督抽查。其中，常规监督抽查要以问题为导向，针对“六重”（即重点主体、重点产品、重点区域、重点时段、重点项目、重点环节）中存在的问题与产业发展实际开展监督抽样和检测。各区样本分配参照附件1落实。专项监督抽查根据全年监管工作安排组织1 ~ 2次全市性飞行检查。同时，需结合农业农村部例行监测、市食品安全监测、其他相关监测以及网络舆情监测中发现的质量安全相关问题，组织开展专项监督抽查。检测项目和标准依据可参考附件2。

2.风险监测。本着区域全覆盖、时段全覆盖、产品全覆盖并结合产业发展、瞄准风险隐患的原则进行抽样。生产环节样本与流通销售环节（超市、农贸市场、批发市场、运输车、水产品暂养池、观光采摘、电商销售等）样本数量比例原则上保持7：3；流通销售环节原则上只抽取能够溯源到本市农业生产主体生产或初加工配送的产品，如抽样无法溯源，可适当降低抽样量（等量样本要在生产环节补齐）。抽样中要留存每批次样本照片、购买小票等。检测项目和依据标准可参考附件3，由各检测单位本着问题导向和发挥风险监测“雷达”作用为原则，结合行业质量安全风险调查、风险评估情况以及本市生产实际确定。

3.专项监测。主要结合专项工作、突发应急事件处置、重大活动保障等方面工作需求，确定检测任务和相关方案。各检测单位要严格按照抽样时间与区域、样本种类与数量等要求组织实施。

同时，各相关单位要科学制订抽样计划进度，监督抽查和风险监测任务要结合生产实际均衡分配到月，避免出现已抽样本无法及时完成检测以及不能科学准确反映实际问题的状况。要进一步加大对春节、“五一”“十一”等重要节日和建党100周年庆祝活动、北京冬奥会冬残奥会等重大活动举办期间抽检力度，增加抽检频次和抽检样本量。

（三）严格落实监督抽查“抽检分离”

由市农业综合执法总队统一负责监督抽样相关工作。抽样单位与检测单位要加强沟通、明确责任，建立完善工作机制，明确抽样计划、样品采集、样品交接、信息系统填报等相关事宜的具体安排与程序要求。

监督抽查各环节要严格遵守相关工作规范，依法依规组织实施。抽样环节须出示执法证、履行告知义务，科学规范采集样本，详细填写抽样单，准确记录样品信息。检测环节要严格执行相关标准，确保检测结果真实可靠。

（四）严格检测和结果报送机制

1.及时开展检测与结果处理。

监督抽查要在抽样后10个工作日内完成检测工作，发现不合格结果，检测机构要在结果确认24小时内报市农业农村局农产品质量安全处。由市农业综合执法总队按照相关要求依法进行处理，并将相关查处情况报农产品质量安全处。

风险监测要在抽样后15个工作日内完成检测工作，发现不合格结果，检测机构要在结果确认24小时内报告市农业农村局农产品质量安全处，对监管范围内的不合格结果联合相关行业处室及技术支撑单位开展风险会商及实施“问题链”跟踪分析与管理。

市级各类监测，除专项监测外，要在2021年12月15日前完成所有检测任务。专项监测样本量在12月1日前未完成的，可在12月31日前参照风险监测要求开展抽样检测，结果纳入下一年度第一季度进行统计。

对检测数据实施信息化管理。监督抽查由市农业综合执法总队负责抽样信息录入，各检测单位负责检测结果信息录入。风险监测由承担任务的检测单位负责信息录入。

2.按时、按要求报送总结等材料。各检测单位分别于5月15日、7月15日、10月15日以及12月15日前，按附件4和附件5格式将季度监测情况、检测报告电子版通过邮箱报市农业农村局农产品质量安全处。并分别于7月15日、12月15日前，上报半年及年度监测工作总结，全面总结、分析各类监测工作完成情况和监测结果，并结合监测结果中发现的农产品质量安全风险隐患与问题对下一步监测工作提出建议。

（五）整合检测资源，强化检测结果应用

市级各检测单位要及时将本单位承担的由农业

农村部各行业司局下达的各类农产品质量安全相关监测结果，同时报送至相关行业处室和农产品质量安全处。农产品质量安全处将强化各级各类监测结果统筹应用，并根据需要组织各行业处室、承检单位、区监管部门、市食药安委办、国家有关部门等相关人员及专家召开监测交流会商会，形成报告，通报给相关单位和部门。

（六）强化对区级监测工作指导

由市农业环境监测站配合加强对各区的监测信息汇总、检测技术指导培训与工作交流等工作。

1.加强区级监测结果报送。各区要根据本计划及具体情况，制定本区统一监测计划和具体实施方案，并严格组织实施。请各区分别于5月15日、7月15日、10月15日以及12月15日前将本季度监测情况按照附件6格式报市农业环境监测站汇总；同时于7月15日、12月15日前，分别将半年、年度监测工作总结报市农业农村局农产品质量安全处。

2.积极配合全市抽样工作。各区要按照市级监测计划，配合完成好市级相关抽样工作。对拒绝配合抽样的单位要按照相关规定处理，并积极配合市级相关部门开展检打联动相关工作。

3.明确监测工作负责人。各区要明确负责监测工作的主管领导和1名具体工作联系人（负责具体对接市级检测机构抽样等事宜）、1名结果报送人，相关信息表（附件7）与本区监测计划一并报送市农业农村局农产品质量安全处。

附件：1.2021年农产品质量安全监督抽查样本分配方案（略）

2.2021年北京市农产品质量安全监督抽查检测项目与标准参考表（略）

3.2021年北京市农产品质量安全风险监测检测项目与标准参考表（略）

4.2021年北京市农产品质量安全检测结果报送表（略）

5.农产品质量安全季度检测报告格式（略）

6. 2021年区级农产品质量安全检测结果报送表（略）

7.各区主管领导、联系人、结果报送人信息表（略）

北京市农业农村局关于印发《2021年北京市兽药质量监督抽检计划》《2021年北京市动物及动物产品兽药残留监控计划》《2021年北京市动物源细菌耐药性监测计划》的通知

（2021年5月17日）

北京经济技术开发区管委会，各区农业农村局，东城区、西城区、石景山区卫生健康委、市农业综合执法总队、市兽药监察所：

为提高兽药产品质量安全水平，保障养殖业生产安全和动物产品质量安全，根据《农业农村部办公厅关于印发〈2021年兽药质量监督抽检和风险监测计划〉的通知》(农办牧〔2021〕6号)、《农业农村部办公厅关于印发2021年兽药残留监控和动物源细菌耐药性监测计划的通知》(农办牧〔2021〕7号)，我局制定了《2021年北京市兽药质量监督抽检计划》《2021年北京市动物及动物产品兽药残留监控计划》《2021年北京市动物源细菌耐药性监测计划》，现印发给你们，请认真组织实施。

2021年北京市兽药质量监督抽检计划

为做好兽药质量监督抽检工作，根据农业农村部《2021年兽药质量监督抽检和风险监测计划》，制定本计划。

一、指导原则

兽药质量监督抽检遵循突出重点、强化预警、固本清源、扶优打劣的要求，按照“双随机、一公开”有关要求，重点监督抽检生产经营问题较多、诚信较差的企业，强化高风险重点产品的监管和抽检，增加监测数量及频次，严厉打击违法违规行为，确保兽药产品质量安全。

二、职责分工

市农业农村局负责制定并组织实施本市兽药质量监督抽检计划。

各区兽药主管部门负责组织做好本辖区监督抽检工作，对监督抽检中不合格产品进行跟踪抽样和跟踪检查，对假兽药和不合格兽药进行查处。

市农业综合执法总队负责组织全市抽样送检工作，协助完成涉及本市的部级抽检任务，协调、指导各区做好监督检查、违法行为查处等工作。

市兽药监察所负责兽药样品检验和信息汇总上报工作，协助完成涉及外省的部级抽检任务。各部门、单位要加强沟通协调，密切配合，共同做好本计划实施及抽检不合格产品查处等工作。

三、抽样要求

本市兽药质量监督抽检抽样工作由市农业综合执法总队负责组织。各区抽取样品后，送（寄）交市兽药监察所检验。鉴于当前疫情防控形势，本计划确定的抽样时间均为暂定，若有变化，由市农业综合执法总队及时通知各区。

（一）省级兽药质量监督抽样共150批次，按季度组织开展（见附件1）。第一次、第二次送样时间为5月31日—6月4日，第三次送样时间为7月26—30日，第四次送样时间为9月20—27日。

（二）部级抽检任务，由市农业综合执法总队、市兽药监察所按照职责分工和农业农村部有关要求协助开展，各区予以配合。

（三）各区要安排官方取样人员进行采样，确保抽样和监督检查相结合。在抽样同时，应同时对被抽样单位实施监督检查，发现列入食品动物中禁止使用的药品和其他化合物清单的产品、未经批准的产品、过期失效产品、近两年列入兽药质量通报的假劣产品，应依法组织清查收缴，并及时立案查处，不再进行抽样。

（四）抽检时应提高样品覆盖面，覆盖尽可能多的标称生产企业，重点抽检日常监管中问题较多的企业，对于列入2021年北京市重点抽检企业名单（见附件2）的必须抽检，对于列入2021年兽药监督抽检指定兽药产品品种（见附件3）的优先抽检；对兽药经营企业开展监督抽检时，重点抽取非本市企业生产的产品。

（五）全年抽检兽用抗菌药不少于60批次；水产、蚕、蜂用兽药产品不少于10批次；消毒剂兽药产品不少于5批次；指定兽药品种不少于30批次。在进口兽药通关后，应当加大对进口兽药的监督抽检力度。

（六）抽样时发现未赋二维码的兽药产品、二维码无法识读或查询不到追溯信息的兽药产品，应当依据有关规定进行处理，不得上市销售，同时进行抽样送检，记录相关产品信息（附件4），随样品送（寄）市兽药监察所，市兽药监察所及时汇总报送中国兽医药品监察所。

（七）抽样活动要严格执行《兽药质量监督抽样规定》（农业部令第6号），抽样单填报信息要完整。抽样前，要核对产品贮存要求和实际贮存情况，对样品来源和购销情况进行现场核实。抽样时，要核对并在抽样单上标注样品贮藏条件和数量、二维码追溯情况（能否查到生产企业信息、批准文号信息、入出库信息）、购买方式、供货单位和联系电话、进货时间、进货数量等，经双方签字认可。同时，复印购销凭证，包括发票、收据或结算单等，留存备查。抽样后，应当将所抽样品签封。

（八）在兽药经营企业、使用单位抽取的兽药样品，需要加盖兽药经营企业、使用单位公章或由使用者签名予以确认；在兽药生产企业抽取的兽药样品，需要在抽样单上加盖生产企业公章予以确认。

四、检验和结果报送

本市兽药质量监督抽检的样品检测、结果分析和信息上报等工作由市兽药监察所具体承担。

（一）当季抽取的样品原则上应当季完成检验。对兽药国家标准规定了鉴别、细菌内毒素和含量测定项的产品，原则上应全部进行上述项目的测定。市兽药监察所可根据产品情况重点关注和适当增加有关物质、组分、含量均匀度、注射剂的可见异物、片剂的溶出度等项目。市兽药监察所应对质量监督抽检产品进行非法添加其他药物筛查。

（二）非法添加其他药物成分的检验，应先按照农业农村部公告第169号《兽药中非法添加药物快速筛查法（液相色谱－二级管阵列法）》进行筛查，也可采用自建方法进行高通量非法添加药物成分的筛查，确定有非法添加成分后，按原农业部公告第2395号、第2398号、第2448号、第2451号、第2571号和农业农村部公告第169号、第199号、第289号、第361号等发布的补充检查方法进行测定。

（三）检验结果不符合兽药国家标准、含量无法测定等情形的样品，判定为不合格；改变处方添加其他药物成分等情形的样品，判定为假兽药。在上报检验结果时应标明相关信息。发现新的尚无检测方法的非法添加药物时，市兽药监察所要第一时间报告中国兽医药品监察所。

（四）抽检产品经检验不合格时，市兽药监察所应在2个工作日内将检验报告寄送市农业农村局（一份）和所在区兽药主管部门（两份）。区兽药主管部门应在收到检验报告后3个工作日内，将不合格产品的检验报告（一份）送达被抽样单位，并做好记录、留存凭证。从兽药经营企业抽取的检验结果为违法添加其他药物成分或产品有效成分含量为0的产品，市兽药监察所还应同时将检验报告经标称生产企业所在地省级兽医行政管理部门送达标称生产企业，并做好记录、留存转送凭证。

（五）被抽样单位和上述标称生产企业收到检验报告之日起7个工作日内未提出异议的，视为认可检验结果；对检验结果有异议的，应自收到检验报告之日起7个工作日内，向市兽药监察所申请复检，并提交加盖单位公章的书面申请、检验报告原件、法人授权书原件等，同时书面报告市农业农村局。市兽药监察所应及时进行复检，并将复检报告报送市农业农村局。

（六）有下列情形之一的，不予复检：重（装）量差异、最低装量、无菌、热原、细菌内毒素、微生物限度不合格的；未在规定期限内提出复检申请或已申请过复检的；样品超过有效期或有效期内无法完成复检的。市兽药监察所要加强与复检申请单位的沟通交流，保证检验结果公平公正。

（七）市兽药监察所应按季度将兽药质量监督抽检结果汇总（格式见附件5）和兽药质量监督抽检情况报告（格式见附件6），及时报市农业农村局和中国兽医药品监察所。

五、结果处理和报告

本市兽药质量监督抽检的处理处罚工作由区兽药主管部门、市农业综合执法总队按照职责分工各自承担，查处信息由市农业综合执法总队统计上报。

（一）区兽药主管部门收到监督抽检不合格检验结果后，应及时按照《兽药管理条例》规定，对被抽样的兽药生产、经营企业实施处罚；对符合农业农村部第97号公告从重处罚的情形，应依法予以从重处罚。

（二）各区应及时将假兽药和质量不合格兽药查处信息报送市农业综合执法总队，市农业综合执法总队按季度汇总后报市农业农村局。

（三）上一年度或本年度符合下列条件之一的，列为本市重点监控企业：

1.被农业农村部通报的；

2.兽药生产企业生产假、劣兽药的；

3.飞行检查或监督检查中，查实存在违反兽药GMP规范或存在较大安全隐患的；

4.采购兽药未审核并保存相关资质证明及购货凭证的；

5.经营假兽药或未赋二维码、二维码无法识读、无追溯信息兽药的；

6.违法经营人用药、原料药、兽用处方药，或未经许可经营兽用生物制品的。

对于列为本市重点监控企业的，要切实加强监管，加大监督检查力度，增加监督抽检频次。

六、工作要求

（一）各区兽药主管部门、市农业综合执法总队、市兽药监察所要高度重视兽药质量监督抽检工作，加强组织领导和沟通协调，推动实施抽样、检验分离管理制度，合理安排监督抽检、人员培训、经费申报、违法查处等工作，采取有效措施确保规范采样、严格检验、及时报告、依法查处，圆满完成全年工作任务。

（二）各区要深入推进“检打联动”，严格执行抽检计划规定程序，对监督抽检过程中发现的非法企业和存在违法违规行为的生产、经营者，要立即依法查处；对监督抽检发现的假兽药和质量不合格兽药，要第一时间固定证据，立案查处，切实提高监督抽检工作效能和监督执法效率。

（三）农业农村部已将兽药质量监督抽检及假劣兽药查处工作纳入2021年重大动物疫病防控延伸绩效管理指标体系，对各地假劣兽药查处情况进行通报，并对抽检效果成效显著、落实检打联动制度有力、及时查处非法企业、准确报送案件查处信息等情况予以通报表扬。各区、各有关单位要进一步提高认识，加强协作配合；市农业综合执法总队要指导各区建立信息报送、通报反馈、监管联动等制度，形成监管合力，提高执法效能。

（四）请各区指定专门联络人做好市级抽样工作，并协助完成本市部级抽检任务，于2021年5月21日前将联络人姓名、职务、科室和联系方式等内容发送至市农业综合执法总队邮箱yiyaokebj@126.com。

附件：1.2021年北京市兽药质量监督抽检任务表（略）

2.2021年重点抽检企业名单（略）

3.2021年兽药监督抽检指定兽药产品品种（略）

4.2021年第×季度兽药质量监督抽检假兽药/未赋二维码产品汇总表（略）

5.2021年×季度兽药质量省级监督抽检结果汇总表（略）

6.2021年第×季度北京市兽药质量监督抽检情况报告（略）

北京市农业农村局北京市财政局关于2021年批准创建市级现代农业产业园的通知

（2021年6月2日）

房山、大兴、延庆区农业农村局、财政局：

为贯彻落实农业农村部、财政部关于推进现代农业产业园建设的部署，依据《关于开展现代农业产业园创建工作鼓励支持现代农业产业园发展的意见》（京政农函〔2017〕16号）和《北京市级现代农业产业园创建管理办法（试行）》（京政农发〔2019〕134号），经乡镇政府申请、区级推荐、专家评审等公开竞争选拔程序并进行公示，现批准房山区石楼镇、大兴区采育镇、延庆区旧县镇创建北京市级现代农业产业园。现就有关事项通知如下：

一、深刻认识创建意义，切实加强组织领导

创建现代农业产业园是实施乡村振兴战略的重要抓手，是引领农业农村现代化的排头兵，是培育农业农村经济发展新动能、推进一二三产融合发展、促进农民就业增收的重要载体。各区农业农村和财政部门要完善扶持政策，加大资金投入，强化跟踪指导，优化发展环境，不断提高建设管理水平，坚决避免“重申报创建、轻建设管理”等现象。各产业园所在乡镇要建立由党委或政府主要领导牵头的市级现代农业产业园建设领导小组，统筹协调推进产业园建设事宜，及时解决产业园建设中遇到的重大问题；要建立健全工作机制，统筹推进产业园建设和管理，探索建立管运分离模式，成立投资开发运营机构，开展产业园市场化运营。

二、明确创建思路重点，认真修改建设规划和创建方案

各产业园所在乡镇要按照创建评审意见，抓紧修改完善产业园建设规划和创建方案，进一步明确创建思路目标、建设重点和保障措施，加强体制机制创新。各产业园要牢牢把握“姓农、务农、为农、兴农”建园宗旨，聚焦优势特色主导产业，加快全产业链开发，集聚现代生产要素，推行绿色生产方式，培育壮大新型农业经营主体，创新农民利益共享机制，为推动乡村振兴发挥示范引领作用。

三、规范使用财政资金，提高资金使用效益

创建市级现代农业产业园的乡镇要围绕建设规划和创建方案确定的目标任务，认真制定财政资金使用方案，明确具体支持内容、支持对象、支持方式，细化年度使用计划和总体资金筹措方案等，确保易操作、可落地、能考核。市级财政奖补资金要坚持突出重点、集中使用的原则，重点用于产业园联农带农增收、提升产业服务能力、延伸产业链、促进主导产业升级。要积极通过PPP、政府购买服务、贷款贴息等方式，利用农业信贷担保体系，引导和撬动更多金融和社会资本投入园区建设，形成共同推进产业园建设的合力。推动建立财政奖补资金形成的经营性资产折股量化到村集体经济组织、资产收益权量化到农户等方式，完善利益联结机制。奖补资金原则上不得直接用于企业生产设施的投资补助，不得用于楼堂馆所建设，不得用于一般性支出。对已有专项财政资金支持的项目，如农机购置补贴等，不得在资金使用方案中重复安排资金。

四、加强创建绩效评价，构建能进能出管理机制

各区农业农村局、各产业园所在乡镇要对照创建目标，加强产业园全过程的绩效管理。市农业农村局、市财政局将按照《北京市级现代农业产业园创建管理办法（试行）》要求，依据创建方案和资金使用方案，加强对市级现代农业产业园创建工作监测评价，建立能进能退、动态管理机制。每年进行年度监测评价，通过后拨付年度奖补资金。经过三年创建，考核验收合格的产业园，将授予“市级现代农业产业园”称号；对创建进展缓慢、财政资金使用进度慢、辐射带动作用弱的产业园，将采取通报、限期整改等措施，直至撤销创建资格。

请各区抓紧组织各产业园制定资金使用方案，修改完善建设规划、创建方案，经区农业农村局、区财政局审核同意后，于2021年6月25日前报送市农业农村局、市财政局审核备案。

特此通知。

附件：创建方案及建设规划修改意见（略）

北京市农业农村局
关于做好2021年农村地区村庄住户冬季清洁取暖工作的通知

（2021年6月9日）

各区农业农村局、有关区城市管理委：

为深入贯彻落实中共北京市委生态文明建设委员会《关于印发〈中共北京市委生态文明建设委员会2021年工作要点〉的通知》(京生态文明委〔2021〕1号)、市政府办公厅《关于印发〈北京市深入打好污染防治攻坚战2021年行动计划〉的通知》（京政办发〔2021〕3号）等有关要求，顺利推进2021年北京市农村地区村庄冬季清洁取暖工作，现就有关事项通知如下。

一、关于2021年工作任务

根据各有关区报送的2021年计划改造村庄清单，市农业农村局与市电力公司对报送村庄实施改造的可行性进行了研究分析，初步拟订将69个村庄（见附件）纳入改造计划，其中昌平区的11个村属于城乡接合部人口倒挂严重的平原村，计划实施集中供暖，属于必须按期完成任务；另有30个村需要新改造配套电网。所有村庄都需同步实施户内线路改造和设备的安装。请各有关区要高度重视，精心部署，加强各项工作的全程协调管理，确保农户正常取暖过冬。对未实施煤改清洁能源的村庄继续实施优质燃煤全覆盖。请市电力公司要抓紧开展立项、物资采购、施工等相关工作，与各区政府紧密对接，按期完成外部电网改造，确保2021年取暖季电网能够支撑正常供暖。

各相关区要确保在2021年10月31日前，全面完成年度改造任务。其中，在8月31日前，完成相关工程建设、清洁取暖设备招标工作；在10月31日前，完成“煤改清洁能源”所需电力、燃气配套设施建设，完成户内线路改造和“煤改清洁能源”取暖设备的安装工作。在11月10日前，完成新改造设备的调试工作和历年来已安装设备的巡检工作。8月31日前，完成优质燃煤的招标工作；10月31日前，完成优质燃煤配送工作。

二、关于相关扶持政策

继续执行2013—2020年市政府及相关部门确定的相关政策、职责分工以及保障措施，各区要及时出台本区的年度工作方案。如遇调整，以新出台的政策为准。对已完成改造村庄，因特殊情况产生的、有实际取暖需求的新增住户及遗留住户，各区可自行制定补助政策，经相关程序进行严格认定后，可纳入年度任务进行改造，并享受相应的补助政策；各区政府要充分发挥农村地区清洁取暖设备后期管护的主导作用，制定本区的清洁取暖设备后期管护政策；市级财政将在安排年度污染防治专项转移支付资金中对农村地区“煤改清洁能源”工作予以统筹考虑。关于“煤改电”配套电网的扶持政策和清洁取暖设备的后期运行维护政策具备条件后将另行制定出台。

对各有关区在历年来改造过程中可能存在的新增户、遗留户，请各区要认真研究，从严标准，严格把控，切实解决部分农户的取暖刚需问题，避免随意新增改造任务。各区可探索出台设备财政补贴（原则上低于当年补贴标准）、农户合理分担、自行购置安装、承诺清洁取暖、后期市场化维修的推广模式，也可为设备寿命到期后的更换探索新路子。同时对这些用户各区要协调解决好电力供应保障，及时进行电表更新，落实好谷电电费补贴。

三、关于山区村庄的清洁取暖工作

各区要结合本地住户冬季的用能结构、取暖习惯和清洁能源取暖设备特性，按照“安全、环保、节能、高效、经济”的要求，认真研究制定每个村庄的清洁取暖方案，科学确定技术路线与清洁取暖设备。间歇式使用的住户或高海拔地区村庄鼓励推广热风式空气源热泵；其他地区原则上要使用分体式、变频热水式空气源热泵；对于采取其他技术路线的，要确保农户认可并接受。

关于热水型空气源热泵产品必须达到如下要求：一是用于北京地区清洁取暖投标的产品，需提供具备资质的国家级空调设备质量监督检验机构出具的检验合格报告。二是机组应满足《低环境温度空气源热泵（冷水）机组能效限定值及能效等级》（GB37480—2019）中规定的能效等级1级要求。三是环境温度-25℃，机组无电辅运行时，制热最高出水温度应能达到50℃以上，且$COP_4 \geqslant 1.4$。环境温度-30℃时，机组应能无电辅热正常启动，在出水温度41℃时，$COP \geqslant 1.4$；四是机组应经过电源适用性试验（名义工况条件下，在额定电压的85% ~ 110%的范围内，机组能正常启动和运行）、变工况调节可靠性试验（-25℃的环境温度工况下，进水温度从30℃调节到50℃后，机组能正常运行）的验证。五是要有可靠的融霜控制装置，融霜时间不能超过运行周期的10%。六是机组须带有供、回水（送、回风）温度传感器，具有标准通信485接口和通信协议，配备数据采集与传输装置，具备远程监控的技术条件，能够实时传输运行状态和故障信息。

关于热风型空气源热泵产品，应符合《低环境温度空气源热泵热风机》（JB/T13573—2018）的要求。应提供具备资质的国家权威的空调设备检测机构出具的检验合格报告，并满足：一是机组应满足《房间空气调节器能效限定值及能效等级》（GB21455—2019）中规定的能效等级1级要求；二是环境温度≥-30℃时应能无电辅热正常启动，且环境温度-30℃工况$COP_{30C} \geqslant 1.4$；三是机组应经过电源适用性试验的验证（名义工况条件下，在额定电压的85%—110%的范围内，机组能正常启动和运行）。

五、关于后期管护服务

请各区结合本区实际，继续优化本区的长效管护工作方案，严格按照“2小时上门、4小时完成维修”的工作要求，进一步健全区级、镇级的调度制度，落实好中标企业的维护责任，对超出质保期的取暖系统的管护工作要探索推进第三方管护模式。各区要按照“未诉先办”的原则，总结分析以往取暖季百姓诉求、设备故障、维修管理等情况，有针对性地提出对策、提前预防。鼓励各区通过信息化平台，掌握设备运行状况，实现设备故障提前预警、售后维护抢修调度等功能，降低设备故障发生。各区要积极推广使用“农村取暖工单处理助手”App程序，实现12345热线信息和区级或镇级调度中心热线电话信息的实时工单转派功能，进一步提升所有农村取暖类电话诉求的办理速度。要继续坚持取暖季前、取暖季后设备巡查工作，在做好设备常规事项巡查工作的同时，要重点针对系统清洗除垢、压缩机漏氟、提前调试等方面，开展行之有效的故障预防、检查、排除工作，切实降

低故障发生率。要结合巡查工作，采取发放明白纸、张贴告知书、告知卡等方式，更新或张贴热线电话，教会用户自行保养、维修或排查部分故障。

六、关于安全管理

各有关区农业农村部门、城市管理部门要建立定期会商通报机制，对农村地区冬季清洁取暖过程中村庄住户、设施农业企业“煤改电”“煤改气”、洁净型煤的安全管理工作进展进行跟踪、督查，加强安全宣传教育培训等工作。督促电力企业做好外部管线安全巡查，组织督促中标企业完成设备巡查。配合城市管理部门做好户内燃气安全防护装置的推广应用；督促指导有关中标燃气企业在取暖季前、中、后的关键时期，开展户内燃气取暖设备、烟感报警器、燃气供应管道等关键安全隐患点位的安全巡查。加强洁净型煤燃用过程中安全风险排查治理。对使用洁净型煤取暖的村庄住户和设施农业企业，区农业农村部门要加大宣传教育培训力度，提高使用主体的安全意识；配合有关部门做好洁净型煤和炉具的质量监管。按照市、区预防煤气中毒工作小组的部署和分工，积极推广使用一氧化碳浓度报警器等安全装置，配合相关部门进村入户排查洁净型煤炉具密封不严、积灰堵塞、排气不畅、私自加盖密封盖等问题隐患。

七、关于巩固“无煤化”成果

为改善首都大气环境质量，特别是确保冬奥期间大气环境质量，各区要对实现冬季清洁取暖改造的村庄，严格落实属地监管责任，建立有效机制，严防燃煤复烧，切实巩固好“无煤化”成果。进一步加大联合执法力度，采取有效管控措施，实现农村地区劣质燃煤的无销售、无存放和无使用，确保未实施“煤改清洁能源”村庄使用符合标准的优质燃煤。

附件：2021年计划改造任务表（略）

北京市农业农村局
关于开展村级公益事业专项补助资金管理使用情况年度审计的通知

（2021年6月18日）

各区农业农村局、区经管站：

根据《关于进一步加强村级公益事业专项补助资金监督管理的通知》(京政农发〔2006〕2号）相关要求，市农业农村局将在全市组织开展村级公益事业专项补助资金管理使用情况年度审计工作。现将有关事项通知如下。

一、审计对象和范围

审计对象为全部行政村、撤村建居后仍享受公益事业专项补助资金的集体经济组织。审计范围为2020年市、区财政拨付的村级公益事业专项补助资金及以前年度结余资金的使用情况。

二、审计主体

审计工作由乡镇经管站或乡镇审计科具体实施，区级经管部门复核检查。

三、审计的政策依据

1.《关于进一步加强村级公益事业专项补助资

金监督管理的通知》（京政农发〔2006〕2号）。

2.《关于印发〈北京市实施〈农村集体经济组织财务公开规定办法〉的通知》（京政农发〔2012〕24号）。

3.《关于完善本市村级公益事业专项补助制度的意见》（京政农函〔2013〕91号）。

四、审计的主要内容

1.村级公益事业补助资金是否及时、足额拨付到村，有无区、乡镇截留和挪用。

2.村级公益事业补助资金的使用是否合理，是否专款专用。包括：有无挪用公益事业补助资金用于发放干部报酬，有无将公益事业补助资金用于购置小轿车、移动电话、装修办公场所，有无用于通讯费、外出考察差旅费、退休补助金、招待费等开支，有无用于农村个人水电费、抵顶村级拖欠的生产经营性债务。

3.村级公益事业补助资金财务管理是否规范正确。是否按照《北京市村合作经济组织会计制度实施细则》有关规定进行核算，账务处理是否正确。

4.村级公益事业补助资金是否坚持村务公开制度。资金拨入情况是否向村民公开；村级公益事业补助资金使用计划是否经村民代表会议民主讨论通过；村民主理财监督机构是否对本村公益事业补助资金的使用情况进行监督、检查，并及时向村民公布；村级公益事业补助资金支出凭证是否经村民主理财监督机构审核签字后入账。

5.针对往年审计中发现的问题，是否采取切实有效措施，确保整改落实到位。

五、审计要求

1.审计机构和审计人员办理审计事项，应当客观公正、实事求是、廉洁奉公、保守秘密，审计结果要经得起检验。要严格审计程序，切实做好审计计划的编制批准、下达审计通知书、成立审计组进行审计、审计报告征求意见和审定、出具审计意见书、归档和上报备案、审计线索移送处理等一系列工作。

2.村级公益事业专项补助资金审计工作应于2021年9月30日前完成，并将各区审计总报告、汇总表和明细过录表（加盖公章的纸质版和电子版）报送市农业农村局。

3.审计发现问题整改工作应于2021年11月15日前完成，并将本区审计整改落实情况报告（加盖公章的纸质版和电子版）报送市农业农村局。

4.结合各区审计工作开展情况，从2021年10月开始，市农业农村局将抽取部分乡镇，对村级公益事业专项补助资金审计工作开展复审。

附件：1.2020年村级公益事业专项补助资金使用情况基础表（略）

2.2020年村级公益事业专项补助资金使用情况过录表（略）

3.2020年村级公益事业专项补助资金使用审计情况基础表（略）

4.2020年村级公益事业专项补助资金使用审计情况过录表（略）

北京市农业农村局
关于印发2021年北京市高素质农民培育工作实施方案的通知

（2021年6月23日）

各关区农业农村局，市农业广播电视学校：

现将《北京市2021年高素质农民培育工作实施方案》印发给你们，请认真贯彻执行。

北京市2021年高素质农民培育工作实施方案

为贯彻落实《农业农村部办公厅关于做好2021年高素质农民培育工作的通知》（农办科〔2021〕11

号），按照《中共北京市委农村工作领导小组办公室关于印发〈关于加强和改进农民培训工作的指导意见〉和〈加强和改进农民培训实施方案〉的通知》（京农组办发〔2020〕7号）工作部署和《北京市农业农村局北京市人力资源和社会保障局北京市财政局关于印发〈北京市农民职业素质提升培训实施办法〉的通知》（京政农发〔2020〕141号）相关要求，结合我市工作实际，制定本方案。

一、总体思路

聚焦乡村振兴和农业高质量发展要求，以提升农民技能素质和就业能力为主线，按照统筹规划、运转高效、保障有力的工作要求，精准确定培育对象、内容和方式，提高培育的针对性、精准性和实效性；充分发挥中央财政高素质农民培育专项的示范引领带动作用，加快推进我市各级各类农民培训，为产业发展和乡村建设提供人才支撑。

二、重点任务

下达中央财政高素质农民培育任务842人。其中：6个远郊区培育792人，市农广校培育50人（培育任务参见附件1），辐射带动我市全年开展各级各类农民培训2万人次以上。

（一）新型农业经营和服务主体能力提升培训。聚焦我市“米袋子”“菜篮子”稳产保供，重点培训标准化生产、质量安全、疫病防控、信息技术、品牌创建、市场营销、风险防控等内容。重点培育家庭农场经营者、农民专业合作社带头人和农业社会化服务组织负责人，提升经营管理能力。

（二）产业发展带头人技能培训。重点围绕我市种植、休闲农业、乡村旅游、农产品加工全产业链发展所需的新技术和新技能，重点培训农产品储运保鲜加工、农村电商、乡村旅游、金融贷款、强农富农政策等内容，提升创新创业能力。

（三）农民职业素质提升培训。重点围绕农时农事季节，集中或分时段开展种植、休闲农业、乡村旅游、农产品加工实用技术培训，提高技术的熟练度和到位率。拓展特色农家菜制作、农产品手工编织、乡村民宿管家等实用技能和三产融合的相关培训内容，增强增收致富本领。

三、工作要求

（一）精准确定培训对象。培训对象参照我市农民职业素质提升培训实施办法的相关规定遴选确定。对上年参加过高素质农民培育的学员，可引导在本年参加同一层级不同培训，并保证同一层级培训学员与上年重复率不超过8%。推荐采用扫码报名入班或通过张贴培训通知、村委会大喇叭广播、微信群发消息等进行招募。对招生计划不能满足报名需求的，各区应主动向农民群众说明情况，合理调配到其他培训班（次）或及时纳入培训对象库。

（二）精准确定培训内容。聚焦乡村富民产业高质量发展的新需求，开展全产业链技术技能培训。围绕下达的重点任务，参照高素质农民培育任务各区指标分解（参见附件1），精准确定每个培训班（次）的培育主题、培训内容和培训课程，做到每个班（次）的培育主题明确，培育内容合理，培训课程精干。

（三）精准确定培训方式。综合采用课堂教学、实习实践、线上培训等方式实施培育任务。重点依托国家现代农业示范区、现代农业产业园、产业强镇、科技小院和市农广校认证的农民实训基地组织高素质农民进行实习实训，大幅度提高技术观摩、实操演练、经验分享等在培训中的比重，资源不足时可开展跨区域学习交流。线上培训应主要依托全国农业科教云平台开展，鼓励农民自主学习。

（四）合理设置培训时长。市农广校以培养市级高层次经营管理型人才或示范性、骨干性、引领性人才为主，要求培训对象的培训学时不少于56学时，其中实习实训不少于总学时的1/3，线上培训不超过总学时的10%。各区以培育生产技能型、专业服务型高素质农民为主，要求培训对象的培训学时不少于40学时，其中实习实训不少于总学时的2/3，线上培训不超过总学时的10%。

（五）有效开展培训监管。加强高素质农民培育数据库建设，实现培育班次和参训农民基本信息100%入库，确保培育全程可监测、可追溯。充分利用农民教育培训信息管理系统开展培育全过程的质量监管，开展对培育教师、培育基地、培育组织、培育效果等的在线质量评价，推进培训信息共享。全面推广加强农民田间学校和网络教室能力建设，为线上线下培训有机融合提供条件保障。

（六）示范推广培育成果。各区应积极申请农民培训扶持政策，争取政策和资金支持，促进高素质农民更好发展。加强总结好经验好做法，搭建成果展示和典型交流平台，帮助高素质农民抱团发展、协作发展、互补发展。继续组织培训班（次）的优秀学员、优秀教师、评选精品课程等遴选推介工作，树立宣传先进典型，引导学优争先。

四、组织保障

（一）加强组织领导。开展高素质农民培育，是加快发展现代农业、促进农民增收的一项重要举措，是全面推进乡村振兴、加快农业农村现代化的一项基础性工程。各区要进一步提高认识，把高素质农民培育作为实施乡村振兴战略的重要抓手，将其纳入党政领导班子推进乡村振兴战略实绩考核范围，并作为向上级党委政府报告实施乡村振兴战略进展情况的内容。切实加强组织领导，健全工作机构，细化工作措施，层层抓好落实，确保任务落实到人。要加强与区园林绿化局、区妇联、区文旅局等部门的沟通协作，定期沟通情况，加强统筹形成合力。

（二）明确职责分工。市农业农村局负责全市高素质农民培育工作的组织实施和业务指导，各区农业农村局负责本辖区高素质农民培育工作，研究细化本区培育实施方案，遴选确定承训机构，定期调度与反馈培育进度进展，组织项目验收和工作总结等。同时，应及时督促承训机构认真研究制订好每个培训班（次）的具体实施方案，优化培训课程，选好配好师资力量，建立健全培训信息工作档案，及时开展线上满意度测评，要求每个培训班（次）的培育综合满意度达到85%以上。

（三）加强工作监管。各区要落实《高素质农民培训规范（试行）》各项要求，加强培育全过程监管。突出抓好需求调研、信息公示、行政主管部门讲第一课、随堂跟班等培育工作制度的落实，及时将本区高素质农民培育实施方案、学员信息等情况及时公开公示，接受社会监督。及时处理出现的问题，重大事项及时向上级汇报。及时组织开展培育绩效考核与评估（绩效目标参见附件2），按照10%的比例开展训后抽查。高度重视粮食安全党政同责考核中的农民教育培训指标任务，采取切实措施提高培育工作质量和满意度。加强对培育补贴资金监管，按照“谁使用谁负责”的原则，确保专款专用和专账管理（资金分配参见附件3）。

（四）加强师资和条件建设。各区各单位要进一步挖掘农民讲师资源，将熟悉农业及相关行业、掌握实用技术及相关技能的专家、高技能人才和有专长、接地气的乡村能人、农村工匠、志愿者等“田秀才”“土专家”纳入培训师资库，建设一支专兼职的优秀师资队伍，用好共享师资。发挥全国百所乡村振兴示范校的资源优势，开展面向农民的学历教育，引导农业科研单位和农技推广机构提供技术培训和跟踪指导。鼓励家庭农场、农民合作社、涉农企业、农村实用人才基地等承担实习实训。

附件：1.2021年中央财政转移支付高素质农民培育工作任务指标任务表（略）

2.2021年中央财政转移支付高素质农民培育绩效目标分解表（略）

3.2021年中央财政转移支付高素质农民培育资金分配表（略）

北京市农业农村局
关于印发《北京市2021年基层农技推广体系改革与建设任务实施工作方案》的通知

（2021年6月2日）

各区农业农村局，市有关农技推广机构、各相关农业科研、教学单位：

2021年中央财政通过农业生产发展资金继续对基层农技推广体系改革与建设工作给予支持。根据《农业农村部办公厅关于做好2021年基层农技推广体系改革与建设任务实施工作的通知》（农办科

〔2021〕9号），现将《北京市2021年基层农技推广体系改革与建设任务实施工作方案》印发给你们，请认真研究，切实加强组织领导，明确工作目标具体任务、实施进度和保障措施，做好2021年基层农技推广体系改革与建设任务。

北京市2021年基层农技推广体系改革与建设任务实施工作方案

为贯彻落实《农业农村部办公厅关于做好2021年基层农技推广体系改革与建设任务实施工作的通知》(农办科〔2021〕9号），结合本市实际，制定本工作方案。

一、总体要求

紧紧围绕我市“三农”重点工作，坚持问题导向、目标导向、结果导向，进一步发挥科技服务在农业农村领域的支撑作用，增强农业技术服务推广效果，助力全面乡村振兴。

（一）指导思想

围绕稳产保供、绿色发展、智慧智能等重点工作，坚持以农技推广体系改革建设为主线，以先进适用技术示范样板为载体，以提升农技推广服务效能为目标，强化公益性农技推广机构主责履行，推动农业科技社会化服务发展，加快信息化服务手段普及应用，构建“一主多元”农技推广体系，强化农技推广服务的公益性、专业化、社会化、市场化属性，为全面推进乡村振兴加快农业农村现代化提供科技支撑和人才保障。

（二）实施原则

坚持统筹兼顾。在保障广覆盖的基础上，继续重点支持本市意愿较高或2020年度任务完成情况较好的区。

坚持注重实效。在完成数量指标任务的基础上，重点关注项目实施地区任务组织落实的质量和助力产业发展的成效。

坚持创新引领。鼓励各地在深化基层农技推广体系改革、激发农技推广活力和推进农业科技社会化服务等方面主动开展探索。

强化绩效导向。构建全过程一体化、线上线下联动的全程绩效管理机制，加强任务完成情况监督和绩效考评，强化以结果为导向的激励约束，提高项目实施成效。

（三）年度目标

打造一批集中展示、试验示范、培训指导等多功能的农业科技示范展示基地，建设示范基地不少于12个；推广一批优质安全、节本增效、生态环保的主推技术，全市主推技术到位率大于95%；提升农技推广信息化水平，全市不低于85%的农技人员应用中国农技推广信息平台开展在线指导和服务效果展示，农业科技示范主体中国农技推广App安装使用率达到100%。完善分级分类培训机制，对本市660名基层农技人员开展培训，提升业务水平和服务能力；挖掘农技推广工作和农技人员典型案例和事迹，做好宣传推介。

二、工作任务

（一）推动农技推广体系改革创新。围绕职责履行和发展要求，强化基层农技推广机构建设，进一步健全制度，明确职责，完善人员配置，充分履行好公益性职能；增强条件建设，改善条件，提升基层农技推广机构服务能力。构建多元互补、高效协同的农技推广体系，立足服务对象的个性化需求，提供精准化的指导服务。支持和鼓励科研院校、企业、社会化服务组织等发挥优势开展农技推广，加快科技成果转化落地。继续探索公益性推广和经营性服务融合发展、技术人员增值服务并合理取酬机制，激发技术人员积极性。

（二）提升农技推广队伍服务能力。继续推进基层农技推广队伍建设，培育“一懂两爱”、高效服务乡村振兴的骨干力量，提升农技推广队伍服务能力。继续通过分层分类培训的方式，加强农技人员培训，市区两级共计培训660人。其中市级培训由市级管理部门实施，遴选业务能力较强、带动影响力较大的农技推广骨干50人，统一组织脱产培训；区级培训由8个项目区管理部门实施，共计组织基层农技人员610人完成学时数不少于40学时的素质提升培训，进一步提升基层农技人员专业技能和实操水平，要将“中国农技推广信息平台和年度任务线上应用”“参与式推广方法”等急需知识纳入培训内容，完善课程和培训师资体系建设，丰富理论教学、现场实训、案例讲解、互动交流等方式，提高培训的针对性、精准性和实效性。鼓励有条件的区创新机制，吸引选拔补充高素质人才进入农技推广队伍，鼓励基层农技人员通过各种方式，学习专业知识，提升服务能力。完善以工作实绩和服务对象满意度为主要内容的评价机制，强化指导服务业绩考评激励，对长期扎根一线、作出突出贡献的农技人员，在评先评优、绩效激励等方面予以倾斜。

（三）打造农业科技示范展示平台。围绕区域优势农产品和特色产业发展需求，按照技术示范到位、农民培训到位、产业引领到位的要求，建设长期稳定的农业科技示范基地，8个项目区共计建设科技示范展示基地不少于12个，统一树立“全国基层农技推广体系改革建设补助项目农业科技示范基地”标牌，以基地为平台示范推广重大引领性技术和农业主推技术，开展农技人员现场实训，组织示范主体观摩学习，为周边农户提供技术指导和培训服务。项目区要对基地进行规范化运行的监督管理，组织基地负责人明确年度示范观摩、技术展示、培训等任务和相关考核评价指标，建立基地工作档案。

（四）强化农业科技示范主体培育。精准培育农业科技示范主体，继续向控数量、提质量、显成效转变。全市遴选示范作用好、辐射带动强的新型经营主体带头人、种养大户、乡土专家等示范主体不少于350人。充分发挥推广指导服务作用，完善农技人员对口精准指导服务机制，形成“一对一”“保姆式”的技术指导和跟踪服务帮扶模式，把配套集成、简单易学的种养技术、防灾减灾和标准化生产技术等传授给示范主体，把省工省力、节本增效的新型农机具推广到示范主体，把农业生产投入品供给和农产品供求等信息发送到示范主体，提升其科学种养水平和自我发展能力，同时提高对周边农户的辐射带动能力。

（五）加强先进适用技术示范推广。围绕粮食、设施蔬菜、生猪等产业稳产保供的重点任务，按照高质量发展的要求，选取适宜的推广区域和范围，推广一批优质绿色高效技术模式。结合农业农村部、市农业农村局发布的年度农业主推技术和地方农业主导产业发展要求，区级要组织遴选和发布年度农业主推技术。各市级推广单位可根据实际情况，依托各类试验示范项目和本单位农业技术推广工作，选择合适的优质绿色高效技术模式进行展示示范；各区依托示范基地、示范主体等，在每个示范基地至少推广一种优质绿色高效技术。通过组建主推技术指导团队，构建“专家+农技人员+示范基地+示范主体+辐射带动户”的链式推广服务模式，加快先进技术进村入户到田。

（六）加快农技推广服务信息化步伐。鼓励广大农技人员和专家通过手机App、微信、短视频、直播平台等方式，在线开展业务培训、问题解答、咨询指导、互动交流、技术普及等农技服务。全力推进农技推广在线服务和考核，进一步提高中国农技推广信息平台在农技人员和农业生产经营者中的覆盖面和使用率，加强线上考核和成效展示，示范基地、人员培训、示范主体等年度任务实行全程线上动态展示，承担年度任务的专家、农技人员、服务主体等须在中国农技推广信息平台填报服务做法和具体成效，及时对取得成果进行线上展示。

三、绩效要求

根据农业农村部要求，基层农技推广体系改革与建设工作将继续列入农业农村部2021年专项工作延伸绩效管理实施范围，主推技术到位率继续作为2021年粮食安全省长责任制考核重要内容。各区要结合本地区实际情况，增强各级项目承担单位的责任感，提高项目实施效果和财政资金使用效率，提升基层农技推广体系改革与建设效果。

（一）加强组织实施。各区农业农村主管部门，市有关农技推广机构、各相关农业科研、教学单位，要充分认识实施好体系改革与建设任务对支撑农技推广体系发展、高效服务乡村振兴的重要意义，紧紧围绕项目的总体要求和重点任务，切实加强组织领导，明确职责任务和工作分工，加强协调配合，规范资金使用，同时把项目实施与科技帮扶低收入工作结合，形成工作合力。

（二）加强绩效考评。建立市、区联动、全程实施的绩效管理机制，依托中国农技推广信息平台，构建全过程一体化、线上线下联动逐级负责的绩效管理机制。继续委托第三方考评机构，以农技推广服务实效、服务对象满意度等为核心，通过集中交流、在线考评、实地核查等方式开展全过程全覆盖绩效考评，对项目任务完成情况、绩效目标完成情况、预算执行过程情况开展全程监督检查，确保年度绩效目标如期实现。

（三）加强交流宣传。各区在任务组织实施中，要大力总结宣传农技推广体系在乡村振兴、稳产保供中涌现的优秀人物和典型做法等，发掘宣传一批爱岗敬业、勇于担当、业绩突出的典型事例和可复制、可推广的典型模式，通过现场观摩、典型交流等方式和网络、报纸、电视等渠道广泛进行推介宣传，扩大影响，营造良好环境。

附件：1.北京市2021年基层农技推广体系改革与建设任务清单分解表（略）

2.北京市2021年基层农技推广体系改革与建设任务资金分配方案（略）

北京市农业农村局
关于印发《北京市水产绿色健康养殖技术推广“五大行动”实施方案》的通知

（2021年6月30日）

各区农业农村局：

根据农业农村部办公厅《关于实施水产绿色健康养殖技术推广“五大行动”的通知》（农办渔〔2021〕6号）和全国水产技术推广总站《关于做好2021年水产绿色健康养殖技术推广“五大行动”实施工作的通知》要求，我局制定了《北京市水产绿色健康养殖“五大行动”实施方案》，现印发给你们，请结合实际，认真贯彻执行。

北京市水产绿色健康养殖技术推广“五大行动”实施方案

为贯彻党的十九届五中全会关于推动绿色发展、加快发展方式转型升级的战略部署和今年中央一号文件“推进水产绿色健康养殖”的部署要求，进一步落实十部委联合印发的《关于加快推进水产养殖业绿色发展的若干意见》有关工作要求，按照农业农村部办公厅《关于实施水产绿色健康养殖技术推广“五大行动”的通知》（农办渔〔2021〕6号）和全国水产技术推广总站《关于做好2021年水产绿色健康养殖技术推广“五大行动”实施工作的通知》（农渔技办〔2021〕12号）精神，在“十四五”期间进一步实施水产绿色健康养殖技术推广“五大行动”，特制定本实施方案。

一、工作目标

结合我市水产养殖的特点，以推进水产养殖业绿色发展为主题，以创新技术模式为牵引，以培育骨干基地为载体，以行动内容“全覆盖”为目标，全力推进“五大行动”取得新进展、新成效。

二、重点任务

（一）开展生态健康养殖模式推广行动

继续开展生态健康养殖模式的推广应用，通过宣传培训、交流研讨等方式做好技术指导培训，引导水产养殖者树立生态健康养殖理念，自觉应用生态健康养殖技术，规范养殖生产行为，提供生产经营管理水平。2021年重点开展池塘工程化循环水养殖、工厂化循环水养殖等生态健康养殖新模式的推广应用。

（二）开展养殖尾水治理模式推广行动

开展池塘底排污、集中连片池塘、人工湿地、鱼菜共生等水产养殖尾水处理技术模式的推广，促进实现水产养殖尾水资源化综合利用或达标排放。推进各项技术模式集成熟化和改进提升。

（三）开展水产养殖用药减量行动

巩固已开展的一系列水产养殖用药减量技术相关项目的应用成果，在已经实现抗菌类药物减量35%的基础上，通过实施水产养殖用药减量行动，持续减少水产养殖生产中的药物使用量。计划全市水产养殖企业使用兽药总量继续同比平均减少5%以上，使用抗生素类兽药平均继续减少5%以上，依法用药、科学用药水平明显提高，药物残留和水产养殖动物病原菌耐药问题得到初步控制，水产品质量安全水平稳步提升。

（四）开展配合饲料替代幼杂鱼行动

选择有能力的基地开展配合饲料替代幼杂鱼的行动，组织实施配合饲料养殖示范推广，提高配合饲料替代率。开展配合饲料替代幼杂鱼养殖试验，进行综合效益分析，研究制定不同品种成熟的饲料配方及可行替代方案。

（五）开展水产种业质量提升行动

按照农业农村部的统一部署开展水产养殖种质资源普查工作，助力打好水产种业翻身仗。推动观赏鱼、鲟鱼等联合育种，构建产学研推紧密结合的商业化育种机制。在水产种质资源保护

等方面提供技术支撑。

三、工作措施

（一）落实工作责任。市水产技术推广站负责牵头组织“五大行动”实施工作，从技术层面对各区进行业务指导；各区渔业主管部门要压实责任、推动落实，各区水产推广机构等有关部门负责依照方案在本区具体的实施工作。

（二）强化示范引领作用。坚持统筹规划和“一盘棋”思想，推动2020年骨干基地扩增行动内容，做好“五大行动”各方面内容的有效衔接，打好“组合拳”，实现骨干基地“五大行动”内容全覆盖。同时，各区可结合实际继续遴选一批“五大行动”骨干基地，更好地发挥辐射带动作用。

（三）加大宣传力度。各区应充分利用广播、电视、报纸、手机App、网络等媒体，对水产绿色健康养殖技术推广“五大行动”进行宣传，引导社会各方参与到行动中，营造良好工作氛围。

（四）做好总结。各区水产推广机构等有关单位应分别于7月10日、11月10日前将半年、全年工作总结报送至北京市水产技术推广站。

四、进度安排

（一）动员部署（5—6月）。制定工作实施方案，重点任务清单，细化落实举措，明确责任部门和分工，启动宣传动员和工作部署。

（二）实施阶段（7—10月）。在骨干基地开展水产生态健康养殖技术模式、养殖尾水治理模式、水产养殖用药减量、配合饲料替代幼杂鱼、水产种业质量提升等行动的推广工作，在各基地通过科技咨询、技术培训、交流研讨、现场观摩等多种形式开展水产生态健康养殖、养殖尾水治理、水产养殖用药减量的示范推广，集成熟化技术模式，对推广基地技术模式进行改进完善。

（三）总结阶段（11—12月）。进行工作总结，内容包括总体情况、取得成效、典型案例、存在问题和改进措施建议等。

附件：2020年北京市水产绿色健康养殖技术推广“五大行动”骨干基地名单（略）

北京市农业农村局关于公布北京市休闲农业专家辅导团名单的通知

（2021年7月7日）

各区农业农村局，各相关单位：

为更好推动本市休闲农业和乡村旅游提档升级，实现高质量发展，依据《北京市休闲农业专家辅导团管理办法（试行）》（京政农发〔2021〕46号）要求，经研究决定，现将北京市休闲农业专家辅导团个人专家名单及团队专家名单予以公布。请各位专家聚焦休闲农业提质增效中的难点与重点，破解本市休闲农业“十百千万”畅游行动实施中存在的问题。请各区农业农村局积极搭建专家与经营主体对接平台，推进我市休闲农业和乡村旅游高质高效发展。

附件：1.北京市休闲农业专家辅导团个人专家名单

2.北京市休闲农业专家辅导团团队专家名单

北京市农业农村局北京市商务局关于印发《2021年推进农村流通现代化的若干措施》的通知

（2021年8月16日）

各相关业务处室：

为贯彻落实《中共北京市委北京市人民政府印发〈关于全面推进乡村振兴加快农业农村现代化的实施方案〉的通知》精神，市农业农村局与市商务局共同制定了《2021年推进农村流通现代化的若干措施》，现印发给你们，请遵照执行。

2021年推进农村流通现代化的若干措施

为深入贯彻《中共中央国务院关于全面推进乡村振兴加快农业农村现代化的意见》和《中共北京市委北京市人民政府印发〈关于全面推进乡村振兴加快农业农村现代化的实施方案〉的通知》精神，现就2021年推进农村流通现代化制定如下措施。

一、总体要求

以习近平新时代中国特色社会主义思想为指导，全面贯彻党的十九大和十九届二中、三中、四中、五中全会精神，坚持新发展理念，紧紧围绕统筹推进“五位一体”总体布局和协调推进“四个全面”战略布局，按照产业兴旺、生态宜居、乡风文明、治理有效、生活富裕的总要求，以满足农民生产生活需求为导向，以供给侧结构性改革为主线，加快推进农产品和农村现代市场体系建设，创新流通服务方式，培育现代化新型流通主体，畅通城乡流通渠道，加快建立覆盖城乡、线上线下融合发展的农产品和农村现代流通网络，推动农业全面升级，农村全面进步，农民持续增收，加快推进农业农村现代化和城乡融合发展。

二、重点工作措施

（一）加快农村电商发展，培育乡村振兴新动能

1.着力培育服务农产品线上交易的电商平台。充分发挥政策激励引导作用，支持数字化农副产品平台项目建设，鼓励电商平台、农贸企业、农民合作社等自建或对接线上交易平台，提升产销对接、信息整合、营销推广、在线交易、物流配送等综合服务能力，培育1 ~ 2个服务京郊农村流通类线上平台。

2.拓展“益农信息社”线下网点服务功能，不断夯实“互联网+”农产品出村进城工程。依托条件成熟的“益农信息社”线下网点，组织电商、快递企业，拓展代收代寄、末端共同配送、包装回收等综合服务功能，提升5 ~ 10个重点网点的线上化服务水平，拓宽农产品上行渠道。

3.开展助农益农网络直播活动。引导和支持京郊农业生产主体开展网络直播带货活动，通过线上直播扩大京郊农产品销售渠道。积极组织农业生产经营主体参加网络直播大赛，集中打造5 ~ 8家京郊农产品直播带货典型。

（二）推进农产品流通，促进农业产业兴旺

4.加强农产品品牌建设。启动农产品品牌分级管理工作，建立北京优农品牌目录。依托遴选出的百家北京农业好品牌，研究制定《北京优农品牌认定管理办法》，规范、管理北京农业品牌发展工作。在丰收节期间发布北京优农品牌目录，以此带动区域公用品牌，拉动企业品牌，树立北京农产品品牌形象。

5.激发农村消费潜力。将大兴西瓜节、平谷大桃季、怀柔板栗文化节等农业节庆活动、农民丰收节系列活动、“京华乡韵”休闲农业系列活动纳入北京消费季活动，利用农业节庆活动拉动乡村产业、活跃城乡市场，提振消费信心，推动城乡居民共享丰收成果。

（三）培育壮大农产品市场主体，完善供应链体系

6.推动农民合作社质量提升。培育创建20家左右市级示范社，不断强化合作社服务功能，鼓励合作社加强农产品初加工、仓储物流、市场营销等关

键环节能力建设，鼓励农民合作社延伸产业链条，拓宽服务领域，由种养业向产加销一体化拓展。

7.支持培育发展农产品供应链企业。重点培育新型农业现代化供应链企业，引导涉农生产、销售企业业态转型升级，提升农产品流通现代化水平。重点支持农产品流通领域龙头企业发挥示范作用，加强物联网、人工智能、大数据等现代技术应用，提升农产品物流运输的信息化、自动化、智能化水平。

（四）提升农村地区生活服务业品质

8.建设提升农村地区便民商业网点80个。指导各区在农村地区建设提升便民商业网点，年内完成80个。梳理农村地区便利店（超市）、早餐、理发等基本便民商业网点现状及需求，制定下一步精准补建计划。

9.加强农电、农超、农批对接，畅通农产品流通渠道。组织召开1～2次专题对接会，引导组织生鲜电商、社区团购平台、连锁商超、批发市场与农民合作社、农产品生产销售企业等加强产销对接，拓宽农产品销售渠道，提升农产品流通效率。

10.鼓励大型商超在京建立直采直销供应基地。支持超市企业开展“农超对接”基础设施项目建设，提升超市生鲜农产品运输、经营、安全检验检测等水平。组织大型连锁超市在本市农村地区建立3—5个农超对接直采基地。

11.建设京味农产品销售专区专柜。在组织本市连锁超市积极参与农业农村部门和各区举办的产销对接活动基础上，在有条件的超市门店探索建立北京农产品或“北京老口味”售卖专柜、专区，展现本地农产品特色。

（五）加强与周边地区农产品产销合作，确保稳定供应

12.推动环京周边农产品基地建设。协调、引导本市商超企业、连锁电商、龙头企业、批发大户等在周边建设蔬菜等农产品生产基地，加强对基地推广应用新品种、新技术、新产品、质量安全管理规范等的技术指导，加大对基地产品进京流通体系建设支持力度，保障基地农产品顺畅进入北京市场。

13.建立周边省市生活必需品供应基地和供应节点共享目录。加强京津冀三地合作，健全环首都“菜篮子”产品应急保障生产基地和流通节点联系机制，统计津冀区域主要粮油、肉类、鸡蛋等生产企业及蔬菜交易市场联络信息，加强联系对接，作为环京生活圈重要节点，增加应急状态下首都供给。

14.建立完善生活必需品数据和信息共享机制。加强农业生产、外埠基地、应急储备及市场供应相关数据共享，协同完善本地农产品流通渠道和市场行情监测统计分析工作，将农业农村局有关农产品信息数据与生活必需品供应保障平台进行对接，进一步对生活必需品数据信息进行汇集、融合，为平时供应、战时应急提供数据支撑。

15.抓好鲜活农产品储备工作。抓好鲜活农产品储备管理与衔接，加强政府储备应急协作，发挥政府储备效能，保障应急状态下本市鲜活农产品供应稳定。

（六）建立常态化粮食安全区长责任制考核项目共担机制

16.市农业农村局负责制定下发“粮食播种面积”任务指标，粮食储备局协同合作，将每年“粮食播种面积”的国考指标转化为市政府开展对区政府年度绩效考评指标，强化区政府落实粮食安全主体责任，推动粮食安全工作得到全面落实。

三、保障措施

（一）加强组织领导

农业农村部门和商务部门要充分认识到农村流通现代化的重要意义，把合力促进农村流通现代化作为重要任务抓紧抓好，落实到位。要建立健全合作机制，结合实际，发挥各自优势，实化工作举措，强化统筹协调，抓好贯彻落实。

（二）强化信息共享和协调合作

农业农村部门和商务部门相关处室应开展多层次、全方位对接交流，分管领导每季度或半年召开专题会议，协商解决有关问题和重大事项。针对农村、农产品流通领域发展趋势、存在问题及下一步计划等重点内容，展开联合调研，不断优化合作方向，合力推动农产品和农村现代市场体系建设。

（三）优化发展环境

围绕党中央关于乡村振兴战略的重大部署，探索农村流通现代化的多种实现途径，引导社会资本加大投入，推动农村流通服务业加快转型升级。通过联合举办展会等活动，共同搭建平台，开展各类形式的产销对接，拓宽农产品流通渠道。认真总结、复制推广工作中形成的好经验好做法，加大宣传推广力度，发挥典型示范带动作用。

北京市农业农村局 印发《关于进一步规范农村土地流转促进设施农业持续健康发展的指导意见》的通知

（2021年8月18日）

各区农业农村局：

为落实《北京市农业农村局北京市财政局关于促进设施农业绿色高效发展的指导意见》(京政农发〔2020〕157号)，进一步规范农村土地流转，调动生产积极性，解决农业经营主体普遍反映的北京土地成本过高问题，切实推动设施农业高质量、高效益发展，现将《关于进一步规范农村土地流转促进设施农业持续健康发展的指导意见》印发给你们，请认真组织实施。

关于进一步规范农村土地流转促进设施农业持续健康发展的指导意见

为有效集约节约利用土地，提高资源利用率、土地产出率和劳动生产率，更好地完成农业稳产保供任务，推进农业现代化，提出如下意见。

一、依法合理确定农村土地经营权流转价格

应充分调动和发挥农村土地承包者和农业经营主体的积极性，促进农业增产和农民增收，实现互利双赢，依法合理确定农村土地经营权流转（以下简称“土地流转”）指导价格。

（一）新发展设施农业的土地流转价格，每亩每年1000～1500元，并结合实际建立有利于促进农业生产的价格递增机制。

（二）原有设施农业土地流转价格继续按照已经签订的土地流转合同执行。已经建有设施农业一同流转的，由出让方与受让方平等协商确定流转价格，不宜单独区分土地流转价格。

（三）设施农业用地以外的其他土地流转价格，由流转双方本着互利双赢的原则，依法合理、平等协商确定。

二、充分发挥集体经济组织的引导组织作用

设施农业发展用地既涉及土地流转的规模和价格，也涉及地块的统一规划使用，应充分发挥集体经济组织的作用，可采取以下四种流转方式：

（一）农村集体经济组织可将农户承包地的经营权统一流转至村集体经济组织，然后再与设施农业经营主体签订土地流转合同。

（二）农村集体经济组织可采取组建土地股份合作社或者农民专业合作社的方式，将农户承包地的经营权统一流转至土地股份合作社或者农民专业合作社，然后再与设施农业经营主体签订土地流转合同。

（三）农村集体经济组织可引导农户以承包土地的经营权入股，与设施农业经营主体共同组建农民专业合作社。

（四）农村集体经济组织可统一组织承包农户与设施农业经营主体直接签订土地流转合同，并对土地流转价格给予科学合理指导。

三、切实加强土地流转及合同管理

各区要加强土地流转的指导和服务，依法加强土地流转合同管理，对土地用途进行审核，坚持农地农用，防止违法建设。

（一）签订设施农业土地流转合同，必须依法明确约定土地流转期限，严格执行法律法规和相关规定，流转期限不得超过承包期的剩余期限。如果剩余土地承包期限过短，则土地流转双方在合同中要明确约定，土地承包到期后，流转双方继续按照原约定依法续签土地流转合同。

（二）要按照法律法规和本市“村地区管”有关规定，加强对农业经营主体的资质审查，并在土地流转合同中明确约定土地用途，确保农地农用。

（三）集体经济组织流转确权确利（股）及集体机动地的，要严格履行民主程序，其中流转给本集体经济组织成员以外的，要经过乡镇政府审批；对承包农户直接与农业经营主体签订的土地流转合同，要报乡镇和村两级备案。本区“村地区管”另有规定的，按其规定执行。

（四）发现设施农业用地建设大棚房等违法建设的，村集体经济组织要向有关部门报告，并及时终止土地流转合同。

（五）规范土地流转中介服务，合理收取土地经营权流转交易中介费用，防止过高收费，抬高农业生产经营成本。

（六）区农业农村主管（农村经营管理）部门应加强业务指导，乡镇人民政府农村土地承包管理部门负责本地区土地承包及流转合同监管。

四、加强农业生产基础设施配套服务

要进一步加大投入，加强农业生产用水、用电、运输等基础设施建设，为设施农业提供配套用地，为促进农业增产、农民增收提供良好服务。

（一）结合全市耕地保护和永久基本农田划定工作，探索推进耕地保护补贴政策，并将耕地保护补贴政策与设施农业土地流转政策有机结合，增加政策对农业的补贴力度，提高农民保护耕地、支持农业生产的积极性，降低农业经营主体生产成本，提高效益，促进可持续发展。

（二）要切实落实市规划自然资源委、市农业农村局、市园林绿化局《关于加强和规范设施农业用地管理的通知》（京规自发〔2021〕62号），为设施农业持续健康发展提供必要的保障。

（三）各区要根据本区实际，加强集中连片土地以及规模化、集约化农业生产所需的用电、灌溉、交通等基础设施配套建设。

（四）要加强现有各类农业政策整合，加大对设施农业的投入力度。加快对老旧农业设施的修缮、维护和改造升级，挖掘现有生产潜力。根据农业经营主体需求，积极稳慎发展高端设施农业，加大对新建高效智能连栋温室的补贴力度。

北京市农业农村局
关于印发《2021年数字乡村发展任务分工方案》的通知

（2021年8月20日）

机关各处室：

经第17次局办公会研究同意，现将《2021年数字乡村发展任务分工方案》印发给你们，请认真贯彻执行。

2021年数字乡村发展任务分工方案

为贯彻落实中共中央、国务院《数字乡村发展战略纲要》（中办发〔2019〕31号）精神，按照中央网信办、农业农村部等四部委《关于印发〈数字乡村发展战略纲要〉主要任务分工方案的通知》（中网办发文〔2019〕13号）和《关于印发〈2021年数字乡村发展工作要点〉的通知》（中网办发文〔2021〕10号）的要求，扎实推进我市数字乡村发展，确保各项任务落实到位，现结合各处室职能，提出如下分工方案。

一、加快乡村数字经济发展

1.建设北京市农业农村大数据体系，推动农业农村大数据产业发展，继续推进农业农村大数据中心、数字农业农村创新中心建设。

牵头处室：市场与信息化处

2.推动建成北京市农田建设“一张图”。

牵头处室：农田建设管理处

3.稳步推进土壤墒情监测信息化，在全市建立50个主要粮食作物土壤墒情监测点，包括40个人工监测点和10个自动墒情监测站（点），定期开展

土壤墒情监测，全年不少于15次，结合作物苗情，研究提出指导意见。通过重大植物疫情管理系统开展疫情监测管理工作，设立60个疫情监测点，重点对16种检疫性有害生物开展监测。开展农作物主要病虫害监测预警工作，设置16个粮食作物系统监测点、47个粮食普查监测点、40个蔬菜普查监测点，全年发布病虫害测防专刊6期以上。

牵头处室：种植业管理处

4.继续推进生猪恢复生产，新建、改扩建猪场的现代化水平；利用数字技术，加强奶业、饲料、生猪运输车辆备案等工作的管理水平。

牵头处室：畜牧渔业处

5.采用数字技术，实现智能监管，全面提升本市动物疫病防控水平。依托生猪调运监管平台，实现对外埠生猪调运“点对点”全程闭环管理；通过数字化、智能化监管手段，实现生猪从养殖到屠宰全链条可视化监管，实现动物疫病“早发现、早报告、早处置”；以产业数字化为主线，通过物联网、人工智能、大数据、云计算等技术，打造生猪养殖数据基础，为领导管理决策提供依据支撑。

牵头处室：兽医兽药处

6.推进农产品质量安全监管监测网络体系建设，完善农产品质量安全数字化监管体系。做好农产品质量安全监管，推广一批追溯标杆企业典型示范，推动地方跨部门追溯平台对接先行先试。利用信息技术手段推进生产记录便捷化、电子化，打造“阳光农安”。

牵头处室：农产品质量安全处

7.加大智能农机和农业物联网设备购置补贴力度。

牵头处室：农业机械化管理处

8.加强北斗精准时空和高分遥感信息服务在农业生产管理中的应用示范。

牵头处室：市场与信息化处

9.继续推动“互联网+”农产品出村进城工程，发展多种形式的农产品互联网营销渠道，引导电商企业下沉乡村，加强农产品电子商务监管，营造农村电子商务良好发展环境。

牵头处室：市场与信息化处

10.积极借助信息技术开展农民合作社质量提升整区推进试点和农民专业合作社示范创建，指导农业生产经营主体提高生产经营现代化水平。

牵头处室：农村合作经济指导处

二、构建乡村数字生态环保体系

11.强化生态环境监管能力。持续开展农田土壤生态环境监测工作，防范土壤环境风险。

牵头处室：生态建设处

三、增强乡村内生动力

12.利用信息化手段提升农民培训工作。聚焦基层组织负责人、新型农业经营主体带头人、乡村振兴带头人、农村“双创”人员等农村实用人才，探索运用线上线下相结合的培训方式，为北京“三农”建设提供人才支撑。

牵头处室：人才工作处

四、探索乡村数字化治理新模式

13.推进宅基地管理信息化建设，结合宅基地制度改革试点在大兴区、昌平区探索建设农村宅基地数据库和区级农村宅基地管理信息系统。

牵头处室：宅基地管理处

14.健全农村土地承包信息数据库和平台，推进承包地信息化建设。

牵头处室：农村土地承包管理处

15.加快农村集体资产监督管理平台建设，促进建成便民快捷、管理高效、上下联动、部门共享的农村集体资产大数据库。

牵头处室：市场与信息化处

五、深化信息惠农服务

16.深入实施信息进村入户，创新运营模式，丰富益农信息社服务内容，提升为农信息服务水平。

牵头处室：市场与信息化处

六、巩固提升拓展网络帮扶成效

17.依托低收入农户监测系统，对低收入标准线边缘户和返低风险户开展常态化监测，巩固脱低成果，健全防止返低的监测和帮扶机制。

牵头处室：社会事业促进处

七、加强数字乡村发展的统筹协调

18.加强部门协同和上下联动，健全完善数字乡村发展统筹协调机制，共同研究“十四五”数字乡村建设发展布局，明确发展目标、重大任务和重点工程，研究编制《“十四五”时期北京市数字农业农村实施规划》《关于加快推进北京市数字农业农村发展的指导意见》。

牵头处室：市场与信息化处

印发《关于积极稳妥推进高效设施农业发展的指导意见》的通知

（2021年8月20日）

各涉农区人民政府、各有关单位：

经市政府同意，现将《关于积极稳妥推进高效设施农业发展的指导意见》印发你们，请认真贯彻执行。

关于积极稳妥推进高效设施农业发展的指导意见

根据自然资源部批复及市政府工作部署，为保障北京特大城市一定的蔬菜自给率，本市于2021—2025年开展以智能连栋温室为代表的高效设施农业试点。高效设施农业是设施农业的“高精尖”模式，在丰富城市“菜篮子”供应、推动率先基本实现农业现代化中发挥着重要作用。为进一步明确高效设施农业发展方向、产业布局和推进机制，促进高效设施农业健康有序发展，特制定本意见。

一、指导思想

以习近平新时代中国特色社会主义思想为指导，深入贯彻《北京城市总体规划（2016年—2035年）》，全面落实乡村振兴战略，对标高质量发展要求，紧紧围绕首都“四个中心”功能定位，积极转变农业发展方式，聚力推动设施农业高端高效发展，以推进知识、技术、资本密集型高效设施建设为切入点，创新发展机制，健全发展体系，优化发展环境，提高农业质量效益和竞争力，促进产业振兴，助力率先实现农业现代化。

二、基本原则

坚持政府引导和市场主体投入相结合。充分发挥市场在资源配置中的决定性作用，尊重市场规律，运用市场机制，通过政府扶持引导，吸引和撬动更多要素投入高效设施农业发展，充分调动投资方、服务方、运营方和农民等各方积极性，着力降低前期进入门槛。

坚持集群化发展和全产业链打造相结合。加强规划布局，促进高效设施农业集聚成群，形成规模效应。注重全产业链建设和提升，促进产前、产中、产后一体化发展，投资、生产、运营、销售一条龙服务，推动各环节有效分工、合理衔接，形成规模化、专业化、品牌化发展格局。

坚持国际和国内技术装备相结合。聚焦高效设施农业发展重点环节和突出短板，着力开展关键技术装备创新及生产技术攻关，在引进国外先进装备技术的同时，推进国产化进程，推广实用性强、适应性广的新型技术模式，不断提升质量效益和竞争力。

坚持产业发展与农民增收就业相结合。促进高效设施农业做强做优，培育壮大行业龙头企业，形成区域优势主导产业，增加绿色优质安全农产品供给。完善利益联结机制，统筹职业教育和社会培训力量，加大人力资本投入，培育设施农业产业工人和新型职业农民，促进农民就业增收。

三、发展目标

到2025年，新建高效设施农业面积5000亩，单位面积产量达到世界最高水平的70%以上，集中建设3至4个高效设施农业园区，打造一批国内领先、国际先进的高效设施农业典型样板，形成可复制可推广的高质量发展模式，建立健全高效设施农业产业发展体系、科技支撑体系、市场化运营体系和政策保障体系，带动全市设施农业科技创新能力、智能装备水平、人力资本投入和劳动力教育水平得到全面提升。

四、重点工作

（一）优化高效设施农业发展布局

各区依据资源禀赋和基础设施建设水平，合理布局，统筹谋划，制定高效设施农业发展规划。以蔬菜产业规模和产业分布为基础，围绕蔬菜产前、产中、产后各环节，统筹建设物资供应、采后处理、仓储保鲜和冷链物流基地以及供暖、供水、供气、供电等管网，实现各类基础设施和公共服务共建共享、节本增效。鼓励高效设施农业推广应用分布式光伏发电和热泵供暖，减少碳排放。推动实现高效设施农业基础设施完备化、技术应用集成化、生产经营集约化、生产方式绿色化、支持措施系统化。

（二）创新高效设施农业发展机制

突出发展重点，推动高效设施农业园区开展专业化、规模化生产，摈弃“小而全”的农业产业体系，重点发展以果类蔬菜为主的智能温室、以叶类蔬菜为主的植物工厂。创新高效设施农业组织模式，在统一建设标准的前提下，探索建立高效设施农业基础设施集中建设，农业企业、农民专业合作社、家庭农场等承租经营，各类社会化服务企业参与设施运维、农产品流通和技术服务的产业组织模式。着力推进高效设施农业全产业链的分工与专业化，围绕高效设施农业园区，形成蔬菜育种、种苗生产、栽培种植、采收、分拣、加工、销售、物流、金融、信息和各类服务组织等各环节分工明确、密切协作的全产业链。培育5至10家专业化高效设施蔬菜种苗公司，建设种苗质量检测实验室，完善种苗质量检测体系，保障优质种苗供应；扶持一批高效设施蔬菜产业链上的基质生产、生物农业、熊蜂授粉、水肥一体化、智能装备研发企业；鼓励高效设施农业园区建设蔬菜采后处理生产线，配备完善农产品产地冷藏保鲜设施，培育与之适应的一体化运作、网络化经营、专业化服务的农产品采后处理和产地冷藏保鲜设施运营主体。

（三）提升高效设施农业技术和装备水平

统筹发挥中国农业科学院、中国农业大学、北京市农林科学院等科研院所和高等学校的作用，组建高效设施农业产业技术体系创新团队，聚焦设施设计与装备本土化、设施生产数字化、设施专用品种自主化、设施生产绿色低碳化等方面推动科技联合攻关，实施一批重大科技专项，形成拥有自主知识产权的新品种、新技术、新装备，大幅降低建设成本和生产成本。加强高效设施农业重大技术装备研制和推广应用，建设高效设施农业技术装备试验检测基地，提高鉴定检测服务能力，加快新设备的推广应用。在引进国内外先进生产模式的同时，结合北京实际，优化各项指标，制定并推行高效设施建设标准。加快建立“政府+科研院所+农业经营主体”合作体制机制，落实《北京市促进科技成果转化条例》，鼓励科研人员创办高效设施农业服务型企业，建立技术专家进温室、进园区，指导、领办高效设施农业发展的激励制度。建设高效设施结构模式、技术装备、能源材料、科技成果、软件研发、技术人才、标准规范、投资企业、设计建造企业和生产经营主体等综合数据库，实现社会化共享。

（四）加快高效设施农业数字化发展

推动高效设施农业数字化基地建设，实现现代信息技术的普及应用和作业的自动化、智能化。建立设施农业大数据平台，收集高效设施农业生产、销售、流通、管理等环节数据，利用大数据进行精准管理、防控和生产指导，开发应用主要设施蔬菜品种的区块链技术，确保农产品质量安全和全程可追溯。开展高效设施农业大数据、云计算、互联网、传感器、机器人的研发和应用，推进设施农业生产、销售各系统、各环节智能互联，逐步实现高效设施农业园区资源最佳配置。

（五）着力培育高效设施农业专业化人才

鼓励科技人员和返乡下乡人员发展高效设施农业，持续优化农村创新创业环境，发展多种形式的创新创业支撑服务平台，为科技人员和返乡下乡人员提供资金、法律、知识产权、财务、商标等专业化服务。建立健全高效设施农业人才教育体系，采用引进来和走出去相结合的方式，开展中专、大专、本科系列教育，强化高效设施农业专业学科建设，加强生产技术、采后处理加工、仓储保鲜、冷链物流以及温室设计、建设工程等教育培训，培养一批专业人才。

（六）加强高效设施农业国内外合作

加强与荷兰等农业发达国家合作，加快推进京瓦农业科技创新中心温室园艺分中心建设，引进先进温室设计、技术装备、人才和发展模式，结合北京实际进行消化吸收再创新，提升北京高效设施农业国际化水平。深化与兄弟省市战略合作，借鉴兄弟省市发展高效设施农业先进模式，围绕设施农业全产业链开展全方位合作，定期举办设施农业成果展，打造高效设施农业成果展示交流平台。

（七）加大高效设施农业市场开拓力度

吸纳荷兰等设施农业发达国家和山东等国内设施农业先进省市优秀人才，组建北京现代设施农业产业协会。充分发挥各类农业协会在高效设施农业生产经营活动、园区建设、销售网络、行业管理等方面的作用，促进高效设施农业全产业链各环节融合发展。加强国内外农产品市场行情和流通渠道研究分析，为企业提供市场预警预报服务。创建现代化农产品交易方式，支持签订双边、多边贸易协定，组织企业参加国内外农产品交易会、贸易展览，鼓励企业举办技术服务、产品示范等系列活动，开办培训、示范等服务机构，培育繁荣高效设施农业市场。

五、保障措施

（一）强化部门职责

高效设施农业是一项集生物工程、农业工程、建筑工程、信息工程等于一体的系统性工程，涉及多行业多部门。市农业农村局成立工作专班，建立协同推进机制，会同市财政局、市发展改革委、市规划自然资源委、市科委、中关村管委会、市商务局等部门加强统筹协调、监督指导和跟踪问效，及时调整完善政策措施，全面推动高效设施农业产业发展。市财政局负责保障高效设施农业项目支持资金，市发展改革委对符合市政府固定资产投资的配套基础设施建设项目及地源热泵项目给予资金支持，市科委、中关村管委会强化科技支撑，市规划自然资源委牵头在用地政策方面给予支持，市商务局牵头在销售流通方面给予支持。

（二）完善各项补贴政策

高效设施农业试点项目可享受绿色能源、农机装备、绿色防控、农业保险等普惠性支持政策。综合考虑建设成本、运营管理、产出效益等因素，由主管部门对项目建设主体、项目建设方案、项目预期效益等进行审查并跟踪项目建成后运行情况，市级财政对符合各项要求的高效设施农业试点项目给予不高于建设成本30%的补助，具体实施细则另行制定。同时，针对土地流转价格过高问题，研究面向高效设施农业的土地流转指导价格，调动社会资本投入积极性。鼓励区级出台支持政策对节能型温室建设、照明系统升级、生物农业产品以及环境友好、可循环使用的覆盖材料使用等给予支持，引导设施农业经营主体从粗放型经营向绿色集约型经营转变。

（三）创新金融服务政策

市、区统筹利用各类财政资金，形成政府、银行、担保公司、保险公司和企业共同投资建设的格局，提高资金使用效率。加大金融支持力度，对各类经营主体发展设施蔬菜产业项目给予贷款贴息支持，鼓励银行业金融机构创新金融产品，简化优化贷款审批流程，推动农业设施、大型农机等设备依法合规抵押融资，降低融资成本。加快推进设施农业保险产品开发试点，扩大保险品种覆盖面，提升保额，逐步构建有利于高效设施农业发展的保险险种体系。加大担保基金等对设施农业发展的支持。

（四）压实各区主体责任

各相关区政府是高效设施农业建设的责任主体，要切实用好各项扶持政策，确保政策精准落地，切实推动高效设施农业发展。严格执行《北京市高效设施农业用地试点工作方案（2020年—2025年）》（京规自发〔2021〕78号）和《关于加强高效设施农业用地试点工作的通知》（京规自发〔2021〕138号），确保高效设施农业用地需求；同时，严肃查处高效设施农业用地的非农建设、非农利用等行为。

关于印发《北京市农村住房质量提升试点建设工作方案》的通知

（2021年9月1日）

各涉农区人民政府：

经市政府审议同意，现将《北京市农村住房质量提升试点建设工作方案》印发给你们，请遵照执行。

北京市农村住房质量提升试点建设工作方案

为积极开展乡村建设行动，加快推进美丽乡村建设，按照住房和城乡建设部、农业农村部、国家乡村振兴局《关于加快农房和村庄建设现代化的指导意见》（建村〔2021〕47号）有关要求，稳妥推进北京市农村住房质量提升试点建设，特制定本工作方案。

一、指导思想、工作原则和任务目标

（一）指导思想

以习近平新时代中国特色社会主义思想为指导，认真贯彻党的十九届五中全会精神，以《乡村振兴促进法》为遵循，全面落实中央农村工作会议部署，坚持政府引导、农民主体的基本原则，通过开展农村住房质量提升试点建设工作，建设一批功能现代、风貌乡土、成本经济、结构安全、绿色环保的宜居型示范农房，逐步改善农民居住条件和居住环境，为全面实施乡村建设行动构建美丽宜居乡村打下基础。

（二）工作原则

一是坚持规划引领。全面落实《北京城市总体规划（2016年—2035年）》，统筹镇域国土空间规划和村庄规划，体现地域和乡土特色，因地制宜推进农房建设，坚决不搞“一刀切”。

二是坚持农民主体。充分尊重农民意愿，对于按照要求建设改造的村庄和村民，给予适当补贴支持。坚决不违背农民意愿强行改变农民居住方式。

三是坚持审批监管。严格落实《北京市人民政府关于落实户有所居加强农村宅基地及房屋建设管理的指导意见》（京政发〔2020〕15号，以下简称《指导意见》）要求，强化执行区级相关管理办法或实施细则，协调推进宅基地制度改革试点，加强新建农房审批与监管力度，逐步改善乡村风貌。

（三）任务目标

1.工作方向。在涉农区完成一批农房质量提升试点村建设，形成可复制可推广的农房建设管理经验、奖补政策和建设模式等成果。

2.覆盖范围。覆盖区域为完成规划编制并经过区级政府审批的村庄。覆盖对象为《指导意见》中规定的“依法、合理取得宅基地的村民”。

3.时序要求。2021年10月10日前，各区报送试点村实施方案。对于农房改善类试点村，原则上于2022年9月底前完成试点建设和区级验收工作；对于整体改造类试点村，原则上于2023年10月底前完成试点建设和区级验收。市级部门将适时开展评估并总结试点经验。

二、主要任务

（一）认真筛选试点村。试点村经验事关农村住房质量提升工作的总体考虑，事关普适性政策和标准的制定，事关该区域农户的幸福感和获得感，各区在选择试点村时要综合考虑多方因素，确保一步到位，不搞“半拉子”工程，特别是整体改造村庄要坚持“慎之又慎”的原则筛选。试点村应具备以下条件：组织领导方面优先考虑两委战斗力强、村民动员程度高的村庄；村庄规划方面优先考虑已经完成规划审批且明确了宅基地、建设布局、建筑风貌等因素的村庄；地理范围方面优先考虑高速铁路、高速公路、风景名胜区等区域周边村庄；村庄规模方面优先考虑人口适中、宅基地产权清晰且历史遗留问题较少的村庄。

（二）逐村编制实施方案。试点村筛选明确后，各区要加强顶层设计，统筹利用好市级相关政策，明确本区配套措施，组织相关乡镇、村结合镇域定

位、村庄基础设施现状、风貌特点、产业发展及集体经济等情况，尽快形成本区试点的实施方案，做到“一村一策”。实施方案中要详细说明组织方式、任务目标、风貌管控要求、村庄现状及改造后效果图、具体项目、资金安排、工期计划、保障措施等内容，经区政府审核同意后报市级相关部门备案。

（三）分类推进试点村建设。试点村建设分为整体改造和农房改善两类，采取“成熟一个、推进一个、实施一个、验收一个”的方式推进，具体要求分别如下。

1.整体改造类试点村。

一是程序要求。建立农村房屋设计、审批、施工、验收、使用等全过程管理制度，规范村庄设计与农房设计、建设、使用的行政程序管理。项目或工程实施前要充分履行民主程序，村民全体表决同意后方可执行。

二是规划要求。严格按照村庄规划要求开展建设，农房布局要尽量使用原有的宅基地，营建左邻右舍、里仁为美的空间格局，形成自然、紧凑、有序的农房群落。对于因宅基地位置需要调整的，要在调整规划后再实施，宅基地和农房建设面积要符合本区具体要求。

三是农房设计与建设要求。鼓励各区、乡镇指导试点村选用通用图集，统一设计。设计方案中统筹土房、辅房、院落等功能，因地制宜解决日照间距、保温采暖、通风采光等问题，促进节能减排。要适应村民现代生活需要，实现寝居分离、食寝分离、净污分离，推动水冲式厕所入室。要尊重乡土风貌和地域特色，精心打造建筑的形体、色彩、屋顶、墙体、门窗和装饰等关键要素，做到与传统建筑、周边环境相协调。农房建设时可自行施工，也可选择施工单位、国家注册专业人员及其组织的施工队伍或者经住房城乡建设部门培训合格的建筑工匠承接施工并签订施工协议。施工过程中，要遵守国家和本市建筑安全、消防安全、环境保护、抗震设防和绿色发展等有关要求，加快推进绿色农宅、装配式农宅、超低能耗农宅建设，加大太阳能光伏、光热等应用力度。

四是村容村貌要求。以农房为主体，利用古树、池塘等自然景观和牌坊、古祠堂等人文景观，营造具有本土特色的村容村貌。保留和改善原有村庄机理，保护村庄固有的乡土气息，鼓励房前屋后栽种瓜果梨桃、蔬菜花卉等绿色植物，营造留住“乡愁”的环境。

五是基础设施和公共服务设施要满足美丽乡村建设有关要求。

2.农房改善类试点村。

试点村中对于近期拟新建房屋的农户，参照整村改造中农房设计与建设有关要求；对于近几年已经完成房屋建设不再翻建的农户且房屋不存在安全隐患，按照当地区域风貌管控要求，重点对院内厨房厕所、院外门楼房顶院墙等进行改造提升，鼓励在改造提升时同步实施抗震设施措施和绿色发展措施，着力提升农村住房现代化水平，同时要避免千篇一律、千村一面。

一是厕所要具备独立房间（因地制宜推动水冲式厕所入室）、耐用厕具（鼓励为抽水马桶）、洗手池等，能够做到日常清洁无明显异味。

二是浴室要具备独立房间（可与厕所为同一间，但如无污水管收集，需分设灰水、黑水收集池）、现代化淋浴设施等。

三是厨房要具备独立房间，炊事主要采用天燃气或液化气，配备现代适用的灶具、抽油烟机、橱柜等设施设备。

四是屋顶、墙体、门楼的材料、色彩等关键要素要尊重乡土风貌和地域特色，与周边环境相协调；空调室外机、空气源热泵、太阳能热水器、太阳能光伏等设备应在外立面设计时统一规划布置，做到整齐有序；农村强弱电管线整齐、美观、安全；禁止违规搭建阳光房。

三、保障措施

（一）加强组织领导。建立市农业农村局、市发展改革委、市财政局、市规划自然资源委、市住房城乡建设委等市级部门联席会议制度，负责审核试点村方案，协调解决重点难点问题，检查督导试点村进度。各相关区政府是实施农村住房质量提升的责任主体和工作主体，严格落实“一把手”责任制，压实各级领导责任，充分发挥乡镇、村主体作用。各区要加大风貌管控、投入机制、基层治理和发挥农民主体作用等方面探索创新力度，形成符合本区特点的经验做法，为全面开展农房质量提升工作打下基础。

（二）强化资金支持。鼓励各区因地制宜选择项目建设模式，统筹市级相关政策资金，加大本级财政投入力度，通过“以奖代补”“先建后补”等方式支持试点村建设。可以根据同步改造户数，分类分档设置补贴标准，鼓励引导农户连片改造。各区要有效整合政府资金与社会资本，将农房质量提升与产业相结合，建立稳定的利益联结机制，激发村庄内生动力。试点村改造任务完成后，各区应组织验收并对试点成效进行自评，自评报告报市有关部门备案。市级财政将综合评估试点项目资金投入情况、试点成效、可复制可推广价值等因素，对相关区政府给予一定资金奖励。

（三）提高农民参与度。各区要充分发挥农村基层党组织作用，提高基层治理能力，调动全体村民的积极性，鼓励村民投身到农房质量提升工作中，以工代赈促进农民就业增收。加强本地农村建筑工匠队伍建设，加强管理和技术人员培训，提高农村工程施工人员能力素质。强化农民责任意识，对于拟开展农房质量提升的农户，要求其签订无违建责任书，一旦发生违建或不按照管控要求开展建设的行为，取消各类政策补贴。

（四）加强资金监管。市农业农村局聘请第三方机构对试点村项目进行核查检查，实行全程绩效管理。各区要严格管理农房质量提升试点建设资金，专款专用。各区要加强对乡镇、村级财务管理，完善财务制度，保证资金使用安全、合理、有效。各区要建立农房质量提升资金审计制度，任何单位和个人不得套取、截留和挪用补助资金，对违规、违纪的行为，按《财政违法行为处罚处分条例》和相关规定进行处罚，严肃处理。

北京市农业农村局
关于印发《2021年北京市中国农民丰收节系列庆祝活动实施方案》的通知

（2021年9月1日）

各区农业农村局，市各有关单位：

按照《农业农村部办公厅关于做好2021年中国农民丰收节有关工作的通知》（农办市〔2021〕11号）要求，市农业农村局制定了《2021年北京市中国农民丰收节系列庆祝活动实施方案》，现印发给你们，请遵照执行。

2021年北京市中国农民丰收节系列庆祝活动实施方案

为贯彻落实习近平总书记关于中国农民丰收节的重要指示精神，以“庆丰收、感党恩”为主题办好今年丰收节，引导广大农村地区庆祝中国共产党百年华诞，营造全面推进乡村振兴的浓厚氛围，制定本方案。

一、总体要求

（一）指导思想

以习近平新时代中国特色社会主义思想为指导，秉承“庆祝丰收、弘扬文化、振兴乡村”宗旨，坚持“农民主体、因地制宜、开放创新、节俭热烈”原则，广泛发动、下沉基层，引导带动广大农村地区和社会各界开展群众性庆祝活动，充分展示建党百年来我国“三农”发展的沧桑巨变，充分展示广大农民在革命建设改革各个时期的历史贡献，充分展示全面建成小康社会的历史性成就，充分展示蓬勃的时代气象、灿烂的农耕文明、光明的振兴图景，打造繁荣乡村文化、传承农耕文明的重要平台，打造拉动乡村产业、活跃城乡市场的重要平台，打造农民干事创业、扶农助农的重要平台，推动丰收节成为响应党中央号召，“践行党的宗旨，永远保持同人民群众的血肉联系”的重要载体，成为全面推进乡村振兴、加快农业农村现代化的重要力量。

（二）基本原则

立足重要节点，保持血肉联系。在建党百年的重大历史节点，系统梳理百年历程中“三农”主线，充分展现“三农”事业取得的历史性成就、发生的历史性变化，引导基层党员干部响应党中央号召，保持同人民群众的血肉联系，将“听党话、感党恩、跟党走”活动引向深入，推动丰收节成为密切党群干群关系的重要载体。

把握发展机遇，凝聚振兴合力。深刻领会“三农”工作重心转向全面推进乡村振兴，牢牢把握实施乡村全面振兴的发展机遇，把丰收节打造成为巩固拓展低收入农户帮扶成果同乡村振兴有效衔接的重要平台，为乡村振兴创造机遇、营造氛围、凝聚力量。

坚持文化铸魂，提升节庆内涵。深入挖掘优秀传统农耕文化，盘活地方和民族特色文化资源，不断丰富丰收节历史文化内涵。发挥丰收节在构建城乡公共文化空间方面的作用，创新节庆内容和形式，促进乡村文化资源与现代消费需求有效对接，推动构建可持续发展的乡村文化生态。

激发市场力量，释放消费潜力。大力发展节庆经济，顺应城乡居民消费升级需求，推动乡村资源全域化整合、多元化增值，吸引城乡居民广泛参与丰收节，形成新的消费热点，推动城乡要素互动，激发乡村振兴活力。

二、重点活动

（一）北京市中国农民丰收节组织指导委员会指导的重点活动

1.开展“永远跟党走”群众性主题宣传教育活动。为庆祝中国共产党成立100周年，突出宣传展现党的十八大以来首都“三农”领域的历史成就、历史性变革，进行庆祝建党百年宣传教育，结合开展党史学习教育在全市开展“听党话、感党恩、跟党走”宣讲活动。宣讲活动重点围绕五个方面内容展开：一是“话难忘瞬间”，讲述习近平总书记关注农业、关心农村、关爱农民的生动细节，感受人民领袖的人民立场、担当情怀和价值追求；二是“献真诚祝福”，讲述中国共产党领导亿万农民进行革命、建设、改革的光辉历程和丰功伟绩，讲述在党的领导下，北京“三农”工作取得的巨大成就，抒发对党的深厚情感和真诚祝福；三是“学典型模范”，讲述革命英雄、建设楷模、时代先锋以及身边优秀典型的感人故事，提振学习先进模范的热情；四是“晒幸福生活”，讲述党的政策给农民群众生产生活带来的可喜变化，展现新时代农民的获得感、幸福感和自豪感；五是“谈振兴梦想”，展望北京全面推进乡村振兴和农业农村现代化的美好愿景，激发广大农民群众奔向更加美好新生活的干劲。

2.开展丰收节系列庆祝活动。积极引导各区以“庆丰收、感党恩”为主题，坚持中国农民丰收节下沉乡村、成风化俗的原则，以党史学习、文娱活动、产销对接、品牌推介等内容为重点，突出京郊大地在党的领导下取得的突出成就、可喜变化。主要活动：举办北京市中国农民丰收节系列庆祝活动开幕式；组织开展农民群众文娱活动专场展演；组织开展“永远跟党走”歌曲传唱、“歌从田野来、百村大联唱”红歌传唱网络展示活动等；组织开展金秋消费季活动；组织发布“北京优农品牌目录”；组织开展丰收节系列宣传活动；举办庆华诞迎丰收“美丽乡村健康跑”、北京市休闲农业“十百千万”畅游行动推介会、“百师进百村”项目签约等活动。

3.开展金秋消费季系列产销对接活动。从9月初至10月中旬，以农民丰收节系列活动为载体，以“金秋消费季”为主题，以繁荣乡村文化、拉动乡村产业、活跃城乡市场为目标，依托乡村集市、产业园区、休闲景点、乡村民宿等特色节点，在全市范围搭建产销对接平台，通过现场品鉴，线上促销等形式开展金秋消费季相关活动，推动京郊特色优质农产品顺产顺销、优质优价，实现京郊农民丰产增收、城乡居民共享丰收成果的活动目的。

4.举办“北京优农品牌目录”发布活动。在丰收节期间，发布“北京优农”品牌认定工作成果，树立“北京优农”品牌形象，进一步提升“北京优农”区域公用品牌的知名度和影响力。组织各区农业部门、行业协会、企业主体通过自主申报和组织推荐，认定一批代表京韵特色、体现优良品质、突出科技成果的农业品牌，通过政府搭台、市场运作、企业唱戏的原则，全面宣传推介农产品品牌，培育打造区域公用品牌，发挥品牌引领产业发展的作用。

5.组织“乡村振兴、法治先行”普法宣传活动。依托农民丰收节期间系列活动，以多种形式广泛宣传《乡村振兴促进法》，扩大宣传覆盖面，形成知法学法良好氛围。利用条幅、海报、易拉宝等宣传载体，发放宣传手册或宣传彩页等形式，在丰收节活动现场开展普法宣传活动；依托北京农业网站、微信公众号等媒介开展读原著学原文、专家宣讲解读等线上宣贯活动。

6.组织开展“歌从田野来——红色经典歌曲百村大联唱”网络展示活动。以乡镇、村为参演单位，组织基层文艺团队和文艺爱好者参加，以红色经典歌曲为歌唱内容，演出不拘形式、简便易行，展示乡土特色，表达爱党之情。每个区选拔8个以上乡镇、村参加，及时报送编辑完整、不超过5分钟的演出视频。活动将在“北京美丽乡村”网等进行展播，并择优推荐到其他媒体进行广泛展示。

7.推荐一批中国农民丰收节农耕文化研学基地。依据《农业农村部办公厅教育部办公厅关于开展中国农民丰收节农耕文化教育主题活动的通知》（农办市〔2020〕13号）精神，推荐一批中国农民丰收节农耕文化实践教育基地。依托丰收节，通过开展丰富多彩的主题教育活动，让青少年感知民俗、追寻历史、体验农事、崇尚自然，树立文化自信、厚植爱国情怀、提升品格修养、培养奋斗精神。

8.组织丰收节系列宣传活动。主动协调中央、市属媒体以“庆丰收、感党恩”为主题，紧紧围绕全市农民丰收节系列庆祝活动，突出展示在中国共产党领导下，北京农业发展壮大、北京农村沧桑巨变、北京农民日新月异的“三农”发展历程和崭新面貌。联合北广传媒城市电视举办“幸福最是丰收时”农业嘉年华特色主题活动。在《北京日报》及其客户端，北京市农业农村局、北京美丽乡村等网站，北京美丽乡村、北京农业、北京优农等微信公众号，共同发起庆丰收话题和传播活动，广泛引导市民参与和互动。

（二）组织指导委员会各成员单位开展活动

1.市司法局。组织市、区两级司法局通过普法新媒体开展《乡村振兴促进法》专题宣传和线上答题互动。

2.市妇联。开展休闲农业十大杰出创业女性评选。评选出十位在我市从事休闲农业，特别是在精品路线、美丽休闲乡村、休闲农业园区或民俗接待户建设方面致力于创新推动的优秀创业女性。

3.市供销合作总社。开展“金秋消费季供销合作社在行动”。借助供销益家点多面广的优势，通过农民丰收节对受援地区农产品、京郊农产品、日用消费品等进行宣传推广，搭建产销对接平台，组织开展多元化的促消费活动。

（三）市农业农村局所属单位系列活动

1.北京可持续农场建设与全程安全生产技术体系体验现场观摩活动（北京市植物保护站）。

2.平谷区熊儿寨林下经济展示观摩活动（北京市饲料监察所）。

3.农机作业技术宣贯活动（北京市农业机械试验鉴定推广站）。

4.粪污资源化利用技术、厨余垃圾与农林废弃物协同处理技术培训指导（北京市畜牧业环境监测站）。

5.走基层、送法规、促生产——法规培训送企业普法宣传活动（北京市农业综合执法总队）。

6.北京市鲜食甘薯、玉米采收节，粮食丰收节，设施农业技术推广，农民职业素质培训活动（北京市农业技术推广站）。

7.跟着节气寻味京城农产品（北京市农业环境监测站）。

（四）基层丰收节庆祝活动

各涉农区开展的丰收节系列庆祝活动见附件。

三、保障措施

（一）节俭务实办节。要严格遵循中央关于“过紧日子”的要求，严格落实中央八项规定精神、中央关于庆典活动有关要求，做深做实丰收节庆，既节俭热烈，又务实丰富，力戒形式主义、奢靡之风，以提升农民群众获得感、幸福感、安全感为出发点和落脚点。

（二）压实安全责任。要严格落实新冠肺炎疫情防控要求，坚持科学防控、精准施策，筑牢疫情防线。要提高安全意识，压紧压实安全责任，严密防范重大安全风险，做好各类工作方案、应急预案，确保各项节庆活动安全、有序开展。

（三）加强组织领导。各区农业农村部门要发挥牵头作用，加强与相关部门的统筹协调，建立常态化工作机制，将丰收系列庆祝活动列入每年财政预算，推动丰收节工作纳入政府重要工作议程。同时，各区还要充分考虑疫情防控要求，准备线上线下两套工作方案。

（四）做好总结工作。各区、各部门及时总结好经验好做法，打造一批丰收节品牌节庆活动，加强典型引领，推动交流互鉴。充分发挥丰收节系列活动对消费的促进作用，注意收集、统计相关数据（包括丰收节带动的农产品销售数据、促进农民增收相关数据等），推动节日活动越办越好。

附件：北京市2021年丰收节基层庆祝活动汇总表（略）

北京市农业农村局
关于印发《北京市农田建设项目管理实施办法（试行）》的通知

（2021年9月3日）

各区农业农村局：

为贯彻落实《国务院办公厅关于切实加强高标准农田建设提升国家粮食安全保障能力的意见》（国办发〔2019〕50号）的精神，按照《农田建设项目管理办法》（农业农村部令2019第4号）的要求，现将《北京市农田建设项目管理实施办法（试行）》印发给你们，请认真研究，落实责任，切实做好本市高标准农田建设项目管理工作。

北京市农田建设项目管理实施办法
（试行）

第一章 总则

第一条 为规范本市农田建设项目管理，确保建设质量，实现预期目标，依据《中华人民共和国农业法》《基本农田保护条例》《政府投资条例》《农田建设项目管理办法》等法律法规及部门管理的相关规定，结合本市实际，制定本实施办法。

第二条 本实施办法所称农田，是指本市行政区域范围内（包括北京首农食品集团有限公司所属北京市双河农场），依据北京城市总体规划确定的用于农产品生产的耕地。

第三条 本实施办法所称农田建设，是指各级人民政府贯彻“藏粮于地、藏粮于技”战略，为支持农业可持续发展，改善农田基础设施条件，提高农田综合生产能力，安排资金对农田进行综合治理和保护的活动。

第四条 本实施办法所称农田建设项目，是指为开展农田建设而实施的高标准农田建设（含高效节水）等项目。

第五条 本市农田建设应突出现代农业特点，围绕永久基本农田和农业产业发展需求，坚持新建和改造提升同步推进，建设和保护管理并重，着力完善农田基础设施，提升耕地质量，持续改善农业生产条件，提高粮食生产能力。

第六条 本市农田建设项目按照国家统一管理体制，由市农业农村局会同市财政局共同管理，实行全市集中统一管理，统一规划布局、建设标准、组织实施、验收评价、上图入库。

第七条 市农业农村局负责指导全市农田建设工作，拟订全市农田建设政策和规划，提出全市农田建设年度任务方案，组织完成中央下达的任务，建立市级农田建设项目评审专家库，组织或委托第三方机构开展初步设计文件评审工作，组织开展竣工验收和监督检查，确定区农业农村局、北京首农食品集团有限公司（简称首农食品集团）农田建设项目管理职责，对全市农田建设项目进行管理等。

区农业农村局、首农食品集团负责本地区、本单位农田建设工作。负责制定本地区、本单位农田建设政策和规划，提出农田建设年度任务方案；统一组织编制项目初步设计文件，建立项目库；向市农业农村局申报项目；组织项目单位实施项目；完成年度建设任务，组织初步验收；落实监督责任，开展日常监管。

农田建设项目遵循规划编制、前期准备、申报审批、计划管理、组织实施、竣工验收、监督评价等管理程序。

第二章 规划编制

第八条 农田建设项目坚持规划先行。农田建设规划遵循突出重点、集中连片、整体推进、分期建设、兼顾发展的原则，明确农田建设区域布局，结合现代农业发展，重点集中建设粮食、蔬菜及经济作物等农业生产区域，逐步把具备条件的耕地全部建成高标准农田。本市高标准农田建设规划要与北京城市总体规划、分区规划、本市乡村振兴规划、本市农业产业发展规划及其他相关专业规划协调统一，坚持数量、质量、生态并重，促进农田布局优化、景观美化、生态良好。

第九条 市农业农村局根据全国农田建设规划，研究编制本市农田建设规划，经市人民政府批准后发布实施，并报农业农村部备案。

第十条 区农业农村局、首农食品集团根据全市农田建设规划，牵头编制本地区、本单位农田建设规划。农田建设规划要根据区域水土资源条件，成片规划，落到地块，形成规划项目布局图和项目库（单个项目应达到可行性研究深度，对建设资金做合理预算、对建成后用途做明确说明、对建设前后的效益对比做客观研判）。区规划经区级人民政府批准后发布实施，报市农业农村局备案。首农食品集团规划直接报市农业农村局备案。

第十一条 本市农田建设按照“实事求是，填平补齐，避免重复”的原则设计并建设。新建高标准农田项目，应在北京城市总体规划的耕地范围内，且与各部门“十二五”以来农田建设项目不重叠，优先选择成方连片的区域。对于粮食生产区域，平原地区原则上大于50亩连片、山区原则上大于30亩连片；对于蔬菜生产区域，应以可建设为原则根据实际情况确定连片大小，原则上不小于5亩。

第十二条 本市农田建设内容参照《高标准农田建设通则》（GB/T30600—2014）执行，结合本市农田现状和发展需要，重点开展农田基础建设工程（包括土地平整、田间道路、农田输配电等）、农田灌排和节水工程（包括水源工程、输水工程、微喷灌工程、排水工程、渠系建筑物、泵站等）、质量建设工程（包括土壤改良、有机肥施用、障碍因素改造、测土配方施肥、保护性耕作等）、农田绿色生态工程（包括岸坡防护工程、沟渠治理工程、农田垃圾清理、生态美化等）、农田长效管护工程（包括落实管护主体、管护资金、管护队伍、管护机制，以及田间监测、农田数字管理系统建设等）。

第十三条 区农业农村局、首农食品集团提出本地区农田建设项目库，市农业农村局汇总形成市级农田建设项目库。

第三章 项目申报与审批

第十四条 农田建设项目实行常态化申报。纳入项目库的项目，应尊重农户意愿、保障农民的知情权、参与权和收益权，在充分征求项目区农村集体经济组织和农户意见后，编制项目初步设计文件。

第十五条 区农业农村局、首农食品集团组织完成项目区实地测绘和勘察，编制项目初步设计文件。初步设计文件包括初步设计报告、设计图、概算书等材料。

第十六条 初步设计文件应由具有相应勘察、设计资质的机构进行编制。设计应实事求是，达到可招标、可施工、可验收的深度。

第十七条 区农业农村局、首农食品集团依据规划任务、工作实际、资金使用等情况，在每年8月底前将项目初步设计文件报送市农业农村局，作为申报下一年度建设任务的依据。

第十八条 市农业农村局组织或委托第三方机构开展初步设计文件评审工作，评审专家从评审专家库中抽取。评审可行的项目要向社会公示（涉及国家秘密的内容除外），公示期一般不少于5个工作日。公示无异议的项目由市农业农村局适时对初步设计文件进行批复。

第十九条 区农业农村局依据全市农田建设规划以及已评审的初步作业设计，以区为单元向市农业农村局申报年度建设任务。市农业农村局统一向农业农村部申报年度建设任务。

第二十条 市农业农村局根据农业农村部下达的年度建设任务，向区农业农村局、首农食品集团下达年度建设任务。

第二十一条 区农业农村局、首农食品集团依据经批复的项目初步设计文件，编制、汇总农田建设项目年度实施计划。

第二十二条 市农业农村局负责批复区农业农村局、首农食品集团农田建设项目年度实施计划，并报农业农村部备案。

第四章 组织实施

第二十三条 农田建设项目应按照批复的初步设计文件和年度实施计划组织实施，按期完工，并达到项目设计目标。建设期一般为1 ~ 2年。

第二十四条 农田建设项目应当推行项目法人制，按照国家有关招标投标、政府采购、合同管理、工程监理、资金和项目公示等规定执行。

第二十五条 农田建设应坚持农民自愿、民主方式，调动农民主动参与项目规划、建设和管护等积极性。

第二十六条 鼓励在项目建设中开展耕地小块并大块的宜机化整理；鼓励整合土地开发整理、农业高效节水骨干工程、有机肥替代、土壤深松、秸秆还田等相关政策，提高农田建设水平；鼓励使用本地原材料产生的有机肥，推动养殖粪污循环利用；鼓励在项目建设中开展农田生态工程，推行绿色农田示范，推动耕地质量保护提升、生态涵养、农业面源污染防治和田园生态改善有机融合，提升农田生态功能。

第二十七条 参与项目建设的工程施工、监理、审计及专业化管理等单位或机构应具有相应资质。

第二十八条 项目实施应当严格按照年度实施计划和初步设计批复执行，不得擅自调整或终止。项目确需进行调整或终止的，调整额10%（含）以下的，项目单位提供调整原因、调整事项、调整计划及监理单位签字等相关材料，报区农业农村局、首农食品集团批复，并报市农业农村局备案。调整幅度10%以上的，报市农业农村局审批。项目调整或终止应确保批复的项目所在地区年度建设任务不减少，项目建设标准不降低。

第二十九条 终止项目和市农业农村局批复调整的项目报农业农村部备案。

第三十条 农田建设项目执行定期调度和统计调查制度。区农业农村局、首农食品集团应按照有关要求，及时上报建设进度，定期报送项目年度实施计划完成情况。

第五章 竣工验收

第三十一条 农田建设项目按照“谁审批、谁验收”的原则，由市农业农村局组织第三方竣工验收。

第三十二条 申请竣工验收的项目应当具备下列条件：

（一）完成批复的初步设计文件中各项建设内容；

（二）技术文件材料分类立卷，技术档案和施工管理资料齐全、完整；

（三）主要设备及配套设施运行正常，达到项目设计目标；

（四）单项工程已经设计单位、施工单位、监理单位和建设单位等四方验收；

（五）编制竣工决算，并经有资质的机构审计。

第三十三条 区农业农村局、首农食品集团组织项目建设单位对建设项目进行初验，初验合格后，提出竣工验收申请报告。

第三十四条 竣工验收申请报告应依照竣工验收条件对项目实施情况进行分类总结，并附初验意见、竣工决算审计报告等。

第三十五条 市农业农村局在收到区农业农村局、首农食品集团项目竣工验收申请报告后，组织第三方竣工验收。对竣工验收合格的项目，核发由农业农村部统一格式印制的竣工验收合格证书。

第三十六条 农田建设项目全部竣工验收后，项目建设单位应在项目区设立统一规范的公示标牌和标志，将农田建设项目建设单位、设计单位、施工单位、监理单位、项目年度、建设区域、投资规模以及管护主体等信息进行公示，接受社会和群众监督。

第三十七条 项目竣工验收后，应及时按有关规定办理资产交付手续。区农业农村局、首农食品集团按照“谁受益、谁管护，谁使用、谁管护”的原则明确工程管护主体，拟定管护制度，落实管护责任，保证工程在设计使用期限内正常运行。

第三十八条 项目竣工验收后，区农业农村局、首农食品集团应按照有关规定对项目档案进行收集、整理、组卷、存档。

第三十九条 项目竣工验收、交付使用后，区农业农村局应指导镇（乡）依据农业产业规划，及时利用高标准农田开展粮食、蔬菜、经济作物生产，提升农产品产量和品质，确保农地农用，坚决防止“非农化”，杜绝荒芜现象。

第六章 监督管理

第四十条 市、区两级农业农村局、首农食品集团应当加强对农田建设项目的质量监督评价。严格按照《高标准农田建设质量管理办法（试行）》要求，做好高标准农田建设的项目储备、立项、实施、建后质量等全过程质量管理。同时利用网络平台、项目公示牌等信息渠道加大信息公开力度，积极接受社会监督。

第四十一条 区农业农村局、首农食品集团应当制定、实施内部控制制度，对农田建设项目管理风险进行预防和控制，加强事前、事中、事后的监督检查，发现问题及时纠正。项目实施过程中发现存在严重违法违规问题的应当及时终止项目，协助有关部门追回项目财政资金，并依法依规追究相关人员责任。

第四十二条 市、区两级农业农村局、首农食品集团应当积极配合相关部门的审计和监督检查，对发现的问题及时整改。

第四十三条 市农业农村局应当及时在信息平台上填报农田建设项目的任务下达、初步设计审批、验收批复等工作信息。区农业农村局、首农食品集团应当在项目竣工验收后，对项目建档立册、上图入库并与规划图衔接。

第七章 附则

第四十四条 本实施办法报农业农村部备案。

第四十五条 本实施办法为农田建设项目管理程序性规定，涉及资金管理相关事宜按照相关规定执行。

第四十六条 本实施办法实施之前，原由相关部门已经批复的农田建设项目，仍按原规定执行。

第四十七条 本实施办法自印发之日起施行。

北京市农业农村局北京市财政局关于印发《2021—2023年北京市农机购置补贴实施方案》和《2021—2023年北京市农机购置补贴中央资金补贴额一览表（第一批）》的通知

（2021年9月9日）

各有关区农业农村局、农业（农业综合）服务中心、区财政局，首农食品集团有限公司：

为有效推进本市规范实施农机购置补贴政策，充分发挥政策效益，推动农业机械化向全程全面高质高效转型升级，按照《农业农村部办公厅财政部办公厅关于印发〈2021—2023年农机购置补贴实施指导意见〉的通知》（农办计财〔2021〕8号）和《农业农村部办公厅财政部办公厅关于印发〈2021—2023年农机购置补贴通用类补贴额一览表〉的通知》（农办机〔2021〕5号）要求，结合本市实际，我们研究制定了《2021—2023年北京市农机购置补贴实施方案》和《2021—2023年北京市农机购置补贴中央资金补贴额一览表（第一批）》，现印发给你们，请遵照执行。

附件：1.2021—2023年北京市农机购置补贴实施方案

2.2021—2023年北京市农机购置补贴中央资金补贴额一览表（第一批）

附件1

2021—2023年北京市农机购置补贴实施方案

一、实施原则

坚持以习近平新时代中国特色社会主义思想为指导，全面贯彻党的十九大和十九届二中、三中、四中、五中全会精神，按照党中央、国务院“三农”工作决策部署和市委市政府有关工作要求，以满足农民对机械化生产的需要为目标，以稳定实施政策、最大限度发挥政策效益为主线，落实构建新发展格局要求，破除制约要素合理流动的堵点，进一步畅通农业机械化发展各个环节，支持引导农民购置使用先进适用的农业机械，引领推动农业机械化向全程全面高质高效转型升级，加快提升农业机械化产业链现代化水平，为实施乡村振兴战略、推进农业农村现代化提供坚实支撑。

二、实施重点

（一）突出稳产保供。将粮食、蔬菜、生猪等重要农畜产品生产所需机具全部列入补贴范围，应补尽补。提升本市农业生产经营组织自有外埠基地的机械化水平，保障首都主要农产品供应。将温室大棚骨架及配套设备、粮食烘干、畜禽养殖等方面的成套设施装备按规定纳入农机新产品购置补贴试点范围，加快推广应用步伐。

（二）突出农机科技自主创新。推广使用智能终端和应用智能作业模式，深化北斗系统在农业生产中的推广应用，确保农业生产数据安全；通过开展农机专项鉴定，重点加快农机创新产品取得补贴资质条件步伐，尽快列入补贴范围；对暂时无法开展农机鉴定的高端智能创新农机产品，通过农机新产品购置补贴试点予以支持。

（三）补贴标准“有升有降”。一是提升部分重点补贴机具补贴额，测算比例从30%提高到35%，包括玉米籽粒收获机等粮食生产薄弱环节所需机具、山区特色产业发展急需的新机具，智能、复式、高端农机产品。二是逐步降低区域内保有量明显过多、技术相对落后的轮式拖拉机等机具品目的补贴额，到2023年将其中央财政补贴额测算比例降低至15%及以下，并将部分低价值的机具退出补贴范围。实行降标的机具品目或档次确定后，及时向农业农村部、财政部报告。

（四）提升监督服务效能。一是提升信息化水平，继续推广应用手机App、补贴机具二维码管理和物联网监控“三合一”系统，加快推进补贴全流程线上办理。二是加快补贴资金兑付，保障农民和企业合法权益，营造良好营商环境。优化办理流程，探索补贴额较低的机具免于现场核验，缩短机具核验办理时限。三是充分发挥专业机构技术优势和大数据信息优势，提升违规行为排查和监控能力。从严整治套取、骗取补贴资金的违规行为。四是按照《北京市关于进一步加强惠民惠农财政补贴资金“一卡通”管理的实施意见》（京财监督〔2021〕378号）要求，对于直接兑付到个人的农机购置补贴资金，待条件成熟后推进相关工作。

三、资金分配与使用

农机购置补贴主要用于支持购置先进适用的农业机械，以及开展有关试点和农机报废更新补贴等方面。

市农业农村局会同市财政局采用因素法（包括基础性因素、政策性因素、绩效因素等）测算分配资金，原则上不突破区级需求上限分配资金。中央资金采取预拨的形式。市级资金采取“预拨+清算”的方式。购机者将申请录入“北京市农机购置补贴申请办理服务系统”（以下简称“办理服务系统”）后，经区级农机主管部门形式审核并公示无异议后，区级财政部门予以补贴，不足部分（包括中央资金和市级资金）由区级资金先行垫付，市级财政于当年年底清算后足额补齐。

市财政局会同市农业农村局，及时调减资金结转量大、政策实施风险高、资金使用效益低地区的预算规模。加强资金使用情况监测，督促相关区（单位）优先使用结余结转资金，督促预算执行较慢地区加快使用，并按需组织开展区（单位）际间余缺调剂，重点将实施进度低于序时进度区（单位）的补贴资金调增给已出现供需缺口的区（单位），确保不发生大规模资金结余结转，促进资金使用实现两年动态紧平衡。

在资金使用方面着力探索创新方式。组织开展农机购置综合补贴试点，探索创新补贴资金使用与管理方式，包括作业补贴、贷款贴息、融资租赁承租补助等补贴方式，提升农民购机用机能力。探索利用市级资金加强农机信息化建设，结合5G、物联网等信息化手段进一步方便购机者办理补贴，强化补贴机具使用效果追踪。

四、补贴对象、范围及标准

（一）补贴对象。本市从事农业生产的个人和农业生产经营组织（以下简称“购机者”），其中农业生产经营组织包括农村集体经济组织、农民专业合作经济组织、农业企业和其他从事农业生产经营的组织。

本市购机者可向户籍所在地、登记注册地或实际生产经营地农机主管部门提出申请。为保障首都主要农产品供应，在本市登记注册的农业生产经营组织申请固定安装类设备补贴，在自有外埠基地使用的，需提供该外埠基地所属情况、在外埠从事农业生产和年供应本市农产品数量的证明材料。

（二）补贴范围及标准。本市农机购置补贴机具种类范围分为中央财政补贴范围和市级财政单独补贴范围，实行定额补贴。具体补贴额度以正式发布的“年度北京市农机购置补贴额一览表”为准。

1.中央财政补贴机具种类范围及标准。根据本市实际，从农业农村部、财政部发布的“全国农机购置补贴机具种类范围”中选取15大类39小类142个品目，利用中央补贴资金进行补贴。严格按照农业农村部、财政部规定标准执行，依据同档产品上年市场销售均价测算确定各档次的补贴额上限，测算比例不超过30%。围绕粮食生产薄弱环节、山区特色农业生产急需机具以及高端、复式、智能农机产品的推广应用，选择不超过10个品目的产品提高中央资金补贴额度，其补贴额测算比例不超过35%。

2.市级财政单独补贴机具种类范围及标准。在“中央财政补贴机具种类范围”以外，选取本市农业生产和产业化发展急需的6大类12小类67个品目机具，利用市级资金进行补贴，依据同档产品上年市场销售均价测算确定各档次的补贴额上限，补贴额测算比例不超过50%。主要包括设施农业、畜牧水产养殖、农产品加工等行业急需的成套设备，自动化、信息化、智能化和适用性强的农业装备。

原则上，个人年度内享受补贴资金上限累计不超过50万元，农业生产经营组织年度内享受补贴资金上限累计不超过500万元。确有需求的农业生产经营组织，如需突破上限规定，需由区级农机主管部门审定，审定规则须正式出台文件对外公布。

市农业农村局、市财政局根据我市农业产业化发展和农业生产实际需求等，对补贴种类范围、补贴额度等适时调整。

五、实施要求

（一）加强领导，密切配合

区级农机主管部门、财政部门要建立健全政府领导下的联合实施和监管机制，切实加强组织协调，密切沟通配合，明确职责分工，形成工作合力，严格按照时限要求受理、审核、公示、兑付补贴资金。区级农机主管部门要组织开展业务培训和廉政警示教育，提高补贴工作人员业务素质和风险防控能力。

（二）细化分工，明确责任

1.市农业农村局。负责建立健全各项规章制度，统一发布补贴额一览表，引导生产企业自主投档，指导区级农机主管部门落实农机购置补贴政策，会同市财政局开展绩效评价工作。

市级农机推广鉴定部门。做好技术支撑和行业指导作用，开展专项鉴定大纲的制修订工作，公布鉴定产品种类指南，规范开展鉴定工作，及时公开鉴定证书、鉴定结果和产品主要技术规格参数信息。加强试验鉴定（认证）证书及其采信的检验检测报告等投档资料规范性抽查，对多次或重复出现问题以及管理水平较低、违规风险较大的检测机构，向市农业农村局建议不予采信其鉴定或检验检测结果。协助做好政策制定、需求调研、补贴品目范围确定、补贴额测算、信息公开等工作。

2.市财政局。负责统筹安排本市农机购置补贴资金预算，组织开展预算绩效管理工作，会同市农业农村局对各区补贴资金兑付和使用情况进行监督。

3.区级农机主管部门。会同本级财政部门制定本地区补贴实施细则，细化风险防控和机具核验工作制度，完善内部控制规程，开展绩效评价、查处违规经营行为等工作。负责补贴资金需求摸底、补贴材料形式审核、提交补贴资金兑付申请、补贴机具监管等工作。

4.区级财政部门。配合区级农机主管部门制定本地区补贴实施细则，完善管理规定和相关制度，查处违规经营行为。组织实施年度预算编制，开展绩效目标执行监控和绩效评价工作，保障本级农机购置补贴政策落实工作经费，负责补贴资金兑付及监管。

（三）优化服务，提升效能

各区（单位）要依托办理服务系统，严格办理时限。市农业农村局、市财政局定期通报超时办理行为。畅通产业链供应链，营造良好营商环境，保障市场主体合法权益，对经司法机关认定为恶意拖欠农机生产经销企业购机款的购机者，取消其享受补贴资格。提高补贴机具核验信息化水平，加快农机试验鉴定、补贴机具投档、牌证管理、补贴资金申领等环节信息系统的互联互通，进一步推动补贴机具由人工核验向信息化核验转变。积极探索补贴申请、核验、兑付全流程线上办理新模式，推进农机购置补贴实施与监管信息化技术集成应用。

（四）公开信息，接受监督

各区（单位）要因地制宜，综合运用宣传材料、报纸杂志、广播电视、互联网等方式，以及村务公开等渠道，全方位开展补贴政策与实施工作宣传解读，着力提升政策知晓率，切实保障购机者、生产经销企业和广大农民群众的知情权、监督权。要健全完善农机购置补贴信息公开专栏，按年度公布近三年本地区补贴受益信息，公开违规查处结果等信息，主动接受社会监督。

（五）加强监管，严惩违规

各区（单位）要全面贯彻本实施方案和《农业农村部办公厅财政部办公厅关于印发〈2021—2023年农机购置补贴实施指导意见〉的通知》（农办计财〔2021〕8号）、《农业农村部办公厅财政部办公厅〈关于进一步加强农机购置补贴政策监管强化纪律约束〉的通知》（农办机〔2019〕6号）、《农业部办公厅财政部办公厅关于印发〈农业机械购置补贴产品违规经营行为处理办法（试行）〉的通知》（农办财〔2017〕26号）和《北京市农业农村局北京市财政局关于印发〈北京市农机购置补贴产品违规经营行为处理规定（试行）〉的通知》（京政农发〔2019〕162号）要求，认真落实风险防控责任和异常情形主动报告制度，严格信用管理和农机产销企业承诺制，充分发挥专业机构的技术优势和大数据的信息优势，有效开展违规行为全流程分析排查。

各区（单位）农机主管部门、财政部门要根据本实施方案结合实际制定印发本地区2021—2023年实施细则，并报市农业农村局、市财政局备案。每年12月1日前，要将全年农机购置补贴政策实施（含试点工作开展情况）总结报告报送市农业农村局、市财政局。

2021—2023年农机购置补贴实施操作要求、补贴机具种类范围详见附件1、2。

附件：1. 2021—2023年农机购置补贴实施操作要求

2. 2021—2023年北京市农机购置补贴机具种类范围

附件1

2021—2023年农机购置补贴实施操作要求

一、补贴机具资质

按照《关于北京市提前实施国家第四阶段非道路移动机械排放标准的通告》（京环发〔2021〕6号）要求，2021年12月1日（含）后购置的柴油农业机械（以发票日期为准），应符合国家第四阶段排放标准，否则不能享受农机购置补贴。补贴机具需在北京市农机购置补贴机具种类范围内，且具备以下资质。

1. 中央财政补贴机具。应具备以下资质之一：（1）获得农业机械试验鉴定证书（包括尚在有效期内的农业机械推广鉴定证书）；（2）获得农机强制性产品认证证书；（3）列入农机自愿性认证采信试点范围，获得农机自愿性产品认证证书。补贴机具须在明显位置固定标有生产企业、产品名称和型号、出厂编号、生产日期、执行标准等信息的铭牌。

2. 中央财政农机新产品购置补贴机具。对尚不能通过农机专项鉴定取得补贴资质的创新产品和成套设施装备等申请农机新产品购置补贴试点，重点补贴建设标准成熟的烘干设备及配套设施、温室大棚骨架和标准化猪舍钢结构、智能养殖（含渔业）设备、果菜初加工成套设备、蜜蜂养殖及蜂产品初加工成套设施装备等，经农业农村部、财政部备案后实施。农机专项鉴定产品和农机新产品购置补贴试点产品使用中央资金可突破全国补贴范围。全面贯彻落实《农业部关于修订〈农业机械试验鉴定办法〉的决定》，积极开展农机专项鉴定，加快农机创新产品获得农机试验鉴定证书步伐，并按规定列入中央资金补贴范围。

3. 中央财政资质采信机具。中央财政农机购置补贴机具资质采信农机产品认证结果范围，按照农业农村部、国家认证认可监督管理委员会相关要求和规定执行。根据实际情况，如需开展补贴机具资质直接采信第三方检测报告试点工作，按有关规定报农业农村部、财政部备案后实施。

4. 市级财政单独补贴机具。（1）产品出厂合格证；（2）须在明显位置固定标有生产企业、产品名称和型号、出厂编号、生产日期、执行标准等信息的铭牌。（3）经备案的产品执行标准；（4）产品检验（检测）报告。以上资质第（1）（2）（3）项为必须提供项；第（4）项如产品涉及强制性或已发布国家标准的则为必须提供项，否则为选择性提供项。

二、补贴额度测算要求

本市农机购置实行定额补贴，补贴额度和测算要求具体如下。

（一）中央财政补贴机具。依据同档产品上年市场销售均价测算确定各档次的补贴额上限，测算比例不超过30%，且通用类机具补贴额不超过农业农村部、财政部发布的最高补贴额。实行降低补贴标准的机具品目单独分档测算补贴额。在确保资金供需紧平衡的基础上，可选择不超过10个品目的产品提高补贴额，其补贴额测算比例可提高至35%，其中，通用类机具的补贴额可高于相应档次中央财政资金最高补贴额，增长幅度控制在20%以内。提高补贴额测算比例的机具品目或档次报农业农村部备案后实施。

除上述提高补贴额测算比例的补贴机具和玉米去雄机以外，一般补贴机具单机补贴限额原则上不超过5万元；挤奶机械、烘干机单机补贴限额不超过12万元；100马力以上拖拉机、高性能青饲料收获机、大型免耕播种机、大型联合收割机、水稻大型浸种催芽程控设备、畜禽粪污资源化利用机具单机补贴限额不超过15万元；200马力以上拖拉机单机补贴限额不超过25万元；成套设施装备单套补贴限额不超过60万元。

（二）市级财政单独补贴机具。依据同档次产品上年市场销售均价测算确定各档次的补贴额上限，测算比例不超过50%。

中央和市级资金补贴机具，上年市场销售均价原则上通过本市办理服务系统补贴数据测算，其中新增品目或上年补贴销售数据较少的品目，其相关档次市场销售均价可通过市场调查获取，也可直接采信周边省份市场销售均价的最低值。

保持补贴额总体稳定，全面公开农机购置补贴机具补贴额一览表，加强宣传，引导购机者根据各档次的补贴定额自主议价，不再对外公布具体产品的补贴额。在政策实施过程中发现具体产品或档次的中央财政资金实际补贴比例超过50%或市级单独补贴比例超过70%的，应及时组织调查，对有违规情节的，按相关规定处理；对无违规情节的补贴申请，可按原规定兑付补贴资金，并组织对相关产品及其所属档次补贴额进行评估，视情况调整。

三、实施范围和资金使用要求

（一）实施范围。在本市顺义区、大兴区、昌平区、平谷区、房山区、通州区、怀柔区、密云区、延庆区、门头沟区、丰台区、朝阳区、海淀区13个涉农区和北京首农食品集团有限公司组织实施。北京首农食品集团有限公司视同区级统一纳入农机购置补贴工作管理。

（二）资金使用要求。农机购置补贴属约束性任务，资金必须足额保障，不得用于其他任务支出。各级财政部门要保障补贴工作实施必要的组织管理经费。市级财政依法安排农机购置补贴资金，鼓励区级财政安排补贴资金，对区域适用性强的机具给予补贴。

结合实际情况，开展作业补贴、贷款贴息、融资租赁承租补助等农机购置综合补贴试点，实施方案报农业农村部、财政部备案后组织实施。

农机报废更新补贴按《农业农村部办公厅财政部办公厅商务部办公厅关于印发〈农业机械报废更新补贴实施指导意见〉的通知》（农办机〔2020〕2号）执行。

四、操作流程

农机购置补贴政策按照“自主购机、定额补贴、先购后补、区级结算、直补到卡（户）”方式实施。购机者自主选择购买机具，按市场化原则自行与农机产销企业协商确定购机价格，并对交易行为真实性、有效性和可能发生的纠纷承担法律责任。购机行为完成后，购机者自主向当地农机主管部门提出补贴资金申领事项，签署告知承诺书，承诺购买行为、发票购机价格等信息真实有效，按相关规定申办补贴。具体操作流程如下。

（一）发布实施规定。各区农机主管部门、财政部门按职责分工和有关规定发布本地区农机购置补贴实施细则、操作程序、机具核验规范、咨询投诉举报电话等。

（二）组织机具投档。市农业农村局按照《农业农村部办公厅〈关于进一步做好农机购置补贴机具投档与核验等工作〉的通知》（农办机〔2019〕7号）等文件要求，全面运用农机购置补贴机具自主投档平台，常年受理企业投档，组织开展形式审核，公示公布投档结果，并导入办理服务系统。

（三）受理补贴申请。全面实行办理服务系统常年连续开放，推广使用带有人脸识别功能的手机App等信息化技术，方便购机者随时在线提交补贴申请、应录尽录，加快实现购机者线下申领补贴“最多跑一次”“最多跑一地”。区级农机购置补贴资金申请数量达到当年中央财政可用资金（含结转资金和调剂资金）总量110%的，相关区（单位）应及时发布公告，停止受理补贴申请。

（四）审验公示信息。区级农机主管部门按照《农业农村部办公厅〈关于进一步做好农机购置补贴机具投档与核验等工作〉的通知》（农办机〔2019〕7号）等文件要求，对补贴相关申请资料进行形式审核，对补贴机具进行核验，其中牌证管理机具凭牌证免于现场实物核验。区级农机主管部门在收到购机者补贴申请后，应于2个工作日内做出是否受理的决定，对因资料不齐全等原因无法受理的，应注明原因，并按原渠道退回申请；对符合条件可以受理的，应于13个工作日内（不含公示时间）完成相关核验工作，并在农机购置补贴信息公开专栏实时公布补贴申请信息，公示时间为5个工作日。鼓励在乡村或补贴申请点公示栏中同时公开公示信息。

（五）兑付补贴资金。区级财政部门在审核同级农机主管部门提交的兑付申请等材料后，于15个工作日内通过国库集中支付方式（财政授权支付或直接支付）向符合要求的购机者兑付资金。严禁挤占挪用农机购置补贴资金。因资金不足或加强监管等原因需要延期兑付的，应告知购机者，并及时与同级农机主管部门联合向上报告资金供需情况。补贴申领原则上当年有效，因当年财政补贴资金规模不够、办理手续时间紧张等无法享受补贴的，可在下一个年度优先兑付。

补贴政策全面实行跨年度连续实施，除发生违规行为或补贴资金超录外，不得以任何理由限制购机者提交补贴申请，且补贴机具资质、补贴标准和办理程序等均按购机者提交补贴申请并录入办理服务系统时的相关规定执行，不受政策调整影响，切实稳定购机者补贴申领预期。购机者对其购置的补贴机具拥有所有权，自主使用，可依法处置。

附件2

2021—2023年北京市农机购置补贴机具种类范围

一、中央财政补贴品目范围（15大类39小类142个品目）

1.耕整地机械
1.1耕地机械
1.1.1铧式犁
1.1.2圆盘犁
1.1.3旋耕机
1.1.4深松机
1.1.5开沟机
1.1.6耕整机
1.1.7微耕机
1.2整地机械
1.2.1圆盘耙
1.2.2起垄机
1.2.3灭茬机
1.2.4筑埂机
1.2.5铺膜机
1.2.6联合整地机
1.2.7埋茬起浆机
2.种植施肥机械
2.1播种机械
2.1.1条播机
2.1.2穴播机
2.1.3小粒种子播种机
2.1.4根茎作物播种机
2.1.5免耕播种机
2.1.6铺膜播种机
2.1.7水稻直播机
2.1.8精量播种机
2.1.9整地施肥播种机
2.2育苗机械设备
2.2.1种子播前处理设备
2.2.2营养钵压制机
2.2.3秧盘播种成套设备（含床土处理）
2.3栽植机械
2.3.1水稻插秧机
2.3.2秧苗移栽机
2.4施肥机械
2.4.1施肥机
2.4.2撒肥机
2.4.3追肥机
3.田间管理机械
3.1中耕机械
3.1.1中耕机
3.1.2培土机
3.1.3埋藤机
3.1.4田园管理机

3.2 植保机械
3.2.1 动力喷雾机
3.2.2 喷杆喷雾机
3.2.3 风送喷雾机
3.3 修剪机械
3.3.1 果树修剪机
3.3.2 枝条切碎机
4. 收获机械
4.1 谷物收获机械
4.1.1 割晒机
4.1.2 自走轮式谷物联合收割机
4.1.3 自走履带式谷物联合收割机（全喂入）
4.1.4 半喂入联合收割机
4.2 玉米收获机械
4.2.1 自走式玉米收获机
4.2.2 自走式玉米籽粒联合收获机
4.2.3 穗茎兼收玉米收获机
4.2.4 玉米收获专用割台
4.3 果实收获机械
4.3.1 果实捡拾机
4.3.2 番茄收获机
4.4 蔬菜收获机械
4.4.1 果类蔬菜收获机
4.5 根茎作物收获机械
4.5.1 薯类收获机
4.5.2 甜菜收获机
4.5.3 花生收获机
4.6 饲料作物收获机械
4.6.1 割草机（含果园无人割草机）
4.6.2 搂草机
4.6.3 打（压）捆机
4.6.4 圆草捆包膜机
4.6.5 青饲料收获机
4.7 茎秆收集处理机械
4.7.1 秸秆粉碎还田机
4.7.2 高秆作物割晒机
5. 收获后处理机械
5.1 脱粒机械
5.1.1 稻麦脱粒机
5.1.2 玉米脱粒机
5.1.3 花生摘果机
5.2 清选机械
5.2.1 风筛清选机
5.2.2 重力清选机
5.2.3 窝眼清选机
5.2.4 复式清选机
5.3 干燥机械
5.3.1 谷物烘干机
5.3.2 果蔬烘干机
5.4 种子加工机械
5.4.1 种子清选机
6. 农产品初加工机械
6.1 碾米机械
6.1.1 碾米机
6.1.2 组合米机
6.2 磨粉（浆）机械
6.2.1 磨粉机
6.2.2 磨浆机
6.3 果蔬加工机械
6.3.1 水果分级机
6.3.2 水果清洗机
6.3.3 水果打蜡机
6.3.4 蔬菜清洗机
6.4 剥壳（去皮）机械
6.4.1 玉米剥皮机
6.4.2 花生脱壳机
6.4.3 干坚果脱壳机
7. 农用搬运机械
7.1 装卸机械
7.1.1 抓草机
8. 排灌机械
8.1 水泵
8.1.1 离心泵
8.1.2 潜水电泵
8.2 喷灌机械设备
8.2.1 喷灌机
8.2.2 微灌设备
8.2.3 灌溉首部（含灌溉水增压设备、过滤设备、水质软化设备、灌溉施肥一体化设备以及营养液消毒设备等）
9. 畜牧机械
9.1 饲料（草）加工机械设备
9.1.1 铡草机
9.1.2 青贮切碎机
9.1.3 揉丝机
9.1.4 压块机

9.1.5饲料（草）粉碎机
9.1.6饲料混合机
9.1.7颗粒饲料压制机
9.1.8饲料制备（搅拌）机
9.2饲养机械
9.2.1孵化机
9.2.2喂料机
9.2.3送料机
9.2.4清粪机
9.2.5粪污固液分离机
9.3畜产品采集加工机械设备
9.3.1挤奶机
9.3.2贮奶（冷藏）罐
10.水产机械
10.1水产养殖机械
10.1.1增氧机
10.1.2投饲机（含投饲无人船）
10.1.3网箱养殖设备
11.农业废弃物利用处理设备
11.1废弃物处理设备
11.1.1废弃物料烘干机
11.1.2残膜回收机
11.1.3沼液沼渣抽排设备
11.1.4秸秆压块（粒、棒）机
11.1.5病死畜禽无害化处理设备
11.1.6有机废弃物好氧发酵翻堆机
11.1.7有机废弃物干式厌氧发酵装置
12.农田基本建设机械
12.1挖掘机械
12.1.1挖坑机
12.2平地机械
12.2.1平地机
13.设施农业设备
13.1温室大棚设备
13.1.1电动卷帘机
13.1.2热风炉
13.2食用菌生产设备
13.2.1蒸汽灭菌设备
13.2.2食用菌料装瓶（袋）机
14.动力机械
14.1拖拉机
14.1.1轮式拖拉机
14.1.2履带式拖拉机
15.其他机械
15.1养蜂设备
15.1.1养蜂平台
15.2其他机械
15.2.1驱动耙
15.2.2水帘降温设备
15.2.3热水加温系统
15.2.4简易保鲜储藏设备
15.2.5水井钻机
15.2.6旋耕播种机
15.2.7大米色选机
15.2.8杂粮色选机
15.2.9秸秆膨化机
15.2.10畜禽粪便发酵处理机
15.2.11农业用北斗终端及辅助驾驶系统（含渔船用）
15.2.12沼气发电机组
15.2.13有机肥加工设备
15.2.14根（块）茎作物收获机
15.2.15果园作业平台
15.2.16果园轨道运输机
15.2.17秸秆收集机
15.2.18瓜果取籽机
15.2.19脱蓬（脯）机
15.2.20水产养殖水质监控设备

二、市级财政单独补贴品目范围（6大类12小类67个品目）

1.设施农业设备
1.1温室大棚设备
1.1.1高效设施农业成套设备
1.1.2日光温室成套设备
1.1.3基质栽培设备
1.1.4保温被
1.1.5电动卷膜成套设备
1.1.6虫情测报设备
1.1.7拉幕系统
1.1.8环控系统
1.1.9二氧化碳发生器
1.1.10臭氧发生器
1.1.11加热系统
1.1.12补光灯

1.1.13 杀虫灯
1.1.14 电动喷雾机
1.1.15 轨道运输（采摘）车
1.2 食用菌生产设备
1.2.1 食用菌料制备设备
1.2.2 食用菌料混合机
1.2.3 食用菌自动套袋套环封盖装筐机
1.2.4 食用菌压块机
2. 畜牧水产养殖机械
2.1 畜禽饲养机械
2.1.1 生物安全防控设备
2.1.2 畜禽精准化饲养设备
2.1.3 养殖环境调控设备
2.1.4 粪污处理与利用设备
2.1.5 养殖废气处理设备
2.1.6 奶牛发情监测器
2.1.7 孵化环控设备
2.1.8 肉（蛋）鸡笼养成套设备
2.2 水产养殖机械
2.2.1 孵化箱
2.2.2 恒温箱
2.2.3 水体净化处理系统
2.2.4 工厂化养殖系统
3. 种子机械
3.1 种子加工机械
3.1.1 种子加工成套设备
4. 农产品加工成套设备
4.1 果蔬加工设备
4.1.1 果蔬烘干系统
4.1.2 果蔬加工系统
4.2 水产品加工设备
4.2.1 水产品加工成套设备
4.3 根茎类作物加工设备
4.3.1 薯类加工设备
4.4 食用菌加工机械
4.4.1 食用菌加工成套设备
4.5 豆类加工机械
4.5.1 豆类、粮油贮藏成套系统
4.5.2 大豆豆渣输送成套系统
4.5.3 大豆固态制品成型设备
5. 排灌成套设备
5.1 喷灌机械设备
5.1.1 智能水肥一体化系统
6. 其他机械
6.1 其他机械
6.1.1 割灌机
6.1.2 自卸青贮挂车
6.1.3 捡石机
6.1.4 移动保鲜库
6.1.5 果蔬智能化立体储运系统
6.1.6 果蔬脱水机
6.1.7 气象站
6.1.8 土壤墒情仪
6.1.9 防鸟防雹设备
6.1.10 摇蜜机
6.1.11 蜂速分蜜机
6.1.12 蜂蜜提纯机
6.1.13 板栗脱蓬机
6.1.14 生物质能设备
6.1.15 秸秆气化设备
6.1.16 粪肥输送设备
6.1.17 有机肥加工成套系统
6.1.18 包装机
6.1.19 移树机（果树）
6.1.20 捆树机（果树）
6.1.21 速冻（冷却）设备
6.1.22 山区用灌溉设备（农田、果树）
6.1.23 农残速测仪
6.1.24 农用北斗作业监测终端
6.1.25 果蔬残体（设施农业废弃物）处理设备
6.1.26 叶菜类收获机

北京市农业农村局北京市财政局关于印发《北京市绿色种养循环农业试点实施方案》的通知

（2021年9月13日）

通州区、顺义区、平谷区、密云区、延庆区农业农村局、财政局，市耕地建设保护中心、市畜牧总站：

为贯彻落实《农业农村部办公厅财政部办公厅关于开展绿色种养循环农业试点工作的通知》（农办农〔2021〕10号）要求，扎实推进本市绿色种养循环农业工作，现将《北京市绿色种养循环农业试点实施方案》印发给你们，请认真贯彻落实。

北京市绿色种养循环农业试点实施方案

为贯彻落实《农业农村部办公厅财政部办公厅关于开展绿色种养循环农业试点工作的通知》（农办农〔2021〕10号）要求，持续深化畜禽养殖粪污资源化利用，打通种养循环堵点，促进粪肥还田，助力农业绿色高质量发展，结合本市实际，制定本方案。

一、总体要求

以习近平新时代中国特色社会主义思想为指导，围绕北京城市战略定位，牢固树立新发展理念，统筹推进环境保护和种养协调发展，兼顾生态效益和保供增收社会效益，坚持政府支持、企业主体、市场化运作的方针，按照“适度治理、以用促治”的原则，突出粮菜生产和畜禽养殖重点区，以推进粪肥就地就近还田利用为重点，以培育粪肥还田服务组织为抓手，通过财政补助奖励支持，建机制、创模式、拓市场、畅循环，力争通过5年的试点，扶持一批专业化服务主体提供粪肥还田利用的收集、处理、施用服务，形成具备首都特色的种养结合、绿色循环的农业发展模式。

二、任务目标

综合考量粮菜种植面积、养殖规模体量等因素，在全市范围内的粮菜主产区、生态保护重点区域，开展粪肥就地就近消纳、就近还田补奖试点，扶持一批企业、专业化服务组织等市场主体提供粪肥收集、处理、施用服务。试点区建立1—2种操作性、实用性、成效性强的粪肥还田组织运行模式，开展养殖粪肥资源化利用技术模式、运行模式探索。2021年，全市完成绿色种养循环面积30万亩，畜禽粪污综合利用率达到90%以上，项目区化肥用量减幅3%以上。

通过5年的试点，在全市构建科学规范、权责清晰、衔接顺畅、全程可控的种养循环运行机制，形成发展绿色种养循环农业的技术模式、组织方式和补贴方式，实现全市范围内的畜禽粪污基本还田，推动化肥减量化，促进耕地质量提升和农业绿色发展。

三、组织实施

（一）试点实施范围

以通州区、顺义区、平谷区、密云区、延庆区为重点，在全市范围内开展绿色种养循环农业试点工作。项目实施的5个重点行政区畜禽粪污产生量高于本区域种植业消纳量的，可在本区种植业满负荷消纳后，选择本市的1—2个区就近消纳。

（二）补奖实施办法

1.支持对象。主要是提供粪污收集处理服务的企业（不包括养殖企业）、合作社等主体，以及提供粪肥还田服务的社会化服务组织。补奖对象应具备实施粪污无害化处理的设施条件，实施过程中能够满足相关技术工艺的要求。

2.支持方式。通过以奖代补等方式带动，扩大粪肥还田利用社会化服务市场规模，引导专业化服务主体加大投入，提高规模效益，降低运营成本，确保经济可行，促进增产提质，形成良性循环。

3.补奖范围。中央财政对专业化服务主体的粪污收集处理、粪肥施用到田等服务予以补奖，不得用于补助养殖主体畜禽粪污处理设施建设和运营。补奖政策实施范围应为在本市实际从事养殖的企业所产生的畜禽粪污，仅限耕地和园地，不含草场草地。粪肥还田利用机械不列入补奖范围，可通过农机购置补贴应补尽补。试点优先安排蔬菜和粮食生产，兼顾果树等经济作物。

4.补奖标准。各试点区根据粪污类型、运输距离、施用方式、还田数量等合理测算各环节补贴标准，依据专业化服务主体在不同环节的服务量予以补奖，补贴比例不超过本地区粪肥收集处理施用总成本的30%。对提供全环节服务的专业化服务主体，可依据还田面积按亩均标准打包补奖，每亩打包补奖不超过100元。

（三）运行机制

建立全程可追溯管理机制，按照“逐级审批备案、建立任务台账、定期监测质量、多方现地确认、依据标准补奖”的方式组织实施，做到任务明确、材料齐备、管理规范，确保试点建设的综合效益；建立市场主体培育机制，试点区农业农村部门要本着公平公开公正的原则，采取自愿申报与竞争性选拔相结合的方式，遴选一批种植大户、专业合作社、龙头企业、社会化服务组织等主体投入试点建设，培育一批专业化服务主体；建立社会监督机制，委托第三方机构对试点区台账建立、资格审核、补贴发放、粪肥还田、实施效果等重点环节进行监督监测，及时指出问题，跟踪整改落实，推进试点建设规范有序落实。

（四）技术要求

规模养殖场应当合理负担畜禽粪污无害化处理成本，粪肥还田前必须按照《畜禽粪便无害化处理技术规范》（GB/T36195）进行无害化处理和腐熟堆沤，还田施用时的砷、汞、铅、镉、铬、粪大肠菌群数、蛔虫卵死亡率等限量指标符合《有机肥料》（NY/T525-2021）要求。各区要结合作物需肥特点，根据不同地力条件、不同作物、不同产量目标，科学确定粪肥还田量和替代化肥比例，确保作物养分需求，提高作物产量，提升产品质量。施用量具体要求按照《农业部办公厅关于印发〈畜禽粪污土地承载力测算技术指导〉的通知》（农办牧〔2018〕1号）、《畜禽养殖粪肥还田利用技术规范》（DB11/T1870-2021）执行。要做好粪肥质量监测、施肥调查和效果监测，用监测数据把好粪肥质量关，并科学展示粪肥还田在提质增效、化肥减量、地力培肥等方面的作用。

四、实施主体

按照农业农村部、财政部有关要求，试点区人民政府是绿色种养循环农业试点工作的实施主体。根据各区种植养殖规模现状，结合各区申报意向，确定在通州区、顺义区、平谷区、密云区、延庆区开展绿色种养循环农业试点工作。通州区粪肥还田不少于8万亩，顺义区粪肥还田不少于3万亩，平谷区粪肥还田不少于8万亩，密云区粪肥还田不少于3万亩，延庆区粪肥还田不少于8万亩。项目总资金3000万元，根据各区承担的试点任务量对资金进行分配。（任务安排见附件）

五、保障措施

（一）加强组织领导。市农业农村局成立由主要领导任组长，分管种植业、畜牧业的领导任副组长，种植业管理处、畜牧渔业处、市耕地建设保护中心、市畜牧总站主要负责同志参加的试点工作小组，主要负责试点工作的组织协调和指导督导。各试点区人民政府作为责任主体，应由主管农业农村工作的副区长牵头，负责本区试点任务的组织实施、监督考核等。各区农业农村局要加强向分管副区长请示汇报，强化与相关部门的沟通协调，严密组织推动工作，确保试点任务有效落实。

（二）加强政策扶持。市级继续整合涉农资金，加大绿色种养循环农业的支持力度。各试点区在落实好国家和市级相关扶持政策的基础上，一方面，积极协调有关部门做好土地利用、农业用电等方面的扶持政策；另一方面，统筹资金资源加大对试点工作的支持，同时鼓励通过PPP模式等方式，吸引社会资本投入，形成多元化投入格局。试点区可在中央支持资金中，安排5%的资金用于宣传培训、田间试验示范、粪肥质量监测、施肥调查和效果监测等试点基础支撑工作，并视情在本级财政中安排部分配套资金用于保障试点工作落实。

（三）加强监督考核。建立绿色种养循环农业试点考核制度，具体考核办法由市农业农村局制定。市农业农村局将适时开展考核评价，对试点成效好、机制创新力度大的试点区，原则上持续支持5年；对运行模式不畅、机制创新不足、财政补奖资金使用不规范的区将剔除试点范围。各试点区要将粪肥还田面积、畜禽粪污综合利用率、土壤监测质量等重要指标纳入本级考核体系，加强对试点工作的绩效考评，定期调度工作进展，层层传导压力，强化结果应用，建立激励和责任追究机制；要强化专业化服务主体监管，建立严格规范的遴选、考评和退出机制，对工作推进不力、落实标准不高的社会化服务主体，必须及时从试点项目中剔除。

（四）加强宣传培训。各试点区农业农村部门要强化政策宣讲、技术业务培训等工作，充分利用网络、微信等新媒体，广泛宣传粪肥还田利用的重要意义，消除广大农民的思维误区、思想顾虑，提高对有机肥、沼液等施用的积极性，引导农民主动参与到种养循环发展的模式中来。

附件：北京市绿色种养循环农业试点任务安排表

行政区	种养循环试点面积（万亩）	粪肥还田前质量监测（个）	施肥调查和效果监测点（个）	田间试验示范（个）	畜禽粪污综合利用率	项目区化肥用量减幅	补奖资金（万元）
通州区	8	40	40	≥2	≥90%	≥3%	800
顺义区	3	15	15	≥1	≥90%	≥3%	300
平谷区	8	40	40	≥2	≥90%	≥3%	800
密云区	3	15	15	≥1	≥90%	≥3%	300
延庆区	8	40	40	≥2	≥90%	≥3%	800
合计	30	150	150	≥8	≥90%	≥3%	3000

北京市农业农村局 北京市财政局 北京市城市管理委员会 北京市卫生健康委员会 关于印发《北京市农村厕所革命实施效果评估工作方案》的通知

（2021年9月1日）

各涉农区人民政府：

经市政府同意，现将《北京市农村厕所革命实施效果评估工作方案》印发给你们，请认真贯彻执行。

北京市农村厕所革命实施效果评估工作方案

为深入学习贯彻习近平总书记对深入推进农村厕所革命作出的重要指示精神，落实全国农村厕所革命现场会精神和《农业农村部办公厅国家乡村振兴局综合司关于切实做好农村户厕摸排工作的通知》（农办社〔2021〕13号）部署，按照市领导要求，就组织开展农村厕所革命实施效果评估，制定本工作方案。

一、总体要求

深入贯彻落实习近平总书记对深入推进农村厕所革命作出的重要指示精神，认真落实中央决策部署和市委市政府要求，践行以人民为中心的发展思想，牢固树立“把好事办好、把实事办实”理念，坚持实事求是，把握好农村厕所革命实施效果评估“看什么”“怎么看”“看了怎么办”三个关键环节，全面开展农村厕所革命（含户厕、公厕，下同）实施效果评估，有什么问题解决什么问题，注重实效，全面建立完善农村改厕基础台账，摸清农村改厕底数现状，不断提升农民群众的获得感、幸福感，为提升农村厕所革命质量，有序推进“十四五”农村改厕工作奠定扎实基础。

二、评估范围

以区为单位，对农村厕所革命实施效果开展调查评估，全面摸清农村户用厕所（包括各级财政支持改造的和农户自行改造的）、公共厕所的现状，全面了解农民群众改厕需求，建立完善农村改厕台账，为提高农村厕所革命质量提供有力支撑。

（一）农村户用厕所

在全市农村户厕问题摸排的基础上，原则上按照一户（宅）一厕逐村逐户（宅）进行摸底，全面了解农村户用厕所改厕模式、使用情况、存在问题等，了解群众改厕需求。

（二）农村公共厕所

农村公共厕所按照现状逐村进行摸底，全面了解农村公厕数量、布局、等级标准、使用状况、管护情况、存在问题等。

三、工作任务和时间安排

（一）进村入户调查（9月初—10月中旬）

1.农村户厕。区农业农村局牵头，会同区卫生健康委，组织镇（乡、街道）村，通过查阅农村改厕台账和农户（宅）台账，组织力量（区镇村干部或第三方等），采取逐村逐户实地走访调查等方式，对农村户厕基础信息、使用现状进行调查，摸清底数，排查问题。对尚未改厕的农户，要逐户摸清具体原因。调查摸排要做到覆盖范围全面，问题摸排准确，不留死角盲区。根据调查情况填写《北京市农村户厕基础情况调查评估村级统计表》（附件1）。

2.农村公厕。区农业农村局牵头，会同区城市管理委（或区明确的行业部门），组织各镇（乡、街道），通过查阅农村公厕建设改造台账，组织力量采取逐村逐厕实地走访调查等方式，对农村公厕基础信息、使用现状进行调查，摸清底数，排查问题。根据调查情况填写《北京市农村公厕基础情况调查评估表》（附件2）。

（二）区级复核抽查（10月20日前）

各区相关部门要对镇（乡、街道）村调查情况组织开展复核。区农业农村局牵头组织区卫生健康委、区城市管理委，对农村户（公）厕调查统计工作开展情况进行抽查，重点检查镇（乡、街道）村是否按照逐村逐户的要求进行摸排。各区要层层审核把关，确保统计调查全面到位。各区结合抽查复核情况，对本区改厕数据进行分析，填报《“十四五”期间农村户厕改造需求表》（附件3），形成区级农村厕所革命实施效果评估报告。

2021年10月20日前，各区将本区农村厕所革命实施效果评估报告及相关报表，以区政府名义正式报市农业农村局。

（三）市级汇总分析（10月31日前）

市级相关部门根据职责分工，加强对农村厕所革命实施效果评估工作的指导检查，督促各区按照逐村逐户逐厕的要求进行摸排，推动评估工作有序推进。根据区级评估情况，市级相关部门会商后形成全市农村厕所革命实施效果评估报告，报市委市政府。

四、保障措施

（一）强化组织领导。落实五级书记抓乡村振兴的要求，按照市负总责、区抓落实的工作推进机制，推进农村厕所革命实施效果评估工作。市级把农村厕所革命纳入重要议事日程，建立由市农业农村局牵头，市卫生健康委、市城市管理委、市财政局等部门参加的农村厕所革命实施效果评估工作联席会议机制，组织开展实施效果评估工作。其中：市农业农村局负责农村厕所革命实施效果评估的牵头组织工作，汇总起草总体评估报告；市卫生健康委负责提供农村户厕改造台账，提供农村户厕改造实施效果评估相关材料；市城市管理委负责提供农村公厕台账，对农村公厕改造实施效果进行评估；市财政局负责指导相关区财政落实保障农村厕所革命实施效果评估必要工作经费。

各区要强化主体责任，比照市级建立完善相关工作机制。区委区政府主要领导要专题研究部署，区农业农村局要切实发挥牵头作用，加强统筹协调，会同相关部门制定农村厕所革命实施效果评估工作方案，建立工作机制，明确任务分工，起草评估报告，层层夯实责任，合力推进评估工作。各区卫生健康部门提供农村户厕台账，会同农业农村部门做好农村户厕改造实施效果调查统计工作，各区城市管理部门要提供农村公厕台账，组织做好农村公厕改造实施效果调查统计工作，各区财政部门要保障农村厕所革命实施效果评估必要的工作经费。各镇（乡、街道）要做好具体组织实施工作。

（二）严格组织实施。各区要选优配强工作力量，扎实推进农村厕所革命基础数据调查统计工作。各区要把建立完善农村改厕台账作为基础条件，对全部农村户厕、公厕数据进行汇总梳理，加强行业部门管理，做到数据全、情况明、底数清。各区要按照“谁调查谁负责”的要求，压实工作责任，确保评估摸排工作彻底到位。各区要组织调查人员实地查看改厕效果，实地查看农民群众是否在用，不回避、不敷衍、不畏难；要防止纸面评估、微信群评估、办公室评估。市级将适时开展抽查，对发现数据弄虚作假、调查搞形式主义的，将予以通报批评、严肃处理。市级建立评估工作进度通报机制，对工作进度进行排名，对调查统计工作组织不力、弄虚作假、搞形式主义的进行通报、约谈。

（三）加强宣传引导。农村改厕是农民自己的事。各区要加大宣传力度，充分发挥农民的主体作用，引导农民自觉建设、使用、爱护、维护厕所设施设备，承担应尽的责任和义务。对调查中发现的问题，属于农户负责的，要引导动员农户及时进行整改。各区要充分尊重农民意愿，引导农民实事求是地反馈情况，实事求是地提出改厕需求。

附件：1.北京市农村户厕基础情况调查评估村级统计表（略）

2.北京市农村公厕基础情况调查评估表（略）

3.“十四五”期间农村户厕改造需求表（略）

北京市农业农村局北京市财政局
关于进一步健全农村地区冬季清洁取暖
长效管护工作机制的通知

（2021年10月9日）

各区农业农村局、区财政局，有关区城市管理委：

2013年起，本市持续推进农村地区冬季清洁取暖工作，截至2020—2021年取暖季，全市已有3386个村庄、约有130万户农村地区居民实施了清洁取暖，其中2663个村约108万户通过“煤改电”和“煤改气”实现清洁取暖。当前农村地区冬季清洁取暖设备的长效管护工作事关民生保障，已成为重中之重。为进一步健全各区冬季清洁取暖长效管护机制，现就有关事项通知如下：

一、健全机制、明确责任，因地制宜制定本区的清洁取暖设备长效管护工作机制

各区政府是农村地区冬季清洁取暖工作的责任主体，要从“保民生”的角度出发，结合各区实际，建立健全农村地区冬季清洁取暖可持续的长效管护体制机制，确保农村地区清洁取暖用户设备维护、维修等诉求有相应体制机制予以保障。同时积极研究探索引入市场保障机制。

各区要明确责任部门、细化工作措施、制定管护方案，确保农村地区清洁取暖设备取暖季前巡查维护全覆盖，落实“2小时上门、4小时完成维修”的工作要求，保障农村地区清洁取暖用户正常取暖。

二、市区联动、多方参与，齐心协力做好后期管护工作

市农业农村局统筹做好各区长效管护体制机制建设工作的指导。市级财政对各区长效管护体制机制建设给予支持，支持标准按照超出免费质保期的用户每户每年100元测算，在污染防治专项转移支付资金中统筹予以保障。市级资金由各区统筹用于长效管护体制机制建设等清洁取暖长效管护工作，并参照《北京市污染防治专项转移支付资金管理办法》安排使用。市级支持资金随设备更新（市级政策支持购置设备报废淘汰，按9年计算）情况逐步退出。

各区财政要结合实际，安排相应资金用于清洁取暖设备的后期管护体制机制建设，确保农村地区清洁取暖用户正常取暖。同时明确本区各类调度中心的建设运行费用、取暖季前的巡检费、报修后的

上门费、工时费以及取暖设备配件价格等。对于超出免费质保期设备维修涉及的设备配件费和取暖季前维护费用原则上由用户自行承担，各区可根据实际情况细化具体费用的分担比例。

后期管护机构要认真开展后期服务与维修工作，合理收取相关费用。各区要充分发挥清洁取暖用户的主体作用，确保用户能够科学使用各类清洁取暖设备，合理承担配件费用，积极协助做好后期管护工作。

三、工作要求

1.各区要按照本通知及其他相关文件要求，及时制定本区清洁取暖设备的后期管护方案，并报市农业农村局和市财政局备案。

2.各区要组织各乡镇、村、各服务机构通过上门宣传、村委会广播、张贴发放明白卡、微信群等多种形式全方位宣传本区的后期管护政策，确保得到清洁取明用户的支持和理解。同时要做好舆情监测，对反映突出、群发性问题，要及时处置，避免形成舆情。

3.各区要确保财政资金使用效果。市农业农村局将在2021—2022年整个取暖季期间组织第三方开展跟踪抽查。市农业农村局、市财政局在采暖季结束后将对各区后期管护中心建设、后期管护工作开展情况、资金使用情况进行分析，研究制定全市长效管护体制机制建设、工作成效等考核办法，确保资金投入实现预期效益。

北京市农业农村局关于印发《关于开展法治宣传教育的第八个五年规划实施方案（2021—2025年）》的通知

（2021年11月23日）

机关各处室、所属各单位：

经局办公会讨论通过，现将《关于开展法治宣传教育的第八个五年规划实施方案（2021—2025年）》印发给你们，请结合实际，贯彻落实。

北京市农业农村局关于开展法治宣传教育的第八个五年规划实施方案（2021—2025年）

为深入学习宣传贯彻习近平法治思想，扎实做好本市农业农村法治宣传教育工作，根据《农业农村部关于印发〈农业农村系统法治宣传教育第八个五年规划（2021—2025年）〉的通知》（农法发〔2021〕11号）和中共北京市委北京市人民政府《转发〈市委宣传部、市司法局关于在全市开展法治宣传教育的第八个五年规划（2021—2025年）〉的通知》（京发〔2021〕21号）精神要求，结合首都“三农”工作实际，制定本实施方案。

一、指导思想

坚持以习近平新时代中国特色社会主义思想为指导，全面贯彻党的十九大和十九届二中、三中、四中、五中全会精神，深入贯彻习近平法治思想，增强“四个意识”、坚定“四个自信”、做到“两个维护”，围绕贯彻落实北京市“十四五”时期乡村振兴战略实施规划，服务首都“三农”事业发展，在深入实施乡村振兴行动、构建现代乡村治理体系中，充分发挥法治宣传教育的基础性、先导性作用，以落实“谁执法谁普法”普法责任制为抓手，坚持学法用法相结合，增强法治意识、弘扬法治精神，在法治轨道上推动各项工作，为全面推进乡村振兴、加快农业农村现代化营造良好的法治环境。

二、工作目标

到2025年，农业农村法治宣传教育工作迈上新台阶，守法普法工作取得长足发展，针对性实效性进一步增强，农业农村普法工作长效机制更加完善、工作体系更加健全。农业农村系统公务员队伍运用法治思维和法治方式的能力显著提高；农村村民法治素养显著提升，尊法学法守法用法的自觉性和主动性不断增强，办事依法、遇事找法、解决问题用法、化解矛盾靠法成为普遍共识。

三、重点内容

（一）深入学习宣传习近平法治思想。将学习宣传贯彻习近平法治思想作为普法的首要政治任务，广泛深入开展学习宣传活动。深入学习宣传习近平法治思想的重大意义、丰富内涵、精神实质和实践要求，引导农业农村系统干部群众坚定不移走中国特色社会主义法治道路。把习近平法治思想作为领导理论学习中心组学习和机关干部培训学习的重点内容，推动习近平法治思想入脑入心、走深走实。

（二）深入学习宣传宪法。结合“12.4”国家宪法日和“宪法宣传周”等重要时间节点，组织开展多种形式的“宪法进农村”主题活动，普及宪法知识，弘扬宪法精神，增强宪法意识，推动形成尊崇宪法、学习宪法、遵守宪法、维护宪法、运用宪法的乡村法治氛围。以“唱响国歌、守护国旗、致敬国徽”为主题，加强国旗法、国歌法等宪法相关法的学习宣传。落实宪法宣誓制度，推动国家工作人员带头恪守宪法原则，维护宪法权威。

（三）深入学习宣传民法典等国家基本法律。广泛开展民法典学习宣传活动，重点宣传好民法典中的涉农法律条文，让民法典走到群众身边、走进群众心里。广泛宣传与经济社会发展和人民群众利益密切相关的法律法规，大力宣传有关平等保护、公平竞争、激发市场主体活力、防范风险、知识产权保护、科技成果转化等方面法律法规。围绕国家安全、平安建设、生态文明建设、生物安全、食品药品安全、扫黑除恶等领域开展法治宣传教育，推动干部群众自觉尊崇信仰法治和遵守法律法规。

（四）深入学习宣传乡村振兴促进法。把学习宣传贯彻乡村振兴促进法作为法治宣传教育重要任务，列入普法责任清单和普法工作计划，阐释好乡村振兴促进法公布施行的重大意义，解读好乡村振兴促进法的重点内容，推动干部群众深入理解法律核心要义和精神实质，准确把握法律的基本内容和各项措施。利用“农民丰收节”组织开展乡村振兴促进法学习宣传为重点的主题普法活动，对乡村振兴促进法进行全方位、多层次、立体式宣传，有效引导、促进、保障乡村振兴战略实施。

（五）深入学习宣传与农业高质量发展密切相关的法律法规。围绕保障国家粮食安全，大力宣传土地管理法、土壤污染防治法、反食品浪费法和基本农田保护条例、农作物病虫害防治条例等法律法规，引导干部群众树牢粮食安全意识。围绕促进农业产业发展，大力宣传农业法、种子法、畜牧法、渔业法、野生动物保护法和野生植物保护条例、植物新品种保护条例、农业转基因生物安全管理条例等法律法规，为打好种业翻身仗和推进农业现代化提供法治保障。围绕确保农业产业安全，大力宣传农产品质量安全法、动物防疫法、进出境动植物检疫法、农业机械安全监督管理条例和农药、肥料、兽药、饲料等农业投入品方面法律法规，充分发挥法治在规范农业农村市场经济秩序和维护人民身体健康中的作用。围绕强化农业支持保护，大力宣传农业技术推广法、农业机械化促进法和与农业科技教育、农业金融保险等相关的法律法规，为促进农业质量效益提升营造良好法治环境。

（六）深入学习宣传与乡村治理现代化密切相关的法律法规。围绕推进农村重点领域改革，着力做好农村土地承包、农村集体产权制度、宅基地管理、农村集体经济组织、农民专业合作社等方面的法律法规宣传，不断提高运用法治方式深化农村改革的能力，筑牢乡村社会稳定基础。围绕实施乡村建设行动，着力做好与农村人居环境整治提升、村庄规划建设、传统村落保护、乡村人才振兴等相关的法律法规宣传，促进乡村宜居宜业。围绕法治乡村建设，着力做好行政复议、行政诉讼、调解仲裁、信访等方面的法律法规宣传，引导农民群众依法表达诉求、维护权益和化解纠纷，有效调动农民群众参与乡村治理的主动性和创造性。

（七）切实加强新修订地方性法规的普法宣传。《北京市乡村振兴促进条例》《北京市种子条例》制定以及《北京市动物防疫条例》修订已列入市人大立法规划，待立法工作完成后，开展好颁布实施后的学习宣传工作。

（八）深入学习宣传党内法规。突出学习宣传党章，教育引导农业农村系统广大党员干部以党章为根本遵循，尊崇党章、遵守党章、贯彻党章、维护党章。深入学习宣传《中国共产党农村工作条例》《中国共产党农村基层组织工作条例》等党内法规，严格落实党内法规学习宣传责任制。把学习掌握党内法规作为合格党员的基本要求，列入党组织“三会一课”内容，在考核党员干部时注意了解相关情况，促进党内法规学习宣传常态化、制度化。

四、主要任务措施

（一）加强系统内公务员队伍法治宣传教育工作

1.坚持领导干部学法用法制度。继续贯彻落实《关于完善北京市国家工作人员学法用法制度的实施意见》精神，推动领导干部做尊法学法守法用法的模范。坚持领导理论学习中心组、办公会会前学法制度。年度安排理论学习中心组、办公会会前学法不少于4次，安排法治讲座不少于2次。

2.利用各类干部在线教育平台学法，要求全体机关干部每人每年通过各类干部教育平台学习法律知识的学时不少于8小时；把法治教育纳入干部教育培训内容，定期组织开展各类法治讲座、法治研讨等活动；落实《北京市国家工作人员旁听庭审活动常态化制度化的意见》，采取现场旁听或者网上观看等形式，组织安排机关干部旁听庭审活动，进一步提升机关工作人员法治思维和依法办事能力。

3.加大农业农村系统执法人员培训力度。提升农业综合行政执法人员的法治能力，打造专业化、职业化、现代化的农业综合行政执法队伍。通过集中培训与网络培训相结合，确保在编在岗执法人员每年法律培训时间不少于30学时，新进执法人员每年培训时间不少于60学时，提高农业综合行政执法人员法治意识和专业素养。组织开展执法技能竞赛、执法大练兵、执法大比武等活动，培养执法能手。

（二）进一步贯彻落实“普法责任制”。贯彻落实“谁执法谁普法”“谁管理谁普法”“谁服务谁普法”的普法责任制，强化农业执法过程中的普法责任，形成齐抓共管的普法新格局。将法治宣传教育融入执法全过程、融入日常服务管理，实现执法过程中实时普法、全程普法。农业综合执法机构要依托已组建的“普法联盟”，加强“以案释法”工作，定期向社会发布典型案例，把热点案件依法处理的过程变成全民普法公开课。深入开展“法律进农村”普法活动。深入农村开展“放心农资下乡宣传周”“食品安全宣传周”“安全生产月”等送法下乡活动，提高农民群众自觉守法意识和依法维权能力。加强对各类农业企业、农民专业合作社、家庭农场等群体的法治宣传教育，广泛宣传与市场经济、经营管理相关的法律法规。

（三）统筹开展面向农户家庭的普法主题实践活动。畅通普法进村入户“最后一公里”，提升农民群众法治素养、增强乡村依法治理能力。会同有关部门制定培育农村学法用法示范户工作实施方案，结合创建民主法治示范村、培养“法律明白人”等工作，统筹推进培育工作。因地制宜地为农民搭建学法用法平台，发挥农村法治宣传教育主阵地作用，更好地服务农民群众学法用法。开展以案释法、以案说法，提供有针对性的培育指导。加强对农村学法用法示范户的跟踪评估、提级增效，使农村学法用法培育工作有成果、可推广、能持续，到2025年底每个行政村都有学法用法示范户，为乡村振兴培养一批农村法律人才，切实发挥其在乡村振兴各项事业中的重要作用。

（四）深入推动法治文化进乡村工作。配合相关部门组织开展农村群众性法治宣传文化活动，引导和支持乡村自办文化，鼓励并扶持具有乡土特色的法治文艺创作；利用好“三下乡”等活动，开展乡村文艺演出、文化人才培养、书画摄影征集创作、红色各区传唱等乡村文化活动，持续推动法治文艺下基层。在北京农民艺术节、“美丽乡村·筑梦有我”大型新闻公益行动、“听党话、感党恩、跟党走”宣讲等全市性乡村文化品牌活动中，鼓励支持基层创编具有乡土特色的法治题材作品，宣传推介乡村法治文化建设典型经验，采取多种群众喜闻乐见的形式，寓教于乐，深入推动法治文化与乡村文化融合发展，不断推动中华优秀传统法律文化创造性转化、创新性发展，切实加强红色法治文化的保护、宣传和传承，立足北京、面向世界，全面讲好北京乡村法治文化故事。

（五）深入推进乡村依法治理工作。以村“两委”换届为契机，深入开展民主法治宣传教育活动。加大对《宪法》《村民委员会组织法》《北京市村民委员会选举办法》以及党内法规的宣传力度，确保换届选举程序合规、依法有序。引导村民在村党组织领导下依法制定和完善村民自治章程、村规民约等自治制度，健全党组织领导下的村民自治机制。

加强村“两委”干部学法用法培训，系统提升村“两委”干部运用法律手段解决基层问题的能力。配合有关部门落实本市加强法治乡村建设三年行动计划、深入推进“北京市民主法治示范村”命名活动，充分发挥法治乡村建设在巩固脱贫攻坚成果、助力乡村振兴中的作用。

五、工作要求

（一）加强组织领导。做好农业农村法治宣传教育工作是助力全面推进乡村振兴、加快农业农村现代化的必然要求。要充分认识农业农村法治宣传教育工作的重要性，把推进系统普法工作摆上重要工作日程上来。制定落实八五规划实施方案，明确重点任务，认真组织实施。严格落实法治政府建设关于各级党政主要负责人作为推进法治建设第一责任人职责的要求，主要领导履行普法领导责任，积极构建普法工作长效机制。

（二）抓好工作落实。制定年度普法依法治理工作计划，明确法治宣传教育工作任务、工作责任。根据法律法规的立改废情况，及时调整普法内容，明确职责分工，细化工作措施，推动普法工作落实落细。落实“谁执法谁普法”普法责任制，市农业综合执法总队要定期报送“以案释法”活动情况、“以案释法”典型案例以及普法活动开展情况。开展好中期评估和总结验收工作。

（三）创新法治宣传教育方式。充分调动各方积极性，注重发挥人民团体、社会组织、行业协会的积极作用，合力推动农业农村法治宣传教育工作。加强与司法行政、新闻宣传、教育培训等部门单位的沟通联系以及系统内部协作配合，有效整合资源。融入全市“智慧普法”行动中，灵活运用新技术新手段，扩大法治宣传教育覆盖面，推动农业农村法治宣传教育各项工作向纵深发展。

北京市农业农村局关于印发《北京市“十四五”时期乡村特色产业发展规划》《北京市“十四五”时期农产品加工业发展规划》北京市“十四五”时期休闲农业发展规划《北京市“十四五”时期农业文化遗产保护与发展规划》的通知

（2021年12月29日）

各区农业农村局、农业（农业综合、农业技术）服务中心：

现将《北京市“十四五”时期乡村特色产业发展规划》《北京市“十四五”时期农产品加工业发展规划》《北京市“十四五”时期休闲农业发展规划》《北京市“十四五”时期农业文化遗产保护与发展规划》印发给你们，请结合实际贯彻执行。

北京市“十四五”时期乡村特色产业发展规划

北京市农业农村局

2021年12月

前言

北京乡村特色产业是指立足北京自然地理和人文历史资源开展具有独特品质的农产品、食品、手工艺品等生产、加工、营销和文化体验等活动所形成的，体现特异品种、特定区域、特色文化、特别工艺、特殊功能的乡村产业。北京乡村特色产业不仅涵盖了本地独有或外来输入改良后具有独特品味的优质产品，还包括御用贡品和深受老百姓喜爱的老口味产品。主要包括：优势特色蔬菜产业、京字号果品产业、特色花卉中药材产业、食用菌产业、优质杂粮产业、特有品种畜禽养殖业、精品水产养殖业、生态绿色蜂产业、乡村特色加工业、乡村文化产业等业态。

乡村特色产业是北京农业农村现代化发展的主要表现形式，是传承北京悠久农耕文化的重要载体，是提高农民经营性收入的重要途径。近年来，北京市深入落实《北京市乡村振兴战略规划（2018—2022年）》，立足区位优势和资源禀赋，创新发展思路，强化工作落实，乡村特色产业发展取得显著成效，产业形态日益丰富，发展质量稳步提升，产业融合持续深化。特色产业已成为北京乡村产业发展的重要增长极。

“十四五”时期是我国开启全面建设社会主义现代化国家新征程的第一个五年，也是北京建设国际一流的和谐宜居之都的关键期。进一步培育壮大乡村特色产业是全面落实乡村振兴战略，提升都市型现代农业发展水平，推动城乡融合发展的重要抓手。为贯彻落实《国务院关于促进乡村产业振兴的指导意见》，按照《全国乡村产业发展规划（2020—2025）》《北京城市总体规划（2016—2035年）》和《北京市“十四五”时期乡村振兴战略实施规划》等要求，进一步加快推进北京乡村特色产业发展，特制定本规划。规划期为2021—2025年。

第一章　发展基础

一、发展条件

（一）乡土特色资源丰富

京郊地理环境多样，农业文化历史悠久，农产品资源独特。据不完全统计，北京市拥有传统名特优果品51种，主要粮食8种168个农家品种，蔬菜10大类57个种属300多个品种，花卉27种282个品种，饲养动物169种，鱼类85种，金鱼200多个品种，形成了京西稻、京白梨为代表的特色作物、果品和北京鸭、北京油鸡、宫廷金鱼等特色养殖产业，塑造了北京果脯、红螺食品、六必居酱菜等经典乡村特色食品。以京绣、曹氏风筝等为代表的乡村特色手工艺品展示了韵味悠长的京味文化。丰富的乡村特色资源为发展乡村特色产业，推动乡村振兴奠定坚实基础。

（二）先进农业要素聚集

北京集聚大量科技、金融、信息和人才等先进生产要素。北京市现有2家综合性农业科研机构、5家专业性农业科研机构、2家农业相关研究所和4所农业综合性大学。现有涉农国家重点实验室20个，涉农北京市重点实验室39个，农业农村部重点实验室（站）100个，涉农国家地方联合工程实验室3个，涉农教育部重点实验室7个，涉农国家工程技术研究中心19个，涉农北京市工程技术研究中心21个。2020年，北京市农业科技进步贡献率达到75%。北京市不断优化金融、信贷、担保等涉农服务，推动政策性农业保险电子化改革，引导规范社会资本下乡，持续推动乡村创业发展，城乡要素融合不断深化，乡村发展特色产业活力不断增强。

（三）生态环境持续改善

北京持续推进生态环境建设，实施蓝天、碧水、净土三大保卫战，乡村生态环境明显改善。2020年，全市空气中细颗粒物（PM2.5）年平均浓度值为38微克/立方米，空气质量达标（优和良）天数为276天，达标比例为75.4%。全市地表水水质持续改善，水质优良比例为60%。土壤环境质量总体良好。化肥利用率从2015年的29.8%提高到40.7%，化学农药利用率从39.8%提高到44.2%。土壤环境风险得到有效管控，超额完成受污染耕地、污染地块安全利用率目标。森林覆盖率达到44.4%。生态环境持续改善，吸引越来越多的市民下乡体验休闲农业与乡村旅游，为特色产业发展创造了良好的外部环境。

（四）都市消费市场广阔

2020年，北京常住人口达2153.6万人。消费市场规模居全国首位，具有消费层次多、质量高、升级快、渠道广、购买力强等特点。郊区大量的“土字号”“乡字号”和特色文化产品依托产品特色和融合优势，对庞大的中高端消费人群具有强大吸引力。以生鲜电商为例，2020年，北京生鲜农产品电商发展迅猛，交易额达到350亿元，约占全国10%。其中，每日优鲜生鲜电商客单价达90元，居全国前列。广阔的消费市场为京字号特色产业提供了巨大发展空间。

二、发展成效

（一）特色产品持续涌现

截至2020年底，全市拥有平谷大桃、怀柔板栗、大兴西瓜等各类国家地理标志农产品登记保护35个，67种农产品入选《全国地域特色农产品普查备案名录》。郊区特色产业专业村达到108个，促进了京郊特色种养业的蓬勃发展。“十三五”期间，共有以平谷区茅山后佛见喜梨、通州区果村芹菜、魏善庄月季和渤海镇板栗等40个特色产品为主导产业的专业村镇入选全国“一村一品”示范村镇，京味乡村特色产品的影响力持续扩大。

（二）产业基地不断壮大

围绕特色蔬菜、优质果品、特色畜禽等产品，以营养安全、绿色发展、提质增效和智慧农业为重点，京郊建成了一批规模化、标准化的特色产业基地。截至2020年底，共认定立征春雨农民专业合作社等“北京农业好基地”51家，创建市级优级标准化基地486家（其中种植业基地338家），全市农业标准化基地覆盖率64.31%，为市民生活提供了丰富多样的安全优质农产品。

（三）产业集群日益形成

以北京市特色产品为基础，持续推动产业集聚化发展。北京设施蔬菜产业集群、良种蛋鸡产业集群入选全国优势特色产业集群创建项目。平谷大桃和怀柔板栗入选中国特色农产品优势区。房山区、密云区、平谷区、通州区相继开展国家现代农业产业园创建。峪口镇、窦店镇、长阳镇、渤海镇开展创建全国农业产业强镇，庞各庄镇等10个乡镇创建市级现代农业产业园。

（四）品牌价值持续显现

以品牌建设为抓手，提升农产品价值。培育出“密云农业”“妫水农耕”“怀柔有机”“灵山绿产”“平谷好物”等农业公共品牌，带动优质企业品牌和产品品牌效益持续提升。截至2020年，共评选出100个“北京农业好品牌”，全市“三品一标”认证覆盖率达81.7%，35个各类地理标志农产品产值占农业总产值比例达到12%以上。绿色、有机和生态原产地等优质农产品不断增加，竞争力显著提升。

三、发展机遇

（一）双循环发展新格局提供战略契机

中央提出加快构建以国内大循环为主体、国内国际双循环相互促进的新发展格局。城乡经济循环是国内大循环题中应有之义。发展乡村特色产业是守住农业基本盘，完善内需体系的重要路径。北京市应以双循环为契机，以乡村特色产品和服务的有效供给为目标，完善生产、分配、流通、消费为载体的内循环发展体系，推动稳产保供，满足城乡居民高品质生活需求。

（二）首都率先基本实现农业农村现代化指明发展方向

《中共北京市委关于制定北京市国民经济和社会发展第十四个五年规划和二〇三五年远景目标的建议》提出北京要率先基本实现农业农村现代化。乡村特色产业是北京都市型现代农业体系的重要组成部分，做精做优乡村特色产业是推动率先基本实现农业农村现代化的必由之路，也是推动农业全面升级、农村全面进步、农民全面发展和城乡融合的重要基础。

（三）北京市实施乡村振兴战略不断优化发展政策

北京市以建立健全城乡融合发展体制机制和政策体系为重点，深入实施乡村振兴战略，高质量推进农业农村现代化、乡村治理体系和治理能力现代化建设。“十四五”时期，北京市将接续推进“百村示范、千村整治”，实施农村人居环境整治提升五年行动，开展休闲农业“十百千万”畅游行动，部署实施土地出让收入优先支持乡村振兴等一批牵引性强、有利于生产消费“双升级”的重要政策。日趋完善的政策体系为特色产业发展提供充分保障。

（四）疏解整治促提升行动营造发展空间

北京市坚持疏解整治促提升，扎实推进城乡一体化发展。顺利完成“大棚房”问题清理整治任务，持续推进城乡“留白增绿”，做到宜绿则绿、宜林则林、宜湿则湿，在功能上注重完善城市生态与服务市民生活相结合，在空间上注重规模化、高品质与分散绿地加强连通相结合。通过减量发展，城乡生态人居环境持续改善，为发展符合市民需求、小而特、精而美的京味乡村特色产业提供了新空间。

四、存在问题

（一）资源约束日益趋紧

北京农业发展在资源集约利用、低碳循环发展等方面面临的压力更加明显。农业土地使用成本和机会成本、生产资料价格、劳动力成本等都在不断抬升。农业用水消耗、水生态环境保护目标控制压力依然较大。蔬菜、生猪等重要农产品自给率比“十三五”末要有明显提升对资源高效利用提出了更高要求。实现碳中和碳达峰目标要求农业领域减排降碳要有新的举措。极端天气事件发生给农业发展增加了不稳定因素。北京农业面临的资源环境挑战将愈加严峻。

（二）特色品种亟需保护

由于农业特色资源保护不足，管理粗放，导致部分北京传统特有农业资源消失风险加剧。据统计，粮食领域有小八趟玉米等6个品种退出生产；蔬菜领域有拧心大白菜等28个品种退出生产；果品领域的中熟桃白凤、晚熟桃绿化九号等大桃品种目前只有分散种植，没有成片发展。加强京味特色资源保护、恢复和利用任重道远。

（三）融合发展还需深化

特色产业与文化、科技、互联网等要素融合不够深入，竞争力、吸引力和创新力有待提升。特色产业与农创、文旅、康养等业态融合不够丰富，新业态新模式培育不足，难以满足市民品质消费需求。特色产业中农户与新型经营主体利益融合方式不够多样，难以充分分享增值收益。以农业观光园为例，2020年观光园平均每天接待2.37万人次，人均消费为178元，接待能力和消费水平还有较大提升空间，产业融合发展还需持续深化。

（四）支撑体系有待完善

乡村特色产业涉及管理部门众多，相互之间在政策协同上还存在不一致、不衔接、不配套等问题。突出表现在农产品加工、仓储流通、服务接待等配套设施缺乏，生态补偿政策覆盖面不足。农业保险保障水平较低，主要覆盖农业生产成本，对农民的劳动投入考虑不够。特色产业服务体系还不健全，迫切需要加强产业管理，完善支持政策，破解用地、资金、人才等问题，促进乡村特色产业持续发展。

第二章　总体要求

一、指导思想

以习近平新时代中国特色社会主义思想为指导，深入贯彻习近平总书记对北京一系列重要讲话精神，围绕产业兴旺目标，以供给侧结构性改革为主线，加快实现市场领航、绿色领引、科技领跑、融合领路、职业领军的首都特色农业农村现代化，加快乡村特色产业规模化、品牌化、数字化发展，稳定特色优质产品供给，培育京味农业融合发展，完善社会化服务体系，满足市民高品质生活需要，带动农民收入持续增长，加快农业农村现代化进程。

二、发展原则

1.坚持绿色优先。不断扩大京郊生态环境容量和提高生态环境质量，依托北京美丽自然山水，持续增强绿色发展动力，优化特色农产品产地环境，提高绿色优质农产品比重，满足市场对优质特色农产品需求，不断擦亮首都发展的底色。

2.坚持品牌驱动。深入挖掘京味农产品内涵，培育壮大“京字号”特色产品品牌价值。加大宣传推介力度，创新特色产业品牌策划、包装、宣传推介，增强品牌影响力和市场竞争力。加强农业品牌培育和保护，为品牌健康成长营造良好环境。

3.坚持融合带动。发掘乡村特色产业多种功能和多重价值，鼓励特色产业与现代种业、生物科技、会展交易、文化创意、休闲农业等相融合，加强特色产业与三大文化带建设相融合，促进龙头企业与合作社、农户等主体融合，建立完善的利益联结机制。

4.坚持服务联动。面向乡村特色产业需求，发挥北京资源优势，强化服务支撑，创新服务方式，优化发展环境，促进土地、资本、人才要素向乡村汇聚，深化产学研合作，构建全方位、多层次、多主体的社会化服务网络，推动特色产业做精做优。

三、发展目标

（一）总体目标

到2025年，产业特色更加鲜明，品牌效益显著提升、辐射带动更加有力，乡村特色产业成为满足城市需求、推动产业振兴的生力军。乡村特色产业总产值与全市农林牧渔总产值达到1 ：2，形成“百亿产业集群、百个示范强村、百大优质品牌、百万亩产业基地”的“四个一百”发展格局，持续促进农民增收和村集体经济发展。

（二）具体目标

做强一批地理标志农产品。支持各区立足特色产业，培育一批地理标志农产品。围绕地理标志农产品提升，实施地理标志农产品保护工程。

培育一批特色产业集群。鼓励各区推动乡村特色产业集聚发展，培育一批产值超十亿元的农业产业强镇，创建设施蔬菜和良种蛋鸡2个全产业链产值百亿元以上的优势特色产业集群，推动特色农产品优势区创新发展。

发展一批特色产业示范村。培育市级及以上特色产业示范村100个，推介一批产值亿元村，带动京郊特色产业发展。

扶持一批特色产品品牌。加强区域农业公共品牌建设，绿色有机产品总量力争较“十三五”末翻一番，培育提升100个市级优质农产品品牌，持续扩大“北京优农”品牌目录。

带动一批农村持续增收。培育一批乡村特色产业经营主体和从业农户，带动农民持续就业增收。支持一批集体经济薄弱村通过特色产业发展壮大集体经济。

第三章 产业类型与空间布局

一、发展壮大十大特色产业

1.优势特色蔬菜产业。主要指具有技术和市场优势，保障市场供给的现代化设施蔬菜产业和地方性、老口味、小众化的乡土蔬菜品种经过提纯复壮和示范性种植所形成的特色蔬菜产业。

2.京字号果品产业。主要包括北京乡土特色果品品种、御用贡果等具有特殊品质、承载特色文化的北京特色果品，并开展品种保护传承、古树果园保护利用、果品品质提升等生产经营活动的产业。

3.特色花卉中草药产业。特色花卉产业以北京市花为引领，以服务重大活动，装点市民生活为目标，涵盖花卉品种研发、种植基地建设、花卉会展、景观农业等花卉生产经营活动的产业。中药材产业主要包括北京地区地道药材和具有一定种植规模的适生药材的种植、加工、文化体验等生产经营活动的产业。主要品种如黄芩、党参、金银花、石斛等。

4.食用菌产业。以大宗食用菌品种如香菇、平菇为主，以珍稀、药用和野生食用菌品种为辅，集中分布在房山区和通州区等地，以露地生产、设施工厂化生产和仿野生栽培为主要生产方式，开展传统干制、盐渍、速冻等初加工和精深加工形成的特色产业。

5.优质杂粮产业。围绕北京山区和浅山区发展的北京地方特色杂粮品种和具有较高经济价值、符合市场需求的节水高效优质新品种形成的产业。包括鲜食玉米、节水谷子、特色豌豆、优质薯类、特色藜麦等特色农产品。

6.特有品种畜禽养殖业。保护、传承和发展畜禽养殖资源，在宜养、可养区域发展北京鸭、北京油鸡地理标志品种和北京黑猪等地方特色品种，发展壮大京粉、京红系列等北京自主知识产权畜禽品种，开展现代化养殖，开发特色化、功能性畜禽产品的产业。

7.精品水产养殖业。以宫廷金鱼等观赏鱼为主要产品，带动鲟鱼、鲑鳟鱼等特色冷水鱼种业和龟鳖产业发展，开展品种研发、养殖、加工、装备研发和展销、休闲体验的产业。

8.生态绿色蜂产业。以生态涵养区山区为主，依托龙头企业、合作社和养蜂农户，开展中华蜜蜂种源保护、规模化蜜蜂养殖、蜂蜜产品加工、蜂授粉基地建设、蜂文化旅游等活动的产业。

9.乡村特色加工业。主要包括郊区长期发展形成的具有悠久历史和文化品牌的老字号加工，广为流传的乡村传统食品加工和促进生态循环的乡村资源综合利用加工等产业。如稻香村食品加工、窦店清真肉食加工、“生态桥”有机肥加工等。

10.乡村特色文化产业。包括具有北京地方文化特色的传统手工业、面向农旅结合的文化创意产业和依托乡风农韵、春华秋实所形成的农事节庆产业。包括京绣、火绘葫芦、花丝镶嵌、琉璃烧制技艺等特色手工业，乡村乐器制作等文化产业和中国农民丰收节、北京乡村饮食文化节等节庆产业。

二、优化两群九带多基地空间布局

（一）两群

1.设施蔬菜产业集群。按照优势互补的原则，推进全市设施蔬菜产业集聚发展，打造设施蔬菜产业集群。主要包括大兴、房山两区为主的南部菜园，延庆、密云两区为主的北部菜园，平谷、顺义南部和通州部分地区为主的东厢菜园，推动生态种植区、精深加工区、商贸物流区和综合服务区等功能区建设，增强社会化服务功能，引领带动传统蔬菜生产转型升级，促进北京蔬菜自给率不断提升。

2.良种蛋鸡产业集群。以种业为引领，促进全产业链融合发展，打造良种蛋鸡产业集群。重点建设京东高产蛋鸡产业带、京北特色蛋鸡产业带和京西引进蛋种鸡产业带三个以种鸡生产为核心、以高效优质鸡蛋生产为主要功能的蛋鸡产业带，打造标准化养殖区、蛋品加工贮存区、冷链物流区和综合服务保障区等功能区，推动以地理标志产品北京油鸡蛋生产为主的特色产业群发展。布局建设蛋鸡生物安全提升、蛋品质量安全监测和优质鸡蛋产销对接示范区，保障全市蛋品安全供应。

（二）九带

1.大兴区瓜田绿海产业带。以大兴区庞采路为主轴，突出庞各庄镇西瓜、金把黄鸭梨，采育镇葡萄、魏善庄镇月季等特色产品，重点发展高端设施蔬菜、特色西甜瓜、精品林果、优质花卉等主导产业。

2.通州区樱花葡语产业带。以通州区张采路为主轴，以西集镇大樱桃、张家湾镇葡萄、于家务乡种业为重点，坚持科技型、园区化发展，提升现代种业、特色果蔬、工厂化食用菌栽培等产业效益，推动融合发展，打造特色农场农庄。

3.平谷区桃花仙谷产业带。依托农业科技创新示范区建设，大力发展平谷大桃、茅山后佛见喜梨、北寨红杏等地理标志产品，做大做强畜禽种业和良种蛋鸡等产业，推动特色产业与文化、旅游、康养融合发展，打造花果主题特色产业带。

4.昌平区—顺义区草莓花果产业带。联结昌平区和顺义区，以兴寿镇草莓、崔村镇苹果、小汤山镇特色蔬菜、北务镇蔬菜、杨镇花卉等为重点，推动优质特色花果产业转型升级。

5.密云区酒香之路产业带。依托密云区国家现代农业产业园，重点发展优质葡萄产业和精品果蔬产业，带动穆家峪镇红香酥梨、东邵渠镇御皇李子、不老屯镇黄土坎鸭梨等特色产业发展，持续推动酒香之路沟域经济建设。

6.怀柔区—密云区燕山有机产业带。包括密云区和怀柔区山区，以绿色有机为主要方向，发挥生态优势，重点发展燕山板栗、有机蔬菜、绿色林果、蜂产业、有机杂粮等产业。

7.延庆区妫川园艺产业带。以世园会核心区为龙头，发展现代花卉园艺产业和特色精品果蔬产业，做精做优延庆国光苹果、延怀河谷葡萄、景观花卉、优质杂粮等产业，打造绿色化、景观化、融合化的园艺产业带。

8.门头沟区—房山区京西林果产业带。包括门头沟区和房山区的山区部分。大力发展京白梨、玫瑰、黄芩等优势特色产业和太子墓苹果、京西白蜜、清水奇异莓等精品特色产业，促进京西特色产业融合发展。

9.房山区西南绿谷产业带。发挥现代农业产业园和农业产业强镇引领作用，大力发展功能蔬菜和康养园艺产业，增强窦店肉牛清真食品和石楼生猪稳产保供能力，推动张坊镇磨盘柿、青龙湖镇食用菌、大石窝镇林下经济等特色产业发展。

（三）多基地

聚焦北京乡村特色产业的优势集中区域，因地制宜构筑区域产业特色，重点打造100家绿色有机标准化基地，100个500亩以上的特色种植基地，引领主导产业特色化发展。

第四章　主要任务

瞄准乡村特色产业发展需求，坚持补短板、强优势、塑特色、建体系，积极提升产能、培育特色、融合业态、做强集群，推动北京乡村特色产业高质量发展。

一、创建提升京产特色基地

发掘京郊市场潜力大、成长性强的产业，因地制宜推进适度规模经营，培育壮大特色主导产业。实施农业生产“三品一标”提升行动，推进品种培优、品质提升、品牌打造和标准化生产，推进安全绿色优质农产品发展。以“一村一品”专业村镇为重点，培育新型经营主体，发展标准化、规模化、园区化的种养基地。加强京郊原料基地与北京老字号食品企业等对接，打造特色食品加工基地和知名品牌产品原料供应基地。支持京味农产品、京字号果品等基地创建全程绿色标准化生产基地和智慧农业物联网应用示范基地。

二、做大做强京字产业集群

发挥农业龙头企业总部聚集优势，突出全产业链融合发展，打造具有特色的“京味蛋香”等系列品牌，促进乡村产业链持续拓宽延长，推动特色农业产地粗加工和精深加工发展，推动降本增效，增加产品附加值。鼓励龙头企业向前端延伸建设原料基地，向后端延伸建设深加工、物流营销和服务网络，促进生产、初加工、物流、研发、服务全产业链发展。着力推动设施蔬菜和良种蛋鸡优势特色产业集群建设，打造两大百亿产业集群，促进服务首都稳产保供，满足市场需求。

三、创新发展京韵融合业态

拓展京郊乡村特色产业功能，深化一二三产融合，提升特色产业价值。依托特色产业和乡村文化，打造丰富多彩的休闲旅游产品、乡村特色景观，发展休闲度假、民俗旅游、农耕文化、科技体验、创意农业、景观农业、健康养生、乡村民宿等新业态新模式，打造特色产业主题公园、休闲体验园、文化展示区、科技示范园等平台。支持特色产业对接融入休闲农业“十百千万”畅游行动，推动高质量发展。

四、持续壮大京郊集体经济

围绕繁荣乡村集体经济，培育乡村特色产业，鼓励龙头企业、电商企业与村集体、合作社、农户对接，优化特色产业组织形态，创新利益联结机制，推动优势互补、风险共担、成果共享。开展农户自愿以土地经营权、闲置农房使用权入股，村集体组织对接企业，财政支持资金折股量化，开展特色产业经营活动。推广“保底收益+按股分红”等方式，向村集体和农户倾斜收益分配比例，持续壮大村集体经济，通过发展乡村特色产业消除一批集体经济薄弱村。

第五章　重点工程

一、产业强镇与集群创建工程

以京郊特色产业乡镇为重点，围绕1个农业主导产业，加强特色化培育，打造精品产业链，深化融合发展，培育产值超十亿元的农业产业强镇，带动乡村产业转型升级。加强平谷区峪口镇、房山区窦店镇和长阳镇、怀柔区渤海镇等农业产业强镇项目建设。以北京市设施蔬菜产业集群和良种蛋鸡产业集群建设为引领，推动产业基地标准化、专业化、现代化，加强质量安全与生物安全体系建设，推动产后加工与运销体系建设，完善产业公共服务平台，推动数字化发展，打造优势突出、带动有力的特色产业集群。

专栏1　产业强镇与集群创建工程

1.开展农业产业强镇创建。创建特色主导产业全产业链产值超2亿元的农业产业强镇5个。

2.培育优势特色产业集群。设施蔬菜全产业链总产值达100亿元以上，良种蛋鸡全产业链总产值130亿元以上。

二、京郊“一村一品”创建工程

加强“一村一品”特色产业基地建设，推动融合富民。支持具有一定基础条件的村通过开展“一村一品+”行动，加强绿色发展、产业融合、科技支撑、品牌建设、电商经营、主体培育和社会化服务建设，打造一批专业村镇。结合“百村示范”工程加大北京市特色专业示范村培育力度，创建一批主导产业产值超1000万元，占全村产值50%以上的全国“一村一品”示范村，培育一批乡村特色产业亿元村，形成一村带多村，多村连成片发展格局，打造“一村一品”升级版，助力农民长期稳定增收。

专栏2　京郊“一村一品”创建工程

1.全国“一村一品”示范村创建。新增全国“一村一品”示范村10个。持续开展全国“一村一品”示范村情况监测。

2.北京市特色专业示范村认定。修订完善《北京市特色专业示范村评价办法》，新培育市级专业示范村10个。

三、地理标志农产品保护工程

加强北京鸭、北京油鸡等地理标志农产品品种保护、选育和提纯，加大北京鸭、北京油鸡“寻味”支撑技术的挖掘与推广应用，在适宜区域内适当扩大养殖范围和规模、提高养殖数量和质量。围绕平谷大桃、燕山板栗、昌平草莓、大兴西瓜、房山磨盘柿等优势地理标志农产品产区，健全标准体系，加速要素聚集，完善基础设施，强化技术支撑，增强核心竞争力。支持安定桑葚、门头沟京西白蜜、北寨红杏等地理标志农产品，加强标准化生产基地建设，提升产品品质，打造精品品牌。以《全国地域特色农产品普查备案名录》中的北京特色农产品为重点，加强优势特色产品和产区整合，开展地理标志农产品培育。

专栏3　地理标志农产品保护工程

1.增强综合生产能力，支持核心生产基地建设，改善生产设施条件，提升与延长产业链，促进适度规模发展。

2.提升产品质量，健全标准体系，开展生产经营主体培训，开展质量安全检验检测和营养品质评价，推动产品分等分级。

3.加强品牌建设，深入挖掘地理标志农产品文化，讲好品牌故事，开展专题宣传和推介活动，支持生产经营主体开展绿色食品和有机农产品登记保护，提高品牌认知度和市场竞争力。

4.推动身份标识化和全程数字化，规范标志授权使用，强化产品带标上市，建立生产经营主体目录和生产档案，完善可追溯管理制度。

四、京源农品传承发展工程

挖掘京城老字号、御用贡品、农业文化遗产等具有宫廷文化特色产品，发展文化内涵丰富的乡村特色产业。加强宫廷特色品种和历史产地保护。提纯复壮老口味蔬菜品种，开展种植与示范推广。保护京果品种，加强选优复壮，建立京字号果品保护展示区和传承示范区，打造京味文化果园。加强传统文化技艺传承和产品开发，推动北京农业文化遗产动态保护传承，鼓励申报中国和全球重要农业文化遗产，加强农业文化遗产与休闲旅游、创意设计、文化产业融合发展。

专栏4　京源农品传承发展工程

1.恢复京味蔬菜。以“花叶心里美”萝卜、“核桃纹”大白菜、“苹果青”番茄、老北京黑茄子、“鞭秆红”胡萝卜、北京春秋刺瓜、七叶茄、九叶茄、柿饼冬瓜、五色韭菜等特色品种为重点，加强品种提纯复壮和示范种植。

2.提振京字号特色果品产业。研究制定京字号果品保护展示区和传承示范区建设方案，开展保护与建设。推动创建保护展示区和传承示范区。

3.打造农业文化遗产特色产业。挖掘皇家农业文化特色，建设重要农业文化遗产特色产品基地，培育农业文化遗产特色产业和休闲旅游线路，建设3个以上农业文化遗产保护与活化示范村。

五、京味精品品牌提升工程

加强特色农产品品牌建设，提升京味精品品牌价值，促进优质优价。提高绿色、有机、生态原产地等优质农产品覆盖率。实施品牌驱动战略，支持各区做好区域公共品牌建设，打造国家级农产品区域公用品牌，开展品牌协同营销，引领企业品牌和农产品品牌建设。开展品牌包装设计策划，搭建品牌展销平台，探索设置乡村特色产品精品店、展销店。围绕北京农业嘉年华、中国农民丰收节、北京农民艺术节和农博会等开展京味精品宣传营销。鼓励京郊新农人开展直播带货，发展粉丝经济，扩大北京农业好产品、好品牌的影响力。

专栏5　京味精品品牌提升工程

1.创建提升区域公共品牌。提升区域公用品牌5个，打造区域公共品牌3个，乡村特色产品品牌价值显著提升。

2.开展特色产业宣传推介活动。利用北京农业嘉年华、休闲农业与乡村旅游推介活动，开展特色产业推介活动50次以上，推介乡村特色产品200个以上。

3.推进京味农产品服务重大活动。以冬奥会等为重点，组织完成京味产品供应的重大保障任务。

六、特色产业科技助力工程

发挥科技资源优势，推动设施农业、现代种业、智慧农业、数字农业向乡村特色产业渗透融合。加强绿色种养、精量农业、现代设施装备、节水灌溉、林果专用农机具、资源循环利用等技术转化应用，打造示范性智慧农场农庄。大力发展特色种业，建立北京市特色农作物种质资源数据库，加强畜禽种质资源库建设，建立北京特有畜禽水产遗传资源保种体系，加强保种场和保种群建设。加强蛋种鸡、月季等北京自主知识产权的优质新品种研发和推广。拓展AI、VR等互联网科技场景在特色产业中的应用，创新供应链管理模式。

专栏6　特色产业科技助力工程

1.创建数字农场。加强物联网智慧场景应用，推进无人农场建设，创建数字农场5个，加大宣传力度，打造一批智能化特色农业园区。

2.发展特色现代种业。建立北京市特色农作物种质资源数据库，加强北京市畜禽种质资源库、保种场和保种群建设。培育北京自主知识产品的优质新品种。

七、特色产业文化赋能工程

坚持农文旅融合发展，开发“京字号”系列伴手礼，打造文化深厚、特色鲜明、创意多元的北京礼物，融入休闲农业“十百千万”畅游行动。推动乐器制造、木艺加工、刺绣陶艺、石刻石雕等特色手工艺开发，培育文创品牌，打造乡村特色工坊、乡村工匠工作室，建设乡村工艺文化传播中心，推动特色乡村制造向文创产业转型。开展嘉年华、丰收节、采摘节、农民艺术节等丰富多彩的农事节庆活动。建设村史馆、乡村艺术馆、生态博物馆等公共文化空间，开展乡村文化活动，提升乡村文化影响力。

专栏7　特色产业文化赋能工程

1.发展乡村特色文化创意产业。以刺绣、陶艺、提琴制作等为重点，引领产业融合，打造面向城市消费的北京特色手工艺。鼓励各区培育乡村文化创意品牌1 ~ 2个。

2.开展农事节庆活动。继续举办北京农业嘉年华、中国农民丰收节，办好樱桃大会等活动。培育农事节庆活动，实现一区多节。鼓励各区举办特色产业有关学术交流活动。

八、新型农业经营主体培育工程

发挥农业产业化龙头企业和联合体对特色产业发展的带动作用，提升示范性合作社带动能力，完善“企业+合作社+农户”“企业+农户”等利益联结机制。围绕特色产业，推动乡村创新创业，完善引人、用人和留人的支持保障机制，培育爱农业、懂技术、会经营的“新农人”，激发产业发展持久活力。培育和推介一批具有深厚农业生产技术、手工技艺、非物质文化遗产技艺的乡村工匠和特色手工艺传承人。加强乡村工匠工作室、乡村传统技艺坊等载体建设，推动乡村特色产业发展和技艺传承。

专栏8　新型农业经营主体培育工程

1.培育合作社示范社。各区围绕本地特色主导产业，每个产业重点培育1 ~ 2家覆盖范围广、成员数量多、产业规模大、服务带动强、经营效益好的市级以上示范社。

2.培育新型职业农民。培育新型职业农民不低于2000名，积极推动乡村创新创业。

3.培育乡村工匠。遴选推介乡村工匠不低于10名。

第六章　保障措施

一、加强组织领导

各涉农区要加强组织协调，协同推动乡村特色产业发展，要将乡村特色产业作为推动农业农村现代化的重要内容抓紧抓实，完善顶层设计，明确发展目标，制定实施方案，建立乡村特色资源数据库、乡村特色产业项目库，制定五年目标和年度清单，明确工作抓手，完善工作机制，持续加强特色产业发展统计、监测、评估和绩效考核。

二、集成政策措施

加大资金投入，鼓励集成产业、科技、人才等有关领域支持政策，强化休闲农业“十百千万”畅游行动等政策的拉动作用。完善金融和担保政策，引导社会资本投入，有序推动适度规模经营。探索从种苗、装备、生产到销售的稳定补贴机制，提高特色产业机械化水平。加强与分区规划、乡镇国土空间规划衔接，规范设施农业用地管理，落实高效设施农业用地试点政策。产业融合发展用地等支持政策要兼顾特色产业用地需求。探索农村集体建设用地、闲置民宅和公共服务设施用地支持乡村特色产业发展的机制，完善乡村特色产业发展基础设施和配套服务。

三、完善产业服务

积极培育乡村规划、产品设计、品牌运营、文化开发等战略性服务业，大力发展农资农机、植保、信息化、资源循环利用、电商流通等生产性服务业。以园区化、数字化、社会化为重点，坚持公益性和市场化相结合，培育专业化服务组织，面向规模化生产和小农户经营，创新服务内容，扩大服务范围，形成结构合理、服务规范、覆盖全产业链的乡村特色服务体系，保障乡村特色产业稳定持续发展。

四、推动区域协同

发挥区域优势，突破行政边界，加强区域协作，促进特色产业跨区域、规模化发展。鼓励跨乡镇、跨区合作发展特色产业，集中力量打造北京优势特色产业。加强郊区与河北、天津区县开展乡村特色产业发展合作，协同打造特色产业展销窗口，协作建设生产加工基地，合作开展产品品牌经营，共同满足市场需求。

五、加大宣传力度

及时总结乡村特色产业发展先进经验，形成可复制、可推广的典型模式，加大宣传推介力度，增强示范带动效应。利用多元化传媒优势，支持特色产业开展跨媒体宣传，开展农旅联合推广。支持特色产业融入京津冀、全国推广平台，借助重大国际国内活动开展营销推广，提高北京乡村特色产业的影响力。

北京市“十四五”时期农产品加工业发展规划

北京市农业农村局

2021年12月

前言

农产品加工业是农业产业链延伸的关键环节、一二三产业融合的主要枢纽、农产品增值的首要渠道、农民增收的重要途径，是首都“菜篮子”产品保供稳价的重要支撑。在新冠肺炎疫情防控常态化，构建国内大循环为主体、国内国际双循环相互促进的新发展格局，实施乡村振兴战略等背景下，加快发展农产品加工业，有利于推动农业供给侧结构性改革，促进农业产业化、标准化、安全化、集群化；有利于延长农业产业链、提升价值链、完善利益链，实现农业绿色高质量发展；有利于提升首都重要农产品的供给保障能力、资源掌控力和市场竞争力。

本规划依据《全国乡村产业发展规划（2020—2025年）》《北京城市总体规划（2016年—2035年）》《北京市乡村振兴战略规划（2018—2022年）》《北京市“十四五”时期乡村振兴战略实施规划》和《农业农村部关于促进农业产业化龙头企业做大做强的意见》（农产发〔2021〕5号），深入分析北京农产品加工业面临的形势，明确北京农产品加工业发展思路、目标，优化调整产业布局，通过完善农产品加工业科技支撑体系、生产经营体系、市场流通体系，持续提升科技创新能力、产业带动能力、服务保障能力，推动首都农业高质量发展。

本规划所指“农产品加工业”涵盖国民经济行业分类中的农副食品加工业，食品制造业，酒、饮料和精制茶制造业三个大类，其他子行业略作表述。

一、规划背景

（一）发展基础

1.产业总规模略有下降

“十三五”以来，全市农产品加工业发展规模总体呈现缩减的趋势。全市规模以上农产品加工企业的总产值、企业数量等指标有所下降。2020年，全市规模以上农产品加工企业总产值782.3亿元，比2015年下降2.9%。

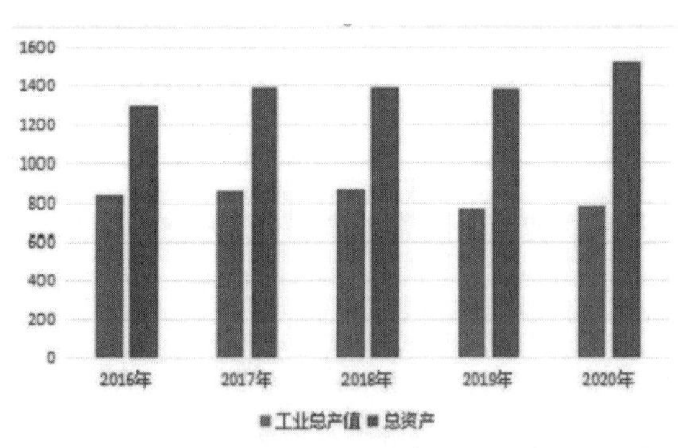

图1“十三五”时期北京市规模以上农产品加工企业产值及资产变动示意图（单位：亿元）

2020年，全市规模以上农产品加工企业数量为263家，与2015年相比，减少48家。其中农副食品加工企业107家，占比40.7%；食品制造企业118家，占比44.9%；饮料制造企业38家，占比14.4%。

2.产业链体系不断优化

京郊各农产品加工企业为延伸农业产业链，结合作物种植（畜禽养殖）、农产品加工、产成品销售、生态采摘、农业观光、休闲旅游等上下游企业，建立了协同共赢发展模式，有力地支撑了当地农产品加工业的发展，并对全市农村产业融合发展起到了良好的促进作用。在促进产业融合发展过程中，部分龙头企业积极发挥自身的品牌优势、渠道优势和管理优势，采用多种模式和农户建立了较为紧密的利益联结机制，实现了产前订单生产、产中技术服务、产后保价收购，促进了农民增收和农业增效，产业链现代化水平不断提升。目前，全市农产品加工业与农业总产值比达到4.54 ：1，已接近发达国家水平。

3. 价值链构成持续优化

农产品加工龙头企业通过整合社会资源，不断构建新的价值链，企业的产品价值、品牌价值、文化价值得以凸显，实现了资源的优化配置，企业的产业效益大幅提升。2020年，全市规模以上农产品加工企业营业总收入为1216.6亿元，比2015年增加8.1%；全市规模以上农产品加工企业利润总额68.2亿元，比2015年增加59.3%。从利润增长率看，2016—2020年，农副食品加工业的年均增长率为-9.1%；食品制造业的年均增长率为0.9%；酒、饮料和精制茶制造业的年均增长率为31.5%。酒、饮料和精制茶制造业的利润增长拉动了全市农产品加工业的发展。

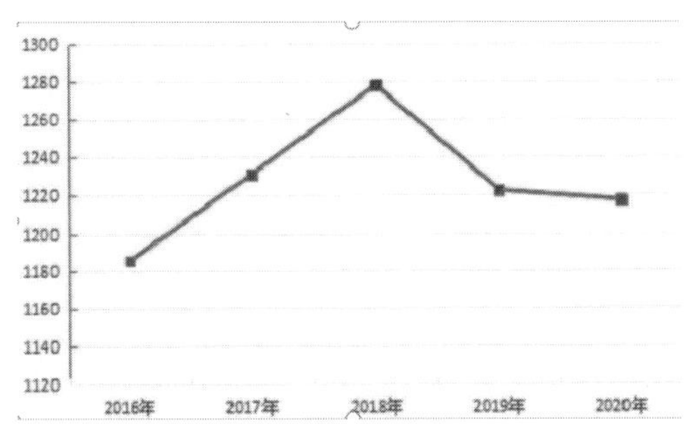

图2 “十三五”时期北京市规模以上农产品加工企业营业收入变动示意图（单位：亿元）

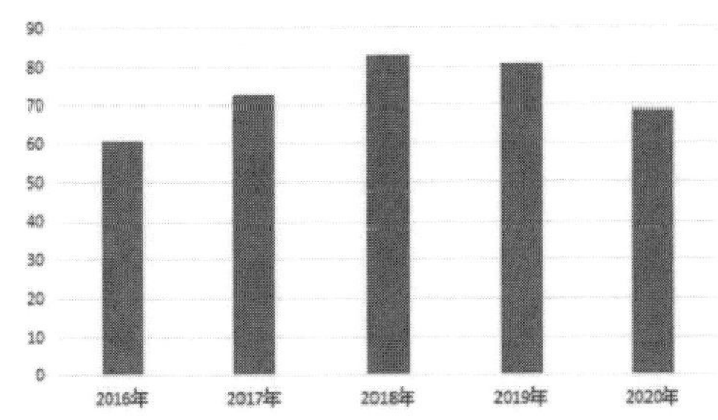

图3 “十三五”时期北京市规模以上农产品加工企业利润变动示意图（单位：亿元）

4. 行业聚集度有所提升

近年，农产品加工企业在区域上相对集中，集聚效应日益凸显。综合规模以上企业个数、工业总产值、利润总额等各项指标，全市农产品加工业发展较好的区为顺义区和怀柔区。这两个区农产品加工业的产业规模和经济效益均位居全市前列。两个区累计的规模以上企业个数占全市的28.1%；农产品加工业总产值占全市的32.5%；规模以上企业资产总额占全市的40.5%；利润总额占全市的24.9%。此外，大兴、通州、海淀、密云、平谷、房山等区的农产品加工业发展也较好。

分行业看，农产品加工业主要以农副食品加工业和食品制造业为主。2020年，全市规模以上农产品加工企业营业总收入为1216.6亿元。其中，农副食品加工业和食品制造业的营业收入合计为964.2亿元，占全部农产品加工业总营业收入的79.3%。全市规模以上农产品加工企业总产值782.3亿元。其中，农副食品加工业和食品制造业的产值合计571.3亿元，占全部农产品加工业总产值的73%。

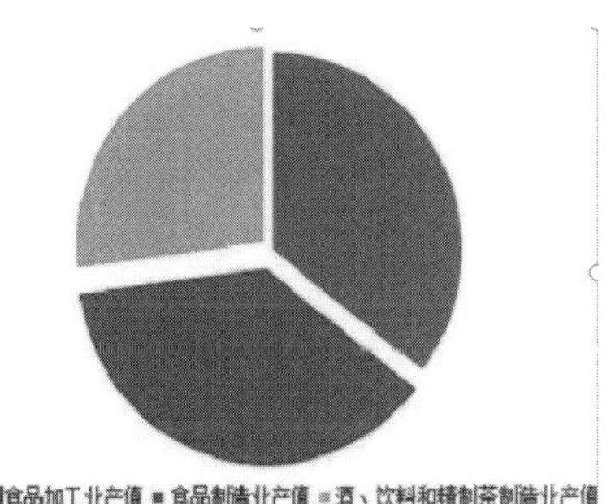

图4 2020年北京市农产品加工业各行业产值占比示意图

2020年，全市产值在1亿元以上的农产品加工企业占全市规模以上农产品加工企业的比重约为51.7%，比2015年提高7个百分点，行业集中度进一步提高。

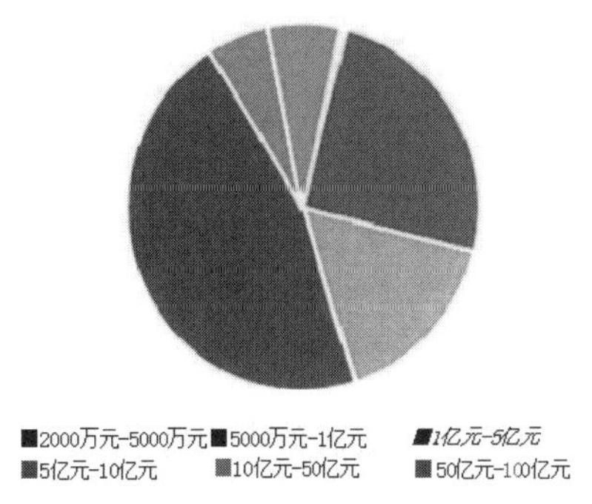

图5 2020年北京市规模以上农产品加工企业产值分布示意图

5.服务保障力明显提升

农产品加工业的稳步发展有力地推动了“菜篮子”工程建设。全市农产品加工企业提供的农产品及加工制品共涉及粮油、果蔬及花卉、林产品、畜禽产品、水产品等几大类，占“菜篮子”产品供给的2/3以上，有力保证了首都农产品市场的有效供应，日常供给和应急保障水平保持稳定。近年，北京市畅通鲜活农产品绿色通道，大力发展区域农产品物流，在努力保持全市“菜篮子”产品自给率的基础上，强化区域合作，不断完善农产品加工业产业链条，强化控制力，大力发展外埠蔬菜基地建设，并通过产业化龙头企业建立起一批联系紧密、可控性强的畜禽产品外埠生产基地。在服务保障方面，各大龙头企业圆满完成了在京举办的一系列国际、国内重大会议、活动的农产品供应保障，涉及肉、蛋、菜等多种加工农产品，切实做到了保食品安全、保百姓健康、保民生生活，显著提升了首都农业“四个服务”的水平。

新冠肺炎疫情期间，北京市众多农产品加工企业积极发挥应急保障功能，以“战疫情、保供给、稳经营”为己任，多措并举保障首都“菜篮子”产品稳定供应。企业在确保员工自身安全的前提下，克服各方面困难复工复产，并不遗余力地捐资捐物，自觉担负社会责任。

6.品牌影响力显著提升

近年，北京市积极出台各项政策、采取多种措施，努力提高农产品加工业的品牌营销能力，打造了一批知名的农产品加工企业品牌、产品品牌、社会影响力品牌。目前，全市拥有国家重点龙头企业43个，上市龙头企业10余个，蔬菜、禽蛋、肉、奶等市场上较为知名的北京农产品品牌有30多个，获得省级以上名牌产品或著名（驰名）商标的企业有73家。三元食品、德青源鸡蛋、鹏程肉食等品牌知名度不断上升，品牌价值超过1000亿元。

北京市积极推进农业标准化生产基地建设、生产企业质量体系认证、“绿色食品、有机农产品和农产品地理标志”等品牌引领示范工作，产品质量安全水平稳步提升，实现了加工农产品质量总体安全，农产品质量检验合格率居全国四个直辖市中的首位。北京市着力构建了“从田间到餐桌”全过程的质量安全控制技术体系，开展生产、加工、流通与检测监测全链条的技术集成与应用，推动首都蔬菜、果品、肉制品加工技术升级。全市有80%的规模以上农产品加工企业通过食品安全管理体系、危害分析与关键控制点（HACCP）体系认证，有83个龙头企业建有质检机构，有34个龙头企业拥有绿色食品获证、有机农产品认证和农产品地理标志登记产品，产品品质明显提升，农产品质量得到了有效保障。

（二）存在问题

1.利益链联结紧密度不够，对本地农产品带动力不足

虽然随着全市农业产业化水平逐渐提升，产业化组织模式不断丰富，企业带动能力显著提高，但从实际情况看，农产品加工业产业链条上各利益主体之间的联结机制仍不够紧密，上下游各层次参与主体之间关系仍较为松散，且农产品加工业对本地农产品带动作用不强。

一方面，加工企业与生产基地及农户间的合作关系较弱。从总体上看，企业自建基地和订单基地原料采购额比例较低。2020年，全市龙头企业主要农产品原料从自建基地采购值为152.9亿元，占总采购值23.5%；从订单基地采购值183.8亿元，占总采购值28.3%；其他方式采购值312.7亿元，占总采购值48.2%。仍有相当一部分企业没有通过合同、合作、股份合作等方式与农户建立稳定、密切的利益联结关系。

另一方面，农产品加工业的发展对带动本地农产品生产的能力较弱。2020年，北京市龙头企业共带动农户430.8万户，其中带动本市农户为19.5万户，占带动农户总数的4.5%；带动农民合作社7558家，其中带动本市农民合作社385家，占带动农民合作社总数的5.1%；带动农民从业人员8.7万人，其中本市农民从业人员1.8万人，占农民从业人员总数的20.7%。可见，农产品加工业对本地农业的直接带动能力明显不足。

2.创新链协同发展不够，中小企业科技创新力不足

科技创新是实现农业现代化的重要推动力，也是创新驱动的核心内容。企业是创新的主体，围绕农产品加工产业链部署创新链，促进创新链、产业链、价值链三者协同发展，是实现北京农产品加工业高质量发展的关键。虽然全市农产品加工企业科技研发投入总体较多，部分重点龙头企业具备较强的科研实力，但各企业的科技创新能力呈不均衡状态，尤其是中小企业科技创新能力明显不足。2020

年，全市龙头企业科技研发总投入为33.9亿元，科研投入占总营业收入比例仅为0.48%，占比非常低。研发投入在2000万元以上的企业仅有26家，其他企业研发投入较少。仅有22家企业建有研发机构；有49家企业获得省级以上科技奖励；有75家企业获得专利。比较而言，大部分企业没有相应的研发机构、科技奖励或专利产品。

3.产品流通渠道拓展不够，出口拉动力不足

虽然近年全市农产品加工业销售收入呈现增长态势，但从销售渠道看，传统的营销方式仍占据多数，网络直销、连锁经营等新型营销渠道较少。2020年，全市重点龙头企业中，仅有69家企业开展了电子商务，占比不高；全市龙头企业的涉农营业收入总额为7118.1亿元，其中通过电子商务实现的销售收入总额为89.5亿元，占比仅为1.3%，比重非常低。

此外，农产品加工业出口所占比重大幅下降。2020年，全市规模以上农产品加工企业出口交货值为13.8亿元，比2015年下降42.7%；出口交货值仅占同期农产品加工业销售产值的1.7%，比例较低。可见，农产品加工业的出口拉动作用在逐渐减弱。

4.支持政策延续性不够，企业发展信心不足

2013年以来，北京市先后出台了《关于支持农业产业化龙头企业发展推进农业产业化经营的实施意见》《关于加快转变农业发展方式深入推进农村产业融合发展的实施意见》等政策文件，2016—2018年连续出台《北京市农业产业化项目申报指南》，加大对农产品加工业的引导扶持力度，通过积极统筹整合财政涉农资金、创新金融服务渠道与模式，支持中小企业集合票据发行，开发“龙头企业信用保”项目，发起设立北京农业发展投资基金等3支基金，开展以现货挂牌为基础的货押融资业务，有力推进了农产品加工业的发展。但近年来，针对农产品加工业的支持力度有所减少，财政资金支持不断缩减，加上发展环境日趋严苛，企业发展信心受挫，亟待加大支持力度提振发展信心。

（三）发展机遇

1.农产品消费市场升级

随着经济的发展和社会的进步，市民消费结构将会不断升级，呈现个性化、多样化、差异化、高品质化特点。北京市目前有2100多万常住人口，拥有规模巨大的农产品消费市场，消费种类多、消费数量大、消费支出高。有研究表明，北京城市居民食品消费已达到“富裕型”水平。多年以来，北京市农产品消费量一直呈波动性增长，农产品消费品质迅速提升，消费结构逐步改善。主要表现为禽蛋、乳品等消费显著增加，粮食消费有所下降；在蔬菜消费上，设施蔬菜、反季节蔬菜、精细蔬菜消费增加，大宗蔬菜消费相应减少。同时，餐饮业、休闲农业的迅速发展，也为农产品加工业创造了良好的发展机遇。此外，随着中等收入群体的不断扩大，居民的消费能力不断增强，对高端农产品市场需求潜力较大。人们对食品消费的需求，逐渐从“吃饱”到“求鲜、求洁、求快、求便”转变，在满足数量需求、质量需求以及健康卫生需求的前提下，农产品消费表现为满足文化品位、表现个性化特征的新趋势，农产品加工业市场空间巨大。

2.农业科研实力雄厚

北京正在打造国际科技创新中心，拥有全国最丰厚的农业科技创新资源、最多的农业科技智库、最强大的科研力量，农业科研领域研究居全国领先地位。北京市现有2家综合性农业科研机构、5家专业性农业科研机构、2家农业研究所和4所农业综合性大学。现有涉农国家重点实验室20个，涉农北京市重点实验室39个，农业部重点实验室（站）100个，涉农国家地方联合工程实验室3个，涉农教育部重点实验室7个，涉农国家工程技术研究中心19个，涉农北京市工程技术研究中心21个，农业科技进步贡献率达到75%，在高精尖农业产业培育、首都食品安全科技保障、绿色发展促进一二三产融合等方面，成效卓著。北京市有全国首个自主知识产权的商业化育种大数据平台——金种子育种云平台；有位列中关村国家自主创新示范区之一的通州国际种业科技园区研发中心；有作为北京市农业创新枢纽的京瓦农业科技创新中心，这些得天独厚的农业科技资源将为北京农产品加工业发展提供有力支撑。

3.京津冀协同发展

推动京津冀协同发展是重大国家战略，农产品加工业是京津冀农业协同发展中的重要组成部分。京津冀地跨燕山—太行山和海河流域，农耕文化相似。京津农业科技、人才、资本等要素丰富，河北农业资源丰富、地域广阔，三地农业互补性强，具有协同发展的地缘优势。随着区域内交通通讯等基础设施一体化的率先突破和日趋完善，人流、物流、信息流更加通畅，构建环首都1小时叶菜流通

圈和6小时果菜流通圈，使农业资源要素和农产品流通在更大区域范围内实现优化配置成为可能。

随着京津冀协同发展不断推进，雄安新区设立，将打破地域壁垒和行政壁垒，推进人才、资金、技术跨行政区域优化配置，有利于进一步调整优化三地农业产业结构和空间布局，推动形成定位清晰、结构合理、功能互补的一体化现代农业产业体系，实现区域农业提质增效和转型升级。北京市依托天津的临海优势和河北的土地、劳动力资源优势，积极扶持引导农产品加工企业做大做强，提高农产品加工业的规模和效益，增加产业的国际竞争力，面临难得机遇。

（四）面临挑战

1.国内外市场风险挑战加剧

随着新冠肺炎疫情在全球的蔓延，全球产业链、供应链面临重大冲击，风险加大，经济全球化和一体化的不确定性增大。近两年，农业内部陆续受高致病性禽流感、非洲猪瘟等影响，外部又叠加了新冠肺炎疫情的冲击，普遍出现了区域性的生产下滑、区间波动，农业的应急保障功能面临较大的挑战，尤其是一些中小型农产品加工企业由于生产规模小、技术含量低、产品附加值不高，抗风险能力较弱。农产品加工业亟需主动适应以国内大循环为主体、国内国际双循环相互促进的新发展格局。

2.农业用地面临刚性约束

随着首都都市化进程的不断加快和都市产业结构的战略性调整，北京市农业生产空间进一步缩小，土地资源刚性约束愈加凸显。农产品加工业用地需求较大，受限于建设用地指标匮乏、设施农用地供给相对不足等问题，在京加工企业生产规模难以扩大。此外，随着北京“疏整促”专项行动的持续推进，一些资源消耗大、科技含量低、环境污染重的农产品加工相关行业被列入产业禁限目录，传统农产品加工业亟待转型升级。

3.企业生产经营成本较大

企业是农产品加工业最重要的经营主体之一，加工企业的经营状况对整个加工产业的发展有很大影响。从北京农产品加工企业的经营现状看，生产成本的不断攀升给企业发展带来了巨大压力。相对于其他工业产业而言，农产品加工业投资大、利润低、回报慢，大多数投资者都不愿投资于农产品加工业。一方面，土地和劳动力作为农业企业最重要的生产要素，机会成本连连攀升，要素价格不断上涨。另一方面，受农业生产规模化程度低、生产基地外迁等因素影响，加工企业的原材料成本也不断增加，直接推高了企业的生产成本。而且农产品加工业所需原料季节性强，很多加工企业为备足原料，不得不一次性采购大量原料，资金需求量大，融资成本高。

二、总体思路

（一）指导思想

以习近平新时代中国特色社会主义思想为指导，以实施乡村振兴战略为总抓手，把握首都“四个中心”功能定位，履行“四个服务”职能，主动适应农业供给侧结构性改革要求，充分发挥首都市场优势和资源优势，聚集重要资源，聚焦重点行业，优化区域布局，着力延伸产业链、提升价值链、完善利益链，构建科技支撑体系、生产经营体系和市场流通体系，提升科技创新能力、

产业带动能力、服务保障能力，推动“三个链条、三个体系、三种能力”全面升级，实现首都“菜篮子”产品保供稳价，满足市民美好生活需要，促进京郊农民就业增收，为首都率先基本实现农业农村现代化提供有力支撑。

（二）基本原则

1.坚持因地制宜原则

依托北京资源、市场等条件，结合北京城市功能定位和“疏整促”专项行动要求，因地、因时、因势制宜，培育农产品加工业的重点行业，优化产业布局。

2.坚持市场主导原则

充分发挥市场机制的作用，以多样化、优质化的市场需求为导向，开发适销对路的产品，特别要鼓励和引导农产品加工企业开发首都特色优势农产品。在坚持政府引导调控的前提下，充分发挥市场主体作用，激发市场活力。

3.坚持创新驱动原则

充分发挥首都科技优势，把科技创新作为发展农产品加工业的重要驱动力，着力解决农产品加工过程中的技术瓶颈，不断提高产品的质量和市场竞争力。强化科企合作，完善科技创新机制体制。

4.坚持绿色发展原则

树立节约集约高效利用的绿色发展观，通过精深加工、循环利用、综合利用，形成“资源—加工

一产品—资源”的农产品加工模式，最大限度减少对环境的影响，实现节能降耗、环境友好和可持续发展。

5.坚持带农惠农原则

把带动农民就业增收作为发展农产品加工业的出发点和落脚点，完善利益联结机制，让农民分享农产品加工业各个环节的增值收益。

（三）发展目标

到2025年，基本形成区域布局合理，行业布局清晰，保障能力明显提升，效益显著提高，带动作用持续增强的发展格局；着力打造300家规模以上加工企业，力争实现加工业产值5倍于农业总产值，农产品加工业营业收入达到1500亿元（简称“3515”）；全市农产品加工业发展水平显著提高，有力支撑京郊乡村产业振兴。

经营主体发展壮大。农业企业、农业产业化联合体、农民合作社等经营主体进一步发展壮大，利益联结机制更加紧密。全市规模以上农产品加工企业力争达到300家左右，市级以上重点龙头企业力争达到140家左右。构建包括头部龙头企业、“链主”龙头企业、科技领军型龙头企业和联农带农紧密的区域型龙头企业在内的龙头企业梯队。

加工水平显著提升。农产品加工水平明显提升，加工增值率大幅提高，加工损耗率进一步降低。全市农产品加工业与农业总产值比达到5 ∶ 1。

产业效益稳步提高。农产品加工业发展规模稳步提高，经济效益明显提升。全市规模以上农产品加工企业营业总收入达到1500亿元。

三、行业布局

（一）蔬菜产地初加工

围绕京郊南部菜园、北部菜园和东厢菜园，在产地附近就地建设保鲜、贮藏、分级和包装等商品化处理设施，促进农产品顺利进入终端市场和后续加工环节。在此基础上，以加工流通、品牌营销、主体培育等环节为切入点，建设蔬菜初加工基地，开展净菜、脱水蔬菜、腌制蔬菜和速冻蔬菜等加工，培育产加销一体化企业，提升蔬菜产品品质，满足城乡居民消费升级需求，把就业岗位更多留在乡村，把产业链增值收益更多留给农民。

（二）畜禽产品加工

重点围绕京东北、京西北、京南的生猪产业片区，在平谷、顺义、房山等生猪养殖重点区域，配套与生猪养殖规模相适应的屠宰加工企业，开展生猪屠宰和肉类产品加工。在平谷等蛋鸡养殖重点区域，开展各类禽蛋产品加工。充分发挥重点龙头企业的辐射带动作用，建设北京畜禽产品供应基地和活体储备基地，确保首都市场日常供应和重大活动期间的食品安全。

（三）休闲食品加工

迎合首都市场高端消费以及居民休闲需求，开发各类“农味”十足的休闲食品和保健食品。怀柔、密云、房山、延庆、平谷等京郊深山区有优良的生态环境和良好的自然资源条件，各类杂粮和果品品质较好，依托当地自然资源禀赋，开发生态特色农产品加工，包括核桃、杏仁、板栗、枣干等干果坚果，以及相应的冻干食品、方便食品、膨化食品、速冻冷冻食品、果冻、饼干、蜜饯、蜂蜜、凉果、糕点、罐头等精深加工产品。

（四）乡村特色产品加工

把农产品加工业和乡村旅游相结合，围绕休闲农业“十百千万”畅游行动、全国休闲农业重点县（区）建设等工程，在京郊重要休闲农业与乡村旅游节点，整合农副土特产资源，充分挖掘乡村民俗文化底蕴，厚植乡村文化基因，遵循实用性、便携性、观赏性、特色性、参与性等原则，大力开发“京味”十足的农产品伴手礼等系列加工产品。通过深加工、精包装等形式，将农副产品转化为各类特色食品、手工艺品、伴手礼等乡村旅游商品，满足游客食用、纪念、馈赠等多方面需求，提升农产品附加价值。同时开发“加工体验”新业态，让游客参与农产品加工过程，增加乡村旅游趣味性，引导农产品加工与乡村旅游深度融合。

（五）籽种加工

引导种业龙头企业加大种质资源保护和开发利用，强化重点种源关键核心技术和农业生物育种技术研发能力，建立健全商业化育种体系，培育新品种、新品系。围绕农作物、畜禽等种业领域，聚焦于产业体量大、带动力强且具备竞争优势的战略物种和具有本土特色、产地唯一性的北京特色物种，重点推进甘蓝等蔬菜、特色玉米、节水小麦、马铃薯、蛋鸡、生猪、奶牛、北京鸭、鲟鱼等冷水鱼、宫廷金鱼等观赏鱼、桃、乡土树种等12大物种产业创新高质量发展，培育具有竞争力的优良品种、优质企业和优秀品牌。引导科技型种业企业向通州国际种业园区和平谷国家现代农业（畜禽种业）产业园集聚，打造现代种业创新创业集群。

四、主要任务

（一）完善科技支撑体系，提升科技创新能力

1.推进技术创新

把农业科技纳入北京国际科技创新中心建设战略，依托农业“中关村”建设，着力推进自主创新，强化农产品加工业科技和物质装备支撑。聚焦智能装备、数字农业等重点领域，研发一批具有自主知识产权的核心技术，重点提高龙头企业数字化发展能力。鼓励大型农产品加工企业加快生物、工程、环保、信息等技术集成应用，促进农产品多次加工，实现多次增值。

2.推进产品创新

多层次丰富农产品加工品，重点布局中央厨房、主食加工、休闲食品、方便食品、净菜加工和餐饮外卖等加工，满足首都市民多样化、便捷化需求。大力发展“生鲜电商+冷链宅配”“中央厨房+食材冷链配送”“中央厨房+快餐门店”“健康数据+营养配餐+私人订制”等新型加工业态。推动农产品加工企业进行技术装备改造升级，着力降成本、补短板，提升企业效益和竞争力，促进农产品加工业提质增效。

3.推进模式创新

通过“资源+项目”“市场+政策”“金融+科技”“产品+服务”“品牌+规模”等多种方式创新产业模式，推进农产品加工业转型。鼓励企业创新经营思路和营销模式，积极推动农产品加工企业，尤其是龙头企业在战略管理、组织架构、产品营销等方面创新商业运营模式。

（二）完善生产经营体系，提升产业带动能力

1.带动农民增收

按照“抓基地、抓龙头、抓市场、抓品牌”的思路，推进农产品加工业发展，引导农产品加工企业向前延伸以带动农民增收致富、向后延伸建设品牌营销网络，增强产业带动能力。完善现有的利益联结机制，使农民分享农产品加工业利润，并与企业等各类经营主体形成稳定的利益共同体，成为农产品加工业发展的参与者和受益者。支持龙头企业通过契约式、分红式、股权式等多种利益联结方式带动小农户共同发展，提升联农带农能力。探索“拨改投”“拨改股”，将财政补助资金形成的资产量化到小农户，作为小农户入股龙头企业的股份。鼓励龙头企业创造更多的就业岗位，吸纳更多农民就地就近就业。鼓励小农户以土地经营权、林权等入股龙头企业并采取特殊保护，构建企业和农户优势互补、分工协作、互惠共赢的格局。

2.带动产业升级

注重下游产品的开发与综合利用，打造农业全产业链，逐步实现由以初级加工为主向以高附加值的精深加工为主的转变。依托现代农业产业园、农业产业强镇、现代农业示范区、特色优势产业集群的建设，加大农产品加工业的投入力度，引导龙头企业聚焦优质农产品生产产地和加工产能，优化产业布局，开发多元产品，推动农产品加工业向产业链中具有更高附加值的品类和环节延伸。

3.带动品牌提升

重点培育产业关联度大、带动能力强、科技含量高、市场前景好、发展后劲足、产品竞争力强的大型龙头企业，在品牌培育、品牌管理、品牌宣传等方面给予重点支持，打造行业领军企业集团。支持农产品加工企业开展质量认证，提品质、创品牌，打造一批具有广泛影响力和持久生命力的知名农业加工品牌。组织开展北京市农产品加工企业品牌宣传活动，鼓励农产品加工企业积极参与优质农产品评比和推介工作。大力推动老字号企业专业化整合、产业化经营，激发老字号品牌活力，在科技、人才、食品安全等方面加强支持力度，把不同特色的“农味”更好地融入丰富多韵的“京味”城市之中，彰显首都特色，发挥老字号核心竞争力。

（三）完善市场流通体系，提升服务保障能力

1.保障首都市场日常供给

积极履行“四个服务”职责，重点提高生猪屠宰加工和蔬菜加工仓储能力，切实保障“菜篮子”有效供给、实现城市平稳运行。根据首都特大型城市和消费型城市特点，合理确定“菜篮子”产品自给率，保持与首都市场规模相适应的农副产品生产加工产能。立足稳产保供，提高农产品加工企业的社会责任担当，保障“舌尖上的安全”。

2.保障首都应急和重大活动市场供应

积极做好“菜篮子”产品加工收储工作，夯实应急保障能力，有效应对各种可能出现的突发事件。提升蔬菜等重要“菜篮子”产品加工产能，保

有一定的自给率和应急保障能力，进一步加强本市粮油、肉蛋、蔬菜等居民生活必需品市场供应能力。支持首农食品集团北京粮油食品应急保障中心建设，打造集储备物流、食品加工、信息科技、研发为一体的大型产业园区，构建“环六环1小时”粮油食品应急保障圈。同时做好市场预测，全力保障首都重大活动及重要会议期间的食品供应，确保农产品供应安全、丰富、充足。

3.保障京津冀协同等重大战略任务

引导农产品加工企业积极参与京津冀协同发展、区域合作、东西部协作和对口支援等重大战略任务。以实施农产品加工合作项目为切入点，在支援地区共建一批环京的肉、蛋、菜、奶“菜篮子”产品生产和加工基地，与首都“菜篮子”产品销售网络相对接，形成一批农产品加工的支援合作典型。鼓励龙头企业在北京周边建设稳定、可控的生猪养殖和屠宰加工基地，建立“点对点”供应模式。

五、重点工程

（一）农产品加工技术提升工程

支持农产品加工企业聚焦重点领域和重要环节开展技术创新，打造“政产学研用”技术创新平台，构建合作型技术创新机制，保护企业自有知识产权，提高农产品加工业技术创新能力。

一是推进科企合作。支持构建龙头企业牵头、高校院所支撑、各创新主体相互协同的体系化、组织化、任务型的创新联合体。充分发挥首都强大的科技资源优势，组织在京科研院所、大专院校与农业龙头企业联合开展技术攻关，重点围绕未来食品等领域，研发具有自主知识产权的农产品加工先进技术和关键技术。

二是开展重点技术攻关。以农产品加工关键环节和瓶颈制约为重点，组织开展重点技术和关键技术攻关，研发一批集自动测量、精准控制、智能操作于一体的绿色储藏、动态保鲜、快速预冷、节能干燥等新型实用技术，以及实现品质调控、营养均衡、清洁生产等功能的先进加工技术。重点引导头部龙头企业和科技领军型龙头企业发挥技术优势和创新优势，提高对关键技术掌控能力，引领行业发展方向。

三是支持科技人员创新创业。鼓励农业高校、科研机构的科技人员通过兼职、在职创办企业、在岗创业、到企业挂职、参与项目合作、离岗创业等方式创新创业，并在岗位晋升、考核评聘中作为重要依据。探索成果权益分享、转移转化和科研人员分类评价机制，明确科技人员兼职取酬、成果作价入股等事项，加大科研成果权益分配的激励力度。

（二）农产品加工多元化开发工程

统筹发展农产品初加工、精深加工和综合利用加工，稳步提升农产品加工产能，促进农产品就地就近转化增值。

一是支持农产品初加工。鼓励和支持农民合作社和中小微企业等发展农产品产地初加工，减少产后损失，延长供应时间，提高质量效益，培育农业食品融合企业。蔬菜等鲜活农产品，重点发展清洗净化、分等分级、预冷保鲜、分割包装等，实现减损增效。

二是提升农产品精深加工。依托大型龙头企业布局加工产能，发展肉制品、果蔬饮品、特色食品等精深加工，开发类别多样、营养健康、方便快捷的系列化加工制品，实现产品多层次加工、多环节增值。

三是推进综合利用加工。鼓励粮油、果蔬、畜禽等生产加工类企业减少加工环节的损失和浪费，提高副产物综合利用率和农产品加工转化率，实现减损增效。支持首农食品集团等大型龙头企业、连锁商超直接投资或合作建设净菜加工中心，发展蔬菜精深加工，减少尾菜产出量，促进资源综合开发利用。

（三）农产品加工产业融合工程

突出产业融合带动，引导农产品加工企业跨界配置现代产业要素，带动农业纵向延伸、横向拓展，形成特色鲜明、丰富多样、一二三产业融合发展的农业全产业链，提高产业增值增效空间。

一是拓展新型业态。引导农产品加工企业拓展消费体验、休闲旅游、养生养老、个人定制、电子商务等业务，发展亲子体验、农业科普、数字农业、“互联网+”等新产业新业态，打造产加销服贯通、农食文旅教融合的利益共同体。支持首农食品集团建设集食品加工、科研、文化体验于一体的老字号文化产业园。

二是发展生产性服务产业。支持农业龙头企业开展农资供应、技术集成、培训指导、农机作业、冷链物流、市场营销等全方位社会化服务，促进小农户和现代农业发展有机衔接。因地制宜发展单环节托管、多环节托管、关键环节托管和全程托管等各种形式的托管服务。支持农业产业化龙头企业在本市建立农业全产业链综合服务中心，鼓励龙头企业完善配送及综合服务网络。

（四）农产品加工冷链仓储工程

重点增加对冷藏、保鲜、包装、运输、卫生检疫等基础设施的投入，改变农产品冷链物流建设滞后现象，引导生产加工基础设施一体化建设。

一是推动净菜加工。引导农产品初加工向农产品流通体系链条前端转移，鼓励设施蔬菜生产地就近建立大型蔬菜加工基地或净菜加工中心，并建立蔬菜冷藏链，推动净菜入市。

二是建设冷链物流基地。加强农产品骨干冷链物流基地建设，加快建设南口农副产品冷链交易物流基地等7个区域性农产品产地仓储冷链物流基地、11个乡镇田头仓储冷链物流基地、14个村级仓储保鲜基地。

三是培育专业化蔬菜采后加工服务主体。依托重点蔬菜加工企业，积极培育具有一定规模的专业化蔬菜冷链物流、加工、包装、配送等专业服务主体，提高优势产区蔬菜预冷等商品化处理能力。聚焦房山、顺义、平谷、密云和首农食品集团，实施一批蔬菜加工仓储投资项目。

四是建设现代化冷链配送中心。完善冷链配送设施建设，发展具有集中采购、跨区域配送能力的现代化配送中心，建设黑庄户冷链物流配送中心、西郊上庄物流配送中心、南郊西毓顺物流中心等农产品物流配送基地。

（五）农产品加工“互联网+”工程

将农产品加工业纳入“互联网+”现代农业行动，利用大数据、物联网、云计算、移动互联网、人工智能、区块链等新一代信息技术，培育发展网络化、智能化、精细化、数字化现代加工新模式，加强对生产、加工、流通和服务等全链条的数字化改造，提高乡村产业全链条信息化、智能化水平。

一是开展农产品电子商务。引导现有龙头企业依托自身优势，开展农产品电子商务，拓展加工农产品营销网络和渠道。支持龙头企业和电商平台联合建设农产品批发市场和物流配送设施，发展“互联网+”农业，使产品产得出、卖得好。

二是推动物联网建设。应用电子信息技术，推进智能冷链、智能冷库、智能车间建设，部署环境监测、视频监控、物流定位、电子称重等智能物联网设备。推进加工仓储冷链物流企业实现物联网全覆盖及全流程数据采集，保障加工、包装、转运环节的产品质量安全，实现透明化加工、全程冷链监控、区块链认证溯源。

三是研发智能加工设备。运用智能制造、3D打印等新技术，集成组装一批科技含量高、适用性广的加工工艺及配套装备，提升农产品加工层次水平。开展以清洁能源和现代信息技术为基础的智能农机研究与示范应用，实施农产品初加工装备提升工程。

四是建立农产品加工数据中心。适时建设全市农产品加工大数据中心，对农产品加工业开展产业数据监测和市场动态分析，以信息化技术引导产业健康发展。

（六）农产品加工质量安全工程

以2022年北京冬奥会为契机，严格食品安全监管，提高首都市场食品安全保障能力。实施食品安全“区域协作、基地保障、全程监管”工作机制，织密织牢从种植养殖、企业加工到餐桌消费的全链条防控网络。

一是完善质量安全追溯体系。积极构建全程可追溯的食品安全管理体系，建立严格的质量安全管理体系和全产业链的追溯体系，促进农产品加工业食品安全管控的系统化、制度化、规范化，积极带动全市食品安全管理水平提升。

二是引导企业加强质量安全管理。引导企业牢固树立以质量和诚信为核心的理念，弘扬“工匠”精神，支持农产品加工企业积极参与先进质量管理、食品安全管理体系、危害分析与关键控制点（HACCP）体系认证，提升全程质量控制能力。

三是完善农产品加工标准体系。发挥产业联盟、行业协会作用，强化行业标准制修订和宣贯，大力推行标准化生产。鼓励引导企业主动制定和使用先进标准，培育农业龙头企业标准“领跑者”。

（七）农产品加工绿色发展工程

大力发展生态绿色加工，鼓励节约集约循环利用各类资源，引导建立低碳、低耗、循环、高效的绿色加工体系。按照“投入品减量化、生产清洁化、废弃物资源化、产业模式生态化”的要求，促进农产品加工业绿色生产。

一是支持绿色生产基地建设。结合产业强镇、现代农业产业园建设及京津冀协同发展工程，引导企业创建一批标准化绿色生产基地，推动原料基地与绿色食品加工企业相互促进、有效衔接。

二是推动农产品加工清洁生产。引导龙头企业围绕碳达峰、碳中和目标，研究应用减排减损技术和节能装备，开展减排、减损、固碳、能源替代等示范，打造一批零碳示范样板企业。支持大型农业企业和农产品加工园区推进果蔬、畜禽等加工副产物循环利用、全值利用、梯次利用，实现变废为宝、化害为利。鼓励龙头企业开展农业自愿减排减损。促进农产品冷藏库、烘干房等初加工设施“一库多用”“一房多用”、周年使用。

三是鼓励企业创建绿色品牌。鼓励农产品加工企业积极开展“绿色食品、有机农产品和农产品地理标志”品牌创建活动，发挥品牌优势，促进产业与品牌协同发展。支持拥有绿色食品获证、有机农产品认证和农产品地理标志登记产品的农业企业参加全国或国际展会，提升绿色食品品牌影响力。

（八）农业产业化联合体扶持工程

鼓励农产品加工企业、合作社等各类主体，以资本、技术、品牌为纽带，通过股份合作、工序衔接、产销对接等方式，与上下游各类市场主体组建产业联盟，让农户分享农产品加工业增值收益。

一是培育重点产业化联合体。发挥龙头企业在产业链中的引领带动作用，联合农民合作社、家庭农场、农户以及从事农业技术研发、储运销售、品牌流通、综合服务等全产业链各类主体，共同开发优势特色资源、优化配置创新要素，建设一批农业产业化重点联合体。强化龙头企业在联合体中的带动作用，培育全产业链“链主”企业。

二是创新联合体内部利益联结机制。引导农业产业化联合体成员间紧密合作，开展技术共享、信息共享、品牌共享、渠道共享、利益共享等，提高资源要素的利用和产出效率，提升产业综合效益和竞争力。鼓励联合体各成员通过资金、技术、品牌、信息等要素融合渗透、相互入股，形成比较稳定的长期合作关系，实现深度融合。引导农业产业化联合体健全章程。

三是提升联合体带动农户能力。引导农民以土地经营权、林权、设施设备等入股农民合作社或龙头企业，采取“保底收入+股份分红”的分配方式，让农民以股东身份获得收益。鼓励龙头企业通过提供技术指导、创业孵化、信息服务，带动小农户围绕产业链发展初加工、库房租赁、物流运输、门店加盟、直播销售等，以创业带就业，促进农民增收致富。

（九）集体经济加工业壮大工程

统筹推进农产品加工业与壮大集体经济有效衔接，借助集体经济组织力量推动农产品加工业发展，以农产品加工业健康发展夯实集体经济基础。

一是支持集体经济薄弱村开展农产品加工项目。集中政策、人才、技术等多方资源，引导远郊山区集体经济薄弱村与民族乡村发挥当地自然优势，因地制宜发展农产品加工业，提升村集体经济实力。

二是鼓励村集体经济组织发展农产品加工业。在深化农村集体经济产权制度改革的基础上，鼓励村集体以领办创办农民专业合作社、农业企业、入股或参股农业产业化龙头企业等多种方式发展农产品加工业，以盘活农村土地资源和其他经营性资产为抓手，拓宽集体经济发展路径，推动集体产业转型升级。

（十）农业企业家培育工程

深入实施农村创业创新带头人培育行动，改善农村创业创新生态，壮大新一代农业企业家队伍。鼓励返乡下乡人员创办领办农产品加工企业，以“企业+合作社+农户”等经营模式促进生产与市场有机衔接，带动农户增产增收。

一是完善农业企业家培训体系。按照产业发展要求和市场经济需求，从战略高度培养和造就优秀农业企业家队伍。通过专题培训、实践锻炼、学习交流等方式，完善乡村企业家培养机制，开展系统、实用、便利的培训，围绕企业家的人文素质、市场观念、专业技能、经营管理等方面开展专业教育和职业教育，为农业企业家成长提供平台。加强对农业企业家合法权益的保护。

二是强化人才激励机制。畅通各类人才返乡入乡渠道，落实人才返乡创业补贴、担保贷款等支持政策。鼓励农业企业家积极参加职称评定和各种人才评选工作。对带动能力强、社会影响力大的企业经营者进行广泛宣传，大力弘扬企业家精神，为企业家谋事创业营造良好舆论氛围。

六、保障措施

（一）加强组织领导

建立市农业农村部门牵头抓总、相关部门协调配合、社会力量积极支持的规划推进机制，协调解决农产品加工业发展面临的重大问题。市发展改革委、市科委、中关村管委会、市经济和信息化局、市财政局、市商务局等各相关部门积极落实促进农产品加工业发展的各项政策措施，统筹谋划、宣传引导、监督检查，共同推动全市农产品加工业持续健康发展。各区结合市级规划的统一要求和各分区规划的定位目标，制定“十四五”期间各区农产品加工业发展方案，明确发展目标和工作措施，使农产品加工工作责任落到实处。

（二）强化政策扶持

统筹财政税收、金融保险、用地、人才等政策，优先支持现代农业产业园、农业产业强镇、优势特色产业集群建设中与农产品加工业相关的仓储保鲜冷链设施建设。落实各部门出台的相关企业补贴政策。降低企业融资门槛，重点支持带动能力强、发展潜力大、联农带农效果明显的龙头企业申请贴息贷款。引导农业银行等金融机构支持农业产业化联合体发展。为小微企业提供小额贷款服务。同时扩大抵押物范围，将农产品仓单、出口订单、土地经营权、山林权等作为质押物，为企业申请贷款提供便利条件。统筹解决用地问题，坚持保护耕地和节约用地，引导大型龙头企业向加工园区聚集，以降低企业用地成本。加工企业发展设施农业配建的看护房、农资农机具库房、烘干晾晒、分拣包装、保鲜存储、废弃物处理等设施用地均纳入设施农业用地管理，根据生产实际合理确定各类设施农业用地规模。

（三）加强交流合作

持续改善营商环境，深化放管服改革，构建亲清政商关系，切实为企业解决产业发展中遇到的问题。推进农产品加工创新技术交流、新产品展示展销、企业沟通交流的平台建设，建立健全农资供应、技术推广、成果转化、人才培训、产品营销等农产品加工社会化服务体系。建立农产品加工业发展专家咨询库，加强政策指导、技术咨询等公共服务。完善农产品加工业统计制度和调查方法，开展行业运行监测分析，丰富统计内容。搭建经贸合作平台，强化进出口及投资政策引导，支持在京农产品加工企业走出去，在更高层次、更大范围参与国际国内经贸合作和产品展示展销，扩大对外影响力和国际市场竞争力。培育大型跨国农业企业。加强宣传推介活动，围绕龙头企业创新发展、绿色发展、联农带农机制建设、促进农民就业增收、带动脱贫地区发展等方面，挖掘典型材料，开展多种形式的宣传报道。

北京市“十四五”时期休闲农业发展规划

北京市农业农村局

2021年12月

前言

休闲农业是推进乡村振兴的重要产业，发展休闲农业是加快农业农村现代化的重要举措。近20多年来，北京市从“大城市小农业”“大京郊小城区”的基本市情农情出发，依托京郊丰富的生态资源、特色的农业产业、深厚的历史文化以及庞大的消费市场，推动休闲农业蓬勃发展，不断打开首都乡村振兴的新空间。

“十四五”时期是开启全面建设社会主义现代化国家新征程的第一个五年。立足加快构建以国内大循环为主体、国内国际双循环相互促进的新发展格局，北京市休闲农业迎来了大有可为的战略机遇期。必须深刻认识新发展阶段，贯彻落实新发展理念，着力构建新发展格局，将休闲农业与乡村旅游培育成为北京郊区的支柱产业和惠及全市人民的现代服务业；将乡村地区建设成为提高市民幸福指数、面向全国及全世界人民更加开放的首选休闲度假区域，全面开创北京市休闲农业新局面！

为深入贯彻落实《中共中央国务院关于全面推进乡村振兴加快农业农村现代化的意见》《北京市城市总体规划（2016年—2035年）》《北京市乡村振兴战略规划（2018—2022年）》《北京市“十四五”时期乡村振兴战略实施规划》要求，进一步深化落实《北京市休闲农业“十百千万”畅游行动实施意见》，推动全市休闲农业高质量发展，实现农民创业增收，满足市民休闲需求，助力乡村振兴，特制定本规划。

一、科学研判形势，把准时空方位

（一）“十三五”时期发展成效

1.业态类型不断丰富，产业发展日益强劲

“十三五”时期，以消费多元化、个性化、高端化需求为导向，北京市持续拓展农业多种功能，深度推进农业与观光休闲、科普教育、文化创意等行业跨界融合，休闲农业新业态、新模式不断出现。产品的多样化、产业链的延伸，加之新媒体的广泛应用，直接带来休闲农业人均消费的稳步提升，进一步凸显产业优势与活力。2020年，全市休闲农业与乡村旅游人均消费133元，同比增长22.2%。其中，观光园人均消费178.2元，同比增长18.1%；乡村旅游人均消费94.3元，同比增长25.5%。

2.示范创建持续推进，休闲精品不断涌现

“十三五”时期，北京市积极创建全国休闲农业和乡村旅游示范县、中国美丽休闲乡村、全国休闲农业与乡村旅游星级园区（企业）等，树立了一批全国标杆，培育了一批知名品牌，成为引领休闲农业发展的样板。截至2020年底，全市有7个“全国休闲农业与乡村旅游示范县”、21个“全国休闲农业与乡村旅游示范点”、38个“中国美丽休闲乡村”、85个全国星级园区、151个北京市星级园区、261个星级乡村民俗旅游村、5732个星级乡村民俗旅游户、1077个乡村民宿，中国农民丰收节、北京农业嘉年华、大兴西瓜节、平谷桃花音乐节、海淀樱桃文化节等农事节庆活动成为北京市休闲农业新名片。“门头沟小院+”田园综合体、延庆民宿集群等区域品牌不断涌现。

3.创新创业释放动能，主体多元注入活力

“十三五”时期，借力“大众创业、万众创新”热潮，北京市发挥资源聚集优势，促进资本、技术、人才、信息等要素向农村流动，休闲农业呈现出经营主体多元化发展趋势。以政策为引导，支持新农人领办创办休闲农业企业，鼓励受过高等教育的农民子弟回村“接班”，形成了家庭经营、村集体经营、企业经营、合作经营等多种经营方式共同发展的格局；涌现出以“老栗树”“飞鸟与鸣虫”“天开自然农社”“分享收获”等为代表的一批新农人休闲农业品牌；经营模式不断创新，人才支撑持续增强，产业发展势头良好。

4.政策力度持续加大，产业升级取得成效

“十三五”时期，以实施乡村振兴战略为引领，北京市持续加大对休闲农业的政策支持，推动整个行业提档升级。陆续出台了《关于加快休闲农业和乡村旅游发展的意见》《北京市休闲农业“十百千万”畅游行动实施意见》《北京市关于促进乡村民宿发展的指导意见》等文件，明确产业发展方向，指明产业发展路径。以乡村民宿为重点，带动6000余家传统农家乐转型升级；以休闲农业“十百千万”畅游行动为抓手，乡村环境景观明显提升、农业绿色生产持续夯实，产品业态不断丰富、产业聚集步伐加快，开启了全市休闲农业高质量发展的良好局面。

（二）存在的主要问题

1.产业动能亟需增强

北京市统计局数据显示，全市休闲农业接待人次、营业收入分别从2017年、2018年开始为负增长，全市休闲农业亟需创新思路，注入产业发展新动能，构建产业发展新格局。

2.产品创新供给不足

随着消费结构持续升级，市场对休闲农业产品提出了更高、更多元化的需求，但目前北京市休闲农业产品结构同质、乡村文化与风情民俗挖掘不够、新业态供给不足，产业低质低效瓶颈亟需突破。

3.联农带农有待提升

休闲农业是带动农民就业增收、促进农业全链条发展的重要产业，但目前全市休闲农业带动农民增收的方式主要是就业与租金，对农民增收拉动贡献较低，亟需进一步完善联农带农机制，带动农民增收致富。

4.品牌建设力度不够

近几年，各级相关部门加强了休闲农业宣传推介，但大众对北京市休闲农业的认知度依然较低，尚未构建与信息化时代相适应的智慧宣传平台和完善的品牌体系，休闲农业消费氛围和影响力与发展程度不相匹配。

（三）新形势与新要求

1.新时代赋予北京市休闲农业更广阔的舞台

“十四五”时期，“双循环”格局构建、乡村振兴持续推进为北京市休闲农业新一轮提档升级创造了有利条件。在以国内大循环为主体、国内国际双循环相互促进的新发展格局中，世界更加聚焦北京；随着全市美丽乡村建设有序推进，基础设施、人居环境、公共服务等短板加快补齐，人才、资本等更多要素资源将进入农业、投入农村；休闲农业正在成为乡村竞相发展的新热点，社会资本竞相追逐的新热土。

2.消费结构快速升级为休闲农业注入强劲动力

新冠肺炎疫情防控常态化背景下，休闲农业和乡村旅游持续升温，市民由“出境游热”逐步转向“周边游”和“乡村游”；市民消费逐步转为品质消费、健康消费、体验消费、文化消费。在落实北京市“五新”战略任务中，休闲农业和乡村旅游的市场将持续扩大，休闲农业发展必须抓住市场需求转变契机，不断满足人民日益增长的美好生活需要。

3.休闲农业是符合首都功能定位的乡村支柱产业

《北京城市总体规划（2016年—2035年）》明确要求，将乡村旅游培育成为北京郊区的支柱产业和惠及全市人民的现代服务业，将乡村地区建设成为提高市民幸福指数的首选休闲度假区域。休闲农业是生态产业、富农产业，也是惠及居民的幸福产业，必须朝着质量要提高、特色要鲜明、业态要丰富、科技要领先、文化要充实的方向提档升级，全面支撑乡村宜居宜业。

4.休闲农业是京郊农户增收致富的不竭之源

休闲农业横跨一二三产业、兼容生产生活生态、融通工农城乡，是创业就业的重要领域。在全市率先基本实现农业农村现代化进程中，必须进一步释放休闲农业带动农产品销售、提高农业附加值、吸纳就业创业的动能，增加农民的财产性收入和经营性收入，向与农民利益联结机制更加紧密、增收带动更强的方向改革创新、提档升级。

二、紧扣首都定位，明确发展思路

（一）指导思想

以习近平新时代中国特色社会主义思想为指导，坚定不移贯彻落实新发展理念和“两山”理论，深入实施人文北京、科技北京、绿色北京战略，坚持以首都发展为统领，以大城市带动大京郊、大京郊服务大城市为发展方略，以推动休闲农业高质量发展为主线，充分发挥农业产品供给、生态屏障、文化传承等多种功能，聚焦文化、科技、绿水青山“三赋能”，突出品种、品质、品牌“三提升”，强化产业链、价值链、利益链“三建设”，深化首都特色，聚焦产业升级，突出文化传承，致力“京华乡韵”品牌培育，进一步激发休闲农业向更宽更深领域发展的新动能，不断充实和丰富休闲农业的新内容，打造与首都战略定位相适应的国际化、智慧化、标准化、多元化、多样化的休闲农业新格局，为全市率先基本实现农业农村现代化提供有力支撑。

（二）发展原则

1.以农为本，创新发展

结合京郊农业产业基础、自然生态、地理环境、历史文化、交通运输等资源禀赋，运用现代科技和管理服务手段，深化推进农业与旅游、教育、科技、文化、健康养生等产业融合，全面带动农产品“地产地消”，全面提升农产品品质，创新开发特色鲜明的服务产品，加快推动休闲农业提档升级。

2.城乡融合，协调发展

立足“大城市小农业”“大京郊小城区”基本市情农情，充分发挥休闲农业连接城乡资源的天然优势，创新城乡融合发展思路，畅通城乡要素双向流动通道，促进资本、人才、消费“三下乡”，释放休闲农业在城乡融合发展、助推乡村振兴中的强大动能。

3.生态优先，绿色发展

坚持生态为先，在践行“两山”理念上作表率，统筹考虑资源和环境承载能力，严格落实耕地保护制度，杜绝毁坏村容村貌，美化山水林田湖草，开发丰富多元的生态休闲产品，留住“乡韵乡味”和“京韵京味”，以绿色发展引领休闲农业转型升级。

4.多方参与，开放发展

充分发挥首都聚集资源要素优势，充分发挥农民的主动性与能动性，推动各类创客参与休闲农业创新创业，创新以农民和农村集体经济组织为主体的紧密型利益联结机制，探索让乡村获得更大发展空间的新模式，助推乡村产业兴旺。

5.富农惠民，共享发展

充分发挥休闲农业一头连市民、一头连农民的纽带功能，持续提升休闲农业就业增收带动效能，助力农民富裕富足。不断满足市民休闲、观光、体验、康养的新需求，增进城乡互动，实现城乡居民共享首都农业农村现代化发展成果。

（三）发展目标

到2025年，基本形成“北京文化为魂、京郊美景为韵、生态农业为基、美丽乡村为形、智慧创新为径”的休闲农业4.0版。休闲农业产业布局明显优化，产业类型丰富多元，产业质量明显提升，惠农惠民成效显著，着力打造休闲农业首都样板和北京模式。将休闲农业打造成为助推京郊乡村振兴的支柱产业，传承中华文化的国际品牌和增进首都居民福祉的城市名片。

到2025年，打造十余条休闲农业精品线路、创建百余个美丽休闲乡村、提升千余个休闲农业园、改造近万家民俗接待户和乡村民宿，实现休闲农业“4512”发展目标，即休闲农业和乡村旅游年接待达到4000万人次，经营收入达到50亿元，创建100个以休闲农业为支柱产业的市级美丽休闲乡村，培育200个休闲农业品牌目的地。培育一批以生态体验、科普教育、文化传承、健康养生为主题的休闲农业新业态，开发一批具有浓郁京韵京味的乡村特色农产品、纪念品和伴手礼，探索一批城乡共享、产村共融、村企共建等休闲农业新模式，形成休闲农业带动农民就地就业、增收致富的新局面，全面构建与首都功能定位高度契合的休闲农业产业体系。

三、突出资源优势，构筑崭新格局

根据北京市地形地貌、资源禀赋、产业特色等，按照“因地制宜、聚焦特色、集群发展、精品示范”的思路，优化休闲农业空间格局，构建“三带、五环、多组团”总体布局。

（一）“三带”

围绕长城文化、大运河文化和西山永定河文化三个文化带，打造以文化传承为核心的三条休闲农业带。

长城风情休闲农业带：落实长城文化带发展规划，突出长城文化符号和民族精神引领，发掘整理鲜活文化形态，充分利用长城防御设施、民间故事、抗敌遗迹，结合周边休闲农业发展，打造全长300余公里的长城风情休闲农业带。

西山永定休闲农业带：落实西山和永定河文化带发展规划，突出历史文化之源和独特自然地理条件，充分利用山川交融的生态景观、传统村落、“源文化”、流域文化、古商道、红色文化，结合周边休闲农业发展，依托生态景观打造全长100余公里的西山永定休闲农业带。

运河湿地休闲农业带：落实大运河文化带发展规划，突出大运河历史文化，充分利用湿地生态资源、漕运和水利技术遗迹、特色民俗等，结合周边休闲农业发展，打造全长100余公里能航船、能观景、能休闲、能怀古、能娱乐的运河湿地休闲农业带。

（二）“五环”

城中心都市农园休闲环：涵盖朝阳、海淀、丰台三区。依托其区位优势，用农业元素装扮城市，发展科普教育、农事体验、会展交流等休闲农业产品，积极打造休闲农业产品研发推广展示中心、乡村实用人才实训基地、绿色农产品线下体验定制销售网点，形成以亲子教育、体验消费为核心的城乡融合产品体验区。

平原产业观光休闲环：涵盖通州、大兴及房山东南部平原区、顺义西南部平原区、昌平南部平原区。以农业高质高效发展为基础，以农产品“地产地消”为核心，深度推进“农业+观光、体验、创意、节庆”等，推进平原区农村一二三产深度融合，形成以田园观光休闲、农事体验为核心的产业观光休闲区。

浅山文化风情休闲环：涵盖门头沟东南部浅山区、房山西北部浅山区、顺义东北部浅山区、昌平北部浅山区、平谷东部浅山区。依托山水资源、特色林果产业等，围绕登山步道、骑行线路和景观廊道建设，传承历史文化、民俗文化、农耕文化，形成以浅山观光、山水休闲、民俗体验、文化休闲为核心的乡村生活休闲旅居区。

深山康养度假休闲环：涵盖门头沟、怀柔、密云、延庆及房山西北部深山区、昌平北部深山区、平谷东北部深山区。瞄准周末乡村游、小长假度假、旅游旅居、养生避暑等休闲度假新需求，引入户外运动品牌企业、自然研学机构、俱乐部或网红达人，共同规划、合理开发利用与保护，打造大健康产业，形成以时尚越野探险、户外休闲、自然研学、度假体验为核心的国际生态休闲度假区。

京津冀休闲农业环：对接《北京市旅游专项规划》，积极融入京张文化体育旅游带、京承文化旅游带、京西生态旅游带、京雄旅游发展带、长城（京津冀段）文化旅游带、大运河（京津冀段）文化旅游带以及京东特色休闲旅游示范区、京西南山水休闲旅游区、京南文化创意与商务旅游示范区建设，推进休闲农业精品线路交叉延伸，做到资源、信息、客源“三共享”，积极构建京津冀休闲农业经济圈。

（三）“多组团”

推进休闲农业集聚集群，以区、镇为单位，充分整合区域优势资源，联动风景区、乡村、休闲农业园区、农业产业基地等，连点串线、构线成面，打造多个特色鲜明、业态互补、利益联结紧密、满足游客多元化需求的休闲农业组团。重点打造都市休闲、现代农业主题、“特色产业+”、山区特色体验、“乡村民宿+”、乡村综合体六大类组团，形成规模效应，实现游客“请进来、留下来、多消费”，构建新型乡村极致化体验，拓展建立乡村休闲新生态。

四、聚集首都特色，落实主要任务

（一）强化品牌，打造享誉国际之“京华乡韵”

立足首都城市战略定位，全面打造“京华乡韵”休闲农业品牌。以乡韵风俗、乡韵风味、京华风貌、京华风情、京华风尚五大内容为核心，全面建设由区域公共品牌、精品线路主题品牌、美丽休闲乡村特色品牌和休闲农业点个性品牌组成的“京华乡韵”品牌体系。紧紧围绕“京华乡韵”品牌体系的构建，推动实施北京市休闲农业“十百千万”畅游行动，鼓励各区积极创建全国休闲农业重点县，培育一批品牌乡村、品牌园区、品牌产品、品牌活动，实施一批大而优、小而美、特而新，有影响力和代表性的休闲农业项目，推出一批“京华乡韵”伴手礼，把北京农业农村打造成为国内外游客休闲度假、体验中华文化的首选地。

（二）深化特色，凝练休闲农业“首善本色”

围绕首善之区，用文化赋能、科技赋能、绿水青山赋能，深化北京市休闲农业特色。结合自然资源、人文历史、特色产业，深度挖掘京郊乡村文化，传承古都文化、京味文化、红色文化，赋予休闲农业更为鲜明的文化特征，彰显“京韵京味”。依托首都雄厚的科研人才资源，整合智慧农业、智慧旅游等成果，将互联网技术应用到休闲农业的生产、营销、运营等各个环节，创新休闲农业商业模式，全面构建“互联网+休闲农业”全产业链，大力发展5G时代的智慧休闲农业。写好“两山”理论下半篇文章，积极开展生态农田建设，鼓励生态涵养区在实现生态价值转化上先行先试，提供更多更好的生态产品和生态服务，让良好生态环境成为农民增收致富的“聚宝盆”。

（三）突出提质，打造首都“美好生活产业”

紧紧围绕满足人民日益增长的美好生活需要，持续拓展农业多种功能，挖掘乡村多元价值，全要素提升休闲农业供给质量，形成连城带乡、兴村富民的“美好生活产业”。夯实一产基础，提升农业绿色生产水平，积极发展绿色有机农业，打造“精品”农产品。以满足消费者对乡村生态自然食品的旺盛需求为导向，因地制宜积极开展农产品初加工、传统工艺加工、现代工艺加工等，为消费者提供“地产地消”的特色美食“伴手礼”和手工艺创意产品，打造“精致”加工产品。深化行业跨界融合，推动农业与观光休闲、旅游度假、研学教育、文化创意、健康养老等行业融合，创新休闲农业新模式、新业态，打造“精心”服务产品。

（四）聚焦增收，助力京郊“村强民富”

深化推进休闲农业发展与美丽乡村建设融为一体，提升休闲农业壮大村集体经济、升级乡村产业、带动农民增收的强大动能。梳理村集体资产，建立台账，全面厘清村集体经济组织资产账目，巩固和发展农村集体经济。在充分保障农民宅基地合法权益的前提下，兼顾集体与个人利益，规范引导农村集体经济组织及其成员通过自营、合作、出租等方式盘活利用闲置农宅。创新村企合作模式，鼓励农村集体经济组织通过出租、合作等方式引入社会资本，统一盘活利用闲置农宅发展休闲农业、文化体验、乡村民宿等特色产业，增加村集体和村民收入。鼓励企业采用“农民+合作社+龙头企业”“土地流转+优先雇用+社会保障”“农民入股+保底收益+按股分红”等利益联结方式，与农民建立稳定合作关系、形成稳定利益共同体。提升农户生产经营能力和组织化程度，让农民充分参与休闲农业发展、受益于休闲农业发展。

五、聚力品牌打造，实施重点工程

重点工程是北京市高质量发展休闲农业的抓手，也是“京华乡韵”品牌建设之内核。“十四五”时期，要全力实施一批集生产、生活、生态兼容并蓄，社会、文化、心灵共同成长，历史、现实、理想相互融合的多功能特色休闲农业重点项目，补齐短板，突出特色，构建体系，抓好落实，积极构筑新阶段北京市休闲农业新格局。

（一）“乡韵风俗”工程

以文化赋能休闲农业，在融合发展中传播北京文化、传承优秀传统文化、保育乡土品种、壮大特色产业、带动农民增收致富。重点实施原味民宿提升项目、民俗节庆赛事项目、农业文化遗产产业化项目等。

专栏1 “乡韵风俗”工程

1.原味民宿提升项目。持续推进民俗接待户改造升级，重点支持村民利用自有住宅，利用院内富余空间，发展原住民原住地原生态文化的原味民宿，实现生活和生产空间共享。加强“民宿主人”文化培育，加强地方文化传承，加大文创产品开发，推动民宿主人成为地方文化的传承者和弘扬者。到2025年，提升一批原味民宿。

2.民俗节庆赛事项目。发掘整理有关农业生产的神话传说、诗辞歌赋、民间谣谚、岁时节令与农事习俗，把锣鼓巷、厂甸、天桥等历史文化遗产、人民群众喜爱的文化形式嫁接到农村，成为休闲农业的重要内容；举办“中国农民丰收节”及农业嘉年华、草莓节、桃花节、西瓜节等具有北京特色的农业节庆活动；以区或乡镇为单位开展庆丰收乡村劳动技能大赛、单项农产品之王评选赛、艺术乡村大奖赛等；因地制宜推出乡村生态博物馆、农家艺术馆、农业博览园、才艺大舞台、农村大集市等多种形式。

3.农业文化遗产产业化项目。围绕已认定的重要农业文化遗产“北京京西稻作文化系统”“北京平谷四座楼麻核桃生产系统”及具有申报潜力的重点农业文化遗产系统，支持和鼓励各区推进农业文化遗产产业化建设，形成农业文化遗产传承保护与休闲农业互融共促的局面。到2025年，建设5处农业文化遗产产业化基地。

（二）“乡韵风味”工程

农业产业是“京华乡韵”品牌建设的基础。结合设施农业提质升级、乡村特色产业发展，持续夯实农业绿色生产、优质供给基础，实施“三品一标”提升行动，把北京特色优质农产品转化为深受游客喜爱的礼品、纪念品和营养品。重点实施京品礼品提质增效项目、北京“伴手礼”培育项目、北京乡村特色产业融合化项目、皇家贡品体验产品开发项目等。

专栏2 “乡韵风味”工程

1.京品礼品提质增效项目。培育独特品种、特殊品质、特定区域的特色农产品，恢复示范一批北京“老滋味”农产品。积极推广优质、高效、生态农产品品种和种苗，大力推广一批农业先进实用技术，尤其是互联网技术，发展现代化、科技化农业；坚持走特色、精品、生态发展之路，主打绿色、有机牌，不断完善首都农产品质量安全技术支撑和服务体系。

2.北京“伴手礼”培育项目。以满足消费者对乡村生态自然食品的旺盛需求为导向，积极开展农产品初加工，从食材、调料、做法、容器、包装以及饮食文化等方面为消费者提供“地产地消”的特色美食；聚焦红色文化、历史文化、礼仪文化、美食文化、节庆文化等，加强农业文化遗产特色手工艺挖掘，推动乡村特色手工艺创意产品制作，开发具有浓厚京郊文化的休闲旅游商品，培育“京礼”，带给消费者独一无二的快乐购物享受，打造具有首都特色的休闲农业“伴手礼”，让更多的京郊农产品变身为特色礼品，将收益给农民、留在农村。到2025年，打造“京礼”知名品牌30余个。

3.北京乡村特色产业融合化项目。依托北京特色优势产业资源，挖掘特色产业多种功能和多重价值，提升特色产业文化内涵，拓展特色产业休闲功能，围绕蔬菜采摘体验、特色观光果业、花卉景观农业、中草药文化体验、鱼文化博览、蜂文化旅游等主题，打造一批特色产业休闲观光项目；提高特色产业融合发展水平，提升特色产业价值链。

4.皇家贡品体验产品开发项目。围绕北京京西稻作文化系统、朝阳黑庄户宫廷金鱼养殖系统、密云御皇李子栽种系统、平谷佛见喜和蜜梨栽培系统、昌平京白梨栽培系统、怀柔板栗栽培系统、延庆八达岭镇帮水峪村香槟果栽培系统、顺义张堪水稻栽种系统等具有“皇家贡品”特色的传统农业系统，开发一批有历史渊源、有文化含量、有特色、能代表北京的优质农产品，建设20个有规模、有讲究、有口碑、能参观、能品尝、能体验的皇家贡品体验基地。

（三）“京华风情”工程

围绕首都特色，紧扣京津冀协同发展和“一带一路”倡议，整合资源，协同发展，推进北京市休闲农业国际化、多元化、多样化发展。重点实施休闲农业精品线路主题提升项目、京津冀协同共建休闲农业项目、休闲农业国际交流项目等。

专栏3 “京华风情”工程

1.休闲农业精品线路提升项目。凝练休闲农业精品线路核心价值，聚焦线路主题性提升，强化节点提质增效，突出沿线资源联动发展，形成文化内涵丰厚、首都特色鲜明的精品线路。重点打造“民族精神，红色传承”之长城风情线路，“跨越时空，品味文化”之运河湿地线路，“文化溯源，生态休闲”之西山永定线路，“山泉水林，原味体验”之百泉汤河线路，“山水画廊，四季观景”之乐享妫川线路，“山川生态，御道文化”之京西古道线路，“田园野趣，大地景观”之舞彩浅山线路，“浪漫田野，四季采摘”之桃花仙谷线路,“访春踏秋，农业精品”之幽岚山谷线路,“农情农景，文化遗产”之三山五园线路,“五谷丰登，甜蜜生活”之五谷蜂登线路。

2.京津冀协同共建休闲农业项目。按照“市场导向、优势互补、资源共享、特色鲜明、共赢发展”原则，携手天津、河北共建京津冀休闲农业环。强化政策协同，规划协同，服务标准协同，品牌打造协同，公共服务配套设施协同，实现资源共享，信息共享，客源共享，线路共享。加强休闲农业品牌合作，开展休闲农业人才联合培养，策划休闲农业大型推介活动，带动“环京津”农村地区经济发展。

3.休闲农业国际交流项目。依托长城、西山等景区，在周边乡村建设不同类型的主题乡村国际驿站（乡村民宿），如太极、中国功夫、茶道、中医养生、孙子兵法、考古课堂、京剧曲艺、中国书法、文创体验空间等。积极开展国际农业文化交流项目，与各国相关农业组织共同举办线上线下世界农业嘉年华、乡村国际狂欢节、世界乡村美食节、世界乡村艺术创作大赛等国际农业文化交流活动，结合2021年世界休闲大会、北京2022年冬奥会和冬残奥会、世界樱桃大会等重大活动，将北京建设成为国际农业会展中心。

（四）“京华风貌”工程

遵循乡村发展规律，尊重乡村自然景观，以农村人居环境持续改善为基础，提升休闲农业外围环境质量，实现乡村宜居宜业宜休闲的“京华风貌”。重点实施农田生态景观提升项目、乡村景观格局提升项目等。

专栏4 “京华风貌”工程

1.农田生态景观提升项目。推进休闲农业精品线路沿线、美丽休闲乡村周边、休闲农业园区内部等农田生态景观提升，利用传统粮经作物、特色经济作物等营造规模景观、条带景观、斑块景观，注重色彩搭配、观赏期延长、景观与生产兼具，突出乡土风貌，与村落景观协调一致。根据平原大田生态景观、山区田园生态景观和设施园区生态景观的特点，因地制宜，实施农田缓冲带、农田景观道路、农田坡面防护、农田防护林、裸露地覆盖等技术，提升农田边界景观。以具有生产性、观赏性、连贯性和生态性的农田生态景观，形成地域文化特色鲜明的景观系统，打造各具特色的“美丽田园”“美丽线路”。

2.乡村景观格局提升项目。平原乡村注重造景的规模化与丰富性，在农田、鱼塘、果菜园等生产性景观功能区和道路、河流、防护林等非生产性景观功能区之间加大生态缓冲带建设；加强道路绿化、防护林带和水渠水景建设，营造生态廊道。山区乡村注重依山就势进行景观分区，保护好现有的山林、草地、水域，充分利用山水特色、民俗风情特色，营造自然廊道。强化传统村落中建筑、池塘、河道、古桥、古井、古树等自然山水、历史文化、田园风光等资源保护、修复和利用，实现“在保护中利用，在利用中保护”。

（五）“京华风尚”工程

坚持新供给创造新消费，休闲农业是惠及百姓生活的幸福产业，着力培育与消费升级相契合的新生活业态。重点实施“乡村民宿+”产业提升项目、乡村综合体建设项目、智慧休闲农业开发项目、生态涵养区智慧康养示范基地建设项目等新生活方式类项目。

专栏5 “京华风尚”工程

1.“乡村民宿+”产业提升项目。深入实施休闲农业“十百千万”畅游行动，鼓励乡村民宿拓展发展研学科普、农耕文化、健康养生、沉浸体验等新产业新业态，鼓励乡村民宿结合国家地理标识农产品、“一村一品”、特色农产品、特色手工艺品、乡村特色美食以及农业文化遗产等，开发民宿伴手礼产品。在门头沟区、房山区、平谷区、延庆区、怀柔区等乡村民宿聚集区重点区域，率先培育“民宿+特色体验”“民宿+工坊”“民宿+直播间”“民宿+研学”“民宿+康养”“民宿+共享办公”等多元业态，实现乡村民宿讲故事、做体验、学课程、播文化、卖产品，延长民宿产业链。

2.乡村综合体建设项目。鼓励以村为单元，整合村域内特色资源，建设多主体经营、多节点联动、专业化分工、全产业链的乡村综合体。在布局上，由乡村、休闲农业园区、民俗接待户（乡村民宿）以及周边景区等多种业态载体共同构成；在功能上，吃在民俗接待户（乡村民宿）、体验在休闲农业园区，玩儿在乡村，实现休闲服务在特定区域的专业化分工；在产品特色上，形成田园观光、农耕参与、乡村体验、产品认领、私人订制、直供专供、山水休闲、文化休闲、田园康养、户外运动、研学教育、科普探秘等全系列、全要素休闲农业产品集群。到2025年，建设30余个乡村综合体。

3.智慧休闲农业建设项目。建设全市休闲农业智慧平台，形成集信息服务、管理咨询、营销推介、物流交易、虚拟展示为一体的服务平台，为游客提供休闲农业服务信息，并通过游客反馈的信息及时调整休闲农业旅游线路及产品；建立“京华乡韵”App等线上项目。创新科技型休闲产品，在休闲农业生产环节，着重加大互联网技术在产地环境监测、田间智能管理、农产品可追溯、智能化劳动、可视化数据分析等方面的应用；在休闲农业产品开发环节，积极创新智慧型、科技型体验产品，鼓励有条件的镇、村积极打造可供观光体验的高科技智能农场、可服务城市的智慧田园等；在休闲农业营销环节，着重加大“互联网+”商业模式运作，积极推进新媒体运营公司、电商企业专业服务乡村休闲农业等模式创新。

4.生态涵养区智慧康养示范基地建设项目。鼓励生态涵养区发展以健身、康体、养生、养老为核心，以宜居、宜游、宜养为主要功能的康养旅居综合体，实现休闲农业从传统的“休闲旅游”向“旅居生活”转变，从点状服务向产业化服务提升。鼓励开发森林康养、园艺康养、美食康养等多种康养产品以及固定式旅居、行程式旅居、流动式旅居、长租式旅居等多种旅居产品，积极打造智慧康养乡村、康养示范基地。

六、完善机制体制，强化保障措施

（一）创新发展思路，加强政策集成

从战略和全局高度深化认识，将促进休闲农业发展提高到北京市“三农”工作和乡村振兴的重要位置，加强规划引导，落实责任分工，定期督促检查，形成工作合力，共同促进休闲农业高质量发展。加强部门协作、政策集成，市规划自然资源委、市农业农村局、市文化和旅游局、市园林绿化局、市水务局、市人力资源社会保障局、市委宣传部等部门沟通协调，创新发展思路，积极整合休闲农业相关土地政策、产业支持政策、金融支持政策和人才引进支持政策，形成支持休闲农业提质增效的“组合拳”。认真落实休闲农业纳入涉农区党政领导班子和领导干部推进乡村振兴战略实绩考核工作。各区认真落实《关于深入推进农业供给侧结构性改革，做好农村产业融合发展用地保障的实施意见》（京规自函〔2019〕418），保障重点休闲农业项目用地。

（二）加大财政支持，拓宽融资渠道

发挥好财政政策资金的引导作用，加强财政、金融的相互融合、协同联动，吸引和带动金融资本下乡，为全市休闲农业发展注入活力。探索设立乡村振兴产业发展基金，采取“政府引导、市场运作”的方式，撬动金融资本，引领资金投向休闲农业。各区要充分发挥市级财政支持资金的撬动作用，整合叠加区、镇财政资金，建立以政府投入为引导、金融信贷投入为支撑、民间投入为主体的多层次、多渠道、多形式的投融资机制。鼓励创新资金使用方式，采取先建后补、以奖代补、政府购买服务等方式对相关主体给予支持。鼓励银行业金融机构开发特色休闲农业金融产品，拓宽抵押担保物范围，加强与农业担保机构合作，满足休闲农业发展的资金需求。支持社会资本依法合规利用PPP模式、众筹模式、“互联网+”模式、发行债券等方式，投资休闲农业。

（三）加强基础配套，完善服务功能

继续推进农村人居环境整治提升行动，从“清脏、治乱、增绿、控污”向“添美”主攻，分类建设宜居宜游休闲乡村。深化美丽乡村建设，重点抓好公厕升级改造、污水治理、垃圾分类处理等农村人居环境整治工作，进一步优化乡村生活环境。完善旅游路网、咨询服务、停车场、5G无线网络等公益性基础设施配套；因地制宜建设农产品展示中心、乡村民俗展览馆、演艺场所、文化消费、体育健身等休闲辅助设施；加快建立具有区域特色的标识标牌导引系统，提高乡村服务接待能力，进一步优化乡村产业发展环境。

（四）引进专业人才，促进提质升级

实施休闲农业专家辅导团制度，建立市级休闲农业专家库，甄选百名行业专家和从业者，组建多支稳定、长期的专家团队，协助经营主体做好休闲农业和乡村旅游产品设计、文化挖掘、规范服务、营销策略等，开展全市优秀案例遴选，推动产业品质提升。充分发挥景观休闲农业创新团队作用，支持各区与全市高等院校和科研院所合作，培育一批休闲农业职业经理人。

（五）强化主体培育，优化服务质量

坚持引进与培育相结合，大力培育龙头企业、农民专业合作社、农户、新农人等多元经营主体。

积极培育休闲农业新农人，支持情怀企业、返乡创客、大学毕业生返乡创业，鼓励青年农民扎根农村。大力培育一批京郊本土休闲农业网红代言人。加大休闲农业从业人员培训，健全休闲农业人才培育体系，建立教育培训、认定管理、后续服务、政策扶持“四位一体”模式。支持休闲农业行业协会、产业联盟等行业服务组织加强专业指导，全面推进休闲农业管理规范化和服务标准化。加快立法进程，完善行业规范，为休闲农业发展提供有效的立法保障。

（六）注重示范创建，加大宣传推介

积极参加全国休闲农业重点县评选、中国美丽休闲乡村推介、全国休闲农业与乡村旅游星级企业（园区）评定等工作。依托各类新媒体资源，做好休闲农业主题宣传推介活动，加强对休闲农业精品线路、美丽休闲乡村、休闲农业园区、农事节庆活动及京郊特色农产品等优质资源的宣传推介。每年以市级统筹、区级主办的方式，举办北京市“逛京郊·品京品·享京韵”推介活动，积极开展“休闲农业十大女庄主”、休闲农业伴手礼创新创意等评选活动，引导更多的专业人士参与到全市休闲农业提质增效中，鼓励优秀杰出的设计作品在京郊大地落地，吸引社会各界人士为北京市休闲农业高质量发展出谋划策，加快更多新业态新模式在京郊生根发芽，全面扩大北京市休闲农业的知名度与影响力。

北京市“十四五”时期农业文化遗产保护与发展规划

北京市农业农村局

2021年12月

前言

农耕文化、农耕文明是中华民族对人类文明的重要贡献，是中华文明的根和魂。提升中国文化软实力，必须大力弘扬中华农耕文化。2021年“中央一号文件”提出，全面推进乡村振兴，加快农业农村现代化。实践表明，农业文化遗产发掘与保护是助推乡村产业振兴、文化振兴、生态振兴的重要抓手。

中国是最早响应并积极参与联合国粮农组织全球重要农业文化遗产（GIAHS）倡议的国家之一，自2005年以来，中国在遗产申报与保护实践、科学研究与科学普及、成果传播与经验分享等方面均取得了显著成果，成为世界农业文化遗产保护的推动者和引领者。

北京是世界著名古都，有着3000多年建城史、860多年建都史。悠久的农耕历史和独特的自然条件，创造出种类多样、特色鲜明的农业文化遗产，许多至今依然具有重要的文化价值、生态价值和经济价值。如2015年被原农业部批准为中国重要农业文化遗产的“北京京西稻作文化系统”和“北京平谷四座楼麻核桃生产系统”。

北京作为全国政治中心、文化中心、国际交往中心和科技创新中心，保护和发展农业文化遗产具有重要意义：一是深度挖掘六朝古都独具皇家特色的京韵农业文化遗产，对于文化中心建设具有支撑作用；二是充分发挥农业文化遗产的多功能性，对于发展现代都市农业、实施乡村振兴具有基础作用；三是交流互鉴都市型农业文化遗产保护成果，北京可以为国际化大都市保护与发展农业文化遗产起到示范作用。

“十四五”时期是我国实现第一个百年奋斗目标之后，开启全面建设社会主义现代化国家新征程，向第二个百年奋斗目标进军的重要时期，农业文化遗产保护与发展面临新机遇、新挑战、新目标和新任务，通过规划引领，将保护工作与美丽乡村建设、产业发展相结合，进一步引导和鼓励社会力量广泛参与保护工作，有利于推动农业文化遗产保护工作形成在挖掘中保护、在利用中传承、在传承中创新的良好局面。

一、规划背景

（一）资源特征

依据2016年北京市农业文化遗产资源普查结果，北京共有系统性农业文化遗产52项，要素性农业文化遗产485项，已消失的农业文化遗产资源316项。

1.系统性农业文化遗产

北京市系统性农业文化遗产呈现出类型丰富、典型突出、区域差异较大的总体特征。在52项系统性农业文化遗产中，“北京京西稻作文化系统”和“北京平谷四座楼麻核桃生产系统”于2015年被原农业部批准为中国重要农业文化遗产。系统性农业文化遗产类型丰富，基本涵盖了农林牧渔各个方面。其中，林果复合系统占63%，具有数量优势。

在区域分布上，系统性农业文化遗产在各区之间呈现出不均衡状态。房山区居首，其次是门头沟区、大兴区和昌平区，这四区的系统性农业文化遗产资源数量约占全市总数的58%。

2.要素性农业文化遗产

北京市要素性农业文化遗产呈现出以农业物种类为主，地域特色鲜明的总体特征。在485项要素性农业文化遗产资源中，地方性农业物种资源数量最多，为127项，占要素性农业文化遗产总数的1/4以上。

在要素性农业文化遗产的区域分布方面，数量分布最多的行政区依次为房山区、门头沟区、密云区和通州区，这四区的要素性农业文化遗产数量约占全市总数的54%。

3.空间分布

北京市农业文化遗产呈现出“四带多点”的空间分布格局。“四带”分别为“永定河流域农业文化遗产带”“京西山地农业文化遗产带”“长城沿线农业文化遗产带”和“大运河沿线农业文化遗产带”；“多点”指呈现散点分布的“御用贡品型农业文化遗产集合”所在区域。

永定河流域农业文化遗产带。主要以分布在永定河流域的林果复合系统、禽畜鱼虫养殖系统、蔬菜瓜果花卉栽培系统等为主，呈南北向分布，所在区域是西山永定河文化带的重要组成部分，主要涉及门头沟、房山、丰台、大兴等区。是北京先民在永定河畔的冲积扇上与当地自然环境共同进化中创造的一系列防风治沙、蕴含生态文化的系统性农业文化遗产。

京西山地农业文化遗产带。以京西山地综合利用的农业生产系统为主，呈南北向分布，所在区域是西山永定河文化带的重要组成部分，主要涉及海淀、门头沟、房山等区。是北京先民为适应太行山脉环境特点，在相对干旱贫瘠的山地，因地制宜将生态环境综合保护与种养殖一体化相结合发展起来的传统农业综合发展模式。

长城沿线农业文化遗产带。以长城沿线燕山山区的林果栽培生产系统为主，呈东西向分布，所在区域是长城文化带的重要组成部分，主要涉及怀柔、密云、延庆、昌平等区。燕山山脉雄踞北京北部，其山沟及山前冲积台地上适于果树种植，为中国落叶果树重要分布区之一，盛产板栗、核桃、梨、山楂、葡萄、苹果、沙果、杏等干鲜果。北京先民采用播种、嫁接等技术进行品种选育和改良，发展出丰富多彩的传统山地林果栽培系统。

大运河沿线农业文化遗产带。是大运河文化带的重要组成部分，呈东西向分布，主要涉及朝阳和通州两区。是劳动群众围绕大运河开展农业生产活动，结合北京东部京杭大运河（北京段）的运河功能和运河文化，发展出的人地和谐的农业文化遗产，将农业文化遗产的内涵从生产扩大到交易与消费。御用贡品型农业文化遗产集合。作为六朝古都，以历朝历代供奉皇室的丰富且独特的农产品生产系统为主，突出北京源远流长的古都文化、特色鲜明的京韵文化，涉及朝阳、海淀、丰台、门头沟、房山、顺义、大兴、昌平、平谷、怀柔、密云、延庆等区。其类型多样，主要包括林果复合系统、农作物种植系统、禽畜鱼虫养殖系统、蔬菜瓜果花卉栽培系统。

4.总体特征

皇家风范。北京市拥有数量众多的以历朝历代供奉皇室农产品生产系统为代表的农业文化遗产资源，体现着悠久深厚的宫廷文化，是北京市农业文化遗产的突出特征之一。

都市特点。北京是全国的政治中心、文化中心、国际交往中心和科技创新中心，是具有世界影响力的大都市，农业发展及农业文化遗产呈现出生态绿色、功能多样的特点。

山水交融。北京市西部、北部和东北部三面环山，永定河、潮白河、北运河、拒马河等主要河流横贯东南，农业生产充分利用山地资源和水资源，造就了数量丰富的以山水交融为特征的农业文化遗产。

文化多元。北京自古以来就是多民族交融的地区，丰富的民族文化体现在农事、饮食、民俗、建筑等多个方面。同时，北方文化和南方文化、现代文化和传统文化在此有机融合，农业文化遗产呈现出文化多元的特征。

（二）主要成绩

一是开展了全市农业文化遗产资源普查工作。为贯彻2016年“中央一号文件”关于“开展农业文化遗产普查与保护”的部署和原农业部办公厅《关于开展农业文化遗产普查工作的通知》（农办加〔2016〕5号）的要求，原北京市农业局于2016年委托有关单位开展并顺利完成了北京市农业文化遗产资源的普查工作，基本摸清了北京市农业文化遗产底数，为进一步保护和发展工作奠定了基础，也为其他省市农业文化遗产普查提供了经验。

二是开展了中国重要农业文化遗产的申报与保护工作。在原北京市农业局的协调组织下，"北京京西稻作文化系统"和"北京平谷四座楼麻核桃生产系统"于2015年被原农业部批准为第三批中国重要农业文化遗产，实现了"零的突破"。海淀区出台了《京西稻保护性种植规划（2015—2020）》，区政府拨付专项资金对京西稻田进行了生态景观修复，组建了京西稻文化研究会；房山区改造建立了"稻作文化博物馆"。

三是开展了各种形式的宣传活动。结合农业农村部"中国重要农业文化遗产主题宣传推介活动"、中国农民丰收节等，开展了插秧节、开镰节、尝新米等活动；组织中小学生到遗产地进行研学旅游，创作了京西稻影视宣传短片，编写并出版了《北京京西稻作文化系统》《京西稻故事》等科普书籍，提升休闲农业的文化内涵，提高了全社会对农业文化遗产重要价值的认识和保护意识，促进了遗产地经济社会可持续发展。

四是开展了农业文化遗产保护调研工作。市、区农业农村主管部门多次赴遗产地开展农业文化遗产保护与发展工作的调研，撰写的《北京市农业文化遗产调查研究》获得北京市第十三届优秀调查研究成果优秀奖。市人大代表、政协委员和民主党派人士多次赴遗产地开展调研活动，并以建议和提案等方式，为北京市农业文化遗产保护献计献策。"京西稻田景观"等写入了《北京历史文化名城保护条例》之中，房山区开展了"农业文化遗产博览园建设可行性研究"。

（三）存在问题

一是获得认定的项目与丰富的资源不匹配。迄今为止，农业农村部共发布了6批共138项中国重要农业文化遗产，北京仅有2项。我国拥有15项全球重要农业文化遗产，北京尚没有。但2016年原农业部印发《关于公布2016年全国农业文化遗产普查结果的通知》（农办加〔2016〕24号）中所公布的408项具有潜在保护价值的农业生产系统，北京市以50项的数量居全国第二。丰富的农业文化遗产资源有待进一步组织申报。

二是尚未形成较为完善的多部门协同管理机制。农业文化遗产是一个综合的农业生产系统，类型多种多样，其保护和发展工作涉及农业农村、园林绿化、文化旅游、水务、生态环境、城市建设等多个部门，但当前各部门对农业文化遗产发掘与保护工作认识不一，尚未建立跨部门的联席工作机制，不利于农业文化遗产的发掘申报、保护管理与可持续利用。

三是缺乏有效的保护措施和利用途径。当前传统的节庆活动、民俗文化、传统手工艺、种植经验以及传统种养殖品种存在濒危与消失的风险。"农业文化遗产"的社会知名度和民众认识水平低，品牌价值和综合效益尚未显现，需要开展基础性研究与系统性保护，完善管理制度，提升管理能力。

（四）面临机遇

一是农业文化遗产的保护与发展得到国际社会重视，为北京市农业文化遗产保护和发展提供了良好的国际背景。2015年6月联合国粮农组织第39届大会上，全球重要农业文化遗产被纳入日常工作。这意味着全球重要农业文化遗产工作正向规范化和法制化迈进，其国际重要性和影响力正得到逐步提高，被越来越多的国家关注。

二是"双循环"发展格局和健康意识为农业文化遗产的保护与发展带来广阔前景。加快构建以国内大循环为主体、国内国际双循环相互促进的新发展格局，为农业文化遗产保护和发展提供了前所未有的机遇。农业文化遗产地由于其突出的生态功能和文化功能，可以为国内市场提供健康食品和休闲教育场所，替代部分国际市场的作用，可以在构建国内大循环中得以快速发展。北京2000多万市民对绿色安全农副产品的需求，对生态和谐、健康养生休闲场所的需求以及对传统文化、素质拓展特色教育场所的需求越来越突出，为农业文化遗产的产品销售、休闲农业发展带来了广阔的市场空间。

三是推进实践乡村振兴战略为农业文化遗产的保护与发展提供了战略机遇。乡村衰落是全球面临的共同挑战，乡村振兴是全球共同应对的发展议题。农业文化遗产蕴含着丰富的生物、技术、文化"基因"，对于助推乡村振兴战略实施，实现乡村经济发展、乡土文化传承、乡村社会和谐、乡村生态健康等具有重要意义。

四是首都文化中心的战略定位为北京市农业文化遗产保护与发展工作提供了重要遵循。党的十八大以来，北京按照"四个中心"城市战略定位，确定了全国文化中心建设"一核一城三带两区"的总体框架，大力传承发展源远流长的古都文化、丰富厚重的红色文化、特色鲜明的京韵文化、蓬勃兴起的创新文化。农业文化遗产中所蕴含的丰富的农业文化，是北京古都文化、京韵文化的重要组成部分，做好农业文化遗产的挖掘、保护、传承和可持续利用工作，对于丰富北京文化中心内涵、服务首都经济社会发展都具有重要作用。

二、总体思路

（一）指导思想

以习近平新时代中国特色社会主义思想为指导，立足新发展阶段，贯彻落实习近平总书记关于保护农业文化遗产、弘扬中华优秀传统文化、推进乡村振兴战略实施的重要论述，立足“文化中心”建设这一战略定位和城乡协调发展的基本要求，借鉴国内外先进经验，发挥首都科技、人才、资源、市场等方面的富集优势，立足北京市农业文化遗产“皇家风范、都市特点、山水交融、文化多元”的特点，加大科技支撑力度，提高服务保障水平，形成农业文化遗产申报认定、保护发展、利用传承的全产业链发展模式，发挥京津冀区域的带动作用和大都市地区的示范作用，为北京加快实施乡村振兴战略和文化中心建设、率先基本实现农业农村现代化作出贡献。

（二）基本原则

保护优先。将农业文化遗产保护纳入优秀传统文化传承、乡村振兴、文化中心建设的总体布局，在有效保护的前提下实现农业文化遗产的创造性转化、创新性发展。

活态传承。强化对农业文化遗产的活态性、系统性和多功能性的认识，注重关键要素和核心区域保护，探索农业文化遗产的动态保护与活态传承相结合的保护与发展模式。

服务民生。通过集成、制定政策，完善配套措施，重点引导遗产地居民、合作社和企业加强创新，探索先进的营销理念和推广手段，形成遗产地良性发展的局面。

利益共享。明确农业文化遗产保护工作的政府主导作用，探索科研、企业、乡村、社会等方面参与保护和利益共享机制。

（三）总体思路

资源整合。农业文化遗产具有自然遗产、文化遗产、文化景观、非物质文化遗产等多重特点。需要将农业文化遗产不同类型的资源，以及世界文化遗产、非物质文化遗产等多种类型遗产资源进行整合，开展基础性研究与系统性保护，有效促进北京市农业文化遗产的挖掘与保护。

区域联合。北京市农业文化遗产资源的区域分布不均衡，且规模普遍较小。同时，不同区域的经济发展水平存在差异，需要区域优势互补，促进农业文化遗产的传承与发展。

产业融合。农业文化遗产具有突出的生产、生态、社会文化等多种功能，实施农业文化遗产的有效保护，促进遗产地的可持续发展，需要开发农业文化遗产的经济价值、振兴生态价值，传承文化价值，实现以发展特色产业为核心，推动农文旅教融合发展，延伸产业链、提升价值链、完善利益链。

城乡结合。加强部门联动，深度挖掘乡村民俗文化与独特生态景观，整合京郊美食等农产品旅游资源，鼓励“京味”“京韵”系列特色产品开发，不断提升全社会对传统农业文化的参与感、获得感和认同感，提升传统农业文化影响力。充分调动城市优势资源参与农业文化遗产保护与实践活动，探索农业文化遗产保护与发展的城乡结合路径。

（四）保护与发展目标

1.总体目标

到2025年，北京市农业文化遗产资源底数清晰，典型的系统性农业文化遗产濒危状态得到扼制，重要农业文化遗产地得到有效保护，形成较为完善的农业文化保护与传承机制。农业文化遗产品牌识别度'和认可度？得到提升，遗产地生态环境保持良好，遗产地产业得到较大发展。

2.具体目标

能力建设。构建北京市农业文化遗产管理体系，制定《北京市农业文化遗产保护与可持续利用办法》及相关细则，成立北京市农业文化遗产保护协会，建立北京市农业文化遗产监测评估制度等，切实提升北京市农业文化遗产管理能力。

遗产发掘。建立北京市农业文化遗产普查与评估制度，遴选15项典型的系统性农业文化遗产。完成2项中国重要农业文化遗产的申报工作，推进全球重要农业文化遗产申报工作。

保护利用。完善北京市农业文化遗产科学保护与可持续利用示范机制。加强基础性研究，明确保护利用的技术和思路，核定农业文化遗产的关键要素和关键区域，保护濒危性本地农作物、林果和畜禽品种，鼓励恢复农耕传统文化活动。创建宫廷文化品牌，推介宫廷文化品牌农产品和农业文化遗产特色旅游线路，建设农业文化遗产特色产品基地，培育农业文化遗产特色产业。建设农业文化遗产保护与活化示范村。

宣传推广。建设10 ~ 15个农业文化遗产主题展示窗口。在城郊公园融入农业文化遗产元素。让农业文化遗产进校园，建设农耕文化主题教育实践基地和研学基地。编写农业文化遗产科普读物。

三、空间布局

以北京市农业文化遗产“四带多点”的空间分布格局为依据，以推进乡村振兴战略实施、助推“长城国家文化公园、大运河国家文化公园”和“大运河文化带、长城文化带、西山永定河文化带”建设、繁荣北京“古都文化、红色文化、京韵文化、创新文化”为目标，结合“一核一城三带两区”全国文化中心建设的总体框架等北京市重点区域规划，划定“长城沿线山地林果农业系统集群”“平谷传统林果复合生产系统集群”“京西山地综合利用农业系统集群”“以三山五园为核心的御用贡品生产系统集群”“房山山水林田复合农业系统集群”“大运河沿线京味传统农业系统及要素集群”和“永定河下游沙地农业系统集群”等7个农业文化遗产系统集群，并以集群所涉及的区域作为北京市农业文化遗产保护与发展的重点工作区域。

（一）长城沿线山地林果农业系统集群

长城沿线山地林果农业系统集群主要涉及延庆、怀柔、昌平和密云等区的农业文化遗产资源，代表性资源包括昌平京西小枣、海棠、核桃、磨盘柿和燕山板栗，怀柔券券枣和红肖梨，密云黄土坎鸭梨和御皇李子，延庆小苹果和葡萄栽培系统等。

长城沿线山地林果农业系统集群的保护要以体现长城沿线山地林果农业特色为目标，以特色农业品种资源保育、适应性农业技术和农业文化传承、山地生态环境保护为核心。在此基础上，依托世界文化遗产——长城，以体现长城文化和京果品牌为前提，充分结合“长城国家文化公园”和“长城文化带”建设目标，通过山地特色农产品生产与开发，长城沿线传统村落与休闲农业发展等途径实现长城沿线山地林果农业系统集群的可持续利用与发展。

（二）平谷传统林果复合生产系统集群

平谷传统林果复合生产系统集群以分布在平谷区内的农业文化遗产资源为主，代表性资源包括已入选为中国重要农业文化遗产的北京平谷四座楼麻核桃生产系统，以及平谷蜜梨栽培系统和佛见喜梨栽培系统等。

平谷传统林果复合生产系统集群的保护以传统林果的品种资源保育、林果复合生产的传统技术知识体系传承为主。可持续利用与发展要以京果品牌建设和黄松峪国家森林公园、四座楼山及周边区域的重要生态屏障功能提升为前提，以平谷传统林果农产品生产、休闲农业发展等为主要途径。

（三）京西山地综合利用农业系统集群

京西山地综合利用农业系统集群主要涉及门头沟、石景山和海淀等区的农业文化遗产资源，主要类型包括林果复合系统、禽畜鱼虫养殖系统、蔬菜瓜果花卉栽培系统、水土资源管理系统和中草药栽培系统等。

京西山地综合利用农业系统集群的保护要以体现山地综合利用农业特色为目标，以农业品种资源保育、适应性农业技术和农业文化传承、山地水土资源管理和生态环境保护为核心。在此基础上，以体现京韵文化、西山文化和绿色健康为前提，依托“西山永定河文化带”和“北京西山国家森林公园”，通过特色农产品生产与开发，山地休闲农业发展等途径实现京西山地综合利用农业系统集群的可持续利用与发展。

（四）以三山五园为核心的御用贡品生产系统集群

以三山五园为核心的御用贡品生产系统集群主要涉及海淀、石景山等区的农业文化遗产资源，代表性资源包括已入选中国重要农业文化遗产的北京京西（海淀）稻作文化系统，以及多项要素性农业文化遗产等。

以三山五园为核心的御用贡品生产系统集群的保护要以体现御用贡品农业生产特色为目标，以独特的具有宫廷文化品牌价值的品种资源保护和文化传承为核心。在此基础上，以体现古都文化和京韵文化为前提，充分结合《三山五园地区整体保护规划（2019年—2035年）》目标，依托“西山永定河文化带”和以皇家园林为核心的文化遗产保护体系，通过传统品种及其生产模式的适度恢复与展示、休闲农业发展等途径实现以三山五园为核心的御用贡品生产系统集群的可持续利用与发展。

（五）房山山水林田复合农业系统集群

房山区分布的系统性和要素性农业文化遗产资源数量均为北京市各区之冠，充分体现了“山水林田”的复合农业生产特征，既包括已入选中国重要农业文化遗产的北京京西（房山）稻作文化系统，也包括地处房山的京白梨栽培系统、旱作梯田系统、黄芩文化系统、中华蜜蜂养殖系统、磨盘柿栽培系统、上方山香椿文化系统等系统性农业文化遗产资源，还涉及多个要素性农业文化遗产资源。因此，将分布在房山区内的农业文化遗产资源整合为房山山水林田复合农业系统集群。

房山山水林田复合农业系统集群的保护要以体现“山水林田”复合农业生产特色为目标，以丰富多样的农业品种资源保护和文化传承为核心。在此基础上，依托世界文化遗产——周口店北京人遗址和房山世界地质公园，以及分布在房山区的大石窝镇石窝村、史家营乡柳林水村、佛子庄乡黑龙关村等多个传统村落，通过特色品种及其生产模式的适度恢复与展示、传统村落与休闲农业发展等途径实现房山山水林田复合农业系统集群的可持续利用与发展。

（六）大运河沿线京味传统农业系统及要素集群

大运河沿线京味传统农业系统及要素集群主要涉及通州、朝阳等区的农业文化遗产资源，代表性资源包括朝阳黑庄户宫廷金鱼养殖系统、朝阳郎家园枣树栽培系统和通州葡萄栽培系统等系统性农业文化遗产。要素性农业文化遗产涵盖特色农业物种如朝阳草金鱼、通州金鱼等，特色农产品如西集大樱桃等，特色农业民俗如漕运庙会、龙灯会等。

大运河沿线京味传统农业系统及要素集群的保护要以体现京味传统农业生产特色为目标，以多样的农业品种资源保育、特色农业技术和农业文化传承、传统农业器具和景观保护为核心。在此基础上，以体现京韵文化、大运河文化和都市农业特色为前提，依托“大运河国家文化公园”和“大运河文化带”建设，通过京味特色农产品生产与开发、大运河沿线传统村落发展、观光农业与休闲农业发展等途径实现大运河沿线京味传统农业系统及要素集群的可持续利用与发展。

（七）永定河下游沙地农业系统集群

永定河下游沙地农业系统集群以分布在大兴区内的农业文化遗产资源为主，代表性资源包括大兴金把黄鸭梨栽培系统、安定古桑园、玫瑰香葡萄栽培系统、皇家蔬菜栽培系统、西瓜栽培系统、北京鸭养殖系统等。

永定河下游沙地农业系统集群的保护要以体现沙地传统农业生产特色为目标，以沙地农业品种资源保护、特色农业技术和农业文化传承为核心。在此基础上，以体现古都文化、京韵文化和都市农业特色为前提，依托“西山永定河文化带”建设，通过特色农产品生产与开发、传统村落与休闲农业发展等途径实现永定河下游沙地农业系统集群的可持续利用与发展。

四、主要任务

（一）完善管理制度，提升管理能力

加强北京市农业文化遗产保护与管理的制度建设，成立北京市农业文化遗产保护协会，为科学研究、合作交流、管理创新、产业协作提供平台和纽带；制定《北京市农业文化遗产保护与可持续利用办法》及相关细则，明确保护发展、监督激励等措施；建立北京市农业文化遗产监测评估制度，跟踪北京市农业文化遗产保护与发展成效；组织北京市农业文化遗产地管理人员、企业家和农民参加农业文化遗产相关活动，学习、交流国内外先进保护经验，拓宽工作思路，提高管理能力。

（二）建立市级监测名录，申报国家级和世界级遗产

根据北京“四个中心”功能定位，结合北京市的历史底蕴、农业特征和都市农业发展需求，对体现宫廷御用文化、燕山林果种植和京果品牌的农业文化遗产资源进行充分挖掘与整合，建立市级农业文化遗产监测名录，分批组织申报中国重要农业文化遗产，积极推进全球重要农业文化遗产申报。

（三）明确关键要素和区域，加强系统性保护

加强基础性研究，明确遗产保护利用的技术和思路，对具有重要种质资源价值、生态价值、文化价值和社会价值的农业文化遗产资源进行要素和区域的识别与核定，尽快启动北京市农业文化遗产监测与评估，对重要农业传统知识和地方知识进行系统研究并根据条件进行抢救和恢复，结合传统村落

与农业文化遗产促进“山水林田湖草人”一体化的农业文化保护和生态安全屏障建设。

（四）打造特色品牌，促进三产融合发展

以北京具有独特地域性、独特生产方式、独特品质和独特历史文化的各类农业文化遗产资源及其农产品为基础，强化“农业文化遗产”特色，打造宫廷文化品牌，建设特色产品生产基地，推动文化创意产业、乡村旅游业、特色手工业等特色产业发展，实施产业发展营销工程，助力京郊乡村产业振兴和农民增收，满足市民需求。

（五）挖掘京韵农耕文化，助推文化中心建设

将北京市传统民俗文化元素融入北京市乡村建设中，深度挖掘北京各区域传统农耕文化、少数民族文化等特色文化内涵，筑牢多民族文化基础、丰富“宫廷御用”等古都文化特色，充分利用北京作为首都和国际化大都市的资源优势，依托中国农民丰收节等群众喜闻乐见的节庆活动，开展农业文化遗产宣传工作。同时，创新乡村文化传播媒介，利用5G、AI、互联网与新媒体等科技手段与平台，拓展文化宣传形式，扩大文化活动的品牌影响力，发挥北京市农业文化遗产教育传承功能，推动农业文化遗产的价值传播与转化

五、重点工程

（一）管理能力提升工程

一是成立北京市农业文化遗产保护协会。成立北京市农业文化遗产保护协会，以推动北京市农业文化遗产保护与发展为宗旨，促进北京市各级政府及其所属管理部门间的交流与合作，确保多部门协作机制有效运行。通过举办各类论坛、咨询、科普、宣传、展示以及遗产保护、产业发展等活动，为北京市农业文化遗产的科学研究及遗产地的合作交流、管理创新、产业协作提供平台和纽带，促进北京农业文化遗产的保护及遗产地的可持续发展。

二是制定《北京市农业文化遗产保护与可持续利用办法》。根据农业农村部办公厅印发的《重要农业文化遗产管理办法》，结合北京市农业文化遗产保护的实际情况，制定《北京市农业文化遗产保护与可持续利用办法》，明确保护与发展措施、监督与奖惩手段等，并与相关政策结合共同促进北京市农业文化遗产的保护与发展。在此基础上，制定《北京市农业文化遗产监测评估管理细则》《北京市农业文化遗产标识使用管理细则》《北京市农业文化遗产传承人管理细则》等。

三是建立北京市农业文化遗产监测评估制度。对北京市已纳入或有潜力纳入农业文化遗产的资源开展监测评估工作。通过农户调查、部门调研、野外调查等方法收集相关数据，形成北京市农业文化遗产监测年度报告。对北京市农业文化遗产保护与发展措施进行定期评估，形成北京市农业文化遗产保护与发展成效评估报告，跟踪北京市农业文化遗产保护与发展成效。

四是建立北京市农业文化遗产保护与发展交流合作机制。鼓励北京市各级政府及相关涉农单位加强对外交流与合作，组织遗产地管理人员、企业家和农民积极参加农业文化遗产相关的学术研讨会、经验交流会等；到国内外其他农业文化遗产地交流访问，学习国内外先进经验、拓宽保护思路与发展对策；选择国内外合适的遗产地开展农业文化遗产“结对子”活动，通过类型相似或互补、产业趋同或互助的农业文化遗产地之间的互动，共同推动北京市农业文化遗产保护和遗产地的可持续发展。

专栏1　管理能力提升工程

1.成立北京市农业文化遗产保护协会。支持北京市农业文化遗产保护协会，为北京农业文化遗产的科学研究及遗产地的合作交流、管理创新、产业协作提供平台和纽带。

2.制定《北京市农业文化遗产保护与可持续利用办法》。支持《北京市农业文化遗产保护与可持续利用办法》及相关细则的制定，明确保护与发展措施、监督与奖惩手段等，促进北京市农业文化遗产的保护与发展。

（二）重要遗产发掘工程

一是开展北京市农业文化遗产资源补充调查。在2016年农业文化遗产资源普查工作的基础上，开展北京市农业文化遗产资源补充调查工作。系统总结2016年普查的经验和问题，对普查力度不足的区域建立农业文化遗产资源增补方案，力争在1至2年内做好农业文化遗产资源的全面摸底工作。农业部门加强业务指导，并会同林业、水利、文化等部门，督促各区摸清农业文化遗产现状，为申报重要农业文化遗产和开展有针对性的保护扶持工作打好基础。

二是整合北京市农业文化遗产优势资源。以“长城沿线山地林果农业系统集群”“平谷传统林果

复合生产系统集群”“京西山地综合利用农业系统集群”“以三山五园为核心的御用贡品生产系统集群”“房山山水林田复合农业系统集群”“大运河沿线京味传统农业系统及要素集群”和“永定河下游沙地农业系统集群”为基础，根据北京市的历史特点、农业特征和都市农业发展需求，对体现宫廷御用文化、燕山林果种植和京果品牌的农业文化遗产资源进行跨区域、跨类型整合，形成一批具有申报中国重要农业文化遗产和全球重要农业文化遗产潜力的农业文化遗产项目。

三是启动北京市农业文化遗产评估工作。以具备申报中国重要农业文化遗产和全球重要农业文化遗产潜力的农业文化遗产项目为基础，按照重要农业文化遗产的概念与遴选标准，结合北京“四个中心”功能定位，制定北京市农业文化遗产核验的条件与程序，并适时开展北京市农业文化遗产普查与评估工作，明确农业文化遗产保护与发展的对象。

四是分批组织中国及全球重要农业文化遗产申报。由北京市农业农村局牵头，在综合性、系统性科学研究的基础上，以市级农业文化遗产监测名录为主，对具有申报中国重要农业文化遗产潜力的项目分3批参与中国重要农业文化遗产申报；以2015年被原农业部认定为中国重要农业文化遗产的“北京京西稻作文化系统”和“北京平谷四座楼麻核桃生产系统”为核心，形成1至2项具备申报全球重要农业文化遗产潜力的项目，积极参与全球重要农业文化遗产候选名录的遴选和申报。

专栏2　重要遗产发掘工程

1.北京市农业文化遗产评估。支持各区申报并遴选15项典型的系统性农业文化遗产。

2.中国及全球重要农业文化遗产申报。分批组织2项中国重要农业文化遗产申报，积极推进1项全球重要农业文化遗产申报。

（三）关键要素与重点区域提质增效工程

一是明确农业文化遗产关键要素和重点区域。对已认定为中国重要农业文化遗产的“北京京西稻作文化系统”和“北京平谷四座楼麻核桃生产系统”，分别开展实地调研，明确维持系统活态性、适应性和复合性的关键物种、生态功能、知识与技术、文化与价值、生态与文化景观，核定遗产系统功能发挥的关键区域。在此基础上，围绕“长城沿线山地林果农业系统集群”“平谷传统林果复合生产系统集群”“京西山地综合利用农业系统集群”“以三山五园为核心的御用贡品生产系统集群”“房山山水林田复合农业系统集群”“大运河沿线京味传统农业系统及要素集群”和“永定河下游沙地农业系统集群”，根据中国重要农业文化遗产申报工作要求，配合遗产申报工作明确农业文化遗产关键要素、关键区域、核心价值及其相关载体。组织科研团队对相关农业文化遗产进行全面研究，对其生物、生态、文化、景观等关键要素及其相关关系开展专题研究。

二是开展北京市地方性农业传统物种、知识、技术和文化资源的活化利用和产品创新提质研究。结合要素性农业文化遗产与系统性农业文化遗产，对“长城沿线山地林果农业系统集群”“平谷传统林果复合生产系统集群”“京西山地综合利用农业系统集群”“以三山五园为核心的御用贡品生产系统集群”“房山山水林田复合农业系统集群”“大运河沿线京味传统农业系统及要素集群”和“永定河下游沙地农业系统集群”中的地方性农业物种资源和特色农产品、特色农业工具和传统农耕技术、农业民俗活动等进行价值评估，提出抢救和恢复方案，对知识、技术和文化活动的活化利用和特色产品的创新提质开展研究。

三是开展中国传统村落内农业文化遗产识别。基于中国传统村落和北京市传统村落的空间分布，识别其中的农业文化遗产要素与系统，对接传统村落物质文化遗产资源、非物质文化遗产资源和农业文化遗产资源，使传统村落保护与其对应的农业文化遗产保护相结合。

专栏3　关键要素与重点区域提质增效工程

1.明确中国重要农业文化遗产的关键要素和重点区域。核定已认定的2项中国重要农业文化遗产的关键要素和关键区域；识别拟申报中国重要农业文化遗产项目的关键要素和关键区域。

2.整理和恢复北京市地方性知识。抢救和保护5～10个濒危性本地农作物和林果品种，恢复1～2个本地品种；开展每区一种农耕传统文化活动恢复。

3.融合北京市传统村落与农业文化遗产保护工作。对接传统村落物质文化遗产资源、非物质文化遗产资源与农业文化遗产资源，建设农业文化遗产保护与活化示范村1至3个。

（四）品牌创建与特色产业发展工程

一是创建宫廷文化品牌，推动“御用贡品”产业发展。围绕北京京西（海淀、房山）稻作文化系统、朝阳黑庄户宫廷金鱼养殖系统、密云御皇李子栽种系统、平谷佛见喜和蜜梨栽培系统、昌平京白梨栽培系统、怀柔板栗栽培系统等具有“御用贡品”特色的传统农业系统，创建统一的宫廷文化区域公共品牌；因地制宜保护恢复、提纯复壮具有“御用贡品”特色的农作物品种，适当扩大种养殖面积；结合京郊农业观光采摘园、农家乐、休闲农业园区等发展，打造“宫廷文化”特色休闲农业路线。

二是加强农业文化遗产特色产品基地建设。围绕平谷鲜桃、平谷佛见喜梨、平谷北寨红杏、平谷金星蜜梨、房山磨盘柿、昌平苹果、大兴西瓜、大兴梨、大兴桑葚、延庆葡萄、延庆苹果、顺义樱桃、房山京白梨、朝阳郎家园枣等在北京地区具有悠久种植传统的特色农产品，以及板栗、尜尜枣、马牙枣等在北方地区广泛种植的农产品，推动农业文化遗产特色产品生产基地、原料保障基地和休闲农业发展基地融合建设。

三是推动农业文化遗产地多功能农业发展。以已认定的2项中国重要农业文化遗产为重点、50项具有潜在保护价值的系统性农业文化遗产资源为基础，适当考虑485项要素性农业文化遗产资源，围绕农业文化、民俗文化、饮食文化、花果节庆等特色文化资源，发展文化展示和创意产业；依托各种文化资源、传统民俗节庆、特色农业物种、优美农业景观等特色农业文化遗产要素，构建不同旅游线路、打造特色旅游产品，发展休闲农业和乡村旅游；围绕传统农业工具、传统农业民俗、传统农业物种，推动手工艺创意产品开发。

四是培育农业文化遗产传承人。依托北京丰富的农业文化遗产资源，挖掘并培养一批具有深厚农业生产技术、手工技艺、非物质文化遗产技艺，能够带动农民致富的农业文化遗产传承人，鼓励其申报能工巧匠。支持开展创作工作室建设，打造地标性乡村文化场所，示范引领特色文化产业发展。

五是开展农业文化遗产产业发展营销。针对北京市农业文化遗产资源特征，从产品优势、产量供给、市场需求等角度，创新商业模式，开发具有市场潜力的特色农业和文化产品；结合多种媒体手段，宣传农业文化遗产品牌；以品牌建设、产业融合、绿色发展为重点，提升特色产业优势度。

专栏4　品牌创建与特色产业发展工程

1.“御用贡品”特色产业发展。创建宫廷文化品牌；推介15个品牌农产品；推荐2条品牌休闲农业线路。

2.农业文化遗产特色产品基地建设。新增农业文化遗产特色产品基地20个，授予北京市农业文化遗产品牌。

3.农业文化遗产多功能农业发展。推介3条农业文化遗产乡村旅游线路；挖掘设计农业文化遗产特色手工艺产品6项。

（五）展示宣传与教育传承工程

一是建设北京市中国重要农业文化遗产展示窗口。在已认定为中国重要农业文化遗产的“北京京西稻作文化系统”和“北京平谷四座楼麻核桃生产系统”，以及待认定的中国重要农业文化遗产地相关片区，支持村史馆建设，对当前地区的农业文化遗产资源进行宣传展示，以提高北京市民对北京市农业文化遗产资源的认知、热爱、自信与自豪。利用5G、AI、互联网平台等，通过微信公众号、抖音、淘宝等网络媒体，定期推荐宣传北京市农业文化遗产特色资源。

二是组织农业文化遗产主题文化活动。结合北京市民喜闻乐见的节庆活动，如农民丰收节、农村大集等，设立研学科教、美食采摘、产业发展、休闲养生、民俗体验等特色主题，开展北京

市农业文化遗产系列活动。与市教委、市住房城乡建设委等合作，以农业文化遗产地为重点，在北京市建设一批农耕文化教育实践基地或研学基地，扩大北京市农业文化遗产的宣传与普及。

三是开展“农业文化遗产融入北京公园建设”相关工作。结合北京城市建设发展的基本方针，与市园林绿化局、市住房城乡建设委等合作，在城郊公园建设中融入农业文化遗产主题及要素等，增加城郊公园的农耕文化体验活动，增加北京市民的获得感、参与感和认同感，推进北京市农业文化遗产宣传推广工作。

四是推动农业文化遗产系列科普教育。面向社会公众，积极开展《北京平谷四座楼麻核桃生产系统》等科普读本的编写工作，组织媒体拍摄《北京市农业文化遗产的启示》等专题片，让公众了解北京市的农业文化遗产资源，喜爱北京市传统农耕文化和民间习俗。面向青少年，开展“农业文化遗产进校园、进课堂”活动，组织编写优秀农业文化遗产教材和科普读物，建设一批农耕文化实践教育基地，推动农业文化遗产的保护与传承。面向幼儿，收集各区农业文化遗产“京味儿”小故事、传统民

俗技艺等，编写农业文化遗产少儿读物或儿童绘本等。协助动物园、水族馆等开展畜禽鱼虫类农业文化遗产展示。

专栏5　展示宣传与教育传承工程

1.农业文化遗产陈列室建设。各中国重要农业文化遗产所在行政区设立1个农业文化遗产陈列室、展示厅或小型主题博物馆。

2.拓宽媒体宣传渠道。通过北京市农业文化遗产微信公众号、抖音和淘宝网络媒体等，定期推送农业文化遗产相关信息。

3.农业文化遗产主题文化活动。借力农民丰收节、农村大集等，展示北京市农业文化遗产资源特色。

4.推动农业文化遗产科普教育。完成《北京平谷四座楼麻核桃生产系统》科普读本、农业文化遗产少儿读物及儿童绘本等编写、出版工作；制作《北京市农业文化遗产的启示》等专题宣传片。

六、保障措施

（一）加强统一领导，夯实责任主体

遗产地各级政府要加强领导，明确责任。将农业文化遗产的保护与发展作为贯彻落实党的十九大和十九届历次全会精神、贯彻落实习近平总书记系列重要讲话的具体举措。要以高度的历史责任感和使命感，开展工程建设，加强监督检查，做好规划实施。

（二）完善组织建设，保障任务实施

完善农业文化遗产管理机构设置，提升管理水平。对于已经成功申报的全球和中国重要农业文化遗产，应设立专门管理机构负责农业文化遗产的日常工作，形成联运机制，明确各级农业文化遗产管理机构的工作内容和任务。

（三）强化政策扶持，拓宽资金渠道

遗产地政府应积极整合财政支出结构，安排专项资金，切实加大遗产保护与发展的政府投入。用好国家支农惠农政策，密切与中国农业银行等相关金融机构沟通，科学引导社会资金参与，进行金融产品的创新试点，逐步建立农业文化遗产保护与发展的多元投入机制。利用农业保险保费补贴等财政政策，完善财政支持下的农业经营保险制度。建立反映农业文化遗产生态价值的生态补偿制度和反映劳动力市场价值的产品价值补偿制度。

（四）重视人才培养，推动科学保护

加快成立北京市农业文化遗产保护协会，对传承人挖掘与技艺保护工作进行顶层设计。实施农业文化遗产传承人认证备案制度，摸清农业文化遗产传承人全市底数。通过抓普及培训、骨干培训和抓实训基地建设，推动从全民普及向壮大传承人队伍发展。加强遗产地产业开发的技术研发与示范，加快创意产业示范基地建设，推进产学研相结合的遗产保护与发展的创新队伍、服务平台建设。从经济、文化、社会、法律等方面，积极探索完善农业文化遗产保护机制。

北京市农业农村局北京市司法局关于印发《北京市培育农村学法用法示范户实施方案》的通知

（2021年12月29日）

各相关区农业农村局、区司法局，市农业综合执法总队：

为深入贯彻习近平法治思想，加强法治乡村建设，扎实做好本市农村学法用法示范户培育工作，根据农业农村部、司法部《关于印发〈培育农村学法用法示范户实施方案〉的通知》（农法发〔2021〕9号）精神，现将《北京市培育农村学法用法示范户实施方案》印发给你们，请结合实际，认真组织实施。

北京市培育农村学法用法示范户实施方案

培育农村学法用法示范户是2021年中央一号文件和全国“八五”普法规划部署的重要任务，是

法治乡村建设的重要内容。为扎实做好本市农村学法用法示范户培育工作，促进带动农民群众尊法学法守法用法，有效提升农民群众办事依法、遇事找法、解决问题用法、化解矛盾靠法的能力，制定本方案。

一、总体要求

以习近平新时代中国特色社会主义思想为指导，深入贯彻习近平法治思想，围绕本市“十四五”时期农业农村社会经济发展目标任务以及实施“八五”普法规划和加快推进乡村人才振兴要求，广泛开展农村学法用法教育，加强农村学法用法示范户培育，促进农民群众法治素养明显提升，乡村法治环境明显改善，乡村治理能力明显增强，为全面推进乡村振兴、加快农业农村现代化提供法治保障。

二、目标任务

培育农村学法用法示范户是落实习近平总书记关于提高普法针对性和实效性要求的重要举措，必须要充分认识农村学法用法示范户培育工作的重大意义，切实把思想、行动统一到党中央决策部署上来，坚持面向农民、深入农村，广泛开展农村学法用法教育，扎实推进农村学法用法示范户培育工作。

培育农村学法用法示范户工作自2021年起组织实施，力争用5年时间，实现农村学法用法示范户覆盖到全市每个行政村，到2022年底实现50%的行政村有学法用法示范户，到2025年底实现每个行政村都有学法用法示范户。到2035年力争每个行政村的学法用法示范户数量和效果都符合法治工作要求。

三、基本原则

（一）坚持目标导向。农村学法用法示范户培育工作要紧紧围绕构建上下贯通的农业农村普法工作机制、提升农民群众法治素养和能力，有针对性地解决普法讲村入户“最后一公里”问题，营造良好的乡村法治环境，为乡村振兴培养一批农业农村法律人才。

（二）坚持立足实际。农村学法用法示范户培育工作要注重结合本区实际，利用好现有法治宣传教育平台、人才培养项目资源和联系对接机制等，扎实开展示范户培训教育工作，有条件的区可对现有资源平台进行整合升级，打造便于农民群众使用的教育培训平台。

（三）坚持循序推进。农村学法用法示范户培育工作于“八五”普法期间全面实施。组织实施过程中，要尊重乡村发展规律和法治建设需求，设计好本区实施方式，可以全面推开，也可以结合本市实际，优先在100个乡村振兴示范村等基础条件好的地方先行试点再逐步推开，以不低于目标要求为限。

（四）坚持探索创新。培育农村学法用法示范户是一项全新工作。各区要坚持边实践边探索，注重创新推动工作的机制和方法，总结提炼有助于发挥示范作用的经验做法，增强工作的带动力和实效性。

（五）坚持注重效果。要把培育农村学法用法示范户与促进农业农村法治新实践结合起来，与构建农业农村普法新格局结合起来，与维护农村稳定与化解矛盾纠纷结合起来，使农村学法用法示范户培育工作落地见效，真正发挥农民群众在乡村振兴中的重要作用。

四、认定标准

农村学法用法示范户应当具备下列基本条件：

（一）拥护党的领导，热爱祖国，维护宪法法律权威，自觉尊法学法守法用法，自觉践行社会主义核心价值观。

（二）家庭主要成员了解公民的基本权利、义务，熟悉与农民生产生活密切相关的宪法、民法典等公共法律知识，以及乡村振兴促进法、农业法、农村土地承包法、农民专业合作社法、农产品质量安全法、种子法等主要农业农村法律法规。

（三）能够自觉运用法治的方式参与社会经济活动，依法维护合法权益。

（四）能够带动本村及周边农民群众提高法治意识，帮助指导解决法律问题。

（五）积极协助并主动参与矛盾纠纷劝导、化解工作，防止矛盾激化、纠纷升级，维护基层社会和谐稳定。

农村学法用法示范户有下列情形之一的，应当撤销示范户的称号：

（一）示范户家庭成员违反国家法律法规和政策

（二）侵犯公民、法人和其他组织合法权益；

（三）违反公序良俗；违反村规民约；

（四）煽动、教唆他人违法犯罪。

（五）其他造成不良社会影响的情形。

五、工作内容

（一）制定示范户培育工作具体实施方案。各区农业农村局会同区司法局结合实际制定农村学法用法示范户培育工作具体实施方案，根据本区行政村情况，围绕2022年、2025年的培育目标要求，细化每年的培育计划。明确工作责任、目标任务、工作机制和具体举措，绘制时间表、路线图。并于每年1月30日前报送市农业农村局和市司法局备案。

（二）开展有针对性的学法用法培训工作。各区要将农民学法用法内容与法治素养培训纳入高素质农民培育课程，运用法治讲堂、田间课堂等多种方式，开展有针对性的学法用法培训工作；采取微信、微博、线上线下法治培训融合的方式，充分利用全国智慧普法平台、全国农业科教云平台等法律网络培训平台，开设在线学法用法课程，加强新修订地方性法规的普法宣传，提供在线法律咨询服务；通过村居法律顾问提供公益法律服务，对农民群众关注的热点法律问题进行解答等形式，送法进村入户。依托农业企业、农民专业合作社、家庭农场等新型农业经营主体，建设农村法治教育基地，打造农民学法用法平台，更好地服务农民学法用法。

（三）开展执法机构与示范户“结对子”活动。市、区农业综合行政执法机构要将农村学法用法示范户培育工作作为落实“谁执法谁普法”普法责任制的具体举措，把结对联系农村学法用法示范户作为经常性工作，制定“结对子”人员分工方案和年度培育指导方案，采取包片包户等方式，开展以案释法、以案说法，提供有针对性的培育指导和跟踪服务，可以采取到户指导、通过电话、微信等方式开展工作。

（四）组织开展农村学法用法示范户认定工作。从2022年开始，每年组织一次学法用法示范户认定工作。各区农业农村局对照示范户认定的基本标准，采用自下而上的方式，组织好本区示范户的遴选、认定工作，以适当方式向社会公布，并将名单报市农业农村局、市司法局备案。严格落实示范户动态管理机制，区农业农村局对经认定的示范户登记造册，颁发农业农村部统一规定样式的标志牌，对应当撤销示范户称号的报市农业农村局审核后，及时予以撤销并收回标志牌。

（五）加强对示范户的跟踪调研和监测评估。各区要加强对农村学法用法示范户培育工作的调研监测，及时掌握示范户的学法用法和示范带动情况。注重挖掘和宣传示范户学法用法典型案例，组织讲好农村学法用法故事，及时向市农业农村局、市司法局报送。要善于总结农村学法用法示范户培育工作经验，探索推广一批可复制、可操作的培育模式，巩固拓展示范户培育工作成果，推动构建农村法治宣传教育长效机制。

六、组织保障

（一）统一思想认识。各级农业农村部门、农业综合行政执法机构、司法行政部门要将思想和行动统一到中央部署要求上来，尽快适应农业农村法治宣传教育的新形势新定位，将农村学法用法示范户培育工作作为提升普法针对性实效性的重要抓手，多措并举推动工作。

（二）压实工作责任。各区农业农村局、区司法局要将培育农村学法用法示范户工作纳入本地农业农村“十四五”规划和“八五”普法规划，加强组织领导，落实分工责任，统筹部署安排，逐级压实责任，切实把示范户培育工作落到实处，确保取得实效。市农业农村局会同市司法局统筹协调推进示范户培育工作，督促指导各区培育工作，2022年起定期调度通报进展情况。各区农业农村局、各区司法局要建立健全分管领导牵头负责的组织工作机制，抓好组织动员、目标确定、监督检查，情况汇总等工作。

（三）构建协同机制。建立农业农村部门和司法行政部门联动的工作机制，形成上下联动、多方协同的工作格局。将培育农村学法用法示范户工作与民主法治示范村建设、培养法律明白人等工作有机结合，组织广大基层法律服务工作者、普法志愿者对示范户开展服务对接，合力推进培育工作。

（四）强化激励约束。各区农业农村局、区司法局要将农村学法用法示范户培育工作纳入本区“八五”普法规划实施的考核范围。要积极探索提高示范户学法用法积极性的激励机制，各区农业农村局、区司法局可以积极争取政策扶持和财政资金支持，将农村学法用法示范户先进典型优先列入各级普法先进表彰中，引导示范户主动参与乡村治理和乡村建设，在乡村振兴各项事业中发挥重要作用。

北京市农业农村局关于印发《现代农业产业技术体系北京市创新团队建设专项管理办法》的通知

（2021年12月29日）

各创新团队首席专家办公室、创新团队成员依托单位，各有关单位：

根据《农业部财政部关于印发〈现代农业产业技术体系建设实施方案（试行）〉的通知》（农科教发〔2007〕12号）和《农业部财政部关于印发〈关于地方开展现代农业产业技术体系建设工作的指导意见〉的通知》（农科教发〔2008〕5号），为规范现代农业产业技术体系北京市创新团队建设，现将《现代农业产业技术体系北京市创新团队建设专项管理办法（试行）》印发给你们，请遵照执行。

现代农业产业技术体系北京市创新团队建设专项管理办法（试行）

第一章　总则

第一条　为加强本市实施乡村振兴战略科技支撑体系建设，提升首都农业科技创新能力，实现农民增收和农业高质量发展，根据《中华人民共和国乡村振兴促进法》《农业部财政部关于印发〈关于地方开展现代农业产业技术体系建设工作的指导意见〉的通知》（农科教发〔2008〕5号），本市设立现代农业产业技术体系北京市创新团队建设专项（以下简称“创新团队”）。为实现创新团队的规范化、科学化管理，制定本办法。

第二条　创新团队专项的申报、评审、立项、实施以及监督管理等工作遵循公开、公平、公正的原则。

第二章　管理架构及职责

第三条　创新团队设置以产业为主，兼顾功能。每个创新团队由产业技术研发中心（以下简称“研发中心”）、综合试验站和农民田间学校工作站（以下简称“田间工作站”）三个层级构成。研发中心主要负责组织开展技术需求分析、创新集成、试验示范等，每个研发中心由一名首席专家和若干功能研究室组成，每个功能研究室由若干岗位专家组成；根据每一个产品或产业的区域生态特征、市场特色和产业布局，在主产区设立若干综合试验站，主要承担技术集成、试验示范等任务；根据区域产品产业规模和服务农民的数量，在生产相对集中的地区建立若干田间工作站，主要负责了解收集农户需求和开展技术推广落地等。

第四条　由市财政局、市农业农村局共同成立创新团队建设专项管理办公室（以下简称“专项管理办公室”），负责创新团队的具体管理工作。

第五条　专项管理办公室人员由市财政局科技文化处、市农业农村局科技处、市数字农业农村促进中心构成。按照市农业农村局和市财政局有关决策程序和事项，具体落实以下职责：

（一）建立并完善创新团队管理制度，协调、处理项目实施过程中的重大问题。

（二）根据产业发展需求和当年财政状况组建创新团队，确定团队建设计划，组织开展创新团队发展战略研究。

（三）组织对各团队需求调研报告和中长期规划进行论证与审核。

（四）与首席专家签订创新团队建设年度任务书，组织开展创新团队专项的申报、论证、立项、实施、验收、绩效考评及资金审计和成员调整审核等工作。

（五）负责创新团队综合管理服务平台日常管理和维护。

（六）完成领导交办的其他工作。

第六条　各创新团队建立执行专家组。组长由各技术研发中心的首席专家担任，成员由功能研究室主任、岗位专家、综合试验站站长以及田间工作站站长代表组成。执行专家组负责制定和实施本创新团队的发展规划、年度经费预算和分年度计划，组织开展本团队的建设、人员考核等重大事项，指导、协调和监督本团队的业务和管理活动。

第七条 首席专家的主要职责：

（一）确定本创新团队的总体目标、阶段性工作目标和攻关任务，并分解细化到具体岗位。

（二）组织开展技术研发协同攻关及技术集成、示范与推广；组织开展本产业需求调研；督导任务落实情况，及时解决出现的问题。

（三）对团队聘任人员进行年度考评，提出创新团队聘任人员调整意见。

（四）提出本团队年度预算方案，并与团队成员签订年度工作任务书。

（五）组建首席专家办公室，负责创新团队日常管理工作以及与专项管理办公室的沟通协调。

（六）负责项目成果总结、技术保密，以及知识产权保护。

（七）完成与团队建设相关的其他工作。

第八条 首席专家所在单位为首席专家建设依托单位，是创新团队建设项目管理的责任主体，应为首席专家开展工作提供必要支撑，加强创新团队经费管理。

第九条 岗位专家主要职责：

（一）开展产业需求调研，收集、监测、分析和掌握产业发展动态信息。

（二）围绕产业技术难题，开展产业技术创新研究技术攻关、集成与示范。

（三）承接国家产业技术体系技术研发成果，开展技术引进、筛选和示范应用，强化在综合试验站和田间工作站的落地转化。

（四）开展产业应急性工作。

（五）为产业发展提供政策性建议。

（六）完成首席专家办公室下达的其他工作任务。

第十条 综合试验站站长主要职责：

（一）了解、掌握本区域产业发展与农民需求情况和发展动态。

（二）承担研发技术成果的试验示范，组织观摩培训。

（三）指导田间工作站开展农民培训工作，并提供技术支撑。

（四）协助上级有关部门监测疫情、灾情等动态变化并及时上报首席专家办公室。

（五）完成首席专家办公室下达的其他工作任务。

第十一条 田间工作站站长主要职责如下：

（一）开展产业发展和农民需求调研。

（二）开办一所标准化、示范性农民田间学校，推广创新团队研发的技术成果。

（三）协助上级有关部门监测疫情、灾情等动态变化并上报首席专家办公室。

（四）完成首席专家办公室和综合试验站下达的其他工作任务。

第十二条 首席专家、岗位专家、综合试验站站长、田间工作站站长所在单位分别为首席专家、岗位专家、综合试验站、田间工作站建设依托单位，是创新团队建设项目实施和专项资金使用监管的责任主体，应为创新团队建设开展的工作提供必要的条件和便利，并负责规范专项资金的使用与管理。创新团队各岗位人员对创新团队建设项目实施和专项资金使用负直接责任。

第三章 成员遴选与退出

第十三条 市农业农村局根据农业产业发展需求，在调研的基础上，公开发布拟组建创新团队的信息。符合推荐条件的人员在自愿的基础上提出申请，由所在单位统一向市农业农村局推荐。

第十四条 首席专家的确定：市农业农村局根据各单位推荐人员名单进行形式审查，对通过形式审查的人员，组织专家评议、公示后聘任。

第十五条 功能研究室岗位专家的确定：市农业农村局根据遴选标准、岗位需要和申请人员专业技术工作业绩等情况，组织对申请人员进行形式审查，并由首席专家参与组织专家评议，公示后聘任。首席专家可以兼任其中一个专家岗位。首席专家根据功能研究室设置，从已聘任岗位专家中选择一名作为功能研究室主任。

第十六条 综合试验站及站长岗位确定：由相关区行业主管部门在推广单位、企事业单位中推荐综合试验站及站长候选名单，中央及市级有关单位可直接推荐。首席专家根据不同地区的生态特性、产品特色、加工与销售带动、综合试验示范工作要求及以往承担农业科研、示范与推广项目任务等情况，组织评议并提出综合试验站和站长建议名单，报市农业农村局，经审核、公示后聘任。

第十七条 田间工作站及站长岗位确定：由相

关区行业主管部门根据区域农产品生产规模和服务农民的数量，在生产相对集中的地区，推荐农民田间学校工作站及站长岗位候选人名单，中央及市级有关单位可直接推荐。首席专家组织评议并提出建议名单，报市农业农村局，经审核、公示后聘任。

第十八条 首席专家和岗位专家、综合试验站站长原则上需连续工作满三年后，方能提出调整岗位。如因特殊情况确需退出，需向市农业农村局提出申请。

第十九条 存在以下情况的团队成员，应及时退出创新团队：

（一）年度考核不合格或明显不能胜任岗位的。

（二）审计等发现建设资金使用存在重大问题的。

（三）连续二年考核处于末位的。

（四）存在弄虚作假或出现信用问题的。

（五）其他方面出现重大违规情况的。

第二十条 由于人员退出造成的岗位空缺，遴选过程参照第十四条至第十七条执行。退出人员在退出三年后方可继续参加人员遴选。

第四章 团队运行

第二十一条 创新团队建设按照“开放、流动、协作、竞争”原则进行。

第二十二条 首席专家组织本创新团队的成员开展本产业需求调研，提出本产业和本领域技术创新五年规划和年度任务，由市农业农村局与首席专家签订任务书。

第二十三条 首席专家根据审批下达的规划和任务书，与岗位专家、综合试验站站长和田间工作站站长分别签订任务书，层层分解工作任务。创新团队聘任成员依据任务书开展工作。

第二十四条 各创新团队依据人员考评办法对聘任成员进行考核，根据考评结果提出聘任人员调整意见。

第二十五条 各创新团队根据当年工作的开展情况及第二年的工作重点，需在每年十月底前编制下一年度的绩效目标及年度任务书，报市农业农村局并录入市财政项目库，经评审后作为创新团队建设项目整体预算编制的基础。

第五章 监督检查

第二十六条 各创新团队首席专家要加强对团队成员工作落实、经费支出和规范使用等的管理与督促检查。市农业农村局负责对创新团队建设项目进行监督抽查和项目的评估工作。

第二十七条 市农业农村局对首席专家、岗位专家、综合试验站、田间工作站建设依托单位在专项经费管理等方面进行审计。委托第三方机构对创新团队运行进行绩效评估。

第六章 附则

第二十八条 创新团队人员管理、人员考评等管理办法由市农业农村局根据实际情况另行制定。

第二十九条 各创新团队首席专家依托单位应据此办法制定实施细则，并报市农业农村局备案。

第三十条 本办法由市农业农村局负责解释。

第三十一条 本办法自印发之日起实施，市农业农村局、市财政局2014年发布的《现代农业产业技术体系北京市创新团队建设专项管理办法》（京农发〔2014〕110号）同时废止。

涉农文件目录

2021年涉农文件目录

北京市农业农村局 北京市财政局 关于印发《2021年度动物疫病强制免疫“先打后补”工作方案》的通知

北京市农业农村局关于印发《北京市耕地质量长期定位监测报告（2019年度）》的通知

关于印发《北京市防止耕地“非粮化”稳定粮食生产工作方案》的通知

北京市农业农村局 北京市气象局关于印发《北京市农业气象防灾减灾实施方案》的通知

北京市农业农村局 北京市财政局关于组织申报北京市特色畜禽、水产种质资源保护项目的通知

北京市农业农村局 北京市财政局 北京市园林绿化局关于组织申报北京市种质创制及品种选育联合攻关项目的通知

北京市农业农村局关于公布第四批北京市特色专业示范村名单的通知

北京市农业农村局关于下达2021年高标准农田建设任务的通知

北京市农业农村局关于公布北京市第38批主要农作物审定品种名录的通告

北京市农业农村局关于同意平谷区调整受污染质量类别的批复

北京市农业农村局关于同意丰台区调整受污染质量类别的批复

北京市农业农村局关于同意大兴区调整受污染质量类别的批复

北京市农业农村局关于加快推进农村集体产权制度改革的通知

北京市农业农村局关于加强农药监督管理防范安全风险的通知

北京市农业农村局关于同意市市农业机械监理总站固定资产报废的批复

北京市农业农村局关于印发2021年各涉农区粮食和蔬菜生产目标的通知

北京市农业农村局关于北京市国家青贮玉米品种测试站项目竣工验收的批复

北京市农业农村局关于印发《2021年动物疫病强制免疫实施方案》的通知

北京市农业农村局关于严厉打击非洲猪瘟假疫苗有关违法行为的通知

北京市农业农村局关于对所属单位 2021年度经费预算的批复

北京市农业农村局关于印发《2021年巩固低收入农户帮扶成果工作要点》的通知

北京市农业农村局关于变更调整北京市大兴区2020年高标准农田建设项目的批复

北京市农业农村局关于变更调整北京市房山区2020年高标准农田建设项目的批复

北京市农业农村局关于开展2021年全国农民合作社质量提升整区推进试点工作的通知

北京市农业农村局 北京市财政局关于做好2021年北京市农业农村改革发展资金项目实施工作的通知

北京市农业农村局关于印发《2021年北京市农业领域增绿工作方案》的通知

北京市农业农村局关于印发《北京市耕地扬尘管控工作方案》的通知

北京市农业农村局关于公布现代农业产业技术体系北京市创新团队2020年度考评结果的通知

北京市农业农村局关于加强牛结节性皮肤病防控工作的通知

北京市农业农村局关于印发《北京市2021年政

策性农业保险统颁条款》的通知

北京市农业农村局关于印发《2021年北京市农业转基因生物安全监管工作方案》的通知

北京市农业农村局 北京市生态环境局关于做好2021年耕地分类管理工作的通知

北京市农业农村局关于开展“大清洗、大消毒”专项行动的通知

北京市农业农村局关于印发《北京市农业种质资源普查实施方案（2021 — 2023年）》的通知

北京市农业农村局关于首农食品集团有限公司2021年北京市双河农场高标准农田建设项目初步设计的批复

北京市农业农村局关于公布《2021年北京市农业主推技术推荐目录》的通知

北京市农业农村局关于印发《2021年北京市屠宰环节质量安全风险监测方案》的通知

北京市农业农村局关于开展“瘦肉精”专项整治行动的通知

北京市农业农村局关于做好2021年国家农业绿色发展先行区建设工作的通知

北京市农业农村局关于印发《北京市统筹利用撂荒地和闲置设施促进农业生产发展的实施意见》的通知

北京市农业农村局关于印发《2021年北京市农业投入品废弃物回收处置工作方案》的通知

北京市农业农村局关于印发《2021年北京市农药减量控害工作方案》的通知

北京市农业农村局关于印发《2021年北京市化肥减量增效工作方案》的通知

北京市农业农村局关于委托开展非洲猪瘟检测工作的批复

北京市农业农村局关于公布现代农业产业技术体系北京市创新团队2021年人员名单的通知

北京市农业农村局关于印发《北京市休闲农业专家辅导团管理办法（试行）》的通知

关于印发《客运场站服务区消费帮扶农产品展示展销联动工作机制行动方案（暂行）》的通知

北京市农业农村局关于公布北京市第39批主要农作物审定品种名录的通告

北京市农业农村局关于印发《2021年北京市农产品质量安全异地监督抽查实施方案》的通知

北京市农业农村局 北京市公安局公安交通管理局关于进一步加强本市拖拉机安全管理暨开展变型拖拉机清理工作的通知

北京市农业农村局关于果蔬鲜切加工技术集成基地项目竣工验收的批复

北京市农业农村局关于印发《2021年北京市农产品质量安全统一监测计划》的通知

北京市农业农村局北京市财政局关于印发《2021年北京市设施农业良种更换工作实施细则》的通知

北京市农业农村局北京市公安局北京市市场监督管理局关于印发《2021年北京市农资打假专项治理行动实施方案》的通知

北京市农业农村局关于印发《北京市加强水产养殖用投入品监管工作实施方案》的通知

北京市农业农村局关于北京市朝阳区国家数字农业创新应用基地建设项目（设施蔬菜）实施方案的批复

北京市农业农村局关于海淀区国家数字农业创新应用基地建设项目（设施蔬菜）实施方案的批复

北京市农业农村局关于国家数字农业装备创新中心试点建设项目可行性研究报告的批复

北京市农业农村局关于印发《2021年北京市兽药质量监督抽检计划》《2021年北京市动物及动物产品兽药残留监控计划》《2021年北京市动物源细菌耐药性监测计划》的通知

北京市农业农村局 北京市财政局关于开展第一批市级现代农业产业园创建绩效评价和认定的通知

北京市农业农村局关于印发《2021年北京市农业防汛工作方案》的通知

北京市农业农村局　北京市财政局关于2021年批准创建市级现代农业产业园的通知

北京市农业农村局关于做好《兽用生物制品经营管理办法》贯彻实施工作的通知

北京市农业农村局关于印发《北京市动物疫病监测与流行病学调查计划（2021—2025年）》的通知

关于开展2021年北京市农业行政执法大练兵活动的通知

北京市农业农村局关于开展2021年度北京市动物病原微生物实验室生物安全专项检查工作的通知

北京市农业农村局关于做好2021年执业兽医资格考试工作的通知

北京市农业农村局关于印发《北京市2021年种业监管执法年活动方案》的通知

北京市农业农村局关于做好2021年农村地区

京市绿色种养循环农业试点实施方案》的通知

北京市农业农村局北京市财政局北京市城市管理委员会北京市卫生健康委员会关于印发《北京市农村厕所革命实施效果评估工作方案》的通知

北京市农业农村局关于北京市海淀区2020年高标准农田建设项目变更的批复

北京市农业农村局关于北京市海淀区2020年高标准农田建设新增项目初步设计的批复

关于印发《北京市农业农村局重大行政处罚案件集体讨论制度（试行）》的通知

北京市农业农村局关于开展北京市农机购置中央资金补贴产品投档工作的通知（2021年第一批）

北京市农业农村局关于做好秋粮机收减损工作的通知

关于印发北京市进一步加强外来物种入侵防控工作方案的通知

北京市农业农村局 北京市财政局关于进一步健全农村地区冬季清洁取暖长效管护工作机制的通知

北京市农业农村局 北京市城市管理委员会关于做好2021—2022年度取暖季农村地区冬季清洁取暖设备后期管护及安全管理工作的通知

北京市农业农村局关于印发《2021—2023年北京市农机购置补贴机具投档和核验工作规范（试行）》的通知

北京市农业农村局关于稳步实施农机购置补贴“三合一”办理操作方式的通知

北京市农业农村局关于开展动物检疫监督能力提升行动的通知

北京市农业农村局关于开展牛羊布病等动物疫病无疫小区建设与评估工作的通知

关于《通州区2020年设施农业发展奖补资金实施方案》的意见

北京市农业农村局关于印发《关于开展法治宣传教育的第八个五年规划实施方案2021—2025年）》的通知

北京市农业农村局关于国家数字种业创新中心试点建设项目可行性研究报告的批复

北京市农业农村局关于印发《北京市加快推进承诺达标合格证制度试行工作方案》的通知

北京市农业农村局关于畜禽智慧养殖数字农业创新中心试点建设项目竣工验收的批复

北京市农业农村局关于北京市华都峪口禽业有限责任公司畜禽养殖数字农业建设试点项目竣工验收的批复

北京市农业农村局印发《关于推进首都特色新型农业社会化服务体系建设的若干意见》的通知

北京市农业农村局关于对《北京市农业农村局行政执法专用章管理办法》的批复

北京市农业农村局 北京市财政局关于认定第一批北京市现代农业产业园的通知

北京市农业农村局关于做好农村集体资产年度清查的通知

北京市农业农村局北京市财政局北京市规划和自然资源委员会北京市园林绿化局关于印发《开展一产农业试点示范工作方案》的通知

北京市农业农村局关于印发《北京市“十四五”时期乡村特色产业发展规划》《北京市“十四五”时期农产品加工业发展规划》《北京市“十四五”时期休闲农业发展规划》《北京市“十四五”时期农业文化遗产保护与发展规划》的通知

北京市农业农村局北京市司法局关于印发《北京市培育农村学法用法示范户实施方案》的通知

北京市农业农村局关于印发《现代农业产业技术体系北京市创新团队建设专项管理办法》的通知

北京市农业农村局关于国家数字农业装备创新中心试点建设项目初步设计和概算的批复

北京市农业农村局关于农业农村部农业信息软硬件产品质量检测重点实验室条件提升建设项目初步设计和概算的批复

北京市农业农村局关于印发《现代农业产业技术体系北京市创新团队人员管理办法（试行）》和《现代农业产业技术体系北京市创新团队人员考评办法（试行）》的通知

北京市农业农村局关于印发《北京市“十四五”时期农业科技发展规划》的通知

总　述

2021年北京市农业农村经济社会发展总述

2021年，市委农工委、市农业农村局坚持以习近平新时代中国特色社会主义思想为指导，在市委、市政府坚强领导下，统筹做好疫情防控和农村改革发展稳定各项工作，扎实推进乡村振兴战略实施，全面完成各项目标任务，推动“三农”领域“开好局、起好步”。

切实提高稳产保供能力。严格落实耕地保护制度，抓实“田长制”，完成16万亩撂荒地恢复种植。强化重要农产品生产党政同责，农业生产连续两年实现逆势上涨。粮食播种面积91.4万亩、产量37.8万吨，分别增长24.6%和23.7%，受到农业农村部通报表扬。蔬菜播种面积69.68万亩、产量165.6万吨，分别增长21.8%、20.1%。生猪存栏58.29万头，增长83.5%。圆满完成百年党庆等重大活动农产品供应和质量安全服务保障，累计供应15.3万千克。

着力推动农业创新发展。与农业农村部合作共建中国·平谷“农业中关村”，京瓦中心竣工运行。北京种子大会升格为中国北京种业大会。243个新品种通过国家审定，位列全国第一。全面完成第三次全国农作物种质资源普查任务。国家玉米种业技术创新中心、通州区国家现代农业产业园、平谷区国家畜禽种业产业园落地建设。通州、顺义、大兴、房山等高效设施农业试点片区全面启动，翠湖智慧农业10万平方米智能温室投入使用。

持续改善农村人居环境。坚持规划引领乡村建设，村庄规划“应编尽编”。深入推进“百村示范、千村整治”工程，实施第二批1041个美丽乡村基础设施建设。扎实推进中央巡视和环保督察反馈问题整改落实。深入开展厕所革命问题摸排整改，摸排87.7万户，发现4127座问题户厕已完成整改，无害化卫生户厕覆盖率达到99.4%。狠抓生活垃圾管理条例落实，生活垃圾处理基本实现行政村全覆盖。加强乡村风貌规划和整体管控，在9个区17个村组织开展农村住房质量提升试点。全面完成年度煤改清洁能源65个村庄、约3.8万户改造任务，所有平原地区村庄和75%山区村庄实现“无煤化”。

多措并举增加农民收入。出台促进农民增收20项扶持措施。帮扶3.79万名农村劳动力实现转移就业，吸纳4万名农村劳动力参与基础设施管护和村庄保洁。深入实施农村集体经济薄弱村专项帮扶行动，制定“一村一策”产业帮扶方案，240个村实现“消薄”。健全防止“返低”监测和帮扶机制，巩固低收入农户帮扶成果。全年农村居民人均可支配收入33303元，同比增长10.5%。

持续深化农村改革。深化规自领域问题整改，落实“村地区管”机制，加强农村集体土地管理，开展“大棚房”问题清理整治“回头看”和百日专项整治行动。基本完成农村承包地确权登记颁证，推进承包土地经营权抵押贷款。建立乡镇宅基地及建房联审联办机制，推进大兴、昌平宅基地制度改革试点。实施休闲农业“十百千万”畅游行动，打造一批乡村休闲旅游精品线路、美丽休闲乡村和精品民宿。举办第五届农村创业创新大赛，开展“百师进百村”、休闲农业专家辅导团工作。建立农民培训联席会议制度，制定改进农民培训和学历教育工作方案，市区两级培训一产农户、合作社带头人、下乡创业人员2.3万人次。开展农民合作社质量提升整区推进试点，培育家庭农场4200多个，加强农业社会化服务体系建设。深化农业综合行政执法改革，提升行政审批服务水平，优化农业农村营商环境。

持续提升乡村治理能力。完成3764个村党组织和3574个村委会换届选举工作，“一肩挑”比例达到93.5%，实现了“年龄降、学历升”的预期目标。紧密结合党史学习教育，实施“进村入户走基层”三年行动，推动工作力量下沉，选派180名年轻干部驻村帮扶。以“吹哨报到”“接诉即办”为主抓手，认真办理群众诉求，扎实做好农村宅基地、农村基础设施建设和农村村民待遇等问题“每月一题”专项治理。认真落实乡村文化振兴和乡风文明建设要求，成功举办本市庆祝第四届中国农民丰收节等系列活动，总结宣传一批乡风文明典型案例。1个乡镇和11个村被评为第二批全国乡村治理示范村镇。

（贾寒智）

大　事　记

2021年北京市农业农村大事记

1月

10—13日　副市长卢彦连续3次召开会议调度全市农村地区疫情防控工作。提出农村疫情防控组要尽快建立组织架构，加强市级协调、调度、监督、检查职责履行等要求。

13日　农业农村部副部长张桃林调研北京市种业工作。到北京市华都峪口禽业有限责任公司实地了解特色蛋鸡、特色肉鸡种业发展情况和“一园带多园”现代种业发展模式，听取了国家现代农业（畜禽种业）产业园区建设和未来规划发展汇报。副市长卢彦参加调研。市委农工委书记、市农业农村局局长李志军参加调研，并就北京现代种业发展情况作了汇报。农业农村部科教司、种业管理司和全国畜牧总站以及平谷区、首农集团有关负责人参加调研。

18日、20日　副市长卢彦连续主持召开会议，调度农村地区疫情防控各项工作。提出各涉农区要严格落实村庄卡口三班倒值守和“查证、测温、扫码、登记”防控措施；要加强疫苗接种工作的精细化分类管理；要加快推进测温枪和视频监控等有关防疫设施设备改造升级，确保年底前实现本市所有村庄卡口可视化全覆盖等要求。

20日　中央政策研究室农村局局长朱泽一行到市农林科学院调研种业发展问题并座谈。听取了市农林科学院种业科技创新、产业化应用情况及深化种业体制改革、加快种业科技创新的意见建议，对市农林科学院农作物育种水平给予高度评价，并指出市农林科学院为全国的“米袋子”“菜篮子”“果盘子”保障做出了重要科技支撑，希望市农林科学院认真学习落实中央经济工作会议和中央农村工作会议精神，在解决好种子问题上肩负起责任，作出更多更大的贡献。

26日　副市长卢彦现场调研部署农村地区疫情防控工作。先后来到朝阳区小红门乡肖村、丰台区南苑乡时村和花乡樊家村，现场检查各村卡口值守等各项防控措施落实情况，查看快递投送及临时存放点情况，与村民交谈了解核酸检测情况，检查了当地垃圾分类工作开展情况，并随即召开农村防控组第9次会议。

1月　北京市成立以副市长卢彦为组长的工作组，统筹推进全市防止耕地“非粮化”稳定粮食生产工作。

2月

5日　中央农办主任，农业农村部党组书记、部长唐仁健先后赴北京市平谷区马坊镇、马昌营镇、峪口镇、南独乐河镇调研“菜篮子”稳产保供工作。现场查看了温室大棚蔬菜生产情况，详细了解了农产品储存运输情况和家禽育种、蛋鸡制种情况，强调：要站在经济社会发展全局高度，充分认识做好“菜篮子”产品稳产保供工作的极端重要性，压实“菜篮子”市长负责制，抓好产品生产、流通、调控等重点工作，全面提升大中城市“菜篮子”产品供给能力，确保“菜篮子”产品稳定供应。副市长卢彦，市委农工委书记付兆庚，市农业农村局副局长、一级巡视员马荣才，办公室、市场与信息化处、种植业管理处、畜牧渔业处以及平谷区相关负责人参加调研。

26日 副市长卢彦召开市委农办综合月调度会。要求以中央巡视和中央环保督查问题整改为核心，持续提升农村人居环境整治；以抓好粮食生产为核心，切实扛起农业生产政治责任；以产业发展为核心，扶持壮大集体经济；以“田长制”为核心，持续提升耕地保护和利用管理水平；以“两会”期间疫情防控为核心，持续抓好农村疫情防控工作。

3月

2日 市委农村工作领导小组召开全体会议。市委书记、市委农村工作领导小组组长蔡奇主持。会议审议通过《关于全面推进乡村振兴加快农业农村现代化的实施方案》《涉农区党政领导班子和领导干部推进乡村振兴战略2020年度实绩考核情况及2021年度考核安排》《北京市关于全面推行“田长制”的实施意见》。市委副书记、市长、市委农村工作领导小组副组长陈吉宁，市委副书记、市委农村工作领导小组副组长张延昆出席。

同日 全市农村工作会议召开。会议贯彻落实中央农村工作会议精神，研究部署北京市“三农”工作。蔡奇强调，要深入贯彻党的十九届五中全会和中央农村工作会议精神，增强做好新发展阶段“三农”工作的责任感使命感，围绕“促进农业高质高效、乡村宜居宜业、农民富裕富足”的目标，凝心聚力、真抓实干，确保全面推进乡村振兴迈出新步伐。陈吉宁、张延昆出席。会议以视频方式直接开到区、乡镇，千余名首都农业农村工作干部参会。

同日 副市长卢彦部署全市春季农业生产工作。要求要看住地，建立“田长制”；要种好地，确保今年粮食、蔬菜、生猪生产任务全面完成；要实现应种尽种、能种尽种；保障“两会”期间农产品生产供应；强化落实土地出让、设施农业发展、设施农业用地政策、高效设施农业试点等一系列政策；持续做好大棚房问题整治；强化各部门密切配合，形成支农合力。

3日 市委常委会召开会议，蔡奇主持。会议研究《关于全面推进乡村振兴加快农业农村现代化的实施方案》等事项。

12日 委局召开党史学习教育动员会。市委农工委书记、市农业农村局局长、委局党史学习教育领导小组组长付兆庚主持召开委局系统党史学习教育动员会并作动员讲话。全面部署了委局系统单位党史学习教育活动和“进村入户走基层”专项行动实施方案。会议强调，要深入学习贯彻习近平总书记在党史学习教育动员大会上的重要讲话精神，落实市委工作部署，动员农工委系统各级党组织和全体共产党员学党史、悟思想、办实事、开新局，高标准高质量完成学习教育各项任务，以更加昂扬的姿态、更加务实的作风抓好首都“三农”各项工作，以优异的成绩迎接建党100周年。委局全体领导、北京农职院党委书记、市农研中心党组书记及机关各处室主要负责人、所属各单位党政主要负责人参加会议。

29日 委局召开农业系统“开好局、起好步、大干2021”动员部署大会。市委农工委书记、市农业农村局局长付兆庚做重要讲话。会议要求，委局上下要认真贯彻落实全市领导小组会农村工作会议精神，围绕中心工作，按照全市“三农”工作的总体部署，积极投身首都“三农”事业，提振“三农”干部队伍士气。以优异成绩迎接建党一百周年，确保“十四五”起好步、开好局。委局机关全体干部、北京农业职业学院领导班子成员、北京农研中心领导班子成员及委局所属各单位正科实职以上干部等近500人参加动员部署大会。

3月 市政府下达2021年各涉农区粮食和蔬菜生产目标。粮食生产目标为播种面积73.5万亩、产量31万吨；蔬菜生产目标为播种面积62万亩以上、产量156万吨以上。

4月

2日 全市农业种质资源普查工作启动。本次普查计划用3年时间，对全市农作物、畜禽和水产养殖种质资源种类、数量、分布、主要性状等进行系统普查，发掘并鉴定一批新资源，开展抢救性收集保存。

7日 市委、市政府联合印发《关于全面推进乡村振兴加快农业农村现代化的实施方案》。聚焦稳产保供、科技创新、人居环境等重点领域设定19项量化指标，围绕促进农业现代化、农村现代化、农民增收和加强党的全面领导部署18项工作任务，提出到2025年率先基本实现农业农村现代化行动取得重要进展。

28日 副市长卢彦到平谷区峪口镇、夏各庄镇调研生猪生产相关工作。强调加快在建生猪养殖场的施工进度；提前制订生猪调运计划；严格落实北京市环境保护要求；严格落实猪场生物安全防控措施和安全生产各项要求。

29日 副市长卢彦主持召开市委农办主任调度会。强调深入贯彻落实中央农村工作会议精神；持续推进农村人居环境整治，做好村卫生室建设；切实抓好农业生产；抓好村“两委”换届；做好农村地区新冠肺炎疫情防控。

5月

16日 全市3764个村党组织换届选举工作已全部完成，3574个村委会已全部完成，共选出村“两委”成员21361人，顺利实现市委“选出好书记、配强好班子、绘就好蓝图、换出好风气”的预期目标。

26—27日 北京市农业农村局、山东省农业农村厅共同主办北京市—山东省农业战略合作会议。会上，市委农工委书记、市农业农村局局长付兆庚和山东省农业农村厅厅长李希信签署《推进现代农业协同发展框架协议》，通州区农业农村局与寿光市农业农村局、京研益农有限公司与寿光蔬菜种业集团等16家部门、企业负责人分别签署合作协议。京鲁两地将在设施农业技术、装备、人才以及蔬菜产销衔接等方面开展全方位合作，共同推进北京市设施农业发展水平再上新台阶，实现更多绿色、优质、高端农产品进入首都市民“菜篮子”，更好地促进“稳产保供、服务首都、富裕农民”。

27日 北京宫廷金鱼在中国第十届花博会获得一金、两银、两铜好成绩。由市农业农村局水产技术推广站选送的10个金鱼品种20尾名贵金鱼，包括鹅头红、王字虎头、蓝丹凤、黑大眼龙睛、红弓背水泡、蓝凤尾高头球等珍稀品种，得到所有到来客和评审的高度肯定，获得了一金、两银、两铜的好成绩。

31日 北京市乡村振兴局挂牌成立。北京市农业农村局加挂北京市乡村振兴局牌子，负责统筹推进全市实施乡村振兴战略工作。

同日 副市长卢彦专题调度第二十九届中国北京种业大会筹备情况。主持召开第二十九届中国北京种业大会组委会第一次会议，专题调度大会筹备工作。各相关部门汇报了筹备情况和下一步工作安排。会议指出，要提高站位、精心策划，要对得上中央提出的种业“翻身仗”的要求、对得上北京种业自身发展的要求、对得上国家级种业协会的要求。会议强调，要突出重点、抓住关键，学习服贸会的办会经验，紧盯重点关键环节，要按照更高领导参加的标准组织策划好开幕式、邀请重点嘉宾和做好大会招商，争取将国际种子联盟作为永久支持单位。要进一步夯实责任，细化工作方案，坚持市场化办会的原则，建立定期调度机制，研究讨论大会筹备过程中的相关具体问题，进展情况要及时报送市领导。

同日 副市长卢彦调度农村人居环境整治、农业生产、农村地区建筑垃圾治理、农村劳动力转移就业等工作。强调以设立北京市乡村振兴局为契机，全面推进乡村振兴开好局、起好步；贯彻落实好全国农村集体产权制度改革工作推进会暨农业农村政策和改革工作会议精神，做好北京各项工作；以“共建清洁家园、喜迎建党百年”为契机，努力提升村庄环境面貌；抓住关键农时，抓好农业生产；引导农业龙头企业做好高校毕业生就业工作；深入贯彻落实中共中央办公厅《关于北京市开展违建别墅清查整治工作情况的通报》和市委市政府关于“大棚房”各项工作要求；完善重点行业平安建设协调机制乡村治理领域组工作调度机制。

6月

8日 北京市召开农村集体经济薄弱村增收工作动员部署视频会，副市长卢彦主持会议，市委副书记张延昆出席会议并讲话。会上，市委农工委书记、市农业农村局局长付兆庚部署了集体经济薄弱村增收工作，市国资委党委副书记、副主任晋秋红、怀柔区副区长王建刚、密云区副区长季荣旺作典型发言。张延昆指出,要进一步提高政治站位，充分认识发展壮大农村集体经济的极端重要性。要坚持党建引领，全面加强农村基层党组织对农村各类组织、各种资源、各项工作的统筹领导。要坚持因地制宜，紧密联系农村实际。要坚持市场导向，面向市场定产业、选项目、抓经营。要加大政策统筹，整合各级财政涉农资金，集中投放，加大对集体经济薄弱村产业发展的扶持力度。卢彦要求：一是认真领会会议精神，增强推动农村集体经济薄弱村增收工作的责任感和紧迫感；二是组织做好结对帮扶工作，确保每个薄弱村至少对接一个帮扶单位；三是抓好落实，切实抓出实效，确保按期完成集体经济薄弱村消除任务。

10日 北京市第四届“创业北京”创业创新大赛启动。围绕党和国家关于优先发展农业农村、全面推进乡村振兴的战略总要求，本届大赛特设乡村振兴专项赛，突出绿色发展，聚焦乡村振兴，重点支持涉农创业项目。

28日 委局机关16位离退休老党员荣获“光荣在党50年”纪念章。市委农工委副书记、市农业农村局副局长、一级巡视员康森代表农工委看望慰问机关离退休支部光荣在党50年老党员，并向老党员颁发“光荣在党50年纪念章”。

29日 副市长卢彦专题调度全市外来物种入侵防控工作。要求做好三个衔接：即外来物种入侵防控涉密与公开发布工作的有限衔接、市国安委生物安全分派任务与外来物种防控工作的有效衔接、市农业农村部门与北京市外来物种入侵防控工作协调机制的职能部门的有限衔接，进一步提高对外来物种入侵防控工作的认识，各部门要严格按照工作方案相关职责分工抓好落实，加强保障，确保相关工作可持续深入开展

7月

20日 国家统计局北京调查总队公布，2021年北京市夏粮获丰收，实现播种面积和产量双增长，受到农业农村部通报表扬。其中播种面积19.6万亩，同比增长54.3%；产量6.9万吨，同比增长47.6%。

26日 蔡奇到平谷区调查研究。他强调，平谷区的定位是生态涵养区，优势在农业，开展工作要从这个最大实际出发。要深入学习贯彻习近平总书记在庆祝中国共产党成立100周年大会上重要讲话精神，认真落实市委十二届十七次全会部署要求，在落好“五子”中找准定位和工作着力点，坚持生态立区，坚定不移走绿色发展之路，全力推进农业科技创新示范区建设，打造一流的“农业中关村”，努力在乡村振兴、农业农村现代化方面走在全市前列。

同日 陈吉宁赴房山区调研，深入田间地头和工厂车间，实地察看了解经济社会发展情况。他强调，要深入学习贯彻习近平总书记在庆祝中国共产党成立100周年大会上的重要讲话精神，认真落实市委十二届十七次全会部署要求，聚焦区域功能定位，系统谋划产业布局，做大做强高端制造业，注重塑造细分领域竞争优势，大力发展现代科技农业，激发高质量发展动力活力，提升区域综合承载功能，打造宜居宜业良好环境。

30日 平谷区入选全国农业科技现代化先行县共建名单。

同日 副市长卢彦主持召开市委农办主任调度会暨农村防控组第十七次例会。强调要领会精神，抓好厕所革命、粮菜猪农业生产和“田长制”工作的落实；狠抓进度，确保垃圾治理、村卫生建设、美丽乡村建设等各项工作全面推进；注重实效，抓好接诉即办“每月一题”农村宅基地问题的处理；守住底线，守好疫情防控、污水治理、防汛工作的责任。

8月

4日 副市长卢彦主持召开农村防控组第18次例会。强调要进一步压实市、区、乡镇三级责任，摸清底数，严格落实管控措施，做好农村地区疫苗接种工作，切实检查漏洞，加强宣传引导，统筹推进疫情防控与农业生产、美丽乡村建设、农民增收等“三农”重点工作，实现两不误、两促进。

9日 《北京市关于全面推行“田长制”的实施意见》发布，切实落实最严格的耕地和永久基本农田保护制度，保障国家粮食安全，确保首都农产品稳定有效供给，促进都市型现代农业高质量发展。

13日 蔡奇就农村疫情防控和农业农村现代化到通州区于家务乡检查调研。他强调，农村地区防疫不可掉以轻心，要严格落实防疫要求，加强流动人口管理和农村大集等场所防疫检查，落实常态化防疫措施，堵上漏洞，消除隐患，严防疫情发生。农业农村现代化是实施乡村振兴战略的总目标，城市副中心要抓好“三农”工作，坚持城乡统筹、以城带乡，把现代农业发展得更好，把乡村建设得更美，加快推进农业农村现代化。

26日 北京市农作物种质资源库在市农林科学院揭牌。种质资源库的建立，标志着市级农业种质资源保护体系建设迈出坚实一步。

9月

10日 市政府召开常务会议，研究《关于“北京都市型现代农业发展”议案办理暨相关专项工作情况的报告》等事项。陈吉宁主持。

14日 市委副书记张延昆带队与农业农村部部长唐仁健座谈。张延昆从思想认识、发展路径、推进机制、改革创新四方面汇报了北京农业农村工作和农业中关村建设工作。农业农村部副部长刘焕鑫，党组成员、中国农科院院长唐华俊，总经济师魏百刚，总农艺师曾衍德，有关部门负责人，北京市副市长卢彦、市有关部门负责人、平谷区委区政府主要领导参加座谈。

17日 卢彦主持召开市农村防控组第20次例会。强调要加强节日值班值守，严格落实属地责任，持续做好大兴、顺义机场周边村常态化封闭管控，加强境外返京人员和中高风险地区人员返京进村人员的管理，加强定期核酸检测工作，加强乡村民宿防控力度，持续强化监督检查，加快推进农村地区疫苗接种工作，统筹抓好疫情防控和“三农”重点工作，加快农村公共卫生室建设力度，加强与公安部门和社区防控组的联动。

同日 副市长卢彦带队调研大兴区西瓜种植和农民增收情况。到庞各庄镇南里渠村的北京老宋瓜果专业合作社、东南次村的北京庞农兴农产品产销合作社，以及北臧村镇赵家场村的北京赵家场春华西甜瓜产销专业合作社，详细了解西瓜品种、种植、品牌、销售等情况及急需协调解决的问题。

23日 北京市农民丰收节系列庆祝活动开幕式在平谷区金海湖镇举行。开幕式上，以“庆丰收感党恩”为主题的农民歌舞表演、非遗传统技艺展示，近百种名特优新农产品展示，推荐发布十余条京郊旅游休闲路线等。现场还举办农业科技成果、装备展，用大量历史图片、实物等元素展现北京“三农”成就。发布“北京优农品牌目录”，平谷大桃、大兴西瓜、昌平苹果、灵山绿产、红螺食品、龙湾巧嫂、密农人家、北菜园、京一根、中农富通等130个品牌入选首批名单。

9月 由市农业农村局、市规划自然资源委、市财政局策划开展的“百师进百村”活动启动，通过“百师”与“百村”双向选择，为152个示范村各配备一名产业策划师、工程师、规划师，“一对一”为村庄发展问诊把脉，助力乡村振兴。

10月

8—9日 国家乡村振兴局联合教育部、人力资源和社会保障部、住房和城乡建设部、农业农村部、文化和旅游部、全国妇联组成调研组，到北京市开展乡村工匠专题调研。先后赴通州区东韵丝绸文化艺术馆、熊氏珐琅、张家湾镇唐人坊文化有限公司，朝阳区798艺术园区、传统点翠工艺进行现场调研，并围绕如何培养更多乡村工匠类的高素质技术技能人才，与市、区相关工作部门及乡村工匠代表进行座谈交流，全面了解北京市乡村工匠培育工作进展情况及困难建议。调研组充分肯定了北京市乡村工匠培育工作成效，希望北京市紧紧围绕全国科技创新中心和国际交往中心的发展定位，继续发挥区位优势、组织优势，做好国内外优秀工匠人才的引进和培育工作，拿出更大的力度扶持培养乡村工匠，为乡村振兴提供坚实的人才支撑。市委农工委书记、市农业农村局局长付兆庚，市委农工委委员、二级巡视员王修达，二级巡视员于雷庆参加调研。

9—10日 2021中国·平谷农业中关村创新大会在北京举行。大会以“建设农业中关村，打造农业中国芯”为主题，开展主旨演讲、专家报告、政企交流、展览展示等20余场活动，90多位业内专家学者和国际国内150多位企业家代表出席。

12日 蔡奇、陈吉宁与中央农办主任、农业农村部党组书记、部长唐仁健座谈，张延昆主持。蔡奇强调，要以签署合作协议为契机，打造具有全球影响力的农业“中关村”，建设国家级农业科技创新高地。会上，双方共同签署《农业农村部北京市人民政府共同打造中国·平谷农业“中关村”合作框架协议》。

18—22日 第二十九届中国北京种业大会在北京园博园举行，主题为“一粒种子改变世界、种业振兴北京先行”。陈吉宁、张延昆出席开幕式，北京市政府与中国中化控股有限责任公司签署共建北京现代种业和现代农业战略合作协议。本届大会首次升级为国家级的种业大会，大会期间开展现场展示交易、实地品种观摩等活动，展览展示种业前沿创新最新成果和优良品种，参展企业400余家。42位农业领域院士专家，先正达、隆平高科等四家行业排名前十的龙头企业领衔参会，并通过现场展示交易、实地品种展示观摩、鲜明主题活动与成果展，全方位展示北京种业发展成果，搭建种业交易交流平台，现场交易金额逾2.7亿元。

27日 北京市延庆区、怀柔区获得农业农村部认定的首批“全国休闲农业重点县”。

同日 副市长卢彦调研冬季清洁取暖有关工作，召开市委农办主任调度会。

28日 市委召开市直部门党组（党委）书记月度工作点评会。市生态环境局、市水务局、市农业农村局、市园林绿化局依次发言。蔡奇点评指出，要牢固树立绿水青山就是金山银山理念，强化与各区和相关部门协同配合，抓好中央生态环保督察反馈问题整改，持续打好污染防治攻坚战，扩大生态空间容量，助力碳减排、碳中和，让绿水青山蓝天成为大国首都底色。会议通报10月“接诉即办”情况，对“每月一题”完成情况进行通报点评。陈吉宁、魏小东、张延昆参加。

29日 北京市1镇11村入选第二批全国乡村治理示范村镇。包括门头沟区清水镇和朝阳区黑庄户乡小鲁店村、门头沟区清水镇梁家庄村、房山区大石窝镇王家磨村等11个村。

11月

10日 北京市4个村被评为第十一批全国“一村一品”示范村。包括顺义区龙湾屯镇山里辛庄村（酥梨）、顺义区杨镇东焦各庄村（草莓）、平谷区峪口镇东凡各庄村（休闲旅游）和延庆区井庄镇柳沟村（休闲旅游）。目前，北京市全国“一村一品”示范村镇累计达到88个。

18日 市农业农村局与中国农科院签署战略合作协议。协议主要确定五方面合作内容，充分依托中国农科院的专家智库、成果信息等优势，助力北京破解制约都市型农业发展的关键问题。

11月底 全市高标准农田建设超额完成年度任务。2022年国家下达北京市4万亩高标准农田建设任务，截至11月底，已完成高标准农田建设4.29万亩，完成比例107.25%。

12月

7日 平谷区入选首批国家级农业现代化示范区创建名单。作为北京唯一入选区，将依照示范区创建方案，搭平台、强科技、探模式、创政策，重点开展设施装备建设、农业园区建设、产业融合发展、农业绿色发展、智慧农业示范、农业科技支撑等六大工程46个重点项目，全面提升平谷农业设施化、园区化、融合化、绿色化、数字化建设水平，建设成为具有区域带动能力和全国引领能力的国家级都市农业现代化示范区，为北京市全面推进乡村振兴、加快农业农村现代化提供有力支撑。

28日 卢彦主持召开市农村防控组第22次例会。强调要减少人员流动和聚集，加强监测预警、服务保障和责任落实。

12月 北京市顺义区农业农村局荣获全国粮食生产先进集体，北京市农业技术推广站推广研究员周吉红、密云区高岭镇石匣村党支部书记宋宝君、房山区窦店村农牧工商总公司副总经理许生、延庆区北京张书安农业技术服务专业合作社理事长张书安为全国粮食生产先进个人，受到农业农村部通报表彰。

同月 北京市第三次全国农作物种质资源普查与收集工作全面完成。组织粮经、蔬菜、果树等领域专家，组建11只普查队伍，利用两年多时间走访全市11区57个乡镇106个行政村，行程2万多公里。征集各类农作物种质资源452份，其中粮食作物137份、蔬菜172份、经济作物16份、果树127份；涵盖26科61属91种。新发现了昌平区百年野山楂、顺义区康熙贡米前鲁大米、平谷区皇家贡品红芽香椿、怀柔区“三座楼”紫皮山药、房山区良乡板栗、延庆区八棱脆海棠和西王化村红薯等一批珍稀优异资源。

同月 全市蔬菜、生猪生产任务已全部完成。蔬菜播种面积66.55万亩，完成全年任务的106.5%；产量157.23万吨，完成全年任务的100.8%。全市生猪存栏50.89万头，整体完成率为101.78%。

（陈思）

实施乡村振兴战略

【**概况**】年内，完成“十四五”乡村振兴战略实施规划编制工作，组织开展涉农区党政领导班子和领导干部推进乡村振兴战略实绩考核工作。结合党史学习教育活动，以“共建清洁家园、喜迎建党百年”为主题，学党史、悟思想、干实事，扎实推进农村人居环境整治和美丽乡村建设工作，农村基础设施和环境面貌不断改善，为成功举办各项重大活动营造了良好的村庄环境氛围，努力为“十四五”开好局、起好步。

（村镇建设处　王玉珏）

【**完成“十四五”乡村振兴战略实施规划编制**】7月31日，正式印发《“十四五”乡村振兴战略实施规划》，是全市最早发布的市级重点专项规划。规划系统谋划了未来五年北京市全面推进乡村振兴、加快农业农村现代化的目标路径、19项具体指标、6方面69项重大任务和27项重大工程。

（发展规划处）

【**2021年度乡村振兴实绩考核排名**】年内，开展2021年度各涉农区党政领导班子和领导干部推进乡村振兴战略实绩考核工作。总分排名从高到低依次为：平谷区、顺义区、海淀区、延庆区、房山区、大兴区、怀柔区、昌平区、门头沟区、朝阳区、丰台区、通州区、密云区。

（秘书处）

【**953个村通过第二批美丽乡村创建村考核验收**】年内，依据《北京市美丽乡村建设考核验收标准》，以村庄规划和实施方案、环境整治、绿化美化、基础设施、公共设施及服务、产业发展、乡村治理、长效管护、村民满意等内容为重点，组织对第二批美丽乡村创建村进行考核验收，全市953个村通过验收。

（村镇建设处　连旭）

【**农村基础设施持续得到改善**】年内，完成2911个村村庄规划和美丽乡村建设实施方案编制审批工作。启动实施第二批1041个村美丽乡村基础设施建设。截至12月底，整村完工953个村，累计完成公厕改造1000余座、户厕改造5.4万户、农村街坊路300余万平方米、路灯3万余盏，农村基础设施持续得到改善。

（村镇建设处　郑桐富）

【**开展农村人居环境整治核查**】年内，制定印发《关于持续开展农村人居环境检查考核工作的通知》，深入实施月检查、季全查、月调度机制，以考核促整改、以考核促保持。全市累计开展检查抽查12次，核查村庄2万余村次，村庄环境保持干净、整洁、有序的良好态势。

（村镇建设处　连旭）

【**农村厕所问题摸排整改**】年内，印发《全市农村户厕问题摸排整改方案》，组织开展农村户厕问题摸排整改工作，累计摸排3200个村87.7万户。印发《北京市农村厕所革命实施效果评估工作方案》，开展农村厕所革命实施效果评估，累计完成106余万户户厕、8000余座公厕评估。

（村镇建设处　郑桐富）

【**农村住房质量提升试点**】年内，贯彻落实中央关于乡村建设行动有关要求，经市政府同意，会同市相关部门印发《北京市农村住房质量提升试点建设工作方案》（京政农发〔2021〕97号），在9个区17个村分两类启动农村住房质量提升试点。

（村镇建设处　赵锦一）

【**传统村落保护**】年内，落实住建部要求，完成22个国家级传统村落实施挂牌保护。44个市级传统村落保护发展规划全部编制完成，实现应编尽编。

（村镇建设处　胡建华）

【**健全农村人居环境长效管护机制**】年内，印发《关于进一步健全完善农村人居环境长效管护机制的指导意见》（京农组办发〔2021〕9号），围绕村容整治、垃圾治理、污水治理、绿化美化、公共设施维护等重点内容，完善长效机制。各区普遍建立“村庄清洁日”机制。

（村镇建设处 郑桐富）

【城乡接合部环境整治】年内，全市城乡接合部各相关区累计清理积存垃圾29.3万余吨，治理生活污水直排溢流2万余处，拆除私搭乱建22万平方米，清理乱堆乱放、乱贴乱画37万余处；累计完成城乡接合部地区44个村庄污水治理提升工程。

（村镇建设处 赵锦一）

【村级卫生机构全覆盖】年内，按照市委、市政府的要求制定《北京市农村卫生室标准化建设工作方案》，组织各区开展村卫生室选址和相关设施配套建设等工作，全市650个无卫生室村实现村级卫生机构全覆盖。

（村镇建设处 汝利福）

【编制厨余垃圾资源化技术规范】年内，牵头编制北京地方标准《厨余有机废弃物制备土壤调理剂技术规范》，规范了厨余有机废弃物制备土壤调理剂的原料条件、产品指标、应用范围等多项指标。该标准将为居民厨余垃圾资源化产品应用提供指导。

（村镇建设处 王玉珏）

【生活垃圾分类示范村现场核验】年内，按照市生活垃圾分类推进工作指挥部的部署，组织开展对6批392个申报垃圾分类示范村从党建引领、分类设施建设、桶前值守、分类成效等4个方面17项具体指标进行现场审核，其中351个村通过现场审核，通过率为89.5%。

（村镇建设处 赵锦一、王玉珏）

【顺利完成山区农民搬迁】北京市制定印发《2021年北京山区农民搬迁工程工作方案》，对年度工作目标、工作内容、工作要求进行部署。2021年山区农民搬迁任务涉及门头沟和平谷两区。相关搬迁工程已全面启动，408户当年开工建设并完成搬迁新宅主体建设。完成市政府关于“启动山区400户农民搬迁工程”的任务，完成北京市地质灾害综合治理和避险移民搬迁工程工作方案的任务目标。

（生态建设处）

【超额完成农村地区冬季清洁取暖改造】2021年6月，北京市印发《关于做好2021年农村地区村庄住户冬季清洁取暖工作的通知》（京政农发〔2021〕69号），明确2021年启动65个村约3.8万户的工作任务，截至2021年底，改造任务圆满完成。落实中央资金支持密云区、门头沟区、延庆区开展冬季清洁取暖工作，年度资金总计3亿元，连续支持三年。

（生态建设处）

【切实做好冬季清洁取暖长效管护】截至2020—2021年取暖季，全市已有3386个村约有130万户农村地区居民实施清洁取暖，其中2671个村约108万户通过“煤改电”和“煤改气”实现清洁取暖。2021年全市有约31万台清洁取暖设备超出质保期，农村地区冬季清洁取暖设备的后期管护已成为当前工作的重中之重。为做好此项工作，北京市出台《关于做好2021—2022年度取暖季农村地区冬季清洁取暖设备后期管护工作及安全管理的通知》和《关于进一步健全农村地区冬季清洁取暖长效管护工作机制的通知》，对后期管护及安全管理工作进行部署，明确市级财政对各区长效管护体制、机制建设的支持政策，全面推进清洁取暖设备的后期运行管护和应急保障等相关工作。

（生态建设处）

【策划开展“百师进百村”活动】年内，组织对152个百村示范村需求情况进行摸排调研，策划开展“百师进百村”活动，开展“百师”招募，为152个村每村配备产业规划师、工程师、规划师或团队，“一对一”编制乡村振兴特色方案，助力各村乡村振兴。

（村镇建设处 连旭）

【为冬奥会冬残奥会营造良好的村庄环境面貌】年内，制定印发《北京市冬奥会冬残奥会村庄环境整治保障工作方案》，在冬奥会和冬残奥会运行指挥部城市运行与设施保障组领导下，持续开展村庄清洁行动，加快推进美丽乡村基础设施建设，强化对“五区四线三周边”村庄检查考核，集中力量强化村容村貌治理，提升村庄视觉观感，助力冬奥会冬残奥会成功举办。

（村镇建设处 郑桐富、连旭）

【全面提高“农村取暖工单处理助手”热线服务效率】针对12345百姓反映售后诉求，通过与市政务服务局对接确保“12345”平台系统向市农业农村局开发的“农村取暖工单处理助手”App程序实时转派工单，App将实时将相关工单信息发送至市、区、镇及维修人员手机上，大大提高了热线诉求的处理速度。同时还引导各区推广使用区级、镇级“农村取暖工单处理助手”，全面提高热线处理速度，不断提升服务效率。

（生态建设处）

【农村基础设施建设“接诉即办”“每月一题”考核评分较高】年内，通过实施月调度、月检查、月通报机制，督促各区压实责任、强化落实，着力补齐农村基础设施建设短板，农村基础设施建设问题治理成效显著。“接诉即办”农村基础设施建设考核综合评分一直处于较高水平，在全市“每月一题”治理满意度中期评价中，农村基础设施建设知晓率排名全市第一、满意率排名全市第三，农村基础设施建设诉求量下降明显。《建立检查考核奖惩通报机制，确保农村基础设施建设接诉即办取得实效》入选北京市“接诉即办”优秀案例。

（村镇建设处　连旭）

都市现代农业

种植业

【概况】年内，粮食面积、产量双增长。2021年粮食播种面积91.4万亩，比上年增加18万亩，同比增长24.6%；粮食总产量37.8万吨，比上年增加7.2万吨，同比增长23.7%，超额完成国家下达的目标任务。

（种植业处　潘望）

【下达2021年粮食生产目标】年内，落实“党政同责”要求，印发2021年各涉农区粮食大豆生产目标，粮食播种面积73.5万亩，粮食产量31万吨，纳入推进乡村振兴战略实绩考核和粮食安全区长责任制考核。

（种植业处　潘望）

【落实种粮支持政策】年内，发放实际种粮农民一次性补贴资金950余万元，发放耕地地力保护补贴1.84亿元，受益农户16.4万户，降低种粮成本，提高种粮积极性。

（种植业处　潘望）

【加强技术指导服务】年内，印发小麦春管和玉米春播技术意见、“三夏”“三秋”生产指导意见、小麦整地播种环节农机作业质量推荐标准、农业防灾减灾保丰收预案、今冬明春科学防灾稳产保供预案、极端性天气应对措施等文件，指导农户3200余人次。

（种植业处　潘望）

【完成蔬菜生产任务】年内，压实各区生产责任，年初分解下达各区蔬菜生产任务，建立“周统计+月通报”工作机制，将生产任务纳入涉农区党政领导班子推进乡村振兴战略实绩考核范畴。及时开展技术指导服务，保障蔬菜生产稳定供应。全年实现蔬菜播种面积69.68万亩，同比增长21.8%；产量165.6万吨，同比增长20.1%，完成蔬菜播种面积62万亩、产量156万吨的年度生产任务。

（种植业处　赵朔）

【推进高效设施农业发展】年内，成立高效设施农业工作专班，全力推动高效设施农业发展。与市规自委等部门联合出台高效设施农业用地试点工作方案及其实施细则（京规自发〔2021〕78号、138号），联合市发改委、市财政局等部门联合出台《关于积极稳妥推进高效设施农业发展的指导意见》（京政农发〔2021〕93号）。推动首农集团翠湖智慧农业创新工场项目实现了当年开工、当年建成、当年投产。

（种植业处　赵朔）

【农业领域留白增绿】年内，落实《北京市人民政府关于印发〈关于“十四五”时期深化推进“疏解整治促提升”专项行动的实施意见〉的通知》（京政农发〔2021〕1号）要求，市农业农村局继续担负“违法建设治理与腾退土地利用—增绿”任务。印发《2021年北京市农业领域留白增绿工作方案》（京政农发〔2021〕26号），组织各区对拆违腾退土地中符合种植条件的耕地实施农业种植，全市计划任务45.76公顷，实际完成45.76公顷。

（种植业处　孟祥乐）

【推进化肥减量】年内，印发《2021年北京市化肥减量增效工作方案》（京政农发〔2021〕43号），深入推进测土配方施肥，强化耕地质量保护与提升，全面推广应用有机肥，提高农业废弃物综合利用率，建立健全科学施肥管理和技术服务体系。2021年，全市化肥使用量（折百）2.96万吨，推广应用商品有机肥覆盖面积20.83万亩，测土配方施肥技术覆盖率达到98.1%，肥料利用率达到40.8%。

（种植业处　孟祥乐）

【推进农药减量】年内，印发《2021年北京市农药减量工作方案》(京政农发〔2021〕42号)，坚持预防为主、综合防治的植保方针，不断完善绿色防控技术体系，推广应用绿色防控产品，推进农作物病虫害专业化统防统治服务，构建资源节约型、环境友好型病虫害可持续治理体系。2021年，全市化学农药总用量(折百)275.9吨，农药利用率提高到45.52%；农作物病虫害绿色防控覆盖率提高到74.79%；主要农作物病虫害专业化统防统治覆盖率提高到54.65%。

（种植业处　孟祥乐）

【推进农膜回收处置】年内，印发《2021年北京市农业投入品废弃物回收处置工作方案》(京政农发〔2021〕41号)，采取以旧换新、推广应用加厚地膜、自主回收等方式，稳步推进废旧农膜回收工作。2021年，全市共确定农膜回收企业13个，建立回收网点363个，共回收废旧农膜8060吨，其中地膜2317吨、棚膜5744吨，全市农膜回收率达到92%。

（种植业处　孟祥乐）

畜牧渔业

【概况】年内，紧抓生猪恢复生产任务，做好新冠肺炎疫情防控期间畜禽水产品稳产保供，推动畜牧渔业绿色发展，强化饲料、生鲜乳和屠宰行业质量安全监管，提升畜牧渔业管理水平。全市生猪生产全面恢复，大幅增长，其他畜禽和渔业生产稳定。

（畜牧渔业处）

【圆满完成生猪恢复生产】年内，完成生猪恢复生产任务。强化“周督导”，施行“定期调度”制度。建立“一对一”服务工作机制，督促分区验收和未完工项目加快建设进度，指导各区优化调整猪群结构，完成《生猪恢复生产工作周报》48期，组织召开生猪恢复生产现场和视频调度会37次。紧盯“重点任务区”。确定平谷区、房山区、大兴区和怀柔区为重点任务区，其中平谷区和房山区实施生猪生产“日报告”制度，随时掌握动态；用好“生猪产业优化提升补贴资金”。按照市农业农村局、市财政局《关于做好2021年农业农村改革发展资金项目实施工作的通知》(京政农发〔2021〕25号)要求，转移支付生猪产业优化提升补贴资金5.1726亿元。关注“生猪产业发展”。建立本市生猪生产逆周期调控工作机制，制定《北京市生猪产能调控实施方案(暂行)》，细化本市逆周期调控工作，配合做好政府猪肉收储、保险等金融措施，稳定产业发展；每月向市政府汇报全市生猪生产情况，分析全国和本市生产行情，提出对策建议。截至12月20日，全市生猪存栏59.05万头，完成任务量的118%，同比增长81%。

（畜牧渔业处）

【屠宰企业疫情防控】年内，印发《加强疫情防控工作的通知》，落实屠宰企业周抽检周报告制度，检测结果均为阴性，企业员工疫苗接种率97.6%。

（畜牧渔业处）

【屠宰环节风险管控】年内，印发《北京市屠宰环节质量安全风险监测方案》和《关于开展瘦肉精专项整治行动的通知》。全年完成100批次的猪肝、400批次肉(猪、牛、羊)的抽样检测，检测结果全部合格。

（畜牧渔业处）

【推动北部区范围内跨省调运屠宰试点】年内，落实“京冀生猪生产与非洲猪瘟防控工作会”精神，筛选标准化生猪养殖基地，实施“点对点”调运，逐步恢复生猪屠宰加工产能，在严密组织闭环监管的基础上，提高本市自产的安全肉份额。

（畜牧渔业处）

【推动渔业高质量发展】年内，印发《北京市2021年渔业高质量发展项目实施方案》，利用中央资金486万元，支持通州、平谷、房山三个区的食用鱼和观赏鱼养殖场，推进养殖方式转型升级，推进渔业绿色循环发展，推广生态健康养殖方式，进一步改善生产条件，提高渔业现代化水平，加强质量安全控制。

（畜牧渔业处）

【部署畜牧渔业安全生产工作】年内，制定全年畜牧渔业行业安全生产工作计划，并根据上级部门的要求，及时进行安排部署。针对今年汛期特点，积极组织相关站所人员深入基层开展防汛隐患排查和专业防汛减灾技术指导，出动人员35人次，排查指导各类畜牧生产单位25家、生产单位渔业16家，排查发现隐患10处并立即整改到位。

（畜牧渔业处）

【水产养殖用投入品监管】年内，起草下发《北京市加强水产养殖用投入品监管工作实施方案》(京政农发〔2021〕55号)，部署三年整治行动，打击相关违法活动。国家产地水产品兽药残留监测25个样品，全部合格。

(畜牧渔业处)

【开展渔业增殖放流】年内，全市利用中央、市、区三级资金1430.58万元，在23个公共水域的38万亩自然水面，放流鱼苗887.8万尾。实现了促进渔业种群资源恢复，维护生态系统稳定的生态功效，圆满完成农业农村部下达的年度增殖放流任务。

(畜牧渔业处)

【畜禽粪污资源化利用】年内，推广养殖废弃物清洁生产减排等9项技术模式，累计在全市建立技术示范点100余个；编制了《养殖粪污资源化利用政策与技术标准汇编》和《养殖粪肥还田利用技术规范》。组织种养联动、绿色发展等主体报道3次，在农民日报等媒体报道，开展市、区粪污资源化利用培训4期，累计培训300多人次。全市畜禽粪污综合利用率达到95.02%，畜禽规模化养殖场粪污设施配套率达到100%。

(畜牧渔业处)

【编制北京市养殖设施用地标准】年内，参与起草由市规划自然资源委、市农业农村局和市园林绿化局联合印发的《关于加强和规范设施农业用地管理的通知》(京规自发〔2021〕62号)，并制定《北京市设施农业用地导则(种植业、畜牧渔业)》。为养殖业设施用地备案工作提供依据。

(畜牧渔业处)

林产业

【概况】年内，北京市新发展果树623.13公顷88.8万株；建设15个综合性老北京水果示范基地；完成对红肖梨、京白梨等10余个品种约400公顷的提质增效工作。建立安全利用类分类管理台账、严格管控类园地分类管理台账，明确主要信息及地上种植情况等。大力推进林下经济建设，完成1.33万公顷林下经济建设。

(市园林绿化局)

【筹备参加第九届国际樱桃大会】年内，建立第九届国际樱桃大会官方和网络视频会议系统。11月组织召开第九届国际樱桃大会学术会议论文征集工作研讨会议，向国内外发送500余份论文征集函，征集国内外樱桃专家、学者大会交流材料。以顺义环舞彩浅山和潮白河沿岸樱桃产业带为中心，带动海淀、昌平、通州、门头沟、大兴等樱桃主产区发展，形成环六环樱桃观光采摘带，全市种植樱桃3296.7公顷，产值超3亿元，采摘游客量59万人次，采摘收入超1.2亿元。对顺丽鑫樱桃园等五大樱桃园进行科普文化、特色景观营造和樱桃管理技术提升，引进、推广樱桃新优品种30余种，新成果、新技术10余项，开启大规模设施樱桃建设，建立高效密植示范园区。

(市园林绿化局)

【全市果树产业政策研究】年内，结合全市第九次园林绿化资源专业调查数据，完成全市经济林在固碳释氧、涵养水源等生态服务价值测算，初步测算经济林生态服务价值约25亿元。以生态涵养区22个村作为调研对象，形成《关于经济林生态补偿政策的研究报告》，为经济林生态效益补偿政策出台奠定基础。与市规自委、农业农村局研究出台《关于加强和规范设施农业用地管理的通知》，解决2公顷以上规模化果园、设施花卉附属服务设施用地(2%，≤0.67公顷)政策问题。落实果园机械补贴、高效节水政策，7大类88类品目果园机械纳入国家级、市级农业补贴政策范围，并根据生产实际需求持续补充和调整；"两田一园"高效节水灌溉工程补贴政策持续扩大支持范围；设施果花生产享受"菜篮子工程"同等补助政策，有效推进产业向现代化方向发展。

(市园林绿化局)

【挖掘保护传承振兴老北京水果资源】年内，落实市主要领导对老北京水果、"京字号"果品保护和发展批示精神，系统梳理全市老北京水果资源分布、存在问题，编制《老北京水果资源名录》，与市农业农村局联合制定《联动服务、联动推介助力老北京水果品牌建设的工作方案》，围绕示范基地建设、科技服务、品牌建设等16项具体措施推动老北京水果提质增效；编辑出版《春华秋实——京·果花蜜发现之旅》宣传专刊12万册，提升影响力；围绕北京国际消费中心城市建设和北京"消费季"活动，组织开展"2021北京花果蜜乐享季"系列活动10余场，带动全市果品观光采摘、乡村旅游1000万人次。

(市园林绿化局)

【推动产业绿色生产方式】年内，组织实施果园有机肥替代化肥试点示范，减少农业面源污染，推进土壤改良。市级层面预算资金5600万元，集中采购有机肥10万吨，对13个区5万亩鲜果园进行土壤改良；区级层面顺义等区项目5万亩。开展绿色生物防控，平谷区实施桃树绿色防控，发放低毒药剂51100亩；推广果园综合管理技术，包括果园自然生草、花期放蜂、果实套袋、疏花疏果等技术应用，全市实施果园生草面积70万亩。

（市园林绿化局）

【果园土壤分类管控】年内，结合全市园地三类土壤和果园生产实际情况，制定《关于统筹做好北京市园地分类管理工作方案》《受污染园地土壤安全利用与修复治理技术参考方案》。会同平谷区农业农村局建立经营台账，明确严格管控类土壤涉及村、果园名称、果园面积、经营主体姓名、联系方式、主要果树种类等信息。抽样检测平谷区严格管控类地块桃产品，抽取样品7个，检测结果均符合国家标准；抽样检测严格管控类地块土壤，抽取土壤样品15个，检测结果均在GB15618—2018标准中风险管制值以下。

（市园林绿化局）

【果品综合示范基地建设】年内，顺义区对顺丽鑫樱桃园、双河果园等五大樱桃园进行科普文化、特色景观营造和樱桃管理技术提升，组织实施“樱桃新优良种引进与设施高效栽培技术示范”科技示范推广项目；密云区出台《密云区精品果园建设标准及奖励扶持办法（试行）》，在果树发展、果品安全基地建设、精品果园建设、板栗提质增效等方面进行扶持，建立示范基地53个，种植面积0.37公顷；大兴区在魏善庄、北臧村、榆垡等镇建立桃树、苹果、梨等名优品种示范基地4个；平谷区强化“国桃”生产示范建设，建立8个“国桃”示范园；海淀区围绕樱桃和玉巴达杏等特色果品，在温泉、苏家坨镇建设高效栽培樱桃、桃、玉巴达杏示范园；延庆实施果品示范基地建设项目。改造提升葡萄园26.67公顷，国光苹果基地13.33公顷，繁育微型葡萄、苹果大果树盆景8000余盆，苹果微型盆景2.5余株。

（市园林绿化局）

【桃种质创制及品种选育】年内，平谷区开展平谷大桃种业创新，在种质创新、绿色生产、采后销售等全产业链环节突出示范引领，集中产学研优势力量，着力解决种质创新、绿色生产、采后销售等关键环节问题。建成10公顷“新品种、新技术、新模式”应用场景展示示范基地，栽植10个新品种、7000余棵桃树，为后续新品种示范推广、苗木繁育采集接穗和品种选育提供保障。采用“1+1+5”模式，带动大华山镇、刘家店镇5个规模化示范基地建设，共计69.33公顷，形成“一园带多园”发展格局。

（市园林绿化局）

【两田一园高效节水灌溉示范建设】年内，市园林绿化局起草《北京市“两田一园”果园高效节水灌溉建设管理办法（试行）（征求意见稿）》，征求两轮意见。朝阳区、怀柔区实施果园田间管网节水灌溉设施建设500公顷。

（市园林绿化局）

【组织2021北京花果蜜乐享季系列活动】年内，助力北京国际消费中心城市建设，市园林绿化局组织实施“百万市民观光采摘京郊行”“北京花果蜜乐享季”系列活动。市区乡镇联动组织果品观光采摘、花卉文化节、蜂产品展销等特色活动近百场，推广“京字号”花果蜜品牌，打造林业产业新业态。开展北京花果蜜乐享季主题日、北京精品梨大赛、北京新优花卉品种展示推介会、北京花果蜜文化遗产展示推介四大主题活动，突出“京字号”特色，深度融合京韵文化，吸引游客参与观光消费，拓展新消费渠道，推介品牌文化，带动果园观光采摘、乡村旅游超1000万人次。大兴古桑葚、金把黄鸭梨、海淀玉八达杏、北寨红杏、平谷大桃、延怀河谷葡萄节等文化消费节活动初步形成品牌效应。

（市园林绿化局）

【搭建北京林特产品北京馆】年内，北京市联合国家林业和草原局、中国建设银行搭建“北京林特产品北京馆”线上销售平台，解决林产品卖难问题，探索新销售模式，有3家果花蜜代表性企业25种产品上线，并在2021中国国际服务贸易交易会专区开展3期营销宣传活动。

（市园林绿化局）

【引导社会资本参与首都果业发展】年内，北京市政府引导基金总投资82431.8万元，支持高效节水果园1257.62公顷，其中：累计投资果园项目39个，投资金额15837万元；投资产业链项目5个，投资金额19150万元；投资子基金5个，投资金额

47444.8万元。与北京农投、澳德集团、寿光蔬菜集团、本来生活、永定河投资等龙头企业设立北农果品、京保果品等5支子基金，聚焦现代果花产业示范园建设、京果标准制定、京果品牌打造等重点内容，推动产业提质增效。研究建立林果产业数字平台，探索推动国家森林生态标志产品认定，成立专业社会化服务公司，创新托管和专项两种服务模式，解决目前生产者，特别是农户缺技术、缺资金、缺市场、人口老龄化、生产成本上升等问题。

（市园林绿化局）

【第五批国家林业重点龙头企业申报推荐】年内，按照国家林草局《关于做好第五批国家林业重点龙头企业推荐工作的通知》《国家林业重点龙头企业推选和管理工作实施方案（试行）》要求，遵循“属地管理、自愿申报”的原则，组织开展第五批国家林业重点龙头企业申报推荐工作，北京市共有6家企业推荐至国家林业和草原局。

（市园林绿化局）

【果树产业信息化管理】年内，市园林绿化局完成果树大数据平台基础数据与二类清查对比、更新和完善，补充增加151个村5233.33公顷果树资源，全市具有生产性果园村2553个，生产面积120000公顷；调查13个区1320个果品营销网点，分析网点分布特点、补充销售量；构建北京市果树史板块，包括中华人民共和国成立以来72年相关历史数据及近30年果业发展重大事项、重大会议、重要活动和具有里程碑意义的历史节点；完成市、区两级果树大数据系统使用与维护培训。

（市园林绿化局）

【推进林下经济建设】年内，北京市结合平原造林、新型集体林场和山区生态公益林建设等，以森游、林蜂、林下种植+自然体验等森林景观利用为主要发展模式，有效推进全市林下经济发展1.33万公顷。

（市园林绿化局）

【林下经济试点示范建设】年内，北京市开展“第五批国家林下经济示范基地”推荐申报工作，推荐了10家经营管理好的林下经济示范基地，有3家已通过国家林业和草原局的专家评审，进入网上公示阶段。结合示范性新型集体林场建设和生态林建设工程，全市已落实21个以林菌、林药、林花、林游、林农复合经营为主的林下经济试点。

（市园林绿化局）

【编制林下经济发展模式规范标准】年内，开展林下经济发展模式规范标准与技术规程编制工作。结合北京地区特点和森林资源现状，已编制完成林菌、林蜂、林下百合、林下中药材等七大类十几个品种的林下种养殖规范标准与技术规程。

（市园林绿化局）

【组织开展园林绿化系统就业人员技能培训】年内，市园林绿化局组织开展园林绿化系统就业人员技能培训，利用多种形式组织新型集体林场负责人、用工单位负责人的年度在岗政策及管理能力培训320人次，职工技能培训1500人次，进一步提升了涉林涉绿用工单位负责人的能力素质与职工的技术水平。

（市园林绿化局）

蜂产业

【概况】年内，全市蜜蜂饲养量23.97万群，其中中华蜜蜂1.5万群，西方蜜蜂22.47万群，因疫情原因，比2020年年底减少14.39%，有养蜂户1万余户，从业人员2.5万余人，有中华蜜蜂自然保护区1家，种蜂场3家，各类蜂产业基地60个，蜂业专业合作组织71家，蜂业企业42家。2021年加大蜜蜂种质资源繁育、保护和综合利用；大力推广蜜蜂授粉绿色生物防控技术，积极创新蜂产业模式，努力创造惠民增收的蜂产业模式。

（市园林绿化局）

【“世界蜜蜂日”庆祝活动】5月18日，由中国养蜂学会、中国蜂产品协会、市园林绿化局、密云区主办的华北区“世界蜜蜂日（5·20）”主题活动暨密云区第四届蜂产业发展高峰论坛开幕。活动旨在宣传蜂产业在乡村振兴中重要作用，推介北京市高端优质蜂产品，擦亮“蜂盛蜜匀”品牌。活动期间，举办以“烹饪科技　助力乡村振兴”为主题的“全蜂宴”发布会，带动餐饮业融合发展。

（市园林绿化局）

【中华蜜蜂种质资源保护】年内，北京市在密云区更新4个特色中华蜜蜂养殖场、2个中华蜜蜂种蜂场、2个中华蜜蜂授粉果蔬采摘基地，因地制宜开发中华蜜蜂经济、科研、文旅、宣教等多重功能，开发中蜂蜂蜜特色产品，打造“益窝蜂”特色中华蜜蜂产品品牌。9月，召开北京市中华蜜蜂生态功能专题研讨会，就北京地区发展中华蜜蜂产业，对生态安全、生物多样性等方面的积极影响进行讨论。

（市园林绿化局）

【西方蜜蜂良种繁育】年内，北京市开展属地繁育蜜蜂种王“密云1号”和“密云2号”种质资源鉴定，从中国农科院蜜蜂研究所和山东种蜂场引进1000余只优良种蜂王，改良北京市优良蜂种率。

（市园林绿化局）

【推广蜜蜂授粉绿色生物防控技术】年内，北京市推进蜜蜂授粉生物防控技术，推广新型现代配套蜂具，培育优质高效授粉蜂种，联合京津冀、内蒙古、新疆、云南等地果树、蔬菜、农作物生产基地，开展授粉服务。2021年全市投入授粉蜜蜂1.2万群，熊蜂3万箱以上，为蓝莓、草莓、西甜瓜、樱桃、梨、番茄等设施农业和大田果蔬生产提供授粉服务。

（市园林绿化局）

【创新蜂产业发展模式】年内，北京市积极推进以白龙潭蜜蜂大世界为中心的蜜蜂示范区建设；在全市新建10个村集体蜂场，按照“资产归村集体所有，收益由边缘户所得”原则，实施“公司+村集体+低收入户”养蜂全托管模式和半托管模式，确保边缘户通过养蜂增收；新建10个500群以上规模化蜂场，全部推广多箱体养蜂，推动机械化和标准化建设；2021年北京市32户规模化畜禽养殖场转型饲养蜜蜂1.3万群，实现转产转型。

（市园林绿化局）

【创建全国首家蜂产业研究院】年内，北京市与中国农业科学院蜜蜂研究所合作，在密云区创建全国首家蜂产业研究院。与全国20余家科研院所、20余名蜂业专家合作，在全国蜂业培训服务、蜂种资源、蜜蜂病害、蜜蜂授粉等领域加强科技研究和成果转化。2021年累计推广多箱体养蜂6000余群，生产波美度达到43度以上的高端天然成熟蜂蜜，构建密云荆条蜂蜜高分辨质谱指纹图谱，实现“一瓶一码”全程可追溯。由研究院主办的“蜂业科技助力乡村振兴培训班”5月在京举办。

（市园林绿化局）

【建设现代化智慧蜂业基地】年内，在密云区建成20个物联网蜂业基地。打造“智慧蜂业”平台，建立“物联网+互联网+蜂场实时监管+环境气候实时监测+产业链追溯”的智慧蜂业管理模式，实时查看蜂场管理情况，监测气温、湿度、降水量等环境数据，实现养蜂生产过程可视化和可追溯管理。

（市园林绿化局）

【加强蜂产业行政审批】年内，市园林绿化局根据《中华人民共和国畜牧法》和《北京市优化营商环境条例》，从市农业农村局承接蜂产业三项行政审批事项，包括：“蜂、蚕种生产经营许可证核发”“新选育或引进蚕品种中间试验同意”和“出口蚕遗传资源、涉外合作研究利用蚕遗传资源初审”。编制《北京市种蜂场现场审核标准》《北京市种蜂场现场审核表》《蜂、蚕种生产经营许可证核发流程》《蜂、蚕种生产经营许可证核发知识库》，制定《依申请政务服务事项告知承诺制度实施意见（蜂蚕种生产经营许可证核发）》，全年办理蜂、蚕种生产经营许可证2件，批准建立中华蜜蜂种蜂场2家。

（市园林绿化局）

【优化营商环境深化“放管服”改革】年内，市园林绿化局对公共服务事项“对蜜蜂损失出具技术鉴定书”，审批材料压减20%，审批时限压减10%；对行政审批事项“蜂、蚕种生产经营许可证核发”优化办理流程，实行“告知承诺制”，压减审批材料和申办条件，编制事项办理知识库，实现网上申报、网上办理、核发电子证照。

（市园林绿化局）

花卉产业

【概况】年内，全市花卉种植面积4.4万亩，产值10.7亿元，有花卉企业217家、花卉市场12个。代表北京高标准参展第十届中国花卉博览会，升级“五节一展”等花卉文化宣传创意活动，推进北京花卉科技创新成果研发与转化，打造数字花卉，组织筹备2022第十四届中国菊花展北京参展工作。

（市园林绿化局）

【举办2021年迎春年宵花展】1—2月，北京市组织世纪奥桥花卉园艺中心、东风国际花卉市场等13家花卉市场开展年宵花营销活动。因受疫情影响，取消线下宣传活动，全市年宵花市场备货量达1000万盆以上，其中本地产850万盆，品种包括蝴蝶兰、大花蕙兰、多肉植物、仙客来、蟹爪兰等广受市民喜爱品种。

（市园林绿化局）

【**举办郁金香文化节**】4月1日至5月31日，2021年北京郁金香文化节在北京国际鲜花港、北京植物园、中山公园和世界花卉大观园同时举办，观赏面积12万平方米。

（市园林绿化局）

【**举办2021年北京郁金香文化节**】4月3日至5月15日，2021年北京郁金香文化节在北京国际鲜花港、北京植物园、中山公园和世界花卉大观园同时举办。郁金香及时令花卉种植面积达12.64万平方米，展示品种达150多种。以花为媒，各展区组织多种形式文化体验与科普推介活动，市民既可以欣赏到鲜花港美轮美奂的大地花海和北京植物园郁金香拼图，中山公园千年辽柏与郁金香交相辉映，还可以体验花卉大观园花朝节汉服展示、鲜花港非遗文化表演等活动。

（市园林绿化局）

【**举办2021年北京牡丹文化节**】4月23日至5月15日，北京市首次将北京西山国家森林公园、景山公园、颐和园等全市7个大面积牡丹种植景区、基地整合起来联合举办文化节。各大展区精心筹划，牡丹芍药及时令花卉种植面积达126.67公顷，展示品种达600多种。市民可在欣赏牡丹之余，体验景山、颐和园和北京植物园非遗、文创产品，参加西山无名英雄纪念广场红色教育活动。

（市园林绿化局）

【**举办第十二届月季文化节**】5月18日至6月30日，由北京市园林绿化局、北京市公园管理中心、大兴区人民政府、北京花卉协会、中国花卉协会月季分会联合主办，大兴区园林绿化局、魏善庄镇人民政府和全市11个展区共同承办的2021年北京月季文化节在大兴区魏善庄镇世界月季主题园隆重开幕。全市共11大展区、200公顷月季迎客。此次月季文化节以“百年伟业显峥嵘　盛世花开别样红”为主题，向党百年华诞献礼。活动期间共推出月季新品种征名、月季进社区、月季主题书画展等多项主题活动。北京二环、三环、四环、五环，形成长达250千米“月季项链”。在全市公园绿地、大街小巷、市民房前屋后，种植超过2000余万株各类月季。

（市园林绿化局）

【**参展第十届中国花卉博览会**】5月21日至7月2日，北京市参展由上海市人民政府主办的第十届中国花卉博览会。会展在上海市崇明区举行。北京室外展园占地4500平方米，以“山水京韵、花样生活”为主题，模拟“北枕燕山，西倚太行，东临渤海”山川形态，解构北京内城空间格局，重塑千年积淀京韵文化。室内展区占地面积680平方米，设计主题为“花样·京味生活”，以胡同与四合院为元素，使用现代艺术手法和制作工艺，将传统元素进行创新性表达，描绘“四水归堂”“胡同串巷”老北京生活图景。室外展园和室内展区设计布置分别获特等奖，并荣获组织特等奖和全国唯一团体特等奖项。

（市园林绿化局）

【**举办2021年北京秋季花卉新优品种推介会**】9月15日至10月7日，由北京市园林绿化局、北京市公园管理中心、北京花卉协会主办，北京市园林绿化产业促进中心、北京花乡花木集团有限公司承办，2021年北京秋季花卉新优品种推介会在世界花卉大观园举办。此次推介会共展出具有北京自主知识产权、秋季景观效果好、乡土抗逆性突出、市场推广潜力大新优花卉、乡土植物380个品种，其中北京自育新品种200余个，乡土植物70余个，其他花卉100多个。推介会分室内和室外展区两部分，总面积1000余平方米。分别授予北京市花木公司等5家单位“北京花卉产学研成果转化示范基地”称号、北京市园林绿化科学研究院“北京花卉科研成果推广平台”称号、世界花卉大观园“北京新优花卉品种展示基地”称号。据统计，推介会促成北京花卉企业与花卉育种研发团队共达成合作转化花卉成果20余项。

（市园林绿化局）

【**举办2021年北京菊花文化节**】9月18日至11月30日，由北京市园林绿化局、市公园管理中心、中国风景园林学会菊花分会和北京花卉协会主办，北京国际鲜花港、北海公园、天坛公园、北京植物园和北京花乡世界花卉大观园等五大展区承办的2021年北京菊花文化节在各展区举办。期间，有近15万株/盆菊花在各展区亮相，共庆祖国七十二周年华诞。首次在世界花卉大观园举办主题为“匠心独运显初心，荣耀秋菊露芳华”中国菊花精品展（北京）暨全国菊花擂台赛（北京），展现新时代中国菊艺传承与发展，让丰富多彩菊艺作品更多地走进百姓生活；北京国际鲜花港融合菊花传统文化，使用79种菊科和亚菊科秋季花卉，打造五彩斑斓菊花大地景观；北京植物园在月季园打造3000平方米标菊展示区与现代月季集中展出，突出市花主题。

（市园林绿化局）

农机业

【概况】年内，围绕加强农业综合生产能力和保持粮食稳定生产，重点抓好服务，全力保障重要农时农业生产，并加大短缺农业机械的推广力度；落实农机购置补贴政策，推进农机装备水平的提高；加强农机安全监管，规范安全生产法治秩序，及时发现和整改农机安全隐患，确保农机安全生产持续稳定；积极推动农机污染物减排，促进绿色生产。全市农业机械化保持了发展的好势头，成为农业和农村经济发展的一大助力。

（农机处　刘贺）

【全力保障重要农时农业生产】春耕三夏三秋期间，全市农机系统做好抢收抢种农机供给、调度、维修、气象预警、车辆通行、突发事件处置等服务保障。累计投入各类农机装备上万台（套），发放跨区作业证99张，保障农业生产。特别是三秋期间，农机系统抢抓降雨间歇期，协调解决实际困难。联合农机推广站，成立技术服务组3个，总结农机防涝技术措施7条，制定《关于做好秋粮机收减损工作的通知》，组织各区广泛宣传动员，牢固树立“减损就是增产”意识，加强机具检修维护、更换备件及操作指导，确保机收损失率符合国家标准。

（农机处　刘贺）

【全程全面推进农机装备补短板】年内，分区域、分产业、分作物、分环节，梳理全市农机化工作现状和短板需求清单，联合市经信局落实全国农机装备补短板工作推进会议精神和要求，征集9个单位16个机器人典型应用场景，在全市宣传推介，集成展示清洁、智能农机。

（农机处　刘贺）

【实施农机补贴政策】年内，补贴机具4711台（套），提升各产业机械化水平。制定出台北京市2021—2023年《农机购置补贴实施方案》《投档和核验工作规范》等配套文件6个，健全完善制度。农机购置补贴机具品目共209个，中央补贴品目142个，市级补贴品目67个，基本实现全市主要种养和林果等农业产业所需农机设备全覆盖。规范市区两级信息公开专栏和咨询投诉电话全程管理，2021年国家对北京市抽查指标合格率、电话有效率均达100%。启动农机报废更新补贴，全市13个涉农区均已确定报废农机回收点，12个区已完成报废补贴任务，政策覆盖率92.3%，超额完成农业农村部80%的任务目标。

（农机处　刘贺）

【农机安全生产检查】年内，全市农机安全生产形势平稳，全年检查生产经营组织1511家次，发放告知书1500份，规范台账9000余份，开展普法宣传活动246次，发放宣传品21362件。联合公安交管部门，组织各区开展变拖清理整治，规范注销程序，加强督导检查，及时告知送达，全年清理变拖4079台，提前4年完成国家任务，妥善处理，未发生舆情，刘贺因此荣获2021年“应急先锋.北京榜样”年度人物荣誉称号。

（农机处　刘贺）

【农机污染物排放控制】年内，开展拖拉机和联合收割机污染物排放控制装置加装工作，可以降低颗粒物排放80%以上，全市累计完成加装2700台，实现在册国补机械全覆盖，对安装减排装置的农机全部加载北斗终端，实现线上监管和调度。

（农机处　刘贺）

农产品质量安全

【概况】年内，强化农产品质量源头管控，持续推进标准化生产，完善农业标准体系建设，开展标准化基地评定和动态管理，全面强化生产主体源头管控能力；强化农产品质量安全监管，抓好监督抽查工作，把控农产品质量安全风险隐患；高标准完成重大活动农产品质量安全服务保障工作。

（纪绍军）

【冬奥冬残奥农产品服务保障】年内，北京市全力推进2022年北京冬奥会和冬残奥会农产品质量安全服务保障工作。先后制定19项冬奥、冬残奥标准，编制培训教材和培训课件各3套，培训北京、河北两地服务保障人员1200余名；分两批遴选农产品备选供应基地24家，完成25家供应基地及其26家货源基地质量安全风险评估，指导9家重点供应基地强化保障能力建设；压实生产指导、督导检查、批批检测、驻点监管等措施，完成450吨猪肉、牛肉、羊肉等长保质期产品备货。累计督导检查120余次、批批检测农产品786批次26887项次，签发流传单160份，供应农产品66112.31千克。

（陈连武　王全红）

【农业标准化生产】年内，北京市完善标准体系，推进依标生产。完成60项次地标审查会，报批、评估、复审农业地方标准70项。制定《北京市农业全程标准化基地建设和验收标准》，开展标准化基地备案和优级评定，全市新增备案基地73家，评定优级基地102家，建设全程标准化基地15家。全市现有农业标准化基地1094家，其中优级基地501家。

（刘永霞　阚睿斌）

【农业生产“三品一标”提升行动启动】年内，《北京市农业生产“三品一标”提升行动方案》印发（“三品一标”指无公害农产品、绿色食品、有机农产品和农产品地理标志），提出5大工程20项重点工作。以全产业链标准化基地建设为抓手，科学设置品种、品质、品牌、标准化的指标体系和建设规范，推进首都农业绿色发展。

（阚睿斌）

【绿色食品发展迅速】年内，北京市共有绿色食品企业68家，产品331个，产量113.1万吨，监测面积12万亩。其中，菜篮子产品和粮食类生产企业40家211个产品，实物总量24.1万吨，同比增长3万吨。有机菜篮子产品和粮食生产企业145家，实物总量3.6万吨，同比增长1.3万吨。绿色有机菜篮子和粮食类产品总量27.7万吨。

（阚睿斌）

【地理标志农产品保护和发展】年内，北京市完成全市地理标志农产品发展调查，组织实施“上方山香椿”和“北京鸭”两个产品保护工程，指导房山区举办地理标志农产品市集活动，开展系列宣传，筹建国家地理标志农产品展示体验馆北京馆。

（刘永霞）

【绿色有机农产品认证27.7万吨】年内，北京市摸清绿色有机农产品已获证企业和有认证意愿企业的底数，开展高效设施农业绿色有机生产技术研讨，开设“绿色食品导览”专栏，开展绿色食品管理人员培训，指导各区开展绿色有机示范带建设，对绿色、有机获证主体给予认证奖励。全市绿色有机农产品认证总量27.7万吨，超额完成本年度25万吨目标任务。

（阚睿斌）

【食用农产品承诺达标制度试行】年内，《北京市加快推进食用农产品承诺达标合格证制度试行工作方案》印发实施，促进食用农产品生产主体规范给予合格证，全市试行食用农产品承诺达标主体达1819家，其中规模主体906家，共开具合格证830万张，附带合格证上市农产品35万吨。

（刘永霞　周景哲）

【治违禁控药残促提升三年行动启动】年内，市农业农村局、市市场监管局、市公安局等7个部门联合印发《北京市食用农产品“治违禁控药残促提升”三年行动方案》，按照“一个问题品种、一张整治清单、一套攻坚方案、一批管控措施”精准治理模式要求，聚焦问题品种、锁定生产主体、全面梳理问题清单，精准发力推进整治工作落实。开展“治违禁控药残促提升”大排查，梳理5个重点品种生产主体8568家，加大抽检查处力度，针对重点品种抽检4300余批次，查处不合格产品73个。

（甘朝亮）

【加强经营环节食用农产品质量安全监管】年内，市场监管局依法实施经营环节食用农产品安全监管。坚持风险导向，依法加强对商超、市场等食用农产品经营主体食品安全监督检查，开展农村地区假冒伪劣食品专项治理，针对韭菜、乌鸡、鳊鱼等11个品种的蔬菜、畜禽产品、水产品进行重点治理，对抽检中发现的不合格食用农产品依法处置，不合格产品处置率达到100%。推进食用农产品承诺达标合格证制度。制发文件，加大对农批市场食品安全监督检查力度，督促市场开办者和入场销售者严格落实食品安全查验要求，推动落实食用农产品承诺达标合格证制度。

（张楠）

【市级生鲜乳质量安全监测】年内，制定《2021年北京市生鲜乳质量安全监测计划》，完成“生鲜乳质量安全专项监测”，共检测样品141批，检测项目603项次，样品合格率100%。生鲜乳质量安全监督抽检，抽检样品200批，样品合格率100%。

（畜牧渔业处）

【食用林产品安全监管】年内，北京市推进无公害认证，新申报和加扩项认定无公害生产主体98家，产品146个；复查换证168家产品304个。在13个区100家规模化生产果园试点推进合格证制度，开出30多万张食用农产品合格证。完成食用林产品监测任务4001批次，其中，风险监测1801批次，监督检查200批次，快速检测2000批次，检测合格率99.98%。

（市园林绿化局）

【**蜂业质量安全监督检查**】年内，市园林绿化局制定《2021年度“双随机一公开”工作计划》，完善检查单，将全市40家重点养蜂专业合作社纳入“双随机一公开”（即在监管过程中随机抽取检查对象，随机选派执法检查人员，抽查情况及查处结果及时向社会公开）检查范围，联合各区蜂业管理机构组织“双随机”检查12次，抽查合作社12家，出动执法检查人员36人次，每月抽查结果通过首都园林绿化政务进行公开，同时录入北京市行政执法服务平台。联合市场监管部门抽查2家养蜂专业合作社，抽查结果均为合格。

（市园林绿化局）

动物疫情防治

【**概况**】年内，切实做好重大动物疫病的预防、监测、预警、预报、实验室诊断、流行病学调查；提出、修订动物疫病防控条例，并提供技术指导、技术培训、科普宣传、监督检查及兽医兽药管理工作。

（兽医兽药处）

【**非洲猪瘟常态化防控**】年内，组织开展整治违法违规调运、打击非洲猪瘟假疫苗、“大清洗、大消毒”专项行动，累计使用消毒药23.5万千克，消毒面积395万平方米，实现了净化区域环境的目标；实施新改扩建场生物安全评估指导制度，组织市级评估指导48次，18个新改扩建项目投产。构建全产业链信息化闭环监管平台，“点对点”开展生猪调运监管1690批次42.65万头。组织开展监测预警，实现全产业链全覆盖，组织检测样品32.78万份，实现“应检尽检”。推进分区防控，参与北部区省市联席会制度；组织全市开展非洲猪瘟无疫小区建设，4家高水平生猪企业建设申报国家级非洲猪瘟无疫小区。全年实现全市非洲猪瘟疫情“零发生”。

（兽医兽药处）

【**全市重大动物疫病春防秋防**】年内，应免畜禽基础免疫覆盖率100%。组织实施全市动物疫病强制免疫、监测和流行病学调查计划。推进补助机制改革，全面实施强制免疫“先打后补”；加强免疫效果监测评估，春秋防免疫抗体合格率远高于国家标准；组织开展监测病原学样本监测14.28万份，流行病学调查场户3.75万个次。

（兽医兽药处）

【**动物疫病应急响应和处置**】年内，修订突发重大动物疫情应急预案，制定冬奥会动物疫病应急预案工作等专项预案；妥善处置圆明园黑天鹅感染禽流感事件，朝阳大洋路市场、通州八里桥市场检出禽流感病毒事件；协同做好中国首例人类感染猴B病毒事件等。

（兽医兽药处）

【**狂犬病免疫防控**】年内，制定《北京市农业农村局关于做好狂犬病防控工作的通知》，进一步明确责任分工、强化工作落实，组织筹备了“世界狂犬病日”主题宣传活动。全年组织免疫犬只591926只，组织动物卫生监督机构对未免疫立案查处227起。

（兽医兽药处）

【**加强兽医管理**】年内，组织开展《北京市动物防疫条例》修订工作，组织新动物防疫法全市培训及大宣传活动；组织年度执业兽医资格考试，全市参考人数2798人；启动全市无害化处理信息监管平台，出动收集运输车辆908台次，无害化处理4241.6吨病死动物及动物产品；强化动物病原微生物实验室生物安全管理工作，组织开展全市专项检查，完善生物安全管理工作方案和应急预案。

（兽医兽药处）

【**加强兽药监督执法**】年内，组织实施全市兽药质量监督抽检、动物及动物产品兽药残留监控、动物源细菌耐药性三个监测计划，组织开展风险监测300批，合格率100%；筛查非法添加药物153种，检测合格率为99.3%，对不合格事项进行了查处。组织开展兽药领域重点任务自查工作，将兽用生物制品经营和促生长类抗菌药物饲料添加剂退出情况作为检查重点。全年查处兽药领域违法行为114起，有效净化市场环境。

（兽医兽药处）

【**开展兽用抗菌药减量化行动**】年内，制定《北京市兽用抗菌药使用减量化行动方案（2021—2025

年）》，在本市全面开展减量化行动。

（兽医兽药处）

【兽药禁限目录优化调整受表扬】年内，针对《北京市新增产业的禁止和限制目录》中兽药禁限政策存在的问题，优化调整后，将准许动物疫病新型诊断试剂、疫苗及低毒低残留兽药生产企业建厂，鼓励企业研发新产品，向高新技术领域发展。全市兽用抗菌药使用减量化行动、兽药二维码追溯监管、兽药质量监督抽检和兽药行业调查统计等年度重点任务受到农业农村部来函表扬。

（兽医兽药处）

【圆满完成重大活动保障】年内，圆满完成庆祝建党100周年和平鸽放飞保障工作，实现和平鸽征集保障率和抽检覆盖率“两个100%”，防疫、监测、检疫等全程“零差错”；扎牢动物防疫，配合冬奥会冬残奥会食品安全保障。

（兽医兽药处）

产业融合发展

产业园区

【**概况**】年内，北京市形成14个现代农业产业园，包括房山区、密云区、平谷区、通州区4个国家现代农业产业园和房山区窦店镇、大石窝镇、石楼镇，大兴区庞各庄镇、长子营镇、采育镇，通州区西集镇、于家务乡，平谷区峪口镇，延庆区旧县镇10个市级现代农业产业园，共涉及6个区23个乡镇566个行政村，总面积达260.33万亩，耕地64.39万亩，园内农户数量达到22.48万户。

（发展规划处）

【**密云区通过第四批国家现代农业产业园认定**】年内，密云区现代农业产业园顺利通过认定评估，成为2021年全国新晋43个国家现代农业产业园之一。密云区国家现代农业产业园自2019年开始创建，产业园总投资达22.55亿元，各项创建任务全部落实完成。在产业园4镇92村范围内，已经形成“1+3+N”的现代农业产业布局。2021年，产业园主导产业总产值实现39.44亿元，主导产业覆盖率达70%，吸引、培育省级以上龙头企业7家，实现农产品加工值34.57亿元，农产品销售额33亿元，带动农民人均可支配收入实现3.37万元，高出全区31.3%。

（发展规划处）

【**通州区获批创建2021年国家现代农业产业园**】年内，通州区现代农业产业园成功入选2021年农业产业融合发展项目创建名单，成为北京市继房山区、密云区、平谷区之后第4个获批创建的国家级现代农业产业园。（发展规划处）

【**第一批市级现代农业产业园通过认定**】年内，经过3年创建期（2018—2020年），房山区窦店镇、大兴区庞各庄镇及大兴区长子营镇全面完成重点项目建设，顺利通过市级认定评审，于2021年获批认定为北京市第一批市级现代农业产业园。

（发展规划处）

【**平谷区国家现代农业产业园通过中期评估**】年内，农业农村部发展规划司、财政部农业农村司、农业部计划财务司联合通报了2021年国家现代农业产业园中期绩效评估结果。北京市获批创建的平谷区（畜禽种业）产业园全部通过中期评估，总评分分列全国通过中期评估的39家产业园中的第31名。

（发展规划处）

【**组织开展第三批市级现代农业产业园创建**】年内，经乡镇申报、区级推荐、专家评审等程序，市农业农村局、市财政局于2021年6月新批准创建房山石楼、大兴采育、延庆旧县3个第三批市级现代农业产业园，全市已形成“4（国家级）+10（市级）”协同推进的发展格局。

（发展规划处）

【**平谷区获批全市首个国家农业现代化示范区**】年内，市农业农村局会同市发展改革委、市财政局，择优推荐平谷区参加全国农业现代化示范区（第一批）创建遴选，并顺利获批。平谷区正式启动创建任务，积极探索农业现代化的路径和模式，示范引领农业农村现代化发展。

（发展规划处）

农产品加工业

【**概况**】年内，全市共有规模以上农产品加工企业256家，其中农副食品加工企业107家，占比41.8%；食品制造企业112家，占比43.8%；饮料制造企业37家，占比14.5%。分区域看，顺义、怀柔、大兴、海淀、通州、房山等区企业数量较多。同上年相比，全市规模以上农产品加工企业数量共减少7家，主要为食品制造企业数量的减少。

（产业发展处　林然）

【产业规模】年内，全市规模以上农产品加工企业总产值828.6亿元，其中，农副食品加工业产值291.8亿元，占比35.2%；食品制造业产值303.4亿元，占比36.6%；酒、饮料和精制茶制造业产值233.5亿元，占比28.2%。同2021年相比，总产值增加3%；农副食品加工业产值同比减少3.5%；食品制造业产值同比增加4.4%；酒、饮料和精制茶制造业产值同比增加10.2%。年内，全市规模以上农产品加工企业销售产值831.5亿元，同比增加1.9%；资产总额1684.3亿元，同比增加6.9%。

（产业发展处　林然）

【产业效益】年内，全市规模以上农产品加工企业营业总收入为1374.7亿元。其中，农副食品加工业的营业收入为533.3亿元，占全部农产品加工业总营业收入的38.8%；食品制造业的营业收入为556亿元，占全部农产品加工业总营业收入的40.4%；酒、饮料和精制茶制造业的营业收入为285.4亿元，占全部农产品加工业总营业收入的20.8%。同上年相比，总营业收入增加10.8%，农副食品加工业营业收入增加14.5%；食品制造业营业收入增加6.5%；酒、饮料和精制茶制造业营业收入增加12.8%。年内，全市规模以上农产品加工企业利润总额92亿元，同比增加28.6%。其中农副食品加工业利润总额28.7亿元，同比增加68.1%；食品制造业利润总额43.6亿元，同比增加25.2%；酒、饮料和精制茶制造业利润总额19.7亿元，同比增加0.4%。年内，全市规模以上农产品加工企业出口交货值为12.9亿元，同比下降9.2%。

（产业发展处　林然）

【带动能力】年内，全市规模以上农产品加工企业平均用工人数75933人，同比下降3.6%。其中农副食品加工业用工人数19908人，同比下降2.2%；食品制造业用工人数34478人，同比下降1.2%；酒、饮料和精制茶制造业用工人数21547人，同比下降8.5%。

（产业发展处　林然）

【开展“龙头企业进校园”活动】年内，按照市领导关于“引导本市国家重点龙头企业推进高校毕业生就业相关工作”的指示，会同市教委组织了“龙头企业进校园”活动。在北京农学院、北京农业职业学院举办了活动启动仪式和专场招聘会，66家龙头企业共提供了1129个就业岗位，两院1800多名本专科、研究生参加了活动。在活动现场各龙头企业共收到学生简历1020份，200余名毕业生与相关企业达成就业意向。

（产业发展处　林然）

【开展第七批农业产业化国家重点龙头企业申报】年内，按照农业农村部办公厅《关于开展第七批农业产业化国家重点龙头企业申报工作的通知》（农办产〔2021〕5号）要求，根据《农业产业化国家重点龙头企业认定和运行监测管理办法》（农经发〔2018〕1号），开展本市第七批农业产业化国家重点龙头企业申报工作。此次农业农村部分配给北京市3个名额，采取等额申报方式，通过企业申报、评定小组审核、专家测评、办公会审核、联席会议审议、市政府审定、行文上报等程序确定最终上报的推荐企业名单。

（产业发展处　林然）

【完成第七次北京市农业产业化重点龙头企业监测】年内，根据《北京市农业产业化重点龙头企业认定和动态监测管理办法》（京政农函〔2019〕2号），完成第七次北京市农业产业化重点龙头企业监测工作。本次应参加监测的市级龙头企业共28家，通过企业申报、区农业农村局初审、专家测评等3个阶段，17家企业监测合格，11家企业监测不合格。

（产业发展处　林然）

【开展农业产业化调查】年内，按照农业农村部要求，开展农业产业化统计调查工作。目前，已完成企业填报、区级汇总、并初步完成了《北京市农业产业化龙头企业分析报告（2020年）》。

（产业发展处　林然）

【推荐龙头企业典型案例】年内，按照农业农村部乡村产业发展司《关于开展农业产业化联合体和龙头企业联农带农发展典型案例宣传推介的通知》（农产综函〔2021〕8号）要求，开展了农业产业化龙头企业典型案例推荐工作。根据企业自愿申报，区局审核推荐的程序，推荐了大北农、大伟嘉、德青源等3家龙头企业。

（产业发展处　林然）

【开展净菜加工示范十佳企业颁牌推介】9月18日，在北京市休闲农业“十百千万”畅游行动暨顺义区休闲农业推介会上公布了北京市垃圾减量净菜加工示范十佳企业，并进行现场颁牌活动。十佳企业包括：北京市裕农优质农产品种植有限公司、北京天安农业发展有限公司、北京康安利丰农业有限公司、缘知味农业技术（北京）有限责任公司、北京四季顺鑫食品有限公司、北京永盛园农业种植中心、北京绿富隆农业科技发展有限公司、北京喜逢春雨农业科技发展有限公司、北京期选信息技术有限公司和北京康一品农产品物流有限公司。

（产业发展处　林然）

农产品流通业

【概况】年内，主要农产品供应总体有保障。全市粮油供需总体平衡，粮食消费稳中略增，食用油消费恢复性增长，库存保持稳定。全市全年粮食直接消费量459.7万吨，同比增加3.8万吨，增幅0.8%。其中，居民口粮消费352.7万吨，同比增加10.5万吨，增幅3.1%；饲料用粮82.3万吨，同比减少9.5万吨，减幅10.3%；工业用粮23.9万吨，同比增加2.8万吨，增幅13.3%。食用油消费量57.9万吨，同比增加11万吨，增幅23.5%。全年粮食供给554.3万吨，食用油供给64.4万吨。年末，全市粮食总库存423.9万吨，食用油总库存24.6万吨。年内，监测的本市7家主要批发市场蔬菜上市量达829.62万吨，日均上市量2.27万吨；监测的主要一级批发市场交易总量18397.3万千克，日均交易量50.3万千克；监测的主要一级批发市场牛肉交易总量2190.5万千克，日均交易量6万千克。羊肉交易总量2965.4万千克，日均交易量8.1万千克；监测的主要一级批发市场鸡蛋交易总量15631.1万千克，日均交易量42.7万千克。

（惠春光、刘　璇）

【印发《推动物流基地和农产品一级综合批发市场建设工作方案》】10月9日，印发《推动物流基地和农产品一级综合批发市场建设工作方案》，成立工作专班，统筹推进全市物流基地和农产品一级综合批发市场建设工作，定期组织开展调度工作，推动重点项目落地实施。

（丁冠阳）

【持续推进重要产品追溯体系建设】年内，继续做好全市肉菜流通追溯体系运维工作，保障已建设的肉菜流通追溯节点持续稳定上传追溯数据，保障消费者快速查询鉴别可追溯商品，保证通过北京市大数据管理平台实现重要产品追溯数据共享交换。

（侯学群）

【全力做好疫情防控和粮油物资保障】年内，高质量完成建党100周年庆祝活动、冬奥会和冬残奥会筹办等重大活动的粮油供应服务保障，积极做好常态化疫情防控下保障粮食安全相关工作。充分发挥储备吞吐调节作用，精准安排政策性粮食销售，粮食市场保持供应充足、运行平稳态势。北京国家粮食交易中心全年累计交易各类粮油190.39万吨，交易金额40.69亿元。成品粮油储备库存充足，市储备成品粮9.76万吨、成品油4.27万吨，可满足全市居民正常情况下15.2天的口粮消费和28.5天的口油消费。形成33家应急加工企业、44家应急配送中心和近900个应急投放网点为支撑，市区两级储备为基础的粮食应急保障体系。调运市级救灾物资8批次3.8万件、代储中央救灾物资0.5万件，保障抗洪抢险、抗震救灾、疫情防控等急需。调配民用口罩251.3万只，圆满完成中国南亚储备库、印尼雅加达捐赠防疫物资的运输以及东京奥运会中国体育代表团在京隔离观察人员防疫物资供应等专项工作。

（惠春光、杨春彦）

【不断提升管粮管储规范化水平】年内，积极宣传贯彻新修订的《粮食流通管理条例》。修订《北京市储备粮管理办法》，推动粮食储备安全管理改革成果法治化。积极适应管理方式的新变化，制定《北京市粮食收购备案管理办法》，本市粮食收购备案实现“一表即办”，现场即时办结，网上0.5个工作日办结。加快推进标准化建设，制定《成品粮储藏技术规范》，持续推进粮库安全生产标准化达标（二级）创建，23家粮库达标。启动粮食存储、加工、运输节约减损规范等3项地标申报，推动芝麻酱、芝麻香油、小麦粉等3项团体标准制定。加强涉粮电商平台管理，推动京东集团纳入统计直报系统。针对医用外科口罩、84消毒液等临时储备，制定《北京市市级民用防疫物资政府临时储备管理办法》。进一步规范粮食行政执法，梳理形成49项行政处罚，制定完善行政处罚程序规定、行政处罚裁量基准等规范性文件。

（蔡奇敏、周欣晴）

【规划引领推动基础设施建设】年内，编制北京市粮食流通和物资储备“十四五”发展规划，提出完善粮食产销合作体系等6大体系、开展8大专项建设的总体思路。北京市粮食安全保障调控和应急设施4个项目建设总规模34.58万吨，总投资8.18亿元。支持成品粮及应急保障粮食仓储设施维修改造、信息化升级改造和绿色储粮相关设施改造，拨付维修资金313.08万元。积极推动粮库智能化升级改造，建设三级架构视频监控系统，实现市级储备粮承储库点视频全覆盖。中央企业“优质粮食工程”奖励资金项目完成竣工验收，初步实现粮食出入库作业信息化、仓储管理智能化、粮库安全可视化。

（周欣晴、熊政）

【推进粮食产业高质量发展】年内，积极发挥多元主体作用，推动粮食产业经济优化发展。益海嘉里、古船福兴等加工企业稳定生产，不断提升优质粮源供给能力。盛华宏林、中联正兴等批发企业在巩固传统现货交易模式基础上，积极发展网上交易，实现线上、线下融合发展。物美、京客隆、超市发等连锁企业积极发展粮油零售业务，方便群众生活。推动“北京好粮油”产品遴选工作的开展，共有13个产品入选。

（蔡奇敏、周欣晴）

【建立北京优农品牌目录】年内，牵头制定《“北京优农”品牌建设管理办法》，印发《关于组织开展“北京优农”品牌认定工作的通知》，召开了全市“北京优农”认定工作推动会，部署建立“北京优农”品牌目录工作。组织对180余份“北京优农”品牌申报材料进行了严格初审、专业评审，最终确定130个品牌纳入“北京优农”品牌目录。品牌目录结果于9月23日在北京·中国农民丰收节开幕式上公开发布。完成“北京优农”品牌优秀短视频作品征集及录制工作。筹备北京优农品牌，进商圈现场展示展销活动。

（市场与信息化处　李理、庞飞；
市数促中心　赵浩森　马越）

【完成农产品产地冷藏保鲜设施建设任务】年内，根据农业农村部、财政部《关于全面推进农产品产地冷藏保鲜设施建设的通知》要求，在开展郊区需求摸底调查的基础上，明确支持30个冷藏保鲜设施项目的任务目标；制定《2021年北京市农产品产地冷藏保鲜设施建设项目实施方案》，并制定《技术方案》《验收方案》；成立市级技术指导小组，赴各区督促指导工作，解读相关政策。最终建设完成30个冷藏保鲜设施项目，有效地推动了农产品冷链物流体系建设工作。

（市场与信息化处　李理、庞飞）

【印发《2021年推进农村流通现代化的若干措施》】年内，提出加快农村电商发展，培育乡村振兴新动能；推进农产品流通，促进农业产业兴旺；培育壮大农产品市场主体，完善供应链体系；提升农村地区生活服务业品质加强与周边地区农产品产销合作，确保稳定供应；建立常态化粮食安全区长责任制考核项目共担机制；建立常态化粮食安全区长责任制考核项目共担机制六大项措施。

（市场与信息化处　李理、庞飞）

休闲农业和乡村旅游

【概况】年内，在疫情防控常态化背景下，政府和民众都更加注重健康和安全，市民出游方式以短途游、周边游、区域内“微度假”为主，选择京郊乡村游的游客逐渐增多。截至2021年末，全市有观光农业园1009个，同比增加9%。这是自2016年以来首次实现止跌，并突破千家。全市观光农业园实现总收入18.45亿元，同比增加19%，恢复到2019年数据的近八成，接待人次1153.38万人次，同比上升33%。2021年，全市休闲农业带动农产品销售收入10.1亿元，带动农民就业3.38万人；农村居民人均可支配收入3.33万元。2021年，北京市延庆区、怀柔区获评首批全国休闲农业重点县。门头沟区雁翅镇田庄村、大兴区礼贤镇龙头村、平谷区大华子镇梯子峪村、房山区大石窝镇王家磨村被农业农村部评选为“中国美丽休闲乡村”。

（产业发展处　李媛）

【实施休闲农业等级划分与评定地方标准】3月，由北京市农村经济研究中心和北京观光休闲农业行业协会编写，市农业农村局归口实施的地方标准《休闲农业园区等级划分与评定》（DB11/T 1830-2021）正式发布。标准强化了农业基础，针对休闲农业园区的农业种养殖面积、农产品品质、利益连接机制等设置了专项指标，巩固农业产业基础。标准强调了合法合规，将休闲农业园的营业场所、附属设施符合北京城市总体规划、分区规划及镇（乡）域规划、控制性详细规划等作为申报星级的必要条件。

与此同时，标准增加了体验活动和服务要求的评价分值，引导休闲农业园区丰富休闲体验内容、提升服务水平，弱化了对食宿设施的要求，增加“园区周边3公里范围内有餐饮经营”和“周边5公里范围内有住宿经营”的赋分项，引导园区与周边业态互动联营，培育产业集聚区。标准发布实施之后，北京观光休闲农业行业协会随即开展了新一批星级休闲农业园区的评定工作，共评定79家星级休闲农业园区，其中五星级13家、四星级21家、三星级45家。

（北京市观光休闲农业协会）

【启动休闲农业专家辅导团制度】4月1日，北京市农业农村局启动休闲农业专家辅导团制度，并出台《北京市休闲农业专家辅导团管理办法》，切实解决经营主体尤其是农户经营中存在的产品创新不够、文化挖掘不足、带动增收不足等“最后一公里”问题。辅导团专家招募的要求为具有较高的学术水平、丰富的实践经验、良好的职业道德，须对“三农”有感情、有情怀，并且满足相关专业条件。专家专业领域包括旅游管理、规划设计、活动策划、发展战略、农耕文化、创意农业、生态环保、美学设计、设施设备、土建施工、政策项目、营销推广、投资融资、电子商务、花卉园艺、农业技术和其他领域。辅导团的任务包括辅导区域整体培优工程、休闲农业精品线路打造、美丽休闲乡村创建、休闲农业园区提升以及民俗接待户和乡村民宿改造。

（产业发展处　李媛）

【编制并发布“北京市‘十四五’时期休闲农业发展规划”】12月29日，北京市发布《北京市“十四五”时期休闲农业发展规划》（京政农发〔2021〕132号）。规划紧扣首都定位，明确了打造以“北京文化为魂、京郊美景为韵、生态农业为基、美丽乡村为形、智慧创新为径”的休闲农业4.0版的目标，指出到2025年，打造十余条休闲农业精品线路、创建百余个美丽休闲乡村、提升千余个休闲农业园、改造近万家民俗接待户和乡村民宿，全面构建与首都功能定位高度契合的休闲农业产业体系。规划提出，构建“三带、五环、多组团”的总体布局，即依托长城文化、大运河文化和西山永定河文化打造三条休闲农业带，以地理条件划分、涵盖京津冀打造五环，以区、镇为单位打造六大休闲农业组团。重点实施“乡韵风俗”“乡韵风味”“京华风情”“京华风貌”“京华风尚”五大工程，通过五个维度建设，构建“京华乡韵”品牌势能。

（产业发展处　李媛）

【加强“京华乡韵”品牌创建和宣传推广】年内，北京市农业农村局联合市文化和旅游局，在海淀区、顺义区、门头沟区、怀柔区分别开展4次“京华乡韵——逛京郊·品京品·享京韵”休闲农业推介活动，推介京彩线路、京韵乡村、精致园区、京味民宿等内容，并同步举办休闲农业高质量发展论坛。在海淀的活动上发布了“京华乡韵”掌上游小程序，在顺义发布了“2021年北京乡村特色美食”、北京市十大净菜加工企业，在门头沟发布了“20个美丽休闲乡村”名单，在怀柔发布了“十大杰出创业女庄主”名单。全年开展了“乐骑京郊”骑行、世界冠军游京郊、“京华乡韵·樱桃擂台赛”等活动，累计吸引千余名休闲农业知名专家、学者、新农人以及基层工作者参加，为疫情常态化背景下的休闲农业注入新动能。

（产业发展处　李媛）

农村基础设施与生态保护

农村耕地保护

【概况】年内，出台《北京市关于全面推行“田长制”的实施意见》，在全市全面推行“田长制”，由各级党政负责人分别担任市、区、乡镇、村四级田长，对责任区内耕地和永久基本农田的监督管理与保护利用工作负责。

（农田建设处）

【超额完成高标准农田建设】全年完成高标准农田建设4.29万亩，完成率达107%，统筹发展3.83万亩高效节水灌溉，完成率达127%。

（农田建设处）

【严格做好“大棚房”问题专项清理整治】开展百日专项整治行动，对发现的“大棚房”问题立即整改和调查处置，形成威慑力，及时消除反弹隐患。

（农田建设处）

【组织编制《北京市高标准农田建设规划（2021—2030年）》】年内，明确未来十年建设目标、任务、内容和保障措施。

（农田建设处）

【完成撂荒地摸底整治】年内，针对国土三调耕地中未种植地块开展全面摸底，全年恢复撂荒地种植16万亩，基本实现能种尽种、应种尽种。

（农田建设处）

【持续推进净土持久战】年内，印发《关于做好2021年耕地分类管理工作的通知》（京政农发〔2021〕32号），指导各区持续推进耕地分类管理工作。同时，将耕地分类管理有关工作纳入市区“田长制”、乡村生态振兴工作专班统筹实施，有力推进了工作落实。截至2021年底，全市受污染耕地相关食用农产品检测均未发现超标现象，全市受污染耕地安全利用率超额完成达到92%的任务目标。

（农田建设处）

【调整更新耕地分类清单】年内，结合国家有关文件精神和本市实际工作，印发了《关于进一步做好耕地土壤环境质量类别分类清单调整更新工作的通知》（京政农发〔2020〕97号），根据耕地范围变化、土壤和农产品监测评价结果，对符合条件的耕地地块类别进行了调整，及时更新了耕地土壤环境质量类别分类清单，在全国率先推行了耕地土壤环境质量类别分类清单调整更新工作。通过采用严于国家标准的评价方法，对受污染耕地的环境状况进行持续监测评价后，本市156块受污染耕地调整为优先保护类，全市受污染耕地面积减少70%以上，其中大兴区、丰台区受污染耕地阶段性清零。全市严格管控类耕地实现全部销账。

（农田建设处）

【大力推动受污染耕地安全利用】年内，采取种植结构调整、优化施肥、源头预防等措施促各相关区受污染耕地安全利用，同时对受污染耕地产出的农产品按照“产出一季、检测一季”的要求开展检查评价，守住了农产品安全底线。2019年起，通过区级自评估、市级综合核查评估，北京市受污染耕地安全利用率均持续保持100%。

（农田建设处）

农村生态保护

【概况】年内，各有关区、市有关部门统筹落实《北京市生态涵养区生态保护和绿色发展条例》和市委、市政府《关于推动生态涵养区生态保护和绿色发展的实施意见》，全年累计安排市政府固定资产投资99.5亿元，较去年增加21亿元，综合性生态保护补偿资金40亿元全部到位，生态涵养区发展成效达到预期。

（纪绍军）

【**提升生态文明建设成效**】1—12月，PM2.5平均浓度31.3微克/立方米（低于全市1.7微克/立方米），延庆、怀柔、密云区持续领先全市；完成140个村庄污水治理，重要水源地及主要断面水质不断改善，5区平均地下水埋深比2015年同期回升近15米；新增造林绿化9.2万亩。怀柔区、平谷区成功创建国家生态文明建设示范区、"两山"实践创新基地，密云、怀柔、门头沟、房山、昌平5区创建国家森林城市指标已达标。

（市发改委）

【**拓展绿色产业协作发展路径**】年内，推动平原区高校、科研院所、企业等与生态涵养区230余个集体经济薄弱村建立结对帮扶关系。绿色产业协作取得新进展，朝密双创中心开始试运营，西城、海淀区分别推动2家企业实体落户门头沟、延庆区。就业合作持续开展，生态涵养区劳动力在平原区实现就业800余人。

（市发改委）

绿化建设与管理

【**概况**】年内，聚焦"一个开局、两件大事、三项任务"，圆满完成了市委市政府和首都绿化委员会部署的各项任务，全年新增造林绿化16万亩、城市绿地400公顷；全市森林覆盖率达到44.6%，平原地区森林覆盖率达到31%，森林蓄积量达到2690万立方米；城市绿化覆盖率达到49%，人均公园绿地面积16.6平方米，实现"十四五"良好开局。

（市园林绿化局）

【**全面推行"林长制"**】3月19日，由市委办公厅、市政府办公厅联合印发《关于全面建立林长制的实施意见》确定23位市级林长和责任区域；成立北京市林长制办公室；明确市委组织部、市委宣传部、市编办、市发展改革委、市财政局等14家成员单位；印发总林长令发布、林长制调度、巡查、部门协作、督查、考核、信息共享和报送7项配套制度，建立"林长制+检察"工作机制，完成林长制市级顶层设计，建立市级责任体系。

（市园林绿化局）

【**圆满完成新一轮百万亩工程年度任务**】年内，新增造林1万公顷，涉及项目178个。完成以永定河、温榆河、北运河等重要河流两侧和101国道、六环路通道等绿化为重点，实施新增造林绿化0.2万公顷，森林质量精准提升0.4万公顷；在昌平、房山等生态涵养区，加大浅山断代林修复、废弃矿山治理、拆迁腾退地绿化，实施造林修复0.53万公顷。完成冬奥会、北京城市副中心等重点区域绿化，在延庆赛区周边完成大尺度绿化466.67公顷，在石景山场馆周边实施绿化美化600余公顷，完成推进城乡接合部"两道公园环"建设，实施纪家庙花园等公园绿地19处、城市森林和郊野公园10处，推进乡村绿化美化，实施村头片林、村头公园建设100处。

（市园林绿化局）

【**编制北京市林地保护利用规划**】年内，结合《北京市林地保护利用规划（2010—2020年）》中期评估成果和2017年以来林地、森林资源"一张图"变更，总结分析执行情况，提出新一轮规划思路、目标和措施。完成门头沟区新一轮林地保护利用规划编制试点工作。以第九次全市园林绿化资源专业调查为本底，本着多规合一，保护现有绿化成果，稳定发挥森林生态效能的原则，编制完成《北京市新一轮林地保护利用规划编制工作方案》《北京市新一轮林地保护利用规划编制技术方案》。

（市园林绿化局）

【**平原生态林养护**】年内，完成平原生态林林分结构调整0.67万公顷，完成平原生态林示范区50处，完成包含本杰土堆、小微湿地、人工鸟巢等保育小区100处，营建村头片林公园60处。制订印发《北京市平原生态林养护经营管理办法（试行）》《北京市平原生态林分类分级养护管理技术规范（试行）》，推进平原生态林养护管理数字化，推进养护单位"养护日志"手机系统填报。开展铁路沿线、冬奥会重要联络线两侧绿化带养护管理专项整治工作。全市铁路沿线共清理枯死树10030株，清理垃圾站点138处，清理违法占地7处，清理圈中菜地11处，改造提升8处。

（市园林绿化局）

【推进永定河综合治理生态修复工程】年内，加大永定河治理工程的造林绿化力度，工程包括门头沟浅山台地，浅山荒山，京津风沙源以及首钢遗址周边实施绿化，实际完成新增造林1333.33公顷，森林质量精准提升4293.33公顷。

（市园林绿化局）

【完成京津风沙源治理二期工程】年内，建设完成京津风沙源治理二期林业项目1.93万公顷，其中，开展困难地造林666.67公顷，封山育林1.67万公顷，人工种草0.2万公顷，工程涉及门头沟、房山、昌平、怀柔、密云和延庆6个区以及市属京西林场。20年来，北京市共完成京津风沙源治理工程造林营林58.6万公顷。

（市园林绿化局）

【实施森林健康经营项目】年内，全市计划实施山区森林健康经营项目任务面积4.67万公顷（森林健康经营林木抚育3.87万公顷，国家级公益林管护抚育0.8万公顷），建设市级永久性示范区15处。修订《关于在山区森林经营工程中加大侧柏林目标树经营实施力度的指导意见》，修订《北京市山区森林经营作业设计纲要》。

（市园林绿化局）

【落实农民就业增收有关政策】制订印发《关于定期报送林业建设管护项目农民就业台账的通知》，要求平原生态林管护、规模化苗圃、山区森林经营等三类项目每季度末要报送农民就业台账。据统计，新一轮百万亩造林绿化、平原生态林养护、山区生态林管护、森林健康经营、规模化苗圃建设等重点林业建设管护项目共吸纳就业7.59万人，本地农民达6.57万人。

（市园林绿化局）

【加强村头公园建设】年内，制订印发《关于加强村头公园（村头片林）建设的通知》，明确选址、植树配置、园路设置、配套服务设施等方面给予明确要求，规范村头公园建设和管理，营造“政府重视、社会关注、百姓支持”良好氛围。结合新一轮百万亩造林，2021年全市计划新建40处村头片林。结合全市平原生态林林分结构调整工作，完成60处村头片林景观游憩功能改造提升，为促进乡村振兴、提高农村居民绿色福祉提供支撑。

（市园林绿化局）

【公布北京陆生野生动物名录】4月13日，在全国“爱鸟周”40周年纪念活动暨北京市“爱鸟周”启动仪式上公布《北京陆生野生动物名录（2021年）》，包括鸟类、兽类、两爬类三部分，10月15日发布《北京陆生野生动物名录—鸟类》《北京陆生野生动物名录—兽类》《北京陆生野生动物名录—两爬类》。《北京陆生野生动物名录（2021年）》共收录北京地区有分布陆生野生动物33目106科596种，其中鸟类503种，兽类63种，两栖爬行类30种。其中列入《国家重点保护野生动物名录》有126种，包括国家Ⅰ级重点保护野生动物30种；国家Ⅱ级重点保护野生动物96种。

（市园林绿化局）

【开展野生动植物保护宣传】年内，结合“世界野生动植物日”“爱鸟周”“保护野生动物宣传月”等关键节点，联合央视、北京电视台、中国网、光明网和中国日报、北京日报、北京青年报、绿色时报、瞭望东方周刊等多家媒体，广泛开展野生动植物和生物多样性保护宣传，发布《北京陆生野生动物名录》，向社会公众发放宣传材料，不断提升全社会野生动植物保护意识。通过线上线下相结合方式参与群众12000余人次，发放宣传材料3000余份，取得良好宣传效果。

（市园林绿化局）

【建立野生动物保护联合执法机制】年内，市农业农村局、市政法委、市公安局、市交通委、市网信办、市市场监管局、北京海关联合印发《北京市清风行动工作方案》，合力开展打击野生动物非法贸易联合行动。与天津市规划和自然资源局、河北省林业和草原局联合印发《京津冀鸟类等野生动物联合保护行动方案》，建立京津冀三省市“政府主导、跨区域协同、多领域合作”为核心的野生动物联合保护体系，筑牢京津冀生态安全屏障。紧紧结合疫情防控形势和春季、秋冬季候鸟迁徙期特点，开展野生动物保护专项执法行动等联合执法检查和跨区域专项打击行动。加大对非法猎捕、非法人工繁育、非法运输、非法交易、非法食用野生动物等5类违法行为打击力度。全市园林绿化系统累计出动行政执法人员11.7785万人次，车辆63349万台次，现场检查点位6393万个。

（市园林绿化局）

【自然保护地管理】年内，对全市自然保护地整合优化预案再次进行2轮较大规模的优化、完善。重点研究解决自然保护地内村庄、永久基本农田和集体人工商品林等3大类矛盾问题。围绕贯彻落实

《北京市关于建立以国家公园为主体的自然保护地体系的实施意见》(简称《实施意见》)，结合全市“十四五”规划，制定了北京市园林绿化局《贯彻落实〈实施意见〉“十四五”期间任务分工方案》。构建了自然保护地保护成效评估指标体系。

（市园林绿化局）

【**湿地保护修复**】年内，制订《北京湿地保护发展规划（2021—2035年）》，编制完成《北京湿地保护修复三年行动计划（2022—2024年）》。结合新一轮百万亩造林绿化行动计划，聚焦集雨型小微湿地建设，以温榆河公园、沙河湿地公园、康西森林湿地公园等为重点。抓好湿地项目落实，跟踪推进延庆区百康湿地、房山区长沟泉水国家湿地公园等生态修复工程，全面加强湿地保护与修复，全年恢复湿地1000公顷。

（市园林绿化局）

【**森林防火**】年内，全市发生森林火情3起，其中人为火情2起，雷击火情1起，火灾数量和灾害损失与往年相比大幅度下降（2019年度火灾7起、火情12起，2020年度火灾8起、火情1起）。过火面积明显减少，本年度3起火情过火面积0.076公顷，与2019年度（约61公顷）和2020年度（20.65公顷）相比，分别下降99.87%、99.63%；处置迅速，2小时扑救率达100%。本年度3起森林火情平均扑救时间约为45分钟，与 2020年度（平均扑救时间130分钟）相比，提升65%。实现了森林火灾为零的目标。

（市园林绿化局）

【**林业有害生物防控**】年内，完成松材线虫病春季普查面积10.68万公顷、秋季普查面积10.8万公顷，完成美国白蛾防治任务26.51万公顷，完成国家林草局下达的年度防治任务。2021年林业有害生物发生面积3.06万公顷，全部开展了有效防治。开展以美国白蛾为主的林业有害生物预防、除治工作，防治作业面积共计30.98万公顷。在通州、大兴、房山等9个区开展飞机预防作业907架次，预防控制面积9.07万公顷。制订《全国松材线虫病疫情防控五年攻坚行动北京市实施方案（2021—2025年）》，成立北京市松材线虫病专家委员会，启动松材线虫病等检疫监督执法专项行动（2021—2025年），开展松材线虫病春秋两季普查，覆盖松林面积10.8万公顷，覆盖率100%，未发现松材线虫病疫情。全市布设美国白蛾监测测报点2481个，组织编制《美国白蛾查防要点》，发布小视频6个，累计点击量4.48万余人次，组织线上培训近2万人次。共出动人员21.01万人次、车辆6.54万台次、巡查91.21万千米，累计监测巡查发现受害木24.48万株，预防与防治60.63万株次。

（市园林绿化局）

【**京津冀协同防控林业病虫害**】年内，京津冀三省市开展2021年“5·25”林业植物检疫检查专项行动。开展以松材线虫病、红火蚁为主重大林业有害生物防控知识宣传活动，共计发放各种宣传材料3000余份。依托《京冀林业有害生物防控区域合作项目》支援环北京周边市、县（市、区）各类林业有害生物监测防治物资，项目金额500万元。其中：松材线虫分子检测仪1台、红脂大小蠹诱捕器1322套、松墨天牛诱捕器405套、车载风送式高射程喷雾器（含车）5台套、喷烟机126台、担架式喷雾机129台、25%灭幼脲悬浮剂34吨、25%甲维灭幼脲悬浮剂8吨、3.15%阿维吡虫啉乳油9吨、1.2%烟碱·苦参碱13.5吨，实施物理阻隔法防治春尺蠖477.03公顷、无人机监测松材线虫病16架次，1.91万公顷；支援河北雄安新区飞防作业42架次，防治作业面积4200公顷。

（市园林绿化局）

【**开展森林资源管理“一张图”年度更新**】年内，制订印发《北京市2021年森林督查暨森林资源管理“一张图”年度更新工作实施方案和操作细则》，组织全市年度更新工作培训，开展2021年森林督查和“一张图”年度更新成果专项审查，掌握标准，区别情况，分类定性，明确“一张图”更新重点内容和把握原则，提出坚持实地核查，加快工作进度，保质保量完成任务工作要求。制订印发《北京市园林绿化局关于切实做好2020年森林督查发现问题整改工作的通知》，组织由森林资源管理、行政执法、调查监测等部门参加的联合督查组，采取听取汇报、座谈交流、查阅资料、实地查看、挂牌督办等方法，对工作进度、案件查办、整改推进实施督查。

（市园林绿化局）

水利建设与管理

【**概况**】年内，按照《中共北京市委　北京市人民政府印发〈关于全面推进乡村振兴加快农业农村现代化的实施方案〉的通知》要求，全市紧抓农村生活污水治理和农村供水安全管理工作。

（纪绍军）

【**农村污水治理**】年内，全市进一步推进第三个治污三年行动方案实施，完成 323 个村庄生活污水治理任务。截至 2021年12 月底，全市累计2129 个村庄生活污水得到有效治理。全市农村污水收集处理能力明显提升，农村地区污水处理率达到74.6%。1.强化调度。建立每周一沟通、每月一协调的工作机制，对农村污水治理落实情况遇到的难题和困难进行调度、协调，保障农村污水治理任务顺利推进。与市级相关部门建立定期沟通、联动机制，对农村污水治理推进逐个环节进行落实，规划、设计、方案审查、立项、招标、施工等中间环节进展情况，一个问题一个问题解决，全力推进农村污水治理。2.加强运行监管，确保已建设施正常运行。对农村污水处理设施运行情况进行抽查，抽查的农村污水处理设施涵盖城市功能拓展区、城市发展新区和生态涵养区，覆盖的村庄涉及普通村庄、民俗旅游村和水源地保护村。每半年对各区水务局日常监管工作进行抽查，对抽查发现的问题，书面反馈各区水务局进行整改。按照《北京市农村污水处理和再生水利用设施运营考核暂行办法》相关要求，督促各区安装已投运农村污水处理设施的在线监测设备，并纳入市级监控平台系统，实时学握水量、水质、用电量等运行状况。截至2021 年底，已有1061座农村污水处理设施安装在线监测系统。

（市水务局）

【**农村供水工作**】年内，全市深入推进农村供水集约化建设，着力加强农村供水规范化管理。1.推进农村集约化供水建设。着力推进农村供水集约化建设，通过“城带村”“镇带村” 等方式将城市管网向农村地区延伸，实现农村供水工程与城市管网联通，促进“以大带小”等区城化、集中化供水管理。组织完成了50个行政村实现集中供水工作任务，进一步扩大了城乡公共供水覆盖范国，推动了城乡供水一体化发展，提升了区城农村供水管理水平和保障能力。2.开展村庄供本站运行监督检查工作。督促各区提升农村供水设施规范化运行管理水平，市水务局分3次对 12区的 727 处村庄供水站开展运行监督检查，重点围绕水源，首部配水管网、消毒设备，水质检测等方面，对检查发现的问题划分问题等级，逐一列出问题洁单和整改意见，以“一区一单”的形式函告相关单位进行整改，并对相关区水行政主管部门进行通报约谈，挂账督办。

（市水务局）

气象概况和气候评价

【**概况**】年内，北京地区平均气温接近常年（1991—2020年平均值，下同），夏季气温略偏低，其他季节气温接近常年同期。年降水量明显偏多，冬季降水偏少，春季降水接近常年同期，夏季降水明显偏多，秋季降水异常偏多。其中，7月、9月降水量为1961年以来同期最多。年日照时数比常年略偏少。高温日数、大风日数、沙尘日数和雾日数均偏少。

（市气象局）

【**气温**】年内，北京地区平均气温为12.1℃，比常年（11.8℃）偏高0.3℃。夏季气温略偏低，其他季节接近常年同期。其中，2月气温偏高2.7℃，为1961年以来同期第三高值；3月气温偏高2.0℃，为1961年以来同期第四高值；12月气温偏高1.7℃，为1961年以来同期最高；5和10月气温分别偏低1.0℃和1.1℃，1、7、8月气温略偏低，9月气温略偏高，4、6月气温与常年同期持平。

（市气象局）

【**降水**】年内，北京地区平均降水量为929.4毫米，比常年（551.3毫米）偏多近7成，为1961年以来历史同期最多，比2020年（567.8毫米）偏多6成多。其中，观象台降水日数（日降水量≥0.1毫米）为84天，比常年（66.1天）偏多17.9天，为1951年以来第9多。观象台最大日降水量为114.7毫米，出现在7月12日。冬季（2020年12月—2021年2月）北京地区平均降水量为7.2毫米，比常年同期（8.9毫米）偏少近2成；春季（3—5月）为64.6毫米，接近常年同期（68.6毫米）；夏季（6—8月）为627.4毫米，比常年同期（374.9毫米）偏多近7成；秋季（9—11月）为228.4毫米，比常年同期（99毫米）偏多1.3倍。

（市气象局）

【**日照**】年内，北京地区平均日照时数为2219.4小时，比常年同期（2431.7小时）偏少近1成。其中，12月日照时数较常年同期偏多2成，3月、7月和9

月日照时数偏少3～4成，4月日照时数偏少1成多，其他各月日照时数接近常年同期。

（市气象局）

【大风、沙尘、雾和霾】年内，北京观象台大风日数为8天，比常年（9.6天）偏少。沙尘日数为7天，比常年（8.4天）偏少，为2007年以来最多。雾日数为12天，比常年（13.4天）略偏少。

（市气象局）

【2021年高影响天气气候事件】

1.强降水

7月，北京地区降水显著偏多，降水量为1961年以来历史同期最多。20个国家气象观测站中，石景山、门头沟、斋堂、霞云岭、顺义、汤河口和密云等7个站7月降水量为建站以来同期最多；有11个站最大日降水量超过100毫米，尤其是顺义站最大日降水量达223.3毫米，为建站以来日降水量最大值。

9月，北京地区降水异常偏多，降水量破历史极值。20个国家气象观测站中，海淀、丰台、门头沟、霞云岭、顺义、昌平、平谷、汤河口、密云和佛爷顶等10个站降水量为建站以来最大值。最大降水量出现在海淀站，达284.9毫米。

2.高温

2月21日，平原地区最高气温达到25～27℃，北部地区和山区达到20～24℃，西北部高海拔地区达到15℃，20个国家气象观测站均突破各站建站以来2月份极端最高气温历史极值。

3.沙尘

春季北京观象台沙尘日数达7天，比近10年平均（2.7天）明显偏多。其中，3月15日为沙尘暴天气，为近10年来最强沙尘天气过程，造成严重空气污染，PM10最大浓度超过6000微克/立方米，最低能见度为500～800米。

4.寒潮

1月5—7日，受强冷空气影响，北京观象台日最低气温持续低于-10℃，并在1月7日降至-19.6℃，为该站1951年以来冬季极端最低气温的第2低值，通州、石景山、昌平、顺义、怀柔、霞云岭、上甸子等7个站刷新了冬季极端最低气温历史纪录。

10月14—17日，北京出现寒潮天气过程，17日多个气象观测站日最低气温首次在下半年跌破0℃，观象台日极端最低气温降至-0.2℃，为该站1969年以来10月中旬同期最低值。

11月5—7日，受寒潮天气影响，北京出现大风降温天气过程，迎来入冬初雪，11月6日，20个国家气象观测站中有17个观测到雪。

5.大风

1月，北京观象台大风（瞬时风速≥17.2米/秒）日数为2天，分别出现在6日和28日。其中6日极大风速达到20.4米/秒（8级），28日极大风速为18.9米/秒（8级）。

5月6日，北京地区出现大风伴沙尘天气，最低能见度为1～3公里，阵风8、9级，斋堂、通州、顺义、怀柔4站突破5月上旬极大风速历史极值。20个国家气象观测站中，5月佛爷顶站极大风速最大，23日达26.5米/秒，该日北京地区出现浮尘天气，PM10浓度达中至重度污染。

【气候影响评价】

2021年北京降水比常年显著偏多、气温接近常年、日照时数比常年略偏少。气候条件对冬小麦生长发育及产量形成有一定不利影响，对玉米的生长发育及产量形成利弊相当；气候条件有利于水库蓄水；寒潮对北京电力负荷产生较大影响。2021年大风和暴雨等天气对北京地区造成了不同程度的交通中断和气象灾害。

【气候与农业】

1.气候与冬小麦

北京地区2020/2021年冬小麦生长期间前期气候条件不太有利，返青期气候条件转为有利，气象条件总体弊大于利。播种—苗期气温偏低、降水显著偏少，对冬小麦出苗和苗期生长不太有利；冬前积温不足，抗寒锻炼天数少于常年，冬前苗情比去年偏差；冬季气温接近常年，降水偏少，越冬期内遭遇较强极端低温，气象条件对冬小麦安全越冬不利；返青—起身期气温偏高，降水充足，有利于冬小麦返青期生长，冬小麦实现升级转化；起身—拔节期气温偏高，利于小麦生长；拔节期以来气温偏低，降水偏少，对小麦成穗率、结实率及籽粒形成有一定不利影响。

2.气候与春、夏玉米

2021年气象条件对玉米生产利弊条件相当。春播期间降水量偏少，气温偏低，适播期内大部分地块墒情不足，不利于春播生产。6月中下旬出现几次降雨过程，对夏玉米播种和出苗比较有利，同时有效缓解了春玉米前期旱情，对春玉米生长发育起到了促进作用。夏玉米播种—拔节期内气温偏低、日照偏少，对夏玉米生长造成一定影响，生育进程略有推迟。7月下旬—8月中旬降水偏多，此时处于夏玉米需水关键期，降水偏多避免了“卡脖旱”危害。6月25日北京地区出现了冰雹灾害，对玉米产量有一定不利影响。7月以来北京地区降水量明显偏多，对春夏玉米生长均比较有利。但玉米生长后期降雨过程频繁，部分地块出现积水，造成涝害，对玉米后期生长及收获带来一定不利影响。

3.气候与水库蓄水

2021年夏季（6—8月）延庆站降水量为373.4毫米，比常年同期（275.9毫米）偏多3成多，有利于水库蓄水。2021年汛期末官厅水库水体面积为90.44平方公里，较2020年面积增加3.24平方公里。

2021年密云站夏季降水量为815.8毫米，比常年同期（433.1毫米）偏多近9成。2021年汛期末密云水库水体面积为153.90平方公里，高于1984—2020年平均值105.6平方公里，较2020年增加3.40平方公里，达到历史同期最大值。

4.气候与供电

2021年1月5—7日，受强冷空气影响，北京地区20个国家气象观测站中有7个站最低气温跌破冬季极端最低气温历史纪录。北京观象台日最低气温在5—8日持续低于-10℃，并在7日降至-19.6℃，为1967年以来最低值。此次持续低温天气过程使得用电负荷大增，1月6日北京电网用电负荷达到2451万千瓦，刷新了2018年夏季2356万千瓦的历史最大纪录，再创历史新高，这也是近20年来北京地区电网最大负荷首次出现在冬季。

5.气候与交通

7月18日，北京多地遭遇强降水天气过程，局地伴随雷电、冰雹等强对流天气。受强降雨影响，首都机场取消航班73架次，11趟列车停运，因地铁金安桥站外积水严重，为确保运营安全，金安桥站采取封闭措施，因路面积水，多条道路采取临时断路措施。

6.气象灾情

6月25日，北京多区出现强降雨并伴有冰雹天气，对农业造成了一定程度的损失。昌平区多乡镇因冰雹天气导致6082.5亩农作物受灾，平谷区多乡镇因冰雹天气导致30277亩农作物受灾，3栋设施损毁，直接经济损失达5090.7万元。

7月8日18时15—30分，平谷区金海湖镇发生冰雹灾害，农业受灾面积100.33公顷，其中粮食作物受灾面积17公顷，农作物成灾面积10公顷，粮食作物成灾面积9公顷，主要涉及玉米等；果品受灾面积83.33公顷，果品成灾面积20公顷，主要涉及桃、柿子、核桃等；农业直接经济损失达366.8万元。

7月11—13日，平谷区出现暴雨和大风，导致东高村镇、马坊镇、大兴庄镇、马昌营镇、夏各庄镇、金海湖镇、大华山镇、山东庄镇8个乡镇农作物和畜牧水产养殖受灾，全区农业受灾总面积227.34公顷，受灾总人数1676人，直接经济损失达919.16万元。

7月26日，平谷区出现暴雨，受灾2711人，农作物受灾面积840.45公顷，直接经济损失达2008.0万元。

7月27日，密云区出现暴雨，此次降雨历时长、范围广，对大城子、穆家峪、巨各庄等镇农村生产生活和基础设施造成一定损失，农作物受灾面积598.5公顷，直接经济损失3266.5万元；基础设施损失18333.2万元。

7月强降雨过程多，土壤含水量大，山区和浅山区山洪、滑坡、崩塌、泥石流等次生灾害风险较高。7月27日18时30分许，海淀区香山老年公寓西南侧道路护坡坍塌，泥土渣石进入院内，造成西侧阳光房和部分楼体受损，5人遇难。

8月16日21时许，海淀区出现局地强降雨过程，旱河路铁路桥下短时严重积水，一辆小汽车经过该路段时被困，车内两人不幸遇难。

9月8日午后至傍晚，房山区出现雷阵雨并伴有大风和冰雹天气，张坊镇、十渡镇农作物和果树受损失，受灾面积228.3公顷，直接经济损失69.5万元。

（市气象局　张轶斐）

农　业　科　技

【概况】年内，以农业中关村建设为抓手，加快推进农业科技强市建设，以科技创新打造智慧农业高地，用数字赋能农业农村高质量发展，为首都乡村全面振兴注入新动能。与农业农村部合作共建中国·平谷“农业中关村”，京瓦中心竣工运行。北京种子大会升格为中国北京种业大会。深入实施现代种业发展三年行动计划，全面完成第三次全国农作物种质资源普查任务。国家玉米种业技术创新中心、通州区国家现代农业产业园、平谷区国家现代农业（畜禽种业）产业园落地建设。

（纪绍军）

科技推广与科技成果

【概况】年内，市农业农村局围绕科技助力乡村振兴战和农业农村现代化，强化对全市农业重点任务科技支撑，加强顶层设计和政策研究，创新农业科技管理，扎实推进科技协同创新、推广体系建设，打造北京农业科技大讲堂，畅通科技进村入户通道，强化科技执法监管，有力支撑现代农业发展。北京市农业职业学院开展科研立项36项，完成46项市级农业科技项目验收，选育6个高产优质新品种，服务都市现代农业产业发展，并与泰国、荷兰、尼泊尔、毛里求斯、俄罗斯等加强国际合作交流。北京市农林科学院全年获得各类政府奖励30项。其中，国家科技进步二等奖4项，神农中华农业科技一等奖3项、二等奖3项，北京市科学技术一等奖1项、二等奖3项，梁希林业科学技术奖一等奖1项，并在各涉农区开展了大量科技服务，全年累计在京郊推广新品种747个、技术350项。

【推进平谷农业科技创新示范区建设】农业农村部和北京市人民政府签订《农业农村部　北京市人民政府共同打造中国·平谷农业中关村合作框架协议》。北京京瓦农业科技创新中心完成民办非企业单位登记注册，总部主体建设完工。调动在京农业科技资源参与农业中关村建设，推动市属“三院”在平谷区建设大桃研究院和博士农场，北京市农林科学院与平谷区共建国家农业科技现代化先行县，市农业农村局与中国农科院签订《中国农业科学院　北京市农业农村局战略合作协议》。

（科技处　初蔚琳）

【谋划“十四五”农业科技工作】年内按照中央和北京市委市政府对北京市农业定位和农业科技改革与重点任务，制定《北京市“十四五”时期农业科技发展规划》，为“十四五”时期农业科技工作开局起步做好顶层设计和基础支撑。

（科技处　初蔚琳）

【打造北京农业科技大讲堂】年内开展北京农业科技大讲堂，创新服务形式，畅通上千名农业技术人员与上万户生产经营主体的科技信息通道，开展农业政策、农业技术和防灾减灾讲座。全年共举办线上网络直播37场，组织进社区、进公园、进学校等线下科普活动14余场，服务农户超过9万人次，利用信息化传播手段，调动首都农业科技资源，推动农业科技服务方式转变，提高了技术信息推广传播效率和覆盖面。

（科技处　初蔚琳）

【基层农技年度推广体系建设指导意见发布】年内，市农业农村局出台《2021年北京市基层农技推广体系改革与建设补助项目实施指导意见》。重点在大兴区、延庆区、平谷区、房山区、昌平区、顺义区、门头沟区、通州区8个区建设农业科技示范基地12个，培训基层农技推广骨干660人，辐射带动全市基层农技推广体系建设工作。

（科技处　王东春）

【北京市创新团队提供有力农业科技支撑】年内，现代农业产业技术体系北京市创新团队共培育新品种70余个，研发新技术100余项、新产品60余个，集成推广模式70余项；发表论文500余篇，出版著作40余部，获得授权专利60余件，建立示范点500余个，示范推广品种、技术400余项；示范规模种植业1万余亩，畜牧业近400万头只，水产行业水面200亩、800余万尾。

（科技处　王小军）

【农业转基因生物安全监管】按照《农业转基因生物安全管理条例》要求，对北京市行政区域范围内的农业转基因生物研发、生产、加工、经营和进口等活动进行全链条监管。以市农业农村局的名义印发《2021年北京市农业转基因生物安全监管工作方案》(京政农发〔2021〕31号)，组织召开全市转基因生物安全监管工作会。对582项安全评价项目进行全面监管，对391项拟备案中间试验的实施地点的安全控制条件逐一现场核查，现场检查覆盖率100%。对全市农业转基因生产、加工、经营等环节进行全链条监管，未发生违规问题。

（科技处　范子文）

【落实外来入侵物种防控工作】按照农业农村部的部署，市农业农村局、市教委、市科委、中关村管委、市财政局等九部门联合印发《北京市进一步加强外来物种入侵防控工作方案》，明确职责分工，建立了全市外来入侵物种工作机制。

（科技处　涂皎）

【市农职院兰花科研成果获奖】5月21日至7月2日，由国家林业和草原局、中国花卉协会、上海市人民政府主办的第十届中国花卉博览会中，农职院自主选育的国兰新品种“京紫”“京荷”“京华”分别荣获“第十届中国花卉博览会科技成果类（新品种研发）”银奖、铜奖及优秀奖。“国兰新品种选育与标准化栽培技术研究示范”荣获“第十届中国花卉博览会科技成果类（种质资源收集与保存）”优秀奖。此外，农职院送展的腋唇兰荣获“第十届中国花卉博览会展品类（盆栽植物）”银奖。是首次在全国性花卉博览会获奖。

（孙田田）

【“丝路一家亲”食用菌种植技术培训成功举办】10月12日，在京促会和市科协安排下，学院与北京农学会、毛里求斯福尔肯公民联盟共同举办了“丝路一家亲”食用菌种植技术培训。此次培训在食用菌种植大棚中开展，示范和讲解菌棒制作的全过程，来自毛里求斯福尔肯公民联盟的50多位蘑菇种植户参加了此次线上培训。毛里求斯福尔肯公民联盟主席福尔肯表示，蘑菇种植在毛里求斯受到农民极大欢迎，是一条充满阳光的致富路，每千克蘑菇销售收益在70元至80元人民币，还可以进一步向其他国家扩展，让中国蘑菇走进非洲千万百姓家。

（孙田田）

【第十二家科技小院完成授牌】10月14日，北京市委统战部会同九三学社市委，召开“科技小院”授牌暨座谈会。农职院第十二家科技小院——门头沟区王平镇西马各庄村科技小院（统农057号）完成授牌。至此，农职院十二家科技小院全部完成挂牌工作。

（孙田田）

【“中荷都市农业职业教育交流中心”签约】11月19日，农职院与荷兰朗蒂斯教育集团举办“中荷都市农业职业教育交流中心”线上签约和揭牌仪式。双方的交流符合两国“开放务实的全面合作伙伴关系”定位，在习总书记关于中荷双方重点加强奶业、育种、防洪、人才培训、食品安全、技术研发等方面合作，鼓励人员往来，扩大学生和科研人员交流的倡议之下，双方十年来的合作硕果累累。中荷都市农业职业教育交流中心由农职院与荷兰朗蒂斯教育集团共同发起成立，今后将组织农职院和中国都市农业职教集团各成员单位人员开展学术论坛、师资交流培训、都市农业专业和新型职业农民交流培训。

（孙田田）

【市农职与尼泊尔阿尼哥协会举办“农业技术培训协议”签约仪式】12月23日，农职院与尼泊尔阿尼哥协会举办“农业技术培训协议”线上签约仪式。农职院与阿尼哥协会将共同根据尼泊尔的需求，对尼泊尔的农业技术人员和从业者进行农业技术培训、并与当地的农业类院校合作开设农业类的学历、非学历教育合作。

（孙田田）

2021年度获奖成果名录

序号	成果名称	主要完成单位	主要完成人	获奖类别及等级	备注
1	高产优质、多抗广适玉米品种京科968的培育与应用	北京市农林科学院	赵久然、王元东、邢锦丰、王荣焕、刘春阁、宋伟、张华生、杨国航、陈传永、徐田军	2020年度国家科技进步奖二等奖	主持
2	基于北斗的农业机械自动导航作业关键技术及应用	华南农业大学、北京农业智能装备技术研究中心、北京农业信息技术研究中心、雷沃重工股份有限公司、首都师范大学	罗锡文、赵春江、孟志军、王桂民、张智刚、陈立平、王进、付卫强、刘卉、朱金光	2020年度国家科技进步奖二等奖	参加
3	优势天敌昆虫控制蔬菜重大害虫的关键技术及应用	浙江大学、北京市农林科学院、中国农业科学院植物保护研究所、全国农业技术推广服务中心、华南农业大学、浙江省国有农场管理总站（浙江省农产品质量安全中心）	陈学新、张帆、刘万学、刘树生、郑永利、刘万才、邱宝利、王甦、张桂芬、郭晓军	2020年度国家科技进步奖二等奖	参加
4	猪圆环病毒病的免疫预防关键技术研究及应用	浙江大学、中国农业科学院哈尔滨兽医研究所、中国农业大学、北京市农林科学院、南京农业大学、天津瑞普生物技术股份有限公司、华派生物工程集团有限公司	周继勇、刘长明、刘爵、杨汉春、金玉兰、顾金燕、粟硕、李守军、邢刚、邱文英	2020年度国家科技进步奖二等奖	参加
5	优质特色鲜食糯玉米系列新品种培育及应用	北京市农林科学院、中国农业科学院作物科学研究所、河北华穗种业有限公司、海南绿川种苗有限公司、荆州市恒彩农业科技有限公司、北京华奥农科玉育种开发有限责任公司、北京中农斯达农业科技开发有限公司	赵久然、卢柏山、史亚兴、田志国、周海、赫晋、肖述保、徐丽、丁守斌、江明山、王军、赫忠友、王同英、席胜利、樊艳丽、郭少臣、孙国疆、董会、杨红军、李新燕	2020—2021年度神农中华农业科技奖科学研究类一等奖	主持
6	西瓜优质分子育种技术与新品种选育	北京市农林科学院、河北省农林科学院经济作物研究所、中国农业科学院郑州果树研究所、中国农业科学院深圳农业基因组研究所、京研益农（北京）种业科技有限公司	许勇、武彦荣、刘文革、郭绍贵、任毅、黄三文、张洁、赵胜杰、宫国义、张海英、李茂营、温常龙、潘秀清、何楠、田守蔚、路绪强、孙宏贺、张超、高秀瑞、李冰	2020—2021年度神农中华农业科技奖科学研究类一等奖	主持
7	智能农机装备电液传动与控制系统关键技术及产业化	上海交通大学、北京农业智能装备技术研究中心、日照海卓液压有限公司、中国农业机械化科学研究院、雷沃重工股份有限公司、江苏大学、上海大学、山东时风（集团）有限责任公司、上海联适导航技术股份有限公司	刘成良、王秀、李瑞川、魏新华、王丽丽、张鹏、苗中华、徐海港、李彦明、马飞、雷军波、陶建峰、潮群、覃程锦、徐纪洋、贡亮、徐继康、莫锦秋	2020—2021年度神农中华农业科技奖科学研究类一等奖	参加
8	稻麦养分定量遥感与测土配方施肥全程智能化服务关键技术及应用	北京农业信息技术研究中心、全国农业技术推广服务中心、扬州大学、中国农业科学院作物科学研究所、扬州市耕地质量保护站、江苏诺丽慧农农业科技有限公司、秦皇岛三农现代化机械设备有限公司	杨贵军、高祥照、霍中洋、毛伟、李振海、李贺丽、蔡淑红、徐新刚、张永涛、段丹丹、金秀良、谭昌伟、张竹、薛秀清、仇美华	2020—2021年度神农中华农业科技奖科学研究类二等奖	主持
9	梨优质高效标准化生产关键技术创新及应用	山西农业大学、北京市林业果树科学研究院、中国农业大学、山东农业大学、南京农业大学	牛自勉、刘松忠、蔚露、吴巨友、李玲、许雪峰、林琭、李全、廉国武、张杰、孙明德、谢鹏、赵清、郝立华、卢志俊	2020—2021年度神农中华农业科技奖科学研究类二等奖	参加

续表

序号	成果名称	主要完成单位	主要完成人	获奖类别及等级	备注
10	农田景观生物多样性保护及生态景观建设关键技术与应用	中国农业大学、农业农村部农业生态与资源保护总站、北京市农林科学院、湖北省农业生态环境保护站、西南大学、中国科学院空天信息创新研究院、华中农业大学	宇振荣、刘云慧、孙玉芳、张宏斌、刘东生、樊丹、黄宏坤、段美春、宇林军、刘文平、张晓彤、陈宝雄、李良涛、张鑫、伍盘龙	2020—2021年度神农中华农业科技奖科学研究类二等奖	参加
11	草莓种质创制、新品种选育及应用	北京市林业果树科学研究院、沈阳农业大学、北京市农业技术推广站、云南省农业科学院园艺作物研究所、内蒙古自治区农牧业科学院	张运涛、雷家军、张志宏、王桂霞、董静、常琳琳、钟传飞、孙健、李贺、孙瑞	2020—2021年度神农中华农业科技奖科学研究类三等奖	主持
12	特色果蔬典型真菌毒素减控关键技术及应用	北京市农林科学院、中国农业大学、北京工商大学、北京市农业环境监测站、北京勤邦生物技术有限公司	王蒙、熊科、梁志宏、欧阳喜辉、王刘庆、曹建康、满燕、李玲、冯晓元、万宇平	2020—2021年度神农中华农业科技奖科学研究类三等奖	主持
13	农业信息人工智能咨询关键技术及平台装备应用	北京市农林科学院	孙素芬、罗长寿、魏清凤、余军、曹承忠、郑亚明、龚晶、赵静娟、王富荣、陆阳	2020—2021年度神农中华农业科技奖科学研究类三等奖	主持
14	蔬菜机械化育苗技术创新与集成应用	北京市农业技术推广站、北京农业智能装备技术研究中心、北京农业信息技术研究中心、山东联播智能制造研究院有限公司	曹玲玲、姜凯、田雅楠、赵立群、曹彩红、冯青春、吴尚军、温江丽、赵倩、李业锋	2020—2021年度神农中华农业科技奖科学研究类三等奖	参加
15	黄淮海农区种养业氮磷面源污染防控关键技术与应用	山东省农业科学院农业资源与环境研究所、农业农村部环境保护科研监测所、北京市农林科学院、河北省农林科学院农业资源环境研究所、山东黎昊源生物工程有限公司	王艳芹、井永苹、王风、安志装、付龙云、茹淑华、张荣全、张英鹏、孙明、仲子文	2020—2021年度神农中华农业科技奖科学研究类三等奖	参加
16	农业面源氮污染防控的“产业治污”关键技术研发与集成应用	华中农业大学、十堰市农业生态环境保护站、江苏省农业科学院、北京市农林科学院、十堰市经济作物研究所	刘广龙、胡荣桂、李涛、冯彦房、邓凯、赵建伟、薛利红、李丽霞、林杉、裴霄敏	2020—2021年度神农中华农业科技奖科学研究类三等奖	参加
17	优质淡水观赏鱼绿色高效繁养关键技术研发及产业化应用	天津市水产研究所、北京市水产科学研究所、天津农学院、天津嘉禾田源观赏鱼养殖有限公司	姜巨峰、史东杰、罗璋、冯守明、魏东、付志茹、刘肖莲、张振国、白晓慧、李景龙	2020—2021年度神农中华农业科技奖科学研究类三等奖	参加
18	中国农业科学院蔬菜虫害防控创新团队	中国农业科学院蔬菜花卉研究所、北京市农林科学院、青岛农业大学、长江大学	张友军、吴青君、王少丽、罗晨、谢文、郭兆将、王然、杨鑫、褚栋、朱晓丹、贺敏、徐宝云、史彩华、苏奇、田丽霞	2020—2021年度神农中华农业科技奖优秀创新团队奖（视同一等）	参加

续表

序号	成果名称	主要完成单位	主要完成人	获奖类别及等级	备注
19	图说蜂授粉技术	北京市农林科学院、北京智农天地网络技术有限公司	徐希莲、王欢、王凤贺、崔改泵、田丽霞、孙利鑫	2020—2021年度神农中华农业科技奖科学普及奖（视同二等奖）	主持
20	农业环保三人谈	农业农村部农业生态与资源保护总站、北京市农林科学院、中国农业出版社有限公司	王久臣、邹国元、宋成军、陈延华、李钰飞、薛文涛、许俊香、李顺江、魏兆猛、孙钦平、李吉进、王飞、石祖梁、杜连凤、刘静、杨俊刚、左强、梁丽娜、廖上强、肖强	2020—2021年度神农中华农业科技奖科学普及奖（视同二等奖）	参加
21	西瓜优异基因资源发掘与系列新品种选育及推广	北京市农林科学院、中国农业科学院郑州果树研究所、中国农业科学院深圳基因组研究所、京研益农（北京）种业科技有限公司	许勇、刘文革、郭绍贵、任毅、黄三文、张洁、赵胜杰、田守蔚、温常龙、李茂营、宫国义、何楠、张海英、路绪强、孙宏贺	2020年度北京市科学技术科技进步一等奖	主持
22	环渤海湾地区设施蔬菜小型害虫成灾机理与绿色防控技术研究及应用	北京市农林科学院、北京市植物保护站、山东省植物保护总站	魏书军、宫亚军、曹利军、陈金翠、郭韶堃、胡彬、公义、岳雷、孙海、高勇富、王泽华、石宝才、康总江、石盼、金桂华	2020年度北京市科学技术科技进步二等奖	主持
23	畜禽养殖物联网关键技术和智能装备创制与应用	中国农业科学院农业信息研究所、中国农业科学院北京畜牧兽医研究所、中国农业大学、北京农业信息技术研究中心、北京市畜牧总站、北京农信互科技集团有限公司、新希望六和股份有限公司	孔繁涛、刘继芳、吴建寨、熊本海、段青玲、张建华、李奇峰、韩书庆、于莹	2020年度北京市科学技术科技进步二等奖	参加
24	短生育期及高抗百合种质创新和高效繁育技术	北京林业大学、北京农业生物技术研究中心、北京市大东流苗圃、云南万丽花卉有限公司	贾桂霞、张秀海、何恒斌、杜运鹏、张铭芳、李香、陈绪清、高雪、李兆伟、杨凤萍	2020年度北京市科学技术科技进步二等奖	参加
25	林业飞防施药质量监控装备研发与应用	北京农业智能装备技术研究中心、国家林业和草原局森林和草原病虫害防治总站、北大荒通用航空有限公司、山东瑞达生态技术有限公司、北京农业信息技术研究中心、农芯（南京）智慧农业研究院有限公司、中农智控（北京）技术股份有限公司、农芯科技（北京）有限责任公司、山东夏禾绿色防控研究院有限公司	陈立平、张瑞瑞、赵春江、卢修亮、谢春春、张伟巍、徐刚、唐青、李龙龙、王维佳、徐旻、林晓、伊铜川、丁晨琛、夏浪	2021年度梁希林业科学技术科技进步一等奖	主持国家林业和草原局
26	果林信息精准智能咨询服务关键技术及多渠道平台研究应用	北京市农林科学院、北京林业大学、北京智农天地网络技术有限公司、北京环球森林科技有限公司	孙素芬、魏清凤、罗长寿、邱梓轩、郑亚明	2020年度梁希科学技术奖三等奖	主持
27	果蔬关键作业环节机器人精准作业技术与装备	中国农业大学、苏州博田自动化技术有限公司、北京农业智能装备技术研究中心	李伟、张春龙、袁挺、耿长兴、王蓬勃、冯青春	2020年度教育部高等学校科学研究优秀成果奖—技术发明奖二等奖	参加

续表

序号	成果名称	主要完成单位	主要完成人	获奖类别及等级	备注
28	黄瓜优质多抗关键基因全基因组挖掘与分子育种	扬州大学、北京市农林科学院蔬菜研究中心、上海交通大学	陈学好、温常龙、蔡润、毛爱军等	2020年度教育部高等学校科学研究优秀成果奖—技术发明奖二等奖	参加
29	烟粉虱及其传播的番茄病毒病内御外阻防控技术研究与应用	天津市植物保护研究所、中国农业科学院蔬菜花卉研究所、北京市农林科学院、天津市宁河区蔬菜技术推广站、拜耳作物科学（中国）有限公司	刘佰明、谷希树、王少丽、王甦、徐维红、刘晓琳、张艳玲、刘俊丽	2020年度天津市科学技术进步奖二等奖	参加
30	梨优质高效标准化生产关键技术研究与示范	山西省农科院现代农业研究中心、北京市林业果树科学研究院、中国农业大学、山西省农科院果树研究所	牛自勉、刘松忠、蔚露、许雪峰、李玲、吴巨友、林琭、李全、孙明德、谢鹏	2020年度山西省科技进步奖一等奖	参加

现代种业

【概况】年内，全市育种发明专利申请为351件，占全国申请总量的10.7%；育种发明专利授权336件，占全国总授权量的15.7%；公开转基因育种发明专利申请289件、授权278件，分别占全国15.8%和21.7%；公开授权植物新品种授权300件，占全国授权量的9.3%；以上均居全国首位。全市通过国家品种审定委员会审定品种167个，占国审定品种总数的8.9%，位居全国第三。面对新的种业发展形势，进一步加强顶层设计，完成种子条例立法工作，编制起草种业振兴实施方案，优化种业创新环境；推动北京种业大会升级为国家级行业盛会，打造集新品种展示、成果推广、贸易谈判、产业交流于一体的综合性种业盛会；发挥北京现代种业科技创新优势，积极推动国家重大种业项目落地，加大种质资源保护利用，进一步提升种业自主创新能力，全力打造“种业之都”。

（种业管理处　任辉霞）

【完成《北京市种子条例》立法工作】为应对国内外种业形势变化，保障全市种业健康发展，2021年2月4日，市人大常委会第七十五次主任会议，将《北京市种子条例》列为2022年1月市第十五届人民代表大会第五次会议唯一审议表决项目。在市人大农村办、法制办、市司法局指导下，市农业农村局会同市园林绿化局经过25次立法调研和反复论证，采取废旧立新的方式，开展《北京市种子条例》立法工作，经过草案起草、人大三审、立法协商、市委政府审核等十一项立法程序，完成《北京市种子条例》（审议稿）。

（种业管理处　任辉霞）

【编制《北京种业振兴实施方案》】贯彻落实党中央国务院关于种业振兴决策部署和市委市政府对种业工作的具体要求，市农业农村局牵头启动《北京种业振兴实施方案》编写工作，成立由市发展改革委、市科委、市园林绿化局等9个部门组成的编制领导小组，组织科研院校、重点企业和各区座谈会11次，修改完善20稿，农业农村部种业管理司对方案编制工作作了具体指导。征求完成市人大、市政协、14个市级部门、13个涉农区政府相关意见，完成了合法性审核与风险评估，拟报市政府常务会和市委深改委审议，将以市委、市政府名义印发。

（种业管理处　任辉霞）

【国家玉米种业技术创新中心落户北京】2021年3月24日，科技部批复《关于支持建设国家玉米种业技术创新中心的函》（国科函区〔2021〕70号），同意支持先正达集团为主体，联合有关高校、科研院所、龙头企业等共同组建国家玉米种业技术创新中心，通过产学研深度融合，共同开展针对玉米产业的现代生物育种技术与种质资源研究。该中心是全国农业领域首批国家级技术创新中心。

（种业管理处　任辉霞）

【依法推进品种审定和品种登记工作】按照《中华人民共和国种子法》、《主要农作物品种审定办法》的相关规定，开展北京市农作物品种审定工作，全年共20个主要农作物新品种通过审定，其中小麦3个、玉米12个、大豆5个。全年共受理品种登记200个，涉及甜菜、大白菜、结球甘蓝、番茄、辣椒、西瓜、甜瓜等共计12种作物；全年获得登记品种207个。

（种业管理处　任辉霞）

【完成国家和北京市救灾备荒种子储备】完成农业农村部下达的2021年国家救灾备荒种子储备任务，组织北京顺鑫农科种业科技有限公司、北京龙耘种业有限公司两家承储企业完成国家救灾备荒种子储备任务75万千克，其中，杂交玉米种子70万千克、大豆5万千克，可供救助各类农业自然灾害28.8万亩。组织北京顺鑫农科种业科技有限公司、北京龙耘种业有限公司、京研益农（北京）种业科技有限公司三家承储企业完成2021年市级储备救灾种子5.34万千克，可供救助各类农业自然灾害6.55万亩。

（种业管理处　任辉霞）

【农业种质资源普查工作取得阶段性进展】按照《农业部办公厅关于印发〈第三次全国农作物种质资源普查与收集行动实施方案〉的通知》（农办种〔2015〕26号）有关精神和要求，结合北京种业发展现状和特点，组织开展北京市农作物种质资源普查与收集以及畜禽、水产遗传资源调研工作。农作物资源普查超额完成国家任务，征集资源464份，超额110%；系统调查资源534份，超额33.5%；畜禽资源面上普查总进度、乡镇、行政村普查率、系统上报率实现四个100%，完成了27个畜种、239个品种374万个数据上报与审核工作；水产资源面上普查完成率100%，覆盖13个区841个普查主体。

（种业管理处　任辉霞）

【确定首批21家市级农业种质资源保护单位】经组织专家实地考察、室内评审、局外网公示，本市组织确定了第一批共21家农业种质资源保护单位，对6万余份农作物，2个畜禽地方品种、1.5万份畜禽遗传材料，6个水产品种，2万余份农业微生物种质资源实施重点保护。8月26日，在北京市农林科学院农科大厦举行了“北京市农作物种质资源库揭牌仪式”，标志着北京种质资源保护工作有了保护主体、明确了责任单位，北京市种质资源保护工作进入新阶段。

（种业管理处　任辉霞）

【第二十九届中国北京种业大会圆满举办】10月28—30日，第二十九届中国北京种业大会在丰台区北京园博园成功举办，农业农村部、科技部、北京市委、市政府领导出席大会开幕式，北京种业大会正式升级为中国北京种业大会。大会采取“1+4”（1个开幕式，蔬菜、玉米、畜禽、国际论坛4大种业峰会）办会模式，参展企业440家，线上商城入驻企业126家，参会人员近8000人次，直播点击量达472.76万人次，会期交易2.7亿元；举办北京种业创新成果展，展示北京四大种业12个物种创新成果，受到社会各界高度评价。入驻新闻媒体45家，累计新闻报道3444条，关注量达1330.3万余次，央视《新闻联播》进行了报道。

（种业管理处　任辉霞）

信息化建设

【概况】年内，北京市农业农村信息化财政投入总额为1.49亿元，较上年增长1984.63万元。社会资本投入总额为6.02亿元，较上年增长3.29亿元，社会资本投入积极性变高。农业农村信息化发展总体水平约为40.23%，较上年提升5.33个百分点，在全国31个省（自治区、直辖市）中排名第11位，较上年提升了6个名次。全市基础支撑与乡村治理信息化方面发展水平较为突出，其发展水平分别达到90.44%、91.82%，较上年分别提升了23.8、34.6个百分点。服务信息化也处于较高水平，为73.65%。各区形成了各自的发展特色，走出了符合都市型现代农业的发展模式和路径。

（数字中心）

【农业农村信息化发展水平提升】年内农业农村信息化发展总体水平由2019年全国第20名前进为全国第11名，与全国先进地区差距逐渐缩短，各项指标均有所提升，区级农业农村信息化管理服务机构综合设置较为完备，尤其数字乡村的相关指标位于全国前列。

（数字中心）

【全市信息化发展环境持续优化】年内海淀区、顺义区、昌平区、大兴区和怀柔区5个区四项指标全部完成机构改革设置，实现了100%的建设标准；区级农业农村信息化管理服务机构覆盖率全国率先实现100%，排名全国第一。2021年北京市农业农村信息化财政投入和社会资本投入总额也实现双增长，同比增加了152.67万元、2534.11万元。2021年10月12日，北京市与农业农村部签署了《共同打造中国·平谷农业中关村合作框架协议》，确立了合力打造“中国·平谷农业中关村”发展战略。

（数字中心）

【网络基础设施支撑达到高水平】年内，北京市农业农村信息化基础支撑水平为90.44%，互联网普及率和行政村5G通达率均排名全国第2位，处于全国领先地位。其中互联网普及率为87.65%，6个区达到90%以上，其中，顺义区达到99%；行政村5G通达率为96.94%，除部分偏远山区村外，基本实现100%。这些因素为全市农业农村信息化技术的应用和推广提供了有力的支撑。

（数字中心）

【乡村基层治理数字化成效显著】年内，北京市乡村基层治理数字化达到全国领先地位。县域政务服务在线办事率为93.59%，位于全国首位，村级在线议事率、应急广播主动发布终端覆盖率均位于全国第4位，公共安全图像应用系统行政村覆盖率位于全国第7位，各项数字乡村相关指标均呈现高水平的发展态势。其中丰台区、怀柔区、平谷区实现了乡村治理信息化指标均为100%。京郊涌现出怀柔区渤海镇“数字乡镇”探索试点、昌平区南口镇“智慧镇域”、通州区歌华“智慧乡村”平台等优秀案例。

（数字中心）

【农产品质量安全追溯信息化率有所提升】年内，北京市实现质量安全追溯的农产品产值占比为27.54%，较上年提升5.52%，排名全国第10位。畜禽养殖业追溯水平最高，排名全国第5位，其中通州区实现了100%。大田种植业中丰台区实现了100%，设施栽培业中朝阳区和门头沟区实现了100%，水产养殖业中朝阳区实现了100%。昌平区四类追溯水平均处于较高稳定水平，平均可达73.8%。各区也在建立各类监管平台，如，海淀区智慧农业综合监管平台、顺义区农业投入品监管平台等。农产品质量安全追溯、智能监管水平的稳步提升，是促进经营信息化健康发展的必要因素，未来还有较大的进步空间。

（数字中心）

农　村　改　革

【概况】年内，加强农村各项资产、合同、产权、收益分配、财务等方面管理制度建设，为农村集体“三资”规范管理奠定了基础，为全面推进乡村振兴提供坚强制度保障。探索农用地、宅基地、专业合作组织、集体经济组织、农村金融工作的创新，以改革推动乡村振兴。

（纪绍军）

农村土地承包与管理

【农地流转价格动态监测】年内，全市49个监测乡镇共发生农地流转42992亩，平均流转价格1232元/（亩·年），同比下降15.4%。从用途看，流转后用于绿化20961亩，占监测点流转土地面积的48.8%，均价1347元/（亩·年）；种植业20548亩，占47.8%，均价1070元/（亩·年）。从流向看，对外流转19610亩，占45.6%，其中，租赁给工商企业或外部个人11844亩；对内流转23382亩，占54.4%，以村集体为主，共接转土地11584亩。

（农村土地承包管理处　刘瑶）

【推动土地流转公开市场交易】年内，指导各区制定完善流转市场交易规则，规范交易操作程序，鼓励村集体和承包农户在产权交易市场公开进行土地流转，全年土地流转项目成交213宗，流转面积2.5万亩，交易额4.9亿元。

（农村土地承包管理处　刘瑶）

【确定农村土地经营权流转指导价格】年内，印发《关于进一步规范土地流转促进设施农业持续健康发展的指导意见的通知》，确定了土地流转的指导价格，加强农地流转动态价格监测，保护土地流转各方利益，引导并督促各区参照执行公平合理的土地流转指导价格。

（农村土地承包管理处　刘瑶）

【承包与流转过程监管】年内，出台“村地区管”、流转合同备案、工商资本租赁农地监管、流转交易市场监管等文件，制定《北京市农村土地家庭承包与流转合同》示范文本，对全市流转合同进行统一规范，组织开展全市农村土地流转合同大检查，严格要求新签流转合同必须使用规范合同文本，履行规定程序，规范土地流转市场。

（农村土地承包管理处　刘瑶）

【推动农村承包土地经营权抵押贷款】年内，印发《北京市农村承包土地经营权抵押贷款实施办法（试行）》，允许受让方通过流转取得的土地经营权，经承包方书面同意并向发包方备案，可以向金融机构融资担保，拓宽农业经营主体融资渠道，盘活农村资源资产，缓解“三农”领域融资难的问题，助力乡村振兴战略实施。

（农村土地承包管理处　刘瑶）

【健全纠纷调解仲裁体系】年内，全市13个涉农区均建立了由主管区长为主任的区土地承包仲裁委员会，乡镇都建立了农村土地承包调解委员会，3798个村设立调解小组或配备调解员，乡村两级共计配备调解员9846名，形成“乡村调解、区级仲裁、市级指导、司法保障”的调解体系。

（农村土地承包管理处　刘瑶）

【保护妇女土地承包权益获荣誉称号】年内，认真贯彻落实《妇女权益保障法》《农村土地承包法》等法律法规和市委市政府相关精神，在第二轮土地承包到期后再延长30年政策研究中，将保护妇女土地承包权益作为一项重要内容谋划，确保不出现妇女权益“挂空档”即两头空的情况，年内全市涉及妇女土地承包权益保护43件全部得到依法调解，市农业农村局农村土地承包管理处获得“全国维护妇女儿童权益先进集体”荣誉称号。

（农村土地承包管理处　刘瑶）

【首次面向社会公开招聘仲裁员】年内，指导顺义区在全市率先通过社会公开招聘的方式聘任仲裁员，应聘人员职业必须为律师、法律工作者或者农经工作者。通过笔试+面试的方式，顺义区仲裁委从75名报名者中优中选优，最终聘任20名仲裁员，签订聘任合同，颁发聘书，建立了一支素质过硬、业务能力强的专业化队伍，创新了工作形式，全面提升了仲裁效率和社会公信力。

（农村土地承包管理处　刘瑶）

【农村土地承包经营纠纷调处率99.2%】年内，全市共发生农村土地承包经营纠纷895件，其中，土地承包纠纷626件，占69.9%，土地流转纠纷241件，占26.9%，其他纠纷28件，占3.1%。经调处解决888件，调处率99.2%，其中，乡村调解解决712件，占调处纠纷的80.2%；仲裁调处176件，占19.8%。

（农村土地承包管理处　刘瑶）

【农村土地承包经营纠纷仲裁培训】年内，在昌平举办全市农村土地承包经营纠纷仲裁培训班，13个区负责仲裁工作的主管领导、科长、业务人员及仲裁员共120余人参加培训。邀请法律专家、农业农村部农干院仲裁职业技能培训讲师等分别就《民法典概述》《农村土地承包经营纠纷调解与仲裁的案件受理概略》《民事证据制度》《北京市农村承包土地经营权抵押贷款介绍》等5个专题进行了讲解，并组织大家交流各区仲裁工作经验做法，提高基层工作人员纠纷调处能力，为开展仲裁工作打下良好基础。

（农村土地承包管理处　刘瑶）

【农村土地承包经营纠纷调解仲裁考评】年内，组织13个涉农区围绕仲裁队伍建设、仲裁经费保障、仲裁宣传培训、案件调处、工作制度创新和农户信访情况等6个方面开展农村土地承包经营纠纷调解仲裁考评工作，进一步推动调解仲裁工作依法规范开展，提高郊区纠纷调处制度化、规范化、标准化。

（农村土地承包管理处　刘瑶）

农民专业合作组织

【农民专业合作社示范创建】年内，在各区申报推荐、市级部门联审、网上公示、局办公会审议的基础上，对外公布了第六批北京市农民合作社市级示范社名录。同时，向农业农村部推荐上报国家示范社19家，全部审核通过并公布。截至2021年，全市共培育创建示范社600家，其中市级示范社226家（含国家级145家），区级示范社374家。示范社成员总数65920个，社均110个；带动社外农户90210个，社均150个；资产总额34.2亿元，社均569.2万元；经营收入20.6亿元，社均343.4万元。比非示范社分别高5.5倍、37.5倍、5.2倍和15.8倍。

（合作经济指导处　白雪）

【农民合作社质量提升整区推进试点】年内，指导顺义、平谷、昌平、密云、延庆5个区着重围绕发展壮大单体合作社、促进联合与合作、提升区域指导扶持服务能力等三方面开展试点工作。

（合作经济指导处　白雪）

【探索家庭农场示范创建】年内，按照“自愿申报、择优推荐、逐级审核、动态管理”的原则，组织开展示范家庭农场创建活动，评选出本市第一批200市级示范家庭农场、26个家庭农场示范乡镇和3个家庭农场示范区。

（合作经济指导处　白雪）

集体经济发展与管理

【完成2020年农村集体资产清查】年内，完成2020年农村集体资产清查工作，全市农村集体账面资产总额9633亿元，农村集体土地总面积2049.4万亩。

（合作经济指导处　刘婧　李建黎）

【落实“村地区管”机制】年内，14个相关区均出台“村地区管”区级文件，建立健全了涉地经济合同联合预审机制，加强涉地经济合同管理，截至2021年底，区级、镇级分别审核通过集体经济合同2174份、6213份。

（合作经济指导处　刘婧　李建黎）

【建立完善农村产权流转交易服务体系】各区基本明确了进场交易的标准，积极推进一定标的额以上的农村集体资产流转必须进入农村产权交易市场公开交易，全年农村产权交易累计成交项目513宗，成交金额19.9亿元。印发《关于进一步规范农村土地流转促进设施农业持续健康发展的指导意见》（京政农发〔2021〕90号）。

（合作经济指导处　刘婧　李建黎）

【开展农村集体经济薄弱村增收工作】市委农办印发《北京市农村集体经济薄弱村增收工作实施意见》（京农组办发〔2021〕4号），明确在“十四五”期间，开展集体经济薄弱村帮扶专项行动。召开全市农村集体经济薄弱村增收工作动员部署会，张延昆同志作重要讲话。通过精准识别，全市共确定600个左右需纳入扶持的集体经济薄弱村。建立对接帮扶机制，凝聚国企、高校、科研院所、党政机关等多方力量，实现了每个集体经济薄弱村至少对接一个帮扶单位。加大人才支持，选派第一书记驻村帮扶，实现了薄弱村第一书记全覆盖。指导9个有薄弱村增收任务的涉农区制定区级实施方案，指导集体经济薄弱村确定发展路径，推进产业项目。2021年，全市共有283个薄弱村经营性收入超过10万元，超额完成全年薄弱村消除任务。

（合作经济指导处　刘婧）

【如期完成农村集体产权制度改革阶段性任务】组织各区开展“农村集体产权制度改革回头看”活动，全面评估改革质量，查找遗漏问题，进一步规范新型集体经济组织运营管理。加强成员管理，开展农村集体经济组织成员信息报送工作，组织各级农村集体经济组织整理成员信息和改革文件资料，上传全国农村集体资产监督管理平台。2021年，1410个村集体实现股份分红，分红总金额54.37亿元，135.88万农民股东获得分红，人均4001元。

（合作经济指导处　刘婧）

宅基地改革与管理

【出台加强农村宅基地及建房审批及监管文件】年内，出台《中共北京市委农村工作委员会北京市规划和自然资源委员会北京市农业农村局关于全面加强农村宅基地建房审批及监督管理工作的通知》（京农函〔2021〕9号），全面加强农村宅基地及建房审批管理，督促各区压实乡镇（街道）审批职责，形成了严管严控高压态势。

（宅基地管理处　周颖）

【出台宅基地联合执法工作文件】年内，出台《北京市农业农村局北京市规划和自然资源委员会关于明确本市农村宅基地行政处罚权及建立联合执法工作机制的函》（京政农函〔2021〕79号），明确了宅基地执法职责分工，建立了联合执法机制，成立了市级宅基地执法队伍，压实区镇执法监管责任。

（宅基地管理处　周颖）

【出台加强集体统筹引领闲置农宅盘活利用工作文件】年内，出台《北京市农业农村局 北京市规划和自然资源委员会 北京市住房和城乡建设委员会 北京市文化和旅游局 北京市水务局关于进一步加强农村集体经济组织统筹引领闲置宅基地及住宅盘活利用工作的函》（京政农函〔2021〕87号），加强集体经济组织统筹引领，严格加强闲置农宅盘活利用的风貌、空间和资源管控，严格加强闲置农宅租赁合同管理，切实加强盘活利用闲置农宅服务、监督和管理。

（宅基地管理处　周颖）

【畅通村民用地建房报建渠道】年内，指导13个涉农区印发了区级管理办法。建立了由市级18个部门组成的联席会议制度。印发了《宅基地审批办事指南和填表说明》，制定了专项办理标准，在网上政务服务大厅设立“农村村民宅基地审批”事项。会同市规自委、市住建委指导各区在172个镇街建立了宅基地及建房联审联办机制，畅通了村民用地建房报建渠道。全年新批94宗，批准翻建17700宗。会同市规自委、市住建委完成了审批管理专项检查。深化农村土地民主管理，全市3421个村将宅基地用地建房及拆违控违纳入村规民约。

（宅基地管理处　周颖）

【稳慎推进宅基地制度改革试点工作】年内，指导大兴区、昌平区印发了试点方案。组建了试点专班，建立了每月调度和工作周报制度。大兴区对全区宅基地进行摸底；印发了《闲置房屋盘活利用细则》，盘活3773宗闲置农宅，年租金收入达3438万元；安定镇7村易址迁建项目统筹解决有偿使用和自愿有偿退出问题，保障村民长远收益。昌平区对全区宅基地进行摸底并建立信息系统，全区17个镇街全面启动调查；起草了宅基地房屋规范流转、闲置房屋盘活利用等政策，盘活593宗闲置农宅，发展产业民宿66处。

（宅基地管理处　周颖）

【开展接诉即办每月一题专项治理】年内，梳理了接诉即办工作流程及职责，组织编写《宅基地权属争议》等15篇政策解读。深入13个区78个乡镇开展“干部下访、一线接访”，加强行业诉求办理指导，完成了每月一题年度治理任务，解决了一批群众急难愁盼问题。推动各区累计解决特殊困难群体相关问题352件，处置历史遗留超占问题141宗，处置历史遗留买卖问题10宗，坚决遏制新增村民建住宅非法占地行为。到延庆、怀柔、顺义等区走流程，帮助基层解决难题。落实领导包案、部门会诊、跟踪督办制度，指导基层做好矛盾纠纷调处。全年自办各类诉求61件，满意率100%；办理群众来信来访25件。行业群众诉求明显下降，三季度环比下降16%，四季度环比下降19%。

（宅基地管理处　周颖）

【规范闲置农宅盘活利用】年内，加强定期调度，完善监测分析季报制度。编发了15期工作交流，推介了门头沟小院、延庆冬奥人家等典型案例。盘活利用闲置农宅9452处，村集体引领1252处。发展精品民宿、休闲旅游等特色产业2917处，形成了“三产联动、多业融合”发展业态。健全利益联结机制，增加农民收入，监测显示，每年每户农宅租金可达0.6万～2万元。

（宅基地管理处　周颖）

【持续加强机构队伍建设】年内，持续强化队伍建设，指导各区完善组织设置，充实工作力量，形成了市级有业务处室、区级有工作科室、乡级有管理机构的宅基地管理队伍。结合村“两委”换届，在全国率先启动了村级土地管理委员会建设。目前有区级工作人员57人，镇级工作人员750人，村级协管员2445人。协调有关部门将宅基地管理培训纳入新一届乡村干部轮训计划，安排人员到丰台、房山等区开展政策培训，采取线上+线下、直播+回放、讲座+互动模式，全年组织共6期5000余人次培训。

（宅基地管理处　周颖）

农村金融创新

【北京农商银行支持首批试点集体土地租赁住房项目】中关村东升科技园园区集体租赁住房项目是北京市首批试点集体土地租赁住房项目之一，北京农商银行为中关村东升科技园园区集体租赁住房项目提供7亿余元授信支持，助力海淀区集体土地租赁住房建设及集体经济产业振兴。

（北京农商银行）

【金融服务首都林木种苗行业】北京农商银行与北京林木种苗产业协会签署《合作协议》，向协会会员提供专属授信服务，包括但不限于贷款、结算、融资咨询等金融服务，并优先受理协会会员的融资需求。向协会会员提供优惠利率，低于一般贷款25bp，帮助企业降低成本。累计对接协会会员20余家，建立合作关系10余家。

（北京农商银行）

【集体资产质押方式创新】北京农商银行与北京市农村产权交易所共同创新业务模式，依托于农交所产权流转服务平台，通过对集体资产经营权的价值评估、预流转和违约处置，实现权利质押的担保功能。累计为朝阳区及丰台区的4个集体经济组织提供超过15亿元融资支持，押品评估总价值超过28亿元，切实解决了集体经济组织缺乏有效担保物的融资难题。集体资产经营权质押创新实践荣获北京市第三十四届企业管理现代化创新成果二等奖。

（北京农商银行）

【“循环贷”扶助新发地商户】北京农商银行落实“稳企业保就业”政策，优化“循环贷”产品，简化贷款手续和操作流程，并扩大抵押物担保和保证担保范围，充分利用“循环贷”一次签订借款合同、办妥担保手续，授信期限5年之内随用随贷、循环使用、随借随还、灵活计息、节约利息费用的优势，助力企业发展。为新发地市场经销蔬菜水果的商户提供400万元循环贷支持，并主动承担业务抵押登记费、评估费、公证费，采用优惠利率，减费让利帮助商家走出困境。

（北京农商银行）

【北京农商银行亮相世界休闲大会，助力京郊旅游产业发展】2021年4月15—21日，北京·平谷世界休闲大会在平谷召开，北京农商银行在大会亮相。一是凤凰乡村游按下京郊旅游“激活键”。持续开展“凤凰乡村游”活动，大力建设京郊商户支付结算体系，满足市民百姓便捷出行、安全支付需求，有力促进农村地区经济发展，2020年农村地区商户交易额达到111.85亿元。二是资金及时雨浇灌乡村振兴“新业态”。创新推出农民专业合作社贷款、旅游户贷款、新民居贷款等一批专属产品，精准对接京郊旅游户升级改造以及精品民宿兴建发展的新需求。累计向550户村民提供5000余万元信贷支持，助推平谷金海湖、房山十渡、门头沟灵山、怀柔慕田峪等旅游景点周边村的旅游业发展。三是服务一条龙焕新产业发展“路线图”。聚焦农副产品、果品等京郊休闲旅游关联产业发力，以快捷贷、小微快贷、小微循环贷、农户（果农）贷款、农民专业合作社贷款等丰富金融产品为抓手，为种植户提供信贷支持，全面助力乡域经济发展。同时依托福农信用卡，有效满足农副产品产销商户“短、频、快”资金周转需求，为相关产业产供销提供一条龙金融服务。

（北京农商银行）

【“北京乡村振兴金融服务站”全市首笔贷款落地】“北京乡村金融服务站”是在市金融监管局指导下，由北京小微金服公司、北京农担公司和银行机构及京深海鲜市场等联合打造，基于水产行业供应链产业链特点和京深海鲜市场专业优势构建的“银、政、担、园”数字普惠金融平台，旨在为商户提供综合金融服务方案，解决市场商户“融资难”问题。北京农商银行为京深海鲜市场一商户提供100万元“市场经营贷”支持，这是北京市首家“北京乡村振兴金融服务站”成立后的首单业务。

（北京农商银行）

【“金融+商业”赋能乡村小店服务全面升级】北京农商银行联合一轻食品集团推动农村地区便民商业网点改造提升，北京农商银行充分发挥10余年乡村便利店建设运营经验及农村地区地缘优势，积极进行商户初筛及推荐，用支付结算技术手段赋能乡村小店升级，实现“金融+商业”有机结合，助力打造集团购、零售、金融等一体式综合服务站。一轻食品集团对乡村小店进行规范化装修改造及品牌授权，并提供数字化供销存零售平台、优质丰富的品牌产品、现代仓储物流配送等线上线下商业资源，促进乡村小店规范化、连锁化、特色化、智能化。

（北京农商银行）

农　村　民　生

【概况】年内，市农业农村局配合人力社保部门多渠道促进本市农村劳动力就近就地就业，实现农民收入超过城镇居民收入2.7%。全年农村社会保障运行平稳。

（纪绍军）

农村劳动力就业

【概况】年内，市农业农村局坚持以发展农业生产稳定就业，加强工程建设吸纳就业，强化农民培训促进就业等多渠道促进本市农村劳动力就近就地就业，并积极配合人力社保部门推动农村劳动力转移就业，认真抓好《关于促进本市农村劳动力就业参保若干措施》责任落实，提升本市农村劳动力就业参保水平。

（农村社会事业促进处　薄立维）

【稳定一产就业规模】年内，稳步发展农业产业，兴办特色种植业和规模养殖业，扩大农业生产和服务领域的就业机会。通过现代农业产业园、农业产业强镇、优势特色产业集群等农业项目的实施，优先安排农民就业。

（农村社会事业促进处　薄立维）

【加强合作组织建设】年内，通过实施农村集体经济薄弱村帮扶专项行动和农民合作社质量提升行动，通过加大对农村集体经济组织和农民合作社支持，促进其发展壮大，吸纳更多农村劳动力实现就近就地就业。

（农村社会事业促进处　薄立维）

【加强涉农工程吸纳就业】年内，鼓励支持各涉农区在农村人居环境整治和美丽乡村建设中发挥农民主体作用，充分吸纳农民参与村庄道路、农村绿化、农田水利等工程项目建设。统筹考虑增加农村公共服务岗位和扩大农民就业问题，优先安排本地区农村劳动力从事农村人居环境长效管护工作，促进农民在参与建设和管护中就业增收。全市3200多个村安排本地农民4万人参与农村基础设施管护和村庄保洁。

（农村社会事业促进处　薄立维）

【强化培训促进就业】年内，深入开展高素质农民和农村创新创业人才培训，按照《北京市农民职业素质提升培训实施办法》，进一步整合涉农院校等机构教育资源，构建多级农业教育培训体系。以“发展现代农业，促进农民增收”为目标，重点围绕设施农业、果蔬种植、乡村民宿、林下经济等富民乡村产业，以市级示范培训为引领，鼓励各涉农区相关部门组织开展分类分级就地就近灵活多样的培训，全年培训农民2.2万人次。

（农村社会事业促进处　薄立维）

【推进转移就业】年内，累计帮扶3.79万名农村劳动力实现转移就业，完成市政府重要民生实事年度任务（3万名）指标的126.3%。督导各区农业农村部门加强与人力社保部门的沟通配合，宣传落实好农村劳动力就业参保有关政策，扩大政策知晓面，促进农村劳动力有参保意愿人员应参保尽参保。

（农村社会事业促进处　薄立维）

【出台促进农村劳动力就业参保措施】年内，市深改委就本市农村劳动力群体的高质量就业问题，专题研究促进本市农村劳动力就业参保的措施。市就业工作领导小组按照蔡奇书记关于“深入研究农民增收措施”“转化为促进农民增收若干政策措施”的批示精神，针对本市农村劳动力就业参保实际情况，围绕本市农村劳动力充分就业、稳定就业、参加职工社会保险，研究起草了促进本市农村劳动力就业参保的措施。当年9月，经市政府同意，印发了《关于印发〈关于促进本市农村劳动力就业参保若干措施〉的通知》(京就发〔2021〕4号)，从支持企业稳定扩大就业参保、促进农村劳动力乡村产业就业参保、推进公共服务岗位就业参保、规范乡村公益性岗位就业参保、引导多途径就业参保和鼓励创业带动就业参保6个方面，提出13条具体措施，促进农民就业并参加职工社会保险，稳定就业局势。

（就业促进处　钱崑）

农村居民收入

【概况】年内，全市农村居民人均可支配收入33303元，同比增长10.5%，快于城镇居民2.7个百分点。

（农村社会事业促进处　薄立维）

【研究制定促进本市农民增收若干措施】年内，以提高农民收入、缩小城乡差距为目标，以“就业带动、产业联动、资源撬动、帮扶拉动”为路径，突出就业和产业两个关键因素，明确20条农民增收具体举措，为全市农民增收工作提供政策支撑。

（农村社会事业促进处　薄立维）

【协调推进农村居民收入统计样本增加】年内，为解决全市农村居民收入统计样本较少、分区数据代表性不足问题，市农业农村局联合国家统计局北京调查总队共同研究，协调市财政局落实经费保障，草拟了报市政府的请示，拟扩充农村居民收入统计样本至3030户（原1930户）。经扩样后，2023年可得到有较强代表性的分区农村居民收入数据。

（农村社会事业促进处　薄立维）

【开展调研形成系列调研报告】年内，开展农民增收系列调研，撰写《北京市促进农民增收问题研究》《河南寨设施农业促进农民增收调研报告》《延庆区精品民宿产业与农民增收调查报告》等报告，为政策制定打下坚实基础。

（农村社会事业促进处　薄立维）

【市农职院在北京市扶贫协作中获奖】3月15日，北京市召开扶贫协作总结表彰大会，北京农业职业学院教授高照全荣获北京市扶贫协作先进个人称号。北京农业职业学院获得北京市脱贫攻坚专项集体嘉奖，7人获个人嘉奖奖励。北京农业职业学院与西藏两所职业学校建立协同发展机制，自2016年起先后派出5名援藏教师、干部，帮助拉萨市第一中等职业学校制定各类专业课程标准、制度文件等47项；帮助山南市职业技术学校建立组培室，提供马铃薯脱毒苗累计15000余株。在扶贫培训方面，自2015年以来，先后承办8省14县市贫困地区农业人才培训任务，累计培训12264人，其中承办中组部边疆民族地区村党支部书记培训2547人。在参与脱贫攻坚方面，先后参与5个国家级贫困县相关扶贫任务，累计购买贫困地区农产品100余万元。派遣专家前往贫困地区推广服务果树栽培、食品研制与检测等技术，为贫困地区农民增收做出了贡献。

（孙田田）

农村社会保障

【概况】截至年底，城乡居民养老保险参保总人数197.5万人，其中缴费人员67.5万人，享受养老金待遇人员93.6万人，个人领取养老金待遇平均928元。2021年1月1日起新增领取城乡居民基本养老保险待遇的人员，基础养老金标准为每人每月850元；老年保障福利养老金标准为每人每月765元。城乡居民养老保险参保人数为192.43万人，其中农村户籍172.75万人；享受养老金待遇人员为90.84万人，其中农村户籍77.62万人。城乡低保标准提高到家庭月人均1245元；截至2021年末，农村最低生活保障人员共2.3万户3.9万人。

（居民养老保险处　王立芝、冯晓晴）

【调整发布城乡居民养老保障相关标准】年内，本市城乡居民基本养老保险最低缴费标准为年缴费1000元，最高缴费标准为年缴费9000元。调整2021年城乡居民基本养老保险基础养老金和老年保障福利养老金标准。2020年12月31日前领取城乡居民基本养老保险基础养老金及享受老年保障福利养老金人员，自2021年1月1日起调整城乡居民养老保障待遇标准，每人每月增加30元。2021年1月1日起符合按月领取城乡居民基本养老保险基础养老金待遇的人员，基础养老金标准为每人每月850元；申请老年保障的人员福利养老金标准为每人每月765元。

（居民养老保险处　冯晓晴）

【出台外国人及港澳台持居民居住证人员参保政策】年内，北京市出台《关于外国人及香港澳门台湾居民参加北京市城乡居民基本养老保险有关问题的通知》(京人社居发〔2021〕21号)，制定持中国永久居住身份证的外国人和港澳台人员参加本市城乡居民养老保险政策，完善对跨境流动人员的社会保障。该政策自2021年10月1日起实施。

（居民养老保险处　冯晓晴）

【出台本市困难人员参加城乡居民基本养老保险代缴保费政策】年内，北京市出台对符合参加城乡居民基本养老保险条件的低保人员、纳入城乡特困供养范围人员、持《中华人民共和国残疾证》人员代缴保费政策。对低保人员和非重度残疾人员，代缴当年最低缴费标准的50%保费，对纳入城乡特困供养范围的人员和重度残疾人，代缴当年最低缴费标准的100%保费。当年已缴纳城镇职工基本养老保险或机关事业单位基本养老保险费，以及享受工伤保险定期待遇、建设征地超转人员生活补贴等待遇的困难人员，不享受代缴保费政策。该政策自2022年度起实施。

（居民养老保险处　冯晓晴）

农村社会事业

【**概况**】年内，协调推动农村社会事业发展、公共服务体系建设。协调、配合有关部门，在农村地区研究、制定、落实宣传、文化、教育、体育等领域的改革与发展政策、规划和建议。

（纪绍军）

宣传工作及精神文明建设工作

【**聚焦重点工作正面宣传引导**】中共北京市委农工委、市农业农村局（市乡村振兴局）协调《农民日报》、《北京日报》、北京广播电视台等主要媒体围绕“田长制”、种业之都建设、农民丰收节等刊播新闻逾1000篇次；协调《北京日报》在“七一”当天刊发了乡村振兴宣传特刊；协调市委宣传部以及门头沟、平谷、延庆3个区，进行了“乡村振兴区长谈”专题宣传，在北京卫视《北京新闻》《北京您早》《北京时间》等栏目、北京新闻广播《北京新闻》以及《北京日报》等媒体进行跟进报道；会同市委宣传部，围绕“全面推进乡村振兴”、第二十九届中国北京种业大会等召开专场新闻发布会，得到了中央及市级30余家媒体的聚焦报道；向央视“走进乡村看小康”大型直播节目成功推荐延庆区搭乘冬奥快车发展民宿产业、平谷区大桃畅销全国等先进典型；结合“三农”领域应对寒潮天气的一系列举措，迅速整合素材、主动宣传引导，吸引人民网、新华网等媒体大篇幅报道，得到主管市领导批示肯定。

（宣传与文化处　谢伟）

【**加强舆情监测引导**】中共北京市委农工委、市农业农村局（市乡村振兴局）年内工作日每天上、下午各编发1期《乡村振兴要闻》。围绕全市“三农”重点工作并及时根据工作需求动态更新关键词，持续加强对非洲猪瘟、禽流感、草地贪夜蛾等重大动物疫情和植物病虫害以及农村人居环境整治、农村煤改清洁能源、宅基地管理等相关舆情监测，会同相关部门做好宣传引导工作。落实相关工作要求，及时梳理舆情风险点、制定相应引导预案等，并加强舆情监测。年内没有发生较大敏感舆情。

（宣传与文化处　梁井林）

【**服务农村地区疫情防控**】年内，中共北京市委农工委、市农业农村局（市乡村振兴局）全天候监测涉农疫情舆情。每周编发《农村防控舆情与宣传专报》，全年累计编发100期、《特刊》3期。梳理新浪微博、人民网“领导留言板”等网络平台，以及12345热线等反映的涉农疫情防控风险漏洞问题，及时转交相关部门进行督导整改。中共北京市委农工委、市农业农村局领导参加北京市新型冠状病毒疫情防控工作新闻发布会2次，通过自有新媒体等多种形式推送涉农防控政策、知识、经验、案例等1600余条。

（宣传与文化处　梁井林）

【**开展“美丽乡村·筑梦有我”大型新闻公益行动**】年内，中共北京市委农工委、市农业农村局（市乡村振兴局）、首都文明办、北京广播电视台共同主办，以“赓续红色血脉、推进乡村振兴”为主题，通过现场访谈、实物展示、实景展演等方式，组织1场落地活动，现场录制并制作成2集专题节目，每集50分钟左右，在北京电视台首播并进行全网播出，集中展示乡村基层党组织在党的坚强领导下接续奋斗的新成果。

（宣传与文化处　梁井林）

【**举办“听党话、感党恩、跟党走”宣讲活动**】年内，中共北京市委农工委、市农业农村局（市乡村振兴局）协调指导各涉农区，855名宣讲员开展宣讲892场次，辐射逾8万人次，制作视频音频283条，编发新闻报道296条；在农民日报“三农号”上传展示优秀宣讲视频40余个，向中央农办上报优秀宣讲稿13篇。

（宣传与文化处　马一为）

【推荐选树“文明乡风建设”典型】年内，经中共北京市委农工委、市农业农村局（市乡村振兴局）向农业农村部推荐，顺义区马坡镇石家营村获评第二批全国“村级文明乡风建设”典型案例。编印了《北京市乡村文化振兴与乡风文明村级典型案例选编（2021年度）》。

（宣传与文化处　王楠）

农村文化工作

【举办第32届北京农民艺术节】年内，中共北京市委农工委、市委宣传部、市农业农村局、市文化和旅游局、首都文明办、市文联共同印发《第32届北京农民艺术节总体方案》，以“回望百年颂党恩、振兴乡村跃新程”为主题，组织开展“乡村大舞台”群众文艺展演、乡村优秀文艺团队文化人才宣传展示、“诗画北京美丽乡村”三大系列7项市级活动。“北京农民艺术节”被评为2021年度“全国文化科技卫生‘三下乡’活动示范项目”。

（宣传与文化处　王楠）

【举办乡村大舞台——“三农”题材原创节目大赛】年内，中共北京市委农工委、市农业农村局牵头指导13个涉农区开展“乡村大舞台”专场展演，共展演节目141个，以农民自编自演的原创作品为主，100多个镇乡的群众表演团队参与了演出；根据疫情防控形势，对各区专场优秀展演节目进行剪辑，制作时长60分钟的视频节目，于2022年2月6日（正月初六）在北京电视台新闻频道播出。

（宣传与文化处　王楠）

【举办北京市“三农”战线歌咏大会】年内，中共北京市委农工委、市农业农村局牵头举办了“永远跟党走——红心向党、情系‘三农’”北京市“三农”战线歌咏大会，市委农工委系统、涉农区和相关单位共12支队伍参加展演，现场400余人观看了演出。

（宣传与文化处　王楠）

【开展“歌从田野来”网络展示活动】年内，中共北京市委农工委、市农业农村局牵头开展了“歌从田野来——红色经典歌曲联唱”网络展示活动，并在“北京美丽乡村网”进行集中展示。

（宣传与文化处　王楠）

【举办第12届“聚焦北京美丽乡村”摄影大赛】年内，中共北京市委农工委、市农业农村局牵头组织第12届“聚焦北京美丽乡村”摄影大赛，聚焦首都“三农”领域，用镜头记录产业兴旺、生态宜居、乡风文明、治理有效、生活富裕的新进展、新成果，共收到参赛照片3158幅（组）。经专家评委组评审，评出100幅优秀作品，在“北京美丽乡村网”和“北京美丽乡村”微信公众号进行集中展示。

（宣传与文化处　王楠）

【举办“感念党恩·诗韵乡村”诗词楹联网络展示】年内，中共北京市委农工委、市农业农村局在北京诗词学会和北京楹联学会的大力支持下，共收到优秀楹联作品100副、诗词作品100首，创作内容有乡村振兴、美丽乡村、喜迎冬奥等主题，优秀作品在“北京美丽乡村”微信公众号进行集中展示。

（宣传与文化处　王楠）

【开展“乡村文化之星”宣传活动】年内，中共北京市委农工委、市农业农村局牵头组织开展“乡村文化之星”宣传活动，先后收到各区推荐的50名“乡村文化之星”人选，发现并宣传了一批具有一技之长、热心公益、服务当地、口碑良好、贡献突出的乡村文化人才。

（宣传与文化处　王楠）

农村人才培养

【农村实用人才培育】年内，北京市农业农村局选调380名高级农村实用人才参加中组部、农业农村部示范培训，并组织140名优秀农村实用人才赴上海、江苏、广东等6个外埠基地参加培训班。全市6名青年农村实用人才评为“全国乡村振兴青年先锋”，6名返乡创业人才入选“全国创新创业带头人典型”。

（人才工作处）

【开展“干部科技人员进千村入万户”活动】组织实施“干部科技人员进千村入万户”活动，年内共组织200余名干部科技人员深入基层一线，共开展进村入户对接服务6638人次，共收集记录各类问题2825件，已解决或已提出解决方案（思路）2578件，问题响应率100%，问题解决率91.26%。

（人才工作处）

【举办第五届北京市农村创业创新大赛】年内，成功举办"第五届北京市农村创业创新大赛"，"农业病虫害智能防控系统"等10个项目被评为本届大赛获奖项目，分别获得10万元资助奖励。大赛全程网络直播，直播总浏览量达123万人次。

（人才工作处）

【参加第五届全国农村创业创新项目创意大赛】12月29日，第五届全国农村创业创新项目创意大赛顺利举办，全国30个省（市、区）的60个项目争夺决赛奖项，最终北京市推选的2个项目全部获奖，其中"臻味坊品牌农业全产业链融合"项目以全国第七的成绩获得成长组二等奖，"飞鸟与鸣虫食农教育农场"项目获得初创组优胜奖，创下北京市在该项赛事中的历史最佳成绩。

（人才工作处）

【培训高素质农民2.2万人次】年内，市、区两级农业农村局针对一产农户、家庭农场主、合作社带头人、返乡下乡创新创业人员等，开展现代农业科技、乡村富民产业、农村经营管理等领域的高素质农民培训，共计2.2万人次。

（人才工作处）

【农业技术系列职称评审改革】年内，将各类种田能手、乡土专家、合作社负责人等职业农民纳入农业技术系列职称评审范围，并针对农民学历水平普遍不高的实际情况，放宽申报硬性条件，对学历、论文等不作强制要求，通过"绿色通道"的方式，彻底打通农民参与专业技术职称评审的通道。年内，共有9名农民身份人才通过农业技术系列职称评审。

（人才工作处）

【市农职院在"第五届全国涉农职业院校教学能力大赛"获一等奖】4月22—24日，由中国职业技术教育学会农村与农业职业教育专业委员会与中国农业出版社共同举办的第五届全国涉农职业院校教学能力大赛，在湖北咸宁职业技术学院举行。农职院获高职种植组一等奖2项，公共基础组一等奖1项。本次比赛全国共69所涉农院校参与，总计136件作品入围决赛。

（孙田田）

【市农职院被评为全国乡村振兴人才培养优质校】5月26日，农业农村部、教育部在江苏联合推介了百所乡村振兴人才培养优质校和农业科研院所。农职院被评为全国乡村振兴人才培养优质校。2019年农业农村部、教育部启动了"百万高素质农民学历提升行动计划"，利用5年时间培养100万名具有较高学历的乡村振兴带头人，打造100所左右乡村振兴人才培养优质校。全国共有101所高校（含科研院所）获选，包括16所高校、55所高职、27所中职、3所科研院所，农职院是北京市唯一入选的高职院校。

（张新华）

【市农职院与北京环球度假区签订人才培养合作协议】12月10日，农职院与北京环球度假区签订"北京环球度假区人才储备班"合作协议。农职院将依托"北京环球度假区人才储备班"，通过订单培养的模式，推进产教深度融合、拓展校企合作路径，为企业培养和输送优质的专业技能人才，为学生提供优质的实践锻炼和就业机会，更好的服务首都现代服务业。

（孙田田）

【房山区组织实施农业农村农民实训教室建设工程】2021年起，房山区组织实施"十四五"农业农村农民实训教室建设工程。2021年投入125万元、2022年投入90万元，建有烹饪、种植、培训等15间专业农民培训教室，建有1套可覆盖全区乡镇，最高同时容纳10万人同时在线观看的网络直播培训系统。农民实训室的建设，满足了农民对于农业技术、现代技术、实用技术等方面的实际需求，解决了农民的实际诉求。现各级各类实训室年均培训人次可达5万人次以上，网络实训平台线上培训可达10万人次以上。

（房山区教委　丁术刚）

【怀柔区开展职业农民素质提升培训】年内，怀柔区职业农民素质提升培训——手工编织项目，在山区成人教育中心开展，共计5天，受众学员共计351人。主要培训内容为串珠牛、坐垫、刺绣等。通过培训提升了农民的手工编织技能，能够进行来料加工，赚取手工费，增加收入，使农民实现了在家门口就业。

（怀柔区教委　孙亚玲）

【北京开放大学密云分校被授予优秀教学单位和招生先进单位】年内，北京开放大学密云分校继续推进“教育部一村一名大学生计划”，重点招收乡村两委学员学历班，主要开办社会文化艺术、园林技术、果树栽培、旅游服务与管理、计算机应用等专业，全年招生329人，在校生924人，毕业生303人。北京开放大学密云分校被国家开放大学评为“教育部一村一名大学生计划”优秀教学单位和招生先进单位，为密云培养“留得住、用得上、懂管理”的乡村振兴人才。

（密云区教委　张征）

【延庆区启动终身学习与教师创新发展工作室】年内，延庆区成教中心举行“终身学习与教师创新发展工作室启动仪式”。中心与北京市教育科学研究院终身学习与可持续发展教育研究所共同建设“终身学习与教师创新发展工作室”。聘请林世员博士为家庭教育方向指导专家，张婧为生态文明教育方向指导专家，邢贞良为社区学习共同体建设方向指导专家，桂敏、沈欣忆为教师专业发展方向指导专家，赵志磊为乡村振兴方向指导专家。北京市教育科学研究院终身学习与可持续发展教育研究所所长史枫，区教委职成科科长王国峰，成教中心干部、教师共计90人参加会议。中国传媒大学研究员、中国教育发展战略学会终身学习专业委员会副理事长兼秘书长、北京市学习型城市研究中心特邀研究员杨树雨为全体教师以“终身学习体系与学行妫川高质量行动的探讨”为主题进行首场讲座。

（延庆成教中心　李丽娜）

农村体育工作

【农村社会事业促进处被评为2017—2020年度全国群众体育先进单位】年内，国家体育总局下发表彰通知，北京市农业农村局农村社会事业促进处被评为“2017—2020年度全国群众体育先进单位”。市农业农村局认真贯彻《北京市全民健身条例》，积极推动体育公共服务向农村延伸，促进农村地区体育社会事业发展，组织开展“美丽乡村健康跑”“农民象棋赛”等精品赛事，引导广大农民参与体育健身活动，吸引社会企业以冠名、组队、出资、捐物等方式提供支持，乡村体育社会关注度与参与度不断提升，综合效益明显。

（农村社会事业促进处　王海）

【开展北京市首届“美丽乡村健康跑”系列活动】年内，市农业农村局联合市体育局、市卫生健康委、市文化与旅游局，组织13个涉农区因地制宜开展“美丽乡村健康跑”活动，积极推动体育公共服务向农村延伸，弘扬“爱体育、爱乡村、爱生活”主旋律，吸引农民参与体育健身事业。9月24日，在密云区巨各庄镇蔡家洼村成功举办北京市首届“美丽乡村健康跑”大赛，来自京郊13个区和局属单位、支持单位18支参赛队约300人参加比赛。设计推出了北京市首届“美丽乡村健康跑活动”logo、宣传海报，市、区共制作高质量的健康跑微视频160余条，拍摄图片近千张，通过今日头条、歌华长安街大屏幕、市级美丽乡村公众号、各区公众号、各类微信群等网络平台密集发布。11月3日，市农业农村局组织开展“美丽乡村健康跑活动”微视频评比大赛，从各区推荐的作品中评选最佳微视频20个并给予奖励。

（农村社会事业促进处　王海）

【北京农民选手在全国大赛中勇夺冠军】10月12日，北京市组织参加由农业农村部指导举办的全国第三届农民水果采收邀请赛暨“美丽乡村健康跑”活动。北京队获得番茄采收包装、蜜桃采收包装三等奖及大赛优秀组织奖、体育道德风尚奖；代表北京参赛的5名选手全部进入健康跑个人前8名，来北京丰台区的王俊豪勇夺第1名。北京代表队选手由我市“首届美丽乡村健康跑大赛”中成绩优异的丰台、通州、门头沟区队员组成。

（农村社会事业促进处　王海）

【开展体育特色乡镇创建工作】年内，市委农工委市农业农村局、市体育局按照《北京市体育特色乡镇标准及评选办法》持续开展年度体育特色乡镇创律工作，经评审组审核评议，2021年决定授予朝阳区东风地区等26个乡镇“北京市体育特色乡镇称号”。

（农村社会事业促进处　王海）

少数民族乡村工作

【北京市民族乡村经济社会发展继续保持良好态势】2020年，全市民族村集体经济资产总计127.1亿元，净资产56.1亿元，分别较上年增长20.9%和19.1%。实现集体经济总收入30亿元，其中主营业务收入25亿元，实现逆势上行。全市民族村农民人均所得达2.92万元，比“十二五”末的2.12万元增长37.7%，比全市农民人均所得27495元高出1745元；93.5%的民族村农民人均所得超过全市或者所在区平均水平，全部低收入民族村和少数民族低收入农户人均可支配收入提前一年（2019年）全部越线达标，低收入农户人均可支配收入已超过2.28万元，比“十二五”末的1.02万元翻了一番。经调查统计，全市少数民族村数量由123个下降为114个，有9个民族村因各种原因已撤并，除29个已经拆迁或上楼的村外，其中85个村分三批纳入美丽乡村和人居环境整治，9个民族村纳入“百村示范”创建培育，占全市6%。83个民族村完成村庄规划编制工作，列入第一批美丽乡村建设任务的28个民族村通过市级考核验收。

（民族二处　刘刚、丁希松）

【怀柔区开展京韵满乡民族团结文旅精品示范带专项规划建设】1月15日，怀柔区召开“京韵满乡民族团结文旅精品示范带专项规划”专家研讨论证会。会议听取了示范带专项规划工作情况汇报，对规划背景、核心思想、项目建设、存在问题等方面进行交流研讨。1月25日，市民族宗教委组织怀柔区委统战部召开“京韵满乡民族团结文旅精品示范带”专项规划推进会，共同研究解决专项规划编制存在的困难问题，落实专家研讨论证会提出的意见建议，进一步丰富和完善专项规划。4月12日，市民族宗教委组织怀柔区委统战部、“京韵满乡民族团结文旅精品示范带”规划设计公司联合调研喇叭沟门满族乡、长哨营满族乡、汤河口镇京韵满乡民族团结文旅精品示范带建设进度。结合示范带建设，怀柔区民宗办会同“两乡一镇”，对照京示范带专项规划梳理落实项目清单，形成专项项目库。

（民族二处　刘刚、丁希松）

【召开全市民族乡村经济工作会议】12月24日，市政府组织召开民族乡村经济工作会，重点研究部署推进“京韵满乡民族团结文旅精品示范带”建设。

（民族二处　刘刚、丁希松）

【加强中国少数民族特色村寨保护与发展】年内，组织相关区对13个被命名的“中国少数民族特色村寨”进行全面梳理。坚持做到共同性和差异性辩证统一、民族因素和区域因素有机结合，坚持分类推进，结合美丽乡村建设、名镇名村和传统村落保护等工程，在文化传承、产业支撑、突出特色上下更大功夫，深入推动示范带内共同性因素不断增多，全面提升民族乡村基础设施和人居环境。在不削弱和影响共同性的前提下尊重差异性，在民族乡村建设项目审核、规划设计、施工建设等方面，考虑少数民族群众生产生活、风俗习惯、文化传承等多层次需求，打造少数民族特色村镇。

（民族二处　刘刚、丁希松）

【举办民族乡村振兴发展示范培训班】9月28—30日，市委组织部、市民族宗教委共同组织举办北京市民族乡村振兴发展示范培训班。本次培训采用“理论专题辅导+现场教学+分组讨论”形式，安排5次集中专题辅导，赴怀柔区乡村振兴先进村现场教学，并组织座谈和交流讨论。邀请民族工作领域专家领导和乡村工作领域知名学者围绕中央民族工作会议精神，对铸牢中华民族共同体意识等政策理论进行深度解读，对一二三产融合、人才培养、“互联网+”、休闲农业和品牌建设等方面进行专题讲座。此外，以调查问卷和考核测试等方式，了解培训效果，便于后续有针对性地向民族乡村振兴发展提供专家咨询、入村指导等服务支撑。全市5个民族乡、123个民族村的负责人参训。

（民族二处　刘刚、丁希松）

【怀柔区举办“中国健康好乡村”项目“文化营”开营仪式】12月28日，“中国健康好乡村”健康生态产业项目“文化营”开营仪式在怀柔区长哨营满族乡启动。与会嘉宾实地参观考察长哨营满族乡大沟村文化营建设，围绕“中国健康好乡村”项目规划和建设推进情况进行介绍并研讨。强调，一是科学合理做好项目规划，加快具体方案设计，强化各方配合协作，让“一村一品、一村一俗、一村一药、一村一养”产业发展模式形成可复制推广的经验做法。二是最大限度挖掘利用好民族特色资源，助推“中国健康好乡村”项目建设，打造健康和谐的生态乡村，推动中医药文化、民族文化、健康文化的融会贯通和传承发扬。三是持续做好民族团结进步创建工作，坚持党建引领乡村振兴，始终以各民族大团结为出发点，保障民族区域经济社会和谐、稳定发展。期间，项目组委会与长哨营满族乡政府、农民日报社等单位签订《合作框架协议》，指导三方合作打造燕山地区道地中药博物馆，依托报纸、网站、客户端等媒体平台，带动区域经济发展，全面做好项目相关公益活动宣传推广工作，进一步铸牢中华民族共同体意识。

（民族二处　刘刚、丁希松）

【2022年“两节”文化惠民活动在密云区古北口民族村启动】12月30日，由中国文联文艺志愿服务中心、北京市文学艺术界联合会、密云区委宣传部主办，北京美术家协会、北京书法家协会、北京民间文艺家协会、密云区政府等单位承办的“我们的中国梦”——文化进万家文化惠民活动，在密云区古北口村正式启动。邀请中国书协、北京书协等书画名家，结合民族乡村历史文化积淀和“两节”喜庆氛围，精心创作春联、书画等艺术作品，为当地干部、群众送上600余幅春联、福字、书画等“两节”礼品。协调北京民协，邀请10位民间艺术家，宣传展示冬奥主题糖画、小老虎面塑、皮影、绳结编制及脸谱绘画等非遗技艺传承，与村民积极互动。“两节”期间，北京市将以此次活动为起点，统筹优质文艺资源，举办一系列主题鲜明、内容丰富、形式多样的线上线下节庆文化惠民活动，为首都市民营造欢乐、祥和、安宁的浓厚节日氛围。

（民族二处　刘刚、丁希松）

农村社会管理

【**概况**】年内，市农业农村局以“防风险、保安全”为主线，积极落实平安北京建设任务，统筹协调，有效防范中共北京市委农村工作委员会、市农业农村局系统内部各类安全风险。强化安全管理，以安全生产隐患治理为抓手，强化生产经营单位主体责任落实，加强督导检查，全年未发生生产安全事故。以全国“两会”“中国共产党成立100周年”信访维稳服务保障为重点，坚持主动做好人民内部矛盾纠纷排查，确保中共北京市委农村工作委员会、市农业农村局系统、所属单位和谐稳定。

（市农业农村局）

维护稳定

【**制发《委局2021年度平安北京建设工作考核事项任务分工方案》**】年内，向机关各处室、系统和所属各单位部署28项平安北京建设重点任务，细化工作分工，加强隐患排查，形成“一单位一台账，一隐患一治理”的动态管理模式和长效机制，强化宣传培训，做好应急演练，确保中共北京市委农村工作委员会、市农业农村局安全稳定。

（应急工作处　申宁家）

【**做好重点时期安全维稳工作**】年内，先后20次将平安建设相关工作列入工委会、局办公会重要议事日程。3次召开系统和所属单位安全维稳工作部署会，传达平安北京建设会议精神，对全国“两会”“中国共产党成立100周年”等重点时期安全维稳工作进行部署，组成4个检查组对系统和所属单位安全工作开展全面检查。

（应急工作处　申宁家）

信访工作

【**信访工作**】全年接待来访113批131人次，办理人民建议件14件，群众来信36件，政风行风热线63件，下访8次，移交信访问题线索4件，均按信访程序要求办结。

（应急工作处　申宁家）

【**矛盾纠纷排查**】年内，在系统和所属单位开展各类矛盾纠纷排查3次、涉军矛盾纠纷排查2次、专项排查2次，进一步厘清矛盾纠纷并完善各类台账，对涉及的问题上账管理。

（应急工作处　申宁家）

【**委局接诉即办综合成绩96.88分**】年内，委局接诉即办综合成绩96.88分，接诉即办事项解决率95.27%、满意率97.29%。深入一线开展“干部下访、一线接访”活动，推动解决残疾家庭、身患大病、离婚妇女等特殊群体的住房困难问题352件，推动154个涉农乡镇（街道）全部建立联审联办机制。农村基础设施建设在全市接诉即办“每月一题”治理满意度调查中，排名全市第二。

（应急工作处　申宁家）

安全生产

【**接受市委市政府安全生产第二督察组驻地督察**】7月12—23日，市委市政府安全生产第二督察组对市农业农村局开展驻地督察。8月26日，收到《市委市政府安全生产第二督察组关于市农业农村局安全生产工作的督察反馈意见》，委局成立整改领导小组，针对意见中指出存在的不足、问题清单和建议，逐一对标对表，检视剖析出48项问题，制定《委局落实市委市政府安全生产督察整改工作方案》并经工委会研究通过、印发执行，并抄送市安委办。整改报告于11月24日工委会通过后，报市委市政府，并抄送市安委办。

（应急工作处　申宁家）

【**扎实开展安全生产教育培训**】年内，委局高度重视安全生产工作，汇编印发《委局理论学习中心组集体学习参考资料》1期。组织委局理论中心组成员集体观看《生命重于泰山——学习习近平总书记关于安全生产重要论述》电视专题片，并收听蔡奇的重要指示。

（应急工作处　申宁家）

【**梳理明确安全生产工作重点**】年内，制发《2021年北京市农业安全生产工作要点》，明晰农业安全生产重点任务。印发《市委农工委系统安全生产“党政同责、一岗双责”规定（试行）》（京农发〔2021〕3号）的通知，明确细化了委局系统领导干部、相关处室、相关单位的安全生产监管职责，进一步分解落实了安全生产工作任务，进一步强化了安全生产齐抓共管、人人负责抓落实的工作格局。抓好农业行业和系统内部安全稳定工作。

（应急工作处　申宁家）

【**开展农业行业安全生产检查**】年内，制定并印发《市农业农村局关于做好庆祝建党一百周年重大活动期间安全管理工作的通知》《市农业农村局2022年北京冬奥会和冬残奥会农产品质量安全服务保障应急预案》等文件，要求进一步规范农药生产、经营、使用各环节，坚决打击假冒伪劣行为，确保农产品质量安全。先后印发《市农业农村局关于切实加强春节期间农业行业安全生产工作的通知》《关于进一步加强本市拖拉机安全管理暨开展变型拖拉机清理工作的通知》等文件，积极督促指导各区农业农村部门做好安全生产监管（管理）工作。组织各区开展变型拖拉机清理整治，对尚存4000余台变型拖拉机全面摸排和清理，11月30日前全部公告注销。

（应急工作处　申宁家）

【**开展危化品集中治理**】年内，印发《委局系统和所属单位实验室安全检查方案》，对系统和所属单位危化品使用开展综合检查，有效消除危化品使用过程中的风险隐患。结合市安委会印发《北京市危险化学品安全监管（管理）职责清单》，种植、畜牧渔业、兽医兽药等涉及危化品使用管理的农业行业，要切实加强危化品使用过程中的安全管理。聘请第三方对系统单位实验室进行覆盖式检查，及时指出存在的风险隐患，明确整改措施，确保危化品使用管控到位。

（应急工作处　申宁家）

【**安全生产宣传进农村**】年内，积极开展“安全生产月”“应急宣传进万家”“应急先锋·北京榜样”等配合活动，强化农机安全宣传。2021年全市累计开展各类普法宣传活动246次，发放各类宣传用品21362件。积极参加“应急先锋·北京榜样”推选活动，农机机械化管理处刘贺荣获“应急先锋·北京榜样”年度人物。

（应急工作处　申宁家）

农村法制建设

【概况】年内，农业农村法治建设以习近平法治思想为指导，以全面贯彻落实中共中央、国务院《法治政府建设实施纲要（2021—2025年）》、市委、市政府《北京市全面依法治市规划（2021—2025年）》《北京市法治政府建设实施意见（2021—2025年）》为主线，采取有力措施，全面完成法治政府建设各项任务。

（法制处　李淑娟）

立法工作

【推进完成涉农相关立法任务】年内，完成《北京市种子条例（送审稿）》的起草报送。完成《北京市乡村振兴促进条例》立项论证申请报告。市十五届人大常委会九十九次主任会议对《北京市乡村振兴促进条例》立项论证报告进行审议，同意立项，为该项目的立法起草奠定基础。通过召开座谈会、专家论证、实地调研等多种形式，起草完成修订《北京市动物防疫条例》立项论证申请报告和修订《北京市实施〈中华人民共和国农民专业合作社法〉办法》调研论证报告，为涉农立法做好储备。

（法制处　李淑娟）

依法行政工作

【全面推进综合执法改革】年内，重点推进区级农业综合执法改革。全市落实行政执法编制1126人，与东城区、西城区、石景山区动监所，密云水库综合执法大队、经开区综合执法局构建形成1248人的全市农业执法队伍。

（法制处　李淑娟）

【加强行政执法规范化建设】年内，行政执法职权事项清单动态调整，落实行政执法“三项制度”。在市农业农村局门户网站开辟行政执法公示专栏，依法公开执法主体、执法人员、裁量基准等基础信息。落实行政执法全过程记录制度，实现痕迹化和可追溯管理。印发《北京市农业农村局重大行政处罚案件集体讨论制度（试行）》，明确需集体讨论的重大行政处罚案件标准和要求，完善执法程序。组织行政处罚案卷评查。组织市区两级农业农村部门自查自评589卷，抽取96卷进行集中评查，选送5卷参加农业农村部评查，以评查促执法规范。

（法制处　李淑娟）

【行政执法效能全面提升】全年共组织开展执法检查46.99万件次，违法行为纳入检查率99.05%；A岗关联率86.45%，参与执法率93.93%，人均执法量485.56件次。执法力量投入使用和执法效能全面超过考核要求。涉刑案件线上移送及时率100%，执法培训职责落实率100%，执法资格考试通过率93.84%，行政执法效能全面提升。全年查处农业违法案件3568起，同比增加48.48%，罚没款331.44万元，其中罚没款超万元案件40起、超10万元案件5起；移送司法机关13起，协助公安机关查办涉刑案件20余起。

（法制处　李淑娟）

【做好行政规范性文件、重大决策事项以及经济合同的合法性审核（查）工作】全年共完成行政规范性文件、经济合同以及局重大决策事项的合法性审核（查）200余件，确保政策措施合法有效。

（法制处　李淑娟）

【开展法规规章规范性文件清理工作】年内，结合

《行政处罚法》《民法典》颁布实施，组织对主责实施的12部地方性法规、4部政府规章和98件规范性文件进行两轮清理，做好新法实施前的准备。

（法制处　李淑娟）

【行政复议和行政应诉工作】全年办理行政复议案件共464起。市农业农村局作为被申请人被复议到市政府、农业农村部共459起，按照法定程序提交答复意见。对受理的以区农业农村局为被申请人的5个案件，按照法定程序进行审理并作出复议决定。全年共有71件起诉市农业农村局的行政诉讼案件，法院均裁定驳回原告起诉或判决驳回原告诉讼请求。

（法制处　李淑娟）

【落实公平竞争审查制度】遵循“谁制定、谁审查、谁负责”的原则，推动落实公平竞争审查制度，着力营造公平和谐的营商环境。对于新出台的政策措施，将公平竞争审查作为合法性审核、公文印发的必经程序，2021年出台的政策措施均履行公平竞争审查程序。

（法制处　李淑娟）

【全面落实“证照分离”改革措施】年内，落实《国务院关于深化“证照分离”改革进一步激发市场主体发展活力的通知》，中央层面设定的涉农涉企经营许可事项，在全市范围内直接取消审批5项，包括：拖拉机驾驶培训学校、驾驶培训班资格认定，进出口农作物种子（苗）初审，转基因棉花种子生产经营许可证的初审，远洋渔业项目初审，水产良种场的水产苗种生产许可证核发；审批改为备案2项，包括：肥料登记初审（仅限大量元素水溶肥料、中量元素水溶肥料、微量元素水溶肥料、农用氯化钾镁、农用硫酸钾镁），权限内肥料登记（仅限复混肥料、掺混肥料）；实行告知承诺3项，包括：生鲜乳准运证明核发，动物诊疗许可证核发，兽药经营许可证核发（非生物制品类）；优化审批服务32项；在北京市自贸区内实行告知承诺8项；北京市层面设定的涉农涉企经营许可事项优化审批服务1项。

（行政审批处　张猛）

【推进政务服务全程电子化】年内，完成本市农业农村系统政务服务事项与国家基本目录的对接，所有进驻市政务服务大厅的事项均实现全程网办；完成本局政务服务事项电子印章制作及授权，并在事项受理环节得到全面应用；完成系统366个办事项不同版本的归档配置，配置率100%；“进口兽药通关单核发”通过海关总署进口兽药通关单核发管理系统实现跨部门“一站式”全程办理电子化。

（行政审批处　张猛）

【推进政务服务事项跨域通办】年内，6个事项（9个办事项）纳入《“跨省通办”事项清单》、98.4%事项实现“线上全城通办”“执业兽医资格证书核发”事项纳入《京津冀自贸试验区内政务服务“同事同标”清单》。

（行政审批处　张猛）

农村法治宣传工作

【制订年度普法依法治理工作计划】年内，制订印发《2021年普法依法治理工作计划》（京农发〔2021〕12号），制发普法工作台账，明确全年的任务及要求，细化工作任务。

（法制处　李淑娟）

【全面启动“八五”普法工作】年内，制定印发《关于开展法治宣传教育的第八个五年规划实施方案（2021—2025年）》（京政农发〔2021〕122号），要求机关各处室、所属单位认真落实相关任务。法制处在“七五”普法期间表现突出，被中宣部、司法部、全国普法办授予2016—2020年全国依法治理创建活动先进单位称号。

（法制处　李淑娟）

【组织落实国家机关干部学法用法制度】年内，组织局办公会会前学法4次，组织市区两级农业执法人员参加农业农村部法规司举办的农业综合执法人员网络培训班。

（法制处　李淑娟）

【开展乡村振兴促进法培训工作】年内，制定印发《关于深入学习宣传贯彻〈中华人民共和国乡村振兴促进法〉的通知》（京政农发〔2021〕76号），邀请农业农村部法规司领导进行线上专题辅导报告。委局领导班子成员、机关处室负责同志参加，各区设分会场，13个涉农区主管区长、区委农工委农业农村局科级以上干部、各涉农乡镇村主要领导参加培训。

（法制处　李淑娟）

【开展主题普法活动】年内，下发《关于开展

"4·15"全民国家安全教育日等相关普法宣传活动的通知》，组织开展"4·15"全民国家安全教育日普法宣传活动。下发《关于开展以"美好生活·民法典相伴"为主题的民法典宣传活动通知》，开展民法典宣传活动。在"中国农民丰收节"系列活动中，以"乡村振兴、法治先行"为主题，重点宣传《中华人民共和国乡村振兴促进法》。下发《关于开展北京冬奥法治宣传活动的通知》，开展以"迎接冬奥·法治同行"为主题的宣传活动。下发《关于开展2021年"12·4"国家宪法日暨宪法宣传周系列宣传活动的通知》，采取集中学习、线上答题、实地参观以及送法下乡等形式，取得了较好的宣传效果。

（法制处　李淑娟）

【开展培育农村学法用法示范户工作】年内，将培育农村学法用法示范户工作纳入系统"八五"普法规划和年度普法依法治理计划的重要内容，与市司法局联合印发《北京市培育农村学法用法示范户实施方案》（京政农发〔2021〕133号），组织推进学法用法示范户认定工作，带动农民群众尊法学法守法用法，促进农民群众法治素养提升。

（法制处　李淑娟）

基层组织建设与乡村治理

【概况】年内，市农业农村局围绕首都城市战略定位，以实施乡村振兴战略为统领，重点加强基层政权建设和健全基层群众自治制度，推进农村社区治理，推动党建引领、政府治理同社会调节、农民自治良性互动，提高基层治理社会化、法治化、智能化、专业化水平。

（贾倩倩）

【完成村“两委”换届】年内，完成全市3764个村党组织和3574个村委会换届工作。全市村党组织书记、村委会主任“一肩挑”比例达到93.5%，比上届提高2.5个百分点；35岁以下年轻干部配备率达到100%。村“两委”干部平均年龄47岁，较上届下降5岁；大专以上学历占48.5%，较上届提高9.4个百分点。村党组织书记平均年龄50.8岁，较上届下降1.6岁；大专以上学历占62%，较上届提升了5.7个百分点，实现了年龄学历“一降一升”的目标。2592个村集体经济组织完成换届工作。

（贾倩倩）

【全面加强农村基层干部队伍建设】年内，组织开展农村基层干部教育培训。市级通过集中培训、线上“月讲坛”等形式，实现了全市3764名村党组织书记培训的全覆盖。举办了1期新任职村党组织书记示范培训班和2期党建引领乡村治理示范培训班，累计线下培训351人次。制定《全市村干部培训试点方案》，指导海淀、密云开展村干部培训试点工作。推荐了3个农村地区现场教学点，开展全市基层干部教育培训现场教学点的推荐和评审工作。加强村级后备人才队伍建设，指导农职院做好村务管理大专班的招生和管理，2021年招录459名。从2018年开始，已累计招录1875人。

（贾倩倩）

【持续开展第一书记驻村帮扶】年内，第四、第五批第一书记帮扶期间，共引进开发项目387个，招商引资2.9亿元，帮助销售农产品2428万千克，协调派出单位直接投入钱物折合人民币2.1亿元，解决农户就地就业2997人。开展了第六批第一书记选派工作，从市、区、乡（镇）三级选派720名优秀干部，实现590个全市集体经济薄弱村、97个软弱涣散村、10个红色美丽村庄建设试点村全覆盖。

（贾倩倩）

【协调推进乡村治理体系建设】年内，贯彻落实《北京市关于加强和改进乡村治理的工作方案》《北京市“十四五”时期乡村振兴战略实施规划》等，全市已实现村规民约覆盖率、村（居）法律顾问覆盖率、基层综治中心覆盖率、村级新时代文明实践站覆盖率100%。村级组织“四议一审两公开”“三务公开”规范化水平进一步提升，村级政务服务实施全方位标准化管理。全市现有国家级民主法治示范村55个，市级民主法治示范村586个，全国文明村镇72个，首都文明村镇970个。深入开展常态化扫黑除恶专项斗争。完成平谷、海淀区全国乡村治理体系建设试点工作中期评估，组织开展了第二批全国乡村治理示范村镇创建工作，全市有1个乡镇和11个村入选全国乡村治理示范村镇。

（贾倩倩）

【高标准完成建党百年“七一”庆祝活动组织保障】年内，市委农工委市农业农村局坚持高站位统筹、高标准选人、高质量组织、高要求防疫，组织农村和农业系统1730人参加庆祝大会、360人参加文艺演出观演任务，做到了“精精益求精，万万无一失”，圆满完成组织保障任务。

（贾倩倩）

市委农工委市农业农村局机关建设

【概况】中共北京市委农村工作委员会、市农业农村局（市乡村振兴局）坚持以习近平新时代中国特色社会主义思想为指导，以落实新时代党的建设总要求为遵循，认真贯彻落实市委工作部署，全面加强机关建设，为推进乡村振兴战略实施、实现"三农"工作高质量发展提供组织保障。

（刘鑫、王俊伟）

机关党建

【强化政治建设】年内，贯彻落实党的十九大和十九届历次全会精神，建立学习贯彻、督办落实、反馈报告和"回头看"闭环落实机制。加强农村地区疫情防控督查，累计检查13个涉农区134个乡镇5677村次，对发现的775处问题及时反馈并督促整改到位；圆满完成建党100周年服务保障，组织1730人农民方阵参加庆祝建党百年大会，组织260人观看《伟大征程》文艺演出；完成10万羽放飞和平鸽防疫保障，实现鸽子抽检覆盖率和征集保障率"两个100%"；全力做好冬奥会农产品供应保障，完成15万千克农产品测试赛供应保障。制定《2021年度宣传思想文化和意识形态工作要点》《市委农工委系统落实意识形态工作责任制实施方案》，细化19项重点任务与分工；中共北京市委农村工作委员会工委委员会研究意识形态工作3次，通报意识形态领域情况3次，组织意识形态研判会议1次；持续强化对各类自有阵地台账动态管理；围绕"田长制"、农民丰收节等在重要媒体刊播新闻1000篇次，加强"宅基地改革""农村人居环境整治""农村煤改清洁能源""农作物转基因"等舆情监测分析。

（刘鑫、王俊伟）

【紧抓思想建设】年内，深入学习宣传贯彻党的十九届六中全会精神。第一时间传达全会精神，开展理论学习中心组集体学习，开展市直部门第一场宣讲，领导班子成员开展专题宣讲20余场次，所属各级党组织书记宣讲交流80余场次。第一时间成立党史学习教育领导小组，同步组建12个指导组，制定工作方案，召开动员大会，专题研究13次、调度部署20次，开展督导140多场次；领导班子带头参加读书班、带头开展交流研讨、带头跟进学习、带头讲党课、带头深入基层为群众办实事，带动所属党组织和广大党员积极参与；累计组织集体学习44次、交流研讨9次，汇编64期《学习参考资料》；举办党史党性教育培训班，424名处级以上领导干部全部撰写提交心得体会。开展《北京郊区农村简明党史》编撰、"三农"战线歌咏大会、党史诵读等100多项特色活动；开展第一书记、先进典型、主题宣讲及各级党组织宣讲640多场，红色阵地教育300余次；组织参加党史知识竞赛，取得全市系统第三名的好成绩，并获优秀组织奖。

（刘鑫、王俊伟）

【夯实组织建设】年内，规范落实"三会一课"、组织生活会、民主评议党员和主题党日等制度；组织350多人次参加5期"党支部云课堂"线上培训。落实个人事项请示报告、干部兼职审批以及离京报备等制度；组织召开青年党员干部系列座谈会；培养发展新党员8名；召开大会表彰122名优秀共产党员、40名优秀党务工作者、30个先进基层党支部；开展"向党说句心里话"微视频拍摄、百年"三农"摄影展等活动。扎实开展事业单位改革，选优配强

61名处级干部担任新单位班子成员；规范党组织设置和换届选举工作，保障党员民主权利；组织离退休干部参与建党100周年系列活动，向92名离退休党员颁发“光荣在党50年”纪念章。

（刘鑫　王俊伟）

【强化作风建设】年内，建立月点评工作机制，严格落实干部考勤、会议出勤、请销假、办文办会等制度，严肃会议纪律、公文管理工作纪律；压减审批事项，推进依法行政；开展违规发放福利补贴、违规吃喝等7方面问题专项整治，监督检查230余次，通报检查情况2次。修订《关于“三重一大”事项决策实施意见》，制定重大事项请示报告制度、“三重一大”制度，建立统一财务核算体系，强化权力运行监督。实施“进村入户走基层”三年专项行动，帮助农民群众解决一批操心事、烦心事、揪心事；年内领导班子成员赴基层调研每人平均超过60天，组织180名年轻干部到乡村驻点锻炼；累计完成年度实事项目、解决重点民生问题11项；出台相关制度政策文件16个，完善创新工作措施30多条；通过走基层为乡村办实事960多件。

（刘鑫　王俊伟）

【压实主体责任】年内，制定落实《2021年党建工作要点》；研究党建议题110多项；制定《2021年度委局全面从严治党日常监督检查工作方案》及年底考核细则，综合运用日常监督、月度抽查、专项检查、民主测评、现场督察等方式，以查促改、以查促建。3月24日召开全面从严治党（党建）工作会，安排部署全面从严治党（党建）工作；研究制定《全面从严治党主体责任清单》，开展年度述职述廉述党建工作考核，严格落实领导干部“一岗双责”。深入开展2020年全面从严治党（党建）存在问题、规自领域问题和中央巡视反馈纠偏问题等整改，建方案、列清单、设台账、定措施，涉及问题全部整改到位。

（刘鑫　王俊伟）

【推进党风廉政建设】年内，领导班子成员和分管处室、单位签订《党风廉政建设任务分解责任书》，压紧压实各级各单位“一把手”主体责任；下发《重要管理岗位落实中央八项规定精神正面清单、负面清单》。发放学习材料百余份、通报典型案例60余个、转发纪律教育文章40余篇；召开市委农工委系统警示教育大会，深刻汲取市植保站案件沉痛教训，以案为鉴、以案促改；实现重要节假日廉政提醒常态化。将党风廉政建设纳入月度点评内容；严格落实风险分析研判会商机制；

（刘鑫　王俊伟）

领导班子和干部队伍建设

【机关队伍总体情况】年内，市委农工委市农业农村局委局机关实有人数229人（不含派驻纪检监察组），处级干部166人（中共党员162人，占97.59%，无党派1人，占0.6%，群众3人，占1.81%；研究生54人，占32.53%；大学本科110人，占66.27%；大专2人，占1.2%）；科级干部52人（中共党员46人，占88.46%，群众6人，占11.54%；研究生32人，占61.54%；大学本科20人，占38.46%）。

（赵海平）

【选人用人】年内，共完成机关2名二巡选任、6名科级干部职级晋升、3名军转干部核职以及17名处级干部试用期满转正工作。结合事业单位改革，在原有103名处级干部中择优使用61名政治素质好、专业能力强、实绩突出的干部担任新单位班子成员。

（赵海平）

【组织年轻干部驻点锻炼】年内，组织第一批驻点锻炼干部180人与相关区镇村顺利对接；组织第一书记代表与相关年轻干部交流经验；不定期召开年轻干部座谈会和领队座谈会。全年，驻点干部共“为民办实事”事项359件。

（赵海平）

【从严落实干部有关事项报告各项规定】年内，分5批次对240余名处级干部开展全覆盖培训，对1名瞒报干部实施诫勉。从严落实干部兼职审批各项规定，全年共审批通过7名干部兼职。组织对事业单位新任职干部谈心谈话，要求带头锤炼作风，严守规矩底线。

（赵海平）

【制定机关公务员平时考核实施方案】年内，制定《市委农工委市农业农村局公务员平时考核实施方案（试行）》，组织完成机关公务员季度平时考核工作。加强考核结果运用，对在年度考核测评中不称职率超过10%的4名干部进行了提醒谈话，督促干部担当作为。

（赵海平）

党风廉政建设

【全面部署委局党风廉政建设工作】年内，制定《市委农工委市农业农村局2021年党风廉政建设工作要点》，并召开委局全面从严治党（党建）暨党风廉政建设大会，对委局2021年全面从严治党和党风廉政建设工作进行了全面部署，做到与业务工作同规划、同部署、同推进、同考核。

（王宏宇）

【强化全面从严治党问题整改】年内，制定《关于2020年全面从严治党（党建）工作考核结果暨政治生态分析研判问题清单的整改工作分工方案》，明确责任分工，制定具体措施，坚决整改存在的问题，切实把全面从严治党主体责任做实做细做到位。

（王宏宇）

【加强党风廉政宣传教育】年内，向各支部发放《清风传家》等学习教育材料，开展家风教育；开展定期通报身边、行业等典型案例。第一季度整理了一期中纪委和市纪委通报的有关违反八项规定和纠“四风”的典型案例，第二季度从《市直机关纪检监察工委警示教育典型案例读本》中选取部分有借鉴性的案例，下发给各单位进行学习。在委局纪检工作群不定期发布18篇有关党风廉政建设文章、案例等；重大节假日和重大活动前夕。通过工委会、局办公会向全体党员干部提要求、明规定，通过微信群、单位内网等多渠道下发通知，明确“八项规定”及纠“四风”等纪律要求，紧盯节假日关键时期的提醒教育。

（王宏宇）

【深化专项监督】年内，开展党务外包的专项治理，组织各处室和各单位进行了自查，目前没有发现有党务外包情况；开展四类问题（违规配备使用公务用车、违规发放津补贴或福利、违规收送名贵特产和礼品礼金、违规吃喝等）的专项整治工作；组织全委局开展自查自纠工作，完成上报自查报告和问题清单；组织相关部门联合对15家单位开展了专项监督检查，形成报告向工委会进行汇报，提出工作建议。

（王宏宇）

【做实重点工作监督】年内，制发《关于事业单位改革期间严格遵守各项纪律的通知》，与相关单位的党政一把手加强沟通交流，及时掌握思想动态，督促各单位落实改革中各项纪律要求。做好党史学习教育、“进村入户走基层”三年专项行动等重点工作的督导。对6个处室和4个单位的党史学习教育情况进行检查指导，访谈了解部分青年干部“进村入户走基层”情况，督促相关部门及时跟进工作。

（王宏宇）

【严肃执纪问责】始终坚持“惩”的有力威慑，抓好精准问责。年内，全年委局受到处理处分47人，其中开除党籍和开除公职2人，开除公职1人，党内严重警告1人，党内警告6人，政务警告1人，免予党纪处分给予诫勉8人，诫勉4人，批评教育23人，谈话提醒1人。

（王宏宇）

工会工作

【组织指导基层单位开展工会组建及换届工作】年内，按照市直机关工会《基层工会组建工作程序》及《基层工会换届工作程序》的要求，组织并指导9个基层单位开展了工会组建或换届工作。

（程玉明）

【推选先进获得奖项】年内，按照市直机关工会的要求，组织机关及直属单位开展自下而上的推荐，完成全国五一劳动奖章、首都劳动奖章及首都最美家庭的推选工作，最终有1名同志获得首都劳动奖章荣誉，1个家庭进入市委宣传部、首都文明办及市妇联联合举办的“与幸福同行”寻找2021年最美家庭第三季度榜单中。

（程玉明）

【全面服务机关和下属单位职工】年内，继续做好疫情防控物品的购买与发放。全年共两次为机关及直属单位职工购买和发放口罩28.2万支，洗手消毒用品2600多件。为生病及困难职工送上组织的温暖。全年慰问生病住院职工19人，落实慰问金3.8万元，其中机关16人，慰问金1.7万元。积极为9人申报争取市直困难职工帮扶基金约6万元。三是落实关爱劳模政策。五一、元旦春节为劳模发放慰问品及慰问金。组织9名劳模参加市总组织的健康体检。给劳模办理公园年票，发放健康书籍，申报安装“一呼应”服务电话等。四是为241名职工购买重大疾病、意外伤害及女职工特疾等三种互助保障项目。为197名职工及20名职工家属换购公园年票。为248名职工购买生日蛋糕券。国庆节、春节共为240余名职工购买发放慰问品。

（程玉明）

【组织开展特色活动】年内，依托市总职工主题阅读活动，组织直属单位开展“把一切献给党 劳动创造幸福”诵读创作，选送诵读作品2个，其中畜牧总站创作的“面对鲜红的党旗”作品，从全市556个作品中脱颖而出进入前20名获奖名单中。依托市直第五届文化艺术节，组织职工参加第七届北京市民快乐冰雪节、“百载红船路　全民奥运行”线上走跑、工间操-第九套广播体操展演及选送书画、摄影及手工艺作品等五大类活动，共有500多人参加，涉及15个直属单位。组织“写春联送祝福”活动。通过书法老师的无私奉献，大家一起说吉祥话写祝福语，抒发家国情怀，传递正能量，营造团结和谐的氛围。组织“迎建党百年伟业 展三农巾帼风采”三八妇女活动。通过在“农业微信、微博”等平台，展示了12名女劳模、女先进工作者的主要事迹，活动点击阅读量达2万多人次。开展“红妆国乐·音乐欣赏”及“缤纷玫瑰·手工制作”活动，设计了音乐欣赏和手工制作两项活动，共有70多人参加。

（程玉明）

下属事业单位工作

【持续推进事业单位改革】年内，制定委局所属事业单位改革方案；梳理研究各单位“三定”规定等历史沿革文件，逐一研究制定事业单位主要职责。组织召开事业单位改革动员部署会，做好班子组建、人员转隶、新机构法人证书办理、内设机构设置等组织实施工作；制定内设机构及岗位设置方案，与人保局等单位反复争取，在总编制减少的情况下，高级岗位设置较改革前有了明显增加。

（赵海平）

【下属事业单位总体情况】根据市委编委批复，市委农工委市农业农村局现有所属事业单位20家，包括1家副局级单位，1家科级单位，18家处级单位，另有1家行政执法单位。

（赵海平）

2021年市委农工委市农业农村局所属事业单位一览表

序号	名称	机构规格	机构类别
1	市农村经济研究中心	副局级	公益一类
2	市农村发展中心	正处级	公益一类
3	市农业农村宣传中心	正处级	公益一类
4	市农产品质量安全中心	正处级	公益一类
5	市畜牧总站	正处级	公益一类
6	市兽药饲料监测中心	正处级	公益一类
7	市数字农业农村促进中心	正处级	公益一类
8	委局综合事务中心	正处级	公益一类
9	委局财务核算中心	正处级	公益一类
10	市耕地建设保护中心（市新型肥料质量监督检验站）	正处级	公益一类
11	市人工影响天气中心	正处级	公益一类
12	市农业技术推广站	正处级	公益一类
13	市种子管理站（市种子质量监督检验站、市南繁指挥部）	正处级	公益一类
14	市植物保护站（市农药检定所）	正处级	公益一类
15	市动物疫病预防控制中心	正处级	公益一类
16	市水产技术推广站（市鱼病防治站）	正处级	公益一类
17	市水生野生动植物救护中心	正处级	公益一类
18	市农业机械试验鉴定推广站	正处级	公益一类
19	市农业农村局幼儿园	正科级	公益二类
20	市农业综合执法总队	正处级	执法单位

郊 区 农 情

朝阳区

综 述

朝阳区总面积470.8平方公里，农村地区面积350.5平方公里，占全区总面积的3/4，下辖19个乡（地区办事处），144个行政村，259个社区，现有农业人口8.4万人，常住人口177万人。近年来，朝阳区始终围绕落实首都城市战略定位和区域功能定位，紧抓绿隔建设、土地储备、重点工程建设、棚户区改造等契机，坚持搬迁上楼、产业发展、绿化建设、社会保障、体制改革、社会管理“六位一体”推进城市化建设，累计完成108个村拆迁腾退，形成了以“一绿”一批城市化建设试点为率先突破，二至四批试点梯次推进的城市化发展格局。2021年，在区委区政府的坚强领导下，朝阳农村地区始终坚持以习近平新时代中国特色社会主义思想为指引，聚集“三化”主攻方向（文化、国际化、大尺度绿化），全面贯彻新发展理念，深入实施乡村振兴战略，统筹推进疫情防控和经济社会发展，2021年农村地区累计实现区级财政收入90.06亿元、集体经济总收入124.4亿元，向农村城市化、农业现代化和农民市民化迈出坚实步伐。

实施乡村振兴战略

【概况】朝阳区高度重视“三农”工作，始终把贯彻落实乡村振兴战略、解决好“三农”问题作为开展工作的重中之重，坚持以实施乡村振兴战略为总抓手，周密部署、扎实推进，推动乡村振兴战略在朝阳区取得实质性进展。

【区委农村工作领导小组第一次会议】7月14日，召开2021年区委农村工作领导小组第一次（扩大）会议，审议通过《朝阳区关于全面推进“田长制”的工作方案》《2021年朝阳区农业现代化实施方案》《关于加强农村系统党风廉政建设专项行动方案》《关于2020年北京市朝阳区乡级党政领导班子和领导干部推进乡村振兴战略实绩考核情况及2021年度考核安排的说明》《关于加强农经队伍建设充分履行管理职能的意见（试行）》《关于朝阳区耕地保有量划定工作情况的说明》《2021年朝阳区“三农”工作重点任务分工方案》等7项事项。

【乡村振兴组织保障】年内，按照市委、市政府《印发〈关于全面推进乡村振兴加快农业农村现代化的实施方案〉的通知》（京发〔2021〕9号）要求，围绕产业、人才、文化、生态和组织“五大振兴”目标任务，成立五大工作专班，进一步完善乡村振兴战略体制机制保障。建立乡村振兴联系点制度，组织开展2020年乡村振兴战略实绩考核，制定2021年实绩考核标准，压实乡级党政领导班子抓乡村振兴责任。

城乡融合发展

【概况】朝阳区坚持规划引领，注重布局优化、功能提升，以系统性思维加快难题破解，以专班推动重点项目手续办理，以地块上市强化动力支撑，集中攻坚求突破，农村城市化迈向深刻转型。

【“十四五”时期城乡一体化发展规划】年内，研究制定《朝阳区“十四五”时期推进城乡一体化发展规划》（以下简称《规划》）。8月29日，区农业农村局组织召开《规划》研究课题研讨会暨专家评审会，市农业农村局、区发改委等相关市区部门领导、黑庄户等相关乡党委书记和课题组专家对《规划》进行研讨并提出建议。11月15日,《朝阳区“十四五”时期推进城乡一体化发展规划》经区政府常务会审议通过。12月31日,《朝阳区“十四五”时期推进城乡一体化发展规划》经区委常委会审议通过，正式以区政府名义印发。

【**农村城市化建设**】年内，有序推进绿隔地区城市化建设，完成管庄乡剩余345户宅基地拆除、实现整乡腾退。实现东坝乡4701名农民整建制农转非。深化王四营减量发展模式经验，形成王四营超转试点方案。加强“二绿”地区统筹研究，开展东三乡统筹规划编制。出台农村宅基地及房屋建设管理实施细则，形成区、乡、村三级联动工作机制，实现农村宅基地规范管理。

【**非首都功能疏解**】年内，拆除各类建筑207.03万平方米，腾退出租大院12家，实现农业领域“留白增绿”4.12公顷。区级农村地区安置房及上市地块遗留问题腾退专班推动东坝、孙河乡16户住宅、10家非宅全部拆除，实现农民安置房建设和重点项目用地场清地净。

【**重点项目手续办理**】年内，持续发挥农村地区区级建设项目审批手续统筹协调专班作用，一体推进上市地块、安置房、产业项目和房产证补办手续办理，崔各庄黑桥南皋棚改项目等11个地块集中入市供应，平房姚家园三期等11个安置房项目和王四营观音堂集租房项目开工建设，孙河组团等4个产业项目审批手续取得实质性进展，十八里店西直河五环外二期等3个新增集租房项目实施方案加快编制，3.5万余户房产证办理难题得到彻底解决，豆各庄绿丰三期安置房245户居民实现“交房即交证”，来广营来北家园等23个项目基本打通办理路径，城市化推进效率和质量全面提升。

都市现代农业发展

【**概况**】朝阳区始终坚持补短板打基础和强特色创示范两手抓，牢牢守住农业“基本盘”，全面加强耕地保护利用，与农业农村部建立部区合作机制，以建设数字农业先行区、农业多功能示范区为引领，推动农业现代化发展不断向高质量迈进。

【**农业生产**】年内，制定出台《朝阳区关于全面推进“田长制”的工作方案》，建立完善区、乡、村三级田长工作体系和责任清单，建立“一乡一图一表”“一地一档”，田长公示牌全部完成挂牌。完成1.55万亩耕地保有量划定，推动1.13万亩可利用种植地块实现应种尽种。认真实施设施农业动态管理、逐级巡查机制。严格落实市级“菜篮子”责任制，蔬菜播种面积和产量分别达到3847.2亩和6186.2吨，完成总任务的160.3%和128.9%。粮食播种面积和产量分别达到1083亩和425.32吨，分别完成总任务的361%和425%。深化国家农产品质量安全示范区建设，区级抽检蔬菜、水果、畜禽等样品合格率达100%，完成全国“两会”“相约北京”测试赛等重大活动农产品供应和质量安全保障。

【**农业现代化发展**】年内，大力发展数字农业，以朝来农艺园和孙河郎枣园为试点，依托物联网、大数据和人工智能技术，打造国家级数字农业应用推广基地，探索可看、可用、可复制、可推广的朝阳特色都市型数字农业发展路径。注重培育农产品优质品牌，黑庄户“蛋种绒球金鱼”、金盏“王字虎头金鱼”成功申报市级种质资源保护项目。发挥农业景观生态功能和农耕文化传承功能，将温榆河公园、将府公园、中国音乐产业园、马家湾湿地公园等文旅源穿点成线，打造农耕文化教育园地。

【**老北京特色蔬菜**】年内，春播强丰番茄、七叶茄等老北京特色蔬菜6个品种，在温室和露地种植30亩。秋播核桃纹白菜、心里美萝卜种植100亩。为冬季育苗和早春保护地定植引进5个蔬菜品种。

【**阳台菜园技术推广**】年内，筛选、引进阳台菜园特色蔬菜品种40余种，在中农国信温室安排统一育苗5万株。5月上旬，蔬菜种苗发放到社区、机关、学校、公园等六进工程（进街乡、进机关、进公园、进社区、进学校、进家庭）示范合作单位。全区六进工程合作社区增加到33个。

【**土壤有机质肥效检测**】年内，开展全区菜田有机肥补贴地块施肥前后土壤有机质检验工作，检测123个地块土壤样品246个，检测结果反馈给各乡，对有机质等级4 ~ 5级的地块提出培肥地力意见。9月至10月，开展复耕复垦地块土壤有机质检测，10个乡镇（含东郊农场）93个地块共9077亩，检测土壤样品186个。所有地块在施用有机肥后土壤有机质均有提升。

【**农耕文化教育活动**】年内，在京城梨园、郎枣园、中国水谷、英狮体育公园等10个公园、园区推广

20余种五谷作物，利用生态农业技术打造党建和农耕文化教育园地。

【**组织增殖放流活动**】4月14日，区农服中心联合区水务局和温榆河管委会，在通惠灌渠和温榆河公园开展春季增殖放流活动，放流鲢鱼2500千克，鳙鱼375千克，草金鱼200千克。10月25日，根据市农业农村局统一部署，在温榆河公园、亮马河、坝河开展“保护水域生态环境”为主题的秋季增殖放流活动，放流白鲢3000千克、花鲢900千克、草鱼1500千克、鲫鱼3000千克，约13万尾。

【**农机购置补贴**】年内，积极落实中央市级农机购置补贴资金69240元，为黑庄户乡购置大中型拖拉机2台、秸秆粉碎还田机2台、旋耕机1台。落实市级农机报废更新补贴资金3500元，为平房乡报废拖拉机1台。

【**政策性农业保险**】年内，协助北京朝来农艺园责任有限公司、北京方圆平安食品开发有限公司、北京京北大地园林绿化工程有限公司、北京圣露国际庄园酒店管理有限公司、北京都市农汇农业科技发展有限公司和中农春雨高科技股份有限公司6家农业企业投保政策性农业保险，保费293500元，其中市财政补贴148613元、区财政补贴88050元、企业自缴56837元。

【**植物疫情监测普查**】年内，在4个植物疫情监测点对美国白蛾成虫、草地螟、蝗虫、粘虫、甜菜夜蛾、玉米螟、小地老虎开展虫情测报灯下监测，利用性诱剂诱捕监测苹果蠹蛾、桔小实蝇、番茄潜麦蛾、草地贪夜蛾，每周上报北京市植物疫情监控系统，为全区虫害的防治提供数据支持。普查4个植物疫情监测点周围两公里内红火蚁、扶桑绵粉蚧、美国白蛾幼虫、瓜类细菌性斑病、黄顶菊、列当、假高粱、豚草、番茄溃疡病、黄瓜斑驳花叶病毒病10种危险性有害生物，全年未发现危险性有害生物。

【**草地贪夜蛾监测防控**】8月30日，在崔各庄乡何各庄村中农国信基地草地贪夜蛾性诱监测点发现草地贪夜蛾成虫1只，周边玉米田排查，未发现卵、幼虫及为害状况，向中农国信基地发放防治药剂，指导开展草地贪夜蛾防控。至10月底，累计出动区乡普查人员113人次，普查农田7050亩次，指导防治280亩次。未发现草地贪夜蛾在朝阳区为害。年内，区农服中心在全区设置草地贪夜蛾监测点36个，布置诱捕器547套，建立区乡技术人员测报联控队伍。

【**废弃物回收**】年内，开展农药包装废弃物和农业投入品废弃物回收处置工作。回收农药包装废弃物29.5085万个，约3.2吨；回收废旧地膜9.2吨，废旧滴灌带、编织袋、育苗盘、棚膜1.25吨。

【**绿色防控技术推广**】年内，区农服中心与市植保站、中农国信园区签订了“北京市蔬菜病虫全程绿色防控技术示范基地建设”责任书，开展绿色防控技术推广应用。补贴对象由13家增加至16家，补贴面积由2995亩增至3240亩，增加补贴面积8%。其中14个补贴对象购买天敌、生物农药、理化诱控、高效低毒低残留化学制剂等绿控产品，覆盖生产面积5765亩次，累计使用补贴资金114.5万余元。全年推广色板诱杀、防虫网覆盖、性诱捕诱杀、灯光诱杀等绿色防控技术，推广使用黄板21600张、蓝板3600张；防虫网9000平方米；设置玉米螟和粘虫诱捕器各93套；推广使用高效节能静电喷雾器40台，覆盖生产面积4000亩次。全区主要农作物绿色防控覆盖率（粮经和蔬菜）由上年65.23%提升至68.24%，完成朝阳区绿色防控覆盖率2021年度任务目标。

【**农产品质量安全检查**】年内，对北京中农春雨高科技股份有限公司、北京水科园水产养殖技术有限公司、北京朝来农艺园有限责任公司等13家企业开展检查61次。主要查看生产基地的生产记录、投入品库房及种养殖情况，指导督促企业规范生产经营活动，科学使用农业投入品，落实安全间隔期（休药期）制度。

【**标准化基地评优**】年内，按照农业标准化基地等级划分与评定标准（DB11/T 1188—2015）对朝阳区备案的具备推优条件的农业标准化基地进行现场考评和打分，并向市级推荐。中农春雨休闲农场、北京水科园水产养殖技术有限公司为北京市优级农业标准化基地。

【**有机产品认证**】年内，推进农业生产规模主体开展绿色、有机产品认证，督促无公害认证到期企业向绿色、有机产品认证转换。宣传奖励政策、告知申报（认证）基本条件，鼓励初步具备条件主体积极参与。中农春雨高科技股份有限公司、北京元亨创联文旅文化产业发展有限公司（中农国信壹号庄园有机种植基地）取得有机产品认证证书，北京蓝美莓农业有限公司取得有机转换认证证书。

【**无公害复查换证企业检查**】年内，对北京蓝美莓农业有限公司、北京金天茂农业有限公司进行无公害农产品复查换证现场检查，检查生产企业的质量管理、产地环境、生产过程、产后管理、产品质量5大方面20小项，使用“绿办管家”微信小程序现场在线填报检查记录。2家企业均符合复查换证要求。

【动物检疫净化】年内，开展“马传贫、马鼻疽”检疫净化工作，检疫马匹1343匹，全部阴性。全年共检疫各类动物10558头（只），动物产品换证样品2909.9万千克。完成11个冷库贮藏分销和4家直接分销动物产品厂家和分销商登记备案工作，冷库换证单位现场指导42次。

【动物疫病防控】年内，免疫禽流感、口蹄疫等2387只（羽）。全年清圈消毒面积245.6万平方米，100%覆盖重点养殖场所。发放各类消毒药品5.5吨，防护服、手套、口罩等各类防护用品合计9.2万件（套）。

【动植物疫病监测】年内，对蔬菜、水果快速检测样品10375个，定量检测样品545个。其中蔬菜样品496个，针对23种农药残留的检测，定量检测合格率为99.6%，速测样品合格率为100%。完成936份畜禽产品检测5039项次，356份水产品检测1681项次，除2份水产品孔雀石绿阳性外，其余检测项目均合格。根据《北京市朝阳区进一步加快推进城乡水环境治理工作三年行动方案》工作要求，对温榆河湿地公园（东园、西园）、萧太后河、清洋河、亮马河、坝河进行水质采样76份，进行pH值等8项快检实验室检测，共完成636项次检测。血清学检测样品3640份5389项次，病原学检测样品1828份3676项次检测，均符合部颁要求。

农村人居环境整治和基础设施建设

【综述】朝阳区围绕大尺度绿化持续发力，全面推进农村地区人居环境整治，高标准推进美丽乡村建设，坚决打好整治攻坚战，区域环境更加和谐宜居，为全区生态文明建设筑牢坚实基础。

【农村人居环境整治】年内，持续完善农村人居环境长效管护机制，在未拆迁村组建物业公司，全面推进村庄物业化管理，实现与城市社区同标准管理。实施私搭乱建、乱堆乱放整治，推动“拆违还绿、见空插树”，释放公共空间，村庄生活环境显著提升。深入推进生活垃圾分类治理，农村地区分类设施达标率基本达到100%，精细化改造提升109座垃圾楼，建成61个垃圾分类示范小区、村，全部实现挂牌。

【美丽乡村建设】年内，深入开展“百村示范、千村整治”工程，狠抓“清脏、治乱、增绿、控污”，补齐村庄文化、民生等服务设施，实现“拆违还绿、见空插树”，万东村、万西村、大三村、小鲁店村、西村、黎各庄村、老君堂村、奶东村、方家村、小郊亭村等第二批10个美丽乡村基本建成，累计新建及修缮村内道路12万平方米，安装路灯1478盏，修整供水管线4.4万米，实施绿化14万平方米。选取基础条件较好、产业带动可行的高碑店乡白家楼村、方家村和黑庄户乡么铺村等3个村，打造朝阳乡村振兴示范村。黑庄户乡小鲁店村获得全国乡村治理示范村荣誉称号。

【农村基础设施服务】年内，新建3所幼儿园、2所学校，新增学位2670个，优质教育资源覆盖面不断扩大。5个社区卫生服务站建成投入使用，基层卫生服务实现全覆盖。北京朝阳站周边姚家园北街等7条道路建成通车，为群众创造畅安舒美的通行环境。8个乡32个智慧村庄214个点位设备实现安装并已基本完成调试，农村数字化治理水平不断提升。

农村改革

【概况】朝阳区积极应对经济下行压力，坚持发展、管理两手抓、两手硬，加快转型升级，强化规范管理，深化产权改革，着力激发农村集体产业空间优势潜能，推动农村经济向高质量发展转变。

【产业转型升级】年内，持续挖掘农村集体产业空间潜在效益，区级产业用地统筹专班推动工作取得初步成效，成立北京朝阳新经济发展有限公司统筹开发建设管理运营农村集体产业用地，高碑店半壁店村集租房项目纳入试点推动。产业转型升级持续加快，崔各庄大望京商业中心等3个项目进入收尾、招商引资有序开展，太阳宫科技大厦等2个项目开工建设，常营东方和瑞项目加快办理审批手续，来广营乡北五环汽配城升级为龙湖蓝海引擎产业园，农村经济发展实现提质增效。

【规范集体经济组织管理】年内，完成朝阳区村集体经济组织换届工作。全区247个村集体经济组织全部换届，完成率100%。选举产生新一届领导班子成员1744人。118个村的党支部书记兼任村经济合作社和股份经济合作社社长，“一肩挑”比率达83%。

【集体资产管理】年内，根据《关于加强农村集体资产监督管理的意见（试行）》及1+6政策体系，制定配套操作手册，推动意见落实。指导各乡围绕落实《意见》，细化完善制度，修订完善乡村管理制度，形成区、乡、村全覆盖制度体系，使之成为抓管理、促发展、求实效的抓手，发挥制度保障作用。

【村级集体经济组织印章管理】年内，推进《农村集体经济组织印章管理工作实施细则》落地见效，全区19个乡健全印章管理工作机制，明确监管部门，修订完善制度，规范工作流程。全区155个村全部实行村集体印章委托乡管，托管率100%，构建多元监督共同体，乡村联动协同监督。

【农村集体经济合同管理】年内，全区农村新签经济合同778份，履行联预审程序，年租金总额达3.47亿元。租房合同占比提升，租赁项目提质增效，集体收益水平明显提高。

【农村集体经济合同清理规范】年内，调整规范全区农村集体经济合同50份，年租金增加1151万元，解除合同237份，收回集体土地3222亩。

【农村集体经济审计】年内，审计全区357家乡村集体经济组织及其所属企业单位，审计金额1143.33亿元，提出审计建议1084条。

【村级公益事业专项资金审计】年内，指导各乡开展村级公益事业专项补助资金审计工作，对全区18个乡144个村2020年村级专项补助资金的拨付、使用及管理情况进行了全面审计，审计金额2411.44万元。从各乡上报的审计结果看，2020年村级公益事业补助资金均及时、足额拨付到村，未发现有截留、滞留等情况，专项资金使用合理，基本做到专款专用。

【农村集体经营性用房管理】年内，区经管站会同区农业农村局共召开12次集体经营性用房复审会，审议通过1138个用房项目（其中3000平方米以上项目50个，3000平方米以下项目1088个），涉及建筑面积119.08万平方米，年租金8.16亿元。各乡积极推送3000平方米以上用房项目在北京农交所平台公开交易，年内已挂牌项目25宗，其中已成交项目21宗，建筑面积132238平方米，招商年租金11098.31万元，成交年租金11193.31万元，年溢价1.5%；来广营乡朝来科技园18号院18号楼（4521平方米）在北京农交所竞价并成交。该项目起租价5.5元/天·平方米，平台交易成交价6.14元/天·平方米，租期内直接为集体增收1291万元。

【集体资金预算管理】年内，加强村级预算管理，严控预算支出，强化乡级审核，做好村级预算编审工作。2021年度全区村级预算总收入70.1亿元，预算总支出67.1亿元，预算结余3亿元。

【村级财务公开】年内，开展村级财务公开检查与指导。创新检查方式，坚持线上检查和实地抽查相结合。突出阶段性重点，针对落实村级财务支出逐笔公开进行检查，逐笔公开已实现村级全覆盖，提高财务公开规范化水平。

【规范村级财务管理】9月18日，制发《关于修订朝阳区村级财务管理规范化指导意见的通知》，主要包括规范村级预算管理、规范村级财务决策、规范村级会计委托代理、规范村级财务基础管理、对村级财务管理责任追究等内容。同步废止原区三资办《关于印发村级财务管理规范化指导意见的通知》。

【产权制度改革】年内，全力推进剩余51个村改革工作，截止到12月31日，小红门、管庄、平房、三间房、东风、高碑店、太阳宫、十八里店8个乡46个村完成村级产权制度改革任务。太阳宫乡十字口村已形成量化方案。十八里店乡剩余4个村加紧推进清产核资工作。全区154个村级集体经济组织中，累计149个村完成改革，完成率96.8%。

基层组织建设和乡村治理

【概况】始终坚持把政治建设摆在首位，坚决贯彻落实中央决策和市委部署，在农村地区树立大抓基层基础、大抓思想认识、大抓工作作风的鲜明导向，围绕中心、服务大局凝聚干事创业力量，为农村发展提供坚强政治和组织保障。

【农村疫情防控】年内，为进一步加强农村地区疫情防控工作，按照区委、区政府要求，在朝阳区新冠肺炎疫情防控工作领导小组框架下，增设区农村防控组，办公室设在区委农工委、区农业农村局，按照“外防输入、内防反弹”原则，统筹做好农村常态化防控，重要节点、重点领域、重点人员防控，疫情应急处置，城乡接合部防控等防控措施。年初按照村庄全员核酸检测要求，组织各乡迅速响应、协同作战，区委农工委、农业农村局全员下沉到村，从1月13—17日，农村地区16个乡47个现状村、7个平房区、36个滞留户村5天完成检测56万人，有力阻断了疫情传播。常态化开展各项防控措施，对开放的246个村庄卡口实施“三班倒”（24小时值守）、“四件套”（扫码、测温、验证、登记）和戴口罩措施，累计完成19轮47个现状村、7个平房区重点区域的核酸检测和15轮村内保洁人员核酸检测。持续打击非法行医行为，已实现47个现状村、7个平房区范围内非法行医动态清零。加快补齐农村医疗卫生短板，新建黑庄户乡大鲁店三村、大鲁店一村、万子营东村、双树北村，崔各庄乡费家村等5个社区卫生服务站，实现农村基层卫生服务全覆盖。高效有序推进疫苗接种，累计完成168.1万人第一针疫苗接种，累计完成118.5万人加强针疫苗接种，为首都朝阳构建免疫屏障贡献重要力量。

【农村系统党史学习教育】年内，把党史学习教育作为重要政治任务，坚持学党史与悟思想融会贯通，办实事与开新局同向发力，推动农村系统党史学习教育取得实效。发挥理论学习中心组“头雁效应”，累计开展理论学习中心组专题学习29次、集中研讨2次，统筹农村系统相关主题学习16次，农村系统党员干部得到了思想洗礼、作风锤炼和能力提升。组织建党100周年“永远跟党走”宣讲活动26场，举办农村系统第九届“践行社会主义核心价值观十佳人物”宣传评选和“铭记百年峥嵘 逐梦乡村振兴”主题庆祝活动，广泛凝心聚力。完成7个市级“三优一先”和92个区级“两优一先”评选推荐，为6485名老党员发放“光荣在党50年”纪念章，彰显榜样引领作用。广泛开展“百姓难事我来办，发展难题我来解”主题实践活动，累计完成92项重点民生项目清单和212项实事清单，彻底解决了安置房产权证办理等一批群众“急难愁盼”问题，群众获得感切实提升。

【农村基层基础】年内，高质量完成144个村和249个社区“两委”换届，一次选举成功率历史性达到100%，农村基层干部队伍结构进一步优化。结合新形势新要求，围绕农村发展规划、意识形态工作、集体“三资”管理等重点内容，分批分类开展新任村（社区）书记培训，打造素质过硬乡村振兴“领头雁”队伍。完成乡党委、纪委换届及选举出席区党代会代表工作，农村系统2060个基层党组织、64509名党员共选举产生乡党代表2046名，产生新一届乡党委、纪委班子，其中党委委员209名、纪委委员74名，均一次成功且高票当选，各项结构比例均符合全市换届政策要求。同步选举农村系统出席区第十三次党代会代表81名。突出政治功能、政务功能、社会服务功能，累计建成16个乡建成党群服务中心，形成了“将心汇”“红店”“红映坊”等特色品牌。

【全面推进从严治党】年内，落实区委部署要求，扛起中央巡视问题整改政治责任，全面完成马泉营公租房项目2047套房屋清退和上东十号违建别墅问题清理整治。开展农村系统党风廉政建设专项行动和“四风”问题专项整治，营造风清气正的政治生态。做好巡视巡察整改后半篇文章，编印农村规范化管理手册和制度汇编，出台农经队伍管理意见，推动形成农村地区“有制度要知、知制度要用、用制度要严”的氛围。

【乡村治理】年内，持续加强“四议一审两公开”“三务公开”等民主管理监督制度落实，制定村级重大事项清单，推动村级事务在阳光下运行。完成6个超大社区拆分，农村社区达到259个。以安置房社区为切入点，探索出“宜居、宜养、宜游、宜乐、宜业”的“五宜”社区治理模式。聚焦区委“办好每一件行动”“集中解难题行动”“共治心连心行动”三大行动，开展12345热线重难点问题集中攻坚，推动“接诉即办”不断向“未诉先办、一办到底”延伸。将台乡、高碑店乡参与“向前一步”栏目录制，推动重点难点问题“解套开锁”。

【农村文化文明建设】9月23日，在常营公园文化广场成功举办2021年“中国农民丰收节”朝阳区系列庆祝活动开幕式暨“美丽乡村健康跑”启动仪式。通过“十三档花会”快闪、健康跑以及数字农业、法制宣传、扶贫农业商品、农业企业展览展示等板块活动，充分展示了朝阳区乡村文化和农业发展成果。10月15日，在黑庄户乡北京音乐产业园成功举办第32届北京农民艺术节“乡村大舞台”朝阳区专场展演，展现建党百年来农村地区浓厚的文化氛围和群众健康向上的精神面貌。开展“美丽家庭”“美丽街巷”等评选活动，组织移风易俗百姓宣讲和群众宣传，培育打造文明乡风试点等15个志愿服务项目，农村地区新时代文明实践所（站）达到315个，实现100%全覆盖。

朝阳区领导名录

区委书记 王　灏
区委副书记 文　献　狄　涛
区委常委 暴　剑　黄晓伟（女）
范永红　崔小浩
李国红（女）　赵立军
王维民
区人大常委会主任 陈宏志
区人大常委会副主任 张克斌　赵红伟
宝月凤（女，满族）　许嘉宁
叶　青
区长 文　献
常务副区长 崔小浩
副区长 杨蓓蓓　王冬斌　岳　立
孟　锐　舒毕磊　李　欣
区政协主席 王　旭
区政协副主席 赵年生　张　岩
李　靓（女）　连玉明
王冬岩　王　强
区委农工委副书记、
区农业农村局副局长 连文胜（主持工作）

朝阳区各地区办事处（乡）党政正职领导

办事处（乡）	工委（党委）书记	办事处主任（乡长）
来广营地区（乡）	王　刚	兰　澎
太阳宫地区（乡）	李　华	陈　鹏
崔各庄地区（乡）	贾恩松	殷伟涛
孙河地区（乡）	张晓宁（女）	李兴泉
金盏地区（乡）	陈　杰	芦　爽
将台地区（乡）	宋少伟	李　勃
东风地区（乡）	郭　君	谷昆鹏
东坝地区（乡）	李　钧	于淑杰（女）
平房地区（乡）	蒋东燕（女）	张　昕
常营地区（乡）	方　泽	马洪松
高碑店地区（乡）	顾洪涛	杜　磊
三间房地区（乡）	王立新	袁裕中
管庄地区（乡）	万小兵	汪宝成
王四营地区（乡）	郝宝刚	苏云华
豆各庄地区（乡）	张军茹（女）	戴昌军
黑庄户地区（乡）	秦　涛	赵歌帆
南磨房地区（乡）	易湘林	张金鑫
十八里店地区（乡）	刘　涛	马康伟
小红门地区（乡）	王小红（女）	闫　博

（朝阳区农业农村局　庞欣）

海淀区

综　述

海淀区总面积430.77平方公里，农村地区面积261.11平方公里，占海淀区总面积的60.6%。辖7个镇（地区办事处）、53个行政村和原玉渊潭乡等撤制单位。2021年，海淀区委农工委、区农业农村局在区委、区政府的正确领导下，坚持以中关村科学城为“底色”谋划农业农村新发展，以高质量的农村城市化带动农业农村现代化，积极探索美丽乡村建设融入中关村科学城发展的有效路径，全面推进乡村振兴，持续深化“两新两高”战略，各项工作取得积极成效。

城乡发展一体化

【概况】年内，海淀区统筹城乡发展，城乡一体化迈出新步伐，区域统筹发展态势逐步显现。城乡社会保障水平不断提高，城乡各产业发展稳中向好，多个旨在推进城乡统筹发展的项目获批，城乡区域协作不断加强。

【社会保障】年内，坚持就业优先战略，构建城乡统筹、覆盖全面的就业创业政策体系。持续提升社会保险待遇水平，企业退休职工人均养老金4688元/月，城乡居民养老保险基础养老金平均1333元/月，多层次医疗保障体系不断完善。全年采集空岗信息7.55万个，帮助2.7万余名城乡登记失业人员实现就业，其中2万余名就业困难人员通过再就业援助实现就业。登记失业率长期控制在2.3%以下，连续8年保持为北京市充分就业区。建立用人需求档案6683户，新增参保创业单位7043户，创业带动就业岗位52002个。全区城镇登记失业率1.97%。海淀区养老保险、失业保险、工伤保险、医疗保险、生育保险五项社会保险基金累计收缴1054.97亿元，比上年增长50.88%；累计支出483.57亿元，比上年增长14.95%。全区参保单位12.64万户，比上年减少2.79%；参保人数352万人，比上年增长3.03%。调整城乡居民养老金，基础养老金标准为64岁及以下1230元/月，65岁1240元/月，65岁以上1250元/月，比全市标准高出380元，基础养老金水平位居全市第一。

【**产业发展**】年内，初步核算，全年实现地区生产总值 9501.7亿元，按不变价格计算，比上年增长8.8%。分产业看，第一产业实现增加值1.9亿元，增长18.1%；第二产业实现增加值831.3亿元，增长17.6%；第三产业实现增加值 8668.6亿元，增长8.0%。三次产业构成为0.02 ∶ 8.75 ∶ 91.23。

【**街区控制性详细规划（街区层面）获批**】1月15日，《北京海淀区西北旺镇HD00-0403街区控制性详细规划（街区层面）（2020—2035年）》（简称《规划》）获市政府批复，成为北京市新版总规实施后首批获市政府批复的街区控规。规划范围北起玉河南路、南至丰润东路、西起永丰路、东至永玉路，总用地面积约120.1公顷。《规划》从服务保障与提升生态宜居品质着眼，支撑永丰产业基地等科创企业发展，优化职住平衡，满足北部地区创新人群需求，推进城乡统筹发展，明确本街区功能定位为海淀北部地区高品质人居环境示范区、产居融合共享休闲活力客厅。

【**第一轮中央环保督察反馈问题整改全部完成**】1月，区委生态文明委生态环境保护督查工作小组办公室会同区环保督察整改办公室，通过听取汇报、查阅档案、实地核查等方式，对区农业农村局负责的第48项城乡接合部地区环境综合整治任务完成情况进行检查验收。验收组认为整改措施有效，整改成效明显，符合整改目标要求，佐证材料齐全，同意此项整改任务通过整改验收，并上报市级主管部门办结。至此，第一轮中央环保督察向北京市反馈意见涉及海淀区的22项整改任务全部完成。

【**中关村科学城北区第二个中长期开发计划实施方案获批**】5月初，《中关村科学城北区第二个中长期开发计划实施方案（2021年—2025年）》（简称《方案》）获市政府批复。《方案》明确中关村科学城北区未来5年在优化空间布局、聚焦“高精尖”产业、完善城市功能、统筹城乡发展、做好资金平衡五方面的发展思路；建设计划土地一级开发、村庄腾退及安置房、三大设施（年度投资、政府投资、专业公司投资）、土地供应计划及收入预算、收支平衡等重点工作。

【**全国乡村治理体系建设试点**】年内，区农业农村局继续推进全国乡村治理体系建设试点建设工作。产权制度改革、整建制农转非、理顺基层治理体制机制、强化党对集体经济领导、推进城乡基本公共服务同质化等改革举措取得良好成效，镇村形成大批乡村治理典型案例，推动现代城市治理模式向农村稳健延伸。在2021年度市委农工委试点中期评估和农业农村部试点中期评估复评中，海淀区获得充分肯定。根据 2021年 12月 23日农业农村部办公厅、国家乡村振兴局综合司印发的《关于延长乡村治理体系建设试点示范工作试点期有关工作的通知》要求，全国乡村治理体系建设试点期延长至2022年底。

农村经济发展

【**概况**】2021年，海淀区共有水田、水浇地和果园等各类农用地4.86万亩，其中，永久基本农田1万亩，永久基本农田储备区0.11万亩，耕地保有量储备区0.39万亩。2021年，粮田面积6512亩，菜田面积6627亩；蔬菜（含食用菌）完成播种面积10067亩，产量19314吨，产值10366.4万元，同比分别增长6.8%、4.5%、40.5%；瓜果类播种面积627.6亩，产量1019.7吨，实现产值1237.4万元，同比分别增长35.2%、89.0%、44.6%。农村集体经济不断发展壮大，集体资产总额突破2100亿元。

【**蔬菜粮食生产**】年内，市级下达任务，海淀区2021年粮食种植面积不低于6600亩，粮食产量不低于2200吨；蔬菜种植面积不低于9400亩，蔬菜产量不低于18500吨。实际完成粮食播种面积6658亩，占全年任务量的100.9%，产量2211吨，占全年任务量的100.5%；完成蔬菜播种面积10067亩，占全年任务量的107.1%，完成产量19314吨，占全年任务量104.4%。

【**“田长制”落实情况**】年内，印发区级“田长制”工作方案、区级五项配套制度和区总田长令，组建区级“田长制”办公室并明确海淀区2021年“田长制”重点任务，明确区级总田长令发布、调度、巡查及考核等制度内容。全面建立起区、镇、村三级“田长制”的责任体系，形成“区主责、镇负责、村和承包种植主体落实”的工作格局。自“田长制”推行以来，区、镇、村三级田长定期开展巡田工作，将“大棚房”、非粮化、非农化、土地撂荒等问题作为巡田重点，严格落实耕地保护责任。全年共计开展镇村巡田1597次，累计出动人员1803人次。

【高标准农田建设】年内，完成2100亩高标农田建设任务。建设项目包括上庄辛西力屯、西北旺永丰屯村、温泉太舟坞村等十三个片区，建设内容包括土地平整、灌溉与排水、田间道路、4G太阳能户外摄像头远程监控等。项目实施后土地权属不变，项目区耕地全部整理为高质量水浇地，道路通达率和抵御旱涝等自然灾害的能力显著提升。

【农田生态补贴政策】年内，修订农田生态补偿政策，将划定的1.5万亩耕地保护空间，在保护利用方面视同永久基本农田。执行国家禁止“非粮化”、防止“非农化”的管控措施，将享受2500元/亩·年补贴标准的农用地范围由1万亩永久基本农田扩大到1.5万亩耕地保护空间，补贴资金总量在原有基础上每年增加500万元，有效促进海淀区耕地保护和生产保供工作。

【耕地撂荒治理和闲置设施恢复使用】年内，市级下达任务，海淀区疑似撂荒面积3686亩，经核查，海淀区实际具备耕种条件的共计1483亩，已完成复种1413亩，未完成耕种70亩，复种率达到95.3%。尚未完成耕种的70亩主要原因包括：地块存在法律纠纷、地块权属不明导致无法种植等。市级下达海淀区闲置设施303栋，截止到11月，均已按要求整改完毕，整改率100%。

【“大棚房”专项整治】年内，依据《海淀区建立完善严防“大棚房”问题反弹长效监管机制工作方案》，开展设施农业区级扫码巡查工作，对存在堆物堆料、撂荒、弃管等现象的责令整改，并开展区级季度联合巡查4次，督促各镇村开展日常检查，建立台账。按照市级要求，开展“大棚房”问题专项清理整治行动“回头看”全面自查自改暨百日专项整治工作，海淀区共完成三轮巡查，未发现“大棚房”一二三类问题新增反弹。

【耕地质量监测与评价】年内，实施耕地分类管理，更新《耕地土壤环境质量类别清单》，涉及耕地2338个地块，土壤均为优先保护类（未受污染），不存在安全利用类和严格管控类。开展耕地质量监测与评价，市级耕地质量长期定点监测点位3个，区级150个。根据全国第三次土地调查数据，2019年海淀区耕地质量等级评定为4.4（处于中上等）。2021年耕地质量稳步提升。

【土地污染防治】年内，持续开展化肥减量示范推进工程，全面推广测土配方施肥，推广面积1.6万亩，出具优化施肥配方40份。全年增施优质颗粒有机肥7530吨，示范机械化施肥260亩；推广水溶有机肥料12吨，高效无机水溶肥10吨，水稻施用新型缓控释肥42吨。肥料利用率达到42.8%，单位耕地面积化肥施用量降低至24.6千克/亩。

【农业绿色发展】年内，持续开展农业投入品废弃物回收处置行动，减少农业生产面源污染。农药包装废弃物共回收5.77吨，实现覆盖区域内无废弃农药包装，农田抽检清洁率90%以上。农业农药用量折百量6.42吨，单位耕地农药用量折百量145克/亩，农药利用率45.37%，统防统治覆盖率达45.43%，绿色防控覆盖率达61.97%。建立回收机制，回收农业投入品废弃物149.8吨，有效控制农业投入品废弃物对土地污染，推动农业绿色发展。

【设施农业良种更换】年内，印发《2021年海淀区设施农业良种更换工作实施细则》。2021年，海淀区设施良种更换补贴涉及5个镇、68个生产主体。涉及种植面积966.2亩，补贴面积790.9亩，补贴资金共计138334元。

【科技农业】年内，成功申报海淀区国家数字农业创新应用基地建设项目（设施蔬菜），正按计划稳步推进项目建设。翠湖高效设施农业项目顺利竣工投产，是目前北京市单体最大的智能温室，对海淀区农业智能化、数字化发展起到引领示范作用，并进一步建设成为北京高科技农业的样板。

【农业科技成果】3月，自主研发成功国内首个“5G空中草莓无土栽培系统”，采用5G通信、人工智能机器人等技术，把农业生产和科技场景展示有机结合，全生育期实现全程自动模式管控。《空中作物栽培系统》（202121429191.5）及《空中作物栽培控制系统》（202121429194.9）取得两项国家专利。数字黄桃“四系统一平台”体系建设成功，该系统以高品质有机栽培黄桃为模板，首次应用生长环境在线监测系统、物联网水肥一体化系统等技术，搭建数字黄桃云平台，实现了“四系统一平台”的扫码追踪体系，促进“科技+农业”融合升级。

【植物组织培养成果】年内，优化辣椒和茄子一步成苗法。开展种质资源创新和新品种选育，选育出6个辣椒、7个茄子、2个韭菜优势新组合；2个辣椒品种获农业农村部非主要农作物品种登记证书。

优选5种乡土植物，参加上海第十届中国花卉博览会展品竞赛，荣获金奖1项（白花荆条），银奖1项（紫叶风箱果），铜奖6项（毛茛、东北羊角芹、并头黄芩、木蓝、匙叶小檗和金叶水蜡）和优秀奖1项（轮叶婆婆纳）

【休闲农业】年内，积极开展北京市休闲农业“十百千万”畅游行动，对海淀区3个美丽休闲乡村、5个休闲农业园区、6个民俗接待户进行提升改造。苏家坨镇七王坟村入选2021年北京市美丽休闲乡村名单。

【家庭农场示范创建工作】年内，结合本区实际情况，制定并印发了《2021年海淀区家庭农场示范镇和示范户创建项目实施方案》，确定了“海淀区示范家庭农场评定办法”及海淀区农业农村局家庭农场示范镇和示范户名额分配情况，并对“全国家庭农场名录”系统信息进行梳理和完善。指导各镇开展家庭农场示范镇及示范户创建工作。

【政策性农业保险】年内，海淀区政策性农业保险总保费为128.22324万元，区级保费补贴51.289296万元。2021年承保面积3995.73亩、参保375户次；受灾面积2327.54 亩次、312户次，赔款金额122.49万元。

【种质资源普查工作】年内，成立海淀区农作物种质资源普查与收集行动领导小组，制定《海淀区第三次农作物种质资源普查与收集行动实施方案》，细化工作任务。在本次调查过程中，累计普查和征集农作物种质资源29份。

【举办首届中国北京国际种业论坛】10月19日，在北京园博园举办“第二十九届中国北京种业大会——首届中国北京国际种业论坛”，围绕国内外最新种业政策资讯、前沿技术应用、种业知识产权保护与维权、企业创新发展、国际贸易与合作等多方面进行主旨报告和互动讨论，促进国内外企业合作、搭建互惠共赢平台。

【畜禽遗传资源普查工作】制定《海淀区畜禽、水产遗传资源普查实施工作方案》，开展畜禽水产种质资源普查培训，完成海淀区畜禽、水产遗传资源摸排并上报系统，普查到畜种18个、品种41个、群体数量2996个。

【绿色有机农产品认证】制定《2021年海淀区农产品绿色、有机认证补贴工作方案》，减轻生产主体认证负担，提高认证积极性。绿色、有机企业及单位达到7家，绿色有机菜粮产量较去年增长48吨，发放有机、绿色认证补贴奖励资金35万元。

【农产品质量安全】制订《2021年北京市海淀区农产品质量安全监测计划》，为各镇配备38台农残快检仪器，发放检测试剂10000余份，区级检测水果、蔬菜等农产品420个，检测综合合格率99.5%；市级抽检蔬菜30余个，合格率100%；国家例行监测农产品16个，合格率100%。建成北京百旺农业种植园、四季青绿色果品采摘园2个全程农产品质量安全标准化基地，参照DB11/T 202、DB11/T 203建立与本基地实际生产相适应的农业企业标准体系，打造海淀农产品质量安全金字招牌。

【畜禽养殖】年内，海淀区散户畜禽存栏：鸡710只、奶牛190头、羊145头、鸭26只、鹅81只。海淀区教育系统中37家存在动物饲养情况，其中，幼儿园（含办园点）24家，中小学13家，饲养动物种类52种，动物数量866只/头/羽。海淀区现有微型动物园2个，其中稻香湖饲养动物11种，总数1272只/头/羽；实创饲养动物9种，总数142只/头/羽。

【动物疫病防控】1月，圆明园遗址公园内野生黑天鹅突发H5N8亚型高致病性禽流感，区防治重大动物疫病指挥部办公室迅速启动应急响应，采取隔离、消毒、巡视排查、采样检测等应急措施，有效消杀控制禽流感疫情。5月，与22家动物医院签订病死动物及动物产品无害化处理合同，落实病死动物无害化全覆盖。年内，无害化处理病死动物1162只（58986千克）。对动物疫病进行监测，配合市级采样畜禽场、户、动物医院45个次、采集样品690份，其中，禽类样品320份，畜类样品70份，犬猫样品300份，全年实验共检测样品4000余份。加强动物疫病防控网格化协管员培训，以区重大办名义要求各街镇报送社区（村）动物防疫协管员名单，实现了从社区（村）、镇再到区建立三级防控的目标，组织开展3期动物防疫协管员培训，培训协管员700余人次，夯实动物疫病防控工作基础。

【动物免疫】年内，区畜禽重大动物疫病累计免疫9853头（只）次。其中禽类禽流感三价累计免疫1987只次，偶蹄动物口蹄疫疫苗累计免疫3694头次，猪高致病性蓝耳病累计免疫987头次，猪瘟累计免疫2685头次，羊布病累计免疫64只次，小反刍兽疫累计免疫64只次，新城疫累计免疫372只次，应免率达到100%。海淀区犬狂犬病累计免疫33614条。

【渔业管理】年内，海淀区共有渔业户24家，渔业面积369亩。其中垂钓21家，观赏鱼养殖2家，苗种场1家。完成市级渔业增殖放流任务，在南沙河水域放流草鱼、鲢鱼、鳙鱼鱼苗6500千克。

【农技服务】6月，举办园艺作物新品种展示会，示范展示不同类型辣椒品种96个、组合318个，不同类型茄子品种14个、组合54个，韭菜品种5个、组合10个；示范展示甘薯新优品种20个，草莓新优品种3个，樱桃砧木品种3个，甜樱桃新优品种6个；示范展示乡土植物品种460个。在京津冀地区建立80个园艺作物栽培示范点，其中海淀19个。通过试验示范，推广了一批新品种新技术。开展送良种良法到田，为百旺农业种植园、弗莱农庄、三元农场等20多个农业园区赠送蔬菜种子150多份、韭菜种苗10万株、甘薯和草莓脱毒苗以及樱桃砧木组培苗20多万株，并发放一批栽培技术资料。

【农机监管】年内，开展减排和定位装置安装工作，加装拖拉机和联合收割机污染物减排控制装置13台，加装农机北斗定位终端21台；开展农机购置补贴工作，全年补贴金额共计25.227万元；开展农机报废更新工作，完成农机报废更新1台。

【荣誉奖励】1月27日，海淀区农业科学研究所荣获北京市第二次全国污染源普查先进集体。4月29日，海淀区农业科学研究所所长郑禾荣获2021年首都劳动奖章。11月17日，海淀区农业科学研究所获农业农村部“全国星级基层农业推广机构”荣誉称号。

村镇建设

【概况】年内，按照乡村振兴和城乡一体化的发展要求，加快推进新农村建设，着力加强农村人居环境整治，继续推进美丽乡村建设，完善并落实农村人居环境长效管护机制，建立区农村宅基地及房屋建设管理联席会议制度，推动村庄干净整洁、和谐有序。开展乡村振兴战略实绩考核、整建制农转非、老旧防空洞整治和疏解整治促提升工作。海淀区获评2021年全国村庄清洁行动先进县。

【农村人居环境整治】年内，印发《海淀区2021年改善农村人居环境推进美丽乡村建设工作方案》，建立区城指中心每月全覆盖查、区农业农村局不定期抽查、区城管委等部门定期专项查的工作体系。全年完成15座公厕改造、18条小微水体治理任务，清理乱堆乱放乱贴乱挂乱画1.6万余处、生活污水粪污直排溢流283处、农业生产废弃物62.5吨、村域河塘沟渠1979处。开展美丽庭院创建行动，评选出首批50户美丽庭院，每户一次性奖励1000元，营造庭院“小美”助力乡村“大美”浓郁氛围。

【美丽乡村建设】年内，应开展美丽乡村建设村庄实施方案全部通过区政府审批。东升镇马坊村，西北旺镇屯佃、永丰屯村，温泉镇温泉、白家疃村，苏家坨镇西小营、后沙涧村，上庄镇西闸共8个村完成工程建设，上庄镇东马坊村开工建设，村庄绿化、交通等基础设施进一步完善，美丽乡村建设取得阶段性进展。

【农村人居环境管护】年内，印发《海淀区农村人居环境长效管护实施方案》，明确总体要求、工作目标、主要任务、职责分工、保障措施等内容，进一步巩固农村人居环境整治和美丽乡村建设成果。完成罗家坟等6个村庄准物业化管理年度考核验收，拨付区级准物业化管理资金。组织区城管委等相关部门开展农村基础设施季度联合检查，确保农村基础设施正常运行。

【村卫生室（站）建设】年内，印发《海淀区农村卫生室标准化建设工作方案》，明确卫生室建设总体目标、工作任务、建设流程、时间安排、保障措施等内容。建立“建前调研定点位、建中检查督进度、建后走访解问题”全周期管理模式，高标准推进村卫生室（站）建设，10月全部实现实体化运行。村卫生室（站）合理配备全科、中医等诊室，设置厕所、医疗垃圾暂存点等设施，大力补齐农村公共服务医疗资源短板，打通农村看病“最后一公里”。

【整建制农转非工作】3月，整建制农转非手续办理工作高效完成，资金统筹计划首年任务圆满收官，整建制农转非系列政策有效运行，2.8万名农民已享受到城镇职工同等社保待遇，海淀城市化进程迈上历史新台阶。总结形成《海淀区整建制农转非阶段性工作情况的报告》，先后经区政府专题会、区委农村工作领导小组会审议通过。

【区委农村工作领导小组会召开】12月27日，区委书记于军主持召开2021年海淀区委农村工作领导小组会，审议了整建制农转非阶段性工作情况、人居环境整治和美丽乡村建设情况及市对区乡村振兴战略实绩考核推进情况等工作。

【印发“三农”工作重点任务】年内，以区委农办名义印发《2021年“三农”工作重点任务分工方案》，明确了48项重点工作的任务内容、责任单位和完成时限。会同区委督查室、区政府督查室每季度联合督查工作进展，推动农业农村高质量发展。

【出台海淀区“十四五”时期农村城市化规划】年内，研究起草《北京市海淀区“十四五”时期农村城市化规划》，系统阐明海淀区委区政府关于“十四五”时期海淀区“三农”工作的战略意图，明确海淀区“十四五”时期农村城市化发展的指导思想、基本要求、发展目标和重点任务，11月11日，以区政府名义印发至全区各相关单位。

【乡村振兴战略实绩考核工作】年内，拧紧责任链条，将24项年度重点任务按分值逐项分解到17个区相关部门；强化高频调度，每月收集梳理任务进展跟踪问效；坚持分类施策，根据进展情况实行“红黄绿”榜标识，针对难点问题会商研讨、把脉问诊、对症下药，确保各项任务顺利推进。2021年海淀区在全市党政领导班子和领导干部推进乡村振兴战略实绩考核中被评为优秀等次，总分在13个涉农区中排名第三。

【组建乡村振兴“五大专班”】年内，区相关部门组建乡村振兴产业、人才、文化、生态、组织振兴“五大专班”，各专班建立挂账推进、督导指导、信息报送等机制，全面加强乡村振兴战略实施的组织保障。

【疏解整治促提升工作】年内，主要关注以下任务：一是腾退土地利用专项行动。完成2021年“留白增绿”任务，经市级验收合格后已销账。二是重点村庄环境综合整治专项行动。在海淀区48个现状村全面开展农村人居环境整治；评选出首批50户美丽庭院；提升改造公厕15座，并移交环卫部门管理；完成整治小微水体6条；完成上庄镇罗家坟村污水管网修缮项目建设，新铺设污水管线4579米，实现村庄污水管网全收集、全处理。三是村庄房屋出租管理专项行动。制定印发《海淀区农村宅基地及房屋建设管理办法（试行）》和《关于进一步加强和规范农村宅基地及建房审批管理的通知》。

【老旧防空洞治理】年内，采取汛前通知、实地检查、定期会商、专题调研等措施，确保温泉镇白家疃村和西北旺镇韩家川村122户老旧防空洞上危险房屋安全度汛。共检查25处防空洞隐患点位，其中温泉21处，苏家坨4处。根据现场检查结果，依据地勘公司和房屋鉴定部门的专业鉴定结果，制定防空洞及防空洞上危房治理方案，及时做好解危工作。共计拨付专项资金116万元用于治理防空洞隐患。

【出台区级宅基地政策及两镇细则】年内，依据市级指导意见，结合海淀区实际情况，研究制定出台了《海淀区农村村民宅基地及房屋建设管理办法（试行）》和《关于进一步加强和规范农村宅基地及建房审批管理的通知》。8月16日，区长专题会审议通过《上庄镇农村宅基地及房屋建设管理实施细则（试行）》和《苏家坨镇农村宅基地及房屋建设管理实施细则（试行）》。

【建立区农村宅基地及房屋建设管理联席会议制度】年内，组建海淀区农村宅基地及房屋建设管理联席会议。12月8日正式印发《海淀区农村宅基地及房屋建设管理联席会议制度》《海淀区农村宅基地及房屋建设管理联席会议成员名单》。

农村民生

【概况】年内，增加公共产品和公共服务供给，举办各类农村文化艺术主题节日，打造线上与线下融合的活动内容，提升农产品知名度，打开农产品多渠道销售途径，促进农民增收。在落实好社区（村）疫情防控工作的同时，完善农村就业、养老和医疗保障体系，养老保险、失业保险、工伤保险、医疗保险、生育保险五项社会保险基金累计收缴1054.97亿元，比上年增长50.88%；累计支出483.57亿元，比上年增长14.95%，农村民生持续改善。

【举办北京市休闲农业“十百千万畅游”行动推介会暨第21届海淀区樱桃文化节】5月22日，在凤凰岭公园，北京市休闲农业“十百千万畅游”行动推介会暨第二十一届海淀区樱桃文化节开幕。通过“乐骑京郊”、“冠军的假期”、《1039慧旅行》节目等活动预热，对全市60余个优质樱桃样品进行擂台评比，评选出金奖园区1家、银奖园区3家、铜奖园区6家。其中，海淀区钮金杰采摘园获金奖，杨家庄村樱桃采摘园获银奖，王少强采摘园、张兰军采摘园获铜奖。活动现场盛况在新华社、新华网、人民网等200余家媒体平台发布。

【举办海淀区2021年“中国农民丰收节”暨首届乡村文化节】9月23日，在四季青镇四季御园国际大酒店草坪广场，海淀区2021年“中国农民丰收节”暨首届乡村文化节开幕。活动以科技、原创为关键词，以合作、创新为产业助推器，以丰收、喜悦为活动主旋律，各镇选送的大合唱、舞蹈、诗朗诵等文艺演出展示出新时代农村居民的丰富文化生活。

落实疫情防控相关要求，现场参与人数约150人，通过直播等形式吸引线上4.6万人参与。

【农村地区新冠肺炎疫情防控】年内，区农村防控组内设综合协调（监督检查）、组织动员、农村市场等7个工作组，办公室设在海淀区农业农村局。与市农村防控组、区疫情防控领导小组及各工作机构开展协调联络、会议活动，确保日常工作运转和服务保障；制定工作方案，完善工作机制；承担农村地区疫情防控调研指导和监督检查，协调各成员单位按照责任开展工作，加强监督检查；指导各镇压实防控职责，落实好各项工作。全年下发工作提示13个、通知40余个。海淀区农业农村局成立7个督导组，督导检查1073村（社区）次，发现整改问题443个。

基层组织与民主政治建设

【概况】年内，持续加强全面从严治党，扎实推进村和社区“两委”换届工作，进一步完善农村“两委”干部选育管用全链条机制，开办为期2天的农村基层党组织书记培训班，开展“我为群众办实事”实践活动和“听党话、感党恩、跟党走”百姓微宣讲活动，农村基层组织与民主政治建设迈出重要步伐。

【全面从严治党】2月，组织召开2021年全面从严治党大会，制定并下发领导班子落实全面从严治党主体责任清单。上半年，组织农村系统参与“党旗红·廉洁颂——庆祝中国共产党成立100周年廉洁文化作品展”投稿活动，上报68幅作品参与区级评选。

【海淀区农业综合执法大队正式挂牌成立】4月16日，按照《北京市深化综合行政执法改革实施方案》要求，北京市海淀区农业综合执法大队正式挂牌成立。北京市海淀区农业综合执法大队为北京市海淀区委农工委、海淀区农业农村局管理的行政执法机构，履行动物卫生、兽医兽药、种子、化肥、渔政、农药、农机、农产品质量安全等执法职责。

【村干部管理监督】6月，配合区委组织部，制定印发《海淀区村和社区“两委”成员队伍建设五年行动计划（2021—2025年）》，进一步完善农村“两委”干部选育管用全链条机制。年内，严格落实村党组织书记区级备案管理流程，审批同意四季青镇宝山村和苏家坨镇北安河村党组织书记调整。梳理选拔122名后备干部纳入后备人才库。

【村和社区“两委”换届工作】上半年，配合区委组织部强化指导监督，顺利完成村和社区“两委”换届，实现村书记和主任100%“一肩挑”，每村至少有1名35岁以下年轻干部，“两委”班子年龄学历实现“一升一降”，结构持续优化。

【“未来农业”人才会客厅】9月，聚焦乡村振兴，启动“未来农业”人才会客厅，副区长林航宣布开厅，发布推进乡村振兴人才工作十项任务举措，全年开展培训、云课堂等活动12次，为乡村振兴添活力增助力。

【农村基层干部培训】10月，为落实好新时代农村基层干部主题培训要求，组织开办为期2天的农村基层党组织书记培训班，海淀区7个镇150余名村、社区和股份社党组织书记参加，村级党组织负责人能力素质不断提升。

【资格联审】年底，指导推动镇村股份社党组织换届和股份社换届，77个村级股份社实现党组织全覆盖。牵头开展股份社候选人资格联审，累计审查9批753人次。

【农村基层组织建设】年内，聚焦抓党建促乡村振兴，指导各镇积极探索党建工作有效形式和载体，拨付资金80万元，支持苏家坨镇大西山沉浸式党史学习教育体验基地、四季青镇新就业群体伙伴行动计划、西北旺镇红丰温馨“驿”家服务站等项目，打造具有海淀农村特点的基层党建品牌。常态化推进软弱涣散村党组织整顿，苏家坨镇草厂村、上庄镇后章村完成转化提升。

【“我为群众办实事”实践活动】年内，结合“千百十·我在基层”和“双联系”、“双报到”等活动，领导干部围绕农业执法、技术服务等内容，制定并完成实事清单18项，集中解决群众关心的重点难点问题，不断提升为民服务效能。

【建党100周年相关活动】年内，组织7个镇和玉渊潭总公司共计360余人圆满完成农村系统参加建党一百周年广场庆祝活动和文艺演出观演活动服务保障任务。5—6月，圆满完成建党100周年庆典和平鸽（信鸽）天安门广场放飞演出活动的产地检疫工作。举办“大美乡村”美术作品展，引导各镇村党员群众文艺爱好者通过诗词书画等作品展示海淀乡村的美好变化。策划“我的村庄”原创歌会，由8位村民推介《风过稻香小镇》等8首村歌，在北京电视台播出，唱出对家乡的热爱、对党的感恩之情。制作整建制农转非纪录片、纪实册，留存这一伟大民生工程的经典瞬间。组织党员干部走进海淀镇乡情村史馆等红色教育基地，感受党领导下海淀农村地区的巨大变化。带领农村系统7个镇组织了丰富的庆祝活动，凝聚颗颗红心，共庆百年华诞。

【党史学习教育】年内，聚焦党史学习教育，厚植“三农”情怀，推动海淀“三农”工作提质增效。通过以上率下、学干结合、多维联动、统筹推进的方式，领导班子“带头学”、全体党员“课堂学”、前往基地“实地学”、分享感受“互动学”等，开展集中学习97次，集中倾听专题宣讲报告会14期，前往中国共产党历史展览馆等实地开展学习教育10次。区委党史学习教育第八指导组对教育活动进行了全程指导。

【“听党话、感党恩、跟党走”百姓微宣讲活动】年内，策划以学习党史谱新篇 乡村振兴正当时——“奋斗，在希望的田野上”为主题的海淀区农村系统“听党话、感党恩、跟党走”百姓微宣讲活动，从乡村治理、农业科技、回乡奋斗等八个不同角度展示具有时代特色的乡村振兴建设成果，宣讲视频在海淀农业农村局公众号展播，浏览量超5000人次。

海淀区领导名录

区委书记	于　军
副书记	王合生　张　强
常委	鲍　雷　李俊杰　张劲林 吴计亮　张若冰 牟晓春（女）　刘传忠 林剑华
区人大常委会主任	刘长利
副主任	李　泉　吴宝华　魏开锋 李卫华　赵晓光（女）
区长	王合生
常务副区长	李俊杰
副区长	林剑华　林　航（女） 张小川　岳　立　徐振涛 程培衡　马光耀 靳　晖（挂职）
区政协主席	刘　勇
副主席	赵小云（女）　许　云 李　伟　曹先彬　安雪晖 叶培贵
区委农工委书记、区农业农村局局长	张春明

海淀区各镇党政正职领导

镇	党委书记	镇长
四季青镇	薛飞飞	魏　星
东升镇	武　凯	赵仕伟
海淀镇	苏建华（女）	朱海斌
西北旺镇	赵小云（女）	尹　刚
温泉镇	刘　件	余新星
苏家坨镇	张文涛	刘培宝
上庄镇	刘　涵（女）	周　波

（海淀区农业农村局　潘高峰）

丰台区

综　述

2021年，丰台区完成行政区划调整后，农村地区变更为19个涉农街道和2个镇，共有57个行政村、70个集体经济组织。17个涉农街道及下属38个行政村位于永定河以东，属“一绿”地区；3个涉农街道和2个镇及下属19个行政村位于永定河以西，属“二绿”地区（宛平街道横跨一绿二绿，其中卢沟桥村属于“一绿”地区，永合庄、北天堂两村属“二绿”地区）。全区集体土地面积133.27平方公里，占总面积（305.56平方公里）的43.62%，其中农用地77.87平方公里。农用地中，耕地8377.65亩，永久基本农田6003.7亩，基本菜田最低保有量800亩。

城乡融合发展

【概况】以绿隔建设、重点村城市化、重点功能区和重大项目建设、棚户区改造、城市化统筹试点等为路径，促进城乡一体化发展。

【建立区级工作机制】年内，加强区城乡接合部建设统筹领导，制定《丰台区2021年城乡接合部建设工作要点》，就年度内城乡接合部建设重点工作进行部门分工。参照市级领导小组组织体系，在区委城市工作委员会下设专项小组即区城乡接合部建设领导小组，统一部署和协调推进丰台区城乡接合部和绿化隔离地区建设工作，明确牵头区领导、牵头部门及配合部门，与市级组织体系做好衔接。

【推进一道绿隔建设】丰台区“一绿”地区涉及38个行政村，农村地区总面积166.15平方公里，其中集体土地43.89平方公里。通过旧村改造新村建设、重点村城市化、棚户区改造及城市化建设统筹试点等一系列政策和路径，加快“一绿”地区城市化建设进程。累计完成宅基地腾退758.27万平方米，占宅基地总建筑规模的88.67%；实现土地入市建筑规模1276.99万平方米，占规划入市规模的56.1%；按规划实现产业175.25万平方米，占规划产业规模的23.22%；实现回迁房竣工783.37万平方米，占回迁房规划面积的68.23%；回迁安置人口12.67万人，40个村基本完成回迁上楼任务，占比78%。实施绿化22.21平方公里，占应实施绿化面积的62.07%。完成23个村3.5万人整建制农转居，其中13个村实施撤村建（并）社区。农业户籍人口5.3万人。

【推进二道绿隔建设】年内，丰台区“二绿”地区涉及19个行政村，总面积139.4平方公里，其中集体土地89.38平方公里。北宫镇6个行政村中，除大灰厂村外，4个村列入棚户区改造项目均在途实施，太子峪村拟纳入全市棚改计划项目尽快启动实施。云岗街道张家坟村纳入棚户区改造项目并在途实施。王佐镇8个行政村中，南宫、佃起、西王佐、庄户4个村依靠村集体自身经济发展实施旧村改造；魏各庄、怪村、西庄店、沙锅村4个村纳入青龙湖地区棚户区改造和环境整治项目。长辛店街道长辛店村、赵辛店村城市化实施路径在探索中，正在编制街区控规。累计回迁安置房竣工132.16万平方米，完成30.49%，安置上楼2.86万人；累计腾退宅基地建筑面积166.3万平方米，完成32.06%，累计腾退集体企业建筑面积295.82万平方米，完成42.38%；已入市土地建筑面积345.9万平方米，完成50.62%。已建设规划产业建筑面积52.79万平方米，完成25.77%；实施绿化29.94平方公里，完成60.7%，实现转居0.39万人，剩余农业户籍人口3.1万人。

【加强劳动力安置人口核定，严控集体产业建设规模】履行村公示、街镇审核、区认定、市备案“四级把关”工作程序，2021年累计完成8个村（万泉寺村、白盆窑村、大井村、榆树庄村、周庄子村、纪家庙村、小屯村、原新宫和小井村）的劳动力安置人口审核认定工作。

农村经济发展

【概况】以加强集体土地和房屋管理工作为抓手，以农村集体资产监管联席会、乡村产业振兴工作专班等议事协调机构为依托，发挥统筹协调作用，强化项目资金管理，全面掌握农村经济形势，促进休闲农业产业发展，加快农村产业提质增效和转型升级，推动农村经济社会有序发展。

【农业生产情况】年内，丰台区粮食播种面积1158.57亩，蔬菜播种面积2478.2亩。全区有9家无公害认证企业，认证面积96.93公顷，认证产品67个；有8家农业标准化备案基地，其中4家为市优级标准化蔬菜生产基地。辖区内无规模化畜禽养殖场，散养畜禽已完成清退。

【全年农业产值】年内，实现农林牧渔业总产值1.7亿元，比上年增长1.1%。其中林业产值1.4亿元，增长17.3%；农业产值2717万元，下降40.5%。

【农业观光园经营情况】年内，全区17个农业观光园接待211.7万人次，比上年增长71.1%；实现总收入1.6亿元，增长39.1%。

【开展农产品质量安全统一监测】年内，制定实施《2021年丰台区农产品质量安全统一监测计划》，开展农产品质量安全监测工作。全区共开展农产品质量安全检测3077个，总体合格率100%。其中定量97个，合格率100%；定性2980个，合格率100%。

【推进食用农产品合格证制度进展】年内，在2020年试行工作的基础上，按照区级实施方案要求，继续推进2021年合格证试行工作，指导乡镇督促试行主体有效开具合格证，全区共开具合格证300余张。

【开展农产品"三品一标"认证及农业标准化工作】年内，研究绿色有机认证工作思路，组织相关乡镇级辖区内主体参加绿色、有机认证线上培训，邀请市级专家开展现场讲座，辅导园区认证申报，组织工作人员参加绿色食品检查员培训，提高工作水平。同时根据《丰台区农产品“三品一标”认证工作实施方案》（丰政农发〔2017〕1号文），为“三品一标”认证主体落实奖励，提高主体认证积极性。开展农业标准化基地备案管理工作，梳理更新已备案基地相关信息，实施动态管理。同时按照市级工作方案，组织开展辖区内备案满5年市级优级标准化基地到期区级复评工作。

【农产品质量安全执法检查】年内，严格落实监管责任，开展农产品质量安全执法检查，共出动执法人员1454人次，检查农产品生产主体、农业投入品生产经营主体等监管对象421个次。

【农村产业项目投资发展】年内，为推进农村产业项目发展，带动区域固定资产投资，将樊家村劳动力安置用地项目、长辛店镇太子峪村集体土地租赁住房项目、长辛店镇张郭庄村集体土地租赁住房项目等11个农村产业项目纳入2021年区重点工程计划，涉及高品质生活性服务业、科技服务业和集体土地租赁住房三个领域，积极开展项目调度，推进项目实施。其中，长辛店镇太子峪村集体土地租赁住房项目、卢沟桥乡张仪村集体土地租赁住房项目按计划于年内实现开工。

【推进休闲农业产业发展】年内，整合区域资源，凝聚产业力量，打造精品休闲农业观光线路、促进现有休闲农业园区提升、举办精品农业节庆活动、申创星级休闲农业园区等，打造特色化、差异化、多主题、品牌化的休闲农业聚集区，形成包含4个四星级以上园区、7个三星级园区及多个储备园区、“丰台农耕体验王佐行”特色线路及多项传统民俗、非遗体验、特色节庆活动、特色美食在内的休闲农业发展格局，以休闲农业高质量发展促进城乡融合、农民增收、集体经济可持续增长。

【加强农村集体土地和房屋管理】年内，制定工作导引，进一步细化分类管理，加强租赁价格指导，结合区位等因素，提出土地和房屋租赁指导价格建议。召开十次联席会，区级部门联审项目83个，农村集体资产监管联席会议暨区政府专题会议审议通过项目58个，实施街镇审核区级备案管理项目232个，总建筑规模85.69万平方米，续租类项目年租金平均上涨23.61%。压实街镇主体责任，继续对集体产业的业态布局、招商合作等事项严格把关，加强招商服务指导，促进集体产业提质增效。开展2019年区委一号文件落实情况专项督查检查工作。

【召开第二十九届中国北京种业大会】年内，为贯彻落实党中央国务院关于种业振兴战略决策部署，落实市委书记关于把北京种业大会办成中国的种业大会具体要求，10月18日至20日，第二十九届中国北京种业大会在北京园博园举办。大会展示了“全国十粒种，一粒自北京”的种业发展成果及在全国的地位作用，进一步凸显种业服务人民美好生活的重要价值。

村镇建设

【概况】近年来，丰台立足区域优势，深入推进美丽乡村建设，走出一条绿色发展之路，国家级产城融合示范区、花园式旅游小镇、南囿秋风，一张张城市名片，标注着丰台绿色发展的成果。

【美丽乡村建设】年内，落实“百村示范、千村整治”任务，16个市级实事任务村庄全部一次性通过市级美丽乡村现场核查验收，提前1年完成全部21个村庄市级美丽乡村创建任务。压实责任，建立月检查月调度机制。对各街镇开展巡查、督导，聘请第三方现场检查，督促属地及时整改。2021年全市人居环境考核中，丰台区在丰台、朝阳、海淀的中心城区组中排名第一，在13个涉农区中排名第四。组织相关单位进一步健全完善农村地区长效管护机制，以村为单位编制村级管护责任清单。牵头完成年度农村地区绿化养护、道路保洁、公厕管护、污水处理、路灯养护、垃圾运输和分类等项基础统计，申请拨付农村地区运维经费1.5亿元。

【农村地区疏解】年内，完成2021年“疏整促”专项行动任务和年度目标。持续推进违法建设拆除，开展“基本无违建区”创建，实现新生违建、占道经营动态清零，超额完成拆违腾地任务；实现“开墙打洞”及“无证无照”经营点位动态清零，100%完成无证无照经营整治；抓好腾退空间统筹利用，实现留白增绿34.3公顷，战略留白229.95亩，超额完成全年任务。提前完成城乡接合部改造任务，完成拆迁腾退建筑面积9.09万平方米，完成率100%；实施绿化面积5.1241公顷，完成率100%；涉及人口876人。

农村改革

【概况】从1993年开始，丰台区在全市率先开展农村产权制度改革工作，2013年完成村级改制；2018年完成5个乡镇的乡镇级改制工作。完成改制的集体经济组织全在市场监督管理部门注册登记为独立法人，建立了股东代表会议、董事会、监事会、经营管理层的“三会一层”法人治理结构。经济班子与村委会在村党组织领导下，由“三套班子”共同对村集体重大事项进行决策。2019年，首次组织全区统一的村级集体经济组织换届选举工作。2021年

9月，因行政区划调整，为其中62个村更换了新的组织登记证书。

【完成村集体经济组织换届选举】年内，全区22个村集体经济组织进行换届选举，占70个村集体经济组织总数的31%。换届调整后，全区村集体经济组织有董事会成员403人，监事会成员248人。书记、董事长“一肩挑”的比例89%，基层党组织领导核心地位进一步巩固；董、监事会成员大专以上学历的有589人，占比90%。

【推进整建制农转非及撤村建居工作】3月，马连道村完成整建制农转非，转非312人；8月，分钟寺村完成整建制农转非，转非2296人。出台《丰台区关于加强撤村建居工作的实施意见》(京丰办发〔2021〕10号)，进一步完善政策，规范流程。

【建立健全农村集体涉地经济合同联合预审机制】年内，建立区、街乡镇涉地经济合同联合预审机制，做到“六必审”(即合法合规必审、规划用途必审、条款规范必审、价款合理必审、对方资质必审、违约责任必审)。全年，区级审核通过合同42份，街镇审核通过合同602份，已签订合同568份。

农村民生

【概况】年内，逐步扩大社区化管理服务的覆盖面，农村公共服务水平显著提升。城乡教育资源布局逐步优化，城乡公共服务水平差距逐渐缩小，完善农村居民就业培训体系，开展经济薄弱村帮扶，民生进一步改善。

【公共服务稳步提升】年内，12个新建卫生室（站）均完成建设并投入运营。成立15个“智慧家医”乡村工作室。地铁14号线、19号线一期开通运营，5G基站大范围建设，河西再生水厂二期投入运行，推进农村公共基础设施建设。建成14个乡情村史陈列室、50个农村精神文明宣传视屏。开展中国农民丰收节、北京农民艺术节丰台专场等文化活动，全年举办线上线下群众文化活动约1900场次。

【农业人口就业情况】截至年底，城市化建设地区农村登记失业人口1746人，实现就业1006人，其中城市化建设地区农村就业困难人员1029人，城市化建设地区农村困难人员实现就业513人，城市化建设地区登记失业率1.11%，同比降低0.43个百分点。

【农村社会保障情况】2021年末参加城乡居民养老保险的农村居民人数（不含无保障）89965人，比上年末增加755人。2022年末参加城乡居民养老保险的农村居民人数（不含无保障）90346人，比上年末增加381人。

【加强新型农民培养工作】年内，开展新型农民培养1674人，其中职业技能培训396人，特种作业和特种设备培训865人，农村中层管理人员培训413人。

【动物防疫】年内，辖区内无规模化畜禽养殖场，散养畜禽完成清退。截至年底，辖区有2家实验动物养殖单位、17家观赏动物园、22家马属动物养殖户。全年在做好重大动物疫病风险监测的同时，全力做好狂犬病免疫工作，登记免疫犬只31409只，全年未发生犬狂犬病及人感染病例。

【加强执法监督工作】年内，按照“有权必有责、履责受监督”的原则和要求，以权责清单为抓手，依法履职。2021年深入开展了农资打假、农药行业安全生产大检查等各类专项执法行动20余个。2021年，丰台区农业农村局共计开展执法检查12931次，查办动物检疫、动物诊疗、假兽药、使用人用药、渔业资源保护、种子、植物检疫等案件208件，共计罚没款128991.4元。

【加强耕地扬尘管控】年内，一季度完成制定《2021丰台区扬尘管控工作方案》。贯彻落实市委、市政府有关工作部署，切实做好冬春季季节性裸露农田扬尘管控工作，制定《北京市丰台区冬春季耕地扬尘管控工作方案》，并向有关街镇发送《关于做好冬春季季节性裸露农田扬尘管控工作的通知》，积极推进冬春季季节性裸露农田作物覆盖工作。组织农业生产培训会，开展种植技术培训，宣传越冬作物品种。加强秸秆粉碎覆盖还田等保护性耕作措施推广与技术指导，进一步加强农机作业扬尘治理，做好农业扬尘治理工作。

【农药化肥减量】年内，全区继续推进化学农药、化肥减量工作。开展蔬菜病虫害绿色防控及专业化统防统治推广，绿色防控技术推广，推行生物物理防治病虫害技术，促进农药减量增效。推广测土配方施肥，合理引导高效施肥，减少化肥用量，促进化肥利用率的提高。鼓励农民施用优质有机肥和生物有机肥，逐步提升耕地有机质含量和耕地质量，累计补贴有机肥1310吨。

【耕地土壤环境质量监测】年内，持续做好耕地土壤环境质量监测工作，全区布设48个监测点位，实现区域内耕地范围全覆盖，并坚持动态更新耕地分类管理清单。已指导乡镇对受污染地块实施安全利用，污染地块安全利用率100%，目前未出现新的受污染地块。

【**农业废弃物回收利用**】年内，采用集中回收，统一处置的回收处理机制对农业投入品废弃物进行处理。全区设有农药包装废弃物回收点48个，废弃农膜回收点11个；农药包装废弃物回收处置项目按照工作方案，实施有偿回收，共计回收农药包装废弃物63323件，3.09吨；废旧地膜实施以旧换新，共计回收废旧地膜3吨。分别交由第三方公司进行无害化处理。通过项目落实，实现全区废旧农膜回收率90%以上，农药包装废弃物基本全回收。在做好回收处置工作的基础上做好宣传引导工作，杜绝0.01毫米厚度以下地膜的使用。

【**政策性农业保险**】2021年度，全区政策性农业保险共有25家单位参保，签订保险单44份，参保面积1651.07亩，总保费314246.2元，其中：中央财政补贴4820.55元；市级补贴153679.85元；区级补贴62849.24元；保户自付92896.56元。涉及参保品类18种（大豆170亩、枣403.11亩、樱桃246.46亩、水稻130亩、苹果121亩、果树树体80亩、玉米68亩、西瓜60亩、温室大棚226亩、小麦45.5亩、蔬菜35亩、花生26亩、核桃23.7亩、梨7.8亩、柿子3.5亩、杏4亩、桃1亩）。受大风暴雨等灾害影响，先后有14家参保单位报险，出险勘查30余次，参保作物受损面积累计560.75亩，品种有西瓜、玉米、樱桃、蔬菜、玉米、大枣等，理赔金额390112.28元。

【**落实耕地地力保护补贴**】年内，按照北京市关于耕地地力保护补贴相关工作要求，制定《2021年丰台区耕地地力保护补贴实施方案》，安排落实耕地地力保护补贴资金6.768万元。

【**开展丰台区农村房屋安全隐患排查工作**】年内，加强组织领导，健全工作机制，制定《丰台区农村房屋安全隐患排查整治工作方案》，聘请第三方机构采取试点先行领跑，以点带面形式聚焦重点难点，全面完成农村房屋安全摸底排查和信息采集录入工作，累计排查、录入共18071处，存在安全风险256处（B级风险78处、C、D级风险178处），其中：经营性自建房共576处，存在安全风险0处；未用作经营性自建房共14764处，存在安全风险247处，其中C、D级危房170处；非自建房2731处，存在安全风险9处，其中C、D级危房8处。

六、基层组织与民主政治建设

【**概况**】年内，贯彻落实中央、北京市农村工作会议精神、习近平总书记对北京重要讲话精神和区委农村工作会议精神，践行新时代党的建设总要求和新时代党的组织路线，以《中国共产党农村工作条例》《中国共产党农村基层组织工作条例》为遵循，坚持和加强党对农村工作的全面领导，村党组织政治功能和服务群众能力不断提升，高标准完成村三套班子换届选举工作，农村基层党建工作稳固提升，庆祝建党一百周年系列活动圆满完成。

【**农村基层党组织**】截至年底，丰台区农村地区建制村党组织55个，其中村党委5个，村党总支47个，村党支部3个，党员7437人，女党员3015人（占40.5%）。按年龄分，35岁以下660人；36—55岁3035人；56岁以上3742人。按学历分，大专以上3202人；中专474人；高中、中技1167人；初中及以下2594人。2021年农村地区新发展农牧渔民党员189人。

【**加强农村基层党建**】年内，分级分类举办农村基层干部培训班。对村“两委”和村集体经济组织及各级全资、控股企业主要负责人444人进行个人重大事项报告，按比例抽查核实。对234名村“两委”干部、集体经济组织负责人、村级中青年人才进行资格联审。健全完善村级中青年人才选育管用机制，统筹安排4名中青年人才分别到区级部门跟岗锻炼及先进村拜师学艺，截至年底，储备中青年人才166人。完善“四议一审两公开”“三务公开”制度［四议：村党组织提议、村三套班子会商议、村党员大会审议、村民（股东）代表会议决议；一审：乡镇（地区）审核；两公开：决议公开、实施结果公开；“三务公开”：即党务、村务、财务公开］。

【**党风廉政建设**】年内，制定农工委抓党建工作责任清单和2021年度落实全面从严治党主体责任任务安排，定期研究听取落实情况；农工委书记亲自抓好市委巡视、区委巡察整改落实工作；制定《农工委农业农村局班子成员基层党建工作联系点制度》；组织党员干部观看“以案为鉴、以案促改”警示教育片，持之以恒落实中央八项规定精神，防止“四风”问题反弹，严守疫情防控规定，按要求落实干部离京（离境）报备、婚丧喜庆事宜、疫情防控报告等工作。

【开展文化活动】年内，丰富载体，扩大影响，不断满足农民多元文化需求。以“我的丰台我的家”系列文化活动为载体，每年将“百姓周末大舞台”“文化四进”等区级特色文化活动送到基层。2021年，在丰台区各村开展农村文艺演出星火工程106场；农村公益数字电影放映2040场。

【助力农家书屋发展】年内，区图书馆充分发挥区图书馆、街镇和属地农家书屋（益民书屋）多方沟通联络机制作用，走进辖区每个农家书屋，深入了解书屋现状和读者阅读需求，累计为全区正常开放的82个农家书屋补充更新图书0.567万册，配送线上线下结合的优质全民阅读推广活动15场次，有0.8万人次参与量。

【完成人大建议、政协提案办理工作】年内，区农业农村局共承办市区政协人大提案议案5项，全部按时办结，人大代表和政协委员对办理结果满意率达100%。

丰台区领导名录

区委书记	徐贱云
副书记	初军威　底志欣
常委	蒋达峰　周新春　崔旭龙 田　涛　韩新星　张宏韬 刘永宗　郭晓一（女）
区人大常委会主任	高　峰
副主任	王建斌　张　婕（女） 李春滨　王振华　穆志军
区　长	初军威
副区长	周新春　崔旭龙　刘禹锡 高崇耀　高志庆　孔钢城 李宗荣　薄　澜（女）
区政协主席	李　岚（女）
副主席	连　宇　冯晓光　姜东升 徐朝辉（不驻会） 樊　维（女，不驻会） 韩如泉（不驻会）
区委农工委书记、区农业农村局局长	陈　阳

丰台区乡镇党政正职领导

乡镇	党委书记	乡（镇）长
卢沟桥乡（7月区划调整撤乡建街）	李春生（7月免）	郭新占（7月免）
花乡（7月区划调整撤乡建街）	王世义（7月免）	卢英博（7月免）
南苑乡（4月区划调整撤乡建街）	张晓光（3月任，4月免）	张晓光（3月免）
长辛店镇（4月区划调整更名为北宫镇）	穆志军（12月免）	夏远峰
王佐镇	高文娟（女）	杨国强
宛平城地区（7月区划调整撤地区建街）	薄　澜（女，7月免）	杨　勇

丰台区乡镇党政正职领导

乡镇	党委书记	镇长
北宫镇	夏远峰（7月任）	夏远峰（7月免） 邓　旻（11月任）
王佐镇	高文娟（女，7月免） 彭松涛（7月任）	杨国强

（丰台区农业农村局　李雅荣）

门头沟区

综　述

门头沟区辖区总面积1447.8平方公里。辖区共有9个镇178个行政村、4个街道办事处。截至2021年末，全区常住人口39.6万人，比上年增加0.3万人。全区户籍人口总户数124557户，总人数257440人，其中非农业人口216686人，农业人口40754人。

2021年是“十四五”开局之年，也是开启全面建设社会主义现代化国家新征程的起步之年。今年以来，门头沟区坚持生态优先、绿色发展，在构建新发展格局上迈出新步伐，在促进高质量发展上取得新成效，全区经济持续稳定恢复，稳中向好的势头不断巩固，较好地完成了全年各项发展目标，顺利实现“十四五”良好开局。初步核算，2021年全区实现地区生产总值（GRP）268.8亿元，按不变价计算比上年增长7%。2021年，全区城乡居民人均可支配收入为59336元，比上年增长7.7%；人均消费支出35396元，比上年增长11.%。全区农村集体经济总收入11.4亿元，同比增长5.4%；全区农民人均所得实现26368元，比去年同期的25143元增加1225元，同比增长4.9%。2021年，全区实现农林牧渔业总产值3.7亿元，比上年下降21.8%。休闲农业与乡村旅游实现总收入8139.4万元，比上年增长68.4%。截至12月，门头沟区低收入线上边缘户和返低风险户两类农户233户，404人，人均可支配收入实现18192元。人均收入持续超过低收入农户标准线11160元，且全部超过14000元。全区深入践行“两山”理论，创新工作机制，加大保护力度，绿色空间持续拓展，地区生态涵养功能大幅提升。2021年全年完成人工造林面积600公顷，森林覆盖率达到48.3%，比上年提高0.2个百分点。绿化覆盖率达到50.7%，与上年持平。

城乡发展一体化

【**概况**】在疫情和经济下行压力双重影响下，全区上下齐心协力、攻坚克难、苦干实干、砥砺前行，保持了经济社会平稳有序发展。初步核算，2021年全区实现地区生产总值（GRP）268.8亿元，按不变价计算比上年增长7%。其中，第一产业实现增加值1.7亿元，比上年下降17%；第二产业实现增加值72.4亿元，比上年增长6.1%；第三产业实现增加值194.7亿元，比上年增长7.7%。三次产业结构为0.6 ：26.9 ：72.5。

【**财政收支**】年内，全区完成公共财政预算收入31亿元，比上年下降3.3%。税收收入完成22亿元，比上年下降10.4%。其中，增值税9.8亿元，比上年增长12.3%，企业所得税2.3亿元，比上年下降21.6%。非税收入完成9亿元，比上年增长20.2%。全区区级政府性基金预算收入完成29.4亿元，比上年下降29.8%。全区完成公共财政预算支出100.7亿元，比上年下降5.8%。其中，一般公共服务支出14.3亿元，比上年增长4.5%；社会保障和就业支出14.3亿元，比上年增长4%；教育支出19.1亿元，比上年增长1.7%；城乡社区支出8.2亿元，比上年下降40.9%；文化旅游体育与传媒支出7.4亿元，比上年增长74.9%。

【**城乡居民收支**】年内，全区城乡居民人均可支配收入为59336元，比上年增长7.7%；人均消费支出35396元，比上年增长11.%。其中，城镇居民人均可支配收入63940元，比上年增长7.7%；城镇居民人均消费支出37504元，比上年增长11%，恩格尔系数为23.8%。

【**居民人均可支配收入**】年内，在疫情常态化防控形势下，居民生产生活秩序平稳有序，全区居民收入保持稳定增长。居民人均可支配收入总量持续位居远郊十区首位。从主要收入构成看，全区居民人均工资性收入为34253元，同比增长7%；居民经营净收入385元，同比增长3.2%；人均转移净收入15935元，同比增长6.1%；人均财产净收入8763元，同比增长13.6%。

【**投资**】年内，全区完成全社会固定资产投资（不含农户）比上年增长7%。完成城镇投资比上年增长8.6%，其中，房地产开发投资比上年下降16.6%。

固定资产投资（不含农户）及其构成统计表

指标名称	增长速度（%）
固定资产投资（不含农户）	7.0
建筑安装投资	14.6
政策性住房	−37.0
其中：棚户区改造	−40.4
按城乡划分	
城镇投资	8.6
房地产开发投资	−16.6
农村投资（不含农户）	−22.6

【**工业**】年内，全区规模以上工业企业实现产值53.8亿元，比上年增长0.1%。都市型工业实现产值1.3亿元，比上年下降20.2%。现代制造业实现产值43.1亿元，比上年增长1.1%。高新技术产业实现产值50.1亿元，比上年增长1.3%。规模以上

工业企业实现现价销售产值51.5亿元，比上年下降6%。

【建筑业】年内，全区有资质的建筑业企业实现建筑业总产值138.2亿元，比上年增长5.9%。其中，建筑工程产值133.6亿元，比上年增长5.1%；安装工程产值4.5亿元，比上年增长35%。房屋建筑施工面积439.6万平方米，比上年增长41.3%，房屋建筑竣工面积95万平方米，比上年增长175.4%。

【房地产开发业】年内，全区完成房地产开发投资额75.7亿元，比上年下降16.6%。房屋施工面积280.9万平方米，比上年下降28.5%。房屋竣工面积34.8万平方米，比上年下降56.3%。商品房销售面积41.5万平方米，比上年增长24.8%，其中住宅销售面积21.1万平方米，比上年下降10.1%。

房地产开发业主要指标（项目建设地）统计表

指标名称	2021年	2020年	增长速度（%）
房地产开发投资额（万元）	756697	907464	-16.6
房屋施工面积（平方米）	2809398	3931343	-28.5
住宅（平方米）	1303299	1852138	-29.6
写字楼（平方米）	284009	405018	-29.9
经营性用房（平方米）	249754	431326	-42.1
其他（平方米）	972336	1242861	-21.8
房屋施工面积中新开工面积（平方米）	0	1520956	—
房屋竣工面积（平方米）	348048	796567	-56.3
住宅（平方米）	63680	320685	-80.1
商品房销售面积（平方米）	414763	332279	24.8
住宅（平方米）	210982	234739	-10.1

【商业】年内，全区实现社会消费品零售额（产业在地口径）113亿元，比上年增长11.6%。按限额标准分，限额以上企业及个体实现零售额71.7亿元，比上年增长16.5%；限额以下企业及个体实现零售额41.3亿元，比上年增长4%。按行业分，批发业实现零售额9.9亿元，比上年增长23%；零售业实现零售额95.3亿元，比上年增长9.4%；住宿业实现零售额6497.8万元，比上年增长42.8%；餐饮业实现零售额7.2亿元，比上年增长27.8%。

社会消费品零售额构成统计表

指标名称	2021年	2020年	增长速度（%）
社会消费品零售额（万元）	1130042.8	1012320.3	11.6
按限额标准分			
限额以上（万元）	717196.0	615485.5	16.5
限额以下（万元）	412846.8	396834.8	4.0
按行业分			
批发业（万元）	98654.7	80237.6	23.0
零售业（万元）	953064.8	871351.3	9.4
住宿业（万元）	6497.8	4548.8	42.8
餐饮业（万元）	71825.5	56182.6	27.8

【交通运输业】年内，全区个体出租车辆19个，出租企业营运车辆61个；全区客运场站18个，公交线路90条，公交运营车辆1000辆。

【邮电业】截至2021年末，全区共有邮政局所18处，其中，局1处，支局3处，所14处。全年邮政业务总量13801万元，出口函件54万件，包件2万件，汇票1万张，订销报纸累计份数808万份，杂志28万份，特快专递1万件，快递包裹523万件。

【“一线四矿”规划】9月18日，《北京市京西“一线四矿”及周边区域协同发展概念规划方案征集公告》发布，围绕门大线铁路带状轮廓开展规划策划，围绕现状和规划站点开展城市设计，经过专家组公开评选，最终确定4家单位参与方案设计工作。

【镇域国土空间规划编制】年内，市规划自然资源委门头沟分局制定2021年全区镇域国土空间规划编制任务台账及综合考评细则，指导各镇街编制镇域国土空间规划，完成王平镇、妙峰山镇、大台街道、清水镇、雁翅镇5个镇域规划的技术审查工作；《镇域国土空间规划区级联审工作要点》以区委城工委办名义印发，明确27个委办局审查工作重点。

农村经济发展

【概况】2021年，全区农业与农村工作加快落实乡村振兴战略，扎实推进乡村建设行动，推动建立健全“村地区管”机制，大力发展绿色富农产业，全面完成粮食蔬菜稳产保供任务，巩固拓展脱低成果与乡村振兴有效衔接，不断深化乡村治理，农业农村经济保持平稳发展态势。年内，全区实现农林牧渔业总产值3.7亿元，比上年下降21.8%。其中，农业实现产值6357.6万元，比上年增长4.9%；林业实现产值3亿元，比上年下降25.2%；畜牧业实现产值419.4万元，比上年下降18%；农林牧渔专业及辅助性活动实现产值779.8万元，比上年下降41.7%。休闲农业与乡村旅游实现总收入8139.4万元，比上年增长68.4%，其中，观光园实现收入2401万元，比上年增长160.1%；乡村旅游实现收入5738.4万元，比上年增长46.7%。

农林牧渔业产值及农产品产量统计表

指标名称	2021年	2020年	增长速度（%）
农林牧渔业总产值（万元）	37326.0	47729.2	-21.8
农业	6357.6	6058.9	4.9
林业	29769.2	39821.6	-25.2
畜牧业	419.4	511.5	-18.0
农林牧渔专业及辅助性活动	779.8	1337.2	-41.7
设施农业收入（万元）	151.8	113.4	33.9
主要农产品产量			
1.出栏家禽（万只）	0.80	0.84	-90.4
2.牛奶产量（吨）	24.5	24.0	2.1
3.鸡蛋产量（吨）	36.6	40.1	-8.7
4.出栏羊（只）	83.0	201.0	-58.7
5.蜂蜜产量（吨）	90.8	106.1	-14.5
6.蔬菜产量（吨）	1414	1183.1	19.5
7.水果产量（吨）	3006.4	3042.1	-1.2
8.秋粮产量（吨）	828.7	796.0	4.1

【粮食、蔬菜生产情况】年内，全区全年粮食作物播种6753.5亩（其中玉米5033.6亩、谷子234.5亩、甘薯321.5亩、豆类967.9亩、其他196亩），产量828.74吨；蔬菜已播种3643.8亩，产量1414吨。

【落实耕地地力保护补贴政策】年内，耕地地力保护补贴面积为2115.56亩，补贴金额634668元，涉及4镇46村1187户。

【落实菜田补贴政策】菜田补贴面积为999.94亩，补贴金额525366元（600元/亩，其中已经享受耕地地力保护补贴的露地菜田，按照300元/亩给予补贴），涉及6镇25村138户。

【开展有机肥补贴项目】年内，推广补贴有机肥1730吨，补贴金额830400元，覆盖面积3719亩，涉及51个村。

【落实农机购置补贴政策】年内，共受理农机购置补贴申请3宗，共兑付补贴资金16330元（其中中央资金9800元、市级资金6530元）。

【开展变型拖拉机清理工作】年内，按照北京市农业农村局、北京市公安局公安交通管理局《关于进一步加强本市拖拉机安全管理暨开展变型拖拉机清理工作的通知》的要求，依法对门头沟区登记备案属“清理”范围内的126台变型拖拉机号牌、行驶证和登记证书进行注销，强制注销的公告已于8月23日在区农业农村局网站和农机监理机构办事大厅进行了公示。9月将变型拖拉机清理情况函送区交通支队。

【农产品质量安全综合合格率】年内，完成农产品定性检测样品10094份，完成农产品定量检测样品419份，完成农业环境定量检测样品60份，总合格率100%。

【开展了农田灭鼠工作】年内，发放粘鼠板18000张，灭鼠范围包括大田、菜田、设施保护地等，灭鼠面积9000余亩。

【耕地质量长期定位监测工作】年内，建立4个市级长期定位监测点，5个面源污染监测点，3个耕地质量监测点，开展监测工作，完成土壤取样工作。

【水产养殖资源普查和畜禽种质资源普查工作】年内，根据《北京市农业种质资源普查实施方案（2021—2023年）》《门头沟区畜禽水产种质资源普查方案（2021—2023年）》开展普查工作。完成普查并填报品种4个，群体数量13120个。其中珍珠鸡170只、海蓝蛋鸡800只、意大利蜂11990箱、北方中蜂160箱。

【重大动植物疫病防控工作】年内，坚持程序化免疫，保证重大动物疫病应免率100%。门头沟区针对禽流感、口蹄疫和新城疫等重大动物疫病共实施17次集中强制免疫，累计发放禽流感、新城疫、口蹄疫、小反刍兽疫各类疫苗共计91.3万羽/只/头份。在犬狂犬病防控方面，共计免疫犬9631只。做好免疫抗体监测，免疫效果良好。共采集血样2011份（畜禽样品1241份，其中羊血336份、牛血33份、犬猫血205份、鸡血613份、猪拭子54份；市级监测送样，季度送样520份，半年送样250份），实验室开展新城疫、高致病性禽流感、O型口蹄疫、亚洲Ⅰ型口蹄疫、A型口蹄疫、小反刍兽疫、布鲁氏杆菌病、狂犬病、弓形虫等检测，共计监测5706份样本。三是广泛开展流行病学调查工作，做好风险评估。开展宠物流调92次，中心人员开展流行病学调查96户次，基层防疫人员入户流调1745次。四是“瘦肉精”等违禁药物监测工作。全年共计开展羊尿液样本瘦肉精（盐酸克伦特罗和莱克多巴胺）检测400份次，鸡蛋开展兽药残留（磺胺类、氯霉素和四环素药物）的快速检测2085份次，覆盖全区8镇1街。五是应急处置工作。加强疫情应急队伍的管理，做好重大节假日与活动期间疫情应急备勤与处置工作，将为民办实事和中心专业技术工作充分相结合，发挥动物疫病诊疗专业技术优势，着力做好动物异常情况应急出诊工作。年内，疫控中心共计处置32起畜禽不明原因死亡事件，共计出动32车次、101人次，排查诊断疑似疫情32起。

【农产品质量安全综合质检站提升工作】年内，区级农产品质量安全检测站获得北京市市场监督管理局下发的“检验检测机构资质认定证书”，以及市农业农村局下发的“农产品质量安全检测机构考核合格证书”。

【门头沟小院联盟就业培训基地挂牌开班】8月4日，门头沟小院联盟就业培训基地正式挂牌，并举办2021年门头沟小院经营者和从业者技能提升培训，活动由区人力社保局、区委农工委区农业农村局、区文旅局联合举办，3家单位的主要领导、主管领导，以及潭柘寺镇、妙峰山镇、王平镇、雁翅镇、斋堂镇、清水镇等6个镇的27家精品民宿相关负责人参加。

【“门头沟小院”入围市会议定点目录】年内，“创艺乡居”“红雁谷”等首批11家“门头沟小院”精品民宿入围北京市会议定点范围名单。

【精品民宿入选旅游助力乡村振兴案例】年内，《北京门头沟区清水镇梁家庄村：“门头沟小院”创艺乡居精品民宿文旅赋能绿色发展模式》入选《2021世界旅游联盟——旅游助力乡村振兴案例》。

【“门头沟小院”在乡村厨神大赛获奖】年内，丰源客栈、创艺乡居2处“门头沟小院”精品民宿参加2021乡村厨神大赛暨“大厨下乡”集中成果展示活动，并分别获一、二等奖。

【门头沟小院推介活动】年内，2021北京精品民宿推介会暨门头沟小院推介活动在忠良书院阳光报告厅举行，活动由北京市文化和旅游局、门头沟区人民政府共同主办。

【精品民宿发展服务包3.0版推出】年内，门头沟区推出精品民宿发展服务包3.0版，建立2000万元风险补偿基金，通过“以奖代补”方式，给予政策性担保公司存量、增量业务奖励；与中国农业发展银行、中国银行等金融单位合作新增3款银行贷款产品，为“门头沟小院”精品民宿项目经营提供政策支持。

【文旅体验活动】3月20—27日，区文化和旅游局在潭柘寺镇精品民宿紫旸山庄、AAAA级景区谷山村和斋堂镇马栏村爱国主义教育基地举办“我是戏中人”“品味乡野 耕读传承”“红色基因 由我传承”3场活动。

【精品红色旅游线路发布】年内，门头沟区推出半日游、一日游、两日游等共18条红色主题精品旅游线路。旅游线路以区内红色旅游资源为主，融合自然风光、人文地理、传统文化以及精品民宿，根据不同消费群体需求。

【农村农业保险情况】年内，门头沟区政策性农业保险继续保持亿元以上水平，全年完成投保金额11688.03万元，投保农户1216户次，保费金额770.21万元，作物投保总面积2.09万亩，主要险种有苹果2402亩、梨1537亩、樱桃1802亩、枣609亩、杏1093亩、核桃995亩，果树树体6654亩、露地花卉3170亩、密植果树树体1085亩、密植园果品种植险1434亩。全年保险公司赔付农户743户次，赔付金额630.24万元。2021年，农村房屋保险投保5887户，保费60.8万元，自开办房屋保险以来，有效保障因风灾、雨灾、房屋年久失修、线路老化，火灾等造成的房屋损失。2021年，赔款631件，金额198万元。村干部责任保险投保1048人，保费16.77万元，投保情况与去年基本持平。

【金融业】截至2021年末，全区金融机构存款余额达到873亿元，比上年末增长5.2%，其中，单位存款343.2亿元，比上年末下降4.1%；个人存款529.7亿元，比上年末增长12.3%。全区金融机构贷款余额278.9亿元，比上年末增长0.2%。其中，短期贷款68.2亿元，比上年末下降13.4%，中长期贷款210.7亿元，比上年末增长5.5%；对公贷款177.4亿元，比上年末下降3.8%，个人贷款101.5亿元，比上年末增长8%。

金融机构存贷款情况统计表

单位：万元

指标名称	2021年	2020年	增长速度（%）
金融机构存款余额	8729511.4	8296059.7	5.2
单位存款	3432696.4	3580766.2	-4.1
个人存款	5296615.2	4715293.5	12.3
金融机构贷款余额	2789365.3	2784985.4	0.2
按贷款期限划分			
短期贷款	682175.5	787920.8	-13.4
中长期贷款	2107189.8	1997041.4	5.5
按贷款对象划分			
对公贷款	1773920.6	1843203.9	-3.8
个人贷款	1015257.7	940288.5	8.0

村镇建设

【概况】2021年，全区深入贯彻落实乡村振兴战略，扎实抓好美丽乡村建设，创新机制推进农村人居环境整治。加大村庄公共空间整治力度，持续开展村庄清洁行动。巩固农村户厕问题摸排整改成果，引导农民开展户内改厕。加强农村公厕建设维护。以人口集中村镇和水源保护区周边村庄为重点，分类梯次推进农村生活污水治理。推动农村生活垃圾源头分类减量，及时清运处置。推进厕所粪污、易腐烂垃圾、有机废弃物就近就地资源化利用。加强农村公路养护和安全管理，推动与沿线配套设施、产业园区、旅游景区、乡村旅游重点村一体化建设。

【美丽乡村建设验收】年内，门头沟区完成第二批美丽乡村创建验收任务。

【美丽乡村规划编制】年内，市规划自然资源委门头沟分局制定《门头沟区美丽乡村规划（村庄规划简本）技术要点》，完成全部138个村庄规划的联合审查，138个村庄规划（共138个村）完成区政府批复，并报区人大备案，同时完成全部138个村的规划成果一张图整合工作。

【农村人居环境整治】年内，门头沟区按照“清脏、治乱、增绿、控污”要求，持续在138个村开展村庄清洁行动，建立区级巡查、通报、督办、约谈、曝光、考核和奖惩等7项机制，每月开展文明农村人居环境整治综合考评。2021年度农村人居环境市级考核综合排名全市第一。

【生活垃圾分类示范村创建】年内，门头沟区通过定时定点上门收集、定点投放、分类驿站等多种方式，实现农村地区垃圾不落地全覆盖，累计创建北京市生活垃圾分类示范村28个。

【“垃圾分类科技助力”重点提案现场考察】区政协召开“垃圾分类 科技助力”重点提案现场考察暨重点提案办理协商会，与会人员先后实地查看东辛房街道紫金新园一区和永定镇永和新苑垃圾分类情况，区城管委、区民政局、永定镇、东辛房街道负责人就垃圾分类情况作汇报。委员们与参会单位进行互动交流，并建议要抓住重点环节，探索高效运行机制，提高源头分出率，利用科技手段助力垃圾分类。

【农村地区煤改清洁能源】门头沟区成功入选国家北方地区冬季清洁取暖项目，预计门头沟区将连续3年获得中央和市级资金支持共计3.9亿元。预计通过此次项目实施，将有效改善全区电力基础设施，为解决农村冬季取暖、持续提升大气生态环境质量，高质量建设“绿水青山门头沟”奠定基础。

【生态环境】全区深入践行“两山”理论，创新工作机制，加大保护力度，绿色空间持续拓展，地区生态涵养功能大幅提升。2021年全年完成人工造林面积600公顷，森林覆盖率达到48.3%，比上年提高0.2个百分点。绿化覆盖率达到50.7%，与上年持平。公园绿地500米服务半径覆盖率达到92.9%，比上年提高3.3个百分点。人均公园绿地面积26.3平方米/人。

【豚草防治工作】7月，门头沟区组织各相关镇于花期之前统一开展豚草灭除工作，范围自斋堂镇沿河城村起始沿永定河下延，涉及5镇（斋堂、雁翅、王平、妙峰山、龙泉）2300亩区域，重点防治在永定河沿岸豚草发生区，以控制草籽随水散播，防治效果达到95%以上。

【耕地保护】年内，市规划自然资源委门头沟分局完成征地结案4项，涉及用地面积68.3762公顷，征地补偿费20512.86万元；完成集体占地审批6项，其中3个简易低风险项目，2个公共公益项目，1个村旅游产业项目；完成国道109新线高速公路九工区和五工区2个临时用地项目复垦方案评审工作。

【节水宣传】年内，区水务局围绕“深入贯彻新发展理念，推进水资源集约安全利用”主题，以“优化水资源配置，推进水生态修复”为宣传口号，成立20余人的宣传小组，在街头设立宣传点，发放宣传品10余种1000余份。

【供水保障】2021年，门头沟区水保障能力不断增强，完成涉及65个村的用水计量安装及村镇供水保障工程（二期），斋堂集中供水厂被水利部评为2021年度农村供水规范化水厂；再生水利用有效增长，完成年度“清管行动”，管线清掏率达90%以上，新建污水收集管线1.38公里、改造雨污合流管网0.8公里、新建再生水管线0.5公里，污水处理率达到91.2%，区供排水事务中心获评北京市第二次全国污染源普查表现突出集体；生态治水效果显著，门头沟区京津风沙源治理二期工程完工79平方千米，新开工35平方千米，国家水土保持重点工程完工，治理面积32平方千米；“河长制”落地实效，整治乱占、乱堆等四乱问题2198个；水资源约束作用不断增强，全年用水总量4954万立方米，其中新水4174万立方米。

【生态沟域打造】年内，门头沟区打造门头沟小院+长城文化带清水花海果香生态沟域，涉及下清水村、台上村、梁家庄村；门头沟小院+永定河文化带王平古道农耕生态沟域，涉及韭园村、桥耳涧村、东落坡村、西落坡村、西马各庄村、东马各庄村、南港村、东石古岩村；门头沟小院+西山永定河苇甸田园综合体生态沟域涉及上苇甸村。

【百花山国家级自然保护区】2021年，区百花山管理处构建绿色发展新格局，高标起航、务实笃行，以“讲奉献、争第一”的门头沟精神，更好地承担起守护绿水青山、保护生态资源的使命任务，汇聚开局“十四五”、开启新征程的强大力量，开展“绿盾”专项行动、生物多样性保护工作，持续做好各类监测工作，积极服务科研调查活动，开展“安全生产月”活动与“防风险、除隐患、减灾害、保安全”安全防范百日专项行动，开设北京百花山国家级自然保护区微信公众号，开展生物多样性日、环境日主题宣传以及科普宣教，为全面建设“绿水青山门头沟”提供稳固的生态屏障保证。

【乡村治理示范创建再获佳绩】经复核和公示，中央农办、农业农村部、中宣部、民政部、司法部、国家乡村振兴局公布第二批全国乡村治理示范村镇名单，清水镇获评第二批全国乡村治理示范镇、清水镇梁家庄村被评为第二批全国乡村治理示范村，这是继2019年底清水镇洪水口村获评全国乡村治理示范村以来再获此殊荣。

【草地贪夜蛾防治与监测】年内，区农业农村局共设草地贪夜蛾系统监测点11处，安装虫情测报灯5个，太阳能杀虫灯90台，布控性诱捕器200套，发放诱芯600根，用于草地贪夜蛾监测防控工作，组织田间调查282人次，全年累计上报监测94次。

【农业投入品废弃物回收处置】年内，门头沟区回收废旧地膜2.62吨（折纯量为1.27吨），达到预计回收数量，地膜回收率98%；累计回收农药包装袋8857个，包装瓶17639个，玻璃瓶88个，共26584个，0.41吨，由专业公司运回处置点进行统一回收处理利用。

【宅基地权籍调查和确权登记】年内，市规划自然资源委门头沟分局完成川底下、法城等5个试点村现状勘调测绘与摸底分析等工作，涉及宅基地420宗，用地面积8.1万平方米；逐步梳理出6大类20项问题；初步形成镇村认可的试点测量认定标准细则；拟定《房屋土地来源相关情况承诺书》，试填试报承诺书24份，已经村集体确认盖章；拟订门头沟区农村宅基地建房审批及登记颁证工作流程；逐步完善试点村实施方案、实施细则、宅基地使用权及房屋所有权首次登记规范等政策文件。

【水资源】全年供水（用水）总量4954.2万立方米，比上年增长1.4%。其中，农业用水287万立方米，比上年下降4.4%；工业用水202.1万立方米，比上年增长5.4%；生活用水2626.7万立方米，比上年增长3.6%；生态环境用水1838.3万立方米，比上年下降1.2%。

【险村险户搬迁】2021年末，共累计完成5个镇29个村的险村险户搬迁工作。

农村改革与管理

【概况】2021年，门头沟区以乡村振兴战略布局为纲领，大力推进“一二三”工作格局，坚持党建工作引领，立足单位职能职责和打造绿水青山门头沟品牌两个基本点，开展农村土地确权及流转、农村集体经济组织产权制度改革等工作调研，全面完成18项区级重点任务，在9镇181村开展村干部任期和离任经济责任审计“回头看”工作，检查9镇59村村级财务公开情况，组织开展“三资”管理、农村产权交易、清产核资以及信息化管理等各类农村经济管理等培训，参加培训627人次，推进农村经管工作取得新进展。

【农村土地承包经营权确权登记颁证】年内，继续开展确权登记颁证扫尾工作，加强风险防控和应急处置，积极稳妥推进确权颁证工作，全区确权登记颁证工作涉及4个镇，打印证书6128本，更新证书827本。

【农村经济合同管理】年内，门头沟区制定出台《门头沟区涉地农村集体经济合同管理办法（试行）》，进一步规范涉地农村集体经济合同，保障农村社会和谐稳定。

【农村统计监测】年内，全区农村集体经济总收入11.4亿元，同比增长5.4%；全区农民人均所得实现26368元，比上年同期的25143元增加1225元，同比增长4.9%。全区两类农户人均收入持续超过低收入农户标准线11160元，且全部超过1.4万元。低收入农户人均可支配收入实现18192元。

【农村产权交易】年内，门头沟区组织实施农村产权交易17个项目，涵盖5个镇13个村，项目种类涵盖土地类、实物资产类，土地类涉及土地面积634.54亩、实物资产类涉及房屋面积1.2万平方米，项目保底收益0.6亿元。

【“三资”监管定期检查】年内，门头沟区完成9个镇90个村的农村集体“三资”监管定期检查工作，对农村集体“三资”管理制度落实执行情况、财务票据管理以及相关农村重大事项民主程序履行情况等方面进行重点检查，下发整改通知书，撰写检查报告，督促镇、村按要求进行整改。

【“三资”平台财务审查】年内，累计查看491村次59040笔账目，预警金额涉及2000万元。

【农民负担监督管理执法检查】年内，区经管站完成农民负担执法检查，区内各项涉农收费减免政策已落实到位，未发现增加农民负担等违法违规现象。

【农村管理信息化维护】年内，门头沟区动态开展农村管理信息化四级网络及农村管理信息化动态维护工作，完成四级网络巡检及农村管理信息化动态维护工作。

农村民生

【概况】门头沟区“三农”工作在区委、区政府正确领导下，全面落实习近平新时代中国特色社会主义思想，在疫情防控取得关键进展的同时，农村经济平稳运行。依托全区农村经济特点，按照“服务农业农村经济社会发展”“服务政策落地”“服务农村和谐稳定”的总体思路，研究农村集体经济发展模式，强化农村集体“三资”监管措施，促进门头沟区农村集体经济不断发展，农民持续增收。

【农村集体经济收入】2021年，门头沟区坚定践行“两山”理论，坚持生态优先、绿色发展，京西生态屏障愈加牢固，转型发展初见成效，农村集体经济稳步增长。根据北京农村管理信息化综合应用平台相关数据显示，全区农村集体经济总收入11.4亿元，同比增长5.4%。其中，镇级集体经济总收入0.3亿元，同比增长16.2%，村级集体经济总收入11.1亿元，同比增长5.1%。全区集体组织收入5.4亿元，同比增长6.3%，集体企业总收入实现6亿元，同比增长4.5%。本年35个集体经济薄弱村集体经营性收入超10万元，超额完成当年达标任务。农民人均所得26368元，同比增长4.9%。其中，报酬性收入实现10396元，同比增长5.8%，财产性收入实现5928元，同比增长4%，转移性净收入实现5357元，同比增长5.2%，家庭经营净收入4687元，同比增长3.6%。全区农村劳动力50876人，同比持平，从业劳动力45317人，同比持平，就业率89.1%，同比增长0.6%。

【巩固脱低】截至2021年底，门头沟区共有线上边缘户233户，404人，无返低风险户。两类人群2021年家庭年人均可支配收入实现18192元，无返低情况出现。

【农民增收情况】2021年，门头沟区农村居民人均可支配收入预计30837元，比上年同期增长10.5%，在全市排在第五位，增速与全市水平持平。

【科学技术】2021年，全区组织各级科技项目22个，其中，区级科技计划项目22项。完成技术合同登记175项，技术合同成交金额35.3亿元，认定高新技术企业109家，授予专利1767项。全区科技经费筹集总额4719.5万元，科技经费支出总额4611.7万元。

【教育】截至2021年末，全区共有幼儿园42所，班数367个，全年入园（班）人3555人，在园（班）幼儿10755人，离园（班）2080人，教职工1702人，其中专任教师1007人。小学学校21所，班数428个，毕业生1918人，招生数2465人，在校学生数14161人，教职工1227人，其中专任教师1010人；初中阶段学校11所，毕业生数1393人，招生数1691人，在校学生数4909人，教职工657人，其中专任教师485人；高中阶段学校7所，其中普通高中6所，毕业生数774人，招生数994人，在校学生数2815人，教职工670人，其中专任教师534人；职业高中1所，毕业生数44人，招生数18人，在校学生数44人；全区高中升学率97.36%，初中升学率96.8%，初中就近入学率94.13%。全年专科毕业243人，本科毕业280人。

【文化】2021年，全区共开展不同形式演出514场，观众11.6万人次。其中，艺术演出514场，观众8.3万人次。下乡下基层辅导演出28场，送电影下乡9200场。截至年底，全区现有255个村居文化室。图书馆馆藏总量达到131.5万册，当年新购入图书20109册，办理借阅证件827个，流通读者1万人次。全区共有重点文物保护单位85个，其中国家级5个、市级15个、区级65个。

【卫生】截至2021年末，全区共有医疗卫生机构272个，其中医院12个。医疗卫生机构实有床位3082张，其中医院2208张。全区卫生技术人员达到4022人，其中，执业（助理）医师1455人，注册护士1708人，药师（士）260人，技师（士）221人。全区卫生医疗机构总诊疗量410.4万人次，出院人数51528人。

【体育事业】截至2021年末，全区有各类体育健身场地1286个。全区有等级裁判员791人，其中一级117人、二级674人。全年参加市级比赛58项，组织区级比赛62项，参赛人数6万人次；共获金牌67枚、银牌83枚、铜牌89枚；向上一级体校输送优秀运动员6人。

【农村危房改造】年内，门头沟区农村危房改造完成80户（均为2018—2020年任务，含1户优抚对象），其他方式解决安全住所105户，已拨付市级补助资金437万元、区级资金167.7万元，合计604.7万元。

【劳动和社会保障】截至2021年末，城镇登记失业率为2.5%；年末实有城镇登记失业人员2617人。全区养老、失业、工伤保险参保人数分别比上年增长2.2%、5.9%和8.4%，医疗和生育保险参保人数比上年降低13.3和15.4%。城乡最低生活保障应保尽保，城市、农村居民最低生活保障人数分别达到5237人、1863人，城乡特困人数为458人。

【人口状况】截至2021年末，全区常住人口39.6万人，比上年增加0.3万人。全区户籍人口总户数124557户，总人数257440人，其中非农业人口216686人，农业人口40754人。户籍人口中，全年出生人口1569人，死亡人口2671人，人口出生率6.1‰，死亡率10.4‰，自然增长率-4.3‰。

基层组织与民主政治建设

【概况】2021年，全区基层组织与民主政治建设工作终坚持以习近平新时代中国特色社会主义思想为指导，全面学习贯彻党的十九大和历次全会精神，深入践行新时代党的建设总要求和新时代党的组织路线，认真落实市委、区委各次全会部署要求，紧紧围绕打造“红色门头沟”党建品牌、高质量建设“绿水青山门头沟”，以党的政治建设为统领，聚焦党建引领基层社会治理建强组织体系，突出提高治理能力锻造高素质专业化京西铁军，立足生态涵养区高质量发展深化人才工作改革创新，为推动全区高质量发展、确保“十四五”开好局起好步提供坚强组织保证，以优异成绩庆祝建党100周年。

【举办中央一号文件精神解读专题培训班】3月12日，区农业农村局举办中央一号文件精神解读专题培训班，邀请中国人民大学农业与农村发展学院孔祥智教授就2021年中央一号文件精神进行专题解读。区农业农村局、区经管站共70余名机关干部参加。

【集中观看庆祝建党百年直播】7月1日，区委农工委区农业农村局组织全体党员干部在农林大厦配楼四层大会议室集中观看了“庆祝中国共产党成立100周年大会”直播。

【喜获北京市“乡村演说家”第二名】7月11日，由中央广播电视总台农业农村节目中心推出的大型农村户外演讲节目《乡村演说家》第二站：走进北京堂上村，在CCTV-17首播。由区农业农村局选送的宣讲员张董同志喜获北京市“乡村演说家”第二名。

【主要领导讲党史专题党课】7月15日，区委农工委、区农业农村局召开全体党员大会，主要领导围绕“永远跟党走”这一主题讲党史学习教育专题党课，全局160余人参加。

【参观“不忘初心、牢记使命”大型主题展览】8月19日，区委农工委、区农业农村局组织100余名党员干部群众参观在中国共产党历史展览馆举办的“不忘初心、牢记使命”大型主题展览活动。

【开展“听党话、感党恩、跟党走”主题宣讲活动】组建“乡村振兴红色铁军”宣讲团，由4名退役军人代表、2名挂职干部代表、2名区派第一书记代表和1名门头沟区优秀人才代表共同组成，通过讲心路、晒瞬间、谈梦想，多方位开展宣讲活动。

【举办专场展演活动】10月13日，在妙峰山镇炭厂村举办“庆丰收、感党恩”第四届中国农民丰收节暨第32届北京农民艺术节“回望百年颂党恩，振兴乡村跃新程”乡村大舞台门头沟区专场展演活动。“爱体育 爱乡村 爱生活”门头沟区美丽乡村健康跑活动同步开跑。市农业农村局副局长、一级巡视员马荣才，门头沟区副区长马强，市委农工委宣教中心主任李彬，以及区农业农村局、区委宣传部、区文旅局相关领导和各镇主管领导、妙峰山镇各村党组织书记、炭厂村村民共约300人参加。

【收看党的十九届六中全会精神新闻发布会】11月12日，区委农工委、区农业农村局组织全体党员干部职工收听收看党的十九届六中全会精神新闻发布会。

【举办高素质农民培训班】12月10日至16日，区委农工委、区农业农村局举办门头沟区2021年高素质农民培训班——“门头沟小院+”民宿管家实用技术培训和休闲农业实用技术培训，来自全区各镇的100名农村实用人才共同参加了为期7天的线上学习。

【马栏、田庄、涧沟3个村获评中央组织部红色试点村】3月15日，经市委组织部申报、中央组织部评定，斋堂镇马栏村、雁翅镇田庄村、妙峰山镇涧沟村列为中央组织部红色试点村。

【高质量完成村和社区“两委”换届选举工作】截止到3月21日，历时88天，全区178个村、121个社区的“两委”班子全部完成换届，新一届村和社区“两委”干部平均年龄46.1岁，比上届降低2.5岁，大专以上学历占比65.7%，比上届提升10.8%，各村和社区实现35岁以下年轻干部全覆盖配备。

【招录新一轮农村党建工作助理员】3月，完成新一轮23名农村党建工作助理员招录工作。

【举办全区村（社区）“两委”负责人培训班】6月26日—11月13日，区委组织部、区委农工委区农业农村局、区委社会工委区民政局以“育红色铁军、助绿色发展”为主题，以提高村干部“把方向、护生态、绿富民、抓党建、保平安”能力和社区干部“把方向、促民生、优治理、抓党建、保平安”能力为目标，采取线上线下相结合、分段教学的方式，联合举办“全区村（社区）‘两委’负责人培训班”，实现村（社区）党组织书记400余名全覆盖。

【全面推开排查整顿农村发展党员违规违纪问题工作】9月至12月，在雁翅镇试点工作基础上，结合门头沟区实际制定并印发《2021年门头沟区全面推开排查整顿农村发展党员违规违纪问题工作方案》（门组发〔2021〕18号），按照“从严从实、依法依规、稳妥审慎、整教结合”原则，稳妥推进排查整顿工作。

【完成“门头沟区深山镇干部队伍建设情况”调研】年内，为解决深山镇干部队伍不稳、留人困难等问题，通过座谈交流、实地走访等形式开展广泛调研，完成《关于门头沟区深山镇干部队伍建设情况的分析》，深入分析了深山镇干部队伍总体情况和主要问题，并提出对策建议。

【调研督导村级民主管理制度落实情况】10月，区委组织部联合区委农工委、区民政局、区经管站，随机抽选9个镇的27个村，实地调研了“四议一审两公开”“三务公开”等制度落实情况，督促整改了相关制度落实不严不实问题。

【派驻40名市派第六批第一书记】12月2日，按照市委组织部工作部署，区委组织部面向全区集体经济薄弱村、软弱涣散村、红色试点村等重点村，按需派驻了40名市派第六批第一书记，同时对任期届满的11名市派第五批第一书记进行了返岗部署。

【开展优秀党支部工作法培育推广活动】年内，在全区广泛开展优秀党支部工作法培育推广活动，总结提炼评选出20余个特点突出、效果明显、可复制推广的优秀党支部工作法，其中炭厂村“三好”工作法、千军台社区“听讲干评享”五群工作法等7个党支部工作法入围市级优秀典型案例。

区、乡（镇）“三农”工作部署和实施

【农村工作会召开】5月8日，门头沟区2021年农村工作会议召开，会议总结2020年“三农”各项工作，明确2021年重点任务。区四大部门领导出席，区委农村工作领导小组各成员单位负责人、各镇党政领导班子成员、各村党支部书记及一家企业代表参加会议。会议总结了2020年“三农”各项工作，明确了2020年重点任务：一是践行绿色发展，激发产业动能。坚持打造精品农业强化产业发展支撑，坚持深化改革激活农村资源要素，坚持夯实基础强化农业安全保障。二是立足生态宜居，打好乡村建设行动攻坚战。持续强化农村生态文明建设，巩固提升农村人居环境整治，精细化推进农村基础设施建设及公共服务配套，推动村庄风貌整体管控提升，探索城乡接合部新农村建设。三是巩固脱低成

果，持续壮大农村集体经济。紧盯返低风险户，守牢脱低成果，聚力发展壮大集体经济。四是强健乡村振兴内驱力，打造善治乡村。筑牢基层战斗堡垒，持续深化乡村治理，加强新时代农村精神文明建设。

【主要领导任免情况】2021年12月24日，经中共北京市门头沟区第十三届委员会常委会第2次会议研究决定：李文凯同志任区委农工委书记、免去贾卫东同志区委农工委书记职务。

【门头沟区乡村振兴局正式挂牌成立】6月30日，北京市门头沟区乡村振兴局正式挂牌成立。区委副书记、代区长喻华锋，区委常委、区委办主任、副区长王涛同志出席挂牌仪式并揭牌。区委编办主要领导宣读了《中共门头沟区委编办关于北京市门头沟区农业农村局加挂北京市门头沟区乡村振兴局牌子的通知》，区政府办、区委组织部主要领导，区农业农村局、区园林绿化局、区水务局、区经管站全体领导班子成员参加挂牌仪式。

【全国农业综合行政执法示范窗口】门头沟区于2016年6月完成农业综合执法改革，通过五年来的不懈努力，门头沟区农业综合执法大队机构和队伍建设日趋完善，工作成效逐年显现，社会影响力和群众满意率持续提升。2021年6月，门头沟区农业农村局农业综合执法大队获得农业农村部“全国农业综合行政执法示范窗口”称号。

【统筹开展党建工作调查研究】4月，根据市委党建办关于在全市范围内开展党建工作调研的安排，门头沟区承担农村领域党建工作调研任务。为做好调研工作，区委组织部联合区委农工委区农业农村局成立调研组，采取查阅资料、个别访谈、集中座谈、书面调研等方式开展专题调研，形成了整体调研报告1个、深度分析材料2个、基层创新案例5个。4月，围绕建党100周年、党建引领基层治理、乡村振兴、绿色发展等中心工作，组织开展党建工作调研课题申报工作，全区共申报课题23项。11月，获得2020年度“郊区党建”征文活动组织奖，其中区委组织部课题组撰写的《从疫情防控看党建引领基层社会治理的研究与思考》一文获“郊区党建”征文活动一等奖。12月，开展全区党建调研课题结题工作，形成20篇调研成果，并推荐部分优秀调研成果参与市党建研究会课题评选活动。围绕庆祝建党百年、党史学习教育、老干部工作等中心任务，编辑出版《探索》刊物6期。

【干部人才挂职工作】年内，围绕东西部协作等重点任务，选派3名援内蒙古武川县干部、1名援湖北神农架干部，以及21名专业技术人才。2021年共接收从内蒙古武川、湖北神农架、河南长垣、国家自然资源部到门头沟区挂职的6名干部。

【接收第十三批“人才京郊行”专家】根据区委组织部报送的专家人才需求，6月7日，市人才工作局为门头沟区选派的10名第十三批“人才京郊行”专家正式到区农业农村局、区文旅局等10家单位报到，挂职服务期限1年。从6月开始，每季度为第十三批“人才京郊行”专家发放生活补助，并于9月开展走访慰问活动，共发放生活补助和慰问款14.1万元。

门头沟区领导名录

中国共产党北京市门头沟区委员会

区委书记　张力兵（9月免）
金　晖（9月任）

区委副书记　付兆庚（2月免）
喻华锋（2月任）
刘贵明（12月免）
陆晓光（12月任）

区委常委　张力兵（9月免）
金　晖（9月任）
付兆庚（2月免）
喻华锋（2月任）
刘贵明（12月免）
张维刚（2月免）
范永红（10月免）
王建华
金秀斌（10月免）
庆兆珅　张翠萍　李森林
王　涛（4月任）
杨建海（9月任）
曾铁军（10月任）
曹子扬（12月任）

门头沟区人民代表大会常务委员会

区人大常委会主任　陈国才（1月免）
张维刚（1月任）

区人大常委会副主任　许　彪（12月免）
何　渊（12月免）
李　伟
陈　波（12月免）

韩兴无（12月任）
王培兰（12月任）
杜春涛（12月任）
张　焱（不驻会）

门头沟区人民政府

区长 付兆庚（2月免）
喻华锋（12月任）
副区长 陆晓光（12月免）
庆兆珅
孙鸿博（9月免）
赵北亭（9月免）
王　涛（4月免）
李晓峰（5月免）
曹子扬（12月免）
杨建海（9月任）
朱　峰（11月任）
马　强（9月任）
陈军胜（9月任）
颉换成（9月任）
朱　凯（12月任）

中国人民政治协商会议北京市门头沟区委员会

区政协主席 张　永（12月免）
刘贵明（12月任）
区政协副主席 张满仓（12月免）
高连发（12月免）
杜斌英
贾卫东（12月任）
苗建军（12月任）
顾慈阳（不驻会）
郑华军（不驻会）
孙建新（不驻会）
区委农工委书记、区农业农村局局长 贾卫东（12月免）
李文凯（12月任）

门头沟区乡镇党政正职领导

乡镇	党（工）委书记	镇长（主任）
潭柘寺镇	娄相峰（8月免） 杨武平（8月任）	李岿然
永定镇（地区办事处）	周　杨	黄　景（10月免） 宗文利（10月任）
龙泉镇（地区办事处）	亓建军（6月免） 杜春涛（6月任）	刘　学
军庄镇	高建光	王　垚（6月免） 林克江（7月任）
妙峰山镇	姜春山	陈连军
王平镇（地区办事处）	刘甫通（6月免） 王　垚（6月任）	冯　涛（12月免）
雁翅镇	孙东宇	白晓芳
斋堂镇	李文凯（12月免） 晋卫华（12月任）	晋卫华（12月免）
清水镇	崔兴珠	杨雪飞

（门头沟区委农工委区农业农村局　董裕琼）

房山区

综　述

房山区地处北京西南，辖区总面积2019平方公里，平原、丘陵、山地各占三分之一，下辖28个乡镇（街道）、459个行政村、199个社区居委会。全区常住人口为131.3万人，比上年末增加6.5万人。其中，常住外来人口44万人，占常住人口的比重为33.5%。常住人口中，城镇人口102.5万人，占常住人口的比重为78.1%。全区户籍人口84.5万人，比上年末增加0.4万人，增长0.5%。其中，非农业户籍人口53.3万人。

2021年，房山区农林牧渔业总产值实现32.1亿元，同比下降3.5%。其中，农业产值实现12.8亿元，增长18.9%；林业产值实现15.2亿元，下降11.7%；牧业产值实现3.46亿元，下降24.9%；渔业产值实现2981.4万元，增长28.5%；农林牧渔专业及辅助性活动实现4230.3万元，下降21.9%。

农村经济发展

【农业生产情况】年内，粮食播种面积10.72万亩，总产量4.03万吨；全区蔬菜（含食用菌）播种面积9.15万亩，产量18.64万吨。与2020年同期对比播种面积增长12.67 %、产量增长 14.93 %。年内，石楼二商、大石窝牧原2家生猪养殖基地，实现生猪存栏10万头，超额完成市级下达的任务指标。

【第三批北京市级现代农业产业园申报工作】年初，经乡镇自愿申报，区农业农村局、财政局审核，区主管领导审定同意，推荐石楼镇（主导产业为特色养殖+蔬菜）申报第三批北京市级现代农业产业园。4月21日，北京市农业农村局网站发布《关于第三批北京市级现代农业产业园名单公示公告》。石楼镇（主导产业特色养殖+蔬菜）被列入拟批准创建名单进行公示。截至年底，房山区有国家级现代农业产业园1个、市级现代农业产业园2个。其中，房山区现代农业产业园于2019年被农业农村部、财政部认定为国家级现代农业产业园，窦店镇、大石窝镇分别于2017年、2018年获得市级现代农业产业园创建资格，正在建设之中。

【2个村被列入第四批北京市特色专业示范村拟认定名单】1月5日，北京市农业农村局网站发布《关于拟认定第四批北京市特色专业示范村名单的公示》。房山区大石窝镇辛庄村（杏鲍菇）、石楼镇梨园店村（水果洋葱）入选。截至年底，房山区有全国一村一品示范村镇10个，北京市特色产业村（特色专业示范村）7个。

【牧原大石窝生猪养殖基地正式投产】5月31日，房山牧原大石窝生猪养殖基地从牧原集团河南滑县牧原10场调运的第一批270头种猪到场，房山牧原大石窝生猪养殖基地正式投产运营。该基地位于大石窝镇辛庄村，占地242亩，由牧原集团投资2亿多元建设，设计生产能力为存栏7.5万头，年出栏15万头，全年日均可供北京市场300 ~ 400头。该场为楼房式设计，设施高端、设备先进、管理规范，养殖粪污实现种养联动、就近消纳，是全市智能化、信息化、集约化的万头规模猪场之一。该场2020年4月30日开工建设。截至年底，实现生猪存栏4.5万头、出栏6.8万头。

【小麦开镰活动在窦店村举行】6月16日，房山区窦店村举行北京市小麦开镰活动，标志着全市夏收工作全面展开。市政府副市长卢彦，市有关部门主管领导，涉农区主管区长、农业农村局局长，窦店镇主要领导、窦店村党支部书记、村民代表等80余人参加活动。

【15个品牌入选“北京优农”品牌名录】6月22日，北京市农业农村局市场与信息化处与市农优站联合举办第十八届农交会表彰工作会暨“北京优农”品牌认定工作动员会。对平谷大桃、大兴西瓜和北京鸭3个“最具影响力品牌”以及京一根老手艺粉条等29个“最受欢迎农产品”品牌进行表彰。“北京优农”名录由北京农业产业化龙头企业协会等6家单位共同认定，共评选130个“北京优农”品牌。房山区凯达恒业、燕都中原、南河北星、皇城货郎等15个品牌（企业品牌11个，产品品牌4个）被纳入品牌目录。

【京西稻作文化遗产保护项目】8月26日，京西稻作文化遗产保护项目启动。项目涉及大石窝镇高庄村、十渡镇西河村、长沟镇甘池村和沿村、石楼镇坨头村和大安山乡西苑村5个乡镇6个村。工程建设内容包括灌溉水渠清淤3780平方米，整理梯田用地及周边8900平方米，稻作文化展馆修缮360平方米，水稻籽种更新638.61亩；购置旋耕机21台，真空包装机2台，碾米机1台，太阳能照明杀虫灯100盏，开展稻作文化及梯田品牌宣传。对于保护农业生物多样性与农村生态环境、彰显城郊农业的多功能特征、传承稻作文化、开展科学研究等有重要意义。

【二商肉食集团房山石楼生猪养殖基地正式投产运行】9月1日，从内蒙古调运的首批300头种猪进场隔离饲养，二商石楼生猪养殖基地正式建成使用。二商肉食集团房山石楼生猪养殖基地正式投产运行正式装猪投产。二商肉食集团房山石楼生猪养殖基地是北京市“菜篮子”工程生猪稳产保供的重点项目，总投资超过5亿元，总建筑面积约14万平方米，包括种猪繁育舍1栋五层、育肥猪舍2栋五层、洗消中心、污水处理站、生产辅助用房等。项目结合养殖行业发展特点，采用国际先进的养殖理念，立体楼房饲养模式，实现生猪养殖饲喂自动化、生物安全化、营养科学化、排放绿色化。达产后可实现年存栏生猪 6.5 万头、年出栏育肥猪 12.5 万头。该场2020年2月开工建设，于2021年8月31日建成。截至年底，从内蒙古自治区丰镇调运首批种猪300头正式进场隔离饲养。

【房山秋收节成功举办】9月23日，由区委、区政府主办的2021年中国农民丰收节·房山区秋收节在北京生态谷智慧农场开幕。近200人参加现场活动。北京电视台、千龙网、搜狐、腾讯网等媒体对“房山区秋收节”活动进行宣传报道，2万余人通过手机、电视等媒体观看现场直（转）播。活动现场设置农产品展示区、农耕文化展示区、房山区“三农”

形象展示、乡村振兴促进法宣传区、"美丽乡村健康跑"比赛区。推介"源味体验、乐享房山休闲农业乡村游""幽岚山谷精品线路"2条美丽乡村休闲旅游精品景点路线。秋收节活动持续至10月底，10月29日在大石窝镇高庄村举办房山秋收节闭幕式，举办水稻收割节，现场设置主舞台区、水稻收割体验互动区、机械收割展示区，对当地农产品进行推介，为百姓增收搭建服务平台，振兴消费，助农增收。

【新一批区级农业龙头企业认定完成】9月，根据《北京市房山区农业产业化重点龙头企业认定和动态监测管理办法（试行）》，经企业申报、乡镇（街道）初审推荐、区农业农村局审核，房山区完成新一批区级农业龙头企业认定工作。北京窦店恒升畜牧养殖中心等8家企业被新认定为区级农业产业化重点龙头企业；北京天蜂奇科技开发有限公司等7家企业认定合格；北京瀚海盛达国际生物技术有限公司等10家企业认定不合格，不再享有区级农业产业化重点龙头企业称号。截至年底，全区有区级农业产业化龙头企业15家。

【"三秋"工作顺利完成】10月31日，房山区"三秋"工作全面完成。秋粮收获7.66万亩，完成秋播小麦2.90万亩，完成计划（2.90万亩）的100%。在2021年的"秋收"生产中，区农服中心做好农机检修、植保防控、技术指导、物资准备等"三秋"生产准备工作，对820台套农机具进行检修。强化植保防控。加大病虫监测频度，通过电视、报纸、广播、微信及时发布病虫发生信息和防治措施，采取统防统治，提高防治效果，做到早监测、早预警、早防治。做好农业技术指导。抽调种植、植保、土肥、农机等农业技术人员到全区农业生产第一线，对农户和种植基地开展技术指导。做好"三秋"物资准备工作。全区储备秋播小麦籽种44万千克，各种肥料100吨；全区投入大中型拖拉机、玉米联合收获机、小麦播种机及其他各类配套农机具820台套，满足种植户"三秋"期间农资、农机需求。入秋后，房山区降水偏多，为加快秋收秋种进度，确保秋粮颗粒归仓，提高冬小麦播种面积。区农服中心组织技术人员指导农民进行排水散墒，逐个地块摸清秋粮作物成熟时间、土壤墒情、田间积水等状况，细化抢收方案，分类施策，抢收快收，确保成熟一块收获一块。并利用电话、微信、村喇叭广播、现场指导、印发名册等方式，广泛宣传，调动农民种粮积极性。

【推进蔬菜设施农业项目】年内，房山区推进蔬菜设施农业项目。2021年高效设施农业建设试点良乡镇北京中泽凯华农业科技有限公司，建设面积为116.06亩连栋智能温室。完成项目规划设计。设施农业以奖代补资金项目有序推进。编制《房山区设施蔬菜棚室建设项目实施方案》《2020年房山区工厂化及林下蔬菜生产补贴实施方案》，工厂化及林下蔬菜生产补贴完成乡镇申报统计工作，设施蔬菜棚室建设项目经完成三种标准棚室的评审，同时形成房山区设施农业奖补资金项目方案，并报市农业农村局审核。

【惠农补贴工作】年内，房山区落实耕地地力保护、基本菜田补贴等生产性政策。按照全市的统一部署，制定耕地地力保护补贴、基本菜田蔬菜生产补贴的实施方案，对种植粮食、蔬菜等作物地块给予补贴，其中耕地地力保护补贴面积6.5万亩、资金1963.2万元，基本菜田蔬菜生产补贴面积2.9万亩、资金1532万元。落实有机肥、绿色防控产品、季节性裸露农田扬尘抑制关键保护性耕作技术等推广应用补贴工作，促进有机肥替代化肥、节药增效及扬尘治理工作。分别制定实施方案，公开遴选供肥企业、参与绿色防控产品的经销商和植物医生。其中，推广应用有机肥3.1375万吨、补贴资金1506万元，绿色防控补贴面积4.35万亩、补贴资金350万元，耕地扬尘管控完成深松整地1万亩、秸秆粉碎还田2.5万亩、少免耕播种2.5万亩，补贴资金245万元。开展农机购置补贴工作。共发放补贴资金3132.9万元，补贴机具103台套，包括打捆机、北斗远程监测终端、轮式拖拉机、旋耕机等。农机报废补贴工作全面启动，报废自走式玉米联合收割机1台，补贴资金2万元。

新农村建设

【农村地区供暖保障工作】1月5—8日，受强冷空气影响，北京地区出现"速冻式"剧烈降温过程。区农业农村局提前部署，要求各乡镇、房山供电公司、北京燃气房山公司、清洁能源取暖设备区级服务平台，落实好市、区有关部门通知要求，确保及时解决百姓的正常取暖需求。加强与电力、燃气的沟通协调调度，按需求及时启动应急预案，对问题点位迅速处理，确保"迎峰度冬"期间农村清洁取暖能源供应保障平稳运行。1月6—8日，共启动电力应急抢修3次，燃气部门因燃气表冻坏启动应急抢修5次。做好取暖设备运维保障和应急抢修工作。发挥区、镇、村三级售后服务体系作用，加强24小时值守，通过4部24小时服务热线，快速处理报修工单的接派工作，调度村级协管员、设备售后人员及时到现场协调、维修。6日至8日，共接报用户报修459单，均督促企业及时上门维修并完成跟踪回访；启动应急维修4次，提供临时替代和应急取暖设备9台次。

【美丽乡村项目建设推进会】4月7日，区农业农村局组织召开美丽乡村项目建设推进会。美丽乡村项目总监理和8家分区监理、2019—2021年度美丽乡村5家设计公司参加会议。各参会单位分别汇报美丽乡村项目建设进展情况。全区美丽乡村项目建设任务村庄361个，截至3月底，通过部门审查的289个，签订施工合同的229个，其中整村完工的37个（4个市级试点村竣工验收）、基本完工的67个、正在进行污水改造的32个。4月上旬，81个村启动建设。5月，12个村启动污水改造。

【65个村卫生室标准化建设业务用房投入运行】年内，房山区按照“一村一室”的原则，制定并印发《房山区农村卫生室标准化建设工作方案》和《关于加快推进农村卫生室标准化建设业务用房的通知》。10月底，65个村卫生室标准化建设业务用房全部完工并投入运行。

【周口店镇成功申报国家级乡村振兴示范区】7月23日，经过组织申报、省级评选、部门综合评定，以周口店镇黄山店村为龙头的8个村成功申报国家乡村振兴示范区项目，成为全国40个重点支持示范区项目之一，也是北京市唯一一个国家级示范区。

【2个村入选北京市美丽休闲乡村名录】10月9日，北京市休闲农业“十百千万”畅游行动暨门头沟休闲农业推介会召开。北京市农业农村局现场发布2021年北京市美丽休闲乡村名录，全市20个村入选。房山区大石窝镇王家磨村和十渡镇西太平村入选。

【王家磨村入选2021年中国美丽休闲乡村】11月12日，农业农村部公布2021年中国美丽休闲乡村名单和2010—2017年中国美丽休闲乡村监测合格名单。全国有254个乡村入选2021年中国美丽休闲乡村，房山区大石窝镇王家磨村入选2021年中国美丽休闲乡村，周口店镇黄山店村和南窖乡水峪村监测合格。截至年底，全区有中国美丽休闲乡村6个。

农村经营管理

【2020年全国固定观察点专项调查完成】1月15日，根据农业农村部《关于开展2020年常规调查和和下半年专项调查的通知》要求，房山区开展并完成2020年全国固定观察点专项调查工作。对40户记账户情况及村基本情况进行全年专项调查，涉及报表600余张，对采集数据进行审核并录入到固定观察点系统中。

【新增3家市级示范社】2月22日，北京市农业农村局网站公布2020年北京市农民专业合作社示范社名录。经各区申报推荐、市促进农民专业合作社发展联席会议成员单位联合评审，房山区北京月联兴种植专业合作社、北京颐景园种植专业合作社、北京沃联福种植专业合作社被认定为第六批北京市农民专业合作社示范社。截至年底，房山区有市级示范社22家。

【农村宅基地及房屋建设管理办法印发】3月1日，北京市房山区人民政府印发《关于印发〈房山区农村宅基地及房屋建设管理办法（试行）〉的通知》。

【房山区农村集体产权制度改革工作培训会召开】5月13—14日，房山区农村集体产权制度改革工作培训会召开，23个乡镇、街道的55名工作人员参加培训。会议主要内容是进行深化农村集体产权制度改革工作培训和长阳镇介绍镇级集体产权制度改革工作经验，进一步提高乡镇（街道）对改革工作的重视程度，明确任务目标和工作程序及重点。

【社会救助帮扶确保“应保尽保”】5月20日，房山区组织各有关乡镇依托到户帮扶责任人等，对303户两类重点人群逐户摸排，宣传社会救助政策，动员、协助低收入农户提交社会救助申请，确保动态实现符合条件的社会救助“应保尽保”。

【新增3家国家级农民合作社示范社】6月28日，农业农村部公布2020年国家级农民合作社示范社名单，房山区大石窝镇“颐景园”、韩村河镇“沃联福”、河北镇“黄土坡”3家种植专业合作社被认定为国家级农民合作社示范社。截至年底，全区有市级以上示范社22家，其中国家级示范社17家。

【2020年度村级公益事业专项补助资金审计】7月至9月，区经管站组织23个乡镇（街道）对村级组织正常运转专项补助资金管理使用情况开展审计。审计结果表明，2020年房山区461个村应收专项补助资金10510万元，实收专项补助资金10510万元。

全区公益事业专项补助资金及时足额拨付到村，未发现截留、挪用和滞留的现象，各村资金的管理使用符合制度规定，总体情况良好。

【农民负担执法检查】7—10月，区经管站组织23个乡镇（街道）开展对加强村级组织和新型农业经营主体负担监管、严格监管涉农收费和价格、完善和规范一事一议筹资筹劳管理和农民负担重点领域治理的检查工作。检查中，未发现侵害农民权益和加重村集体负担的行为。

【规范村级集体土地经营管理工作的试行办法印发】8月5日，经区委农办工作会审议通过，印发《关于进一步规范村级集体土地经营管理工作的试行办法（修订版）》，进一步强化区级政府管规划、管用途、管合同、管程序、管监督、管查处的权责，加强农村集体土地经营管理，规范村级集体土地等资产经营行为，保障村集体资产合理利用。

【农村集体经济薄弱村增收工作方案印发】9月6日，区农业农村局印发《房山区农村集体经济薄弱村增收工作方案》，主要包括指导思想、工作原则、任务目标、增收路径、措施保障及工作要求六项内容。明确利用3年时间全面消除56个集体经济薄弱村，后2年进行巩固提高的任务目标，进一步明确结对帮扶机制，借鉴原低收入村帮扶机制，在市级对接基础上，深化区领导包村帮扶，区级单位、企业结对帮扶的帮扶举措，保障56个薄弱村对接帮扶单位全覆盖。

【《农村产权流转交易管理办法》印发】9月17日，按照市政府办公厅《关于引导农村产权流转交易市场健康发展的若干意见》、市政府《关于进一步加强农村集体土地管理，加快建立健全“村地区管”机制的指导意见》有关精神，以及对开展农村产权流转交易相关工作的考核要求，房山区制定《房山区农村产权流转交易管理办法（试行）》。

【2021年度农村集体资产年度清查】12月23日，印发《关于做好房山区2021年度农村集体资产年度清查的通知》，全面启动农村集体资产年度清查工作。明确清查登记时点、对象、方式、清查事项和具体要求。

【房山区被认定为北京市第一批家庭农场示范区】12月27日，根据《北京市农业农村局关于公布2021年市级示范家庭农场及家庭农场示范区的函》，在各区申报推荐、专家评审、网站公示的基础上，房山区被认定为北京市第一批家庭农场示范区，“老田农业”等25个家庭农场被评为北京市第一批市级示范家庭农场。

【超额完成农村集体经济薄弱村年度任务】截至年底，房山区56个集体经济薄弱村经营性收入超过10万元的有52个，超额完成市级任务20个村的160%。

【严格落实“村地区管”】年内，按照《关于进一步规范村级集体土地经营管理工作的试行办法》，对村集体所拥有的农用地、经营性建设用地、房屋涉地资产实施“村地区管”。强化区级政府管规划、管用途、管合同、管程序、管监督、管查处的权责，规范村集体经营行为，保证集体资产合理利用。经村级申报、乡镇审核、区农业农村局征求相关部门意见、区政府专题会审核、履行“三资”监管程序、办理相关手续的审批程序，审核通过出租集体土地和房屋资产154份。

【“三资”监管检查】年内，区经管站在收集乡镇（街道）反馈意见（建议）的基础上，修改完善检查指标，对23个乡镇（街道）农村集体资产监管服务中心的“三资”监管事项以及68个村级集体经济组织的“三资”管理情况进行检查。督促相关乡镇（街道）整改问题、举一反三、查找根源、健全制度，确保治根本、管长远、见实效。

农业执法

【保障春节期间群众“舌尖上的安全”】2月7日，区农业综合执法大队联合区市场监督管理局开展执法行动，加大春节期间农产品监管力度。执法人员对辖区内农贸市场进行了突击检查，重点检查市场内销售的各类牛、羊、猪产品的检验检疫情况，现场查看了猪肉检疫检验章，并核对留存的动物检疫合格证明，确保百姓能买到放心肉。同时，执法人员还宣传了相关法律法规和疫情期间的各项疫情防控措施，要求进一步提高农产品安全意识。

【高致病性禽流感防控工作】年内，加强产地检疫工作，按照产地检疫规程，严格查验养殖档案，严格实施临床检查和实验室检测，严格出具检疫合格证明。检查全区种禽场和养禽场消毒和封闭管理，加强禽舍封闭，避免家禽与野鸟接触，控制人员流动，禁止无关人员进入生产区，强化规范养殖。严格落实病死家禽收集、消毒和无害化处理制度。加强畜禽养殖环节巡查工作，做好病死家禽无害化处理收集暂存工作、防疫消毒工作和生物安全管理工作。

【开展春季农资打假专项行动】年内，区农业综合执法大队成立四个专项检查小组，抽调执法人员针对农药、兽药、肥料、饲料和饲料添加剂、农机、种子农资产品生产经营单位，在全区范围内开展春季农资打假专项执法行动，重点打击无证经营、制售假劣农资、超范围经营、档案台账不完备、包装标识不规范等违法违规行为。共出动执法人员283人次，车辆45车次，检查农资生产经营企业126个次，立案65起。

【兽药产品追溯管理工作再获北京市农业农村局通报表彰】4月8日，北京市农业农村局就房山区兽药产品追溯管理工作再次发文书面表扬，要求继续保持优良的工作作风，再接再厉，继续做好兽药管理相关工作，保护养殖业发展，保障人民群众“舌尖上的安全”。

【加强“三夏”农机执法检查确保农机生产安全】年内，为保障“三夏”农机作业安全，预防和减少农业机械事故，房山区农业综合执法大队执法人员重点对小麦收割机、打捆机、玉米播种机等农机具进行执法检查。检查农业机械证书、牌照、农机操作人员操作证件是否齐全，灭火器是否安全有效，农机安全防护装置是否齐备等。同时要求落实安全主体责任，及时排查并消除农机安全隐患，严格按照农机安全操作规程从事农机作业，及时纠正处理农机违章违规作业行为。共出动执法车辆21车次。执法人员160人次，检查量52个。发放《农业机械安全监督管理条例》、《北京市农业机械安全监督管理规定》、农机安全生产手册、操作规程、致广大农机从业人员的一封信等材料1100余份，现场安全教育培训5次，80余人，悬挂农机安全横幅25条。

【获年度全市农业行政执法考评中总体考核优秀名列第一】年内，北京市农业综合执法总队按照《北京市农业执法责任书》和《北京市农业行政执法考评评分标准》，对全市16个区农业行政执法机构进行考核，房山区农业综合执法大队总体考评优秀名列第一，其中：全年人均检查量第二、人均办案量第二、行政处罚案卷合格率100%、A岗人员参与执法率100%；行政执法公示制度执行规范率、执法全过程记录制度规范率、重大执法决定法制审核制度执行规范率、涉企监管事项双随机检查率、双随机抽查计划完成率、部门联合双随机计划完成率均为100%，上报总队信息量名列第二。

【马永冲获农业农村部“中国渔政亮剑2021”系列专项执法行动通报表扬】12月28日，农业农村部对“中国渔政亮剑2021”系列专项执法行动成绩突出的集体和个人给予通报表扬，北京市2个集体和4名个人获此殊荣，房山区农业综合执法大队马永冲被农业农村部通报表扬为“中国渔政亮剑2021”系列专项执法行动成绩突出个人。

“三农”工作部署和实施

【2021年农村工作会】4月1日，2021年农村工作会采取视频会议形式组织召开。会议通报2020年乡村振兴考核结果，对2021年乡村振兴考核进行安排，部署全面推进乡村振兴、加快农业农村现代化发展任务。

【贯彻落实全市农村工作会议精神】3月2日，市委市政府组织召开了全市农村工作电视电话会议，市委农工委、市农业农村局二级巡视员陶志强、房山区委书记陈清、区委副书记、区长郭延红等市、区领导，各区直单位、乡镇街道负责同志、25家市级以上农业产业化重点龙头企业负责人在房山区分会场参加会议。区委书记陈清从认真学习领会、深化思想认识，坚持问题导向、突出工作重点，加强组织领导、确保善作善成三个方面提出了要求，结合房山区面临的发展形势，就全面推进乡村振兴、加快农业农村现代化发展，做出再动员、再部署。

（房山区农业农村局　邵玫子）

通州区

综　述

通州区位于北京市东南部，京杭大运河北端。东西宽36.5千米，南北长48千米，面积905.95平方千米。西邻朝阳区、大兴区，北与顺义区接壤，东隔潮白河与河北省三河市、大厂回族自治县、香河县相连，南和天津市武清区、河北省廊坊市安次区交界。全区分布13条河流，总长245.3千米。气候属暖温带大陆性半湿润季风气候区，年平均气温12.8℃、降水量775.6毫米。辖10个镇、1个回族乡、11个街道。截至年底，全区常住人口184.3万人，其中常住外来人口89.9万人。常住人口中，城镇人口136.9万人。全区户籍人口83.5万人，比上年增长1.8%。其中农业人口25.4万人，占总人口的30.5%；非农业人口58万人，占总人口的69.5%。全区常住人口出生率6.48‰，死亡率3.71‰。常住人口密度为每平方千米2034人。

城乡融合发展

【概况】年内，都市现代农业稳步发展。按照市领导在2021年农村工作会上提出的“守好田、育好种、种好地、养好畜、育好主体”的原则，通州区重点开展了“保基本、重提升、强示范、促高端”四方面工作：加强耕地保护、巩固生产水平，保住农业“基本盘”；聚焦绿色发展、延伸产业链条，提升农业附加值；积极创优创先、加快外引内培，做强农业示范典型；坚持“高精尖”、发展现代种业和智慧农业，促进高端农业发展。

【建立三级“田长制”】年内，加强耕地保护、巩固生产水平，保住农业“基本盘”。完善农田管护体系，编制印发《通州区关于全面推行“田长制”的实施方案》，健全区、镇、村三级“田长制”工作机制，指导全区11个乡镇政府编制本级“田长制”工作方案，完成9个乡镇344个村的田管员队伍建立，农田保护利用有了新抓手；完成4.23公顷留白增绿工作，闲置农业设施及撂荒地积极开展复种，稳步推进土地复耕复垦，设施农业监管常态化开展、问题台账动态“清零”，耕地保护利用工作持续见效。全力推进粮食、蔬菜、猪肉等主要农产品产量恢复，主要农产品供应水平稳步提升，“米袋子”“菜篮子”工作基础进一步夯实。

【发展生态循环农业】聚焦绿色发展、延伸产业链条，提升农业附加值。种植业农药化肥减量增效与养殖业粪污资源化利用持续推进，生态循环农业不断发展。“两会”、冬奥会绿色农产品持续稳定供应，食用农产品合格证制度有序铺开，农产品质量安全水平进一步提升。休闲农业“十百千万”畅游行动全面推开，实施美丽休闲乡村项目6个、提升改造休闲农业园区14个、打造提升民俗户28个、发展三星级休闲农业园区4个、评定四星级休闲园区3个，“农林水结合”“农文旅融合”的智慧化、标准化、多元化、多样化的休闲农业新格局初步形成。

【创建两个市级现代产业园区】年内，积极创优创先、加快外引内培，做强农业示范典型。西集镇、于家务乡两个市级现代产业园区基本创建成功，国家现代农业产业园成功获得创建资格，我未来将利用未来3 ~ 5年时间将副中心打造成都市农业的新标杆。引入寿光千亩高效现代设施农业园区落户马驹桥镇，进一步“拔高”全区设施农业生产水平。创建24户家庭农场示范户，创建西集镇、漷县镇两个家庭农场示范乡镇，本土新型经营主体示范典型培育见效，引领了农业适度规模发展新模式。

【发展种子产业】年内，坚持“高精尖”、发展现代种业和智慧农业，促进高端农业发展。落实市领导调研提出的“办好于家务种子产业”要求，加紧谋划于家务种业发展，管委会力量进一步强化、发展方向和实施计划进一步明确，各类发展资源进一步整合聚焦。实施农业数字化发展工程，副中心智慧农业水平不断提升。通州区数字农业信息系统建成投用，生产主体、重点项目、政策补贴等工作的管理监督更加精准有效。

农村经济发展

【概况】2021年，全区实现农林牧渔业现价总产值31.1亿元，比上年增长1%。其中农业产值16.8亿元，比上年增长28%；林业产值10.2亿元，比上年下降30.4%；牧业产值3.3亿元，比上年增长57.1%；渔业产值0.8亿元，比上年下降17.4%。设施农业收入7.5亿元，比上年下降6.1%。设施农业实际利用面积1583.1公顷，比上年下降4.5%。其中温室占地面积814.9公顷，比上年下降11.4%；大棚占地面积729.1公顷，比上年增长4.7%；中小棚占地面积39.1公顷，比上年下降7.6%。

【粮食播种基本情况】2021年，粮食播种面积4.8615万亩，产量2.0262万吨。蔬菜播种面积12.24325万亩，产量31.68万吨。

【设施蔬菜产业集群建设】2021年，结合乡镇农业情况及通州区农业空间布局情况，以潞城镇、于家务乡、永乐店镇三个乡镇蔬菜主产区为发展重点，辐射带动其他蔬菜生产乡镇，建设设施蔬菜产业集群。通州区方圆平安、绿源永乐等基地，蔬菜工厂化年生产能力突破6万吨。将互联网、物联网、人工智能等新一代信息技术应用到设施产业集群全程数据采集、对接、系统应用及服务中，通过集成应用一系列环境监测类、自动控制类、水肥一体化、远程视频采集类物联网智能硬件，推进物联网、互联网等技术手段与设施蔬菜产业集群各关键环节深度融合，实现提高设施产业集群实施生产主体设施棚室物联网覆盖率20%以上，促进设施产业集群与信息技术的同步发展，进一步提升通州区本地蔬菜的商品率，促进农业提质增效。

【数字菜田建设】年内，为69家园区提供数字菜田服务，实现农业生产环境、生产过程的智能化监测与远程管理，实时采集生产主体蔬菜生产过程及管理的数据，实现农业生产动态监管，覆盖菜田面积22723亩。

【种植业新品种新技术试验示范】年内，继续实施现代农业产业体系北京市创新团队项目，引进新品种76个，筛选新品种23个，推广新品种43个，发放种苗20万株，新品种示范推广面积800亩，建立果类蔬菜、叶类蔬菜、鲜食玉米集成技术示范点3个，综合技术集成示范面积300亩，开展栽培技术服务50余次，组织观摩活动6次，为农民解决实际问题20项，推广新技术10项。加速农业转型升级，示范与推广蔬菜优质安全种植技术，引进28个优质品种，示范面积112亩，实现亩效益增加1000元以上；开展果菜椰糠基质栽培、叶菜水培研究，建立高效节水技术示范区5个，示范区节水率34.3%，节肥率20.63%；示范与推广粮经作物绿色优质栽培技术，引进特色甜糯鲜食玉米品种10个；引进鲜食玉米优质新品种农科糯336，示范面积100亩，增加收入59.04万元；示范鲜食玉米塑料大棚多层覆盖早熟高效栽培技术，面积50亩；引进甘薯新品种5个，推广建立叶用甘薯“福薯18”生产示范基地，示范面积40亩，增加效益148.64万元；示范块用甘薯新品种西瓜红，示范面积60亩，亩效益 5570元。

【新一轮百万亩造林】年内，在城市副中心9个乡镇重点区域落实造林工作，完成新一轮百万亩造林年度任务9148.14亩。完成潮白河森林生态景观带建设2473亩；完成“留白增绿”585亩、“战略留白”2236亩。全区森林覆盖率达到34.45%。

【林业资源管理】年内，完成2020年湿地资源动态监测工作、林草湿数据与国土三调数据的对接融合。做好全区140棵古树日常巡查、养护和修复等工作。实施总面积约1.9万亩生态林林分结构调整（占全市总任务量的19%），逐步实现平原生态林“苗林”变“森林”。

【集体林场】年内，在全市率先开展新型集体林场试点工作的基础上，第一个完成全部9个乡镇的集体林场组建任务，23.6万亩生态林交集体林场规范养护，通州区成为全市首个将全部生态林纳入集体林场经营管理的区域；每年实现绿岗就业5000余个，其中本地劳动力占比近九成。

【完善家庭农场培育计划】年内，开展家庭农场示范户、示范乡镇的创建工作，制定下发区级创建实施方案，公示确定15户市级家庭农场示范户，8户区级家庭农场示范户，每户补贴2万元。确定西集镇、漷县镇2个乡镇为家庭农场示范乡镇，每个乡镇补贴100万元。

【养殖业情况】年内，通州区有备案养殖场9家，其中：奶牛场6家，肉鸭场2家，生猪场1家。截至9月底，全区家畜存栏3.5头只，为上年同期255%；累计出栏家畜1.43万头只，为上年同期247%；全区家禽存栏12.17万只，为上年同期84.5%；累计出栏家禽62.46万只，为上年同期89%。累计鸡蛋产量649.8吨，为上年同期200%；累计牛奶产量3.45万吨，为上年同期的76.2%。有527户从事水产养殖，其中，食用鱼养殖273户，观赏鱼养殖210户，垂钓44户。养鱼水面7876亩，其中，成鱼养殖水面1566亩，鱼种养殖水面1880亩，观赏鱼养殖水面3760亩，垂钓面积670亩。截至9月底，全区有鱼种1770吨，成鱼产量1446吨，观赏鱼10798万尾。

【培育创业创新平台】年内，建立创业创新平台，促进产业聚集，推动园区发展壮大，为返乡、下乡人员创业提供项目支持等帮助，监测已创建区级农村创业创新园区（基地）19家，其中3家园区（基地）列入市级农村创业创新园区（基地）目录。整合培训资源，加大农民创业培训力度，开展区级农民创业培训3次，培训210人次。

【耕地质量等级监测评价与土壤环境类别分类管理】年内，创新工作机制，将耕地质量等级监测评价、土壤环境类别分类管理以及产地环境长期定位监测工作“三合一”，包括复耕地块调查检测与原有耕地调查检测，其中，对6.04万亩复耕上地开展上壤污染状况调查和耕地质量状况调查评价。

【数字农业信息系统建设】年内，通州区数字农业信息系统建设项目，录入完成104家农业生产主体基础数据，7100余条2020年耕地地力保护补贴数据，开具农产品合格证401838张。实现通州区

40790.89亩菜田、19803.76亩基本农田数据的上图入库，涵盖生产设施23677栋，设施农业面积20093.3亩，接入物联网设备2372套。覆盖通州区"三品认证"企业162家、授权农资经销商63家、社会化服务组织104家。

村镇建设

【概况】年内，通州区新农村建设服务中心完成调整组建，在机关建设上建章立制、强化队伍，在业务工作上扎实推进、锐意进取。农村人居环境稳步提升，"煤改电"长效管护机制不断完善，农村宅基地管理工作有序开展，采取多项措施促进农民就业增收等各项新农村建设工作扎实推进。

【农村人居环境整治】年内，按照市级"六清一改"要求，持续对全区359个农村的公厕管护、垃圾治理、污水治理、乱堆乱放、乱贴乱画乱挂、私搭乱建进行检查考核，检查考核24轮次，检查9600余村次，督促整改环境问题58190处，并将检查情况以日、周、月报等形式进行汇总通报，促进整改。对台湖镇、宋庄镇、张家湾镇、永顺镇的48个城乡接合部人居环境薄弱村庄，开展"疏整促"专项行动，每月进行专项检查考核、统计、通报，全年督办、检查城乡接合部村庄1100余村次，整改问题点位3300余处。建立农村人居环境挂账督办问题台账，要求各乡镇做到"一点位一方案"实施整改，整改完成历史遗留、屡查不改的108处环境顽疾。

【村庄建设】年内，333个村庄的美丽乡村建设工程进入攻坚阶段，通州区在工程推进中创新实施"补短板""一事一议""小微工程"项目分类模式及项目管理"四统一"工作机制，项目实施的针对性强、实操性高，各环节把控到位。同时，按照市级要求推进16个市级乡村振兴示范村的创建任务，不仅强化各村的基础设施建设，还为各村对接市级"责任双师"工作团队，为示范村产业发展注入"强心剂"。

【"煤改电"长效管护工作】年内，坚持"建管并重、长效运行"原则，进一步完善全区平房住户取暖"煤改电"长效管护机制，出台《通州区"煤改清洁能源"长效管护工作方案（试行）》和《通州区2021年度平房住户冬季取暖"煤改电"应急保障预案》；对设备运行情况、企业售后情况、用户使用情况、用电安全等工作进行巡查；完成安装4.3万户的"煤改电"设备电子智能检测平台，实现对"煤改电"住户冬季取暖期间设备的智能化监督管理。

【农村宅基地管理】年内，制定《通州区农村宅基地及房屋建设管理的若干规定（试行）》促进农村宅基地规范管理。制定《通州区农村宅基地及房屋建设管理联席会议制度》，在全区9个乡镇建立联审联办工作机制，统一制发红头文件，开展审批工作。对乡镇科室负责人、具体工作人员及村支部书记、村主任等400余人，开展11期关于农村宅基地及房屋建设管理工作的培训。建成区级宅基地及房屋建设基础数据、管理信息平台系统。根据乡镇填报数据，全区有宅基地117694宗，宅基地总面积81385.06亩，户均面积约0.69亩。占有一处宅基地的农户数102853户，约占87.3%；占有两处及以上宅基地的农户数4729户，约占0.04%；非本集体成员占有的宅基地1889宗，约占0.02%，面积1092.13亩；闲置宅基地宗数200宗，占0.002%，面积92.95亩，其中空闲废弃宅基地56宗，面积21.5亩。2021年，审批宅基地宗数（包括原址翻建和新占用宅基）191宗，面积57.3亩；征收宅基地宗数24宗，面积9.92亩；出租宅基地宗数2917宗，面积1269.6亩；转让宅基地宗数26宗，面积12.7亩。

【评选通州区第二批"美丽庭院"】组织各乡镇开展"美丽庭院"评选工作，按评选要求入户核查，并上报核查照片，经区、镇两级多轮校核，有1036户符合评选要求，获得授牌。

【智慧乡村建设】依托歌华有线云平台，在10个村开通村级电视生活圈。先后发布各类信息2.1万余条，浏览量超过19万次。

农村改革

【概况】年内，以维护农民合法权益和促进农民增收为目标，不断加强农村"三资"监管，完善农村集体产权制度、农村土地制度，加强农民专业合作社规范管理、农村社会事务管理。

【农村集体"三资"监管信息系统】年内，定期对通州农经监管平台进行安全等级测评，修补系统漏洞，确保信息安全。2021年，监管大额资金使用18139笔，金额175.49亿元，否决不合理资金使用700笔，金额13.28亿元；监管资产处置222笔，否决不合理资产处置11笔；监管资产购置1070笔，否决不合理资产购置72笔；监管经济合同签订

2339份，否决不合理经济合同102份；监管土地流转申请100次，涉及耕地面积7535.58亩。

【**农村集体资产清查**】年内，按照上级统一部署，完成2020年度农村集体资产清查工作。截至2020年底，通州区集体资产总额549.89亿元，比2019年增加44.37亿元，增幅8.78%。其中，镇、村集体经济组织资产总额为488.43亿元，同比增长9.85%；镇、村集体经济组织下属全资企业资产总额75.42亿元，同比增长0.82%。镇、村集体土地总面积103.95万亩，其中，镇级集体土地总面积952.95亩，村级集体土地总面积103.85万亩。

【**农村产权交易**】年内，完成交易事项51宗，成交总价4.93亿元。其中，市级平台交易项目29宗，包括经营性资产类23宗、农用地类4宗（共346.11亩）、其他类2宗（拍卖汽车），成交总价4.78亿元；乡镇级自主招标项目22宗，成交总价0.15亿元。

【**农村土地承包经营权确权登记颁证工作**】年内，继续有序推动农村土地确权登记颁证工作。截至2021年底，有338个村发放土地承包经营权证书8万余本，颁证率98.02%。逐步推进纸质档案收集整理和档案数字化工作，整理完成322个村的村级档案，并按要求全部进馆。

【**土地承包与流转管理**】年内，依据《农村土地经营权流转管理办法》等土地流转相关法律法规和政策，结合通州区“村地区管”相关文件，对基层组织土地流转工作进行指导和规范，督促乡镇、村认真履行主体职责，加强对土地承包和流转工作的监督与管理。

【**引导农民合作社健康发展**】年内，指导、协助6家农民专业合作社完成“农民合作社建设和生产托管项目”建设，涉及建设资金241.38万元，其中转移支付扶持资金200万元。组织开展示范社监测、评价，完成8家国家级示范社监测，其中7家合格，1家因资金困难及生产经营方面出现问题，未达到合格标准；完成10家市级示范社评价工作。提高合作社从业人员素质，对管理人员、财会人员开展两次培训，印发《农民专业合作社法》、《农民专业合作社核算办法》和“成员账户页和交易明细页”等学习材料。

【**农村经济收益分配报表统计工作**】年内，落实农经统计调查制度，通过统计数据分析，及时反映农村集体经济运行和农户收入情况。2021年，全区农村集体经济总收入为25.31亿元，集体资产总额为714.42亿元，所有者权益合计为210.32亿元；全区农户所得总额为124.2亿元，汇总分配人口37.5万人，人均所得为33121元，同比增长6.2%。完成2020年度《农村经济收益分配统计资料》的编制与印发。

【**推进扶持壮大集体经济试点工作**】年内，通过定方案、给资金、扶产业，帮扶集体经济薄弱村——小南地村建成光伏发电产业项目，为村集体年增收约9.3万元。小南地村集体经营性收入已超过10万元，完成“消薄”任务。

【**完善“村地区管”工作机制**】5月7日，制定《农用地流转区级联席会议审议流程（试行）》，完善“村地区管”区级联审工作机制，规范农用地流转程序，保障农民利益。加强对20亩以上农用地流转的监督，对流转合同严格进行“六必审”，实现对农用地流转的全过程管控。农村土地承包经营权确权登记颁证比例提升到98%以上，为强化农用地管理创造了有利条件；全区农用地流转区级联席会议平台完成搭建、制度完成建立，农用地大中型规模地块监管持续加强。宅基地管理配套文件完成印发，区级工作组织架构进一步明晰，宅基地联审、巡查、问题处置机制逐步建立，工作基础进一步夯实。

【**农民专业合作社规范化建设**】年内，按照市级要求，指导3家国家级示范社、3家市级示范社开展保鲜冷藏车配送体系建设、农产品初加工车间设施改造、农产品仓储冷链设施改造；采用“镇级自评+区级考评”的形式，对全区正常经营的85家农民专业合作社进行综合考评，奖励10家优秀合作社，激励合作社规范化运行；与区融媒体文化中心合作，以报纸刊登、拍摄宣传片等形式宣传优秀合作社案例，树立一批制度健全、运行规范的农民合作社典型。通过资金扶持、项目培育、示范宣传等形式，做好合作社规范化建设，引领带动农民合作社高质量发展。

【**农村经管制度建设**】年内，制定《通州区农村集体资产管理办法》，并对乡镇经管部门、联营公司等有关人员进行培训，逐条讲解。规范现行管理制度，修改完善并重新以区农业农村局名义制发《关于加强农村集体经济审计监督工作的意见》、《关于进一步加强农村集体经济合同规范管理的意见》和《通州区村级集体资金管理办法》等四份文件。

农村民生

【**概况**】年内，多措并举，兜牢基本民生底线，全区参保单位6.1万家，同比增长17.5%，养老、失业和工伤保险规模分别达到88.56万人、53.97万人和50.06万人，同比分别增长4.2%、7.4%和7.2%。各项社会保险基金累计收缴112.14亿元，同比增长70%；累计支出85.21亿元，同比增长10.4%。审结、办理各类支付业务27175件，累计发放城镇职工基本养老保险、城乡居民基本养老保险、工伤保险社保待遇60.69亿元，全部按时足额发放到位。其中，发放企业离退休人员养老待遇123.98万人次，涉及金额47.5亿元，较上年同期分别增长10%和21%；发放城乡居民基本养老保险人员待遇139.25万人次，涉及金额11.74亿元；为全区享受工伤待遇人员支付相关待遇9589人次，涉及金额1.45亿元。农转非劳动力社会保险补缴工作稳步推进，完成7个乡镇12个村827人的农转非社会保险补缴工作。落实企业职工基本养老保险遗属待遇工作，核准遗属待遇4.3亿元。全区医疗保险参保规模达到139.10万人，同比增长37.77%。其中，城镇职工基本医疗保险参保106.83万人，同比增长54.85%；城乡居民基本医疗保险参保32.27万人，同比增长0.92%。

【**促进农民增收**】年内，紧抓副中心发展优势，促进农民转移就业增收，加大创业带动就业政策扶持，新增创业带动就业岗位近5000个，组织各类农民技能培训近1万人。聚焦薄弱环节，提升集体经济薄弱村及低收入村造血能力，顺利推进1个集体经济薄弱村、8个扶持壮大集体经济试点村、2个低收入村产业项目，产业效益日益凸显、带动增收能力逐渐增强。利用农村人居环境长效管护项目，由负责管护项目的各乡镇、村、人居环境管护公司率先聘用当地农民为工作人员，促进农民就业增收，安排农村劳动力近6000人。联合区人力社保局对人居环境管护员进行培训，培训农村地区劳动力7452人。针对就业困难人员，提供“一对一”精准就业帮扶，全区公益性就业岗位新安置就业困难人员1217人。

【**精准救助**】年内，为153人次城乡特困人员发放医疗救助金67.27万元；2021—2022年度采暖季，为3746户城乡低保、低收入、分散特困家庭发放采暖补助金429.07万元；为100名困难大学生发放助学金44.7万元。“两节”期间，向全体城乡低保（特困供养）对象发放走访慰问金253.1万元；为20户、47人因病、因灾等特殊原因造成生活暂时困难的家庭发放临时救助金14.88万元；全年为城乡低保（特困供养）对象发放电价补贴32.64万元。

基层组织与民主政治建设

【**概况**】年内，根据市级工作要求，研究制定《通州区抓党建促乡村振兴工作实施方案》，明确5方面92项工作举措。按照“依事而定”的原则，牵头成立组织振兴工作专班，结合副中心组织建设工作实际，制定《通州区推进乡村组织振兴工作方案》。聚焦副中心高质量发展要求和3个特色小镇、6个新型小城镇功能定位，精心选配高素质专业化干部。换届后乡镇领导班子实现“两升一降双达标”，即全日制学历干部比例达58.64%，提升14.6个百分点，6个领域专业干部128名，提升66%；平均年龄44.4岁，较换届前降低2岁；“88后”干部及“五方面人员”配备全部达标。在全市首个开展村“两委”班子及干部绩效考核，评选优秀村93个、“十佳村”11个，基层工作活力进一步激发。乡村治理先进典型示范村选树工作火热开展，永乐店镇老槐庄村获评全国乡村治理示范村，进一步探索党建引领加强乡村治理的路径。丰富宣教形式，夯实乡村振兴文化根基，顺利开展农民艺术节、农民丰收节活动，广泛搭建乡村群众学习党史、欢庆丰收、祝福祖国、展演才艺的文化舞台。

【**农村集体经济组织换届**】截至2021年底，460个村完成换届，完成率为97.3%。全区共有473个村经济合作社，469个建立换届工作小组，465个村完成选举办法的制定，466个村完成代表确定，463个村完成候选人确定，461个村获得乡镇批复。458个农村社区股份合作社召开代表会进行决议，完成率为97.4%。

【**依法加强审计监督和民主监督**】年内，配合区委组织部完成村（社区）“两委”换届人员的资格审查，其中，完成村党支部书记及支委审核2469人，完成村主任及村委审核3500人；完成乡镇村级村务监督委员的资格审查1875人；完成村集体经济组织换届候选人员资格审核129人。指导各乡镇开展经济责任审计、企业经济责任审计、离任审计、村级公益事业专项审计、财务收支审计、阳光工程审计、事业单位清算审计、基层党组织党建活动经费及城乡基层组织服务群众经费审计等工作。撰写下发《关于加强农村集体经济审计监督工作的意见》。开展2020年村级公益事业补助资金专项审计工作。

【基层党组织分类提升】年内，坚持以提升组织力为重点，按照“增加先进支部、提升中间支部、整顿后进支部”要求，建立示范村、中间村、软弱涣散村台账，分类别具体指导、分阶段整体推进。扎实推进软弱涣散整顿工作，会同区委农工委、区民政局开展督查，确定13个软弱涣散村党组织、2个后进社区，全面落实“五个一”整顿机制（即每个软弱涣散村要有1名党员区领导联系，调研指导每季度不少于1次，主动帮助解决问题；要有1家区内处级单位结对帮扶，发挥职能优势，开展帮扶工作；要有1名区、乡镇选派的村党组织第一书记全脱产驻村帮扶，第一书记选派和管理严格执行市级相关意见；要有1名乡镇党政领导具体包村，每月到村指导工作不少于2次；要至少有1名大学生村官在村工作，乡镇不得借用），实现“一村一策”，动态跟踪管理，精准固化整顿成果。

区、乡（镇）“三农”工作部署和实施

【概况】年内，以全面进入乡村振兴新阶段为契机，加快构建高质量发展新格局。按照通州区“十四五”规划编制安排，组织编制副中心“十四五”乡村振兴规划，规划成果基本稳定；完成都市型现代农业发展和村庄产业融合发展两个专项课题的研究，农业农村高质量发展有了新指南；成立乡村振兴局，组建产业、生态、组织、人才、文化五大振兴专班，农业农村高质量发展力量得到进一步巩固。

【惠民、惠农政策落实】年内，通州区小麦参保面积5114.5亩；玉米参保面积7131.47亩；温室大棚参保面积（纯设施面积）6684.27亩；露地蔬菜参保面积707亩；果品、花卉及树体参保43081.87亩；密植果园参保面积9235亩；能繁母猪、育肥猪、仔猪参保数量162804头。政策性农业保险总保额达6.07亿元，参保农户4117户，签单保费3551.55万元。理赔金额1889.88万元，理赔2302户次；待理赔金额195.86万元。通州区符合补贴要求的有7个镇10家农业企业及个人。支持贴息补贴金额1951576元，支出担保费补贴金额241629元。根据市级全面推进信息进村入户工程建设要求，建成337家益农信息社。其中，标准型益农信息社63家，简易型益农信息社274家。

【区人大代表建议、政协提案及时办理】年内，区六届人大七次会议代表提出建议85件。密切三级人大代表的联系，提高代表履职质量。加强对乡镇人大工作的指导，推动改进方式、完善制度、丰富形式、提高水平。召开人大各代表小组工作会议，加强交流研讨，促进相互学习、取长补短、共同提高。专题听取代表家、站建设情况的汇报，继续推进硬件建设，开展命题式代表联系选民活动，组织市、区、乡镇三级人大代表，团结垃圾分类、食品安全、社区养犬，开展“建党百年庆华诞 人大代表基层行”主题活动，分别组织代表征求意见建议，推动北京城市副中心管理水平不断提高。

2021年，收到六届五次会议提案261件，审查立案234件。其中，党派团体提案13件，界别提案13件，委员提案208件。立案提案全部办复完毕，办复率100%。加强知情引导，组织委员参加市、区级层面知情通报会，通过政务情况通报会、视察调研、走访提案承办单位、征集印发提案线索等多种形式，助力委员知情明政。健全制度机制，研究出台《加强通州区政协提案办理协商工作的意见》，与市政协联合举办提案办理协商活动，将协商贯穿于提案全过程。开展提案质量和办理质量“双评议、双提升”工作，建言水平和协商质量不断提高。充分发挥委员工作站和协商议事厅优势，探索提案“微协商”，广泛联系群众，推动基层社会治理问题解决。严格提案审查，认真开展提案分析，组织驻会主席督办提案4件，精选文化教育、公共配套、基层治理、农村农业、物业管理、垃圾处理等10件提案与承办单位开展“扩面协商”，推动提案落地见效。评选出年度优秀委员提案35件、优秀党派界别提案16件，发挥优秀典型示范作用。升级提案管理系统，优化整合于“智慧政协”平台，新增提案双向评议、数据可视化分析等功能，以“互联网+政协”推进委员履职现代化和提案工作智能化，实现副中心提案工作提挡升级。

【社会力量参与】年内，全区30家银行机构共有152处营业网点，实现所有街道乡镇全覆盖，全年累计发放中小微企业贷款8485笔，贷款余额234.1亿元，有效支持驻区中小微企业发展。

工商银行北京通州分行深度落实副中心发展战略，全力支持副中心建设融资需求。累计审批副中

心重点项目突破100亿元。

中国农业银行股份有限公司北京城市副中心分行通过工会采购、企业助采等方式开展脱贫攻坚消费扶贫活动，购买助农产品173.45万元。

中国银行股份有限公司北京通州分行紧跟副中心建设与京津冀一体化协同发展进展，紧密围绕“重点领域、重点行业、重点项目”，为绿城集团、北投集团、北京国际度假区有限公司等大公司客户累计发放贷款36.98亿元。

中国建设银行股份有限公司北京通州分行支持乡村振兴，对接通州区于家务回族乡国际种业科技园区，23个区级以上农民合作社示范社。

交通银行股份有限公司北京通州分行服务实体经济，发放贷款57亿元，涉及绿色、“三农”、制造业、战略新兴、民营企业。

北京农村商业银行股份有限公司通州分行大力支持副中心基础设施建设，为运河核心区冷热电三联产项目、乡镇再生水厂建设运营项目、北控集团通州口岸项目、信通碧水污水处理项目等重点项目审批贷款额度64.6亿元，累计投放27.13亿元。乡村社区便利店数量由年初177家增加到200家，覆盖200个行政村及社区，受益百姓30万余人。全年乡村社区便利店交易共计75万笔，比2020年同期增长11万笔，增幅18%；交易金额4.2亿元，比2020年同期增长4500万元，增幅12%。截至2021年底，累计为60岁以上的北京户籍老人及外地常住北京老人发放养老助残卡33.6万张，年内新增发卡2.2万张。

【统筹做好农村疫情防控】年内，按照市级要求，在年初紧急组建区级农村防控工作机构，迅速完善领导包片监督、专项巡查督导、重点问题通报、社会常态防控等各项工作机制，组织指导乡镇严格落实农村防控举措，阻断病毒在农村地区的传播路径。8月以来按照区里统一安排迅速进入应急状态，第一时间组织各乡镇、村落实卡口设置、“三班倒、四件套”、包村干部下沉等各项防控举措，及时构筑农村抗疫防线，为全区常态化阻击病毒传播奠定良好基础。

通州区领导名录

区委书记 曾赞荣（2月免）
赵　磊（7月任）

副书记 赵　磊（7月免）
孟景伟（9月任）
刘东伟

常　委 郑　宇（5月免） 陈江华
汤一原　张德启（12月免）
王岩石（12月免）
阳　波（9月免）
郑　皓（女，朝鲜族）
张宏韬（6月免）
王永民（9月任）
韩向军（6月任）
苏国斌（12月任）
吴孔安（12月任）

区人大常委会主任 赵玉影（12月当选）

副主任 刘　卉（女，12月离任）
尚祖国（12月离任）
薄立军（12月离任）
张绍武（12月离任）
王岩石（12月当选）
程卫民（12月当选）
孙奎亮（12月当选）
鲁新红（12月当选）
金文岭（不驻会,12月离任）
刘秀杰（女，不驻会，12月当选）

区　长 赵　磊（9月免）
孟景伟（12月任）

副区长 郑　皓（女，朝鲜族）
苏国斌　朱益军（10月免）
董明慧（女）
董亦军（10月任） 倪德才
杨　磊（6月任，10月兼）
秦　涛（10月任）
卢庆雷（12月任）
王翔宇（12月任）

政协主席 赵玉影（12月免）
张德启（12月任）

副主席 石宝玉（12月免）
尚祖国（12月任）
朱志高（12月免）
甄　宇（12月任）
禹学河（12月免）
冯利英（女，12月任）

王子江（不驻会，12月免）
田春华（女，不驻会，12月任）
金文岭（不驻会，12月任）
吴　涛（不驻会，12月任）

农工委书记 王德松

农业农村局局长 王德松

通州区乡镇（街道）党政正职领导

乡镇（街道）	党委（工委）书记	镇（乡）长、主任
潞源街道	苏　昊（9月免） 刘　鑫（9月任）	马　骎（女，9月任）
通运街道	曾祥正	刘学军
中仓街道	宗　飞	张　华（8月免） 安文崑（9月任）
新华街道	林正航	张民平（9月免） 李佳佳（女，9月任）
北苑街道	李彦明	成前锋
玉桥街道	孔钢城（9月免） 孙雪松（女，9月任）	陈世忠
文景街道	杨　磊（9月免） 赵志刚（9月任）	王立夫
杨庄街道	刘　鑫（9月免） 张民平（9月任）	李永海（裕固族）
九棵树街道	杜德耕	杨　希
潞邑街道	陈新全	郭春杰
临河里街道	华　飞（女）	童　露
永顺镇	邓忠义	谢　楠（9月任）
梨园镇	王翔宇	王志佳
宋庄镇	魏　欣（女）	
张家湾镇	邹海涛（1月任）	邹海涛（10月免） 周　丰（10月任）
漷县镇	范亮亮（9月免） 郭　枫（9月任）	郝红芬（女，8月任）
马驹桥镇	卢庆雷	何志达（9月免） 唐殿珂（9月任）
西集镇	张全启（2月免） 马清文（2月任）	马清文（2月免） 于　军（3月任）
潞城镇	吴孔安	张旭辉
台湖镇	古　剑（回族，8月任）	王　鑫
永乐店镇	王　艳（女）	郭　枫（11月免） 彭凯泉（11月任）
于家务回族乡	古　剑（回族，8月免） 何志达（8月任）	李亚军

（通州区北京市通州区委党史办　张亚昆）

顺义区

综　述

2021年，顺义区农业农村局圆满完成了各项工作任务。粮食生产创5年来历史新高，蔬菜、生猪生产完成全年任务指标，扎实落实“田长制”职责，新建2000亩高标准农田。圆满完成第二批131个美丽乡村建设任务，持续加强农村人居环境整治力度。

【美丽乡村取得新进展】年内，顺义区第二批131个美丽乡村创建任务，顺利完成验收，通过率100%，2022年第三批美丽乡村建设工作已经启动。建章立制，牵头抓总。出台《2021年北京市顺义区改善农村人居环境推进美丽乡村建设工作方案》《关于进一步健全完善农村人居环境长效管护机制的指导意见》等工作方案，指导各行业主管部门、各镇村制定长效管护实施方案，理清职责、明确分工，为人居环境整治工作提供强有力的制度保障。

【乡村特色产业培育取得实效】年内，经农业农村部审定，区龙湾屯镇果蔬“三品一标”基地成功入选全国第一批种植业“三品一标”基地，2021年北京市仅3个镇获此殊荣。杨镇东焦各庄村–草莓、龙湾屯镇山里辛庄村–酥梨成功入选全国“一村一品”示范村，2021年北京市仅4个村获此殊荣。

【全面启动“田长制”工作】年内，顺义区落实农田保护责任，建立健全“田长制”各项制度。制定了《顺义区全面推行“田长制”实施方案》、《顺义区“田长制”办公室组建及工作方案》及《顺义区“田长制”总田长令发布制度》等五项配套制度，为解决好顺义区耕地问题、扛起粮食安全政治责任的决策部署，切实落实最严格的耕地和永久基本农田保护制度，保障粮食安全，确保农产品稳定有效供给，促进都市型现代农业高质量发展提供了政策支持。同时，顺义区农业农村局组织全区20个镇级单位完成镇级“田长制”实施方案的出台工作，设立区、镇、村三级田长，建立村级管护队伍396个，设立巡田员424名，保护建设利用好23.7万亩永久基本农田和2.3万亩永久基本农田储备区，真正将农田保护工作做到了细处、落到了实处。

【2000亩高标准农田建设项目完成区级竣工验收】年内，为贯彻落实习近平总书记指示精神——科学用好土地资源 守住耕地红线 不断夯实粮食生产“根基”。2020—2021年度，顺义区高标准农田建设共有2006亩，其中粮田1751亩，菜田255亩，建设资金500万余元。通过实施高标准农田建设，使项目区内灌溉基础设施得到了明显改善，保证“藏粮于地、藏粮于技”战略落实落地。

【强化“菜篮子”区长负责制】年内，完成粮食播种面积17.4万亩、产量6.8万吨，超额完成市级任务，创五年历史新高，位列第一。蔬菜播种面积9.5万亩、产量28.5万吨，圆满完成市级任务，位列第三。生猪存栏达到11万头，完成年度任务，排名全市第二。

【加强科技和人才建设】年内，实施基层农技推广体系改革与建设任务，建设1家农业科技示范基地，推广四项农业主推技术，培训80名基层农技人员及40户示范主体。继续深化6家农业科技示范基地建设，全年示范新品种110个、新技术13项，组织培训2727人次。开展农民培训工作，鼓励农民通过“半农半读”方式就近就地接受职业教育和技能培训，累计培训农民2368人。

【基本完成农村土地确权颁证工作】年内，顺义区基本完成农村土地承包经营权确权登记颁证工作。顺义区从加强组织保障、及时部署、完善政策措施、集中资源、协调各方等措施开展土地确权登记颁证工作，确保工作能够顺利完成。截至2021年底，顺义区农村土地承包经营权确权登记颁证工作共计完成15个镇303个行政村303个发包方的权属调查工作，确权承包地块607个，确权家庭7.31万户，向区档案馆移交7.12万份农村土地确权档案。

【深入实施藏粮于地、藏粮于技战略】年内，以粮食安全为底线，落实各项农业支持保护政策，开展耕地质量等级监测，加大保护性耕作等绿色技术应用，提前完成2000亩高标准农田建设，实现粮食高产稳产。全年粮食播种面积达到17.4万亩、产量达到6.8万吨。其中，夏粮播面近8.2万亩，产量达到2.8万吨。

【全面开展顺义区农业种质资源普查】年内，为贯彻落实中央一号文件关于打好种业翻身仗的总体部署，扎实推进农业农村部在全国范围内开展农作物、畜禽、水产种质资源普查工作安排，顺义区农业农村局按照“统一部署、分头实施、整体推进”的原则扎实开展顺义区农业种质资源普查工作。2021年，顺义区共上报农作物普查品种27个，畜禽遗传资源41个品种，群体数量772466头/只，水产养殖主体117家。

【农业标准化基地覆盖率达到74.6%】年内，提升农业标准化水平，推进依标生产。截至2021年底，顺义区共有备案农业标准化基地165家（种植业84家，畜牧业14家，渔业67家），其中优级农业标准化基地111家，顺义区农业标准化覆盖率达到74.6%。

【渔业资源保护工作】年内，渔业资源保护出动执法1980人次，出动执法车辆420次，执法检查381次，其中渔政、水政联合执法检查42次，检查渔具生产、销售单位75个，电捕工具2套、橡皮筏4个、清理违规网具4500余米、粘网2200米。行政处罚立案3起，结案3起，罚款人民币4000元，协助公安部门处理破坏渔业资源案件2起，刑事处理3人；完成渔业资保护12345接诉即办工单112件，电话举报25件，响应率、解决率、满意率接近100%。全年完成渔业生态环境损害赔偿案3例，投放于潮白河、减河鲢、鳙鱼130千克，折合2400余尾，进行生态环境修复，其中，张孝林生态环境赔偿修复案为顺义区首例案件。

【公共水域增殖放流】年内，根据《中华人民共和国水生野生动物养护纲要》和《北京市实施中华人民共和国渔业法办法》的要求，达到生态净水的目的。2021年5月12日顺义区渔政监督管理站利用财政资金17万元对顺义区潮白河、东郊湿地公园、汉石桥湿地等自然水域进行了增殖放流，放流鲢、鳙鱼1.36万千克，折合17万尾；2021年10月26日完成北京市农业农村局对顺义区潮白河、城北减河、汉石桥湿地、东郊森林公园、东江公园等自然水域增殖放流鲢、鳙鱼1.8万千克，折合14万尾，通过增值放流，增加了品种，形成了生物多样性，有效改善了水域生态环境。

【完成农民合作社质量提升整区推进试点工作】2019年底，顺义区被农业农村部确定为第二批全国农民合作社质量提升整县推进试点单位（北京市首批试点之一），顺义区紧紧围绕乡村振兴战略，坚持以农民为主体，以促进农民合作社规范提升为目标，扎实有序开展试点工作，推动顺义区农民合作社向高质量发展迈进，带动了农民增收致富。截至2021年，顺义区在北京农村管理信息化综合应用平台登记的农民专业合作社共有189家，包括种植业129家、畜牧业23家、渔业4家、服务业27家（农机服务24家）、手工业3家、其他产业3家；市级以上示范社24家（国家级示范社11家）、联合社3家、联合会1家；共有14624人加入农民专业合作社，辐射带动非成员农户34964户。2020年合作社资产总额54940.53万元，当年总盈余4190.31万元，盈余分配返还1947.03万元。

【重大活动保障】年内，严格落实行业监管责任，细化工作流程，监督北京顺鑫农业股份有限公司鹏程食品分公司发货20车次，累计供应猪肉5730千克，圆满完成建党100周年庆典活动期间猪肉供应保障工作。

【违法行为查处】年内，围绕执法量化指标，严查快办各类违法案件，持续做好推行行政执法“三项制度”的落实工作，有效促进严格规范公正文明执法。全年查处违法行为并立案152起，罚没款13.4721万元，案件查办呈现案件数量质量较2021年实现双增长、处罚领域覆盖面不断拓宽两个特点。

【保障动物源性食品安全】年内，严格实施检疫，充分发挥检疫对动物疫病传播的阻断作用。2021年共产地检疫动物3238.1451万头（只），屠宰检疫动物199.0892万头/只，检疫外调猪肉产品87300.5吨。监督无害化处理病死和死因不明动物132.7万头（只）、动物产品1872.2吨。公路站查验进京车辆2845辆，进京动物24.2298万头（只），动物产品3202.1635吨。持续开展风险监测，检测瘦肉精与药残1.0914万份，委托第三方检测218份，配合上级单位采样318份。全年未发生一起违规出具检疫证明事件和动物源性食品安全事件，切实保障人民群众舌尖上的安全。

【专项整治】年内，有针对性地开展专项整治行动4次，涉及“瘦肉精”、“农资打假”、非洲猪瘟假疫苗、非法电鱼领域。切实保障顺义区农业正常的生产经营秩序，并逐步探索将专项行动转化为常规治理，通过严格执法为顺义区三农健康发展保驾护航。

【农业行政执法大练兵】年内，通过政治练兵、专业练兵、实战练兵和军事练兵四项练兵活动，切实提升顺义区农业综合行政执法队伍的整体素质和能力水平。共组织4项练兵活动26次，参与人数500余人次，在市区级新闻媒体发表宣传信息11篇，涌现了一批敢办案、会办案、办铁案的优秀执法人员。

【重大动物疫病防控】年内，扎实做好非洲猪瘟等重大动物疫病、布病等人畜共患病防控工作，严格落实免疫、监测、流调、应急准备等各项防控工作。2021年，全区累计开展重大动物疫病免疫691.52万头（只）/次，监测畜禽样品82295份，对全区19个乡镇相关养殖场户进行流行病学调查，举办、组织非洲猪瘟、禽流感、布病、牛结节性皮肤病等区级培训8次、培训482人次，发放疫苗数151.65万毫升/头份、各类免疫标识20.99万枚、消毒药4.36吨、防疫物资21.7万个/套，消毒面积20104.931万平方米，发放宣传材料及物资1.3万余份。

（顺义区农业农村局）

昌平区

综 述

昌平区位于北京市城区西北部，总面积1343.5平方千米，山区、半山区占全区总面积的2/3。主要河流属温榆河水系，为暖温带大陆性季风气候。区辖街道办事处8个，镇政府14个，其中地区办事处4个。下辖301个行政村和273个社区居委会。截至年底，全区常住人口227.0万人，比上年增加0.1万人，小幅增长0.04%，其中常住外来人口132.1万人，比上年增加1.1万人，增长0.8%，占常住人口的比重为58.2%，比上年增长0.5个百分点。昌平区户籍人口户数30.1万户，人口67.4万人，比上年增加1万人，增长1.5%，其中非农业人口50.4万人，占全区户籍人口的74.8%，比上年提高0.7个百分点；农业人口17万人，占全区户籍人口的25.2%。

2021年，昌平区实现地区生产总值1287.0亿元，以不变价计算，比上年增长10.4%。其中，第一产业增加值7.3亿元，比上年下降8.9%；第二产业增加值450.0亿元，比上年增长20.2%；第三产业增加值829.7亿元，比上年增长6.1%。昌平“三、二、一”的现代化产业格局持续巩固。三次产业增加值为0.6 ∶ 35.0 ∶ 64.4。

2021年，昌平区完成农林牧渔业总产值18.3亿元，比上年下降9.5%，其中农业产值完成5.7亿元，比上年下降12.6%；林业产值完成7.5亿元，比上年下降5.0%；牧业产值完成4.0亿元，比上年下降4.4%；渔业产值完成0.2亿元，比上年增长60.1%；农林牧渔专业及辅助性活动产值完成1亿元，比上年下降39.0%。2021年，昌平区粮食播种面积15282.9亩，比上年增加3663.0亩，比上年增长31.5%。

全年粮食产量4335.2吨，比上年增长23.2%，粮食亩产283.7千克，比上年减少6.4%。全年蔬菜产量3.8万吨，比上年增长19.7%；禽蛋产量1159.8吨，比上年下降6.6%；出栏肉牛1090头，比上年增长41.6%；出栏猪24514头，比上年增长135.2%；出栏山、绵羊8162只，增长3.0%。全区拥有农业观光园139个，比上年减少5个；观光园总收入2.4亿元，比上年增长8.4%。乡村旅游实际经营户241户，累计接待游客123.6万人次，比上年增长20.9%；乡村旅游总收入0.9亿元，比上年增长81%。设施农业占地面积12639.8亩，比上年减少4.3%；实现产值4.0亿元，比上年增长8.7%。

城乡融合发展

【**乡镇国土空间规划编制**】年内，按照市级层面全面开展乡镇国土空间规划编制工作计划的安排，持续推进小汤山、延寿、阳坊、南口、十三陵5个乡镇国土空间规划编制工作，形成初步成果，并启动崔村、兴寿、流村乡镇国土空间规划编制工作。

【**征地及农用地转用项目用地管理**】年内，审核上报集体土地征收及农用地转用项目6件，总用地面积142.83公顷，其中农用地80.74公顷、建设用地61.84公顷，未利用地0.26公顷。共收到市政府建设用地批复6件，总用地面积185.72公顷。完成昌平区回龙观国际信息产业基地二期地块土地一级开发项目（小米二期项目）征地及结案手续办理，推进冬奥等重点项目征地工作。完成国有建设用地使用权划拨批准17件，完成国有建设用地使用权出让4件。

【**耕地保护空间优化调整**】年内，开展耕地保护空间调整优化工作，划定完成永久基本农田4666.67公顷，永久基本农田储备区500公顷，耕地保有量储备区1500公顷，并通过市规自委技术审查。推进全区复耕复垦工作，印发任务分解方案、工作方案等相关文件，确定任务2026.67公顷。简化复耕实施流程，印发工作补充方案，按照亩均5万元包干方式予以实施，完成复耕复垦任务1620 公顷，初步实现永久基本农田内均为现状耕地的目标。

【**土地整理及耕地占补平衡**】年内，完成4个土地复垦项目和2个增减挂钩项目拆旧区新增耕地验收工作。完成11个土地复垦项目的规划设计评审及批复。上报2个城乡建设用地增减挂钩项目实施方案，其中批复2个实施方案。落实中关村生命科学园三期及“北四村”棚户区改造土地开发A地块项目等4个征地及农转用项目占补平衡指标，补充耕地面积18.33公顷。

【**城乡房屋管理**】2021年，有序推进拆迁腾退项目滞留户清理、棚改项目腾退签约、住宅非宅腾退方案初审、安置房地块征收等工作；打通“政策落地最后一公里”，制定《北京市昌平区工程建设项目住建委业务办理一码通1.0版》，进一步优化全区营商环境。办理房产实测绘成果审核业务75件，比上年下降15.7%，楼幢529栋，分户41516户，总建筑面积437.7万平方米。办理落实私房政策业务2件。

【**铁路沿线重点廊道环境整治**】年内，集中力量开展铁路沿线重点廊道环境全面整治，包括京张高铁问题点位180处、京沈客专26处，清运渣土8500余立方米，清理堆物堆料、杂草127处，拆除有碍观瞻建筑42处，粉饰建筑外立面1.5万平方米。重点突破开展痼疾顽症治理，梳理出问题点位54处，主要包括暴露垃圾渣土、残垣断壁、黄土露天及北四村拆迁渣土等问题，已全部销账。查漏补缺完善铁路“双段长”管理机制。制定《昌平区铁路沿线环境整治三年（2021—2023年）行动实施方案》，梳理出637处问题点位，已全部完成。

【**冬奥会途经沿线环境整治**】年内，对京藏高速、京礼高速、京新高速、北六环、京张高铁、地铁出入口等冬奥会途经沿线开展环境整治提升。建立市、区两级台账4162处，完成拆除腾退46万平方米，清运渣土41万立方米，外立面粉饰2.8万平方米，地面铺装8600平方米，架空线梳理125千米，绿化种植面积620 公顷。完成冬奥铁路沿线站前广场环境综合整治，整治内容包括拆除车站外围有碍观瞻建筑、优化站前广场空间布局及完善周边道路和公共服务设施等。昌平站站前广场整治工作全部完成；昌平北站完成有碍观瞻建筑拆除5350平方米和施工范围内的全部树木伐移。

【农村水务管理】年内，委托专业公司对农村供水站的197套消毒设备进行维护、371眼水源井泵房管道进行除锈刷漆防腐处理、142座水池水塔进行清洗。根据《北京市进一步加快推进城乡水环境治理工作三年行动方案（2019年7月—2022年6月）》的工作要求，完成50个村的农村生活污水收集处理设施建设工程。

【农村污水处理设施运行管理】年内，全区农村污水处理设施共96座，累计污水处理量853万立方米。年内对所有农村污水处理设施进行运行情况检查，检查内容包括设施运行情况、安全生产情况以及出水水质达标情况。

【村镇房屋建设】年内，制定《昌平区农村房屋安全隐患排查整治方案》，聘请第三方的形式开展房屋排查及房屋鉴定工作。全年排查录入房屋94069户，其中经营性自建房21269户，非经营性自建房和非自建房72800户，发现疑似隐患房屋466处，经鉴定为C、D级房屋335户。完成整治129户，制订整治计划60户，完成全区农村房屋安全隐患排查整治阶段性工作任务。推进农村危房改造和抗震节能农宅建设，编制《昌平区农村低收入群体和优抚对象家庭危房改造工作方案（2021—2025年）》，部署全区本年度农村危房改造工作。委托第三方机构对上年度50户农村危房改造和538户抗震节能农宅建设工作进行检查，确保改造后的农宅符合抗震及节能要求，档案资料齐全。

【违法群租房整治】年内，拆除违法群租房3947套，其中天北街道1668套，回龙观街道671套，龙泽园街道807套，天南街道拆除315套，霍营街道214套，沙河镇69套，东小口镇54套，史各庄街道54套，北七家镇53套，城北街道35套，南邵镇5套，城南街道2套。以高压态势实施市场监管，持续保持较大巡查工作力度，打破条块划分，加强各相关部门联动相结合，在强化中介机构管理中，严查违法违规行为。

村镇建设

【美丽乡村建设】2021年，高质量建设美丽乡村82个、完成任务量的122.4%，农村人居环境整治排名平原组第一，荣获“全国村庄清洁行动先进县”称号。坚决落实中央环保督察整改要求，完成北七家、东小口11个城乡接合部村庄集中供暖改造。第二批美丽乡村67个任务村全部完成建设，全区共组织82个村参加市级美丽乡村验收。

【乡村振兴主题论坛】9月29日，“在野去野”北京昌平大地艺术节暨艺术赋能·乡村振兴主题论坛在兴寿镇西营村西开幕。艺术节开幕后免费向游客开放，活动持续至10月10日。活动以“艺术赋能乡村振兴”为内核，以“在野去野”为主题，旨在以艺术赋能，打造艺术特色鲜明的网红打卡IP。艺术节活动特邀国内外著名艺术家、艺术学院知名导师、国家级田园综合体标杆项目创始人、著名设计师和策展人等参与，共同探讨艺术赋能乡村振兴，为昌平区田园综合体建设提供思路与建议。艺术节有两大亮点，一方面在波斯菊、油菜花组成的田园花海中精心植入大地艺术作品、大地艺术景观；另一方面，开幕式举办高规格艺术家论坛，并发起昌平区田园综合体艺术家合作计划。

【11个村庄集中供暖改造】11月1日，涉及昌平区11个供热改造工程村庄全部具备供暖条件，并达到清洁取暖要求。

按照中央生态环境督察要求和市委、市政府大气污染防治工作部署，北七家镇燕丹、八仙庄、东三旗、白庙、西沙各庄、东沙各庄、南七家7个村、东小口镇半截塔、魏窑、小辛庄3个村及沙河镇松兰堡村，共计11个村要在2021年供暖季前实现燃煤替代。根据11个村庄地处城乡接合部地区，宅基地面积大、人口众多（涉及宅基地4740宗、户籍人口1.9万人，常住人口17万人）现状，无法采取煤改电、煤改气等常规煤改清洁能源方式采暖，经论证后决定采用集中供暖方式解决燃煤替代问题。沙河镇松兰堡村由区属国企永安热力公司作为主体，采用燃气锅炉房开展集中供暖改造；北七家镇、东小口镇10个村庄由京能未来热电厂工业余热作为热源，进行集中供暖改造。供热改造工程投入资金近

20亿元，其中北七家镇、东小口镇10个村庄完成33.7千米一次管线和301千米村内二次管线、22座换热站、46座分集水机房建设。

【美丽乡村基础设施建设】年内，美丽乡村建设项目在全区16个镇（街）179个村庄开展农村基础设施建设工作，共完成道路工程380.6万平方米，绿化工程48.3万平方米，污水工程2.5万米，给水工程42.3万米，路灯1.5万盏，墙面粉饰161万平方米，安保工程5.26万立方米。完成13个村庄规划审批工作，至此昌平区215个编制规划的村庄已全部得到区政府批复。

【农村厕所摸排数据录入】年内，按照全市统一要求，农业农村局组织各镇（街）聘请第三方评估机构对全区农村地区公厕、户厕进行全面摸排、上账登记。实施效果评估摸排数据统一录入“北京市美丽乡村建设管理平台”，录入内容包括改厕类型、建造方式、建造时间、问题状况、未改厕原因等。

农业生产

【种植业及畜禽养殖业】2021年，昌平区农业产业全面落实“田长制”工作要求，坚决防止“非农化”“非粮化”，严防“大棚房”问题反弹。全区粮食播种面积1.52万亩，完成任务比例131%，产量0.43万吨，完成任务比例119%；蔬菜播种面积1.87万亩，完成任务比例129%，产量3.85万吨，完成任务比例103%；生猪存栏达到3.88万头，完成任务比例111%。高质量完成昌平草莓、苹果的中央特供年度任务。

【“田长制”】印发《昌平区“田长制”办公室组建及工作方案》，明确区田长制办公室工作架构，由市规自委昌平分局和区农业农村局主要领导共同担任区田长制办公室主任。成立工作专班，下设综合调度、农田调整优化与巡查执法、农田建设规划、农田评估与监测、农田利用与管护、信息宣传6个组。设立区总田长、副总田长、区级田长，由区委、区政府领导担任。昌平区21个涉及耕地和基本农田保护责任的镇（街）、北企公司已全部出台镇级“田长制”工作方案，明确镇村两级田长。295个村（社区）建立农田管护队伍，并明确管护人员。发布《2021年昌平区“田长制”任务清单》以1号区总田长令。

【绿色产业】年内，完成老果园更新发展34公顷，其中更新发展矮化苹果、樱桃、京白梨等优势树种27.15公顷。花卉种植面积217.2公顷，总产值12191.55万元。

【果品产值产量】年内，果品总产量989.8万千克，产值11401.4万元，其中苹果产量525.6万千克，产值5286.3万元。

【花卉产业】年内，花卉种植总面积217.2公顷，新冠疫情对昌平区花卉产业生产与销售的影响依然存在，全年产值12191.55万元，销售额6942.26万元。利用微信平台开展花卉科普介绍80余次，克服疫情影响入户指导300余人次。

【农业领域“留白增绿”】年内，对拆违腾退土地中涉及耕地的地块，通过种植农作物和观赏性作物，实现生态绿色覆盖，对种植食用农产品地块进行土壤检测和长期种植管理。农业领域增绿3.26公顷，投资10.27万元，涉及10个镇（街）57个地块。

【化肥减量推进】年内，推广应用缓控释肥31.2吨、应用面积1500亩，编写昌平区草莓土壤高质量培肥及提升草莓品质技术宣传资料，发放135份。开展土壤高质量培肥及草莓品质提升试验示范，优化填闲、倒茬作物种植方式；完成麦庄村倒茬作物土壤检测和辛庄村示范棚绿肥种植调查。全区化肥利用率42.1%，测土配方施肥技术覆盖率98%。

【耕地土壤环境质量监测】年内，落实耕地土壤环境质量监测工作，完成昌平区设施菜、露地菜、果园、粮田所有点位的取土、调查工作。耕地质量取样工作共设53个点位，其中北京市耕地质量调查评价27个点位、长期定位监测16个点位、面源污染10个点位。

【农用地扬尘管控】年内，加大昌平区农用地扬尘管控，建立市级监测点3个，区级监测点12个，推广深松作业6500亩，秸秆粉碎还田7800亩，出动巡查检查人员360余人次，检查农田裸地地块380余块次，涉及16个镇（街），总面积28642.08亩，农用裸地图斑地块在6月底前全部完成种植或者生草覆盖，农用裸地扬尘得到初步治理。为切实做好秋冬季农田扬尘管控工作，保障北京冬奥会周边环境，3000亩农田地块种植冬小麦等越冬作物。采取政府补贴籽种和农机作业费的方式，对9510亩农田地块采取种植小黑麦（饲草）的方式进行扬尘管控。

【果品质量安全认证和管理】年内，对19家单位进行无公害、绿色和有机果品认证及复查换证，其中首次认证单位8家，复查换证单位11家；在全区范围内抽检樱桃、杏、桃、李、葡萄、枣板栗、核桃、柿子、苹果等果品样品668份，按无公害果品标准检测农药残留，以监测果品质量安全。

【“昌平草莓”地理标志管理】北京市地方标准DB11/T 992—2021《地理标志产品 昌平草莓》实施。标准指出，昌平草莓地理标志产品保护范围限于昌平区兴寿、崔村、小汤山、百善、南邵、沙河6个镇现辖行政区域。

【草莓种植】年内，全区种植草莓涉及13个镇、76个村、1500余户种植户，日光温室5100余栋，总产量640万千克，比上年增加0.79%；总产值3.2亿元，比上年增加14.29%。

农村改革与管理

【农村宅基地改革】2021年，昌平区统筹开展“村地区管”工作，成立“村地区管”专班，针对农村“五块地”和涉地合同分别制定管理办法，形成“5+1”政策文件体系，制定并印发相关政策文件15个，明确区级管规划、管用途、管合同、管程序、管监督、管查处的权责。组织召开专题会议，研究昌平区农村宅基地及房屋建设行政审批事项等有关工作。

【农业农村部宅改专家组检查评估】8月5日，农业农村部宅基地制度改革试点专家评估组在市委农工委和市农业农村局相关人员陪同下调研昌平区宅基地制度改革试点工作。专家组听取昌平区宅基地制度改革工作进展汇报，了解崔村镇和南口镇宅基地及房屋建设规范审批情况，实地考察十三陵镇万娘坟村（传统古村落）和延寿镇沙岭村（山区搬迁村）民宿经营情况，对昌平区宅基地制度改革工作予以肯定。

【宅基地基础信息调查】9月28日，昌平区正式启动农村宅基地基础数据摸底调查和信息化建设项目，全面摸清农村宅基地规模、布局、利用现状等信息，并建立宅基地信息数据库以及农村宅基地管理信息系统。

【市级专项检查工作】10月21日，市农业农村局、市规划自然资源委、市住房城乡建设委联合检查组到昌平区开展宅基地审批管理专项检查，实地检查部分镇（街）宅基地及房屋审批管理政策落实情况，先后到崔村镇、南口镇、马池口镇进行走访检查，听取镇（街）主管领导工作汇报。

【宅基地及房屋建设审批管理】年内，根据市、区宅基地管理工作部署，依据《农村宅基地及房屋建设管理办法（试行）》工作要求，区农业农村局工作人员多次开展镇村调研座谈活动，累计“一对一”开展业务指导40余次。

农村经济发展

【农村经营管理】2021年，昌平区农村合作经济经营管理站（简称区经管站）加强“村地区管”合同管理，贯彻落实联预审机制，规范农民合作社质量提升。加强农民示范社挖掘培育，开展农村集体资产清查，强化农村财务精准指导，准确高效完成农经统计。大力推进农村信息化建设，积极推进惠农政策贯彻落实，推广农村产权交易平台使用。开展换届资格联审，推进管理长效运作。积极申请2021年全国农民合作社质量提升整县推进试点区。

【财政转移支付资金扶持项目申报】6月，审核各镇街2021年区级示范社申报材料；指导各镇街将“中央311万”及“市级100万”项目资料报财政局审核。年内，上报2021年度中央、市级财政转移支付资金扶持项目预算评审材料，完成411万10个扶持项目评审工作、开工建设、验收和资金拨付工作。

【农民合作社质量提升试点】7月，将《昌平区农民合作社质量提升整区推进试点实施方案》修改补充资料的版本，上报市农业农村局后批复。试点期为2年，自2021年8月起到2023年7月止。

【公益事业金审计及整改】7月，开展2020年度公益事业金审计工作。2020年，享受市级财政拨付的村级组织正常运转专项补助资金的行政村数为303个，应支付村级公益事业专项补助资金共计6072.5万元，实审村数为303个。经审计，21个镇（街）303个村实际收到村级公益事业专项补助资金6072.5万元。2020年昌平区村级公益事业专项补助资金使用金额5503.05万元，用于公益设施建设费用444.91万元，公益设施维护费用1613.09万元，社会管理费用2956.38万元，社会事业费用424.12万元，村务人员工资64.53万元。通过后期整改，专项补助资金余额498.04万元较整改前减少710.95万元，结余主要原因是部分村涉及工程尚未完工或在结审中，拆迁和棚户区改造、公益事业项目被美丽乡村项目覆盖等。通过审计，未发现资金违规使用的情况。

【农村集体资产清查】年内，开展2020年度农村集体资产清查工作，采取电话、网络等常规线上答疑和线下面对面辅导交流，完成全区农村集体资产资产清查工作，全区共有农村集体资产467.67亿元，农村集体土地总面积12.27万公顷。

【示范社资金扶持】年内，指导7家国家级示范社申报“2021年中央财政转移支付资金支持农民合作社建设和生产托管服务项目”专项资金。指导3家市级示范社申报“北京市财政转移支付资金支持农民合作社建设”项目。

【信息化数据年度更新】年内，完成“四类合同卡片”“土地承包经营情况统计表”“平原造林工程土地流转情况统计表”“农村土地承包经营及管理情况表”“土地流转价格动态监测情况报表”“农村集体经济合同基础表”等数据的录入更新、报送工作。完成主要包括人口数据库、收益分配数据库等信息更新，保障区、镇、村三级农村管理信息化工作正常开展，促进“村务公开”工作开展。

【农村产权交易标准出台】年内，调研全区镇（街）农村产权交易工作，召开镇（街）相关人员、村干部座谈会，征求意见建议，并采用不记名问卷填写的方式，参会120余人次，发放调查问卷104份，制定并出台《关于明确昌平区农村产权流转交易市场公开交易标准的通知》。

【农村专题业务培训】年内，结合村级换届选举工作，组织农村集体合同政策培训，将“1+5”系列文件及村地区管最新政策精神列为培训内容加强宣传。对于有需求的镇村采取现场座谈交流方式，加大培训力度，做好政策宣传。共对小汤山、马池口、百善、十三陵、兴寿、城南街道等地，进行“1+5”系列文件和村地区管政策宣讲培训近1200人次。利用线上培训方式为全区新一届村（社区）两委班子进行专题培训。到阳坊、小汤山等10个镇（街）开展业务培训，培训近1350人次，做到业务培训全覆盖。

【农村土地经济合同管理】年内，为贯彻落实市委、市政府《关于全面推进乡村振兴加快农业农村现代化的实施方案》，进一步强化对农村集体产业用地的规范管理，出台《关于建立农村集体产业用地合同管理机制的实施意见（试行）》。开展农村土地经营权流转合同检查，通过对2020年土地流转情况及相关制度建立和履行情况进行检查，进一步加强和完善全区农村土地经营权流转合同。2020年土地经营权流转涉及15个镇（街），共计72个村集体，签订土地经营权流转合同769份。开展农村集体经济合同联预审，对崔村镇、南邵镇等19个镇（街）436份拟签订合同进行联审、实地勘察。截至年底，328份拟签订合同申请材料通过区级审定，47份拟签订合同申请材料由于相关手续不完善未通过区级审定，61份拟签订合同申请材料正在联审过程中。开展农村集体经济合同清查，全区共清查出各类农村集体经济合同14176份，同时做好涉及合同的扫描件备案及农村集体经济合同管理台账更新工作。

【示范社建设】年内，完成10个国家级示范社监测工作。完成全区25家市级以上示范社规范化建设评价工作。完成区级十三陵镇繁花部落、南邵镇春刚、兴寿镇东篱、兴寿镇兴颜4家农民合作社通过区级示范社考核评定验收。

【农村集体经济组织成员信息录入】年内，配合区农业农村局在全区开展农村集体经济组织成员信息报送工作，将全区305个产权制度改革完成村35万余名成员信息及股份管理情况登记填报在产权管理系统，并进行信息化管理。同时结合工作安排持续做好农村股份经济合作社收益分配指导工作。

【低收入农户、村动态监测】年内，组织开展低收入农户、村动态监测，全区共有低收入边缘户（上年度人均收入高于11160元低于14000元以下）41户，共114人，其中具有劳动能力的有59人，已就业56人，就业率达到94.9%，本年度人均可支配收入17119.5元，比上年的13471.5元增加3648元，增幅为27.1%。41户低收入边缘户人均可支配收入全部超过14000元，进一步巩固脱低帮扶成果。

【农村经济收益分配统计年报】年内，全区农村集体经济总收入实现26.9亿元，比上年增加2亿元增长8.2%，其中乡镇级企业收入为23931.3万元增加2892.4万元，村级组织收入为225682.3万元增加16176.4万元，村级企业收入为19198.2万元增加1296.1万元。农民人均所得实现24654元，比上年增长4.1%，平原镇收入为26200.1元增长4.2%；山区镇收入为20377.4元增长3.7%。

【村、社区“两委”干部资格审查】年内，按照昌平区村和社区重点工作专班统一部署，完成现任村、社区“两委”干部资格审查工作，审查人员共计9858人，其中合格人员5872人，不合格人员3名，社区无法核实人员3983人。并落实村、社区“两委”资格联审工作长效机制工作，累计完成资格联审15批次，涉及人员66人，其中合格人员13

人，社区无法核实人员53人。

【工业大院资产收益补助资金核对】年内，开展2019年度和2020年度工业大院资产收益补助资金核算工作，通过汇总核算出38个工业大院资产收益补助总额核减平原造林（林业局提供）及复耕复垦（规自分局提供）收益后的最终补助金额，上报至区经信局。核对沙河镇东一村工业大院用户（北京沙河冶金机械制造有限公司）资产收益补助情况并验收通过。核对百善镇上东廓、狮子营和泥洼村工业大院涉及的赞助费、卫生费及管理费等情况，确认最终补助金额并上报。

农村民生

【昌平苹果文化节】年内，举办第十八届昌平区苹果文化节，针对全区冰雹强降水及新冠疫情的双重不利影响，苹果文化节推出多项惠农助农措施，保障全区苹果采摘销售平稳有序，组织开展惠农助农果品销售、果品加工开发、整体宣传报道等类型丰富的多场次活动，开发苹果汁、苹果烘焙食品等5款。全年更新发展矮砧苹果2.83公顷，苗木保存率普遍在90%以上；累计完成苹果套袋9438.1万个。

【“十百千万”畅游行动】年内，昌平区继续落实北京市农业“十百千万”畅游行动，按照市级北京休闲农业“十百千万”畅游行动计划，重点提升2个休闲乡村，分别为兴寿镇下苑村和延寿镇湖门村；提升8个农业休闲园区，分别为北京东河湾采摘园、北京盛雅圆农家乐旅游观光园、北京鑫城缘种植园、北京金惠农种植园、嘉年华草莓休闲采摘园、小汤山特菜大观园、北京万德园农业园和小汤山农业园。

【农产品奥运保供】年内，通过两批次遴选推荐，经过专家组严格筛选、三方机构风险评估，昌平区有4家优秀企业获得农产品奥运保供应资格，按照报供要求对企业的基础设施、安全设施、监控系统进行全面升级改造，确保人、菜安全。

【京蒙对口支援协作】年内，落实京蒙协同发展及对口支援合作精神，3家昌平草莓育苗企业在内蒙古太仆寺旗运营“昌平—太仆寺旗边墙草莓育苗基地”，种植大棚310座，定植种苗共计27.2万株，共繁育草莓生产苗530万株，累计带动130余人就业，月平均收入3000余元。向内蒙古阿鲁科尔沁旗农牧局捐助农业科技类图书2400册、农产品深加工科研样品40箱、20种优良蔬菜品种籽种252袋，价值约7.4万余元。

【草莓品牌宣传】年内，通过互联网+的方式，提升品牌价值。举办“第二届昌平草莓节”，充分利用中央、市、区三级媒体平台、区内户外电子大屏、广告牌及户外灯箱、公交车等多种媒介形式，多渠道、多角度、全方位深入推介展示昌平草莓，对草莓产业重点成果、优势技术进行跟踪报道，对典型的草莓产业合作社、草莓产业生产销售模式进行广泛宣传，制作播放第二届昌平草莓节宣传片、举办第二届昌平草莓节儿童绘画大赛、举办第七届“北京草莓之星”评选等活动，塑造品牌形象，提高“昌平草莓”品牌知名度和影响力。

【农民素质提升】年内，围绕发展以“一花三果”产业为主导的都市型现代农业，推进农民教育工作提质增效，累计开展培训班级42个，2079名农民参训，班级平均学员综合满意度达98.8%。围绕“米袋子”“菜篮子”稳产保供，以休闲农业和乡村旅游业为中心，开展6个主题培训班级，培训学员234人，班级平均学员综合满意度达99.5%。全区22个镇（街）新增初级农村实用人才108人，系统内农村实用人才共4857人，其中初级实用人才4153人，中级实用人才612人，高级实用人才92人。

基层组织与民主政治建设

【镇换届工作动员部署】年内，昌平区召开2021年镇换届工作动员部署会。会议强调要切实把思想和行动统一到中央决策部署上来，按照市委要求，圆满完成换届各项任务，为服务首都新发展、推动区域高质量发展做出新的更大贡献。会议指出，区和乡镇换届，是在“两个大局”交织、“两个百年”交汇、“两个五年规划”交接的历史节点上进行的，事关全局、事关长远、事关重大。市委书记蔡奇在全市区和乡镇换届工作部署会上提出了明确要求，昌平区要坚持首善标准，从严从实抓好镇换届工作。高标准做好换届考察，将政治素质考察放在首位，提高干部考察质量，做好综合分析研判，坚决防止“带病提拔”；稳妥有序做好换届人事安排，树立一盘棋思想，严格执行干部任职回避和交流制度，综合干部性别、民族、年龄、经历、专长等进行合理搭配；认真做好代表产生和大会选举工作，强化党组织主导作用，加强组织审核把关，精心组织大会选举；从严抓好换届风气监督，坚持“严”的总基调，把纪律和规矩挺立在前面，做到教育在先、警示在先、预防在先，全程从严监督，加大执纪问责力度，确保换届全过程清明清正清新。镇换届工作领导小组成员，镇换届考察组组长、副组长，各镇（街）党（工）委书记、镇长（主任）等分别在主会场和分会场参加。

【基层党建工作交流会召开】年内，组织召开“庆祝建党一百周年”基层党建工作交流会，会上区党建研究会成员、党校教师、部分村党支部书记、第一书记，就农村基层怎样抓党史学习教育进行座谈研讨。

【村“两委”换届选举工作顺利完成】年内，协助区选办切实加强区级层面工作谋划和对镇街的统筹调度，强化业务工作指导，工委领导带队开展两轮次走访，指导镇街紧盯重要环节和关键阶段，确保换届选举高效推进。严格候选人资格条件，坚持“五好、十不能”用人导向和用人要求，对照“十不能”第四条标准，牵头审核村“两委”候选人4320人次，预防候选人“带病上岗”。本次换届后，全区村“两委”班子结构得以进一步优化，全区除15个村书记下派外，283个村实现书记主任“一肩挑”，村“两委”平均年龄下降0.3岁，大专以上学历人员占比提升7.3个百分点，实现了学历、年龄结构的“一升一降”，所有村“两委”均已配备35岁以下年轻干部，各项指标任务均已实现。

【举办村“两委”主要负责人培训班】6月，联合区委组织部、区民政局邀请专家教授、相关部门领导干部，围绕十九届五中全会精神、党史学习教育、12345接诉即办、宅基地管理及利用政策解读等内容进行集中学习，共330人参训，有效提升“领头雁”的能力水平和履职担当。

【完成软弱涣散村整顿转化】年内，严格落实“一村一策”整顿方案和“五个一”工作机制，协调发挥联系区领导、结对帮扶单位、村第一书记的指导帮扶作用，定期调度工作进度，实地走访督促解决难题，指导实施基层党建、基础设施建设等方面的整顿项目45个，市级9个软弱涣散村全部转化完毕。聚焦家族派系斗争严重、组织掌控力弱等农村9方面问题，再次开展“回头看”检视，拟新确定软弱涣散村6个，同步开展集中整顿工作。

【录制《复兴之魂》微党课电视片】年内，组织12集《复兴之魂》微党课电视片录制，歌颂井冈山精神、长征精神等十二种精神，弘扬中国共产党人的精神谱系。作为基层党组织培训、党员学习的必修内容，多平台宣传推介，提高覆盖率，扩大影响力，激励广大党员、干部和群众了解党的历史，弘扬革命精神，在推动昌平高质量发展进程中作出应有贡献。

【讲党课大比武活动举办】年内，举办昌平区村党组织书记“讲党课大比武”活动，13位村党组织书记结合自身经历，从不同角度开展生动深刻的党课讲授，有扎根基层、服务群众的实践和感悟；有依托本村革命历史，传承红色基因的革命精神；有将党旗插在农村疫情防控主战场，誓要打赢疫情防控阻击战的使命担当。专家评委从授课内容、授课形式上进行点评指导，进一步推动各村党组织书记重视党课、讲好党课、发挥好党课作用。

【第32届农民艺术节系列活动举办】年内，联合区宣传部、文旅局等5部门印发《第32届北京农民艺术节昌平区总体方案》，召开区级部署会对有关工作进行部署安排，完成6个“乡村文化之星”的推选、9个“歌从田野来”作品推选，9月29日在南口镇花塔村成功举办乡村大舞台昌平专场展演，共两千余人通过线上、线下多平台观看直播，全方位、多角度展现昌平特色文化、乡风民情。

【“听党话、感党恩、跟党走”农民宣讲活动举办】2021年7月以来，昌平区委农办在农村地区广泛组织开展“听党话、感党恩、跟党走”宣讲活动。宣讲活动开展以来，全区累计组织各类宣讲活动70余场，宣讲形式丰富多彩，农村地区3778名干部群众积极参与，在全区农村地区反响热烈，引导全区农民群众“不忘来时路、走好脚下路、坚定未来路”。

【开展“三务公开”专项检查】年内，联合区委组织部、区民政局、区经管站完成对21镇街的80个村“三务公开”、“十步工作法”和权力清单运行情况的专项检查，并形成检查情况通报下发各镇街，要求针对存在问题完成整改，保障村级各项公开工作实现经常化、制度化和规范化。

【党建引领美丽乡村品质提升示范工程部署会议召开】9月29日，区委农工委、区农业农村局联合区委组织部组织召开党建引领美丽乡村品质提升示范工程部署会议，涉及美丽乡村品质提升示范工程的各镇主管领导、各软弱涣散村、集体经济薄弱村驻村第一书记、试点村党支部书记参会，会上就美丽乡村品质提升示范工程进行工作部署。此示范工程是区委农工委、区农业农村局落实党建引领美丽乡村建设的重要举措，切实为新任第一书记驻村工作提供抓手。

【“村书记大讲堂”活动举办】年内，区委农工委、区农业农村局（区乡村振兴局）、马池口镇共同组织的“乡村振兴‘村书记大讲堂’”活动在马池口镇政府成功举办。进行“抓好‘五块地’，共谋新发展”主题讲座和现场交流，帮助镇、村领导干部加深对土地政策的理解，为盘活用好集体资源，帮助镇域产业优化升级，实现经济稳步发展提供思路。

【党员干部下沉抗疫】8月，下发《关于常态化开展干部下沉工作的通知》，组织78家机关、企事业单位的585名干部，常态化投入到终点地区村、社区疫情防控工作。10月，昌平区突发新冠肺炎疫情，在坚持党建引领下，迅速启动干部下沉工作机制，下发《致全区各级党组织和广大党员的倡议书》，共组织879名下沉干部，1179名党员干部、志愿者驰援一线，与北七家镇、沙河镇防疫工作人员一道，共同做好卡口值守、服务居民、巡逻检查等工作，让党旗在疫情防控一线高高飘扬。截至疫情结束，共动员83家区属机关、企事业单位、4800余名干部支援北七家镇、沙河镇、东小口镇、天通苑北街道的疫情防控工作，累计下沉干部3.2万人次。

农村环境保护

【绿化造林】年内，完成浅山区造林任务348公顷（全部为新增项目），栽植树木23.71万株；完成京津风沙源治理项目封山育林1333.3公顷；完成生态效益促进发展机制森林健康经营工程林木抚育2866.7公顷（含国家重点公益林抚育）。

【人工造林】年内，完成浅山区造林任务348公顷（全部为新增项目），栽植树木23.71万株。完成平原地区造林任务248.93公顷，全部为新增造林，栽植树木16.8万株。

【森林健康经营】年内，完成生态效益促进发展机制森林健康经营工程林木抚育2866.7公顷（含国家重点公益林抚育），其中一级经营区林木抚育面积153.3公顷，二级经营区林木抚育面积1026.7公顷，三级经营区林木抚育面积1686.7公顷，建立市级山区林木抚育经营示范区1处。

【古树名木管理】年内，对全区5022株古树和958株名木进行全面体检，系统排查空腐及倒伏等高危风险，掌握分析古树名木的立地条件和生长状况；对十三陵特区、城南街道、东小口镇、延寿镇、沙河镇辖区内共计157株古树实施抢救复壮工程，内容包括仿木支撑、仿木树池、封堵树洞、砌筑挡土墙、防腐处理、铁艺栏杆、换土施肥等，做到“一树一策”，科学修复。

【森林火灾防控】年内，围绕“春季森林防火专项检查”和“野外火源专项治理”工作，促进各项防范及应急处置措施落实到位，在森林防火宣传月及清明节前夕，大力加强防火宣传，营造人人参与防火氛围。清理林下可燃物约5700公顷，开设防火隔离带约3700公顷，减少火灾发生概率。

【水土保持生态建设】年内，完成2019年京津风沙源小流域综合治理工程（王家园、西峰山、北流村、王家园平原、西马坊、北小营、水沟、响潭8条小流域）区级验收。完成2020年京津风沙源小流域综合治理工程（辛店一道河、大辛峰排水、百合平原3条小流域）建设任务，实施2021年京津风沙源小流域综合治理工程（百合、肖村、赴任辛庄、葫芦河4条小流域）。

【水土流失监测】年内，昌平区水土保持工作监督站、响潭水库管理处和十三陵水务站完成坡地径流场和沟道控制站的监测工作，汛前对观测点设备设施进行检查与维修、对小区植被覆盖进行处理。汛期对8个径流小区进行水土流失量及污染物流失状况、降雨量、蒸发量、气象等要素的监测，对采样的水质检测报告进行数据整理分析，为水土流失动态监测提供最基础的数据。

【水旱灾害防御】年内，全区累计平均降水量967.2毫米，比上年多365.9毫米（61%），比多年平均值507毫米多460.2毫米（91%）。延寿镇百合站年降雨量最大1173.8毫米，流村镇高崖口站最小773毫米。汛期（6月1日—9月30日）全区累计平均降雨量854.7毫米，比上年同期多381.3毫米（81%），比多年同期多447.4毫米（110%）。汛期成功应对73次降雨过程，完成122天超长应急值守。重点水利工程经受住洪水考验，充分发挥调蓄能力，实现不决堤、不垮坝、不倒闸目标。

【气候对农业生产影响】年内，气温较常年偏高，降水比常年偏多。冬季气温接近常年，降水偏少，总体气象条件对冬小麦安全越冬、返青及设施农业生产有一定的不利影响。春季气温偏高，降水接近常年，总体气象条件对冬小麦返青生长较为有利，对冬小麦灌浆和春玉米播种、出苗及苗期生长较为不利。夏季气温接近常年，降水明显偏多，光照偏少，总体气候条件对小麦前期灌浆略有不利，对春夏玉米的生长有利，高温高湿天气对蔬菜、果树的正常生长和果实膨大以及甜度的增加不利。秋季气温接近常年，降水明显偏多，光照偏少，总体气象条件对玉米收获晾晒有一定不利影响，对冬小麦播种出苗和苗期生长有利，对蔬菜生长、果实着色、甜度的增加有一定不利影响，对设施农业有不利影响。

【气象为农服务】年内，对全区气象大喇叭和显示屏进行全面排查巡检和维护。深入开展气象服务需求调研，推进基层气象防灾减灾标准化建设。充分利用昌平区气象监测预报数据，为农业种植合作社提供有针对性的农业气象服务，提供相关气象服务材料。

“三农”工作部署和实施

【农村工作会召开】4月8日，昌平区组织召开乡村振兴工作推进会及宅基地改革试点工作动员部署会。深入贯彻落实习近平总书记关于“三农”工作的重要论述，研究分析全区当前“三农”工作形势和存在问题，对全面推进乡村振兴进行再动员再部署。会上，审议通过了《北京市昌平区关于全面推进乡村振兴加快农业农村现代化的实施方案》，并对2020年工作进行了总结，对2021年工作进行了部署。

【参加深入学习贯彻习近平总书记近期“三农”工作重要讲话精神辅导报告会】参加市委农办举办的深入学习贯彻习近平总书记近期“三农”工作重要讲话精神辅导报告会，落实中央农办、农业农村部、国家乡村振兴局《关于深入学习贯彻习近平总书记近期“三农”工作重要讲话精神的通知》精神，学懂弄通做实习近平总书记在中央经济工作会议、中央农村工作会议、全国脱贫攻坚总结表彰大会上的重要讲话精神，持续深入学习领悟习近平总书记关于“三农”工作的重要论述。不断增强思想自觉、政治自觉和行动自觉，统一思想、凝聚力量、真抓实干，探索走出一条具有首都特点的乡村振兴之路。

【推进美丽乡村规划建设】全区215个村完成规划编制，除受污水工程影响村庄外，其余213个村均已启动美丽乡村建设，172个村庄已完成建设并通过市级验收，建设进展持续保持全市前列，延寿镇湖门村被评为第二批全国乡村治理示范村。

【持续推进冬季清洁能源取暖】克服雨季施工和新冠疫情困难，完成城乡接合部地区11个村集中供暖建设改造工程。目前，全区235个村、15个社区约11.7万户完成改造工作，实现了除有拆迁计划的村庄外清洁取暖全覆盖。

【强化巩固脱低帮扶成果】健全防止返低的监测帮扶机制，对41户标准线边缘户建立“一户一策”帮扶台账，持续监测，动态更新进展。延续助残增收、教育帮扶等政策，为各类困难群体解决就业难、学费贵等问题。

昌平区领导名录

区委书记 甘靖中
副书记 支现伟　解江凌
常委 甘靖中　支现伟　解江凌
张　鑫　杨仁全　朱　平
薛春江　马红萍（女，回族）
车拥军　刘晓东　冯志明
常委会主任 朱光彤
区人大常委会副主任 刘长永　白向军　史佑民
张强斌
区长 王合生（8月免）
甘靖中（9月任）
副区长 苏贵光（9月免）
李志杰（5月免）
刘长永（2月免）
吴　彬（女，7月免）
周金星（11月任）
朱炳文　董贵蛟
刘晓东（5月任）
冯志明（11月任）
佟立志（女，11月任）
区政协主席 张晓兰（女）
区政协副主席 李永生　靳增立
洪起国（2月免）
李雪红（女）
姚仰平　明占学
吴小利（1月任）
区委农工委书记 尚万江
区农业农村局局长 张正伟

昌平区各镇（街道）党政正职领导

镇（街道）	党委（工委）书记	镇（乡）长、主任
沙河镇、沙河地区办事处	周金星（5月免） 柳　强（5月任）	柳　强（7月免） 徐忠辉（7月任）
东小口镇、东小口地区办事处	肖振业（10月任）	郝磊（11月任） 郝磊（12月任）
马池口镇	张海岩	韩　炜
小汤山镇	王红敏	苗广生
南口镇	唐朝辉（6月免） 李哲元（6月任）	李哲元（6月免） 燕明星（6月任）
北七家镇	戈　娜（女，10月任）	乔　昆
十三陵镇	李　攀	崔宙鹏
流村镇	龚家银（3月任）	龚家银（3月免） 暴玉金（4月任）
南邵镇	林　宇（蒙古族）	鞠国栋
崔村镇	冉　灏（10月免） 熊　强（10月任）	曾文涛（10月免） 聂慧松（女，10月任）
兴寿镇	郭卫东	黄　俊
延寿镇	刘浩军	罗立华
阳坊镇	徐冬云（女）	郑　松
百善镇	莫清海（3月任）	于　浩（4月任）
城北街道办事处	李　欣（女）	陈楷林
城南街道办事处	李建忠	冯　光（回族）
天通苑南街道办事处	刘庆海	高益梅（女）
天通苑北街道办事处	李　刚	夏玉蓉（女）
霍营街道办事处	孔令军	赵　静（女）
史各庄街道办事处	易宏琤（10月任）	易宏琤（12月免） 郑　雪（女，12月任）
回龙观街道办事处	刘晋京	王　旸（女，6月免） 霍　琨（6月任）
龙泽园街道办事处	李文慧（女，10月免） 曾文涛（10月任）	郝洪涛（6月免） 齐　鲲（6月任）

（昌平区农业农村局　朱歆彤）

大兴区

综　述

大兴区位于北京市南部，总面积1036平方千米，东与通州区相邻，西隔永定河与房山区相望，南及西南与河北省廊坊市、涿州市接壤，北与丰台、朝阳两区相连，区域东西宽、南北长均约44公里，下辖黄村、西红门、旧宫、亦庄、瀛海、青云店等14个镇和清源、兴丰等6个街道办事处。2021年年末大兴区（含北京经济技术开发区）常住人口为199.5万人，较上年末增加0.1万人；大兴区（不含经开区）常住人口为182.9万人，与上年末持平。

2021年，实现地区生产总值1461.8亿元，比上年增长56.4%。农林牧渔业总产值实现32.8亿元，比上年增长7.5%。全年粮食播种5633.3公顷、产量3.8万吨，蔬菜播种面积1.41万公顷、产量46.5万吨，粮菜生产分别完成年度任务的143%和112%。推进撂荒耕地恢复种植和闲置设施恢复利用。按照“应种尽种，能种尽种”原则，推动恢复耕种2506.7公顷，1212栋闲置设施恢复生产。推进农业领域“留白增绿”工作。推进属地落实地块整理、播种和田间管理，有序组织复垦验收，完成复种面积19.59公顷。

大兴区拥有农业观光园46个，年接待量65.6万人次，比上年增长50.9%；实现观光园总收入1.0亿元，比上年增长28.1%。

2021年，大兴区共引进示范农作物新品种77个，示范推广新技术38项，推广面积约2746.7公顷；2021年，大兴区22家（含西甜瓜、草莓）市级蔬菜集约化育苗场育苗生产面积19.9万平方米，年育苗量10222.4709万株（含西甜瓜2187.558万株）。其中14家育苗场（含3家草莓）取得农作物种子生产经营许可证。

城乡发展一体化

【乡村振兴战略推进】年内，大兴区加快实施分批次推进美丽乡村建设，完成三个批次共313个村的村庄规划审批，16个乡村振兴示范村创建持续推动。深入开展人居环境整治，累计拆除私搭乱建和侵街占道714处，清理生活垃圾10.1万余吨。加快推进魏善庄蔬菜园艺创新园一期和北臧村兴盛达智慧农业产业中心项目建设，推广民宿旅游融合发展，13个乡村民宿院落开门营业。落实稳产保供，加快生猪养殖场建设和生产，粮食播种8.45万亩，蔬菜播种21.2万亩，均完成年度任务。研究制定支持老旧果园复耕政策，完成基本农田和基本农田储备区复耕任务，恢复撂荒耕地种植3.76万亩。累计排查农业设施近17.2万栋（次），坚决杜绝“大棚房”问题反弹回潮。

【推进城乡道路建设】年内，大兴区持续推进机场沿线环境提升工程，围绕京开高速及大兴机场高速2条主干道，5条联络线进行整治提升；推进重点道路建设。105国道、团桂路、京良路3条道路的历史遗留难题得到解决，完成乡村公路修复性养护87.284千米（大修工程），涉及西红门、魏善庄等11个镇。

【人居环境整治】年内，大兴区加大356个村人居环境巡查整治力度，拆除私搭乱建和侵街占道714处、1.18万余平方米，清理“四乱”8.9万余处，清理生活垃圾10.1万余处9.4万余吨，清理生活污水直排溢流和村域河塘沟渠9112处。常态化推进农田环境巡查和治理，整治问题2.47万余处，清理农田废弃物和各类垃圾等2.5万余吨，清理老旧、残破农业设施2534栋；完成农业领域“留白增绿”19.59公顷。注重城乡生态环境均衡发展，完成大兴新城“国庆”主题花坛布置，完成绿地改造提升16.04万平方米，屋顶绿化9802.44平方米，建设镇村绿地6万平方米。

【临空经济区建设】年内，大兴机场临空经济区紧紧围绕服务保障国家发展新的动力源建设，综合保税区通过正式验收并运营，噪声区安置房项目按期平稳回迁，国际会展中心和国际消费枢纽规划选址落位，市区第二批赋权到位，全市首例土地资源整理实施方案为精准高效征地创造条件，持续推进“二四六”产业空间载体建设和产业促进，高位推动并落实“五子联动”发展要求，至年末，临空区完成固投171亿元，建安128亿元，入库税收4.81亿元（其中自贸区内企业1.72亿元，新航城及承接新航城项目的施工企业1.64亿元，涉航企业1亿元，航站楼内企业0.45亿元）。

【生态治理】年内，大兴区细颗粒物（PM2.5）年均浓度值为34微克/立方米，比上年下降8.1%，达标天数为283天，优良天数比例78%；二氧化氮年均浓度值31微克/立方米，比上年下降6.1%；二氧化硫年均浓度值为3微克/立方米；生活垃圾无害化处理率达100%。绿化覆盖率为46.05%，公园绿地500米服务半径覆盖率92.27%，人均绿地面积47.72平方米。全区水环境质量持续改善。自2021年起，大兴区国考断面增至3个，市考断面增至4个，国考和市考断面共7个，1—12月国考、市考断面平均水质全部达标，4个断面平均水质优于Ⅲ类，优Ⅲ水体比例达到57%。镇街29个考核断面平均水质持续向好。黑臭水体未反弹。区级集中式饮用水源水质稳定达标。地下水水质总体稳定。全区土壤环境质量总体良好，土壤污染风险基本得到有效管控，受污染耕地安全利用率、污染地块安全利用率均达到100%。全面推行“林长制”，持续深化生态林分级分类管护，实施造林绿化9000余亩，森林覆盖率达33.9%，孙村公园成为全国首个森林城市主题公园，国家森林城市创建工作稳步推进。

【基础设施】年末，大兴区普通公路总里程2934.938公里。其中国道9条，里程为211.698公里；市道13条，里程为213.449公里；县道63条，里程为407.606公里，乡、村及专用公路2102.185公里。按技术等级分，高速公路196.106，一级公路167.95公里，二级公路484.364公里，三级公路387.477公里，四级公路1699.041公里。永兴河、西红门第二再生水厂建设扎实推进。

【公共交通】年末，大兴区公共电汽车运营线路73条，比上年末增加5条；运营线路长度2113公里。年末轨道交通运营线路长度58.2公里。年末大兴区实有出租汽车2255辆，客运量709万人次；其中新能源出租车1480辆，比上年末增加677辆，客运量412.0万人次。

都市型现代农业

【农业新品种新技术示范与推广】年内，大兴区共引进示范推广蔬菜、西甜瓜、粮食、生态作物等农作物新品种77个，示范推广新技术38项，推广面积约2746.7公顷。

【农业生产技术培训】年内，大兴区通过在网络平台发布技术管理意见、观看网络课堂和培训视频等线上培训方式，以及田间学校等线下指导方式相结合开展技术培训，累计培训农民12295人次，开展技术指导830次，线上及电话咨询2288人次，培训内容包括种植业生产技术培训、农业机械安全操作培训、农民职业技能提升培训、新型农业经营主体培训等。

【国家西甜瓜产业技术体系大兴综合试验站项目】年内，区农业服务中心开展小果型、中果型西瓜新品种筛选，适合北京地区种植的小果型、中果型西瓜新品种试验2项，扶持大中小型集约化育苗场22个，育苗大户或农户指导20次，培训指导172人次。

【农业改革发展资金重点项目工作】年内，区农业服务中心开展农业投入品废弃物回收处置项目、推广应用有机肥项目、蔬菜集约化育苗补贴等农业农村改革发展资金重点项目4个。全年累计回收旧地膜1267吨，发放新地膜417吨，完成10家农户残膜监测及4家生物降解膜示范；有机肥补贴面积2146.7公顷，补贴肥料32200吨；补贴蔬菜商品苗3813.63万株；建立优质蔬菜科技示范基地1个。

【草莓生产】年内，大兴区冬春季全区草莓生产面积32.13公顷，种植品种有“红颜”“章姬”“弥生姬”等，红颜为主要栽培品种。重点草莓育苗园区育苗面积13.73公顷。育苗数量650万株。全年累计培训48人次，指导11次。线上发送恶劣天气预警信息10次，管理办法2次。

【绿色防控产品项目】年内，大兴区推广应用绿色防控产品项目，共补贴资金1600万元。执行绿控产品补贴项目工作的植物医生14名，绿控补贴产品经营点12个，系统在册补贴对象6797条，涉及补贴面积7428.29公顷。1月4日至11月18日，累计开具处方7873条。组织植物医生、经销商集中培训1次，培训26人。在各项目实施主体群内发布市区两级通知等以及相关群通知100余次，接待有关本项目工作的电话、微信、QQ咨询200余次，实地调查20余次。

【草地贪夜蛾监测】年内，大兴区草地贪夜蛾村级监测点共计212个，布控区镇村级性诱捕器242套，对有玉米种植的10个镇进行镇级培训，共开展培训11次，培训246人次，发放技术宣传资料600份。

【农作物病虫害预测预报】年内，区农业服务中心开展农作物病虫害调查55次，共计上报数据43次。依据病虫发生情况和气象情况，发布病虫简报9期，防治短信10余条。其中，蔬菜作物另设6个基层测报点，测报点均为种植村，人员以全科农技员为主，共计上报数据20次。

【畜牧规模养殖场节水技术应用情况调查】年内，区农业服务中心完成大兴区6家畜牧规模养殖场节水技术应用情况调查。至年末，所有场均安装水表，5家养殖场采用干清粪节水技术，3家养殖场有雨水收集系统，实现67%水处理后循环利用。

【水产绿色养殖技术】年内，区农业服务中心推广先进适用的水产绿色养殖技术和模式，全年发放微生态制剂120千克，推广养殖面积2.4公顷，调节养殖水体环节，推动养殖户科学健康养殖。

非农产业

【旅游发展】年内，大兴区共有星级酒店4家、A级景区5家、星级民俗村12个、民俗户40家、特色业态园区47家、旅行社分支机构6家、乡村民宿17个院。全年旅游总收入61亿元，比上年增长17.8%，接待总人次456.2万人，增长20.9%。

【乡村民宿建设】年内，区文化和旅游局大力推进乡村民宿建设，与相关部门及时沟通，协调解决民宿开办手续中遇到的问题，出台《大兴区乡村民宿开办手续办理流程（试行）》。全年，大兴区完成手续开业经营共有17个院落，建筑面积6202平方米，可提供房间79间，床位137个。另有7家完成区文旅局乡村民宿手续备案，可提供房间31间，床位82个。30个院落正在筹备中，主要分布在榆垡、礼贤、庞各庄、魏善庄、长子营等镇。初步形成以北臧村镇“康养+休闲”、庞各庄镇“高端+团建”、礼贤镇“商务+休闲”、魏善庄镇“怀旧+艺术”、长子营镇“生态+休闲”等为主题的一批精品民宿。

【旅游设施建设】年内，大兴区旅游厕所改造10座、旅游标识改造1038.31平方米、游客服务中心改造1座、配备垃圾桶100个及休息座椅9组。至年末，所有改造项目竣工并通过北京市文化和旅游局公共服务处验收组验收。项目竣工后，按照改造内容、面积区间、材质规格等参数对项目单位进行补贴。旅游厕所补贴147.5万元，旅游标识补贴126.6

万元，游客服务中心补贴21.5万元，垃圾桶补贴3万元，休息座椅补贴0.972万元，共计补贴金额299.572万元。

【提振消费】年内，大兴区启动“礼享大兴·潮趣生活”消费季；推出首届线上年货节，发放消费券近1800万元，拉动销售1.08亿元；启动第一期“汽车嘉年华”，发放1000万元大礼包，拉动消费10.3亿元；打造六大品牌榜单，提升企业吸引力；制定商业及餐饮企业外摆管理办法，12家企业开展外摆经营；引入北京首店21家。

【粮食轮换和价格监测】年内，区商务局对5000吨硬质白小麦开展轮换，确保储备粮质量安全。组织开展涉粮相关统计调查和粮食流通统计，对小麦粉、粳米等五种品类周价格进行审核、公示；圆满完成2021年度大兴区社会粮油供需平衡专项调查和农村居民户存粮调查工作。

村镇建设

【概况】年内，区农业农村局扎实推进3个批次共308个村的美丽乡村基础设施建设任务，第一批88个村基本完工，第二批140个村完成市级达标验收；第三批80个村正在履行立项审批程序；16个乡村振兴示范村和市级第一批44个村污水管线建设全部完成。

【农村人居环境整治工作】年内，区农业农村局加大356个村人居环境巡查整治力度，拆除私搭乱建和侵街占道714处合计1.18万余平方米，清理“四乱”8.9万余处，清理生活垃圾10.1万余处共9.4万余吨，清理生活污水直排溢流和村域河塘沟渠9112处，发动农民群众投工投劳16.9万余人次。常态化推进农田环境巡查和治理，整治问题2.47万余处，清理农田废弃物和各类垃圾等2.5万余吨，清理老旧、残破农业设施2534栋；完成农业领域“留白增绿”19.59公顷。

【宅基地管理】年内，区农业农村局以区政府名义印发《大兴区农村宅基地及房屋建设管理实施意见（试行）》，区农业农村局、区规自分局、区住建委联合印发《大兴区农村宅基地及建房审批管理实施细则（试行）》，被区领导肯定为“大兴区宅基地及建房审批管理的第一个纲领性文件”。各相关镇已建立宅基地联审联办机制。

【乡村公路大修】年内，区城管委完成乡村公路修复性养护87.284公里（大修工程），涉及西红门、魏善庄等11个镇。

【团桂路建成通车】年内，团桂路道路工程（兴亦路—黄马路段）实现全线通车。道路全长约2.3公里，按照城市次干路标准建设，并同步实施市政管线工程。

【照明工程】年内，区城管委完成兴良路（马村东侧村口—京开辅路段）照明工程，建灯路段全长约5300米，共建成4座变压器，160盏LED路灯。12月31日，完成大兴区兴亦路（团河路至西三路段）、南中轴路（黄亦路至后查路段）照明工程，建灯道路全长11.3公里，建设太阳能路灯345套。

【河长制】年内，区水务局根据北京市总河长令，编制印发大兴区总河长令，将涉及大兴区的14项任务和市直部门延伸任务，分解至各部门、各镇（街道），明确职责，有序推进各项工作，各项任务均按期完成。强化河道日常巡查，每月开展1次全覆盖巡查工作，累计督办整改问题433处，在《北京市大兴区河长制工作信息》通报重点工作12次。各级河长强化履职，区级、镇（街道）级、村级河长分别巡查95人次、2616人次、25466人次，累计发现并协调整改问题1249处，有效改善水环境。2021年，永兴河被评为全市优美河湖。

【森林防火】年内，区园林绿化局制定《森林防火火源管控方案》《森林防火督查检查工作方案》等工作方案，全区3200名管护人员在岗在位，对重点林区督导检查15次，“一患一策”治理。森林防火预警监测系统24小时不间断监测，提前发现火警240余起。在公园景区推广使用“防火码”，开展森林防火实战演练和技能培训和宣传活动35场，全面提升森林防火综合应急管控能力。

【绿色创建】年内，区园林绿化局完成全国第一个森林城市主题公园建设，成功创建7个花园式社区、6家花园式单位、6个森林村庄和1个森林城镇，200余人参与“自然笔记”等园艺驿站活动。积极开展义务植树活动，新建街乡级义务植树基地2家，全年参与植树尽责人数31.6万人次，新植树木10.5万株，通过“八类”尽责形式折合新植树木92万株。

【安全隐患大排查大清理大整治专项行动】9月10日—10月10日，大兴区在全区范围内开展安全隐患大排查大清理大整治专项行动。此次专项行动成立了以区委书记、区长为组长的专项行动领导小组和“4+3”区级督查组（4个综合督查组、3个专项督查组），深入各属地、各企业，重点检查厂库房、冷库、农业园区、村民自建出租房、建设工程、旅馆、公寓、网吧等点位，通过全面检查与区级督查相结合、综合督查与专项督查相结合的形式，深入排查清理各类安全隐患。行动期间，督察组及各属地共发现隐患14229处，其中立行立改13298处，限期完成整改931处，关闭取缔208家，查封53家，停产整顿67家，罚款41.2万元，刑拘3人。

农村改革与管理

【“白条入账”专项清理】年内，区经管站在全区开展2017年至2020年村级财务“白条入账”清理整改工作。通过自查梳理，魏善庄、采育2个镇未发现“白条入账”问题，其他12个镇294个村共发现“白条入账”13110笔5387.76万元。区经管站制定整改措施、明确整改标准，组织召开专题会、强化整改责任，现场督导整改、逐笔开展审核。经过4轮的审核，全部完成整改。同时清退11个镇“违规发放的津贴补贴”239.15万元。

【农村财务管理监督检查】年内，区经管站组织开展“财务公开”检查，对全区20%的村级经济组织开展财务公开时间、公示期限、公开内容和财务预决算内容及公开情况检查，116个村级经济组织发现问题，全部督导限期完成整改。开展村级财务资产审计检查，完成对魏善庄镇39个村的审计检查。2017—2021年，全区使用村级印章909364次、拒绝违规盖章213次。

【农村集体资产清查】年内，区经管站组织全区14个镇开展上年度镇、村集体经济组织集体资产年度资产清查，涉及14个镇级组织、548个村级组织、10个组级组织、4家镇级企业、10家村级企业，共586个清查对象。其中，全区572个镇、村、组级组织，资产合计517.57亿元（经营性资产208.48亿元；非经营性资产309.09亿元），比上年增长7.5%；负债合计260.92亿元，增长2.57%；所有者权益合计256.65亿元，增长13.04%。全区镇、村、组级组织资源性资产集体土地总面积6.83万公顷，比上年减少666.7公顷，其中农用地5.3万公顷；建设用地1.47万公顷；未利用地533.3公顷。

【村级组织正常运转专项补助资金审计】年内，区经管站组织全区12镇农经审计人员，对所属489个村上年度村级公益事业专项补助资金管理使用情况进行审计。专项补助资金实收9600.99万元，均足额拨付到位。专项补助资金实际使用8677.83万元，其中：用于公益设施建设费用985.49万元，用于公益设施维护费用1833.83万元，用于社会管理费用4554.58万元，用于社会事业费用984.92万元，村务人员工资319.01万元。

【村级经济组织建设管理】年内，区经管站配合区农业农村局指导全区村集体经济组织开展换届选举工作，完成377个。指导各股份经济合作社健全“三会”制度，建立民农村股份合作制法人治理结构，规范经济组织建设。

【产改深化股东权益保障】年内，全区341个农村集体经济组织实现股份分红，比上年增长10.3%，分红总额18.69亿元，增长1.85%，分红人数23.24万人，增加1.7万人。全区累计61个村5029人发生股权继承，继承股权金额2.66亿元；13个村28例股权内部转让，涉及金额共计165.9万元；1个村1例股权外部转让，涉及金额12.43万元。全区股权静态管理村145个，成员身份固化95567人。

【农村信息化管理】年内，区经管站开展信息化系统运维，完成农村管理信息化综合应用平台年度数据更新工作。组织全区14个镇对农村人口信息10175个，劳动力信息34317个完成核实、修改、确认；组织13个镇15名信息员，参加市农业农村局举办的北京农村管理信息化乡镇级培训，学习乡村振兴大数据平台、系统平台操作与统计模块应用技巧等，提升农村管理信息化及运维能力。

农民生活

【基本医疗建设】2021年，大兴区区属医疗机构25家，其中三级医疗机构3家、二级医疗机构2家、一级医疗机构20家。区属医院名称、级别及隶属关系无变更。全区户籍人口出生6476人。年内辖区户籍人口出生率为9.06‰，死亡率为6.17‰，自然增长率为2.89‰。因病死亡人数为4417人，占死亡总人数的94.77%。2021年，全区共有综合医联体5个，区内二、三级医院与协和医院、安贞医院、北京儿童医院等三甲医院建立专科医联体16个，大兴区人民医院与北大第一医院建立儿科紧密型医联体1个，建立区域康复专科医联体、高血压专病医联体各1个。目前8家（核心医院1家，合作医院7家）非政府办医疗机构加入综合医联体。

【就业服务】2021年，全区城镇登记失业率3.04%，新就业参保人数4.47万人，农村劳动力转移就业2763人；培训城乡劳动力5.8万人次，促进城乡劳动力就业2.3万人，开展招聘活动360场；高校毕业生就业率98.8%，困难家庭高校毕业生100%就业。

【社会保障】2021年，城乡低保标准由家庭月人均1170元调整为1245元。至年底，1582户2574名困难群众纳入社会救助保障范围，发放基本生活保障金4126.4万元，其中城市低保540户902人，农村低保837户1406人，特困供养人员162户162人，城乡低收入43户104人。统筹实施困难老年人养老服务补贴、失能老年人护理补贴、高龄老年人津贴等制度，发放津贴补贴10949.7万元，其中困难老年人养老服务补贴发放272.51万元，涉及14770人次；失能护理补贴发放7163.39万元，涉及131647人次；高龄老年人津贴发放3513.8万元，涉及236302人次。完成全部镇街养老照料中心全覆盖。新建驿站8家，全区驿站达到139家，为周边社区、村庄的老年人提供日间照料、康复娱乐、居家养老等服务项目。依托照料中心、养老驿站、社会餐饮企业新备案老年餐桌61家，为辖区有需求老人提供助餐服务。

【文化活动】年内，大兴区完成“十四五”时期文旅融合发展规划、都市休闲产业规划，顶层谋划日趋完善。区域文化底蕴日益深厚，成功举办西瓜节、服贸会文旅展等活动；统筹开展首都市民文化活动、文化惠民工程等文化活动3000余场，受众100余万人次。推出《大兴大兴》《大兴这么美》等原创歌曲7首，原创少儿京剧《寒号鸟》荣获第二十五届中国少儿戏曲小梅花“集体项目金奖”和第十二届“国戏杯”学生戏曲大赛“小学集体组金奖”。原创少儿京剧《孰重孰轻》荣获第十二届“国戏杯”学生戏曲大赛“小学集体组金奖”。原创北京曲剧小戏《居委会里的“陌生人”》荣获第十九届群星奖北京地区（戏剧类）“入围原创作品奖”，单位荣获“戏聚北京”群众戏剧、戏曲票友大赛“优秀组织奖”。原创舞蹈《春天不掉队》获得第十九届（舞蹈类）北京地区入围奖、原创作品奖。全年开展文旅技能人才培训849人次，艺术培训近7万人次。公共文化水平稳步提升，建设完成全国首家24小时城市书房监控中心，新建3家24小时城市书房，打造一体化阅读服务网络，一年内实现全区图书配送2091次、23.43万册。文旅行业疫情防控平稳有序，组织文旅行业技能培训覆盖800人次，检查文旅经营单位4709家次，执法量、办案量、处罚量考核全市综合排名靠前。

【旅游活动】年内，区文化和旅游局整合旅游资源，推出了系列旅游活动，包括活力健康之旅、趣味亲子之旅、民族风情之旅、度假养生之旅、艺术体验之旅等五大类数十项旅游产品，重点推出“迎冬奥–雪都滑雪游”“龙熙温泉+中药炮制博物馆”养生游、“德安汽车运动+TSC运动中心”健康游、北京野生动物园亲子游、呀路古热带植物园家庭游、东辛屯老娘手擀面美食游、义利北冰洋工业游、小蚂蚁皮影+敏捷艺术馆体验游、中华耕织园+宜生源朝鲜风俗游和泛博物馆艺术游等10条精品线路。

【2021年北京月季文化节暨第四届魏善庄镇休闲文化季】5月18日，2021年北京月季文化节暨第四届魏善庄镇休闲文化季在魏善庄镇世界月季主题园开幕。本次月季文化节以“百年伟业显峥嵘 盛世花开别样红”为主题。推出了由北京纳波湾园艺有限公司自主培育的红色系月季新品种“初心”，向党的百年华诞献礼。同时，月季产业国家创新联盟产业基地正式落户大兴。活动持续至7月，其间推出“月季风露营文化节”“慢品首善系列旅游产品”“一城一故事红色教育展”等系列活动及精品民宿、风情美食等特色服务。

【第二十届桑葚旅游文化节】5月20日，北京大兴安定第二十届桑葚旅游文化节开幕。本届桑椹节以“游乡村、采桑葚、品桑甜”为主题，打造“美丽乡村+特色文化+云体验”新模式，借助古桑文化品牌影响力，推动地区旅游产业发展，弘扬民宿饮食文化，促进村民增收。整合全镇民俗旅游资源，推出“文化大集”，将纱灯、古建彩绘、葫芦烫画、戏曲、舞龙、威风锣鼓、书法等传统文化进行展示。同时，安定镇与大兴发展公司、北京首航国力商贸有限公司、北京铸惠航天器维修有限公司、中环创新科技发展（北京）有限公司、北大资源集团文化艺术传播（北京）有限公司等5家企业签订意向合作协议，进一步稳增长促发展，推动地区经济高质量发展。

【第三十二届北京大兴西瓜节】5月28日，“乐享生活·京彩大兴”第33届北京大兴西瓜节暨大兴丰收季开幕。本届西瓜节以为民办实事儿为窗口，采取线上直播形式，推出两家“城市快闪店”；发放惠民“丰收卡”；发布线上抢票、抢券等惠民活动，分批发放北京呀路古热带植物园低价门票，御林古桑园、世界月季主题园免费票共计3000张。发布10条“时令精品旅游线路”和首批70家大兴网红打卡地。

【第二十一届采育葡萄旅游文化节】8月18日，以“百年神采奕飞扬，时育硕果远飘香”为主题的第二十一届采育葡萄旅游文化节正式开幕。本次活动采用互联网直播的形式，发布2021大兴“春华秋实”金秋旅游季推介。开幕式上，广州南联航空食品有限公司北京分公司与采育镇人民政府达成合作意向。

【等级景区复核】5—6月，区文化和旅游局聘请市级专家完成区内5家AAA级景区复核工作。大兴区5家AAA级景区通过4家，中华文化园1家限期整改到期未整改申请退出。

【乡村民宿评定】7月，大兴区丙级乡村民宿等级评定工作启动，区文化和旅游局组织辖区内各镇乡村民宿进行自我完善评估，共申报了11个民宿院落，通过7个，此次评定严格依照国家文旅部下发的丙级民宿标准，主要从民宿文化、规范经营、安全卫生、环境建筑、设施设备、服务接待和创新特色等方面进行现场评定，促进乡村民宿行业服务品质提升。

【星级酒店复核】11月28日，2021年度星级饭店复核启动，此次复核要求严格依照评定标准，加大不达标星级饭店退出力度，大兴区涉及1家（大兴宾馆）。12月20日，市星级评委专家组到大兴宾馆现场复核，区文化和旅游局按照相应职能，配合完成复核工作。

【体育活动】2021年，全区共有体育组织71家，包括社会非企业42家，社会团体29家，公益社会体育指导员数6789人，平均每千人数3.59人；举办区级及以上全民健身赛事、活动26次；举办各类群众性冰雪赛事活动85次左右，参与人次66.08万；大兴区每周参加1次及以上体育锻炼133.46万人，经常参加体育锻炼111.84万人;《国民体质测定标准》总体合格达标率94.52%；人均体育场地面积2.73平方米，体育场地总面积467.36万平方米，行政村农民体育健身工程覆盖率达100%，15分钟健身圈在城市社区覆盖率93.4%，公共体育设施免费或低收费开放率100%；体育生活化社区195个，体育特色村127个；以提供健身服务为主要功能的互联网平台2个；大兴区《国家体育锻炼标准》达标测试，涉及20个镇街居民，覆盖率100%，在为群众、居民进行测试的同时，免费发放《国家体育锻炼标准》宣传手册和健身礼包，累计测试人数3000余人。

【体育设施建设】年内，大兴区共建有大兴区新城体育中心1个、标准足球场3块，七人制足球场3块，五人制足球场26块，笼式足球场58块，标准篮球场159块，半场篮球场26块，乒乓球场40块，棋苑48套，健身步道25.4公里，室外健身器材累计更新1184套，配建室内健身器材96套。体育设施遍布全区各镇街，满足不同层次群众健身需求。

【品牌赛事项目】年内，区体育局重点发展徒步大会、龙舟大赛等群众体育精品项目，其中“大兴区龙舟大赛”被评为“北京市体育旅游精品项目”，花绘马拉松升级为A类赛事。首届永定河半程马拉松赛成功举办。完成“河马”商标注册申请工作。推荐“大兴区永定河绿色港湾：骑行+卡丁车+穿越车+马术+茶香丽舍精品民宿”项目参评“国庆黄金周精品路线”，丰富旅游体验、传播体育文化，促进体育产业健康可持续发展。

【“两区”建设】年内，大兴区入库建设项目280个，入选全市“五个一批”建设成果17个，数量全市第一。形成政策清单29项，空间资源清单74个，目标企业清单162个。形成6个复制推广创新实践案例，其中1个为全国复制推广创新实践案例。通过开设微信公众号、举办一周年成效新闻发布会等多途径宣传，媒体报道6.3万余条，举办推介活动约50场。

【组织企业参展服贸会】年内，大兴区注册参展服贸会企业198家，超额完成参展注册任务；其中153家企业通过图片、视频等形式搭建企业展台，向世界展示企业形象、企业产品。服贸会期间签约项目23个，其中投资类项目13个，成交项目类7个，协定协议类3个，签约合同金额15.09亿美元。

【外贸企业服务】年内，区商务局加强对外贸企业的调研和服务工作：送政策上门，邀请专家实地授课，提供管家式服务；利用新媒体技术手段，建立全区外贸企业交流平台，及时发布相关政策、国内外展会和相关外贸进出口信息，收集整理企业需求，协助企业解决出口通关、海外物流信息、资金流方面问题；向企业推介国内举办的国际性展会，共22家企业参展参会。

【文明培育】年内，区委宣传部通过线上线下活动，持续引导市民践行《北京市文明行为促进条例》。推出“礼在大兴 国门有我”精神文明创建系列活动，打造“2021大兴区文明宣传引导季”，开展文明健康、文明交通、文明游园、文明上网、文明观赛、文明礼仪6项文明专项引导。组建“美丽城”社区文明志愿者队伍，将公共文明引导向社区延伸，开展社区不文明行为劝导和环境治理行动及“礼让斑马线”“文明养犬在行动”主题实践活动，全年开展文明引导主题活动896场次。开展“我们的节日”主题宣传活动，在春节、清明节、端午节、中秋节等中国传统节日期间倡导文明健康绿色环保生活方式。组织开展2021年精神文明建设公益广告大赛，面向社会公开征集包含文明健康绿色环保、新时代文明实践、学习榜样、诚信建设、崇尚节约反对浪费等内容的原创公益广告设计图及城市景观小品设计图，并将其中的优秀作品推广至全区各单位使用。更新兴政街等主次干道、康庄公园等广场公园的宣传栏。在龙河路等商业大街、高铁大兴新城站等公交场站制作安装城市景观小品。

【群众性精神文明创建活动】年内，区委宣传部以文明城区创建为龙头，带动文明村镇、文明单位、文明家庭、文明校园创建活动在新的创建周期内整体发力。深化文明村镇创建，寻找星级文明户3000余户，打造乡村文明示范街169条，成立乡贤队伍201支、红白理事会317个，传播文明理念，推进移风易俗。举办“邀一城之美 传文明新风”文明单位创建线上活动，展示大兴区文明单位创建案例，收到投稿300余件，参与活动互动10000余人次。北京师范大学大兴附属中学王祎可被评为2021年首都“新时代好少年”。大兴区《“五个百”系列活动育时代新人》案例被评选为2021年度“首都未成年人思想道德建设创新案例”。三合庄路等5条街巷被评为“2021年度首都文明街巷”，大兴区首都文明街巷增至22条。北京腾鸿源农贸市场有限公司等2家企业被评为“2021年度首都文明商户”，大兴区“首都文明商户”增至9家。

【新时代文明实践中心建设】年内，区委宣传部将文明实践工作写入“十四五”规划，创新打造新时代文明实践“双50工程”，连续五年每年打造区级品牌新时代文明实践所、站、基地10个，文明实践重点行业支队10支。

【文化内涵挖掘】3月9日，区委宣传部组织召开平南红色文化研讨会，就全年平南红色文化挖掘与推广工作展开讨论，对下一步工作提出要求。2021年深入文化内涵研究，持续开展南海子样式雷图档挖掘研究，完成《北京南海子简史》《从春水捺钵到居园理政》《京南永定河简史》《首都新国门文化研究》《新国门·文化大兴》系列丛书等著作的编纂出版。

【实体书店建设】4月14日，区委宣传部组织召开2021年大兴区实体书店建设工作会。组织相关单位实地到魏善庄镇更读书社参观“书店+”合作模式经营情况，会上多家单位就实体书店建设做交流发言及合作推介，区文旅局对2021年实体书店建设工作任务进行部署。

【电影行业管理】12月15日，区委宣传部组织召开大兴区2021年电影放映工作座谈会，全区影院负责人参加会议。会上对相关影院12345“接诉即办”情况进行了通报，并对影院的疫情防控和安全生产提出要求。各影院对经营情况、创新举措、存在问题进行了汇报。会后对电影放映经营单位开展审核和换证等相关工作。

【深化文化体制改革】年内，区委宣传部创新老旧厂房拓展文化空间工作机制，联动发改委、住建委等七部门，在全市率先制定《大兴区保护利用老旧厂房拓展文化空间项目评审工作规则（试行）》，推动全市首批老旧厂房拓展文化空间试点项目，新媒体基地华商创意中心10847平方米升级改造完成并投入运营。

【区域特色文创消费品】年内，区委宣传部结合区域特色文化，开发“鹿&鹭lulu”文旅IP衍生品，联动区内食品快消品、中医药、服装设计等领域龙头企业，以大兴区文旅IP赋能传统消费品，为区域文化品牌宣传推广探索新路径，更好地展示区域形象。

基层组织与民主政治建设

【党支部规范化建设水平】3月，结合撤村工作，大兴区同步撤销90个村党组织，探索多途径建立集体经济组织党组织。7月，评选25个优秀党支部工作法全区推广，充分发挥示范引领作用。8月，针对7方面38项具体问题，对全区2632个党支部逐一“过筛子”，抓尾倒排、整顿提升。11月，评选20个优秀社区（村）书记工作室，一次性给予4.5万元经费支持。12月，区委常委会专题听取党支部条例落实情况。

【完成镇班子换届】5月，区委组织部制定换届考察工作方案，5月底开展部署会，组建10个考察组，6月开展镇班子换届考察。换届后，镇班子平均年龄42.8岁，比处职干部平均年龄低3.1岁；班子成员中全日制大学以上学历比例52.6%，比上届高15.8个百分点。

【“两委”换届工作】5月25日，区委组织部召开全区村和社区“两委”换届工作总结会，会议通报了换届总体情况，4个镇街党（工）委书记交流发言。本次换届历时半年，高质量完成238个社区“两委”、436个村党组织和380个村委会换届任务，社区连续3届实现100%书记、主任“一肩挑”，农村“一肩挑”比例高位攀升至95.5%，分别比全市高6.3个和2个百分点。实现年龄学历“一降一升”，村、社区“两委”平均年龄较上届分别下降5.6岁和1.7岁，大专以上学历占比分别提高10.6个和1.8个百分点。

【新一届村社区党组织书记培训班】5月31日—6月4日，区委组织部为进一步加强村社区“带头人”队伍建设，强化基层党组织的政治功能和组织力，锻造一支与全区发展需求相匹配的高素质村社区党组织书记队伍，通过“三结合”(三结合:“集中漫灌”和“定向滴灌”相结合、“共性大班”和“个性小班”相结合、“理论教学”与“实践感悟”相结合），对近600名村社区书记进行为期一周的大培训。同时，采取“理论+实践”相结合的方式，聚焦中心工作，每月一主题，举办5期“村书记大讲堂”、4期“社区书记论坛”。

【选派第六批第一书记驻村】12月，区委组织部完成第五批22名第一书记任期考核，选派第六批25名第一书记（含2名镇派第一书记）到村报到，实现市级软弱涣散、集体经济薄弱村全覆盖。

【抓党建促进乡村振兴】12月，区委组织部制定《大兴区抓党建促乡村振兴工作具体举措》，突出加强党对农村地区的全面领导，明确干部、组织、人才、治理等6个方面33项具体措施，统筹34家区直单位系统发力，扎紧扎密制度的“笼子”，夯实筑牢基层党组织战斗堡垒。

【干部驻村入户】年内，区委组织部制定干部驻村（社区）入户工作机制，以问题线索反映较多，人居环境、换届选举、垃圾分类、治安维稳、出租房屋、流动人口管理等重点工作薄弱村为主，确定145个重点村（社区），安排区4套班子成员、正处级干部145人一对一包村，带着了解沟通情况、征求意见建议、解决实际困难、发现上报问题、增进干群感情5项任务，深入基层联系服务群众，访民情、知民意、解民忧、暖民心。2021年，145名局处级领导干部深入所包村（社区）调研653次，走访群众1249户次，征集意见建议771条，解决群众问题707件，相关经验做法被《北京日报》头版报道。

【撤村建居】年内，区委社会工委区民政局从社会建设、社区治理角度出发，加快推进撤村建居工作。基本符合撤村条件的涉及9个镇130个村。12月底前完成90个村民委员会建制撤销。

【农村基层民主建设】年内，区委社会工委区民政局指导全区各镇街、村和社区对原有的《村规民约》《村民自治章程》进行重新修订，全区已完成380个村民自治章程和238个社区居民公约修订工作。

【协管员改革】年内，区委社会工委区民政局召开协管员改革专题工作会21次，区领导调度会3次，对全区20个镇街开展4轮调研督导，出台3个指导性文件，编制《整合规范城市协管员力量深化网格化社会治理研究》报告。研发“大兴区协管员综合服务管理平台”，建立协管员队伍电子档案，实现政府对编外人员的统一、规范、动态管理。开展“全科式”培训，举办区级培训40余次，镇街级培训400余次。打造特色工作模式，“1+7”规范化管理模式，(“1”是指统一的管理机构，各镇街结合“大部制”改革，由党群工作办公室对所有协管员进行统筹管理，各业务部门进行业务指导，避免多头管理，多头考核，调度困难。“7”是指各镇街以制度化形式初步建立起招聘录用、日常运行、考核奖惩、培训提升、职业发展、薪酬增长、人员退出七大机制）保证协管员队伍规范管理，统筹使用。以及大兴区协管员网格化管理“一核三治五全”协同治理模式，即以基层党委为领导核心，统筹推进基层社会治理“共治”、“数治”和“自治”，实现基层群众公共诉求与个人诉求从“接诉即办”到“未诉先办”再到“不诉自办”。建立一支全要素、全场景、全主体、全过程、全科型的城市协管员队伍。将17%的镇街协管员融入镇街级大中网格，将83%的镇街协管员融入社区（村）小微网格，开展综合服务，实现未诉先办。2021年，全区主动巡查发现城市管理相关案件74.7万余件，比去年增长33.27%，结案率97.65%。

【“拉家常”议事会】年内，区委社会工委区民政局持续深化“拉家常”议事会品牌，推动“镇街—社区（村）—楼门（院）”三级平台体系全面铺开，覆盖全区20个镇街248个社区、389个村。建立“区级拉家常统领—创新镇街特色品牌—深化社区、村实践—动员社会力量参与”四级工作体系，打造“观民音”“邻里笑”“青云治”“聆聚力”等20个镇街级议事品牌。开展“六个一批”（一批典型社区、一批榜样人物、一批典型案例、一批试点社区（村）、一批区直部门融合试点、一批典型街镇）选树工作，通过榜样引领作用，推动“拉家常”机制落地见效。充分利用“学习强国”、人民网、民政部官网、《中国组织人事报》、《北京日报》、《全国社区建设部际会议简报》等媒体和政务平台，推广宣传150余次，同台湾高雄联合举办“‘拉家常’里解民忧社区治理VS社区营造”重阳交流活动。全区共计开展“拉家常”议事会6987场次，宣传活动1500余次，解决小区停车、房顶漏雨、噪声扰民、飞线充电、垃圾分类等民生实事9352件，累计解决各类民生诉求约12万件。

【**基层社会治理**】年内，区委社会工委区民政局打造4个市级社区服务空间开放式建设试点，将原有空间升级改造成为特点突出的开放式社区服务空间，减少办公空间，扩大留给居民的公共空间。推行“综合窗口”“全能社工”，联合区人保局、区医保局、区残联、区卫健委、区住建委等业务科室工作人员，开展总共10期的“政务服务大讲堂”活动，全区20个镇街4000余名城乡社区工作者参加培训。

“三农”工作部署和实施

【**农村集体经济合同管理**】年内，大兴区14个镇全面开展农村集体经济合同清理整改。全区13个镇（除亦庄镇）自查上报存续合同5472份，涉及463个村，区经管站梳理问题合同2600份，完成整改2565份，其余35份启动司法程序。通过调整租金等方式，村集体年增加收入2264万元，合同期内共增加3.34亿元。全区清理合同4242份，涉及442个村；建立健全合同清理台账，厘清无备案合同286份、存在民主程序履行不全合同958份。涉及土地出租的442个村446名干部全部签订“承诺书”。实行镇、村“双签字”、区级复核加盖合同清理专用章，压实各级监督责任，确保无私下转租行为发生。

【**产业地块入市**】年内，区试点办完成产业地块入市2宗，分别是魏善庄北部09地块，占地面积4.79公顷，建筑规模10.54万平方米；瀛海镇一期012地块，占地面积4公顷，建筑规模6.01万平方米。

【**共有产权房地块入市**】年内，区试点办完成共产房地块入市1宗，区统筹3号地，占地面积4.78公顷，建筑规模10.25万平方米。

【**集租房地块入市**】年内，区试点办完成集租房地块入市3宗，分别为北臧村镇0074、0076地块，总占地面积6.63公顷，建筑规模13.26万平方米；长子营镇6001地块，占地面积4.9公顷，建筑规模12.25万平方米。

【**地块整理**】年内，区试点办完成瀛海一期部分地块、庞各庄滑雪场地块、长子营军民产业地块、魏善庄北组团、安定循环经济园区、北臧村集租房等地块土地整理工作，增加具备入市条件地块35块。

【**十四五规划编制**】年内，区试点办以《北京市大兴区国民经济和社会发展第十四个五年规划和二〇三五年远景目标纲要》为统领，进一步完善大兴区“十四五”时期农村集体经营性建设用地利用规划的相关编制工作。

【**土地推介**】年内，区试点办统筹指导旧宫镇、黄村镇、魏善庄镇项目地块加深洽谈程度，加强地块推介力度，督促旧宫镇庑殿三村地块，黄村狼垡1号地03、09地块，魏善庄北部08、11、12地块做到应供尽供、能供尽供。

【**新冠肺炎疫情防控**】大兴区严格落实各项防控措施，形成“一办十七组”的防控体系架构，三次完善修订《关于从严从快从紧做好新型冠状病毒肺炎疫情防控工作方案》，同时，区领导依托包镇街机制，一线指挥，定期“四不两直”实地督导冷库、药店、隔离点、村社、企业等重点场所，形成了有力的指挥及防范体系。筑牢环京防线，严防疫情外部输入风险。强化进京通道排查，在京台高速、大广高速等进京通道设置5座公安检查站。率先试点启动大人群疫苗接种工作，全区累计开设26个临时接种点216个接种台，开展疫苗接种培训，发动社会办医机构充实接种力量，累计培训2812人，组建区级机动接种队伍45支共450人，确保全区大规模疫苗接种有序完成，新冠疫苗接种4247270针次，人群健康免疫屏障持续筑牢，实现了镇街接种服务全覆盖。完善核酸检测服务。区内具备核酸检测能力的机构增至13家，日最大检测能力13万份。17家社区卫生服务中心设置“愿检尽检”核酸采样点，各核酸检测点和核酸检测门诊实现“健康大兴App”预约挂号。强化疫情期间重点人群心理健康服务，加强与市级心理援助团队合作，组建区级心理援助和应急处置专业队伍，开通两条24小时心理救援热线，采取“线上+线下”方式，为208名集中隔离、封控管理人员提供心理危机干预、应急处置服务。加强重点人群健康管理，开展了2.99万人次的疫情防控知识培训，健康宣教146.41万人次。落实农村疫情防控职责，派出12个工作组对各涉农镇开展不间断巡查督导，出动1.31万人次，深入村庄、社区1.88万个次，检查点位、场所等6.13万个次，现场反馈并督促属地立行整改。在机场周边地区开展核酸检测、卡口封闭式管控、重点人员管理及外环境日常监测等工作。完成136个村级卫生室建设，实现村级医疗卫生服务机构全覆盖。

大兴区领导名录

区委领导班子

书记 周立云（9月免）
王有国（9月任）
副书记 王有国（9月免）
刘学亮（9月任）
霍光峰（9月免）
石银峰（12月任）
常　委 金卫东（12月免）
石银峰（12月免）
翟德罡（9月免）
仲伟功（9月任）
许玉增（12月免）
刘　洋（9月任）
高念东　艾　丽（女）
姚茂文　刘传忠（6月免）
刘长勇（6月任）
何景涛（12月任）
张　博（12月任）

区人大领导班子

主　任 邵　恒（12月免）
金卫东（12月任）
副主任 张德广（12月免）
陈晓君（女）
郭金江
刘振宝（12月免）
白立成（12月任）
刘士忠（12月免）
李　达（12月任）
王学军（12月任）

区政府领导班子

区　长 王有国（9月免）
刘学亮（12月任）
副区长 高念东
石银峰（12月免）
刘禹锡（7月免）
吴振江（7月任）
李　强（9月免）
蔡小军（9月任）
杨蓓蓓（女，9月免）
周　冲（女，9月任）
何景涛
韩新星（9月免）
张晓晟（9月任）
刘学亮（9月任，12月免）
朱光耀（挂职，7月免）

区政协领导班子

主　席 吴问平
副书记 金卫东（12月任）
副主席 李亦武（10月免）
冯　波
荣俊艳（女）
任喜军（12月任）
苏　荣（不驻会，12月免）
韩占生（不驻会，12月免）
刘会新（女，不驻会）
张雪飞（女，不驻会，12月任）
赵建国（不驻会，12月任）

区纪委领导班子

书　记 姚茂文
副书记 芦君英（女，12月免）
冯宝军
史金涛（12月免）

李庆军（12月任）
苑　媛（女，12月任）

大兴区各镇党政正职领导

镇	党委书记	镇长
黄村镇	莎红高	唐胜明
北臧村镇	尚建刚	张华义
庞各庄镇	王　森（9月免）	吴　浩（9月免）
	郑亚君（9月任）	马　兵（女，9月任）
榆垡镇	张志全	王　彪（9月免）
		施艳青（9月任）
礼贤镇	张　斌	何　飞（10月免）
		赵健铮（10月任）
安定镇	耿晓梅（女，9月免）	刘建波（9月免）
	刘建波（9月任）	孙明星（9月任）
魏善庄镇	谢景然（女，10月免）	王　涛（10月免）
	王　森（10月任）	郝愿超（10月任）
青云店镇	张廷武	刘振明
长子营镇	赵建红（女）	王　坡
采育镇	张新颖（女，9月免）	窦炳洋
	邓靖力（9月任）	
西红门镇	张福长（1月免）	赵传富
	高志纯（1月任）	
旧宫镇	任喜军	黄　浩
亦庄镇	靳　璐（女，9月免）	赵　亮（10月免）
	何　飞（10月任）	缑泽鹏（10月任）
瀛海镇	张　博	孙锐东

大兴区各街道党政正职领导

街道	工委书记	主任
兴丰街道	石春明（9月免）	王　江
	方　勇（9月任）	
清源街道	陈子兵	冯桂莲（女）
林校路街道	邓靖力（9月免）	贯淑丽（女，1月免）
	邵　全（9月任）	解国栋（1月任）
观音寺街道	杨国东（1月免）	曹　晶（女）
	李德刚（1月任）	
天宫院街道	刘　丽（女，1月免）	邵　全（9月免）
	贯淑丽（女，1月任）	相培育（9月任）
高米店街道	孔　永（9月免）	高炳仰（9月免）
	高炳仰（9月任，12月免）	计永超（9月任）

（大兴区委史志办　周润洁）

怀柔区

综　述

怀柔区农业农村局，负责贯彻执行国家关于“三农”工作的发展战略、中长期规划、重大政策及有关法律法规、规章，统筹推动发展本区农村社会事业、农村公共服务、农村文化、农村基础设施，指导乡村特色产业、农产品加工业、休闲农业发展工作等多项任务。全局设行政科室10个，事业科室37个；人员编制：行政编制39人，事业编制255人。2020年，全区农业总产值14.5亿元，比上年下降2.9%，干鲜果品总产量19058.5吨，比上年下降5.6%。禽蛋产量160吨，比上年下降23.81%；生猪存栏15000头，出栏7000头，出栏比上年下降33.41%。2020年，种植业产值11.2亿元，完成全年任务的119.1%。全区粮食播种面积45196.72亩，其中春播粮食作物面积29437.32亩（春播玉米面积23112.74亩，小麦面积1701亩，豆类1393.9亩，薯类109.7亩，其他作物3119.98亩）；夏播粮食面积11238.8亩（夏玉米11238.8亩）、秋播粮食面积4520.6亩。全区蔬菜播种面积11504.8亩，总产量3046.81万千克，总收入8460.7万元。食用菌种植面积441亩，总产量169.63万千克，收入585.19万元。

城乡融合发展

【北京乡村振兴战略实绩考核区位列第二】4月，“北京乡村振兴战略实绩考核”结果公布，区农业农村工作在全市排名第二。根据《中共北京市委办公厅印发〈北京市涉农区党政领导班子和领导干部推进乡村振兴战略实绩考核意见〉的通知》精神，市委农办组织12个市级单位，对13个涉农区进行年度考核，考核结果经市委农村工作领导小组2020年第一次全体会议研究通过，怀柔、顺义区获得优秀等次，其他11个涉农区评为合格等次。

【美丽乡村建设】年内，一是坚持因地制宜、突出特色，完成第二批、第三批150个村村庄规划和实施方案的编制工作，其中20个村的村庄规划通过区政府审批。二是加快农村基础设施和公共服务设施建设，实施285座村级公共厕所、1164座户厕改造、13个村污水治理、34个村级文化站和71个村的绿化工程，完成农村住宅抗震节能和危房改造任务。三是整体推进16个市级“百村示范”村庄的基础设施和公共服务设施建设，初步形成以长城文化和满族文化为特色的美丽乡村风景线。四是实施“百村示范、千村整治”，开展农村人居环境整治，严格落实月调度、月检查、月排名督导机制，保障环境水平位居全市生态涵养区前列。全年清除村内生活垃圾83166处38935.5吨，清理村域河塘沟渠8156条（处），清理农业生产废弃物10203处11268吨；拆除私搭乱建2316处7.09万平方米，清理乱堆乱放，生活污水粪污直排溢流6000余处。

【口头村获评全国美丽休闲乡村】年内，在农业农村部举办的2020年“中国美丽休闲乡村旅游精品景点线路”推介活动中，桥梓镇口头村被推介为代表北京市四个中国美丽休闲乡村之一的村落。口头村大力发展旅游业，形成“景区+民宿街区+景观农业”的旅游度假产业格局。通过土地流转，建设“圣泉山花海”“景观稻田”“古槐巷”江南水街，建成乡村旅游与休闲服务相结合的产业布局。

都市型现代农业

【大力发展休闲农业】年内，休闲农业发展规划编制工作。委托专业设计公司编制《怀柔区休闲农业发展规划》，全面规划十四五时期怀柔休闲农业发展的思路和方向。投入资金760万元，打造“长城风情”精品线路，在渤海镇马道峪村至沙峪村公路沿线，实施基础设施建设、景观节点打造、环境综合整治、美化绿化四大工程。计划投资500万元，盘活农村闲置存量，推进精品民宿改造，在渤海镇景峪村收购12家闲置农宅，打造精品民宿、科学家小院和艺术工作室。

【扩大景观农田种植面积】年内，为加快推进农业结构调整，促进美丽乡村建设和区生态涵养区建设。2019年，制定了《怀柔区景观农田种植奖励政策的实施方案》，对一般景观农田每亩奖励700元，优质景观农田每亩奖励1500元。各镇乡上报种植面积15856亩，超额完成7000亩建设任务。其中优质景观农田3410亩，一般景观农田12446亩。景观农田主要种植油菜、葵花、中药材、草花组合、金花葵等农作物。

【统筹发展生猪产业】年内，按照《北京市生猪产业优化提升发展和保障猪肉市场稳定供应任务工作方案》要求，区生猪养殖存栏目标任务1.2万头。区配合北京湘村高科生态农业有限公司开展洗消中心项目建设，升级改造生产设施设备，提升企业智能化、标准化水平。监督指导北京湘村高科生态农业有限公司从湖南邵阳总部调入育肥猪，年底存栏达到1.5万头，完成任务量的125%。

【发展现代化有机种植业】年内，大力发展现代化有机种植业，实现质量兴农、绿色兴农、品牌强农。发展“三山农业”产业化联合体有机种植试点、高效设施有机农业试点、规模化有机粮食种植试点，做大做强有机农业品牌。加快推进三品认证，发展有机认证主体5个，认证产品84个，有机批准产量931.8吨，有机产地认证规模29.3亩。区主导产品无公害认证率达到74.8%，有机认证率2.4%。引进人才，加强农业技术水平提升，定期对本地农民和经营者进行科技培训，开展农业技术培训1000余人。

【耕地保护补贴政策】年内，区农业农村局会同区财政局联合印发《关于2020年怀柔区耕地地力保护补贴实施方案》。补贴范围为本区种植粮食、经济作物和露天蔬菜的耕地。补贴对象为本区拥有耕地承包权的种植农户（含村集体土地承包户）；补贴标准为300元/亩，下发耕地地力保护补贴资金893.8万元，惠及12个镇乡，覆盖耕地面积29793.4亩。

【耕地质量等级调查评价】年内，区农业农村局土壤肥料监测完成《2019年怀柔区耕地质量等级调查评价》项目，全区14个镇乡布点采集测试土样372个，开展耕地质量等级划分和清洁度评价，具体提出耕地质量等级划分、清洁度调查评价方法，摸清区耕地质量等级及其指标的现状，完成4份报告及区耕地质量等级及变动表编制。2019年全区平均耕地质量等级为5.58，比2018年提高了0.1个等级。

【冬小麦良种更新工作】年内，区农业农村局深入研究，积极采取各种措施，保障冬小麦良种更新工作。自9月初开始选择优质品种、确定供种企业、确保种子质量。各镇乡播种小麦播种面积全部落实，普通小麦播种面积9935.66亩，供种196591.2千克；杂交小麦播种面积1963.5亩，供种19635千克。

【**农机服务管理**】年内，全区农机化作业服务组织32个，其中拥有农机原值50万元（含50万元）以上的15个。全区农业机械总动力12.14万千瓦，其中拖拉机2.56万千瓦，收获机械0.86万千瓦，其他机械8.72万千瓦。农机从业人员4246人。机械化作业总面积20.08万亩。

【**区保护性耕作项目**】年内，深松整地作业面积28750.83亩、小麦秸秆粉碎覆盖还田作业面积6517.22亩、少免耕播种作业面积34850.72亩。该项目惠及全区9个镇（乡），有17家农业服务组织参与保护性耕作作业，投入作业机具390台次。并在长哨营满族乡长哨营村、桥梓镇口头村、杨宋镇北年丰村建成3个农田扬尘监测点。

【**农机购置补贴政策**】年内，兑付农机购置补贴资金415.88万元，补贴农机具87台（套）。具体为：秸秆粉碎还田机18台，补贴金额57560元；3GC-0.83割灌机7台，补贴金额2919元；3TGQ-4P田园管理机4台，补贴金额4790元；3WPZ-700喷杆喷雾机1台，补贴金额66670元；600型树枝粉碎机40台，补贴金额290000元；青饲料收获机5台，补贴金额1000000元；HW6620B树枝粉碎机3台，补贴金额180000元；JSLT660型水产品初加工设备1套，补贴金额2112000元；轮式拖拉机3台，补贴金额44900元；ZH1000-500树枝粉碎机5台，补贴金额400000元。

农村经济发展

【**出台扶持壮大村级集体经济方案**】11月13日，区政府出台《关于加强农村基层党组织领导扶持壮大村级集体经济的实施方案》，明确“从现在起到2022年，加大政策支持、资金扶持和统筹推进力度，扶持壮大村级集体经济，利用3年时间，实现村集体经济组织年收入达到或超过50万元，全区村集体经济组织经营性总收入年均增长6%的任务目标。

【**大力发展农村集体经济**】年内，起草《怀柔区关于加强农村基层党组织领导扶持壮大村级集体经济的实施方案》，明确利用3年时间实现村集体经济组织年收入达到或超过50万元，全区村集体经济组织经营性总收入年均增长6%的任务目标。结合村庄规划和农民意愿，对10个试点村因地制宜地制定“一村一策”发展方案，每个试点村结合自身优势和特点，发展特色种植、林下经济、乡村旅游、物业经营和红色文化基地等项目。发挥6种扶持模式作用，在59个试点村成功试点的基础上，全面梳理农村闲置资源，探索合理利用模式，发展特色项目，加快推进集体经济发展。

【**“农民网络课堂”培训**】2月4日，区农业农村局“大家讲给大家听”农民网络课堂开课。第一课是由“北京巧媳妇手工艺品专业合作社”社长郑秋伶主讲的“手工艺编织制作”，微信直播课，206名农民群众在网上学习。同时组织10余名“新农人”讲师，开设果树剪枝、花卉种植、菜品制作和乡村旅游等线上课程。“大家讲给大家听”农民网络课堂已经开课6期，培训农民学员1000余人。

【**培育新时代农村致富带头人**】年内，会同区委组织部、统战部抓住“百年科学城”建设契机实现乡村振兴，举办“村支书论坛”。成立头雁工作室，15名“头雁”成员通过结对帮扶，为29个联系指导村“把脉支招”经济发展和村级治理，打造过硬的农村基层党组织。通过网络开展“大家讲给大家听”讲堂30余期，培训农民2000余人。组织开展“休闲农业和乡村旅游”和“农产品加工”两个专题培训，培训学员134人次。

农村民生

【**全区农户所得总额同比略有增长**】年内，全区农户所得总额39.62亿元，同比增长2.5%。其中家庭经营净收入17.91亿元，同比下降2.9%，占农户所得总额45.2%；报酬性收入11.55亿元，同比增长4.6%，占农户所得总额29.2%；财产性收入4.85亿元，同比增长7.9%，占农户所得总额12.3%；转移性净收入5.29亿元，同比增长14.2%，占农户所得总额13.3%。

【**农村劳动力就业率92.2%**】年内，全区劳动力总数91442人，其中已就业劳动力84335人，就业率达到92.2%。在已就业劳动力中，从事第一、二、三产业的劳动力分别为19702人、20155人和44478人，分别占已就业劳动力总数的23.4%、23.9%和52.7%，从事第三产业劳动力人数仍然占半数以上。农村劳动力就业率保持稳定。

【**低收入脱贫成效显著**】年内，全区低收入农户已全部越线达标，低收入农户人均可支配收入实现18338元，同比增长15.8%，人均可支配收入排名全市第二。按照区委区政府《怀柔区2020年低收入农户帮扶工作实施方案》，以“六个一批帮扶措施”为工作主线，启动低收入帮扶项目6个，带动低收入农户增收。为全区低收入农户购买商业医疗保险、加入“红十字会博爱基金”，用于8类重大疾病等救助。在全区危房改造补贴基础上，再给低收入农户每户1万元的补助。

【实施山区搬迁工程】年内，新一轮山区农民搬迁工程涉及宝山镇养鱼池村43户105人，于4月底开始工程建设，12月完成房屋主体建设。京津风沙源治理二期易地搬迁工程，为宝山、琉璃庙、喇叭沟门3个镇乡6个行政村建设护村坝、护坡和街道硬化等基础设施建设工程，年底主体工程建设完成。

【推进煤改清洁能源工作】年内，全区对桥梓镇、九渡河镇、汤河口镇、琉璃庙镇、长哨营乡、渤海镇6个镇的12个村2310户实施整村“煤改电”工程。对符合政策条件的311户进行“煤改气”改造。为9个镇乡（街道）105个村订购配送优质燃煤27092.25吨。

【强化煤改清洁能源管护】年内，区农业农村局开展多项措施，切实保障群众取暖需求。一是精细化开展“煤改电”长效管护工作，进一步完善报修机制。下发《关于做好农村地区冬季取暖安全工作的通知》，普及取暖安全知识，全面排查整治取暖安全隐患。二是提高信息化管理服务水平，实行平台数字化管理。安装485模块的“煤改电”设备，全部纳入市级平台实行信息化管理，实现设备运行数据实时监测，为用户提供设备故障和极端天气的预警服务。三是运维服务管理工作下沉，实行设备维修企业承诺制。建立突发采暖问题双应急机制。逐步建立镇乡“煤改电”运维管理服务中心，组建应急抢修队伍，解决维修企业应急抢修不及时的问题。

【开展爱国卫生月活动】4月，第32个全国爱国卫生月，区农业农村局，通过发放宣传资料、悬挂宣传横幅、LED电子屏幕播放宣传等方式，开展爱国卫生月活动，发放各类卫生健康宣传资料1000余份。强化农村大集环境治理，将11个农村大集纳入全区农村人居环境整治、检查考核范围，使农村大集监管规范化、制度化、长效化。全区14个镇乡287个行政村，清除村内积存生活垃圾21499处14221.7吨；清理村域河塘沟渠1143条（处）；清理农业生产废弃物2592处1732.8吨；拆除私搭乱建1543处1.83万平方米；清理乱堆乱放乱贴乱挂乱画13872处，清理生活污水、粪污直排溢流196处。

农村环境保护

【推进农业生态综合建设】年内，投资5232万元，推进生态综合建设。其中投资3000万元，推进栗花溪谷（栗花沟）生态沟域建设，对8.1公里沿线开展环境整治、街巷整治、绿化美化建设；投资2232万元，推进全区农业生态综合建设。开展绿色防控产品推广应用，发放“北京市作物健康保障卡”面积1.71万亩，发放绿色防控补贴资金，推广应用有机肥、农业废弃物回收处置、小麦病虫害统防统治、耕地休耕轮作、农田扬尘保护性耕作等技术。

【农业领域留白增绿任务完成情况】年内，区农业领域拆违腾退土地的复种复绿面积涉及7个镇乡，26个地块2.84公顷。本着应绿尽绿原则，已完成22个地块留白增绿工作，复耕复种2.73公顷，完成率占全市第二名。区农业领域留白增绿－土地复垦市级任务0.03公顷，已完成2个地块0.037公顷，超额完成23.7%。

【农业废弃物综合利用工作】年内，区17个农业服务组织对本区玉米秸秆、景观田秸秆、荒草地秸秆进行秸秆粉碎还田等田间直接处理作业，作业面积72144.8亩，作业补贴资金39.68万元，惠及14个镇（乡）147个村。

【农业废弃物资源化利用中心建设】年内，市级财政支农转移支付资金362.5万元，在宝山镇建成北部山区农业废弃物资源化利用中心，实施农业废弃物资源化利用中心建设项目。项目依托北京永丰泰生物科技有限公司，通过宝山肥厂原有设施、设备改造，具备年处理农作物秸秆、树枝、尾菜、果核、畜禽粪便等农业废弃物5万吨，年生产有机肥2万吨的能力。

农村改革与管理

【清产核资工作】4月18日，根据市农业农村局《关于做好农村集体资产年度清查的通知》（京政农发【2020】38号），区经管站同区农业农村局部署2018年度、2019年度资产清查工作。清查全区填报单位330个，其中：组织类单位298个，企业类单位32个。核实全区农村集体资产总额56亿元、负债31.70亿元、所有者权益24.29亿元。

【村级公益事业专项补助资金检查】5月8日—6月4日，区经管站到16个镇乡（街道），检查2020年村级公益事业专项补助资金的拨付及使用情况。全区各镇乡（街道）除泉河街道新贤街村申请取消专项资金外，其他各镇乡（街道）所属村都已按时拨付到账，并且严格按照专项资金使用和审批，未发现有截留挪用和超范围使用情况。

【开展村集体经济组织设立账户调查】5月19日，区经管站对区农业农村局调查村集体经济组织设立账户数据进行汇总。汇总结果：284个行政村，共开设账户404个。其中：以村委会名义开设账户的村15个，以村经济合作社名义开设账户的村30个，以村股份经济合作社名义开设账户的村132个，多个账户（村委会、经济合作社或者股份合作社）的村227个。

【村级资金来源项目调查】7月22日，区经管站开展全区村级资金来源项目的调查。通过调查、分析、汇总后，调查结果显示：全区村级项目资金来源共449项，分别计入11个会计科目。其中资金项目最多的镇乡为喇叭沟门满族乡106项，最少的为泉河街道10项。449项资金来源按照性质划分属于经营收入类53项、投资收益类22项、各级政府拨入类299项、征占地补偿类25项、其他类50项。

【村级财务公开工作】9月18日—10月10日，区经管站督导检查各镇乡（街道）、村的财务公开及电视公开工作。主要检查财务公开管理部门、公开方式、公开时间、公开内容、公开程序、归档等情况，检查中发现的问题，要求镇乡（街道）立即整改。每月抽查各镇乡（街道）3—4个村，形成反馈意见，并且每月10日向区委组织部反馈财务公开情况。全区有220个村发放机顶盒，村民可通过电视查看财务公开情况，增加村级财务的透明度。

【农村财务人员业务培训】11月4日，区经管站在双阳宾馆举办农村审计人员业务培训班。结合2020年开展的村级组织负责人经济责任审计工作，培训16个镇乡（街道）58名农村审计人员。培训内容：农村经济责任、经济责任审计的类型、审计的重点和难点。11月5日至6日，区经管站举办2020年“村账托管”培训班，各镇乡、街道经管科科长，村级财务服务中心财会人员120人参加。培训主要内容：会计科目的使用、税务相关知识。

【国家征用农村土地】截止到12月底，国家征用农村集体土地3587亩，涉及农户1989户，农业人口4999人。全区农村获得土地补偿费总额4.4亿元，分配给农户0.4亿元。

【推进农村产权交易】年内，全区利用农村产权交易平台，完成耕地、林地、实物资产等流转项目52宗。其中，长哨营乡土地流转项目1宗，面积456.15亩，合同到期后租金总额514.5万元；渤海镇林地出租1宗，面积42亩，合同到期后总金额155万元；渤海镇、汤河口镇、琉璃庙镇、九渡河镇、泉河街道实物资产出租项目50宗，面积6337.38平方米，合同到期后总金额1023.39万元。村集体资产出售项目1宗，土地使用面积：3038.76平方米，建筑面积430.9平方米，出让价格750万元。喇叭沟门乡产权交易项目租赁合同解除1宗，面积281.69亩，租金总额：287.6万元。

【土地流转合同签订】年内，全区35112户农户流转土地13.85万亩，签订土地流转合同33701份，签订流转合同的农户占流转户的96%。全年接待来信来访184件360余人次，结合相关法律政策一一进行解答，做到了上访有回音、答复有依据。

【农田规模经营】年内，全区未经营土地的农户4130户，占承包农田总户数59433户的6.9%；土地承包经营10亩以下55346户，占承包农田总户数的93.1%；承包土地经营面积30亩以上1193户，其中：经营30～50亩811户、50～100亩222户、100～200亩81户，200亩以上79户，占承包农田总户数的2%。

【村级公益事业专项补助资金审计】年内，完成16个镇乡（街道）所属284个村公益事业专项补助资金审核、汇总、上报工作。通过审计：2019年初余额2831.94万元、本年实收金额5921.1万元；本年应审金额8753.04万元，实审金额8753.04万元；使用金额5780.57万元，其中用于公益设施建设费用379.77万元、公益设施维护费用1678.94万元、社会管理费用2937.40万元、社会事业费用638.34万元、村务人员工资146.12万元，年末资金余额2972.47万元。未发现违规使用现象。

【农民专业合作社注册】年内，全区工商登记注册农民专业合作社867家，实有成员21474人，带动非成员农户18112户。区级以上示范社106家（含国家级、市级），市级以上示范社20家（含国家级），国家级示范社12家。

【村级负责人经济责任审计】年内，各镇乡（街道）聘请会计师事务所对284个村，2018年7月1日至2020年9月30日村级组织负责人经济责任进行审计。区经管站通过各镇乡（街道）审计结果审核，归纳汇总出6大类30项问题，涉及问题总金额62942.59万元。

【农村土地承包经营权确权证书发放】年内，全区开展农村土地承包经营权确权证书发放工作。截至12月底应发232个村，已发232个村；应发证书38380份，已发证书38133份，发证率99.4%。

【专业合作社市级建设项目的检查验收】年内，按照市农业农村局《2019年北京市农民专业合作社扶持项目实施方案》文件精神，会同区农业农村局完成北京桃山月亮湖种养殖专业合作社、北京隆海明珠种植专业合作社市级建设项目的检查验收工作，已兑现以奖代补资金110万元。年内，完成市级示范社的监测和考评工作，北京三山蔬菜产销专业合作社、北京隆海明珠种植专业合作社等16家合作社考评合格，继续保留市级示范社称号。

（怀柔区农业农村局　郭怀东）

平谷区

综　述

年内，区委农工委、区农业农村局推进全区农业、农村高质量发展。全区完成农业总产值35亿元，同比增长6.5%，其中农业产值19.3亿元，同比下降0.2%；林业产值3.2亿元，同比增长32.6%；牧业产值11.33亿元，同比增长19.1%；渔业产值7246.2万元，同比下降3.9%；农林牧渔服务业产值5292万元。

科学编制《“十四五”时期乡村振兴发展规划》《“十四五”时期农业科技创新示范区建设发展规划》。农业农村部与北京市高规格签署共同打造中国·平谷农业中关村合作框架协议。明确“建设中国·平谷农业中关村，打造农业中国芯”的乡村振兴发展主题。

农业产业提质升级。在全市率先探索“田长制”，完成复耕5466.67公顷。建成高标准农田73.69公顷，粮食面积5867公顷、产量3549万千克，制定越冬蔬菜补贴等政策，全年蔬菜播种面积2118公顷。5个现代化规模猪场全面运行，生猪存栏18.22万头。超额完成市级稳产保供任务。落实大桃高质量发展3年行动方案。建设标准化国桃示范园13个，“数字果园”2个，“未来果园”1个，完成“国庆礼桃”供应任务。全年销售大桃1.7亿千克，总产值12.2亿元。明确“一心两带四区”3年发展目标，重点打造马昌营、马坊、东高村、夏各庄、南独乐河5个蔬菜重点镇。以“智慧中央厨房”和创新功能食品为主体的现代化“食品谷”加快建设。全区精品民宿运营156家。成功举办2021北京·中国农民丰收节开幕式。

全国乡村治理体系建设，首批试点通过中期评估。国家数字乡村试点建设有序开展，建成5个农村管理信息化平台试点。入选全国农业社会化服务创新试点县创建行列。在全市率先组建2支专业性、综合性果树管理服务队伍，构建菜单式、社会化服务组织运营体系。完成农村集体产权制度改革。集体土地与国有土地同权、带地上物上市改革获市政府支持。林下产业与集体经济融合发展，探索峪口林蜂、马昌营林药等林下经济模式，试点播种107.71公顷。本年完成7个村“煤改电”改造工作，实现生态涵养区“煤改清洁能源”全覆盖。完成生态桥示范园主体工程建设。实施新一轮百万亩造林613公顷、森林健康经营抚育1.05万公顷，森林覆盖率提高至67.3%。4月21日，荣获全国“绿水青山就是金山银山”实践创新基地称号。

都市型现代农业

【设施农业升级改造】年内，区农业农村局在4个乡镇启动设施升级改造工程，包括东高村、夏各庄、马坊、南独乐河镇，涉及建设主体6家，修复老旧设施大棚287栋，重建操作间272个。完成新建高标准农田73.33公顷，涉及大兴庄镇、马坊镇、马昌营3个乡镇中的4个村。

【耕地保护资金补贴】年内，全区耕地地力保护补贴资金2176.41万元，补贴面积4836.47公顷，涉及15个乡镇（街道）201个村2.14万农户。

【蔬菜生产奖励兑现】年内，全区蔬菜稳产保供奖励政策补贴面积1261公顷，补贴资金337.69万元，涉及15个镇（街道）5132户农户。

【**绿色防控资金补贴**】年内，区农业农村局设立病虫草鼠监测点37个，监测粮经及蔬菜作物病虫草鼠害92种；在病虫发生防控关键时期和极端天气时期发布指导简报17期；启动区绿色防控产品补贴，补贴对象涉及15个乡镇（街道）2711户，覆盖面积1072公顷。全年使用补贴资金517.4万元，补贴面积4958公顷；通过悬挂宣传标语横幅、印发宣传材料、专题培训等多种形式，宣传《农作物病虫害防治条例》等法律法规，普及草地贪夜蛾等农作物病虫害科学防治、农药安全使用等技术知识，培训500余人次，发放宣传材料2000余份。

【**生猪恢复生产**】年内，区农业农村局推进新希望、六马大好河山、四方红、大伟嘉、首农等5家规模猪场工程建设收尾工作，督导生猪养殖企业加快投入满负荷生产运营。全区5家规模猪场，全部完成工程建设竣工验收，实现生猪存栏18.22万头，超额完成市级任务。

【**畜禽种质基地建设**】年内，区农业农村局强化与首农食品集团和北京市农林科学院合作，加快推进峪禽种鸡、首农奶牛、北京油鸡、樱桃谷鸭等6个畜禽种质项目建设。截至年底，峪禽叠层笼养祖代蛋种鸡项目，完成建设并实现投产；峪禽新型正压高效孵化项目、首农奶牛中心种公牛站项目、市农林科学院北京油鸡保种场项目，完成主体结构建设；首农畜牧奶牛育种项目和樱桃谷育种公司樱桃谷育种中心项目，完成办理开工前手续。

【**精品大桃基地建设**】年内，区农业农村局制定大桃产业高质量发展方案，实施大桃精品战略，构建大桃立体营销体系。采用“1+1+5”模式，带动大华山镇、刘家店镇5个规模化示范基地建设，面积9.33公顷，形成“一园带多园”发展格局。

【**标准化桃园建设**】年内，区农业农村局在峪口镇、山东庄镇建设2个标准化果园，运用果树标准化体系建设方案，引导果品产业良性发展。

【**高标准果园建设**】年内，区农业农村局在大华山镇和峪口镇建设3个具有高标准现代化栽培模式、单位面积经济效益高、实现机械化操作、应用病虫害绿色防控技术的桃园。

【**国桃示范园建设**】年内，区农业农村局推进国桃示范园建设，按照《平谷国桃标准及生产技术规程》，在大华山镇、刘家店镇等7个乡镇，建设8个国桃示范园，加速国桃标准化生产技术推广和应用。

【**新发地销售专区建设**】年内，区农业农村局同北京新发地市场共商共建，设立平谷大桃北京新发地市场销售专区，划设10个市场摊位，占地面积200平方米，惠及8个乡镇26个商户，销售大桃约274万千克。在北京新发地市场，打造平谷大桃宣传推介新窗口。

【**大桃销售进社区**】年内，区农业农村局与城建集团、首开集团建立战略合作伙伴关系，精准对接大桃专业村开展“平谷大桃进社区”系列活动，新增入驻社区数量120个，实现大桃销售120.5万千克。开拓首都大桃消费市场，探索大桃社区线上、线下联动销售新模式。

【**国庆礼桃保障**】年内，区农业农村局克服极端天气、降雨偏多不利影响，精细管理，完成本年“国庆礼桃”保障供应工作。平谷大桃连续3年作为“国桃”献礼国宴。

【**果品品牌建设**】年内，区农业农村局将“平谷+图形”证明商标（平谷大桃区域公用品牌）与“桃乡”“桃花”“御园”“国之首、桃之都”“国桃”等5个商标，扩大授权至46家农业企业和合作社使用。

【**大桃商标保护**】年内，区农业农村局与区市场监管局联合执法检查4次，约谈6家大桃包装箱销售商户，查没违规违法侵权包装8000余套，有效遏止侵权及虚假宣传大桃包装箱的销售、使用。

【**社会化服务体系建设**】年内，区农业农村局在大华山镇和刘家店镇开展社会化服务体系建设乡镇试点，破解土地碎片化、劳动力老龄化、经营分散化、组织化程度低等问题，依托新型农业服务组织，探索可持续发展新路。在2个镇分别组建1支社会化服务组织。建立菜单式服务运营体系，制订1+X+3服务清单，明确服务质量和收费标准。全年开展植保服务73.33公顷；机械除草服务180公顷；套袋服务66.67公顷；冬剪服务33.33公顷；深沟施肥服务4公顷。开展集中连片2公顷以上老旧果园，倒拉枝型标准化改造工程面积66.67公顷，涉及果农370余户。全区新建7个集中连片，2公顷以上的高标准示范园20公顷。2个服务组织通过与商超合作、社区销售、直播、收购点收购等多种途径，为服务对象销售大桃125万千克，帮助服务对象解决大桃销售难。

【**农业机械化作业**】年内，全区机收小麦1055公顷；

玉米播种面积4286公顷，机播玉米4213公顷，机收面积4193公顷，机收率97.8%；玉米秸秆还田2810公顷；机播小麦1364公顷；土壤深松面积460公顷。

【主要农机具投入】年内，全区投入各类农机具1125台套，其中：大中型拖拉机312台、小麦联合收割机28台、玉米联合收获机29台、玉米青贮机2台、玉米播种机122台、小麦播种机108台、秸秆粉碎还田机85台、深松机14台、其他机具425台。

【保护性耕作作业补贴】年内，区农业农村局推广3项（农机深松整地、秸秆粉碎覆盖还田、少免耕播种）季节性裸地农田扬尘抑制关键保护性耕作技术应用。完成土壤深松460公顷，秸秆粉碎覆盖还田1513公顷，少免耕播种340公顷，完成3个扬尘实施效果监测点运维工作。

【农业机械购置补贴】年内，区农业农村局根据市农业农村局农业机械购置补贴政策，与区财政局联合印发《2021—2023年北京市平谷区农机购置补贴实施方案》，完善农机购置补贴信息公开专栏建设，公开补贴受益对象、资金兑付情况、区农业农村局和财政局的咨询投诉举报电话、补贴资金规模、使用进度、政策文件等各类信息，并按规定与市级农机购置补贴信息公开专栏实现链接，接受社会监督。通过各种途径开展补贴政策与实施工作宣传，保障广大农民群众的知情权、监督权。全年受理补贴申请1961份，受益户1769户，机具数量2054台（套），涉及补贴金额5076.12万元。

乡村治理

【概况】年内，区农业农村局以治理体系和治理能力现代化建设为主攻方向，以实施乡村振兴战略为统领，以实现“五大振兴”为目标，直面乡村发展短板，发挥农民主体作用，推动共建、共治、共享，增强广大农民的获得感、幸福感、安全感，构建适合当代乡村治理的“平谷路径”。

【协同推进乡村治理】年内，区农业农村局与区委组织部、区司法局等22个牵头单位，区委政法委、区财政局等50个责任单位，将乡村治理工作纳入区政府重点工作、区政府改革创新任务，纳入区政府督查任务，确保任务试点工作全面推进，取得实效。本年组织研讨18次，召开问题调度会4次，召开重点推进会7次，邀请市委农工委市农业农村局、市委研究室、市社科院、中国农大进行调研指导。撰写的《街乡吹哨部门报道党建引领创新基层治理》被纳入全国基层干部学习培训教材，供基层干部学习。

【创新组织架构】年内，区委农工委区农业农村局探索“支部+企业”和“支部+合作社”模式，推进合作社改革、特色产业发展等带动集体发展模式，创新组织架构。指导刘家店镇村两级合作社架构完成，西营、茅山后建立“支部+”制度范本。

【基层治理实践】年内，区委农工委从6个方面（完善乡村治理组织体系、探索乡村治理与产业发展协调机制、构建社会协同治理机制、探索“三治”结合实现形式、推动信息化手段运用、运用治理化思维破解重点问题）进行45项任务探索，丰富基层治理实践。与牵头单位共同打造大兴庄镇周村“小微权力清单制”示范点，峪口镇西樊各庄说事评理议事普法中心示范点、刘家店镇“生态桥”等一批示范点，将治理探索实践转化为加强治理的有效措施，形成可复制推广的工作机制。

村镇建设

【美丽乡村建设】年内，区农业农村局推进美丽乡村建设，组织乡镇完成街坊路修缮91.64万平方米，绿化17.17万平方米，安装路灯6008盏，投放垃圾桶3583个。

【人居环境整治】年内，区农业农村局常态化开展农村人居环境整治。对标、对表市级验收标准，每月定期组织开展区级体检式环境检查，不定期开展部门联合检查，检验镇村农村人居环境整治成效。本年度市级环境检查综合得分排名第二。

农村改革与管理

【农村土地合同管理】年内，区经管站开展新一轮农村合同清理清查工作。主要清理清查16个乡镇（街道）2018年1月1日至2021年10月25日家庭承包合同除外所有承包合同，清理清查合同1241份，对清理清查出的问题合同下发整改通知。检查指导农村土地合同签订流程、合同档案管理制度落实情况，规范农村土地经营权流转管理，出台《平谷区土地流转管控工作机制（试行稿）》。配合区政府重点工作，对“三四期”河道治理、百万亩造林、违法建设拆除等涉及农村土地合同问题提供法律依据，做好相关政策解答。对新一届村级干部进行《中华人民共和国农村土地承包法》等相关法律法规培训，参训人员300余人。

【农村土地承包经营权确权】年内，区经管站做好农村土地承包经营权确权登记颁证难点村工作，涉及7个乡镇9个村，分类制定处置方案，确权工作稳步推进。

【低收入监测】年内，区经管站重点监测标准线边缘户（上年家庭人均收入1.4万元以下）和返低风险户2类重点人群108户256人。对2类重点人群家庭人均可支配收入变化情况开展一月一监测；对2类重点人群之外的低收入农户家庭情况实施常态化监测，收入情况一季度一监测。全区18个乡镇（街道）有低收入农户2806户5700人，人均可支配收入2.51万元。 2类重点人群107户254人，人均可支配收入为2.06万元。

【村级集体经济调查】年内，区经管站做好发展壮大农村集体经济的基础工作。部署《扶持壮大村级集体经济台账》填报工作，核实《需纳入扶持范围的集体经济薄弱村情况统计表》中85个村的数据。参与区级扶持壮大集体经济相关文件制定。制定《2021年扶持壮大村级集体经济资金管理使用办法》《壮大村级集体经济考核指标体系》，为全区壮大村级集体经济资金的使用及考核提供依据。对经济薄弱村经营性收入进行摸底。对85个扶持村进行逐一甄别，完成任务村名单32个，为区政府相关决策提供数据支撑。

【农村财务审计】年内，区经管站完成全区18个乡镇（街道）20个村集体经济组织年度审计，形成整体审计报告上报区领导，并根据专业审计机构建议，区分不同情况分类分步处理。完成村级公益事业专项补助资金管理使用情况审计。协助审查村（社区）“两委”干部建议人选资格。按照职责范围对全区换届村和社区4批18人，就是否有侵占村集体资产、资金、资源等问题进行资格审查。

【农民合作社质量提升】年内，全区农民合作社注册数量1593家，注册资金总额32.94亿元。完成国家级示范社动态监测工作，指导、审核20家国家级示范社填报年度数据。开展农民合作社“空壳社”引导清退工作，利用农口工作例会专题部署，下发专项清理工作通知，实行属地管理，分解任务，明确责任主体。确保农产品进京绿色通道畅通，申报用户顺利办理瓜果进京运输通行证。为35家重点大桃产销合作社开展指导和服务。推动创建镇级合作社体系，指导南独乐河镇、镇罗营镇17家村级合作社、2家镇级联合社完成注册登记工作。

平谷区领导名录

书　记	王成国（6月免） 唐海龙（6月任）
副书记	吴小杰 刘　震 葛海斌（9月任）
常　委	底志欣（回族，9月免） 吴连江　程建新　李永生 赵凌云（女） 方建卿（2月免）　于吉顺 孙学伟（9月任）
区　长	吴小杰
副区长	于吉顺　唐朝辉　朱博力 李子腾　刘　琳（女） 赵文侃　刘　堃

平谷区街道、乡镇负责人

街镇	工委书记	主任
滨河街道	陈　靖	张海霞（女）
兴谷街道	付　强（7月免） 常延辉（7月任）	卢　磊（10月免） 席崇娜（女，10月任）
平谷镇（渔阳地区办事处）	崔　跃（1月免） 沈　焱（1月任）	沈　焱（1月免） 任宝军（1月任）
马坊镇（地区办事处）	马冬梅（女）	韩宝全（蒙古族，9月免） 赵　亮（9月任）
峪口镇（地区办事处）	刘　堃（12月免） 任海军（12月任）	齐立兴（回族）
金海湖镇（地区办事处）	徐春刚（7月免） 沈立军（7月任）	李　斌（7月免） 曹　静（女，7月任）
东高村镇	崔　苓	常延辉（7月免） 王　勇（7月任）

王辛庄镇	王铁铭	徐申男
大华山镇	崔成立（12月免）	王　斌（12月免）
	王　斌（12月任）	杨长胜（12月任）
夏各庄镇	王　静（12月免）	赵金祥
	马超鹰（12月任）	
马昌营镇	邢广宏（7月免）	李大杰（1月免）
	李　斌（7月任）	胡宝辉（4月任）
山东庄镇	任海军（12月免）	闫　亮（12月免）
	闫　亮（12月任）	袁莹莹（女，12月任）
刘家店镇	马超鹰（12月免）	逯艳敏（女，12月免）
	逯艳敏（女，12月任）	张晓臣（12月任）
镇罗营镇	路卫红（女，12月免）	康旺枞（12月免）
	康旺枞（12月任）	王建军（12月任）
熊儿寨乡	张武祥（1月免）	吴亚军（7月免）
	李大杰（1月任）	陈亚静（女，7月任）
黄松峪乡	张玉娟（女）	刘东明（7月免）
		王　征（7月任）
大兴庄镇	沈立军（7月免）	王桂金（女，7月免）
	吴亚军（7月任）	肖　桃（7月任）
南独乐河镇	徐振涛（9月免）	李晓军
	韩宝全（蒙古族，9月任）	

（平谷区农业农村局　杨广京）

密云区

综　述

年内，区委农工委、区农业农村局加挂区山区建设办、区乡村振兴局牌子，下设9个行政内设机构：分别为办公室（安全生产科、行政审批科）、组织宣传科、计划财务科、村镇建设科、山区建设科（精准脱低办公室）、农村经济管理科（农村土地承包管理办公室）、农业机械与现代装备科（产业化服务办公室）、种植业管理科、畜牧渔业管理科。1个行政执法单位区农业综合执法大队，以农业农村局名义执法。对锁定编制范围的渔政站、种子站、农机站、动物水生监督所、土肥站、植保站的事业执法人员进行了执法改革人员划转及公务员过渡，初步确定了划转人员。区委农工委、区农业农村局有编制人员392名，其中行政编制79名，行政工勤编制20名，事业编制293名。

都市现代农业

【**概况**】年内，区农业农村局按照粮食安全、“菜篮子”区长负责制，大力推动农业绿色高质量发展。成功创建国家现代化产业园成功，投资建设高标准农田项目。

【**农林牧渔业产值**】年内，全区完成农林牧渔业总产值33.52亿元，比上年增长10.6%。农业产值15.63亿元，比上年增长10.9%。林业产值10.52亿元，比上年增长4.3%。畜牧业产值5.95亿元，比上年增长21.7%。渔业产值0.66亿元，与上年持平。农林牧渔专业及辅助性活动产值0.77亿元，比上年增长30%。

【**农业领域“留白增绿”**】年内，完成农业领域留白增绿面积3.7公顷，涉及16个镇236个地块，主要种植各种蔬菜、玉米等农作物。2018年至2021年农业领域完成110.91公顷拆违腾退土地的复种复绿任务，涉及16个镇318个地块。

【**国家现代农业产业园创建工程**】年内，以绿色有机优质蔬菜、果品为主导产业，涉及4个镇（河南寨、东邵渠、巨各庄和穆家峪镇）92个行政村、3.38万农户，9.39万人的密云区国家现代农业产业园已完成创建工作，创建期内40个重点建设项目已全部完成，打造的“1+3+N”产业布局已形成。2022年1月，已通过农业农村部、财政部第四批国家现代农业产业园认定。

【**1230数字农业管理体系**】年内，建立由1个智慧农业数字管控平台，2个数字化、智能化管理系统，N个专业管理子系统组成的数字农业管理体系，覆盖“三农”工作各领域，全面提升农业农村现代化水平。

【**高标准农田建设项目**】年内，全区高标准农田建设总面积403.33公顷，涉及高岭镇、冯家峪镇、古北口镇、东邵渠镇、溪翁庄镇5个镇17个村，项目总投资1815万元。项目建设内容包括土地平整工程、土壤改良工程、灌溉与排水工程、田间道路工程、农田防护与生态环境保持工程等其他工程。

【**畜禽养殖**】年内，全区生猪存栏4.41万头，出栏5.25万头；奶牛存栏1.23万头，鲜奶产量5.58万吨；肉鸡存栏0.08万只，出栏57.37万只；蛋鸡存栏65.06万只，鸡蛋产量0.67万吨；肉羊存栏2.78万只，出栏1.63万只；肉牛存栏0.15万头，出栏0.42万头。

【**病死猪无害化处理工作**】年内，贯彻落实市农业农村局工作要求，做好数据统计、汇总和上报工作，全区养殖环节处理病死猪14125头。

【**第三次畜禽遗传资源普查**】年内，完成第三次北京市畜禽遗传资源基本情况面上普查数据的审核和上报工作。共普查了17个镇330个行政村，有遗传资源村219个，畜禽已知资源10个畜种、31个品种、群体数量19.8367万头/只，其中传统畜禽6种、特种畜禽4种；新发现资源3个畜种、3个品种：藏香猪、土黄牛、黑山羊；蜂资源12个品种，群体数量6.2066万箱，其中地方品种3个、培育品种4个、引进品种5个。

【**粪污资源化利用**】年内，开展粪污资源化利用技术，在种鸡场和奶牛场建成全市第一条"生物+气流膜"静态好氧堆肥发酵技术示范线。年处理牛粪7400吨，节省牛场购买垫料140多万元，年处理鸡粪420吨，取得较好的经济和生态效益。

【**畜牧技术试验示范及推广**】年内，开展奶牛繁育调控技术，提高发情检出率，缩短胎间距，为牛场带来效益249.6万元；开展平衡日粮氨基酸提高生产性能示范技术，每头每日单产提高0.6千克；开展奶牛选种选育、奶牛产后疾病防治、犊牛冬季保温马甲防病等示范技术，把科研成果惠及密云养殖场。

【**稳产保供**】年内，落实粮食播种面积9466.67公顷、产量5.36万吨，冬小麦播种面积406.67公顷，蔬菜播种面积3733.33公顷、产量16万吨，生猪存栏达到4.3万头，均超额完成市级下达年度任务指标。

新农村建设

【**概况**】年内，区农业农村局推进市级示范村建设，实施山区搬迁工程，开展农村人居环境综合整治，综合排名全市第六。开展垃圾分类、农村厕所改造、煤改清洁能源、"大棚房"整治等工作，组建生态环境保护队，推进新型美丽乡村建设。

【**垃圾分类**】年内，农村地区一是创建市区镇三级示范小区（村）209个，其中市级45个、区级62个、镇级102个；二是分类设施基本达标，12月达标率为98.03%；三是垃圾分出质量明显提升，12月家庭厨余垃圾分出量为1086.45吨，分出率为23.89%；四是居民自主分类投放习惯初步养成，12月自主分类投放准确率为90.40%。

【**乡村示范典型**】年内，接续推进13个市级"百村示范"村建设（河南寨镇：团结、台上；北庄镇：北庄；溪翁庄镇：黑山寺、东智北、尖岩；古北口镇：古北口；巨各庄镇：蔡家洼；东邵渠镇：西邵渠；大城子镇：苍术会；冯家峪镇：西白莲峪、石洞子；太师屯镇：龙潭沟），加强落实人居环境长效管护机制，挖掘示范村特色，加强产业发展，提升乡风文明，持续发挥示范引领作用。同时完成了50个村的街坊路、绿化美化和公共照明设施建设。

【**农村人居环境综合整治**】年内，区农业农村局拆除农村私搭乱建42432处、208.12万平方米；清理农村生活垃圾49521处、20.93万吨；清理乱堆乱放乱贴乱堆乱画10.09万处；清理河塘沟渠4148处；在2021年全市农村人居环境中，综合排名第六。

【**农村厕所改造**】年内，完成改厕13547户，卫生户厕覆盖率98.41%，推进公厕改造工作，完成提升改造160座，建设示范公厕37座。全区农村公共卫生厕所全部达到三类以上水平。

【**煤改清洁能源**】年内，煤改电设备安装完成32个村、2个街道（城中村散户）13432户，安装完成率100%；累计完成"煤改清洁能源"267个村9.6万户。继续在未实施煤改电村庄推广使用优质燃煤，年内订购优质燃煤3.02万吨，并全部在取暖季前配送到位。

【**"大棚房"整治**】年内，区农业农村局加强设施农业监管，严防"大棚房"问题反弹，制定开展"大棚房"2021年区级巡查工作方案，坚决杜绝"大棚房"死灰复燃、反弹回潮，区农业农村局会同区规自分局、区农业服务中心对全区设施农业大棚园区开展"大棚房"问题回头看及四个季度检查工作，实行了动态台账管理，重点检查7000余栋大棚，做到逢园必进、逢棚必查，均未发现"大棚房"问题。

【**生态环境保护队建设**】年内，以太师屯镇和东邵渠镇为建立"生态环境保护队"、生态环境保护公司试点镇，匹配相应资金、增强人员力量、完善机械装备，实现了农村人居环境"有制度、有标准、有队伍、有督查、有考核"的五有标准。

【**精神文明建设**】年内，组织开展"我的乡村更美丽"演讲竞赛，全区17个镇参赛，通过视频展示、演讲和抢答等环节，充分展现出本区新时代农民积极向上的精神风貌和农村整洁有序的村容村貌，比赛最终评选出一、二、三等奖和“最美代言人”等奖项。

农村民生

【概况】年内，全区农村劳动力转移就业6032人，社会公益性岗位安置安置2119人，全年农村居民人均可支配收入达到30911元，同比增长10.5%。

【工作专班】年内，区农业农村局牵头组建产业振兴、生态振兴两大工作专班，牵头制定年度工作方案，并建立会商制度、督查制度、督导约谈制度和信息报送机制，全面推动乡村振兴各项任务指标落实落地。

【农村实用人才培训】年内，将石匠、瓦匠、木匠等“能人”统筹起来，挖掘培育一批“土专家”“田教授”，通过线上线下结合的方式共培训农民2000余人次。

【产业帮扶】年内，完成黑木耳、甘薯、蜂产业等项目帮扶；推进精品民宿产业发展，引进优质运行公司，引导低收入户以闲置房屋为资源入股，建立切实可行的利益联结机制，努力实现资源变资产、农民变股民的转变。实施乡村旅游“十百千”工程，盘活农村老旧工厂、闲置农宅等资源，建成精品乡村酒店和精品民宿院落。

【就业帮扶】年内，积极推介城市公共服务岗、社会公益岗等就业资源，促进农村劳动力转移就业，新增农民就业6032人。

【两类重点人群监测】年内，对两类重点人群（低收入标准线边缘户、返低风险户）持续开展常态化监测和帮扶工作。全区两类重点人群共计626户，1349人，全部越过低收入标准线。

【政策性农业保险】年内，全区政策性农业保险共完成种植业参保150441.5亩，养殖业参保212380头（只），参保农户共10245户，总保费共计7075.4788万元，产生区级保费补贴1308.89728万元。全年共理赔8114户，理赔总金额7459.72645万元，赔付率超过100%，赔付效果明显，有效减轻了2021年全区暴雨等自然灾害给农民带来的重大损失。

【“三社”融合发展】年内，区农业农村局推进“三社”融合发展（即农民专业合作社、供销合作社、农村信用社融合发展）。在密云区迎时开展板栗收购助销工作，切实解决农民自产板栗、红果等农产品销售难问题，自9月初至10月末，以供销社为主体，联合20家板栗合作社对全区大宗农产品板栗和红果进行统一收购，板栗以均价2.15元/千克的价格共计收购5457吨，十月中旬起以均价0.35元/千克的价格共计收购红果106吨。实现了保价收购常态化，畅通农产品销路，促进农民增收，最大限度保护农民的利益。

【结对帮扶】年内，创新“2+1”帮扶模式，即协调1个企业、1个区直部门联合帮扶一个薄弱村，依托市属国企、高校、科研院所结对帮扶和朝阳区、石景山区对口帮扶等资源，全面助推集体经济薄弱村发展。

【农村集体产权制度改革工作】年内，农村集体产权制度改革的村全部完成农村集体经济组织登记赋码和证书发放工作，存量农村集体经济组织登记证书并完成303个集体经济组织证书换发工作。

【村地区管】年内，指导各镇做好农村土地、山场、集体资产资源等出租流转工作，牵头落实“村地区管”区级联审机制。会同区经管站、区规自分局等部门制定了《密云区复耕土地流转及管理工作方案》，协调区经管站指导各镇村做好复耕土地流转工作，助力集体经济薄弱村增收。

【集体经济薄弱村“消薄”】年内，本区194个集体经济薄弱村中，已有105个年经营性收入超过了10万元，完成市级年度“消薄”任务量的154.4%。

【水库移民后期扶持补助】年内，核定农业户口水库移民57547人，发放补助资金3452.82万元。无固定职业农转非水库移民8246人，发放补助资金461.776万元。大中型水库库区和移民安置区教育扶持人口1201人，扶持资金227.5万元。

【水库一级保护区内群众生活困难补助】年内，密云水库一级保护区内群众困难补助32122人，发放生活困难补助资金6424.4万元。

农业行政执法

【概况】年内，密云区农业农村局强化农业生产全过程监管，保障农产品质量安全和农业生态安全。加强农业领域执法，抓好农业机械和设施安全，打击私屠乱宰、假种经营、非法渔业捕捞等违法行为。

【非洲猪瘟疫情防控】年内，按照国家和本市非洲猪瘟防控工作统一部署，加强宣传，组织培训动物防疫技术人员和养殖场户348人次；与食药、城管、工商、公安、交通、园林、城市管委等部门开展联防联控；强化7个进京道口的管控，严禁一切违规运输动物和动物产品的车辆进入本市。公路检查站检疫检查出入境牛1243头、猪66861头、禽13.0076万只，畜禽产品15.6655万吨，消毒车辆1.79万辆。完成派驻官方兽医14人，加强对屠宰场的监管任务，实现监管无盲区；调进白条猪肉非洲猪瘟检测，检测非洲猪瘟样品7187份，结果全部合格。

【畜禽养殖场（小区）备案更新】年内，按照市农业农村局统一部署，严格按照备案登记程序，开展2次畜禽养殖场备案登记工作，全区登记备案更新的规模养殖场（小区）有24个。

【动物免疫及免疫抗体监测】年内，全区畜禽重大动物疫病强制免疫605.5万头（羽、只、条），免疫率100%；指导性动物疫病免疫12万头（羽、只、条）。监测、检测采样场数4907个场（户）次，监测、检测禽流感、口蹄疫、布病、结核病、马传贫、马鼻疽、瘦肉精、非洲猪瘟等样品10.2万份，监测、检测覆盖面100%，免疫抗体合格率97%以上。

【检疫监督】年内，依法依规落实产地检疫、屠宰检疫和公路检疫工作。产地检疫：生猪3.5406万头、禽类58.1193万只、种蛋235万枚、肉牛455头、马2匹，其他动物253只，淡水鱼（苗）3474万尾。屠宰检疫：禽21.243万只、牛856头，监督无害化处理病死禽382只，修割不合格动物产品及有害腺体0.0948吨。监督生猪定点屠宰场出厂动物产品21777.301吨。古北口、番字牌公路动物防疫监督检查站监督检查：进京牛1243头、猪6.6861万头、禽13.0076万只，畜禽产品15.6655万吨，消毒车辆1.7915万辆。

【动物卫生监督执法】年内，动物卫生监督所强化执法监督，开展行政执法检查各类监管对象888家次，出动执法人员2026人次，出动执法车辆814车次，下发监督笔录意见书1784份。与监管对象共签订责任书和承诺书64份、安全生产责任书35份。全年查办案件42起，其中一般案件22起（动物卫生类案件19起、兽药类案件2起，饲料案件1起）；简易案件20起，罚没金额3.7265万元，罚没兽药19盒。

【种子生产经营监督执法】年内，对全区农作物种子生产经营单位和门店开展行政执法检查728家次，检查覆盖率100%。开展种子质量监督抽查，检测农作物种子样品92份，田间检验种子生产田1030亩。办理行政许可1项，办理种子经营备案57家。组织集中法律法规宣传2次，进门店宣传30家次。调解种子质量纠纷4起。搜集杂粮、蔬菜等农作物种质资源104份。

【渔政执法】年内，开展水生野生动物保护及渔业资源环境执法检查1150人次，立案20起，罚款1.17万元。完成生态环境损害赔偿工作2起。配合水务部门、公安部门、生态环境部门完成河道联合执法27次，出动执法人员64人次。

【农机执法】年内，依法依规查处和纠正各种违法违规行为，消除农机事故隐患，确保农机安全生产。开展执法检查391次，消除和纠正各种农机安全生产隐患40起，查获违法违规行为20起，立案处理20件。

【行政审批】年内，累计完成拖拉机和联合收割机检验288台，拖拉机和联合收割机登记和驾驶证核发业务246件，完成370台变型拖拉机的注销工作。累计完成《生鲜乳准运证》换证6个，发放《兽药经营许可证》3家，审批《动物防疫条件合格证》27个，审核发放《动物诊疗许可证》4家。

农民专业合作社

【概况】年内，按照区委“十百千万”创建工程的要求，“以规范促发展，以品牌促提升”，全面提升密云农业品牌的影响力，利用各类传媒扩大“密云农业”品牌宣传；以“财务审计”为推手，促进农民专业合作社规范化发展；扶持电商合作社及电商企业发展；强化融资保险服务；加强合作社人才培训；推动“农宅+旅游”合作社发展模式。不断增强农民专业合作社经济实力、发展活力和带动能力，使之成为引领农民参与国内外市场竞争的现代农业经营组织。

年内，全区农民专业合作社1520家，其中种植业361家，果品业338家，养殖业373家，农产品产销业209家，农机服务业42家，民俗旅游业119家，农宅64家，手工艺业4家，联合社10家。登记入社61218户，非登记入社18134户，占全区农业生产经营户的82.7%。工商注册36807户，注册资本119386.54万元。密云区农民专业合作社规范化建设走在全市前列。

【促进合作社规范化发展】年内，根据《农业农村部关于开展2021年国家农民合作社示范社监测工作的通知》，对密云区国家农民合作社示范社进行监测，对不合格、不能正常运转，已不符合国家农民合作社示范社坚决剔除。培育一批优质的密云区典型合作社，做好抓典型、抓末端“两手抓”工作。

【提升密云农业品牌影响力】年内，加大“密云农业”品牌宣传力度，塑造品牌文化形象。一是利用北京地铁宣传。采用导流媒体及流动车厢拉手媒体相结合的宣传方式，长期固定站点品牌曝光，增加记忆，形成情感购买潜意识，让更多的受众了解密云民俗文化和绿色天然营养健康的产品；二是利用现代企业网宣传。通过对“生态密云采摘季，线下体验进园区”系列重大活动的宣传报道，合作社优质优价、有机绿色的农产品给网站会员企业近百万人留下了深刻印象；三是利用360网站宣传。通过密云360网络宣传推广规范授权单位发展，提升密云农业品牌的美誉度和品牌价值，让更多的市民了解密云农业品牌，达到密云农业品牌走进千家万户的目的。

【加强合作社质量提升】年内，密云区被农业农村部定为全国农民合作社质量提升整县推进试点单位，制定了《密云区合作社质量提升整区推进试点方案》，支持农民合作社规范提升资金共计500万元，主要用于冷链物流建设、加工车间改造、机械设备购置等，着重围绕发展壮大单体农民合作社、促进联合与合作、提升指导扶持服务能力等，推进整区农民合作社规范化建设。

【推动“农宅+旅游”合作社发展模式】年内，以民宿和特色餐饮为主题，以文化和康养为特色，逐步探索出一条符合本土实情的特色农宅旅游产业化道路，使来密云游玩的广大市民身居在农宅里，感受田园风光、体验农耕文化和享受林间康养。

【助力密云蜂业产业发展】年内，为整合密云各类蜂产业、蜂产品，围绕“蜂盛蜜匀”塑造密云蜂业金字品牌，通过公开征集的方式，确定密云蜂业LOGO，推出“密云区蜂产品证明标章”和“评鉴标章”。同时联动密云区文化和旅游优势及资源，结合经济硬实力及文化软实力，推动密云经济、社会全面发展。出台“密云蜂业”商标标识使用管理办法和“密云蜂业”开发新产品、新包装扶持资金奖励办法。

【创新组建合作社保水净水富民】年内，围绕“渔业净水、生物保水，净水渔业、生态富民”的工作主线，以深化渔业净水研究为基础，以强化科学保水为支撑，探索建立“渔民+合作社+公司+龙头企业”的净水渔业发展模式，以“渔民组织起来、品牌树立起来、销售渠道畅通起来”为目标，由区农业农村局牵头，指导“密云渔业产销合作社”组建工作。一是由区供销社负责组建“密云渔业产销合作社联社”；二是由水库周边5个捕鱼重点镇（溪翁庄、石城、不老屯、太师屯、穆家峪）负责组建“密云水库渔业产销合作社分社”。渔民加入合作社的同时，也就成为“水库儿女”保水志愿服务队的一员，使渔民在捕鱼中保水，在保水中增收。

2021年国家级示范社一览表

序号	镇	合作社名称	级别
1	河南寨	北京密农人家农产品产销专业合作社	国家级
2		北京喜逢春雨蔬菜种植专业合作社	国家级
3		北京河南寨农机服务专业合作社	国家级
4	太师屯	北京京纯养蜂专业合作社	国家级
5	十里堡	北京市岭东肉鸡养殖专业合作社	国家级
6	高岭	北京奥金达蜂产品专业合作社	国家级
7		北京金地达源果品专业合作社	国家级
8	冯家峪	北京裕民顺种植养殖专业合作社	国家级
9		北京龙耘种植专业合作社	国家级
10	北庄	北京诚凯成柴鸡养殖专业合作社	国家级
11	大城子	北京龙泉板栗种植专业合作社	国家级
12		北京云旺农产品产销专业合作社	国家级
13	巨各庄	北京栗栗飘香农产品产销专业合作社	国家级
14		北京巨海阔种植专业合作社	国家级

农民专业合作社选介

【北京潼玉华硕农产品产销专业合作社】北京潼玉华硕农产品产销专业合作社成立于2016年，位于巨各庄镇后焦家坞蔬菜园区，是一家“互联网”+“农业”+“农户”+“文化”四位一体的新型电商型合作社，依托密云山青水净的生态环境销售和推广密云优质农产品，助力密云农业发展。合作社共有成员101人，通过京东密之蓝天生鲜专营店、淘宝老农食品店、天猫密之蓝天旗舰店、邮政集团、邮政北京渠道部、农业银行、农商银行、密之蓝天小程序等线上平台销售，全年稳定供应密云蔬菜、水果、禽蛋肉、蜂蜜、小杂粮等200余种；与全区32

家合作社和15家村集体达成乡村振兴战略合作关系，覆盖密云12个乡镇。2019年全年销售额2061万元，2020年全年销售额3353.4万元，2021年全年销售额3500万元；有客户9万余人，客户满意度99.98%，复购率达85%以上。三年来累计带动密云地区730余户种植户，户均增收4300元。合作社拥有蔬菜大棚206座，露天地160亩，注册商标密之蓝天；2021合作社党支部被评为北京市低收入帮扶工作先进集体、北京市市级合作社示范社、北京市双学双比示范基地、北京市农业宣传科普教育基地、北京市优级标准化基地、北京优农品牌、北京市优质农产品称号、第四届“创业北京”创业创新大赛——乡村振兴专项赛二等奖。

（密云区农业农村局　秦宇）

延庆区

综　述

延庆区2021年有序推进行政机构改革、事业改革、执法改革，搭建了“1+4+6+15”的机构框架。“1”是区委农工委、区农业农村局，主要发挥牵头抓总、统筹调度作用；“4”是所属4个副处级单位，包括新农村建设服务中心、农村合作经济经营管理站、农业技术综合服务中心和农业综合执法大队，分别从“建设、管理、服务、执法”四个角度分工负责；“6”是所属6个科级事业单位，包括新农村经济组织服务中心、农产品质量安全中心、农业科技服务中心、动物疫病预防控制中心、农业技术推广站、植物保护站；“15”是15个乡镇农业技术综合服务分中心，主要职责为负责推动乡镇种植业、畜牧业、水产业、农业机械化等农业各行业的发展；指导乡村特色产业、农产品加工业和休闲农业的发展。各层级职责任务各有侧重、有统有分，相互链接、相互支撑。形成了统一领导、分工负责、层级管理、对口联系的运行机制。全局核定编制562名，年末在岗职工468人，其中：行政（参公）编制定编共计118名，实有95人；机关工勤定编9名，实有9人；其余机构为财政补助事业编制，定编共计435名，实有364人。

村镇建设

【推动乡村振兴】年内，组建乡村振兴“五大专班”，编制“十四五”乡村振兴战略实施规划，出台《全面推进乡村振兴加快农业农村现代化的工作措施》和“实绩考核办法”，助力乡村振兴战略深入实施。

【农村住房质量提升试点】年内，确定香营乡新庄堡和下垅2个村为农房改善类试点村，项目涉及412户，计划2022年完工。

【美丽乡村建设】年内，持续推进355个村美丽乡村建设，337个村完成建设实施方案编制并通过审批；225个村开工建设，其中183个村建设整村完工。

【开展文明村庄创建活动】年内，聚焦群众性精神文明“五大创建”，制定《2021—2023年延庆区文明村庄创建活动方案》，明确5条评选原则、8项创建标准、8个实施步骤，细化43条考核指标，有序组织推荐评选工作，159个行政村提交创建申请。

【“百村示范”工程】年内，重点培育25个市级示范村，其中1个村已达到示范标准，剩余村庄正在稳步推进，22个村完成实施方案深化设计并开工建设。

【农村清洁取暖】年内，“煤改电”18个村庄，完成设备安装3181户4872台，基本实现平原地区和冬奥周边村庄无煤化；实施优质燃煤替代137个村庄，配送优质燃煤25526.925吨。

【农村人居环境长效管护工作】年内，开展了迎冬奥创建激励县、问题点位清零、不合格村庄整治三大行动、设立了“村庄清洁日”。出台了《延庆区关于进一步健全完善农村人居环境长效管护机制的实施方案》，建立了“一日一群一账七举措”运行管理工作机制。2021年，延庆区农村人居环境长效管护工作，在全市13个涉农区综合考核排名第三。

【山区搬迁工程】年内，完成四海镇大吉祥村、千家店镇沙梁子河西村、井庄镇碓臼石村山区搬迁工程，大庄科乡瓦庙村、珍珠泉乡小川村、南天门村、永宁镇永新堡村开工建设。

都市型现代农业

【种植面积】年内，全区粮食播种面积152337.9亩，包括玉米145300.30亩。粮食总产量77788吨，其中玉米76573.9吨。蔬菜播种面积37202.6亩，蔬菜总产量74942.3吨。

【蔬菜销售】年内，蔬菜上市量13467.88万千克，上市收入22766.88万元，收购均价1.69元/千克。

【绿色有机示范带建设】在全区范围内建设3个绿色有机示范带，涉及10个乡镇，即康庄—张山营绿色有机示范带、沈家营—井庄—永宁—刘斌堡—香营—旧县绿色有机示范带及延庆—大榆树绿色有机蔬菜示范带，绿色有机（含有机转换认证）农产品总量较去年增加3500余吨，超额完成市级下达的指标任务。

【政策性农业保险】年内，承保总面积33028.26亩，承保温室大棚1969.66亩，惠及农户及农业企业（合作社）3245户。保费283.9万元，其中，中央补贴56.7万元、市级补贴101.5万元、区级补贴54.8万元、农户自筹71.0万元。理赔合计275万元。

【耕地地力保护补贴】年内，全区15个乡镇306个村、24682户农民享受耕地地力保护补贴，补贴面积123351.1亩（8223.41公顷），补贴资金3770.533万元。

【畜牧产业】年内，畜牧业实现产值4.5亿元，同比增长3.4%。12月底，奶牛存栏0.69万头，肉牛存栏0.58万头，羊存栏3.41万只，生猪存栏5.84万头，蛋鸡存栏102.82万羽，其他禽类存栏1.43万只。肉牛出栏3058头，家禽出栏113.68万只，生猪出栏1.05万头，羊出栏1.58万只。全年鲜奶总产2.95万吨，鲜蛋总产1.2万吨。

【西瓜品牌发布暨首届西瓜季启动仪式】活动首次对外发布"延庆西瓜"品牌和特色农业产业分布图，开展了30个西瓜品种游客品鉴、基地观摩等系列体验活动。许勇同志表示：延庆发展西甜瓜产业具有得天独厚的气候优势和地域优势，是种植西甜瓜的黄金地带，所产西甜瓜品质上乘、风味独特，市场前景广阔。要持续推进西甜瓜标准化生产基地建设，打造品牌化销售龙头产业，形成农业全产业链创新，实现区域化、差异化和特色化发展。下一步，区农业农村局将充分发挥延庆区冷凉气候优势，在规模化生产、品质提升、产品分级销售、品牌建设运营等方面做好支撑服务，与北京市西瓜主产区"错峰供给"，实现增产增收。

【7个产品被纳入"北京优农"品牌】年内，"妫水农耕"区域公共品牌，绿富隆、北菜园、五福兴农、妫川源、德青源5家企业品牌，京农绿惠、金粟丰润、前龙、妫河谷、Le voyage乐航、京北山里农夫、归原7个产品品牌被纳入"北京优农"品牌目录。

【"北京优农"品牌建设】全区19家单位共上报21个（种植业18个、养殖业3个）优质企业品牌参与评测，13个品牌纳入"北京优农"品牌目录。

【家庭农场发展】年内，全区有20家区级家庭农场示范户被评为市级示范家庭农场，2家区级家庭农场示范乡镇被确定为市级家庭农场示范乡镇。

【推广应用有机肥】印发实施《2021年北京市延庆区化肥减量增效工作方案》，实施有机肥部分替代化肥技术推广面积4.79万亩，化肥减量5322.2吨，测土配方技术全区全覆盖，肥料利用率达到40%以上。

【推广绿色防控技术】年内，推广绿色防控面积19.09万亩，发放绿色防控产品补贴资金917.63万元，补贴户259户，开出处方6794个，减少使用化学农药14.12吨。

【农村面源污染控制】全区农药使用减少13.87吨，农药利用率提高到45.69%；全区全部施用环境友好型农药，统防统治覆盖率达到52.55%。

【农业废弃物回收】年内，回收处置农业投入品废弃物253.8吨，回收处置率达90.5%，回收覆盖全区15万亩农田，回收覆盖率达100%。

【无公害农产品认证】年内，全区无公害种植业农产品认证39家，266个产品，生产规模665.34公顷，年产量3348.39万千克。

【绿色食品认证】年内，全区绿色蔬菜认证企业3家24个产品，产地规模30.2公顷，年产量225万千克。

农村民生

【农民增收工作专班成立】成立农民增收工作专班，出台《2021年延庆区持续巩固脱低成果措施》，以发展壮大产业为核心，实施有机认证补贴、耕地地力保护补贴、良种更换补贴等支农惠农政策。全区农民人均可支配收入达到25838元，同比增速达9.3%，高于城镇居民1.9个百分点。

【巩固脱低成果】制定《返低风险户认定工作办法》，分类优化调整各项帮扶政策，实施常态化帮扶与发展壮大农村集体经济统筹谋划。出台巩固低收入农户帮扶成果的措施9项，制定低收入边缘户468户和返低风险户8户"一户一策"精准帮扶台账，实施精准帮扶，全部实现稳定脱低。

农村改革与管理

【扶持壮大村级集体经济】年内，全区共有89个集体经济薄弱村、25个扶持壮大村级集体经济试点村。

年内，53个集体经济薄弱村村集体经营性收入达到10万元。

【**集体经济薄弱村结对帮扶**】年内，区委组织部、区委农工委和区农业农村局联合印发《延庆区农村集体经济薄弱村结对帮扶工作实施方案》，明确了指导思想、目标任务、结对帮扶范围与内容、主要措施、组织领导五方面内容。全区70个处级单位和12家国企与89个集体经济薄弱村结成帮扶对子，实现集体经济薄弱村结对帮扶全覆盖。

【**农村经营统计**】年内，全区实现农村集体经济总收入8.8亿元，同比增长9.8%；农户收入137.7亿元，同比增长4.4%。实现农民人均所得25278元，同比增长6.3%；农村集体资产总额140.5亿元，同比增长6.8%；农民人均净资产37186元，同比增长4.6%；农村劳动力就业率达到97%，同比增长0.5个百分点。

【**持续推进乡村治理**】年内，研究制定《2021年乡村治理重点工作任务清单》116项，均已完成。推荐乡村治理典型案例村镇和乡村振兴经验典型村镇26个，张山营镇西大庄科村被评为第二批全国乡村治理示范村镇。组织乡镇领导和村两委干部24人参加市级党建引领乡村治理示范培训班，组织西北片区乡村治理村镇拉练活动，进一步提升乡村治理水平，服务保障乡村振兴战略实施。牵头修订“四议一审两公开”“三务公开”制度，组织专题培训，落实好“一张决策单子、一个资金额度、一套决策流程”，组建5支督查组进行督查，整改存在问题，推动党建引领乡村治理机制不断完善。

【**建立“田长制”组织体系**】年内，印发实施《延庆区全面推行“田长制”实施方案》，指导各乡镇出台镇级“田长制”工作方案，构建区、镇、村三级田长体系。区农业农村局和延庆规自分局共同组建了“田长制”办公室，成立工作专班。

【**农村集体产权制度改革**】年内，完成6个村产权制度改革扫尾工作，全区376个村全部完成了村级产权制度改革工作，成立了村级股份经济合作社。完成大榆树镇、张山营镇、八达岭镇、珍珠泉乡、旧县镇5个乡镇的镇级产权制度改革，召开了团体社员代表大会，组建了新型集体经济组织。

【**农村集体经济组织换届**】年内，全区有375个村完成农村集体经济组织换届选举工作，占应换届村总数的100%。

【**宅基地管理科建立**】4月21日，区政府名义印发《延庆区农村宅基地及房屋建设管理办法》，进一步规范全区宅基地管理工作。区农业农村局组建成立了事业单位性质的宅基地管理科，负责宅基地政策宣传解读，指导镇（乡）、村宅基地建房审批，调解宅基地、建房产生的矛盾纠纷。各乡镇组建村庄规划建设科，统一审批和监管宅基地建设相关工作。年内，全区批准宅基地建房2675宗。

【**推动农村基层党组织建设**】年内，46人进入村务管理专业接受全日制大专学历教育，15人开始顶岗实习。会同组织部对15个乡镇376名村“两委”班子成员开展“乡村振兴”专题培训，不断提升其政治意识和履职水平。推荐9个村的优秀党支部工作法，其中临河，西大庄科2个村党支部被推荐到市级。

【**完成党组织换届**】年内，完成机关委员会和机关纪律检查委员会换届选举，完成下属8个党支部、1个机关党委完成换届选举。组织党务工作人员参加全区党务法规知识竞赛，荣获二等奖；获得延庆区“先进基层党组织”和延庆区“优秀共产党员”2名，基层党组织建设和党员教育管理得到进一步加强。

【**委托审计土地补偿费**】年内，委托中启恒会计师事务所，完成对12个乡镇171个村，2017年年初征占地补偿费有结余的农村集体经济组织和2017—2019年涉及新增征占地补偿费事项的农村集体经济组织的审计，共享有征占地补偿费796051.48万元，支出总额536227.14万元。

【**村级公益事业专项补助资金监督管理**】年内，完成对2020年村级公益事业专项补助资金审计工作的监督管理。全区应享受村级公益事业专项补助资金8425.7万元，15个乡镇实际拨付村级公益事业专项补助资金8440.72万元，全年可支配资金总额为12933.45万元（含上年余额4492.73万元）。支出7554.3万元，占当年资金总额的89.66%，占可支配资金总额的58.41%。

【**村级组织负责人离任经济责任审计**】年内，组织乡镇开展村级组织负责人离任经济责任审计工作，涉及15个乡镇126个村共153名村干部，涉及村集体账内收入56055.01万元；村集体账内支出44354.10万元。

（延庆区农业农村局　李路）

市委农工委系统行政、事业机构

北京市气象局

概　况

中华人民共和国成立初期，北京市气象工作由中央气象台兼管，1958年7月，北京市农林水利局设气象组，开始组建市属气象台站网，1959年11月，北京市气象服务台成立。1960年10月，经国务院批准成立北京市气象局，逐步健全各级气象机构，开展各项气象业务工作。1964年2月与市水利工程局合并为市水利气象局，1968年10月与市农林局、市农机局、市农场管理局合并为市农业局，1973年7月恢复市水利气象局建制，1978年6月恢复市气象局建制。1980年以后，北京市气象局实行中国气象局和北京市人民政府双重领导管理，以部门领导为主的管理体制，作为中国气象局的下属机构，同时是北京市政府的工作部门。负责北京市行政区域内的气象管理工作以及承担北京地区气象监测、制作和发布北京地区天气预报和灾害性天气预警任务，开展气象科学研究和气候变化研究等工作。

北京市气象局同时是中国气象局华北区域气象中心，负责对该区域内的其他省（自治区、直辖市）气象局开展气象业务技术协调和指导、科研组织、技术支持及业务培训等工作。

60多年来，北京市气象局内设机构和直属单位经历过多次变化与调整。2021年市气象局内设有局办公室（应急管理办公室、行政管理处）、应急与减灾处（大型活动气象服务办公室）、观测与预报处（华北区域气象中心协调办公室）、科技发展处（气候变化处）、计划财务处、人事处、政策法规处（气象服务管理处）、党组纪检组、机关党委办公室（精神文明建设办公室）、离退休干部办公室10个机关处室、10个直属事业单位，下设14个区气象局。代管北京市人工影响天气中心；北京气象学会、北京减灾协会挂靠北京市气象局。

人员与机构

年内全市气象部门在编职工541人。其中，参照公务员管理118人；事业单位管理人员和专业技术人员423人。职工学位结构：博士学位122人、硕士学位204人、学士学位148人、大专及以下67人。职称结构：高级职称216人（其中正研级职称43人）、中级职称232人，正研级高工占比为7.9%、高工占比为40%。

2021年北京市气象局机构设置一览表

单位名称	办公地点	邮编	联系电话
北京市气象局	海淀区紫竹院路44号	100089	68400858
北京市气象台	海淀区紫竹院路44号	100089	68400581
北京市气候中心	海淀区紫竹院路44号	100089	68400552
京津冀环境气象预报预警中心	海淀区北洼西里55号	100089	68400755
北京城市气象研究院	海淀区北洼西里55号	100089	68400745

续表

单位名称	办公地点	邮编	联系电话
北京市气象服务中心（专业气象台）	海淀区紫竹院路44号	100089	68400562
北京市气象灾害防御中心	海淀区北洼西里55号	100089	68400678
北京市气象信息中心	海淀区紫竹院路44号	100089	68400527
北京市气象探测中心	大兴区成寿寺路临1号	100176	68400731
北京市气象局机关服务中心	海淀区紫竹院路44号	100089	68400808
北京市人工影响天气中心（代管）	海淀区紫竹院路44号	100089	68400535
北京市避雷装置安全检测中心	海淀区北洼西里55号	100089	68400707

2021年北京市气象局挂靠学会、协会一览表

登记证号	社团名称	业务主管单位	会长	电话	地址	邮编
0010262	北京气象学会	北京市科学技术协会	朱　江	68400820	海淀区紫竹院路44号	100089
0010834	北京减灾协会	北京市科学技术协会	林克庆	68400821	海淀区紫竹院路44号	100089

主要工作

2021年，北京市气象局以习近平新时代中国特色社会主义思想为指导，认真贯彻落实党的十九大和十九届历次全会精神，扎实开展党史学习教育，出色完成了中国共产党成立100周年庆祝活动气象服务保障，冬奥气象服务保障工作全面就绪，汛期气象服务保障有力有效。开拓创新争当气象事业高质量发展和气象强国建设“排头兵”、务实笃行争创气象服务首都经济社会高质量发展“示范区”（“双争”工作）取得良好进展，圆满完成全年工作任务。现将有关情况报告如下：

一、全面加强党的建设

着力提高政治站位，强化理论武装。强化政治机关意识，引导党员干部增强“四个意识”、坚定“四个自信”、做到“两个维护”。印发党组工作规则，落实各项具体要求。围绕“百年党史告诉我”开展讲党课，通过形势报告激发党员干部使命担当。持续学习教育常态化制度化。全年党组理论学习中心组（扩大）学习12次（研讨9次），指导实施青年理论提升工程，在青年中广泛开展党史学习教育和对党忠诚教育。

狠抓党史学习教育，强化管党治党责任落实。组织党员认真学习习近平总书记党史学习教育重要讲话、论述、指示批示和指定学习书籍。扎实推进“我为群众办实事”实践活动，制定18项办实事清单。开展“百堂党课讲起来”特色活动200余次。坚持党组领导班子成员基层党支部联系点制度。召开中共北京市局机关第十次党员代表大会，完成机关委员会换届。持续推进党支部标准化规范化建设，确定8个“四强”党支部。专题研究意识形态和思想政治工作，制定具体措施，出台2部实施办法。坚持局长接待日、“书记有约”工作机制和职工意见反馈座谈会，维护职工合法权益。

严肃政治生活，落实全面从严治党主体责任。制定落实全面从严治党责任年度任务清单，召开25次党组会和4次党建领导小组会，召开全面从严治党工作会。严格落实请示报告制度，全年向中国气象局党组报送请示报告7次、向市委报送6次。严格执行“三重一大”事项清单，落实领导班子民主集中制。深入落实中央八项规定及其实施细则精神，持之以恒整治形式主义、官僚主义。开展历史遗留问题和风险隐患排查。坚持廉政提醒，召开2次警示教育大会，局级干部专题学习并对照检查，集体约谈各单位“一把手”。发挥审计监督作用，完成各类审计53项。全年对8家下属单位领导班子开展常规巡察，十九大以来巡察覆盖率达88%。

二、“三保”任务进展顺利

出色完成建党100周年庆祝活动气象服务保障。严格落实中国气象局和北京市各项决策部署。

加密建设天安门、国家体育场精密立体监测网。组建国内“最强阵容”预报专班，发布各类气象服务产品17类955期，发布气候分析预测材料39期，“尽早、尽细、尽准”的预报为中央科学决策文艺演出和庆祝大会窗口期提供了有力支撑，军地协同、跨省区协作，开展了迄今为止最大规模的人工影响天气作业，得到了中央领导同志的肯定。此外，圆满完成了其他22项重大活动气象服务保障。

有力保障全市平安度汛。深入落实“六个三”首都气象防灾减灾第一道防线工作举措。坚持高影响天气复盘总结、预报员实地踏勘、市区气象台结对子指导等机制。组建冬奥会工程、国家体育场气象服务专班。与市防汛指挥部开展全天候联合会商250余次，提供专项决策服务材料143余期，发布全市、分区气象预警信号2016次及各类风险预警27次。汛期79场降雨及重要天气过程无一漏报，中雨及以上降水预报准确率较2020年提高10%，2场区域性暴雨预警信号提前量分别达901和759分钟。

冬奥会气象服务保障全面就绪。冬奥赛区“三维、秒级、多要素、多尺度”综合立体观测网运行稳定，监测数据实时传输及应用。冬奥气象综合可视化系统等五大核心业务服务系统之间实现有序衔接。冬奥数据服务形成互联互通、数据共享、相互备份格局。开展冬奥会竞赛日程、开闭幕式等气象风险评估。以服务相约北京系列测试赛为契机，开展全流程实战演练，高影响天气“零漏报”,“一项一策”保障雪上项目测试活动顺利举办。

三、“双争”工作效果显著

精准细致保障，争创服务首都经济社会高质量发展“示范区”。实施“数字气象”赋能行动，发展景观气象预报技术，探索开展“无人驾驶”+智慧气象场景试验；为城市安全运行各行业、各决策部门提供服务产品2700余期；全市16个区气象灾害风险普查实现全覆盖，收集历史灾情1400余条，提取致灾危险性信息221万余条，调查完成率85.6%。开展减污降碳背景下区域气候变化响应和应对策略，京津冀地区分析结果报告获陈吉宁市长批示；选定2个生态建设示范区，人工增雨累计面积4.6万平方千米、增雨量1.07亿万吨。加强乡村振兴气象服务，提供关键农时气象灾害监测预报评估服务产品60期。拓宽公众气象服务渠道，与市疾病预防控制中心首次联合发布蚊虫叮咬风险等级预报，发布花粉浓度以及杨柳飞絮预报320余期。

科技创新驱动，争当气象事业高质量发展和气象强国建设“排头兵”。组建“双争”行动工作专班，印发实施方案。“开门”编制并印发“十四五”北京气象事业发展专项规划。完成两部X波段雷达迁建、环评验收及北京S波段雷达双偏振及技术标准升级。实现X波段雷达协同观测并在汛期及重大活动保障中先行先试。开展臭氧探空试验。睿图V2.0版本完成中国气象局业务准入。开展“短临预报系统关键技术研制项目”等科技成果转化与应用。参与雄安新区国家气候观象台建设。气象科技工作纳入密云区创建碳中和先行示范区和发展气候经济相关工作方案。深化“放管服”改革。继续推进“减跑动”“压时限”等政务服务工作。办理时限继续压减27天，压减比例增加到78.29%。编制“双随机、一公开”抽查事项清单并向社会公示，涉企检查事项100%采取双随机方式开展。全市气象部门执法检查2249次。组建局人工智能气象应用和雷达应用创新团队。入选中国气象局领军人才3人、首席专家4人、青年英才4人。

市气象局党政领导班子成员

党组书记、局长　张祖强

基本信息：1971年11月出生，籍贯贵州省赤水市

工作履历：中共党员，1993年9月南京气象学院天气动力学专业大学本科毕业，1996年9月南京气象学院天气动力学专业硕士研究生毕业，1999年7月南京气象学院气象学专业博士研究生毕业，副研究员。1999年7月参加工作。历任中国气象局应急减灾与公共服务司副司长，国家气候中心副主任、党委副书记、纪委书记，江苏省气象局党组成员、副局长，南京市气象局党组书记、局长，中国气象局应急减灾与公共服务司司长。

工作分工：主持全面工作。

党组成员、副局长　曲晓波

基本信息：1962年12月出生，籍贯吉林省公主岭市

工作履历：中共党员，1984年7月南京气象学院天气动力专业大学本科毕业，1984年7月参加工作，1990年6月南京气象学院天气动力专业硕士研究生毕业，正研级高级工程师。历任辽宁省气象台副台

长，辽宁省气象台台长，国家气象中心主任助理、天气预报室主任，国家气象中心副主任。

工作分工：分管人事人才、老干部工作。

党组成员、副局长　牛国良

基本信息：1969年3月出生，籍贯山西河津

工作履历：中共党员，1993年6月兰州大学行政管理专业毕业，1993年6月参加工作，2000年1月中国人民大学行政管理专业硕士研究生毕业，管理学硕士，高级工程师。历任中国气象局行政管理局办公室秘书科科长、主任助理，中国气象局机关服务中心办公室副主任、主任，中国气象局机关服务中心主任助理、北京云勤物业管理中心总经理，中国气象局机关服务中心党委常委、副主任。

工作分工：分管行政、后勤保障工作。

党组成员、副局长　郭　虎

基本信息：1962年10月出生，籍贯北京市

工作履历：中共党员，1984年7月北京大学气象学专业大学本科毕业，1984年8月参加工作，理学学士，正研级高级工程师。

工作分工：分管计划财务工作。

党组成员、纪检组组长　王月宾

基本信息：1965年3月出生，籍贯河北省故城县

工作履历：中共党员，1984年7月北京气象学院气象专业毕业，1984年8月参加工作，2007年12月兰州大学气象专业在职硕士研究生毕业，理学硕士，高级工程师。

工作分工：分管纪检、监察审计工作。

党组成员、副局长　梁　丰

基本信息：1972年7月出生，籍贯湖南省洞口县

工作履历：中共党员，1998年7月中国气象科学研究院气候学专业硕士研究生毕业，1998年7月参加工作，2009年7月中国科学院大气物理研究所气象学专业博士研究生毕业，正研级高级工程师。

工作分工：分管业务和科研、气象学会等工作。

党组成员、副局长（挂职）　郭彩丽

基本信息：1967年3月出生，籍贯河北省武安市

工作履历：中共党员，1991年6月国家气象局气象科学研究院气候学专业硕士研究生毕业，1991年6月参加工作，副编审。历任气象出版社助理编辑、编辑、副编审、第四编辑室副主任、主任、第二编辑室主任，中国气象局科技与气候变化司科技发展处（综合处）调研员，中国气象局人事司人才工作处调研员、处长。现任中国气象局人事司副司长、二级巡视员。

工作分工：分管政策法规、气象服务管理、深化改革、党建和精神文明建设、减灾协会等工作。

二级巡视员　刘　强

基本信息：1964年5月出生，籍贯江苏省徐州市

工作履历：中共党员，1985年7月南京大学气候学专业大学本科毕业，1985年7月参加工作，理学学士，高级工程师。

工作分工：分管服务、现代化建设工作。

（市气象局　张轶斐）

北京农业职业学院

2021年，北京农业职业学院以“双高”“特高”建设为引领，完成七大专业群建设方案。高质量完成“十四五”规划编制工作。推进第五轮干部聘任及全员岗位聘任工作。完成规章制度“留废改立”工作。高标准开展绿色校园和垃圾分类示范单位创建工作。牵头完成涉及北京市152个示范村的“百村示范工程现状调研”，制定“一村一策”乡村振兴方案。

教育教学改革持续加强。新增3个专业、撤销6个专业。智慧农业专业群获批北京市特色高水平骨干专业群，清河水利建设工程师学院获批北京特色高水平实训基地。完成8种校本教材编写、出版“双高”“特高”建设项目系列教材《北京三农发展概论》，2部教材获首届全国优秀教材二等奖。全面推进1+X课证融通工作。构建了劳动理论课+劳动实践课教育体系。6支团队参加教师教学能力市赛，获得一等奖4项，二等奖1项、三等奖1项。4支队伍代表北京市参加“园艺”等4个国赛项目，获得二等奖1项，三等奖3项。109名学生参加地厅级以上职业竞赛23次，获奖60项。

办学实力进一步彰显。学院学报复合影响因子0.588，较上年增长23.52%，期刊综合影响因子0.382，较上年增长24.84%，再次入选《中国学术期刊影响因子年报》统计源期刊。学院被评为北京地区唯一一所“乡村振兴人才培养优质校”，首届74名村务管理学历提升班毕业，其中39人进入新一届“村两委”班子，培育新型农业经营主体20个、农业产业带头人30人。学院连任新一届中国职业技

术教育学会现代农业职业技术教育专业委员会主任单位，中国都市农业职业教育集团被农业部、教育部评为示范性职业教育集团培育单位，学院被评为第六届“中国职业教育50强”。

打造科技服务示范品牌。开展科研立项36项，争取科研经费228.1万元，完成46项市级农业科技项目验收，实现了自然基金青年专项“零”突破。建立5大科技创新团队，围绕制约行业产业发展“卡脖子”技术难题，开展科研攻关。选育6个高产优质新品种，服务都市现代农业产业发展。第16批次挂职人员对接科技项目17项，引进新技术15项，引入新品种100余种，辐射带动村（合作社）16个。科技小院推广食用菊花、流苏茶等特色产业高产优质套装技术，带动农民增收致富320余万元，培养乡土人才87名，2家科技小院被评为“十佳北京科技小院”。

对口支援与区域合作、引智帮扶工作。与河北威县高公庄乡人民政府签署推进乡村振兴战略项目框架协议；完成拉萨市、河北威县等相关教育扶贫任务。完成北京高校引智帮扶联盟秘书处工作，牵头完成市教委课题《在实施“引智帮扶”推进乡村振兴中培养锻造新时代大学生的实践与研究》。持续开展“千名干部科技人员进千村入万户”活动。

国际合作交流开辟全新线上模式。继续推进泰国分院及留学生线上教学等工作，泰国分院新招收32名留学生。成立中荷都市农业职业教育交流中心，并面向全国职业院校举办“第三届中荷都市农业学术论坛”。录制蔬菜育苗技术、农业灌溉技术课程，通过“云上看中共”平台推向东南亚和南亚各国，为当地农业从业者进行农业种植技术培训。与尼泊尔阿尼哥协会签署“农业技术培训协议”。与北京农学会、毛里求斯福尔肯公民联盟合作开展三期“丝路一家亲”食用菌种植技术系列线上培训200人。与俄罗斯滨海国立农学院开设云端讲堂，举办3期畜牧兽医专业260人参加的学术讲座。

积极开展农民教育培训工作。农民中专学历教育招生入学年招生达1027人。承办市级高素质农民示范培训班，全年系统开展线上线下培训3.5万人次，被中央农广校评为广播电视教育先进单位。认定第二批实训基地63个，田间学校12所，聘任客座讲师79人，改善20所田间学校教学设备条件。

对标对表高质量完成“十四五”规划编制工作。提出学院“十四五”发展目标，突出内涵发展，部署8大类47项重点任务，按期高质量完成“十四五”规划编制工作。

第五轮干部聘任及全员岗位聘任工作有序推进。将五轮聘任工作与市属事业单位改革试点工作一揽子推进，撤销三个原二级法人单位，按要求完成并入、撤销、转内设机构等任务。新增一个内设机构。净增二级学院和教辅单位管理五级（正处）岗位16个、二级学院管理六级（副处）岗位11个。经多次广泛征求意见制定《机构设置和中层单位岗位设置方案》等6个聘任配套文件。

完成规章制度“留废改立”工作。对学院成立以来出台的规章制度进行了全面梳理，并结合上位文件及学院实际扎实推进“留废改立”工作，编辑印发《北京农业职业学院规章制度汇编》，分党群、行政、教学科研、学生工作4个分册，共收录有关规章制度177项，以学院章程为核心的现代学校制度体系已初步形成。

高标准开展绿色校园和垃圾分类示范单位创建工作。积极推进绿色学校创建工作，制定《绿色学校创建工作方案》，印发《节能管理办法》等9项绿色制度，加强生态文明宣传教育及绿色专项行动的组织实施，按期完成绿色学校创建申报工作。推进完成市教委垃圾分类示范创建和市机关事务管理局垃圾分类创建的准备工作。节约粮食、健康教育等持续不断深入推进。

（孙田田）

院领导班子成员

党委书记　李云伏
院　　长　范双喜
副书记　冯学会
纪委书记　牟少华（1月免）
　　　　　鲁　雷（2月任）
副院长　李俊英　程文华
副院级领导　王晓华

北京市农村经济研究中心

2021年，在市委农工委、市农业农村局领导下，市农研中心以党的建设为统领，以党史学习教育为抓手，统筹调查研究与疫情防控，紧扣全面推进具有首都特点的乡村振兴和率先基本实现农业农村现代化奋斗目标，围绕首都乡村振兴和委局工作大局，深入落实委局“进村入户走基层”三年专项行动，扎实开展“三农”决策支持研究，事业单位改革平稳过渡，较好完成了全年工作目标任务，现将全年工作报告如下。

一、思想政治建设

（一）推动党史学习教育落实落细

在全党开展党史学习教育，是党中央立足百年党史新起点、着眼开创事业发展新局面作出的一项重大战略决策。一年来，市农研中心党组认真贯彻市委农工委各项部署，将党史学习教育与农村经济研究紧密结合，按照学史明理、学史增信、学史崇德、学史力行的要求，精心组织、扎实推进，全体党员、干部得到了全面深刻的思想政治教育，达到了学党史、悟思想、办实事、开新局的目的。市委第10指导组3次来中心指导工作并充分肯定。通过组织参加委局举办的专题培训班，组织集中学习，编发《党史学习教育简报》，邀请党建专家讲课，观看电影《革命者》，组织“永远跟党走”党史知识竞赛活动、举办青年干部“党史故事我来讲”活动，组织参观《伟大征程——庆祝中国共产党成立100周年特展》、“不忘初心、牢记使命”中国共产党历史展览等，引导和教育党员干部，坚持把党百年奋斗的巨大成就和宝贵经验运用到新时代首都农村改革发展的伟大实践中去，全体党员干部思想升华、斗志昂扬，凝聚起扎实开展首都“三农”调查研究工作的思想共识和精神力量，党史学习教育成果转化为推动全体党员干部奋进新征程、建功新时代的强大动力。按照委局部署，中心发挥自身优势，开展《中国共产党北京郊区农村简明党史》研究，用马克思主义唯物史观全面梳理百年京郊农村党史演进进程，为委局系统党史学习教育提供支撑；中心与社会科学文献出版社共同发布的“集体经济蓝皮书”《中国农村集体经济发展报告2021》，聚焦了“党建引领新型集体经济治理现代化”，学习强国重要媒体给予宣传报道。

（二）推动思想政治建设走深走实

市农研中心坚持以思想政治建设为统领，严格落实党组中心组学习、领导班子民主生活会、党支部组织生活会制度，认真做好学习研讨、批评与自我批评、群众路线、谈心谈话、民主评议党员、对照检查与问题整改等工作，坚持用习近平新时代中国特色社会主义思想的创新理论武装头脑，认真学习贯彻中央精神和市委要求，尤其是习近平总书记在建党100周年大会上的讲话、在中央党史学习教育动员大会和总结大会上的讲话、党的十九大届六中全会精神及市委十二届十八次会议精神等。通过党组理论学习中心组学习研讨，参加委局组织的专题学习会议和党员领导干部警示教育大会，参加党支部学习和党日活动等形式，进一步增强“四个意识”，坚定“四个自信”，做到“两个维护”，不断提高全体党员干部的政治判断力、政治领导力、政治执行力。邀请中央党校（国家行政学院）马克思主义学院教授、博士生导师黄锟登上农研周末大讲堂，作《学习贯彻党的十九届六中全会精神，努力实现中华民族伟大复兴》专题报告，教育引导党员干部以强烈的政治担当发挥好智库作用，在推动具有首都特点的乡村振兴事业中贡献力量。有思想政治建设保驾护航，中心下属事业单位市城乡经济信息中心和市农村集体财务事务中心的机构改革平稳过渡，做到了思想不乱、人心不散、工作不断，彰显了中心党员干部的思想自觉、政治自觉、行动自觉。2021年，党组理论学习中心组集体学习20次，其中，集中学习16次、专题研讨发言4次。班子成员及支部书记讲党课18次；各党支部集中学习145次、交流研讨52次、开展宣讲活动19场次。

二、工作实绩

（一）发挥参谋助手作用

紧扣首都特点研究超大城市乡村振兴，实现了服务市委市政府重大决策与服务乡村发展实际相得益彰。根据委局统一安排，承担了张延昆副书记重点关注的《北京市率先实现农业农村现代化战略研究》，和卢彦副市长重点关注的《农村地区便民服务现状与需求调查研究》2项课题调研任务。根据市委办公厅通知要求，对市第十三次党代会文件起草工作提出了《紧扣首都特点推进超大城市乡村振兴》的意见建议，中央农办、农业农村部主办的《乡村振兴文稿》2021年第6期刊发了该建议的基本观点。在全国率先开展集体经济治理评级系统研究，完成了全市3874个村庄的3年12000个大样本评价工作，专家评审意见为“处于国内领先水平”。

与市人大常委会农村办合作，开展了《北京市稳定蔬菜生产措施研究》《北京市高效设施农业发展研究》《北京市生态涵养区乡村产业发展问题研究》等5个课题研究。与市城乡办合作开展《绿隔地区基本农田保护利用研究》。积极服务农村基层需要，与海淀区农业农村局合作，开展海淀区农村城市化问题研究，其成果在《改革内参》刊发，引起市人大、市政协高度重视，为首都涉农立法工作、促进城乡融合发展发挥参谋作用。《北京市海淀区东升镇博展股份社深化集体产权制度改革案例分析》获得中国农业经济学会2021年度优秀论文奖。与怀柔区委研究室合作开展乡村振兴引领示范的路径研究，指导海淀区农经站及乡镇联社开展集体股权改革工作，为门头沟区“无人村”及精品民宿重点村发展提供决策咨询建议，指导北京观光休闲农业行业协会开展星级园区评定和主要节假日固定监测点工作，指导举办北京国际设计周2021艺术乡村主题展，在北京电视台推出《冬奥客人来北京，走进乡村会客厅》等4套系列节目，牵线推动中国国土经济学会全国首个“科创中国·乡村振兴实践基地”、北京师范大学“北京市高端智库调研基地”、北京观光休闲农业行业协会“乡村振兴工作站”落户密云区金叵罗村。

（二）服务委局中心工作

与委局各处室紧密合作，实现了自转与公转的协调统一。按照委局工作“一盘棋”思想，年初正式向委局报告全年调研计划。委局主要领导专题研究中心调研课题安排。2021年度完成调研任务21项，其中，重大课题3项，重点课题3项。《北京农村年鉴2020》已经委局办公会审定通过。与委局合作经济指导处合作开展“北京市农村集体经济薄弱村转型发展调研”，78名调研人员分成5个调研组、15个入村小组，深入13个涉农区的100个集体经济薄弱村，完成调研问卷100份，撰写典型案例21份、调研小结30余份、总报告1份。总报告通过委局信息直报点报送，市政府《昨日市情》特刊第120期刊发专稿，获得蔡奇、陈吉宁、张延昆、卢彦、靳伟等5位市领导批示。陈吉宁市长批示“要结合乡村振兴战略工作，设定明确工作目标，分解工作任务，强化考核和责任落实，一村一策，推动集体经济薄弱村取得明显成效”。卢彦副市长批示“可选择有意愿村、乡镇、区分别进行‘三统’试点”。在委局带领下，积极落实市领导批示精神，启动了“三统筹”改革试验示范、100个村集体经济运行状况跟踪监测点建设等工作，形成了“三统”试点方案、100个村集体经济运行监测方案。选派2名干部参加委局“率先基本实现农业农村现代化行动方案”工作专班，完成的《新时代基本实现农业农村现代化的内涵、愿景及评价指标体系》报告，在北京林业大学《乡村振兴决策参考》刊发后，获得农业农村部党组成员、中央农办专职副主任、中央农办秘书局局长吴宏耀同志肯定性批示。与委局发展规划处合作，完成了《北京市“十四五”时期乡村振兴战略实施规划》。与委局组织处合作完成的《用好第一书记、助力乡村振兴》研究报告在《前线》2021年第12期刊发。与委局人才工作处合作开展《乡村振兴下的北京市农民培训问题调研》。与委局社会事业促进处合作完成《北京市农村居民收入差距分析报告》。与委局宣传与文化处合作撰写的《北京市顺义区马坡镇石家营村经验》案例，收录于农业农村部农研中心《乡村振兴实践案例选编》，编入中组部“农村基层干部乡村振兴主体培训计划”的系列教材。与委局生态建设处、市发改委区域发展处专题研究生态涵养区绿色发展指数评价工作。与委局农田建设处合作，完成了《北京市“田长制”推进及农田保护制度建设研究》，参与编制《北京市高标准农田建设十年规划》。

（三）加强学术交流

积极搭建在京“三农”专家平台，强化合作研究与学术交流，实现了调查研究与学术交流的良性循环。与中国农业科学院合作调研，执笔完成《成都乡村振兴全面起势——基于成都市8个村的典型调查》，获得农业农村部党组成员、副部长，国家乡村振兴局党组书记、局长刘焕鑫批示“报告很接地气，请综合司、政法司阅研”，获得四川省委书记彭清华批示“这篇调研报告内容比较实，所提建议对务实推进乡村振兴很有启示”。与农业农村部农研中心合作，开展《以北京为例探索建立新型工农城乡关系问题研究》《北京市率先实现农业农村现代化战略研究》《北京市生态涵养区产业发展问题研究》。与农业农村部规划设计研究院合作，作为评审组组长参加新疆集体产权制度改革评估工作，开展北大荒农服模式国有经济与集体经济融合体制机制专题研究。加强与农业农村部、市财政局、市金融工作局相关处室及有关高校、保险公司的交流，完成委局交办的《北京市政策性农业保险实施效果研究》。连续3天组织召开农业农村现代化系列专家座谈会，邀请16名国内知名专家围绕“农业农村现代化的概念内涵和北京市率先实现农业农村现代化的路径和方法”座谈交流。配合全国妇联干部培训学院，完成援外项目“苏里南共和国落实2030可持续发展议程妇女儿童专题研修班”云参观活动，为农民丰收节网络直播现场教学进行授课。与委局合作交流处共同举办“京台两岸连线农业交流会”。协助市金融工作局举办全市金融服务乡村振兴对接会。举办7期农研智库大讲堂，邀请在京专家作专题报告。鼓励中心调研人员广泛参加中国农村发展高层论坛（2021）等各种学术交流活动，拓展学术视野，提高研究工作的影响力。

2021年，市农研中心共发表文章和调研报告127篇，其中在《改革内参》《农村经营管理》等核心期刊和国家级、省部级刊物等公开发表34篇，在《乡村振兴文稿》《北京工作》等内刊发表93篇；公开出版报告文集、年鉴等图书6部；参与著作编写4部；获得国家级、省部级等领导批示9次；获得“费孝通田野调查奖”等奖项3项。全年编发《调查研究报告》53期、《北京农村经济》12期，出版《北京乡村振兴研究报告2020》《北京农村经济发展报告2021》《中国农村集体经济发展报告2021》，报送市委市政府信息直报点研究类信息11期，组织完成《北京市农研中心学习中央农村工作会议精神征文汇编》《北京郊区党建优秀征文集2020》等工作。

（四）制度执行情况

1.坚决落实疫情防控各项要求

市农研中心坚决落实中央、北京市新冠肺炎疫情防控的要求和委局工作部署，有效担当疫情防控“四方责任”，4个防控组和1个检查组分工协同，扎实做好常态化疫情防控，有条不紊地做好办公区域消杀、测温扫码登记、疫情筛查报告、家属院防疫值守、应急带班值班、防疫物资保障等工作。有效组织完成委局安排的怀柔农村疫情防控督导任务，2021年完成9轮73组148人次303个村次的督导工作。

2.认真落实“三重一大”决策制度

按新要求重新修订了市农研中心《“三重一大”决策制度落实意见》，配套完善了《经济合同管理办法》《对外委托课题管理办法》《委托项目经费使用管理办法》《课题经费管理实施细则》等工作制度，进一步落实“三重一大”决策制度各项措施，确保党组有效发挥把方向、管大局、保落实的领导作用，全面履行领导职责，加强对调研业务和党建工作的领导，确保党的理论和路线方针政策贯彻落实。

3.深入实施新时代人才战略

按照党管干部、党管人才的原则和党的人才工作方针，坚持正确用人导向，坚持德才兼备、以德为先，努力做到选贤任能、用当其时，知人善任、人尽其才。把中心人才培养锻炼与政策决策研究结合起来，更加重视培养、引进、用好人才，完善中心的人才发展机制。认真落实中心《年轻干部培养三年行动计划（2022—2024）》《处级干部选拔任用工作流程》等措施，重选拔任用高素质专业化优秀年轻干部，推动核心业务高水平发挥，更好履职尽责。努力构建有利于各类人员成长成才的良好环境，积极营造敢拼搏、能干事、干大事的良好氛围。

4.有效执行运行管理制度

修订编发《调研管理制度与流程汇编》（第五版），加强调研管理制度化、规范化、程序化、精细化水平，进一步完善农研智库管理体系、制度体系和成果体系。认真做好中心社会治安综合治理（平安北京建设）各项工作，党组和领导干部切实担当起业务发展与安全稳定统筹谋划、一岗双责的责任。落实市级行政事业单位物业管理与服务改革要求，顺利完成机关物业服务改革，机关运行保障更加规范有效。全体干部职工认真有效落实委局疫情防控、财务内控、调研管理、送温暖、群团工作、请销假、离京报备、个人重要事项报告、“三合一”应急值班值守、“进村入户走基层”、“大督查大接访大调研”、安全生产责任制、生活垃圾分类等规章制度和纪律要求。积极配合全市党政机关机构改革和事业单位机构改革，在中心农经管理职责转隶、信息中心和农财中心职责转隶、新成立数字中心入驻办公大楼、中心党政管理渠道调整的过程中，全体干部职工顾全大局，做到了人心不散、思想不乱、工作不断，表现出高度的自觉性。

三、全面从严治党和党风廉政建设

坚持把全面从严治党的要求贯彻到各项工作中，及时制定和认真落实党的建设、党风廉政建设、意识形态、调查研究等年度工作要点，领导班子及领导干部年度全面从严治党责任清单，党支部党风廉政建设针对性风险责任清单等。认真传达学习全市和委局2021年“以案为鉴、以案促改”警示教育大会精神，防范各种风险，做到警钟长鸣。

抓党建促调研、抓调研强党建，进一步强化了党建与调研的融合发展。突出调研工作特点，坚持不懈抓好党建基础工作，深入推进“党支部规范化建设”“特色支部建设”“我为群众办实事”等活动。党组落实全面从严治党要求，机关党委和机关纪委加强对党员干部监督制约，力戒“四风”，维护干事创业的良好政治生态。按照有关要求，认真开展相关协会商会与机关脱钩工作，认真做好党支部换届选举等工作。

四、作风建设

1.力戒四风，贯彻落实中央八项规定精神

对照党内法规，完善各项制度，把作风建设融入日常工作，固化为经验成果。严格落实中央八项规定精神和市委贯彻落实办法，持续纠正“四风”，力戒形式主义、官僚主义。逐级签订党风廉政建设责任书，推动党建工作责任制落实。坚持把纪律挺在前面，自觉接受群众监督，运用多种平台载体广泛开展警示教育，强化重要时间节点党风廉政提醒，健全日常警示教育工作机制，教育党员干部知敬畏、存戒惧、守底线。进一步改进调查研究工作，精简会议、改进会风，精简文件简报，严格文稿审核与发表，规范出访活动，严格遵守廉洁从政有关规定，厉行勤俭节约，严格执行住房、办公用房、公车使用等规定，作风建设取得新成效。

2.深入实际，切实改进调查研究

认真落实委局“开好局、起好步，大干2021”动员部署大会精神，扎实开展“大督查大接访大调研专项行动计划”“进村入户走基层三年行动计划”“我为群众办实事实践活动”。各支部高水平完成19项为群众办实事清单任务，重视在调研中听民意、察民情，帮助基层办实事、解民忧。

针对延庆区珍珠泉乡桃条沟村野生动物伤害险的需求，联系中华联合保险公司制定商业保险方案，帮助以人身伤害附加财产损失成功承保；协助石景山区完善城市化地区农村集体产权制度改革方案；为延庆区大庄科乡沙门村向市相关部门咨询和争取发展香草加工业的途径，并提出做实生态涵养区集体经济组织的对策建议。全年领导班子成员和处级干部开展大督查、大接访、大调研360多次，全体干部进村入户走基层调研400多次、700多人次，选派40岁以下的11名青年干部到11个低收入村或集体经济薄弱村驻点锻炼，每人驻村调研天数均在50天以上。

五、存在的问题和不足

对照职责定位，市农研中心发挥农村经济研究政策决策支持的智库作用还有差距，为委局中心工作提供支撑还不够，为实施首都乡村振兴战略和率先实现农业农村现代化提供决策支持的能力还需进一步提升。

一是研究质量有待提高。研究课题如何更好支撑委局重点工作的协调机制还需要进一步完善，针对京郊“三农”重点热点难点问题的研究成果还不够多，决策咨询研究的水平和质量有待提高。

二是高级人才相对短缺。高素质决策研究人员比例有待提高，战略研究、决策研究、政策研究的领军人才不足，中青年人才成长不够快，研究人员之间能力水平差距较大。

三是研究氛围需要改善。有利于出成果、出人才的研究氛围不够浓厚，在参公管理体制下如何调动调研人员积极性方面有待改善。

六、2022年工作主要思路和重点目标任务

2022年是我国进入全面建设社会主义现代化国家、向第二个百年奋斗目标进军新征程的重要一年。市农研中心将以习近平新时代中国特色社会主义思想为指导，全面贯彻党的十九大和十九届历次全会精神，增强“四个意识”、坚定“四个自信”、做到“两个维护”，弘扬伟大建党精神，不断提高政治判断力、政治领悟力、政治执行力，深入学习领会“两个确立”的决定性意义，始终在思想上、政治上、行动上同以习近平同志为核心的党中央保持高度一致。按照新时代党的建设总要求，以党的政治建设为统领，加强党组自身建设，认真履行全面从严治党主体责任，严格执行中央八项规定及市委十五条实施意见精神，教育引导党员干部不断从党的百年奋斗重大成就和历史经验中汲取智慧和力量，以钉钉子精神做好工作，以实际行动迎接党的二十大胜利召开。

在新的一年，市农研中心将深入贯彻落实党中央决策部署和市委市政府工作安排，以中央经济工作会议、中央农村工作会议、市委十二届十八次会

议、北京市农村工作会议等部署为遵循，按照北京城市总体规划、北京市“十四五”时期乡村振兴战略实施规划的要求，统筹发展和安全，在委局统一领导下，紧扣工作职责，围绕实施具有首都特点的乡村振兴、率先实现农业农村现代化，加强农研智库建设，不断提高决策咨询与服务水平。

一是在改革上推出新举措。优化处室结构，强化乡村产业发展研究职能。深化内部改革，加大处室间干部轮岗力度，做实传帮带和青年干部锻炼成长机制，推动中心向决策咨询研究转型。

二是在调研上实现新突破。搭建在京“三农”专家平台，成立中心第三届专家咨询委员会、第二届学术委员会，严把课题立项关、验收关。加大与委局业务处室、市属相关单位、外省市农研中心等交流合作。研究制定中心关于加强决策咨询研究的意见和行动方案，开创中心决策咨询研究工作新局面。

三是在作风上呈现新气象。大兴调查研究之风，推动干部蹲点驻村调研制度化、常态化，继续开展跨处室大调研，营造扎实开展基层调研的良好氛围。

北京市农村经济研究中心领导班子成员

党组书记、主任 张光连

党组成员、副主任 吴志强 刘军萍

（宋晋敏）

北京市农林科学院

一、概况

北京市农林科学院成立于1958年，在职职工1230人，其中，574人具有高级职称，558人具有博士学位，拥有中国工程院院士1名、北京学者5名、国家优青2名等一大批高端人才。现有15个所（中心），业务领域涵盖农林牧渔各方面。“植物和动物科学”与“农业科学”两个学科进入ESI世界排名前1%，2020年《自然指数》科研机构排名居省级农科院之首。

北京市农林科学院拥有3个国家工程实验室、4个国家工程技术研究中心、7个农业农村部重点实验室、1个农业农村部农业科学实验基地、4个农业科学观测实验站，2个国家林业和草原工程技术研究中心；11个北京市重点实验室，7个北京市工程技术研究中心，2个北京市工程实验室；4个农业部检测中心，其中农业部蔬菜种子质量监督检验测试中心获得ISTA认证，已经形成由60多个各类创新平台组成的科技创新平台体系；拥有1个具有独立招收资格的博士后科研工作站。建设了包括位于通州种业园区的现代农业科技创新试验示范中心、位于小汤山现代农业园区的北京精准农业技术研究示范基地在内的京内外自主管理的科技创新基地40余个，面积近万亩。

“十三五”期间，北京市农林科学院科研项目经费总计12.45亿元，其中主持国家重点研发计划项目22项、课题69项，项目数量及经费额度均居省级农科院之首；获国家自然科学基金立项182项，经费9797万元，资助项目数量和经费额度均居省级农科院前列。累计获省部级以上科技奖励143项，培育新品种402个，制定标准120项，获得授权专利1315项，发表高水平SCI论文969篇，Q1区453篇。简单汇总北京市农林科学院“十三五”以来所有获奖成果，间接经济效益1000亿元以上，以此计算科研投入产出比，超过1∶80。

北京市农林科学院始终把服务郊区农业农村发展作为履职尽责的中心工作，制定有完整的工作实施方案，并取得了显著成效。

全面深入参与北京“种业之都”建设。全院搜集保存种质资源7万多份。西瓜功能基因组学研究国际领先，主要蔬菜、玉米、桃等农作物重要性状分子机理解析基础研究处国际先进水平。基因编辑、转基因和基因组选择等核心技术构建形成特色与优势，数字种业关键核心技术领跑全国，二系杂交小麦技术国际首创。十三五期间新品种培育成果丰硕，除玉米和西甜瓜之外，白菜品种“京秋3号”占华北和东北的40%，杂交小白菜品种占全国的40%，“京葫36号”打破国外垄断，白灵菇品种占全国的30%，杂交鲟“京龙1号”占北京市产量一半以上。杂交小麦与鲜食玉米品种已在“一带一路”国家中得到应用。构建了技术领先、国际最大的玉米种子分子指纹库，并拓展至小麦和重要蔬菜等多种作物，为种业市场监管提供了技术保障。利用学院农业信息化优势打造的“金种子育种平台”已全部应用于国家农作物品种审定，并在30个省市

1000多个育种站和试验点应用。

大力支持平谷农业中关村建设。积极参与京瓦中心建设，依托国家农业桃产业技术体系首席专家姜全研究员，建成平谷“桃产业技术研究院”，还建设了油鸡保种和育种基地，依托赵春江院士联合打造智慧果业和智慧禽业。作为依托单位，承担了部市共建的“全国农业科技现代化先行县”建设任务，开展了果品、畜牧、蔬菜、农业废弃物循环利用、林下经济、农业大数据平台等6方面18个科技项目。

在各涉农区开展了大量科技服务，助力乡村振兴和低收入村户增收。在延庆建成北京球根花卉产业技术研究院。依托国家农业西甜瓜产业技术体系首席专家许勇研究员，在大兴建成“北京（大兴）西甜瓜产业技术研究院”。在密云建立了蜂全产业链专家工作站。在全市建设科技小院16个，基地200余个。2021年，累计在京郊推广新品种747个、技术350项，示范区增收超亿元。2017年以来，对接全市53个低收入村，服务与培训2000多次，推广新品种、新技术300多个，带动低收入村增收超5000万元。农技培训品牌“北京农业科技大讲堂”直播29期，8万多人次收听收看。

在京津冀协同发展和对口帮扶中积极作为。北京市农林科学院牵头成立京津冀农业科技创新联盟，成员单位70余家，已投入经费8000多万元开展三地农业科技协同创新与产业示范，推动了京津冀农业协同发展，也为北京市鲜活农产品供应提供了科技支撑。北京市农林科学院已成为北京市对口支援和帮扶的生力军，北京市对口支援的8省90县均有北京市农林科学院成果应用，为受援地区编制农业规划40个，开展技术培训和技术服务1000多次，培训人员超过10000人次，对当地农业发展和农民增收做出重要贡献。

加强为首都市民服务。2021年，北京市农林科学院完成事业单位改革，在立足服务京郊的同时，兼顾北京国际大都市市民对营养健康、景观宜居等需求，新建了“农产品加工与食品营养研究所”“草业花卉与景观生态研究所”。2022年初，北京市农林科学院入选全国科普教育基地和北京市科普基地，将显著加大科普工作力度，为广大市民，尤其是青少年了解农业、体验农耕提供高质量服务。

大力做好成果转化工作。为打造种业成果转化平台、放大科技成果价值，成立了京研益农、顺鑫农科、邓州杂交小麦三个种企，其中京研益农（北京）种业科技有限公司在全国蔬菜种企中连续十余年排名第一，2021年销售额达1.78亿元，净利润排在全国7000多家种子企业前十。

加强国际合作。与美国、荷兰、法国、加拿大等30余国开展近百项科技项目合作。与30多个国家的大学、科研机构签署全面合作协议，建立国际联合实验室11个、国家级国际合作基地2个、市级基地7个。

二、机构设置

2021年度北京市农林科学院组织机构图

中共北京市农林科学院党组
北京市农林科学院

- 办公室
- 人事处
- 计划财务处
- 行政处
- 科研处
- 成果转化与推广处
- 国际合作处
- 审计与法务处
- 国有资产与基地管理处
- 机关党委（党群工作处）
- 机关纪委
- 离退休工作处

- 蔬菜研究所
- 林业果树研究所
- 玉米研究所
- 杂交小麦研究所
- 草业花卉与景观生态研究所
- 水产科学研究所
- 畜牧兽医研究所
- 植物保护研究所
- 植物营养与资源环境研究所
- 生物技术研究所
- 农产品加工与食品营养研究所
- 质量标准与检测技术研究所
- 数据科学与农业经济研究所（北京市党员干部现代远程教育技术服务中心）

- 北京市农林科学院信息技术研究中心
- 北京市农林科学院智能装备技术研究中心

2021年北京市农林科学院下属单位一览表

单位名称	办公地点	邮编	联系电话
北京市农林科学院信息技术研究中心	海淀区曙光花园中路11号	100097	51503187
北京市农林科学院智能装备技术研究中心	海淀区曙光花园中路11号	100097	51503552

三、主要工作

2021年，在院党组的正确领导下，全院干部职工同心协力，砥砺前行，顺利完成院事业单位改革，接受了市委的巡视，深入实施“一巩固，三提升”方案，科技创新取得重要进展，科技支撑乡村振兴更加全面深入，人才队伍建设水平持续提升，开放办院保持良好态势，院所管理机制进一步完善，党的建设不断增强，实现“十四五”良好开局。

（一）科技创新能力实现新跃升

一是科研立项稳中向好，科研产出稳中提质。全年落实各类项目273项，经费额度超过2亿元。新增国家重点研发计划13项，合同经费2252万元；新增国家自然科学基金40项，资助数量创历史新高。全年审定品种38项，授权植物新品种26项，授权专利346项。发表SCI论文266篇，其中Q1区较2020年提高37%，高水平论文占比显著提升。

二是成果获奖创历史最好成绩。2021年，北京市农林科学院成果获奖成绩斐然，创历史新高。全年获得各类政府奖励30项。其中，国家科技进步二等奖4项，神农中华农业科技一等奖3项、二等奖3项，北京市科学技术一等奖1项、二等奖3项，梁希林业科学技术奖一等奖1项。

三是打造种业创新高地成效显著。基础研究突破不断，创新能力大幅提升。在基因组编辑技术方面取得重大突破，实现玉米和水稻基因组引导编辑效率提高三倍，为植物基因组功能解析和作物精准育种提供了强有力的技术支撑；解析了西瓜果实“甜蜜”基因进化的分子机制，为西瓜含糖量遗传改良提供了理论与技术指导；揭示了白菜叶片遇冷变黄和品质形成的协同调控新机制，为高品质育种提供了重要参考。种质资源收集与保存体系更加完善。累计收集并保藏各类种质资源7万余份，北京市农林科学院被确定为北京市第一批农业种质资源保护单位，“北京市农作物种质资源库”等4个动植物种质资源库（圃、场）正式揭牌。突破性新品种支撑国家种业振兴亮点纷呈。“京科968”项目荣获国家科学技术进步二等奖，“鲜食糯玉米系列新品种”荣获神农中华农业科技奖一等奖，“西瓜分子育种技术与新品种选育”荣获北京市科学技术进步奖一等奖、神农中华农业科技奖一等奖。“农科糯336等系列高叶酸甜加糯优质鲜食玉米新品种”入选“2021中国农业农村重大新产品”。

种子是农业的“芯片”，是保障国家粮食安全的关键，北京市农林科学院长期致力于种质资源创新与利用，在国家种业创新中占有重要的一席之地，为种源“卡脖子”技术攻关、打好种业翻身仗做出了重要贡献。

四是农业信息技术与智能装备持续领跑全国。北京市农林科学院充分发挥人才、团队、平台作用，以市场为导向，面向产业需求，持续发力，不断取得新的突破和进展。“航空施药精准作业管控技术装备与系统”入选“2021中国智能制造十大科技进展”。“航空精准施药雾滴沉积检测系统”“设施蔬菜水肥一体化云托管系统”入选“2021中国农业农村重大新产品新装备”。国家作物种质资源大数据平台初步构建完成，管理各类种质资源近52万份，提供服务102万人次。

五是农业绿色发展科技创新取得新成效。“鸭坦布苏病毒病灭活疫苗和血凝抑制试验抗原”入选“2021中国农业农村重大新技术新产品”。设施蔬菜小型害虫成灾机理与绿色防控技术取得突破，应用前景广阔。首次建立了新型圆环病毒蛋白相互作用网络图谱，相关研究处于国内领先地位。

（二）科技成果转化与推广服务实现新突破

一是成果转化收入再创新高。2021年，北京市农林科学院成果转化工作延续上升势头，全院共实现成果转化总收入达2.2亿元，净收入1.64亿元，同比增长25%。面对疫情影响和激烈的市场竞争，这一成绩来之不易，难能可贵。

二是全面聚焦平谷农业“中关村”建设。围绕全市工作大局，精准发力，与平谷区政府签署战略合作框架协议，成立了平谷桃产业技术研究院，开工建设北京油鸡资源保种场，部署智慧桃园、蛋鸡疾病智能诊断等多个重点项目，科技支撑平谷农业产业发展成效显著。组织20位专家开展对接服务，启动科技书记挂职工作，以专业人才对接平谷农业科技需求。北京市农林科学院已成为推动平谷全国农业科技现代化先行县，支撑平谷农业“中关村”建设的重要力量，蔡奇书记在平谷实地调研时对此给予了充分肯定。

三是科技支撑乡村振兴卓有成效。深入实施“京郊篇”，除在平谷农业中关村建设大显身手外，北京市农林科学院的专家、新成果、新技术、新产品在京郊大地到处可见，遍地开花，影响力和美誉度持续提升。全年在京郊推广各类新品种747个，示范相关配套技术350项，开展各类培训9.7万人次，实现示范区增收节支过亿元，社会效益显著提升。北京市农林科学院建设的综合服务试验站、专家工作站、科技小院、示范基地4种模式的组织方式和运行机制愈加成熟有效。目前北京市农林科学院科技小院数量达到16个，白虎头、黑山寺和西鲍辛庄科技小院被评为全市“十佳科技小院”，品牌效应突出。“北京农业科技大讲堂”全年直播29期，超8万人次收听收看。

四是科技助推受援地区产业发展成效突出。邓州国家杂交小麦产业化基地已成为北京—河南对口协作的标志性成果，建设3年来，在种业创新、品种审定和产业发展等方面取得了重要进展。北京市农林科学院在其他受援地区开展的科技合作、智力帮扶等工作也卓有成效，尽显北京市农林科学院生力军作用。

（三）人才队伍建设取得新成效

近几年，北京市农林科学院不断加强人才建设工作，创新人才政策，形成了引进、培育和使用并重的新格局，源源不断地释放出人才红利。2021年，全院58人次获得高端人才荣誉称号。其中，赵久然研究员入选全国杰出专业技术人才，领军人才魏丹研究员入选北京学者计划，青年英才杨效曾研究员入选国家级重点人才计划，翟长远等3位引进人才获得市人才项目资助。任毅获国家优秀青年科学基金资助，温常龙研究员入选万人计划青年拔尖人才项目。新增国家产业技术体系岗位科学家5人，综合试验站站长1人。特别是，在新组建的11个北京市创新团队中，北京市农林科学院7人当选首席专家，在市属单位中独占鳌头。首批8位“杰科计划”入选者中，燕继晔研究员、陈立平研究员入选首批青年北京学者计划，董大明研究员入选农业科研杰出人才培养计划和国家百千万人才工程。

2021年，北京市农林科学院成功举办第一届博士后论坛，在博士后群体中形成了活跃的学术创新氛围，反响热烈。研究出台《关于进一步做好博士后工作的意见》，新增300万元用于在站博士后薪酬待遇改善，持续打造学院博士后工作站的吸引力和品牌影响力。

（四）院所治理进入新阶段

按照市委统一部署，北京市农林科学院完成机构改革。此次改革，明确了学院为市政府直属正局级公益一类事业单位。改革后，内设机构研究所13个，机关处室12个，下属事业单位2个。在改革过程中，北京市农林科学院坚持“四个面向”，充分体现首都农科院的特点，围绕服务首都居民需求，成立“农产品加工与食品营养研究所”，重组“草业花卉与景观生态研究所”，全院学科布局得到进一步优化。尤为重要的是，一批德才兼备的年轻干部走上领导岗位，展现了饱满的干事创业热情，焕发出新的活力，带来了新的气象。

这次改革是北京市农林科学院发展史上的大事，是体制机制上的重大调整，通过改革，学院的治理结构更加完善，治理能力得到明显提升，必将源源不断地释放出改革红利，焕发出创新活力，推动学院事业实现高质量发展，为建设“国内顶尖、国际知名”的现代院所注入强大动能。

（五）开放办院水平开启新坐标

一是国际交流与合作有序推进。克服疫情不利影响，实现“交流在云端，合作不断线”。新签国际合作协议4项，获批国际人才交流项目2项，承办（协办）国际学术会议5场，开展国际学术交流60余次。新增多人在国际学术组织任职，其中，6人在国际期刊新任编委。

二是京津冀区域合作深入推进。以京津冀农业科技创新联盟为依托，推进实施林果重点病虫害绿色防控技术等18项协同创新任务。联盟成立5年来，北京市农林科学院作为理事长单位主动作为，携手成员单位联合成立了4个京津冀联合实验室、1个分支联盟和10个京津冀协同创新团队，共同推进国家十三五重点研发计划项目等一批京津冀协同创新项目的实施，累计投入资金8315万元。打造“天津智能农业研究院”“北京市农林科学院石家庄创新基地”“北京市农林科学院承德分院”等多个区域农业科技创新发展亮点，为支撑京津冀农业协同发展做出重要贡献。

（六）民生保障能力开启新篇章

结合事业单位改革，将行政处、原综管中心和基建处职能合并，调整优化了机构职能配置，全院的后勤服务保障效能建设呈现新气象。

全面启动实验室安全管理专项整治行动，引入第三方专业机构开展实验室安全管理指导，投入近1000万元用于安全改造，实验室安全保障水平得到了质的提升。持续提升院容院貌，食堂、幼儿园等民生工作也取得新成效。

（七）党建工作取得新进展

切实加强党的政治建设，不断强化理论武装，扎实开展党史学习教育，引导广大职工群众知党史、感党恩、跟党走，选派代表参加庆祝中国共产党成立100周年纪念大会。为事业单位改革等重点工作发挥引领保障作用。结合事业单位改革及时调整组织设置，切实加强基层组织建设，开展系列培训表彰，支部规范化标准化建设不断加强。深化全面从严治党，推动全面从严治党不断深化。

四、挂靠北京市农林科学院的社会团体

2021年北京市农林科学院挂靠社会团体一览表

序号	社团名称	业务主管单位	联系人	电话	地址	邮编
1	北京市农林科学院科学技术协会	北京市科学技术协会	吴琼	13401038206	海淀区曙光中路9号，市农林科学院	100097
2	北京果树学会	北京市园林绿化局	杨媛	13811854921	海淀区香山瑞王坟甲12号，市农林科学院林果所	100093
3	北京农产品质量安全学会	北京市科学技术协会	陶晶	13911501896	海淀区曙光中路9号，市农林科学院质标所	100097
4	北京畜牧兽医学会	北京市科学技术协会	范捷	13701036458	海淀区曙光中路9号，市农林科学院畜牧所	100097
5	北京农业信息化学会	北京市科学技术协会	王鸿儒	51503493	海淀区曙光中路9号，市农林科学院信息中心	100097
6	北京蔬菜学会	北京市科学技术协会	张雅青	18210265196	海淀区曙光中路9号，市农林科学院蔬菜所	100097
7	北京水产学会	北京市科学技术协会	张晋京	13910112573	北京市丰台区角门路18号，北京市农林科学院水产所	100068
8	北京作物学会	北京市科学技术协会	李哲	15010300335	海淀区曙光中路9号，市农林科学院玉米所	100097
9	北京农药学会	北京市科学技术协会	余苹中	13520304466	海淀区曙光中路9号，市农林科学院植保所	100097
10	北京食用菌协会	北京市科学技术协会	吴灵芝	18500054986	海淀区曙光中路11号，市农林科学植保所	100097
11	北京植物病理学会	北京市科学技术协会	卢彩鸽	13581584379	海淀区曙光中路9号，市农林科学院植保所	100097
12	北京昆虫学会	北京市科学技术协会	李姝	18612565376	海淀区曙光中路9号，市农林科学院植保所	100097
13	北京农学会	北京市科学技术协会	赵宏	—	海淀区曙光中路9号，市农林科学院数经所	100097
14	北京山区发展研究会	北京市科学技术协会	黄杰	13810495271	海淀区曙光中路9号，市农林科学院	100097
15	北京土壤学会	北京市科学技术协会	刘宝存	13801016030	海淀区曙光中路9号，市农林科学院资环所	100097
16	北京智慧农业物联网产业技术创新战略联盟	北京市民政局	李瑾	51503139	海淀区曙光中路11号，市农林科学院信息中心	100097

续表

序号	社团名称	业务主管单位	联系人	电话	地址	邮编
17	中国园艺学会樱桃分会	中国园艺学会	闫国华	62595564	海淀区香山瑞王坟甲12号，市农林科学院林果院	100093
18	中国园艺学会草莓分会	中国园艺学会	孙健	13810979410	海淀区香山瑞王坟甲12号，市农林科学院林果院	100093
19	中国经济林协会板栗分会	中国经济林协会	兰彦平	82596103	海淀区香山瑞王坟甲12号，市农林科学院林果院	100093
20	中国经济林协会文玩核桃分会	中国经济林协会	齐建勋	13910825158	海淀区香山瑞王坟甲12号，市农林科学院林果院	100093
21	中国人工智能学会智能农业专业委员会	中国人工智能学会	缪祎晟	13810345861	海淀区曙光中路11号，北京农科大厦	100097
22	中国农业机械化协会信息化分会	中国农业机械化协会	梅鹤波	18612987268	海淀区曙光中路9号，市农林科学院装备中心	100097
23	中国畜牧业协会信息分会	中国畜牧业协会	李奇峰	51503915	海淀区曙光中路9号，市农林科学院畜牧兽医研究所	100097
24	中国农业技术推广协会农业信息化委员会	中国农业技术推广协会	乔晓军	51503348	海淀区曙光中路9号，市农林科学院信息中心	100097
25	中国水产学会观赏鱼分会	中国水产学会	张晋京	13910112573	北京市丰台区角门路18号，北京市农林科学院水产所	100068

五、市农林科学院党政领导班子成员

2021年度北京市农林科学院党政领导班子成员

党组书记 吴宝新
党组成员 唐桂均　刘建华（—2021.4）
王春城　杨国航（2021.9—）
燕继晔（2021.9—）
院长 李成贵
副院长 唐桂均　王春城
刘建华（—2021.4调任平谷区副区长）
王之岭　杨国航（2021.9—）
燕继晔（2021.9—）
副院级领导 鲁俊豪
副局级领导 吴守荣

统 计 资 料

2021年农村基本情况

指标名称	计量单位	北京市	朝阳区	丰台区	海淀区	门头沟区	房山区	通州区
1.村委会个数	个	3784	144	57	53	178	459	470
2.行政村常住户数	户	2215273	188104	109717	133274	31776	227772	308923
3.行政村常住人口	人	5690394	427741	273165	343279	64298	627219	820638
4.行政村从业人员	人	3403289	299072	159322	203749	33833	317539	422128
指标名称	计量单位	顺义区	昌平区	大兴区	怀柔区	平谷区	密云区	延庆区
1.村委会个数	个	426	298	437	284	272	330	376
2.行政村常住户数	户	264092	377069	154009	98395	115801	119443	86898
3.行政村常住人口	人	722333	903297	464878	235682	325689	275677	206498
4.行政村从业人员	人	434237	603274	278769	145023	194469	188706	123168

农林牧渔业总产值（现价）

北京市及各区	农林牧渔业总产值			农 业			林 业		
	2021年（万元）	2020年（万元）	2021年比2020年增长(%)	2021年（万元）	2020年（万元）	2021年比2020年增长(%)	2021年（万元）	2020年（万元）	2021年比2020年增长(%)
北京市	2695138.5	2634323.8	2.3	1075723.2	1075723.2	0.0	888021.3	977400.6	-9.1
朝阳区	62731.4	60628.8	3.5	4902.9	4902.9	0.0	53920.6	54732	-1.5
丰台区	16623.7	16438.8	1.1	4564.2	4564.2	0.0	13789.4	11757.8	17.3
海淀区	42877.7	38976.3	10.0	15426.2	15426.2	0.0	17108.3	19152.6	-10.7
门头沟区	37326.0	47729.2	-21.8	6058.9	6058.9	0.0	29769.2	39821.6	-25.2
房山区	321088.2	332843.4	-3.5	107248.8	107248.8	0.0	151727.3	171747.3	-11.7
通州区	311015.6	307918.2	1.0	131305.5	131305.5	0.0	101658.0	145956.9	-30.4
顺义区	440456.7	428571.8	2.8	153924.4	153924.4	0.0	110833.8	101536.2	9.2
昌平区	183296.5	202608.8	-9.5	65043.6	65043.6	0.0	75151.5	79083.2	-5.0
大兴区	327593.7	304635.1	7.5	166571.4	166571.4	0.0	93811.6	117655.2	-20.3
怀柔区	100139.9	97184.4	3.0	32435.6	32435.6	0.0	60867.8	60273.1	1.0
平谷区	350467.8	329078.5	6.5	193415.2	193415.2	0.0	31599.6	23838.1	32.6
密云区	335213.9	303159.2	10.6	140906.8	140906.8	0.0	105218.8	100913.5	4.3
延庆区	155604.6	156336.3	-0.5	53919.7	53919.7	0.0	42565.4	50933.1	-16.4

（续表）

北京市及各区	牧业			渔业			农林牧渔专业及辅助性活动		
	2021年（吨）	2020年（吨）	2021年比2020年增长(%)	2021年（吨）	2020年（吨）	2021年比2020年增长(%)	2021年（吨）	2020年（吨）	2021年比2020年增长(%)
北京市	462669.3	452081.8	2.3	43740.1	40936.6	6.8	70881.9	88181.6	-19.6
朝阳区	0.0	599.2	-100.0	446.4	241.3	85.0	55.2	153.4	-64.0
丰台区	0.0	0.0	0.0	0.0	0.0	0.0	116.8	116.8	0.0
海淀区	619.6	866.5	-28.5	418.7	346.6	20.8	2072.1	3184.4	-34.9
门头沟区	419.4	511.5	-18.0	0.0	0.0	0.0	779.8	1337.2	-41.7
房山区	34623.5	46110.9	-24.9	2981.4	2320.6	28.5	4230.3	5415.8	-21.9
通州区	33211.1	21136.7	57.1	7575.3	9171.5	-17.4	563.6	347.6	62.1
顺义区	117411.3	134952.9	-13.0	4158.1	3664.1	13.5	28322.1	34494.2	-17.9
昌平区	39586.0	41398.5	-4.4	2133.8	1332.6	60.1	9607.3	15750.9	-39.0
大兴区	17265.5	16404.1	5.3	4.7	12.9	0.0	3450.9	3991.5	-13.5
怀柔区	1683.6	2510.5	-32.9	549.6	649.6	-15.4	931.5	1315.6	-29.2
平谷区	113341.0	95151.5	19.1	7246.2	7538.5	-3.9	5292.4	9135.2	-42.1
密云区	59462.9	48857.4	21.7	6581.8	6581.5	0.0	7667.7	5900	30.0
延庆区	45045.4	43582.1	3.4	941.3	862.4	9.1	7792.2	7039	10.7

注：全市数据含远洋渔业数据。

主要农产品产量

北京市及各区	粮食			蔬菜（含食用菌）			干鲜果品（不含瓜果类）		
	2021年（吨）	2020年（吨）	2021年比2020年增长(%)	2021年（吨）	2020年（吨）	2021年比2020年增长(%)	2021年（吨）	2020年（吨）	2021年比2020年增长(%)
北京市	377527.9	305299.6	23.7	1656020.3	1378943.2	20.1	384591.5	429972.4	-10.6
朝阳区	486.5	131.5	270.0	6394.6	3059.3	109.0	278	179.7	54.7
丰台区	358.5	238.0	50.6	4104.2	2015.8	103.6	700.6	649.5	7.9
海淀区	2211.1	2201.9	0.4	19315.1	18483.3	4.5	4218.8	3494.4	20.7
门头沟区	828.7	796.0	4.1	1414.0	1183.1	19.5	3163.9	3234.7	-2.2
房山区	40263.3	35032.0	14.9	186433.7	153909.1	21.1	28065.9	30266.0	-7.3
通州区	20261.7	17048.7	18.8	316799.6	248857.6	27.3	17110	17729.3	-3.5
顺义区	68273.7	51534.4	32.5	285368.4	244812.7	16.6	19606.3	21194.1	-7.5
昌平区	4335.2	3522.1	23.1	38453.4	32133.2	19.7	10852.4	23080.4	-53.0
大兴区	39834.7	24892.5	60.0	458759.7	369285.3	24.2	36275.6	39330.2	-7.8
怀柔区	27307.4	18107.0	50.8	31097.6	27838.0	11.7	16618	18273.9	-9.1
平谷区	35491.2	25550.4	38.9	72661.6	62710.7	15.9	199980.1	219710.8	-9.0
密云区	53593.7	50618.2	5.9	160276.0	149718.9	7.1	39666.5	42265.3	-6.1
延庆区	77788.8	70740.9	10.0	74942.3	64936.2	15.4	8055.4	10564.1	-23.7

（续表）

北京市及各区	肉类			猪牛羊肉		
	2021年（吨）	2020年（吨）	2021年比2020年增长(%)	2021年（吨）	2020年（吨）	2021年比2020年增长(%)
北京市	44181.4	35269.9	25.3	32532.6	20880.9	55.8
朝阳区	—	—	—	—	—	—
丰台区	—	—	—	—	—	—
海淀区	124.4	77.3	60.9	118.8	71.3	66.7
门头沟区	2.3	14.0	-83.5	1.3	3.3	-60.0
房山区	4496.2	4329.0	3.9	2052.2	1220.6	68.1
通州区	3408.8	2585.3	31.9	1910.3	380.4	402.2
顺义区	13170.2	14318.4	-8.0	12146.0	12875.0	-5.7
昌平区	2699.8	1420.0	90.1	2427.7	1089.8	122.8
大兴区	1446.0	539.2	168.2	1123.8	262.7	327.8
怀柔区	147.4	220.8	-33.2	118.9	195.3	-39.1
平谷区	8817.7	5012.0	75.9	4341.6	786.4	452.1
密云区	6248.9	3223.5	93.9	5267.4	2376.2	121.7
延庆区	3619.7	3530.5	2.5	3024.6	1620.1	86.7

北京市及各区	牛奶			鲜蛋		
	2021年（吨）	2020年（吨）	2021年比2020年增长(%)	2021年（吨）	2020年（吨）	2021年比2020年增长(%)
北京市	258474.9	242360.8	6.6	93501.0	97393.3	-4.0
朝阳区	—	749.0	—	—	—	—
丰台区	—	—	—	—	—	—
海淀区	699.8	733.8	-4.6	—	—	—
门头沟区	24.5	24.0	2.1	36.6	40.2	-9.0
房山区	19765.5	31660.7	-37.6	3668.8	4525.3	-18.9
通州区	54775.9	35185.8	55.7	77.1	96.1	-19.8
顺义区	40649.7	39356.1	3.3	2607.6	2235.7	16.6
昌平区	26985.9	27666.9	-2.5	1159.8	1241.1	-6.6
大兴区	26788.3	27989.0	-4.3	2924.1	3733.1	-21.7
怀柔区	2.2	0.2	1000.0	155.2	208.8	-25.7
平谷区	1680.8	1304.2	28.9	66634.9	66057.1	0.9
密云区	55821.3	48187.1	15.8	6724.2	7267.1	-7.5
延庆区	31281.0	29504.0	6.0	9512.7	11988.6	-20.7

注：全市粮食产量为抽样调查推算数据，故与区县合计数不等。

农作物播种面积

各县	农作物播种面积			粮食作物			蔬菜及食用菌		
	2021年（公顷）	2020年（公顷）	2021年比2020年增长(%)	2021年（公顷）	2020年（公顷）	2021年比2020年增长(%)	2021年（公顷）	2020年（公顷）	2021年比2020年增长(%)
全市	121693.3	102154.4	19.1	60922.6	48896.0	24.6	46450.2	38145.7	21.8
朝阳区	443.0	219.7	101.6	102.9	20.0	414.5	264.2	147.6	79.0
丰台区	252.1	184.4	36.8	77.2	51.8	49.1	165.2	127.9	29.1
海淀区	1211.1	1216.7	−0.5	443.9	438.3	1.3	671.7	629.1	6.8
门头沟区	1285.8	1360.5	−5.5	450.2	435.5	3.4	242.9	217.4	11.7
房山区	14183.6	12653.8	12.1	7148.9	6344.8	12.7	6101.8	5084.7	20.0
通州区	12091.8	9304.2	30.0	3241.0	2669.5	21.4	8162.2	6187.7	31.9
顺义区	22291.8	18040.9	23.6	11628.0	8618.2	34.9	6331.2	5128.1	23.5
昌平区	3032.0	2569.8	18.0	1018.9	775.3	31.4	1246.4	888.5	40.3
大兴区	23810.6	18016.5	32.2	6748.3	3916.1	72.3	14000.5	11809.3	18.6
怀柔区	6354.2	5190.0	22.4	4526.7	3072.0	47.4	901.3	774.8	16.3
平谷区	8401.0	7058.4	19.0	5912.1	4397.6	34.4	2118.3	1776.8	19.2
密云区	14038.7	13175.8	6.5	9468.7	8911.5	6.3	3764.5	3431.0	9.7
延庆区	14297.5	13163.7	8.6	10155.9	9245.5	9.8	2480.2	1942.7	27.7

设施农业情况

指标名称	代码	占地面积（亩）			销售收入（万元）		
		2021年实际	2020年同期	增幅(%)	2021年实际	2020年同期	增幅(%)
合计	01	195393.4	198784.30	−1.71	598172.5	500809.04	19.44
一、温室	02	101945.4	104180.80	−2.15	386596.77	321450.41	20.27
1.蔬菜	03	—	—	—	230533.28	175392.57	31.44
2.食用菌（干鲜混合）	04	—	—	—	37200.41	37879.53	−1.79
3.花卉苗木	05	—	—	—	18607.77	28581.76	−34.90
其中：鲜切花	06	—	—	—	1251	1512.12	−17.27
盆栽花	07	—	—	—	17212.27	26590.26	−35.27
4.瓜果类	08	—	—	—	90517.14	63679.14	42.15
其中：草莓	09	—	—	—	86970.46	61019.10	42.53
5.水果	10	—	—	—	5480.67	7104.94	−22.86
6.其他	11	—	—	—	4257.5	8812.47	−51.69
其中：盆栽观叶植物	12	—	—	—	159.9	396.87	−59.71
二、大棚	13	85054.9	87267.60	−2.54	196173.28	168151.88	16.66
1.蔬菜	14	—	—	—	148923.88	121937.91	22.13

（续表）

指标名称	代码	占地面积（亩）			销售收入（万元）		
		2021年实际	2020年同期	增幅(%)	2021年实际	2020年同期	增幅(%)
2.食用菌（干鲜混合）	15	—	—	—	1027.01	1059.58	-3.07
3.花卉苗木	16	—	—	—	4564.95	7074.00	-35.47
其中：鲜切花	17	—	—	—	1405.4	1624.70	-13.50
盆栽花	18	—	—	—	3159.55	5407.30	-41.57
4.瓜果类	19	—	—	—	37814.54	32339.86	16.93
其中：草莓	20	—	—	—	1902.96	1615.70	17.78
5.水果	21	—	—	—	1661.3	4320.38	-61.55
6.其它	22	—	—	—	2181.6	1420.15	53.62
其中：盆栽观叶植物	23	—	—	—	69.2	15.80	337.97
三、中小棚	24	8393.1	7335.90	14.41	15402.45	11206.75	37.44
1.蔬菜	25	—	—	—	11089.99	7472.06	48.42
2.食用菌（干鲜混合）	26	—	—	—	215.54	399.25	-46.01
3.花卉苗木	27	—	—	—	525.9	489.20	7.50
其中：鲜切花	28	—	—	—	18.1	24.30	-25.51
盆栽花	29	—	—	—	507.8	404.90	25.41
4.瓜果类	30	—	—	—	3567.02	2829.34	26.07
其中：草莓	31	—	—	—	241.4	163.30	47.83
5.水果	32	—	—	—	4	16.30	-75.46
6.其它	33	—	—	—	0.00	0.60	-100.00
其中：盆栽观叶植物	34	—	—	—	0.00	0.00	—
补充资料：设施个数（含温室、大棚、中小棚）(个)	35	159480	167346.00	-4.70	—	—	—

农业观光园情况

北京市及各区	农业观光园个数(个)		高峰期从业人员(人)		接待人数(人次)		经营总收入(万元)	
	2021年	2020年	2021年	2020年	2021年	2020年	2021年	2020年
北京市	1009	925	29451	28706	11544915	8672351	184456.5	154527.6
朝阳区	6	7	628	845	158159	135196	8866.9	10357.6
丰台区	17	12	1034	716	2116760	1236913	15697.0	11283.1
海淀区	87	87	2603	2367	234745	212515	9638.6	8535.8
门头沟区	42	31	511	307	212116	118702	2401.0	923.1
房山区	71	71	968	900	292030	335796	3844.7	3365.4
通州区	100	38	1842	1705	591178	291734	13998.9	9412.0
顺义区	70	68	1936	1943	596285	590931	13241.5	10544.0

（续表）

北京市及各区	农业观光园个数(个)		高峰期从业人员(人)		接待人数(人次)		经营总收入(万元)	
	2021年	2020年	2021年	2020年	2021年	2020年	2021年	2020年
昌平区	139	144	4208	4759	428118	391746	24361.0	22475.6
大兴区	47	48	1268	1529	655611	434425	9917.7	7740.6
怀柔区	132	137	1335	1452	1105041	903535	11822.0	9923.7
平谷区	135	135	7610	7750	2352072	2369710	21330.9	20225.7
密云区	122	110	4260	3384	2406178	1387062	43344.4	34717.2
延庆区	41	37	1248	1049	396622	264086	5991.9	5023.7

注：全市合计数中含石景山区数据，故分区县数据相加不等于合计。

乡村旅游情况

北京市及各区	乡村旅游接待单位(个)/户数(户)		高峰期从业人员(人)		乡村旅游接待人数(人次)		乡村旅游总收入(万元)	
	2021年	2020年	2021年	2020年	2021年	2020年	2021年	2020年
北京市	6793	5832	21607	19626.00	13657248	10103383.00	141386.74	95269.86
朝阳区	3	4	18	12.00	5630	320.00	60	10.00
海淀区	10	10	323	286.00	288446	201942.00	6058.49	4081.80
门头沟区	356	314	1075	844.00	270143	211688.00	5738.39	3911.34
房山区	1171	947	2503	2190.00	835325	644140.00	7449.09	4669.51
通州区	12	73	112	142.00	13610	1116.00	304.3	715.50
顺义区	36	16	197	127.00	235445	145634.00	1362.9	657.30
昌平区	241	243	1152	1325.00	1236367	1022664.00	9287.8	5132.70
大兴区	93	34	396	401.00	264115	206392.00	1604.4	1028.30
怀柔区	1452	1329	4611	4342.00	1986077	1557266.00	27259.94	19452.77
平谷区	492	414	1877	2161.00	1617334	1721858.00	12351.17	10879.02
密云区	2017	1732	6083	4728.00	4192796	2730000.00	43937.36	29370.85
延庆区	910	716	3260	3068.00	2711960	1660363.00	25972.9	15360.77

注：民俗旅游接待单位、户数为实际经营的单位、户数。

索　引

说　明

1. 本索引采取主题索引也称内容分析索引法编纂。主题词（标目）以《北京农村年鉴2022》正文中出现的专业名词、名词词组为主，特载，文件选载，涉农文件目录，总述，大事记，市委农工委系统行政、事业机构，统计资料等八个类目内容不在索引范围内。

2. 本索引基本按汉语拼音音序排列，汉字打头的标目按首字的音序音调依次排列，首字相同时，则以第二字排序，以此类推。

3. 本索引的文字部分为标目，标目之后的阿拉伯数字表示该标目所在正文中的页码（地址项），其后的小写英文字母（a、b）表示正文中的栏别（左、右）。同一标目的内容在文中多处出现的，在索引中按页码顺序依次列出。

A

B

C

G

H

J

K

L

M

N

P

Q

R

S

T

W

X

Y

Z